"반세기를 기다렸다"

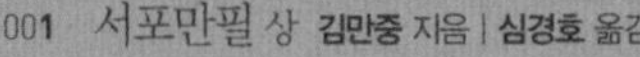

001 서포만필 상 **김만중** 지음 | **심경호** 옮김
002 서포만필 하 **김만중** 지음 | **심경호** 옮김
003 한중록 **혜경궁 홍씨** 지음 | **정병설** 옮김
004 원본 한중록 **혜경궁 홍씨** 지음 | **정병설** 주석
005 숙향전·숙영낭자전 **이상구** 옮김
006 원본 숙향전·숙영낭자전 **이상구** 주석
007 홍길동전·전우치전 **김현양** 옮김
008 흥보전·흥보가·옹고집전 **정충권** 옮김
009 조선 후기 성 소화 선집 **김준형** 옮김
010 창선감의록 **이지영** 옮김
011 여성 한시 선집 **강혜선** 옮김
012 박태보전 **서신혜** 옮김
013 조선 전기 사대부가사 **최현재** 옮김
014 조선 전기 우언소설 **윤주필** 옮김
015 고려 한시 선집 **이성호** 옮김
016 구운몽 **김만중** 지음 | **정병설** 옮김

• '원본'이라고 표시되지 않은 책은 현대어역과 원본의 합본입니다. 한국고전문학전집은 계속 출간됩니다.

NAVER 검색창에 문학동네 카페 를 쳐보세요  facebook.com/munhak  @munhakdongne www.munhak.com 문학동네

키워드 한국문화

하나의 키워드로 한국문화의 속살을 읽다!

국내 최고의 인문학자들이 들려주는 고품격 교양 강의

한국인의 삶과 미학,
정신세계를 문화사적으로 조명하는 인문학 시리즈. _**한겨레**

01 세한도 – **천 년의 믿음, 그림으로 태어나다** | 박철상
02 정조의 비밀편지 – **국왕의 고뇌와 통치의 기술** | 안대회
03 구운몽도 – **그림으로 읽는 『구운몽』** | 정병설
04 왕세자의 입학식 – **조선의 국왕은 어떻게 만들어지는가** | 김문식
05 조선인의 유토피아 – **우리 할아버지의 할아버지가 꿈꾼 세계** | 서신혜
06 처녀귀신 – **조선시대 여인의 한과 복수** | 최기숙
07 왕의 이름, 묘호 – **하늘의 이름으로 역사를 심판하다** | 임민혁
08 은행나무 – **동방의 성자, 이야기를 품다** | 강판권
09 소리꾼 – **득음에 바치는 일생** | 최동현
10 조선의 묘지 소송 – **산송, 옛사람들의 시시비비** | 김경숙
11 의녀 – **팔방미인 조선 여의사** | 한희숙
12 치마저고리의 욕망 – **숨기기와 드러내기의 문화사** | 이민주

• 키워드 한국문화는 계속 출간됩니다.

"어떤 선택은 회사의 운명을 바꾼다!"

흥미로운 경영 사례로 배우는, 잘 되는 기업의 의사결정 시뮬레이션

이동진 · 김주은 · 배현향 · 양효선 · 민세훈 지음 | 312쪽 | 15,000원

경쟁의 판을 바꾼 16가지 중대한 결정들

어떻게 결정할 것인가

• 이동진 김주은 배현향 양효선 민세훈 지음 •

전경련 IMI 조찬포럼 CEO 추천도서

애플, 구글, 삼성처럼 널리 알려진 기업들이 아니라, 레드불, 뱅앤올룹슨, 마블, 레알 마드리드 등과 같이 독특하지만 쉽게 접하기 힘든 16개 기업들을 선정해 선택의 갈림길에서 그들의 결정과 고민, 그 결과와 영향을 모두 담아냈다.

www.miraebook.co.kr 미래의 창

한국의 출판기획자

한국의 출판기획자

〈기획회의〉 편집위원회 엮음

한국출판마케팅연구소

〈기획회의〉 15주년을 맞이하여

'퍼블리터publitor'의 시대

저는 1998년에 얼떨결에 한국출판마케팅연구소를 차렸습니다. 그리고 곧 이어 1999년 2월 1일에 〈송인소식〉 창간호를 펴냈습니다. 2004년 7월에는 〈기획회의〉로 제호를 변경했습니다. 통산해서 15년 동안 한 호도 쉬지 않고 2014년 2일 5일까지 361권의 잡지를 펴냈습니다. 참으로 장구한 세월이었습니다. 2010년 3월에는 〈학교도서관저널〉 창간호를 펴냈습니다. 이 잡지도 곧 창간 4주년 기념호가 나옵니다.

매달 격주간과 월간으로 잡지 세 권이 발행되니 사무실에는 늘 마감하는 직원들이 불을 켜놓고 일하고 있습니다. 일이 맞물려 돌아가는 바람에 시간을 맞추기 어려워 모두 모여 회식 한 번 하기 어려운 형편입니다. 직원들이 열심히 일을 해주었기에 지금까지 버틸 수 있었습니다. 이 자리를 빌어 지난 15년 동안 함께 일한 전·현직 직원 모두에게 고맙다는 말을 전하고 싶습니다.

더불어 출판계의 도움이 없었다면 제가 이렇게 잡지를 장기간 이끌어올 수 없었을 것입니다. 출판인들의 정신적, 물질적 후원이 없었다면 이런 일을 도저히 해낼 수 없었을 것입니다. 창간 초기가 생각납니다. 출판계의 한 원로가 "한기호 같은 사람이 10년 전에 나타났다면 한국 출판이 지금보다 훨씬 더 발전했을 것"이라고 말했다는 이야기를 한 언론인으로부터 전해 들었습니다. 초보운전의 난폭함에서 벗어나지 못한 저는 그 말씀이 너무 의아했습니다. 하지만 저 개인이 아닌 〈기획회의〉(당시는 송인소식)를 두고 그런 말씀을 하신 것이 아닌가 생각하며 그런 후원의 말에 도취돼 지난 15년을 살아왔습니다.

〈기획회의〉는 지난 15년 동안 참으로 많은 현장의 목소리를 담아냈습니다. 이 책에 실린 '좌담'에서 민음사 장은수 대표는 "지난 15년 동안 〈기획회의〉에서 꾸준히 노력해준 결과, 출판 마케팅, 출판 기획, 출판 편집 등은 급진적으로 현대화되고 합리화되었습니다. 제가 출판계에 입문할 때와 비교하면 상상할 수도 없는 수준의 일들을 요즈음 편집자, 마케터 들은 수행하고 있습니다."는 덕담을 해주셨습니다. 하지만 장 대표의 이어진 질문처럼 "그런데 왜 계속 출판은 위기를 벗어나지 못하는 걸까요?"

정말 답답합니다. 출판은 과연 사양 산업일까요? 저는 아니라고 봅니다. 지금 출판의 위기는 어쩔 수 없는 문명의 위기라기보다는 일시적인 시스템의 위기라고 봅니다. 아날로그 문명에서 디지털 문명으로 이월되는 단경기端境期에 벌어지는 일시적인 위기일 뿐입니다. 오히려 미래는 출판기획자(편집자)의 시대가 되지 않을까요?

디지털의 세계에서는 어느 매체에 기사를 썼는가는 중요하지 않습니다. 누가 얼마나 잘 썼는가가 중요할 뿐입니다. 따라서 신문이나 방송은, 적어도 잡지까지는 정말 위기일지 모르지만 개인의 이름이 중시되는 책은 오히려 유리해질 것이라고 봅니다. 그런 일을 해온 출판기획자나 편집자는 물을 만난 고기가 될 수 있지 않을까요?

인터넷 용어 가운데 '브라우저'라는 말이 있습니다. '브라우즈browse'의 본래 의미는 '집어먹다', 즉 가축 등이 먹이를 쪼아 먹는다는 것입니다. 가축이 살아남으려면 되도록 굵은 모이를 경쟁적으로 쪼아 먹어야 할 것입니다. 인간도 정보화 시대에서 살아남으려면 웹에서 검색을 통해 확보된 정보 중에서 꼭 필요한 '먹거리'만을 골라낼 줄 알아야 합니다. 이런 세상에서는 기획자가 임팩트가 강한 키워드를 잘 잡아 스토리텔링이 강한 책으로 펴낸 다음 링크만 잘 시킨다면 책의 가능성을 얼마든지 키워나갈 수 있습니다.

매체의 패키지 기능이 힘을 잃은 디지털 세계에서 매체는 어디까지나 플랫폼에 불과합니다. 이제 주인공은 글 쓰는 개인이며 저자입니다. 지금까지는 편집자는 커튼 뒤에 숨어서 저자의 이미지를 제고하는 일만 했습니다. 앞으로는 편집자가 저자가 되어야 합니다. 실제로 그런 능력을 보여주는 사람들이 속속 등장하고 있습니다. 영화나 드라마에는 능력 있는 편집자가 주인공으로 자주 등장합니다. 어쨌든 미래는 '편집적 사고'를 지닌 사람이 주도하는 세상이 될 것입니다. 다만 출판기획자는 편집뿐만 아니라 비즈니스의 마인드를 갖출 필요가 있습니다. 에디터editor이면서 퍼블리셔publisher(출판사 대표)가 되어야 한다는 것이지요. 이를 '퍼블리터publitor'라 부르면 어떨까요? 앞으로는 '1인 출판'으로 세상을 놀라게 하는 퍼블리터들이 속속 등장하는 세상이 될 것입니다.

편집자는 자신이 즉각 동원할 수 있는 정보를 모아 필요한 것을 곧바로 만들어내는 지식, 즉 브리콜라주bricolage적인 지식을 생산하는 능력의 소유자들입니다. 종이와 디지털이 공존하는 혼돈 속에서 취할 것은 취하고 버릴 것은 버리며 광고, 콘텐츠, 테크놀로지 등 서로 다른 정보를 연결해 최고의 조합을 찾아내는 일은 편집적 사고의 소유자만이 잘할 수 있습니다. 손안의 컴퓨터로 모든 정보에 쉽게 접근할 수 있는 세상에서는 정보를 많이 암기하는 사람이 아니라 바로 이런 능력의 소유자가 세상을 주도할 것입니다. 이 시대의 교양은 나만의 일에 '몰입'할 수 있거나 자신의 전문專門을 타인과 상대화하고 거리화하는 힘입니다. 이게 바로 역량인 게지요. 그런 역량의 소유자들인 편집자의 시대에 여러분은 주인공이 되고 싶지 않으십니까?

15주년을 맞이하는 〈기획회의〉는 바로 이점을 주목했습니다. 그래서 15주년 기념 특별단행본인 『한국의 출판기획자』를 펴내기로 했습니다. 이 책에는 10년 후의 출판(책), 출판사, 출판기획자(편집자)를 조명하는 좌담과 마음산책 정은숙 대표의 글, 9명의 출판기획자 인터뷰, 분야별 기획자 조명, 저자와 번역자가 생각하는 편집자, 편집자의 기획에 대한 생각 등을 담았습니다.

장은수 대표는 출판기획에 대해 "나는 기획이라는 말이 출판 행위를 대표하는 것을 거부하고, 책이 한 개인에게 귀속되는 것 역시 혐오한다. 때때로 생각의 번개가 개인의 내면에서 떠올라 세계의 어둠을 가르는 적도 있지만, 근본적으로 이 일은 필자, 독자, 동료들과의 한없는 대화와 공들인 협업의 연속으로 이루어진다. 내가 일하는 게 아니라 모두가 함께 참여하는 어떤 과정이 일하는 것이다. 따라서 내가 기획한 책은 없다. 우리가 함께 만든 책이 있을 뿐"이라고 말했습니다.

현장 기획자들에게 자신이 기획한 책을 꼽아달라고 했을 때 답변이 제가 생각했던 것보다 미진했던 것은 아마도 이 같은 이유 때문인 것으로 보입니다. 이런 속성이 가장 강한 것이 아동 분야일 것입니다. 아동서를 펴내려면 글 작가, 그림 작가, 디자이너, 편집자가 4위 일체가 되어야 합니다. 한 사람의 노력으로는 결코 좋은 성과를 낼 수 없습니다. 트렌드나 이슈에 민감한 마케터와도 잘 조율을 할 수 있어야 합니다. 한 기획자는 아동기획자를 '정원사'라고 말했습니다. 나무 전체에 햇빛이 잘 들도록 자를 것은 자르면서 다독여주어야 한다는 것이지요. 이번 설문에 대한 답변이 미진해 아쉬운 것이 사실이지만 우리 출판계에 그런 생각을 하시는 점잖은 분들이 많다는 것을 알고 흐뭇했습니다.

15주년을 맞이한 〈기획회의〉는 새로 편집위원회를 꾸렸습니다. 의욕이 넘치는 젊은 평론가들을 모셨습니다. 〈기획회의〉는 이들과 함께 힘찬 2기를 출발했습니다. 앞으로도 배전의 후원과 질책을 부탁드립니다.

2014년 2월

한기호 올림

차례

오직 믿는 자만이 살아남는다

정은숙

마음산책 대표. 이화여대 정외과를 졸업했다. 1985년 출판계에 입문, 세계사 편집장, 열림원 주간을 거쳐 2000년 마음산책을 창업했다. 1992년 〈작가세계〉를 통해 문단 데뷔, 시집 『비밀을 사랑한 이유』(민음사, 1994), 『나만의 것』(민음사, 1999)과 편집자 입문서 『편집자 분투기』(바다출판사, 2004), 독서론인 『책 사용법』(마음산책, 2010)을 출간했다. 대한출판문화협회 홍보 상무, 한국출판인회의 대외협력위원장, 제4대 서울북인스티튜트(SBI) 원장으로 일했다. 현재 한국출판문화산업진흥원 이사로 일한다.

머리와 마음을 바꾼다는 것

누가 함부로, 쉽게 미래를 얘기할 수 있겠는가. 내게 미래의 출판기획자에 대해 말할 기회가 주어진 것은, 미래가 현재를 끌고 간다는 지극히 평범한 진실을 자각하라는 계시 같다. 미래의 출판기획자를 예측하는 일은 추상적인 영상의 시나리오 쓰기와 동급의 애매함을 견디는 것이라고 생각한다. 이 주제로 글 쓰기가 어려워 헤매는 동안 『2030 대담한 미래』(최윤식, 지식노마드, 2013)라는 경제 전망서를 읽었다.

"대량생산시대에 창의적인 인재는 소수로 충분했다. 창업주와 극소수 엘리트 임원들이 상품을 개발하고 생산 시스템을 갖춰놓으면, 대다수 직원은 정해진 방침에 따라 열심히 일하면 됐다. 그런데 제품의 변화 사이클이 짧아지고 소비자의 욕구도 다양해진 다품종 소량생산 시대에 접어들면서 상황이 달라졌다. 이전 기업의 모든 단위에서 끊임없이 새로운 아이디어를 창출하지 않으면 경쟁기업에 뒤처진다"(『2030 대담한 미래』, 385쪽)

한국 경제의 위기, 세계 경제의 미·중 패권 전쟁을 분석하고 미래 지형도를 시나리오화한 이 책에서 비교적 온건하고 덜 비관적인 부분인 위 인용문을 이렇게 출판에 대입해 바꾸어본다.

"아날로그 시대에는 책의 콘셉트를 정하고 물성을 잘 구현하는 창의적인 출판기획자를 쉽게 찾아볼 수 있었다. 출판기획자는 저자와 잘 소통하고 좋은 원고를 받는 것만으로 일의 많은 부분을 해결했다. 그러나 디지털 시대에 전자책, 앱북 등 디지털 퍼블리싱에 관한 출판기획자의 뛰어난 아이디어는 콘셉트 문제만은 아니다. 플랫폼에 대한 적확한 이해, 저자와 독자 네트워킹의 구현 등 콘텐츠 너머에 대해 쉬지 않고 아이디어를 창출하지 않으면 안 된다. 독자가 홍보 미디어나 인터넷 판매 공간의 정보를 얻고 책을 사는 시대가 아니기 때문이다. 독자에게 '필요를 만들어주지' 않으면 다른 디지털 콘텐츠에 뒤처진다."

나로 말할 것 같으면 '당장 필요하지 않은 정보'를 주는 것이 책이라고 믿어왔던 독자이며 편집자다. 출판사의 백리스트에 대한 강박이 있는 경영자이기도 하다. 이런 내가 가까운 미래에는 디지털 퍼블리싱으로 매 종마다 독자에게 '당장' 구입해야 할 이유를 창출하고 자극해야만 한다. 전자책, 앱북에서 백리스트에 대한 애호로 출판사 브랜드 가치를 평가하며 신작을 사는 독자는 거의 없을지도 모른다. 이런 예측은 쉽게 할 수 있다. 아, 머리와 마음을 다 바꾸어야 출판인으로 생존할 수 있는 것인가.

편집, 제작만으로는 안 되는 것

며칠 전 들었던 창비 팟캐스트에 손님으로 출연한 선대인 경제학자는 신작 『선대인, 미친 부동산을 말하다』(웅진지식하우스, 2013)를 전자책으로 먼저 출시한 소감을 말하면서, 다른 패러다임으로 독자를 만나고팠다고 얘기했다. 사회자인 김두식 교수와 또 다른 손님인 국민티비 김용민 피디는 이구동성으로 전자책 읽기의 어려움을 토로했다. 전자책 전용 단말기로 많은 책을 쉽게, 편리하게 읽어도, 잊히는 속도가 너무 빠르다는 고백도 있었다. 그 팟캐스트를 들은 날, 고종석 저널리스트가 올린 "전자책 없는 세상에 살고 싶다. 차라리 양피지나 죽간으로 돌아가자. 모니터 속 글자뭉치를 어떻게 책이라고 부를 수 있나"라는 트윗과 마주쳤다.

책 많이 읽기로 알려진 이분들의 토로가 지금의 전자책 현실이기도 하다. 반드시 종이책과 비교해서 이야기되는 현실. 여러 이유로 전자책을 읽기는 하지만 종이책만큼의 호감을 품기 어렵다는. 그러나 10년 뒤 우리는 누구도 종이책과 비교하여 전자책을 말하지 않게 되리라. 일상화된 디지털 콘텐츠로서 전자책의 수용과 소비에 대해서 말하게 될 것이다.

디지털 콘텐츠의 제작, 유통, 소비는 아날로그 시절 출판사, 서점, 독자라는 분리된 시스템을 허용하지 않는다.

"모든 것이 플랫폼이라는 이름 아래 하나의 시스템으로 구성된다. 그리고 이 플랫폼을 지배하는 건 디지털 콘텐츠를 소비하는 하드웨어를 장악한 글로벌 기업들이다."(『디지털 콘텐츠 퍼블리싱』, 이경훈, 한국출판마케팅연구소, 2013, 219쪽)

종이책의 제작 과정을 훤히 꿰뚫고 만들어왔던 편집자에게, 종이책의 콘셉트의 의미를 꿰뚫고 있던 출판기획자에게 전자책, 앱북과 같은 디지털 콘텐츠를 기획하고 만드는 데는 난감한 일이 수없이 많을 것이다. 그 편집에 관련된 일은 제작 프로그램을 이해하고 배우고 익힐 수 있겠지만, 콘텐츠를 소비할 독자와 네트워킹하고 퍼블리싱을 이해하는 것은 그리 간단하지 않다.

자신이 제공할 수 있는 콘텐츠를 갖고 있는 사람은 누구나 직접 글로벌 플랫폼에 책의 형태로 탑재만 하면 전 세계의 독자와 만날 수 있다? 생산자와 소비자의 경계는 이미 무너졌다? 자가출판의 전성시대가 마침내 펼쳐진다? 이런 전망을 내비친 디지털 퍼블리싱에 관한 글을 읽는 날이면 마음이 푸석해지면서 난감해진다. 이 질문의 답을 나는 부정적으로 보기 때문이다.

한 뮤지션의 음악을 앨범 단위가 아니라 편편이 스트리밍으로 듣고 있는 내게 누군가 말했다. 미래의 출판을 그려보기 위해서 음원시장을 잘 들여다보라고. 음악 프로듀싱, 녹음이 쉬워졌다는 이유로 플랫폼에 온갖 미완성 음악이 탑재되는 것은 재앙이라고. 자기 만족의 콘텐츠를 올리는 것을 말리는 사람은 없겠지만 음악 애호가인 소비자에게 다 들어보고 옥석을 가리라고 인내심을 요구할 수는 없는 법. 그리고 지금의 음원시장, 그 질서의 수익금 대부분은 창의적인 뮤지션에게 돌아가는 것이 아니라 플랫폼 지배자에게 돌아가는 것이 냉정한 현실이라고.

디지털 퍼블리싱 세계에서 창의적인 저자, 창의적인 콘텐츠 개발자, 즉 출판기획자는 무엇을 해야만 하는가. 자가출판이 할 수 없는, 더 정교하게 연구된 디바이스 최적의 콘텐츠를 만들어야 한다는 것이 우선 업이 될 것이다. 그리고 질서가 형성되어가는 이 과도기에 적극적으로 질서 만들기에 뛰어들어야 한다. 그것이 전통적인 의미의 저자, 창작자를 보호하고 디지털 퍼블리싱 세계의 질적 하락을 막는 일이니까.

이렇게 쓰고 보니 야유의 목소리가 바로 들리는 듯하다. 무엇이 질적으로 우수하고 낫다고 말할 수 있는가. 나는 이 글을 출판업계의 동료들이 읽는다는 전제로 쓰고 있다. 출판기획자의 안목과 손길을 거치지 않는 날것의 디지털데이터를 책으로 부르고 싶지는 않다. 독자의 요구까지 창출해야 한다는 디지털 퍼블리싱 시대의 직업적 소명. 좋은 책을 알아봐주리라는 독자의 안목에 기대는 것이 아니라 시험용 텍스트를 맛보거나 소개글을 접하고 즉시 사서 읽을 필요를 '충동적으로' 느끼게 만드는 출판기획자가 되어야 한다는 개념에서, 결국 디지털 퍼블리싱의 질적인 담보는 출판기획자의 역량에서 비롯함을 강조하고 싶다.

주장을 반복해도 미래는, 선명하게 보이는 것은 아니지만, 주장의 근거는 '내 안에 사라지지 않는 힘센 짐승 같은 희망' 때문이다. 출판의 영역, 지식 생산과 이야기 전승은 어떤 출판인이 어떻게 생산하느냐에 따라 완전히 다르게 읽히고 받아들여진다는 믿음, 거기에서 뻗어나오는 희망. 디지털 퍼블리싱의 세계, 미래의 책 시장에서도 같은 지식, 같은 이야기가 다른 방식으로 새롭게 수용될 것이라는 믿음과 희망이 있다. 여기에서 출판인의 존재가 부각된다.

반反아날로그, 반反디지털 출판인으로 산다는 것

내 경우를 사례로 미래의 출판인을 명상해본다. 나에게는 그동안 편집자로 살아온 딱 그 기간만큼 앞으로 일할 시간이 주어졌다고 생각한다. 노동력을 체력 노쇠와 연관 짓는다면 당연히 약해지겠지만 어쨌든 세월은 그만큼 남았다. 그렇다면 내 편집자 인생의 절반은 아날로그 시대 편집자로, 절반은 디지털 시대 편집자로 살게 되는 셈이다. 반인반수처럼 내 안에서 일에 대한 모순된 가치가 끊임없이 부딪칠 것이다. 하지만 여태까지 일해온 대로 판매 수치보다는 콘텐츠의 매력에 따라서 더 매혹되는 방향으로 일을 해나갈 것이다. 디지털 시대가 두렵지 않은 것은 아니다. 글의 맨 앞에 토로했듯이 머리와 마음을 바꾸어야 한다는 것은 정말이지 쉬운 일은 아니니까. 그렇지만 내 몸 안에 각인된 출판인 DNA는 호기심 충만으로 터질 것만 같다. '매출', '베스트셀러'라는 단어보다 우선적으로 더 많이 끌어안고 살아온 것이 '저자', '독자'라는 단어이기에, 미래의 책 시장에 놓일 출판인이라는 자아상을 비교적 긍정적으로 그리고 있다.

책을 읽는다는 행위에는 디지털 시대에도 여전히 유효한 독특한 형태의 지식과 감동의 수용이라는 의미가 포함될 것이다. 그래서 책이라고 불리는 디지털 콘텐츠를 소비하는 행위가 단순히 정보를 흡수하고 버리는 수준만은 아니라는 것. 그것은 다른 디지털 콘텐츠보다 비싸고 종이책보다 싼 돈을 지불하고 전자책, 앱북을 사는 독자의 기대일 것이다. 앨범 형식의 CD를 소유했던 기억, 트랙마다 섬세한 차이를 향유하는 음악 애호가에게는 음원으로 듣는 스트리밍 음악도 상업적 소비와는 다른 차원에 존재한다. 종이

책을 소유하고 독서에 몰입한 기억을 가진 독자에게, 편리성과 필요에 따라 읽게 되는 전자책은 그런 의미에서 독서의 연장이 될 수 있다.

미래에 대해 담대해지는 것

그렇다면 독자의 독서 경험, 몰입의 기억은 어떻게 형성할 수 있을까. 미래의 출판기획자에게 힘이 되고 돈이 되고 꿈이 되어줄 새로운 세대의 독자는 어떻게 만들어지는가.

사회 교육과 문화적으로 우수한 도서관 환경이 그런 경험을 유도하고 체험하게 만들 것이다. 출판과 교육은 떼려야 뗄 수 없는 관계다. 단지 제도권 교육만을 말하는 것은 아니다. 독서 교육을 통해 미래의 세대에게 책 읽기의 매력을 환기할 수 있다면, 디지털 퍼블리싱에 대한 수용도 다르게 이루어질 것이다.

요즘엔 아마존 킨들 같은 전자책 전용 단말기로 편리한 독서를, 아이패드로 게임과 음악과 영화와 SNS 사이로 입체적인 독서를 하는 모습을 자주 본다. 이는 앞으로 더욱 일상적이고 평범한 독서 방식으로 자리 잡을 것이다. 2007년 아마존 킨들 출시와 2010년 아이패드 출시 때 닥친 충격은 독서계에 금세 흡수되었다. 편리한 독서 기기로 이해되는 데는 그다지 많은 시간이 필요하지 않았다. 앞으로 얼마나 더 획기적인 디바이스가 출현하고 그에 적응해가겠는가.

그 흐름에 거스를 방법은 없다. 새로운 디바이스에 적응하고 즐기며 환경에 최적화된 콘텐츠 개발에 촉수를 세우는 일을 담대히 해내는 것만이 출판인의 생존법이리라. 네이버 플랫폼에서 100원으로 다운로드하여 읽을(소비할) 수 있는 로맨스소설의 하루 매출액이 수천만 원이라고 한다. 100원을 지불한 독자 누구도 오탈자나 편집의 문제를 지적하지 않는다고. 아, 그 말을 전해들은 순간, 절망과 희망이 뒤섞이며 다시 신념이 굳어졌다. 내가 미래의 출판기획자로서 어떤 모습이어야 하는지. 재독이 아닌 재탕이라는 용어를 다시 읽는다는 개념으로 사용하는 로맨스소설의 독자를 떠올리면서 책으로 다시 귀환하는 미래 출판기획자의 모습을 그려보았다.

나는, 책은 태생적으로 다품종 소량소비의 마니아미디어라고 굳게 믿고 있다. 그 믿음을 바탕으로 더 세분화된 기획을 할 수 있기를, 내가 지지하는 저자가 디지털 환경에서 더 매력적인 아우라를 지니게 되기를 바랄 뿐이다. 왜 거대한 플랫폼 산업에서 가능한 출판인 생존법을 구체적으로 제시하지 않고 두루뭉술하게 희망과 신념만 내비치느냐고? 이런 신념 없이 어찌 한 발짝이라도 앞으로 나아가겠는가. 사실 그동안 출판은 내게 가능성에 앞선 신념이었다.

"내가 책이라면, 꼭 듣고 싶은 말이 있어요. 이 책이 내 인생을 바꿔 주었어."(『내가 책이라면』, 쥬제 죠르즈 레트리아 지음, 임은숙 옮김, 국민서관, 2012, 59쪽)

출판인은 독자에게 이런 말을 듣고 싶다. 그것이 인문서든 문학서든 실용서든. 디지털 퍼블리싱의 형태에서도.

1

〈기획회의〉 15주년 특별 좌담

새로운 시대의 기획자는 누구인가

좌담
새로운 시대의 기획자는 누구인가

일 시 2014년 1월 8일(수) 오후 4시 30분

참석자

김학원 휴머니스트 대표
류영호 교보문고 콘텐츠사업팀 차장
박숙정 김영사 상무
이 홍 웅진 단행본사업본부장
장은수 민음사 대표
정욱희 길벗출판사 어학편집/디지털콘텐츠 실장
홍영태 비즈니스북스 대표
한기호 한국출판마케팅연구소장

10년 후의 출판의 모습은 어떻게 될 것인가?

한기호——오늘 좌담은 10년 후의 출판, 출판사, 기획자의 순으로 이야기를 나눠보겠습니다. 먼저 출판입니다. 전자책 논의가 2000년부터 본격적으로 시작되어 벌써 15년 가까이 됐습니다. 그런데 아직도 전자책의 비중은 2%에 불과합니다. 일본은 3% 쯤 되고요. 미국은 그보다 훨씬 많은데, 거긴 개념이 우리와 다릅니다. 그럼에도 전자책에 대한 기대감이 많이 커져가고 있는 건 사실입니다. 이홍 대표는 데이터를 가져오셨는데요. 웅진이 2013년에 전자책 매출 비중이 7%가 됐잖아요. 그리고 3~4년 사이에 20%까지 올리겠다고 하는 내부 계획이 있지 않습니까?

이 홍——7% 정도를 기대했는데 2013년 전자책 매출 비중은 최종 5% 정도로 집계되었습니다. 웅진 단행본을 기준으로 시뮬레이션을 몇 번 해봤습니다. 2012년, 2013년 평균 매출액을 기준으로 했을 때, 이후 매출액 파이가 크게 변동하지 않는다는 걸 전제로 하는 것입니다만, 전자책 매출 점유율 15%면 전체 이익에서 비중 35% 정도는 나오는 것 같아요. 굉장히 정성을 들인 시뮬레이션 결과입니다. 출판시장의 파이에 대한 기대치가 그렇게 크지 않은 상

태에서 매출 증대 효과보다는 이익 구조 개선 측면에서 전자책의 가능성이 분명 존재한다는 판단입니다.

물론 전자책, 혹은 디지털 콘텐츠라는 것을 획일적으로 규정할 수 없고 그에 따라 투자비용 등이 천차만별이므로 대응과 판단은 개별 출판사의 몫이 될 수밖에 없습니다. 이미 뉴스로 전달된 사항입니다만 영미권 메이저 출판사들의 전자책 매출 점유율은 높게는 20~30% 수준이니까요. 우리 시장이 질적인 한계와 속도의 문제에 부딪히기는 하겠지만, 이런 흐름에서 자유로울 수 없다면 향후 15~20% 정도의 매출 구조는 공감대를 형성하는 목표가 될 수 있으리라 생각됩니다.

정욱희——웅진이 현재 이펍 전자책 매출이 5% 정도까지 나오고 있나요? 굉장히 많이 나오는 건데요. 길벗은 작년만 놓고 보면 전체 매출에서 1~2% 정도만 전자책이 차지합니다. 길벗 같은 경우에는 한국출판콘텐츠(KPC) 체제 안에서 유통에 제약이 많기 때문에 더 그렇기도 하겠지만, 처음에 전자책 사업을 시작하면서 기대한 것에 비해서는 정말 성장이 더디다는 게 제 생각입니다.

한국 전자책 시장은 출판사의 준비나 유통사의 서비스라는 측면에서 성장을 가로막는 요소가 많습니다.

지금 대한민국의 전자책 독자들이 전자책을 보면서 즐거운 독서 경험을 하고 있는가 생각하면 전혀 그렇지가 않습니다. 간단한 예로 어학 도서들에는 기본 오디오 파일들이 제공되잖아요. 그리고 이펍 전자책에는 오디오 파일을 포함시킬 수 있어요. 하지만 국내에서는 전자책 안에서 오디오 파일을 재생할 수 있는 기능을 제공하는 유통사는 하나도 없습니다. 독자들은 당연히 음성이 지원될 거라고 기대하고 어학 분야 전자책을 구입했다가 출판사에 항의를 하곤 하는데, 이런 독자들이 다음에 다시 전자책을 살 것인가 하면, 그렇지 않다는 거죠. 유통사에도 계속 이 부분에 대한 개선을 요구하고 있지만, 지지부진한 상태입니다. 이건 아주 단순한 예에 불과하고, 이외에도 독자들을 불편하게 만드는 많은 요소들이 있습니다. 문제는 전자책 독자들을 불편하게 하는 요소들이 어느 순간 확 사라질 것 같지도 않다는 거죠.

저 역시 10년 정도 시간이 지나면 당연히 전체 출판 시장에서 전자책의 비중이 10%를 넘어 30%까지는 성장하지 않을까 기대합니다만, 이런 문제들이 해소되지 않고 지지부진한 성장세가 계속된다면 그게 가능할까 의문이 들기도 합니다. 전자책 시장이 20~30%까지 순조롭게 성장하려면, 글로벌 전자책 플랫폼이 들어와서 독자들에게 양질의 서비스를 경험하게 한다든지 출판사와 유통사가 머리를 맞대고 최선의 서비스 방법을 찾아낸다든지 하는 계기가 있어야 합니다.

장은수——민음사의 경우는 현재 전자책 매출은 종이책 매출의 3% 남짓입니다. B2B 납품 판매를 허용하지 않는 걸 감안하면 웅진하고 비슷한 수준일 겁니다. 잠재적으로 좀더 늘어날 수도 있고요. 다만, 이 문제를 얘기할 때에는 혼동을 조심해야 한다고 생각합니다.

우선, 전자책이 종이책의 재활용 시장인가, 아니면 '읽기'를 판매하는 신규 콘텐츠 시장인가 하는 점을 따져야 합니다. 종이책을 일단 만들고 난 후 콘텐츠를 재활용하는 시장으로 보면, 투자 대비 수익률이 엄청나게 높습니다. 모든 제품에 고정비가 들어가는 종이책과 비교할 수 없을 정도입니다. 물론 신규로 전자책이나 앱을 개발하는 경우에는 현재 수익을 내기 쉽지 않겠지만 말입니다. 그러나 그 부분도 판매 플랫폼만 충분히 갖추어지면(이게 기대난망으로 보이기는 하지만요) 현재처럼 종이책 같은 형태로 판매하는 걸 전제로 하는 '디지털 퍼스트 또는 디지털 전용 출판'으로도 대단히 매력적일 겁니다.

전자책 시장이 별로 성장하지 못하는 것처럼 보이지만, 그건 종이책 재활용 차원에서만 보아서, 한마디로 말하면 기존 출판계에서 익숙한 형태의 콘텐츠 차원에서만 보아서 그럴지도 모릅니다. 전자책을 '읽기' 판매 사업이라는 관점에서 보면(이게 '책'인지는 좀 따져볼 문제지만요) 가령 전자사전이나 키봇 같은 데 납품하는 유아용 번들 앱이나 네이버나 다음이나 카카오페이지 같은 데에서 판매하는 만화 등까지 포함하면 이미 시장이 상당한 규모로 성장해 있습니다. 종이책 단행본 시장 규모를 1조 7,000억 원 정도로 보면, 적게 잡아도 10퍼센트, 늘려 잡으면 20퍼센트 가까울 겁니다. 이쪽에서는 콘텐츠 융합이나 가격 정책 같은 게 기존과는 사뭇 다르기 때문에 저희 관행으로는 좀처럼 규모를 짐작하기 힘든 것뿐입니다.

두 번째는 페이퍼 산업과 디지털 사업은 기본적으로 비즈니스 구조가 완전히 다르다는 것입니다. 저희는 물리적 형태가 있는 제품을 판매하기 때문에 기본적으로 제조 중심의 사업 전략을 구사합니다. 시장의 변화에 맞추어 제품의 내용이나 외형을

지금 한국출판은 컨테이너 감각을 가지고 전자책 시장에 접근하고 있습니다. 그런데 디지털 비즈니스에서는 이제 컨테이너 단위로 콘텐츠를 파는 경우는 없습니다. 스마트폰의 등장과 함께 몰락해버린 전자사전 디바이스가 마지막 아니었을까요. 오직 그 안에 있는 콘텐츠만 소비자에게 파는 거지요. 따라서 디지털 비즈니스에서는 콘텐츠를 개발하는 것도 중요하지만, 그것을 어떤 플랫폼에서 어떻게 다양하게 판매하느냐 하는 마케팅 이슈가 개발만큼이나 중요해집니다.

장은수 민음사 대표

쉽게 바꿀 수 없으니까 한 번 상품을 개발하면 오랫동안 변화를 최대한 억제해가면서 제품의 수명을 늘려 잡으려고 합니다. 저희가 제일 싫어하는 게 별 이유 없는 개정판이잖아요. 수익 대비로 보아 재개발비가 많이 드니까요. 이런 둔하고 무거운 방식으로 오늘날 격변하는 정보 소비의 흐름을 과연 따라갈 수 있을까요? 나누어주신 자료를 보면, 오레일리Biran O'Leary 사장은 우리에게 묻고 있습니다. "컨테이너container냐, 콘텐츠contets냐?"

지금 한국출판은 컨테이너 감각을 가지고 전자책 시장에도 접근하고 있습니다. 그런데 디지털 비즈니스에서는 이제 컨테이너 단위로 콘텐츠를 파는 경우는 없습니다. 스마트폰의 등장과 함께 몰락해버린 전자사전 디바이스가 마지막 아니었을까요. 오직 그 안에 있는 콘텐츠만 소비자에게 파는 거지요. 따라서 디지털 비즈니스에서는 콘텐츠를 개발하는 것도 중요하지만, 그것을 어떤 플랫폼에서 어떻게 다양하게 판매하느냐 하는 마케팅 이슈가 개발만큼이나 중요해집니다. 이는 디지털과 하나가 된 음악, 게임 등과 같은 다른 콘텐츠 산업들이 이미 걸어갔던 길입니다. 저는 여기에 살짝 철학적 문제를 덧붙이고 싶은 유혹도 듭니다. “도대체 책이란 무엇인가?” 게임기와 게임, 음반과 음악이 본래부터 분리되어 있었던 다른 콘텐츠 산업과는 달리 책은 내용과 컨테이너를 분리하기 어려운 것은 아닐까 하는 희망 또는 절망?

어쨌든 저희와 다른 방식으로 책을 파는, 그러니까 오직 읽기 또는 읽기 체험만을 판매하는 사업이 기록적으로 성장하고 있습니다. 네이버 만화는 말할 것도 없고, 다음 스토리볼이나 레진코믹스나 카카오스토리 같은, 출판과는 전혀 다른 비즈니스 구조를 가진 사업자들이 이제 출판과 잠재적으로, 아니 전면적으로 경쟁하는 중입니다. 우리는 날로 그쪽으로 독자를 빼앗기고 있습니다. 그들은 컨테이너를 파는 게 아니라 실질적으로 ‘읽기’를 팔고 있습니다. 콘텐츠 판매 자체에서 수익을 내진 못하지만, 광고 등 다른 방식으로 수익을 내는 비즈니스를 전개합니다.

종이책에서 출발해 종이책 모양 그대로 디지털 콘텐츠 시장에서 판매해 수익을 거두려는 구조에서는 아까 정욱희 실장이 얘기하신 게 상당히 타당할 수 있는데요. 비즈니스의 구조가 완전히 바뀌는 차원으로 간다면 조금 다르게 성찰해야 하는 게 아닌가 싶습니다. 한마디로 말하면, 이제 출판은 하나의 콘텐츠를 생산해서 플랫폼에 맞추어 다양한 형태의 읽기를 판매하는 비즈니스로 전환해야 합니다(OSMF[One Source Multi-Format] 또는 엔스크린N-Screen 전략). 적어도 전자책을 이야기하려고 한다면 그렇습니다. 그런데 그런 사업적 가능성에 대해 출판계에서도 논의가 없고, 대형 출판사라 할지라도 준비가 충분히 되어 있지 않습니다. 전자책은 사실 구조가 다른 비즈니스인데, 출판계에서는 계속 자신한테 익숙한 비즈니스 구조로만 디지털화하려고 하니까 진전이 없는 겁니다. 저는 오레일리 사장이 얘기한 게 옳다고 생각합니다. 이 시대에는 제작 중심 사고로는 도저히 생존할 수 없다고 말하잖아요.

정욱희——장은수 대표 얘기처럼 둘을 구분해서 생각할 필요가 있습니다. 지금 전자책이라고 사람들이 보통 말하고 기대하는 상품의 형태, 판매하는 방식은 일반적으로 종이책의 다른 버전, 콘텐츠를 출판하는 여러 유형들 중 하나를 말합니다. 가령 같은 콘텐츠를 하드커버와 페이퍼백으로 동시에 출간하는 것처럼, 같은 콘텐츠를 종이책과 전자책으로 동시에 출간하는 시스템에서 출간된 책을 의미하는 거죠. 출판사에서 시장 상황에 따라 하드커버 또는 페이퍼백만 선택적으로 출판할 수 있는 것처럼, 종이책 없이 전자책만 출간하는 경우도 생길 수 있겠죠. 하지만 근본적으로 이런 방식은 그 결과물이 종이책이냐 전자책이냐에 상관없이 사실 전통적인 출판 사업의 연장이라고 봐야 합니다. 지금 우리가 전체 출판 시장에서 전자책 시장이 10%, 20%, 30%가 된다고 하면 이 시장을 염두에 두고 말하는 거라고 봐야죠.

그런데 이 전통적인 의미의 출판시장이 계속 줄어들고 있다는 게 문제입니다. 만약 앞으로 10년에 걸쳐서 종이책 시장의 30% 정도가 축소된다면, 그 사라진 30%를 우리가 지금 말하는 전자책 시장이 온전히 채워줄까요? 그렇지 않을 가능성이 많습니다. 왜냐면 지금도 계속되고 있는 현상이지만 예전에 사람들이 책을 읽는 데 사용하던 시간을 책 대신 다른 미디어를 소비하는 데 사용하고 있기 때문이죠. 전자책 시장이 순조롭게 성장한다고 하더라도 전통적인 의미의 출판 시장은 지속적으로 축소될 가능성이 많다고 봐야겠죠.

이게 결국은 콘텐츠 또는 미디어 환경의 디지털화가 출판계에 가져온 재앙인데요. 하지만 역설적이게도 이와 같은 상황이 출판사들에게는 이전과는 전혀 다른 기회를 제공하기도 합니다. 예전에는 투자에 필요한 자본이나 인력 때문에 엄두조차 낼 수 없던 신사업, 예를 들면 동영상 강의를 통한 교육 사업이나 팟캐스트 같은 미디어 사업을 상대적으로 적은 비용으로도 누구나 시작할 수 있게 되었기 때문이죠. 만약에 이와 같은 새로운 미디어 환경에서 어떤 출판사가 디지털 시대에 어울리는 새로운 유형의 강력한 콘텐츠 비즈니스 모델을 발견한다면, 출판업 자체가 완전히 다른 차원으로 이동하게 될 겁니다. 꿈같은 얘기지만 그 출판사가 인터넷 포털이나 게임 회사처럼 성장하지 말란 법도 없죠.

이렇게 전통적인 출판산업의 연장선에 있는 전자책 사업과 새로운 유형의 디지털 콘텐츠 사업은 구분해서 고민하고 논의할 필요가 있다고 봅니다.

장은수——예, 맞습니다. 디지털 콘텐츠 비즈니스를 얘기하면서 동시에 전자책 비즈니스를 얘기하는 게 문제죠. 전자책 비즈니스는 결국 종이책을 PDF든 이펍이든 앱이든, 컨테이너 단위로 파는 사업에 대한 전망을 계속 저희한테 요구합니다. 그건 다른 거죠.

이 홍——전자책 기준을 무엇으로 할 것인가? 비중은 어떻게 달라질 것인가? 사실 질문 자체가 모호합니다. 전자라는 표현도

몹시 당황스러운 변화 같지만 이건 '출판업자'들의 입장이고 소비자 입장에서는 그것이 종이가 되었든, 파피루스가 되었든, 혹은 기기묘묘한 디바이스이건 큰 문제는 아닙니다. 필요한 지점에서 자신의 시간을 할애해 읽으면 되고 원하는 정보나 지식을 활용하면 그만입니다. '생산자 중심의 공급'에서 '소비자 중심의 선택'으로의 이동은 그동안 지식 정보 콘텐츠들이 비타협적이고 획일적이었다는 치부를 감출 수 없게 만들었습니다.

이홍 웅진 단행본사업본부장

그렇고 책이라는 표현도 그렇고… 다만 인류가 존재하고 지식과 정보를 필요로 하는 한 읽기라는 습관 자체가 없어지거나 바뀌진 않을 거라는 본질이 중요하지 않을까요? 어느 쪽에서 얼마큼 유효하고 유효하지 않고, 어느 쪽으로 몰려가고, 풍선효과처럼 누르면 한쪽에서 튀어나오고 하는 건 있겠지만 인류가 존재하는 한 지식이나 정보에 대한 갈구는 증폭될 겁니다. 그렇다면 어떤 형태로든 사람들은 읽을거리를 찾을 수밖에 없겠지요. 몹시 당황스러운 변화 같지만 이건 '출판업자'들의 입장이고 소비자 입장에서는 그것이 종이가 되었든, 파피루스가 되었든, 혹은 기기묘묘한 디바이스이건 큰 문제는 아닙니다. 필요한 지점에서 자신의 시간을 할애해 읽으면 되고 원하는 정보나 지식을 활용하면 그만입니다. '생산자 중심의 공급'에서 '소비자 중심의 선택'으로의 이동은 그동안 지식 정보 콘텐츠들이 비타협적이고 획일적이었다는 치부를 감출 수 없게 만들었습니다. 전자책이라는 표현은 그래서 복합적입니다. 종이책처럼 단일한 형태를 띠지 않습니다. 그런데도 우리는 지금 이것을 그냥 흐지부지 전자책이라는 이름으로 통칭하고 있습니다.

정욱희——아마도 한기호 소장님의 처음 질문은 전통적인 출판업의 연장선에 있는 전자책 사업을 염두에 두었을 거라고 생각합니다. 하지만 출판사 또는 출판업이 미래를 준비한다면 실제로는 장은수 대표님 말대로 '콘텐츠 비즈니스'에 대한 고민이 더 많이 필요한 게 아닐까 싶네요.

한기호——이제 미래 출판이 어떻게 갈 것인지 이야기해봤으면 합니다.

홍영태——사실은 책이라는 미디어 자체가 엘리트 매체예요. 미국에서 전자책이 수용되고 소비되는 방식이나 어떤 계층에 어떤 책이 어떻게 수용되는가를 가만히 보면, 3억 5천만 명에서 10%인 3,500만 명 정도가 독서에 관심 있는 사람이에요. 모든 사람이 책을 읽는 것 같지만, 실제로 제 주변에도 교보문고 한번 안 들어가본 사람이 무지하게 많아요. 다매체 환경에서 책은 갈수록 엘리트 매체가 되어갈 거예요. 학습물을 제외하고 10개의 분야가 있다고 했을 때, 미국의 경우 각 분야별로 350만 명 정도의 잠재독자가 있는 겁니다.

이들 중 약 10%의 사람들이 실제로 책을 산다면 베스트셀러의 규모가 약 30만에서 50만은 가볍게 나올 수 있다는 얘기가 되거든요.

아까 장은수 대표가 변용 얘기를 했는데요. 소비하는 방식에 당연히 변화가 일어나겠죠. 돌에 쓰여 있는 걸 읽는 방식에서 종이에 쓰여 있는 걸 읽는 방식으로 변한 것처럼 변용이 일어나겠죠.

변용은 어디서 일어날까요? 전체 인구의 10%, 즉 책을 읽는 사람들은 굉장히 엣지 있는 사람들이에요. 첨단에 서 있는 사람들이 그걸 받아들이는 거죠. 세대로 하면 새로운 세대가 될 가능성이 높습니다. 그러면 결국 미국에는 3,500만 명의 독자, 즉 변용을 수용할 수 있는 사람들은 결국 각 분야별로 350만 명 정도가 있는 겁니다. 변용을 수용할 만한 트레이닝이 잘된 독자 수가 그렇다는 겁니다.

우리나라의 경우, 5천만 명 중에 책을 읽는 사람이 500만 명, 분야별로 대략 50만 명이에요. 그래서 베스트셀러 규모가 5만 부 정도를 기준으로 움직이는 겁니다. 그러니 보통 책은 3천 부, 5천 부도 팔기가 힘들어지는 거죠. 변용이 사회를 추동하는 규모의 경제가 달성되려면 베스트셀러 독자 규모가 10만에서 50만, 100만이 되어야 하는데, 우리나라에서는 규모의 경제가 작동하지를 않아요. 일본이나 독일처럼 인구가 8천만, 9천만, 1억이 넘는 나라들에

사실은 책이라는 미디어 자체가 엘리트 매체예요. 모든 사람이 책을 읽는 것 같지만, 실제로 제 주변에도 교보문고 한번 안 들어가본 사람이 무지하게 많아요. 다매체 환경에서 책은 갈수록 엘리트 매체가 되어갈 거예요. '읽기'의 변용은 어디서 일어날까요? 전체 인구의 10%, 즉 책을 읽는 사람들이 그걸 받아들이는 거죠.

홍영태 비즈니스북스 대표

서도 변용이 안 일어나고 전자책이 보급이 안 되는 문제의 뒤에 이런 인구 통계학적인 문제가 자리 잡고 있다는 겁니다. 그걸 감안해야 돼요.

결론부터 말하면 10년 후에 전자책 비중은 10% 정도는 될 겁니다. 왜냐면 디지털 세대들이 자라나고 있거든요. 지금 중·고등학생들은 우리하고 다른 사고 구조를 갖고 있고, 그 세대들이 자라면 10% 언저리는 갈 수 있을 것이라고 봅니다. 15~30% 정도가 변곡점이 일어나는 지점이라고 저는 생각하는데요. 그때부터는 가속도가 붙겠죠. 수익구조가 바뀌니까요. 그것도 20년 정도는 지나야 일어날 것 같습니다. 국내 전자책 담론은 우리나라에서 일어나지 않은 일에 온갖 논리적 추론을 더한 게 아닌가 생각합니다.

김학원——전자책 시장에 대한 논의는 이제 총론적인 예측의 측면에서는 대략 비슷한 것 같습니다. 10년 전쯤에는 갑론을박했는데 지금은 많은 이들이 10년 후에는 한국의 출판 시장에서 전자책의 비중이 유의미한 비즈니스 모델이 될 거라 봅니다. 두 자리 숫자를 의미하는 거죠. 이제는 전자책 시장의 미래에 대한 예측보다도 전자책 비즈니스의 구체적인 실증 사례와 방법론에 대한 다양한 접근과 시도, 즉 각론의 양상에 대한 조사와 개발의 단계에 들어가야 할 때라 생각합니다.

한국의 단행본 출판은 세계 어느 나라의 출판과 비교해보아도 개별 출판사의 처지가 매우 다양하고 복잡하고 개성적이어서 일반화하는 것이 거의 불가능할 정도입니다. 우리와는 달리 훨씬 자본주의적이고 상업적으로 발달한 미국 출판 시장에서 전자책 시장의 초기 10년에서 보여주었던 수많은 실패 사례들 역시 제각각이어서 옆집의 사례를 참조하기가 어려운 실정인데 우리는 그보다 훨씬 심하거든요. 한국의 출판은 옆집과 앞집이 너무나 다르고 처지와 조건이 천차만별입니다. 전자책 출판에 대한 접근 사례와 방식은 더욱 심하게 나타났다고 봅니다. 출판을 말하자면 앞집의 사례가 뒷집의 사례에 영향을 미쳐왔지만 전자책 비즈니스 모델을 찾는 시도들은 완전히 다르거든요.

물론 큰 틀에서 흐름은 있습니다. 사전 출판의 경우, 이미 종이책 사전이 사실상 종말을 고하고 전자책 시대로 빠르게 이동했습니다. 종이책 사전이 전자사전에 장착되었고, 네이버 등 포털로 이동하면서 거의 자취를 감추었습니다. 이러한 환경은 『절대적이면서도 상대적인 지식의 백과사전』(베르나르 베르베르 지음, 이세욱 옮김, 열린책들, 1996)이나 『개념어 사전』(남경태 지음, 들녘, 2006)처럼 기존의 정보 중심의 사전이 아니라 독특한 사전식 단행본의 출몰을 초래하기도 했지만 큰 흐름에서 사전은 가장 빠르게 이동한 셈이죠. 그러나 사전과 함께 빠르게 이동할 줄 알았던 디지털 교과서는 생각하지 못한 다양한 장벽 앞에서 갈 길을 잃고 있고, 베스트셀러 소설 작가나 지식교양서 저자 인세 수입의 99%가 종이책에 의존하고 있습니다. 반면, 어학 시장의 주요 부문인 토익·토플 시장의 경우 웹에서 시작한 새로운 디지털 비즈니스 모델의 강자가 역으로 종이책의 강자로까지 등장했습니다. 10년 전에는 상상할 수 없었던 일이었습니다.

이처럼 디지털 환경에서의 출판은 기존 서점을 중심으로 한 단행본 출판사의 다양성 이상으로, 전체적인 전자책 시장 흐름과 개별 출판사나 콘텐츠 비즈니스 사례의 갭이 엄청나게 크고 그 개별적인 사례는 더욱 더 천차만별일 것이라는 사실에 주목해야 합니다.

비즈니스의 측면에서 전자책 시장을 사고할 때, 지금까지 민음사, 길벗, 휴머니스트가 완전히 다른 회사였던 것 이상으

디지털 환경에서의 출판은 기존 서점을 중심으로 한 단행본 출판사의 다양성 이상으로, 전체적인 전자책 시장 흐름과 개별 출판사나 콘텐츠 비즈니스 사례의 갭이 엄청나게 크고 그 개별적인 사례는 더욱 더 천차만별일 것이라는 사실에 주목해야 합니다.

김학원 휴머니스트 대표

로 더 다를 것이고, 심지어는 유사하다고 생각되어왔던 돌베개, 사계절, 휴머니스트 역시 전자책 시장의 성공 사례는 완전히 다를 것입니다. 전자책 시장을 예측하는 것을 넘어서 구체적인 사례 개발 단계로 들어서면 이 점이 매우 중요합니다. 기존의 관성으로 옆집의 성공 사례를 보고 따라하는 식으로 접근해서는 이 시장을 개척할 수 없을 겁니다.

그런 관점에서 봤을 때, 휴머니스트 사례를 얘기하면요. 전자책과 관련해서 휴머니스트는 10년 후에 전체 매출의 두 자리 숫자까지는 올라갈 것 같습니다. 그 중 하나의 비즈니스 모델로는 차별적 집중인데요. 그나마 한 두 종씩 선보였던 전자책을 작년에 전부 거두어들였어요. 전면 철수죠. 그 이유는 디지털 콘텐츠 비즈니스는 접근방식이 달라야 된다는 인식 때문이었습니다. 기존에는 적극적인 비즈니스 전략이 없이 이러저러한 배경과 계기로 여건이 되는 책들을 계획 없이 전자책으로 만들었지만, 이제는 바꾸려 합니다.

앞으로 10년은 진짜 비즈니스 모델이 가능한 시대이기 때문에 대단히 공격적이고 적극적으로 해야 되는데, 저희는 후발주자잖아요. 5천 종을 가진 민음사와 7백 종에 불과한 휴머니스트가 동일한 디지털 환경에서 어떻게 자신의 이야기에 주목하도록 할 것인가? 출판사는 예나 지금이나 이야기 공장입니다. 여기서 휴머니스트가 갖고 있는 장점은 질적 집약도 밖에 없다고 생각하거든요. 5천 종하고 7백 종은 이야기 시장에서 비교 대상이 아닙니다. 마케팅에서 3배 이상은 비교 대상이 아니거든요. 종수에서 7배 이상 차이가 나는 민음사와 휴머니스트는 비교 대상이 아닌 완전히 다른 존재인데요. 그 속에서 어떻게 우리 이야기의 주목도를 높일 거냐? 이것의 핵심은 우리가 갖고 있는 차별적인 집약도가 어디에 있는가에 있다고 봅니다.

휴머니스트가 가진 장점 중 하나는 3백 종에 달하는 역사 목록입니다. 우리는 초중고에서 대학생, 그리고 일반인까지 한국사, 세계사, 각국사에 대한 기본 텍스트들을 집약적으로 갖고 있다는 거죠. 양적인 면에서는 30년, 50년의 역사를 가진 출판사에는 비교할 수 없을 정도로 뒤지지만 초등학생에서 할아버지, 할머니까지 역사 시장에 노크하는 독자라면 휴머니스트는 경쟁력이 있다고 생각합니다. 이 점을 디지털 환경에서 어떻게 극대화할 것인가? 이 점이 저희가 찾고자 하는 전략 중 하나입니다. 『살아있는 한국사 교과서』와 『살아있는 세계사 교과서』가 10년 동안 쌓은 100만 명의 독자와 『박시백의 조선왕조실록』이 10년 동안 이어온 100만 명의 독자들이 한쪽에서는 한국사와 세계사로 다른 한편에서는 조선사로 유입되었습니다. 역사 분야에서 이 독자들을 더 깊고 풍부한 독서로 이끌 책들을 10년 동안 3백 종을 만들어 소통해왔다면 이것이 디지털에서도 경쟁력이 될 수 있겠다고 판단합니다. 그래서 기존에 만들었던 전자책은 전면 철수를 결정했고 이 방향에 기초해 좀더 다른, 적극적인 전략, 차별적인 집적의 방법을 찾아볼 생각입니다.

저는 디지털 환경과 관련해서 출판사가 추구해야 할 변화의 방향은 독자와 직접 만나는 채널의 개발이라고 봅니다. 이것이 변화의 방향 중 핵심이라고 생각합니다. 예를 들면 10년 전의 휴머니스트와 지금의 휴머니스트를 비교하면 책을 열심히 잘 만드는 것은 같은데 달라진 것이 있어요. 강의실을 만들어서 작년 한 해 그 강의실에서 1,500명이 수강을 했어요. 그리고 느닷없이 팟캐스트 〈박시백의 조선왕조실록〉이라는 방송을 시작했어요. 팟캐스트를 통해 지난 7개월 동안 누적 150만 명의 청취자를 만났습니다. 10년 전과 지금의 변화를 한마디로 얘기하면 우리 책을 통해서 출판사와 독자가 직접 만났다는 겁니다. 강의든 방송이든 휴머니스트의 책을 기반으로 저자와 출판사가 직접 독자와 만나고 있다는 거죠. 10년 전에는 이런 방식으로 독자하고 직접 만나지 않았거든요. 대부분 일회적이었어요.

그렇다면 앞으로의 10년은 어떻게 변화할 것인가? 변화의 핵심은 종이책이냐 전자책이냐가 아니라 디지털 환경의 변화가 초래한 지식의 생산, 유통, 소비 생태계의 변화입니다.

변화는 유통에서 먼저 왔습니다. 온라인 서점이 등장하면서 기존의 오프라인 서점에서 수행했던 것들이 출판사로 넘어왔어요. 그렇기 때문에 우리가 강의하는 거고, 우리가 독자하고 직접 만나야 하는 겁니다. 예전에는 서점이 그 기능을 했는데 인터넷 서점은 그걸 할 수가 없어요. 온라인으로 주문하고 배달받으면 끝나니까요. 기존에 문화적 기능을 담당했던 서점이 사라지니까 출판사가 그 부분을 충족시켜줘야 하는 거예요. 디지털 환경 변화가 출판사와 독자 사이의 직접 소통을 가능하게 해주었어요.

한기호——개별 출판사가 플랫폼화 되어야 한다는 거죠.

장은수——전자책이라는 질문이 왜 제기되었느냐가 중요합니다. 점유율이 몇 퍼센트냐는 사실 별 의미 없는 질문이에요. 전자책 담론이 나온 이유는 무엇보다도 종이책 비즈니스 환경이 계속 나빠지고 있기 때문입니다. 하나의 가능성으로서 제시된 거죠.

저도 예전에 착각했었는데, 전자책이 종이책을 대체할 것인가와 같은 질문과 대답은 초점을 잘못 잡았을 뿐만 아니라 심하게 말하면 아마추어적입니다. 중국, 브라질 등과 같은 신흥국을 제외하면, 전 세계 종이책 비즈니스는 최근 십 년 가까이 지속적으로 하락세를 이어왔습니다. 반등 기미도 전혀 없습니다. 따로 설명할 필요도 없이, 이는 디지털 충격이 인류의 생활에 전반적으로 영향을 미치면서 자연스레 일어나는 현상이니까 비가역적이라고 보아야 합니다.

그렇다면 콘텐츠 쪽에서 소비 규모가 늘고 있는 사업이 무엇일까요. 말할 것도 없이 디지털 콘텐츠 소비입니다. 그러니까 디지털하고 만나기 전에 출판은 축소되어 가는 시장을 늘릴 가능성을 찾을 수 없었습니다. 책을 전자화해서 소비자와 만나게 해야겠다는 고민은 이로부터 나왔던 겁니다. 근데 2%밖에 안 되니까 우리는 그냥 종이책이나 계속 만들겠다는 것은 해마다 전체 출판 사업이 줄어들어가는 것을 그냥 지켜보겠다는 것과 같은 대답입니다. 한마디로 말해, 옆 출판사가 망할 때까지 기다렸다가 그 시장 점유율을 일부 가져오는 방식으로 성장하거나 생존해보겠다는 거죠. 배가 가라앉는데, 옆 선실에서 떠내려온 초콜릿 한 상자 주웠다고 기뻐하는 거나 다름없습니다.

하나 더 덧붙인다면, 시장이 축소되는 환경에서 출판 내부의 경쟁이 치열해질 뿐만 아니라 출판 비즈니스 자체가 다른 콘텐츠 비즈니스와 경쟁하는 경우도 점점 늘고 있습니다. 이는 출판 비즈니스 자체의 전반적 수익성을 계속 떨어뜨릴 뿐만 아니라 편집자 등 내부 인력 전체를 강연, 콘서트, 소셜 콘텐츠 개발 등 각종 마케팅에 동원함으로써 개별 제품에 대한 단위 생산성 자체도 떨어뜨립니다.

출판 산업이 어려웠던 것은 하루 이틀 일이 아니지만, 과거에는 지속적 성장 환경에서 그 확장을 고민했다면 지금은 비즈니스 구조 자체에 대한 총체적 재점검을 요구하는 시기이기에 담론의 차원이 다른 겁니다. 전자책은 출판의 수익성을 끌어올리고 생산성을 증대하려는 기획 속에서 시도되고 있습니다. 그러니까 점유율은 단기적으로는 유효한 지표지만 장기적으로는 아무 의미가 없습니다.

심하게 말하면 산업 전체의 파산을 눈앞에 두었는데, 그런 숫자의 다소가 무슨 의미가 있겠어요. 이 담론이 출현한 기본 구조를 먼저 들여다봐야죠. 셔먼 영의 『책은 죽었다』(이정아 옮김, 눈과마음, 2008)나 테드 스트리파스의 『미국 출판문화 들여다보기』(이문성 옮김, 대한출판문화협회, 2011)와 같은 책을 보면 이 점은 선명합니다. 미국도 똑같아요. 출판사의 수익성은 점차 떨어지고, 종이책은 계속 인터넷 정보와의 경쟁에서 패배하는 중인데, 그럼 출판은 앞으로 어떻게 할까요. 전자책은 이 난문에 답하기 위한 시도로 만들어졌습니다. 미국은 어쨌든 간에 이 질문에 답을 잘했고, 그 결과 비교적 성공한 편에 속해요.

김학원——거긴 킨들이라고 하는 새로운 방식의 시장 자체가 형성되어 있는 거죠.

장은수——한국과 마찬가지로 프랑스도 전자책 확산의 속도는 느리지만 저희보다 훨씬 잘 대응하고 있어요. 일본도 대응을 잘하고 있고요. 프랑스나 일본 출판인들이 이 질문의 구조를 저희보다 잘 이해하고 있다는 겁니다. 전자책이 아니라면 다른 답안이라도 내야 하는데, 한국에서는 많은 출판인들이 자꾸 옆 동네 이야기로 생각하는 게 문제라는 거죠.

김학원——보내준 자료도 봤지만 일본하고 한국은 비교 대상이 아닙니다. 일본의 출판 개념과 한국 출판 개념의 본질적 차이는 일본은 잡지가 출판 안에 들어가 있다는 것입니다. 잡지와 단행본이 한 출판사에서 함께 비즈니스를 했고 큰 틀에서 한 몸으로 작동했습니다. 전자 환경 속에서 일본이 빨리 적응할 수 있었던 건 이런 잡지와 단행본의 통합적인 경험 때문이에요. 뉴요커들이 잡지, 특히 주간지 소비가 활발한 것을 감안해 주간지를 대거 들이고, 읽고 버리는 로맨스, 호러, SF 등 이른바 장르소설, 그리고 1.99달러짜리 뉴욕타임즈의 베스트셀러 페이퍼북 등을 결합해 초기 시장을 공략함으로써 킨들이 미국시장에서 자리 잡게 된 결정적인 계기가 되었던 것처럼요. 일반 단행본은 처음에 주저했고 신중했어요. 일본 시장에서 전자책과 관련해서 활동하는 편집자들은 대부분 잡지 출신들이 많아요.

홍영태——우리나라 출판사들에 자본의 집적이 많이 안 되어 있어요. 그러다 보니까 우리는 대응할 수가 없죠.

정욱희——전자책 사업의 의미를 좁혀서 출판의 여러 형태 중 하나라고 생각하더라도, 만약 점유율 20%가 되면 매출 100억 회사에서 20억 정도의 비중이 됩니다. 그리고 김학원 대표님 얘기처럼 이게 수익성도 굉장히 좋은 사업이에요. 사실 그 정도만 돼도 나쁘지 않은 성과죠. 하지만 그럼에도 불구하고 이 성과라는 게 매출 100억짜리 회사의 미래를 통째로 책임질 수준은 아니라는 게 문제입니다.

따라서 어떤 출판사가 생존하고 성장하려면 단순히 전자책 사업을 어떻게 한다는 수준보다는 훨씬 진전된 고민과 사업 전략이 필요해요. 전사적인 사업 전략이 명확히 정해졌다면, 사실 이런 전략 아래 우리는 독자하고 새로운 관계를 설정하는 데 주력하기 위해 10~20% 정도의 전자책 매출은 포기하겠다는 것도 하나의 선택이 될 수 있겠죠.

길벗도 최근 몇 년 동안 마찬가지 상태였지만, 지금 출판사들이 전자책 사업과 디지털 콘텐츠 사업 전략을 하나로 묶어 혼란스런 상태에서 대응을 하고 있는 게 문제죠. 지금 필요한 건 전자책 시장이 앞으로 몇 %나 될지가 아니라, 개별 출판사가 디지털 콘텐츠 시대에 어떤 비즈니스를 할 것인지 고민하고 선택하는 일입니다.

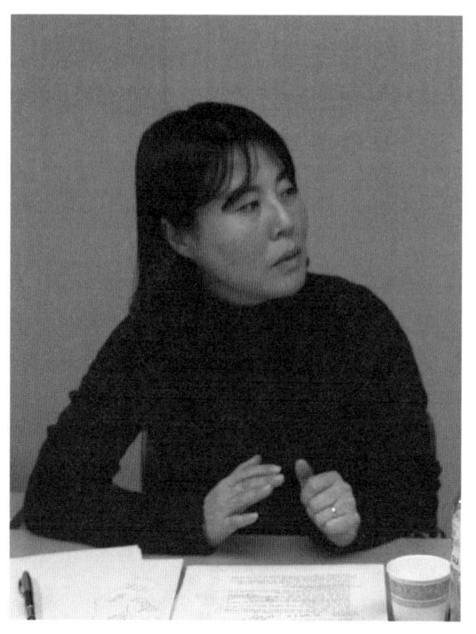

미래 출판을 생각하며 디지털 환경을 생각하지 않을 수 없고, 전자책이 종이책과 병행되어 갈 테지만 기획이나 마케팅은 전혀 다르게 접근해야 한다는 생각입니다. 디지털 환경에서 종이책 출판이 살아남기 위해서는 온라인 전략의 차별화를 좀더 구체적이고 실효성 있게 고민해봐야 할 것입니다.

박숙정 김영사 상무

박숙정——김영사의 경우도 모두들 말씀하신 것처럼 지난 1년은 전자책의 매출성장, 디지털 사업의 방향을 재고했던 한 해였습니다. 저희도 전자책만의 매출은 전체 매출의 1% 정도를 차지하는 정도였습니다. 이 부분은 회사의 성장과 향후 사업전략을 생각할 때 매우 중요한 결과일 수밖에 없었습니다. 회사는 이미 3년 전부터 디지털 사업의 활성화를 위해 미디어기획부라는 독립 부서를 신설하여 집중해왔지만, 지금 말씀하신 여러 가지 문제점이 모두 도출됐고 적절한 대안을 마련하지 못한 채, 지금은 당분간 축소 운영하는 방향으로 잡았습니다.

매달 전자책 매출 순위 10위권 내의 책들을 살펴보면 대부분이 신간이었고, 구간이나 스테디의 경우, 가격 할인 이벤트를 진행했을 때만 매출이 높게 나오는 경향이 있었습니다. 저희도 KPC를 통한 판매와 B2C마케팅에만 집중해왔고, 여러 가지 상황을 종합해봤을 때 단기간에 국내 전자책 시장이 크게 성장할 가능성이 없다는 생각이 들었습니다.

가장 매출이 높은 유통사가 T스토어일 거라고 예상을 하는데, 이 또한 만화책과 장르문학의 매출을 합친 것이기 때문에 일반 단행본 시장은 훨씬 적을 것이라 예상합니다. 이 모든 부분을 종합해봤을 때 지금 저희들은 약간 딜레마에 빠져서 다시 고민하는 시기라고 볼 수 있습니다.

반면, 유아나 아동시장을 보면 훨씬 더 비관적입니다. 왜냐하면 유아 쪽은 음악 콘텐츠나 인터렉션을 통해 앱을 활용한 것이 대부분인데요. 아동 저학년에서 10년 넘게 스테디셀러인 『책 먹는 여우』를 앱으로 개발해보았는데 비용 대비 판매가 10% 정도 밖에 되지 않았습니다. 초등학생을 대상으로 하는 앱이 없는 시장 상황에서 오랫동안 스테디셀러였다는 것만 믿고 개발해봤지만, 예상보다 훨씬 저조한 결과를 보였습니다.

물론 유아의 경우는 조금은 다를 것입니다. 하지만 이 또한 수익률 부분에서는 크게 도움이 되지 않는다고 들었습니다. 그래서인지 아동에서는 차라리 브랜드앱을 준비, 출시하고 있습니다. 아울북의 『마법천자문』은 오래전부터 브랜드앱을 준비하고 있다고 합니다. 주니어김영사의 경우도 '인문고전 50선' 시리즈나 『먼 나라 이웃 나라』 등을 향후 브랜드앱으로 개발할 계획을 하고 있습니다.

2014년부터 전국 초등학교에서 태블릿PC를 통해 수업을 한다고 했지만, 결국 가봐야 아는 것이지요. 정부, 도서관, 출판계가 모두 합의한 전자책 납품 모델이 없기 때문에 본격적으로 학교에 태블릿PC가 보급되지 않는 한, 유·아동시장에서의 전자책, 앱 개발은 한계가 있다고 봅니다. 초등학생들이 스마트폰을 이용해 책을 읽는 건 현실적으로 어렵다고 생각하거든요.

김영사도 초·중·고생들을 위한 전자책은 휴머니스트와 비슷하게 학습과 연계된 역사물, 그리고 교사들과 학부모들이 필요로 하는 콘텐츠의 브랜드앱이나 학교의 B2B 시장을 염두에 두고 별도의 기획이 필요하다고 생각하고 있습니다. 그런 면에서 요즘 창비에서 진행하는 '더책' 사업을 주시해보고 있는데요, 이는 NFC(Near Field Communication)를 활용한 일종의 오디오북 서비스로 B2B시장에서 성공 가능성이 있는 사업이라고 보고 있습니다. 여기에 저희 콘텐츠도 합류하여 진행하고 있고요.

미래출판을 생각하며 디지털 환경을 생각하지 않을 수 없고, 전자책이 종이책과 병행되어 갈 테지만 기획이나 마케팅은 전혀 다르게 접근해야 한다는 생각입니다. 디지털 환경에서 종이책 출판이 살아남기 위해서는 온라인 전략의 차별화를 좀더 구체적이고 실효성 있게 고민해봐야 할 것입니다.

김영사는 성인, 아동 모두 2014년도 마케팅 전략을 오프라인 홍보보다 SNS 홍보에 더 집중하자는 데 의견을 모으고 세부적인 계획과 실행에 집중하고 있습니다. 결국 상품(도서)의 변화냐, 유통의 변화냐가 관건이 되겠지요.

이 홍——이미 시작된 현실이지만 10년쯤 후에는 출판이 출판사의 독점물이 되진 않을 겁니다. 디지털 환경이 추구하는 기본적인 목표는 기회의 모순적 평등과 도구의 개인화입니다. 잉여가치를 좇는 자본주의는 이런 신세계를 놓치지 않겠지요. 시장의 형성과 소비자 요구에 어떻게 대응하느냐가 자본의 본질인 겁니다. 영악한 영미권 출판사들이 우리보다 이런 구조에 훨씬 잘 적응하고 대응합니다.

우리가 오랫동안 출판을 하면서 가장 미덕으로 여겨왔던 게 있습니다. 생산자 중심의 사고를 많이 하고 있어요. 우리가 중심이 되고, 우리가 기획을 해서, 우리가 원하는 시장에 공급해 독자들을 견인해야 된다는 생각을 많이 하고 있지요. 책임감 있는 사고이긴 하지만, 순발력 있는 사고는 아닙니다. 디지털 시대라는 것은 해체를 주장한 포스트모더니즘 그 너머입니다. 누가 생산자고, 누가 소비자고, 누가 공급자고, 누가 이것을 활용하는 사람이냐의 구분 자체가 혼미해지는 구도 하에서 10년 후의 출판도 생산자와 소비자의 구분이 지금처럼 명확할 것인가? 어려운 문제입니다.

김학원——바로 그 점 때문에 디지털 환경에서 출판 역시 다양성의 문제가 다시 얘기될 거라는 겁니다. 결국은 디지털 환경이든, 종이책 환경이든 한편으로는 시장에서 독자들이 무엇을 원하는가에 대해 보다 면밀하게 다가가는 시장 접근 전략도 가능하지만 또 한편으로는 내가 독자에게 어떤 이야기를 할 수 있는가, 어떤 이야기로 어떻게 독자들이 주목을 받을 수 있는가에 출판 미디어, 즉 발신자의 길도 비즈니스의 측면에서 열려 있다는 겁니다. 이 두 가지 길을 출판사에서 어떻게 접목하고 각기의 장점들을 어떻게 융합할 것인가. 이 점이 종이책 환경에서든 전자책 환경에서든 출판기획 전략의 핵심적인 과제라고 봅니다.

한기호——류영호 차장님, 킨들 다이렉트 퍼블리싱(KDP) 초창기에는 밀리언셀러 낸 사람이 14명 나왔잖아요. 지금은 완전히 달라졌죠.

류영호——2011년 11월 스테파니 메이어

일반 단행본 출판이 아닌 신문, 잡지 등 미디어 회사와 IT 기획, 프로그래머 출신들이 전자책 시장으로 진입하고 있습니다. 이들은 시장 구조에 대한 새로운 프레임과 전략으로 콘텐츠를 개발하고 대중에게 어필할 수 있는 차별화된 마케팅을 접목시키고 있습니다.

류영호 교보문고 콘텐츠사업팀 차장

Stephenie Meyer 이후에 등록된 작가는 없는 것으로 알고 있습니다. 지난 2년 동안 전자책으로 100만 건 이상 다운로드가 된 작가의 부재는 그만큼 저자와 출판사의 전자책 시장 진출이 확대되었기 때문입니다. 선택의 폭이 넓어지면서 평균을 갖추기 시작했다는 의미입니다. 킨들 초기에는 시장의 붐업boom-up을 위해 아마존이 비교적 이름이 많이 알려진 작가와 스크린셀러 가능성이 높은 전자책에 대해 프로모션을 집중한 측면도 있었습니다.

지난 10여 년간 전자책 시장이 예상보다 성장하지 못했던 여러 가지 요인들이 있습니다. 먼저 시장 참여자 간의 협력 구조와 노력의 미흡, 그리고 독자와의 친숙도를 높이지 못했던 점이 컸다고 봅니다. 하지만, 디지털과 모바일 시장이 급성장하면서 글로벌 전자책 시장에도 변화의 바람이 거세게 불고 있습니다. 저는 그 기준점을 2007년 11월에 있었던 아마존의 킨들 출시로 봅니다. 이미 전자책은 킨들이 나오기 십수 년 전부터 관련 디바이스와 전자책 관련 기술이 계속 선보였습니다. 출판사, 서점, 통신사, 가전 제조사 등 각자의 이해관계의 차이가 심해서 디지털 콘텐츠 유통의 완결체인 C(콘텐츠)-P(플랫폼)-N(네트워크)-

D(디바이스) 구조를 만들 수 없었습니다.

하지만 아마존은 이러한 구조를 내부에서 버티컬 형태로 완성시켰고, 이용자의 편의성을 극대화시키는 데 대대적인 투자를 단행했습니다. 전자책을 포함한 대부분의 디지털 콘텐츠 시장은 이러한 CPND의 선순환 구조가 성장의 필요충분조건입니다. 서로 연결된 참여자들은 밀어주고 끌어주는 힘을 내야 하는데, 컨소시엄을 구성해도 단기성과에 급급해서 이용자의 반응이 본격화되기 전에 소멸되는 경우가 많았습니다. 아마존은 이용자의 편의성 증대를 통한 체험 확대와 유료 구입의 일반화를 킨들을 통해 완성시켰습니다. 물론, 지금까지도 계속해서 자사의 플랫폼과 연결된 참여자들의 이익 확대를 위해 투자하고 있습니다.

아마존은 2005년부터 킨들 프로젝트 오픈을 위해 각계의 전문가들로 구성된 연구 조직을 만들었습니다. 기술 개발과 제휴를 통해 플랫폼과 네트워크, 디바이스의 버티컬 체인은 큰 어려움 없이 구축할 수 있었지만, 콘텐츠는 상대적으로 난관이 많았습니다. 대부분 종이책에 익숙한 독자들과 저자, 출판사를 설득하고 구조를 만드는 부분은 종이책 유통의 바잉파워Buying Power를 가지고 있는 아마존에게도 만만치 않은 과제였습니다. 아마존은 킨들 오픈 이전인 2005년부터 크리에이트 스페이스를 통해 개인 저작권자들과 적극적으로 커뮤니케이션했습니다. 텍스트, 오디오, 비디오 포맷의 콘텐츠를 직접 기획 및 제작하는 개인 이용자들이 아마존의 플랫폼을 통해 판매할 수 있는 채널을 지원했습니다. 킨들 출시를 통해 개인들이 직접 출판할 수 있는 KDP를 확대 개편하면서 전자책 콘텐츠 소싱에 노력했습니다. 물론, 대부분의 콘텐츠 소싱 채널은 출판사입니다. 초기 시장 확대를 위해 종이책과 가격 차이를 많이 두는 전략을 사용한 아마존은 최근 들어 페이퍼백 가격 수준으로 전자책 가격의 할인율을 조정했습니다. 역마진 전략으로 출판 시장의 헤게모니 싸움으로 연결된 메이저 출판사와의 분쟁도 대부분 정리되었습니다.

아마존이 주목하는 부분은 디지털 싱글 형태의 전자책 전용 콘텐츠입니다. 우선 기성 출판사와 직접적인 충돌도 피할 수 있고, 짧은 분량에 저렴한 가격대로 판매할 수 있다는 점에서 매력적이라는 판단이었습니다. 로맨스, 판타지, 스릴러 중심의 전자책 판매 영역을 정치 사회 문화 분야로 확장시키고 있습니다. 역량 있는 전문 출판사를 인수하거나 직접 임프린트를 만들면서 전자책 콘텐츠 소싱에 집중하고 있습니다. 이렇게 아마존의 킨들을 기준으로 전자책 시장의 지형은 획기적으로 변했고, 앞으로도 그럴 것 같습니다.

이제 전자책 시장에서 주목해야할 점은 출판산업계 내부의 기준과 관점을 넘어서야 한다는 것입니다. 온라인서점에서 출발한 아마존도 이제는 플랫폼 사업자로 빠르게 진화했고, 출판과 거리가 멀었던 애플, 구글, 코보 등 메이저 사업자들과 오이스터, 굿리즈 등 스타트업에서 출발해서 전자책과 소셜리딩 서비스에 뛰어드는 업체들이 증가하고 있습니다. 일반 단행본 출판이 아닌 신문, 잡지 등 미디어 회사와 IT 기획, 프로그래머 출신들이 전자책 시장으로 진입하고 있습니다. 이들은 시장 구조에 대한 새로운 프레임과 전략으로 콘텐츠를 개발하고 대중에게 어필할 수 있는 차별화된 마케팅을 접목시키고 있습니다. 특히 소셜미디어와 각종 네트워크 서비스의 발달로 인해 이와 연계된 전자책 서비스도 과거에 비해 성장세가 지속되고 있습니다. 세계 전자책 시장을 선도하고 있는 미국의 경우, 조사기관별로 다소 차이는 있지만, 대략 출판유통시장에서 25% 정도 전자책이 점유하고 있습니다.

2013년의 경우, 직전 2~3년에 비해 다소 주춤하고 있지만 아마존이 진출한 유럽과 아시아 국가들은 전년대비 2배 정도 성장했습니다. 미국 전자책 시장은 이제 종이책과 균형을 맞추고 있는 시점에 접어들었다는 평가가 많습니다. 여기에서 종이책과 다른 전자책 시장만의 특이한 점을 발견할 수 있습니다. 전자책은 출판 콘텐츠 영역만이 아니라 IT산업과의 결합이라는 점입니다. 각종 IT 프로세스를 통해 콘텐츠 제작이 가능하고 플랫폼과 네트워크를 통해 구입하고 저장할 수 있습니다. 책을 읽고 공유하는 기능도 대부분 IT 없이 진행될 수 없는 구조입니다. 결국 이러한 IT와 출판의 융복합 관점에서 보면 2013년에 시작된 미국의 전자책 시장의 정체기는 바로 캐즘chasm(새롭게 개발된 제품이 시장 진입 초기에서 대중화되기 전까지 일시적으로 수요가 정체되는 현상) 국면에 접어든 것으로 볼 수 있습니다.

오프라인 서점의 감소와 배송 시스템 등 미국의 출판 유통구조의 특성상 전자책은 매력적인 출판 콘텐츠 구매 채널입니다. 따라서 IT 기기의 얼리어댑터 층과 헤비리더를 중심으로 전자책 디바이스와 콘텐츠 소비량의 증가 속도를 늘릴 수 있었습니다. 아마존 킨들 출시 이후 약 5년 정도가 그 시기로 볼 수 있습니다. 이제 본격적인 시장 성장기로 접어들기 위한 캐즘에 들어선 국면입니다. 앞으로 2~3년간 이를 극복하기 위한 새로운 전자책 사업 전략과 마케팅이 더 많이 나올 것으로 보입니다. 메이저 업체와 스타트업 등 다양한 사업자들 간의 경쟁과 함께 수요 창출을 위해 전자책에 특화된 여러 아이템이 등장할 것으로 보입니다. 저자와 출판사, 서점(유통사) 등 생산과 유통라인에서의 변화의 방향과 속도에도 변화가 더욱 요구될 것입니다.

향후 10년 한국의 출판시장에서 전자책이 어느 정도 차지할 것인가에 대한 이슈에 대한 제 생각은 다소 긍정적인 편입니다. 국가별로 출판 정책과 법규, 소비 문화 구조 등의 차이는 존재하지만, 전자책이 디지털과 모바일이 연계된 융복합 콘텐츠 사업이라는 관점에서 글로벌의 평균적인 흐름에서 크게 벗어나진 않을 겁니다.

현재 국내 전자책 시장을 유통 관점에서 간략하게 정리해보겠습니다. 교보문고와 예스24에서 발표한 2013년 국내 전자책 결산 분석 자료에 따르면 전체적인 시장 성장률은 다소 감소했습니다. 이는 미국의 캐즘 현상과는 차이가 있다고 봅니다. 개인적으로 전자책 도서정가제로 인한 수요 감소가 주요 원인이라는 분석에 동감합니다. 종이책과 동일하게 신간 할인율이 적용되면서 전자책 정가를 높게 책정한 경우 할인가를 적용해도 종이책과 큰 차이가 없습니다. 저자, 출판사, 유통사의 이익구조 개선 효과는 있지만, 독자의 관점에서 보면 전자책의 매력적인 요소였던 가격에서 실망하는 경우가 발생합니다. 매력적인 콘텐츠 수량의 확대, 양질의 이펍 제작과 안정적인 플랫폼 지원 등의 요구만큼 전자책 가격 할인에 대한 독자들의 목소리도 아주 강한 편입니다.

그래서 최근 대부분의 유통사들은 출판사와 협의를 통해 전자책 콘텐츠의 모네타이징을 위한 전략 개발과 마케팅에 변화를 주고 있습니다. 시리즈 형태의 전자책을 패키지 형태로 할인 판매하거나 디바이스와 결합 상품화해서 독자들의 시선을 끌어당기고 있습니다. 출판사의 종이책과 전자책의 동시출간 비율이 높아지는 것도 긍정적인 신호라고 봅니다. 유통사도 자체 전용 디바이스 및 태블릿PC 개발에 투자를 확대하고 있습니다. 그 이유는 버티컬 체인 구축을 통해 자사 고객의 충성도를 높이는 전략이 향후 생존과 성장에 필수적이기 때문입니다. 이렇게 국내 출판계의 다양한 사업 확장과 외생 변수들의 합종연횡을 통해 향후 국내 전자책 시장도 성장통을 경험하면서 발전할 것으로 봅니다.

아마존을 필두로 메이저 사업자들이 유럽과 아시아, 남미, 오세아니아 등 대륙별 주요 국가에 전자책 플랫폼을 속속 진출시키고 있습니다. 모바일 기반 산업의 확장으로 디지털 콘텐츠 산업은 예측이 힘들만큼 성장이 예상됩니다. 물론, 출판을 기반으로 하는 전자책의 속도가 더디게 가고 있지만 방향은 이어질 것입니다. 현재 한국의 전자책 시장은 전체에서 2~3% 정도 차지하고 있습니다. 최근 언론에 자주 거론되고 있는 아마존 킨들 플랫폼의 한국 내 정식 진출과 실효성 문제는 있지만 스마트 교육 추진 등이 현실화된다면, 국내 출판 생태계 구조도 디지털 쪽으로 확장될 가능성이 높습니다. 그런 관점에서 10년 후 전체 출판시장에서 전자책은 기본적으로 20% 이상 유지될 것으로 봅니다. 물론 국내 사업자들이 그 중심에 설 수 있는 기반 확충과 정책적 지원이 연계되어야 할 것입니다.

한기호——일본에서는 아마존의 킨들파이어와 라쿠텐의 코보 같은 '신플랫폼'이 등장하면서 휴대전화 스마트폰으로 만화를 볼 수 없게 되었다고 합니다. 휴대전화로 만화나 휴대전화소설과 사진을 주로 보다가 신플랫폼이 등장하면서 휴대전화로 인한 매출은 크게 줄어들고 신플랫폼으로 인한 매출은 급증하고 있는 것 아닌가요? 1년에 4배 정도씩 올라가는 것 같은데요. 작년에 비해 4배면 상당히 급격한 증가인데요. 한국도 정확하게는 모르겠지만, 아마존이 들어온다는 얘기가 슬슬 던져지고 있습니다.

장은수——출판계에서는 축소되는 시장에 대한 대응으로 자꾸 고급화를 이야기하는 경향이 있습니다. 그것도 한 가능성이기는 합니다. 콘텐츠와 컨테이너를 분리 불가능하게 예술적으로 만들어서 단위 생산물의 부가가치를 극대화하는 전략이죠. 아마존의 킨들은 셀프퍼블리싱이 기본이고, 종이책 베이스의 전자책을 파는 것은 솔직히 구색에 가깝습니다. 저자-출판사-서점-독자로 이어지는 출판의 기본 가치사슬을 파괴하는 게 아마존의 전략 중 하나입니다. 네이버 만화랑 같은 거죠. 여기에 고급화로 대응할 수 있을까요. 출판 시장의 장기 지속적 축소를 전제로 하고, 출판 비즈니스를 진정한 의미의 다품종 소량 생산 모델인 장인 비즈니스로 전환한다면 불가능한 것은 아닐지 모르겠습니다. 매뉴팩처에서 길드로 후퇴하는 거죠.

분명한 것은 제조 베이스로는 디지털 환

경에서 줄어드는 전체 시장 규모를 감당할 수 없습니다. 디지털에서 광범위하게 유통되는 무료 콘텐츠 또는 저가 콘텐츠와 전면적으로 경쟁할 수 없습니다. 지금 출판은 비즈니스 모델을 전면적으로 혁신하든지 아니면 내부의 생산구조를 바꾼다든지 하는 파괴적 혁신 없이는 지속적으로 성장하기 어렵습니다. 그다음에 진정한 충격이 닥칠 겁니다. 자본주의 사회에서 지속적 성장 없이 좋은 콘텐츠를 확보하는 것은 솔직히 불가능합니다. 필자의 대거 이탈, 저술의 부속화, 편집의 실종, 서점의 붕괴 등이 이어지겠죠. 이미 이 일은 우리 곁에서 일어나는 중입니다.

이를 극복하는 모델로 제가 검토해본 것이 유료 만화 플랫폼을 운영하는 레진코믹스 같은 경우입니다. 장기적 성패 유무와 관계없이, 창조적인 비즈니스 모델을 설계하고 운영할 수 있는 네다섯 정도의 사람들이 그들과 입장을 같이하는 일부 필자들과 함께 저자본으로 플랫폼을 만들어 새로운 콘텐츠를 유통하는, 그런 모델입니다. 이는 오랫동안 출판에서 해온 일입니다. 창비, 문학과지성사, 민음사, 문학동네 등이 모두 이 모델로 입지를 다졌습니다. 저희가 이런 일을 하지 않으면, 앞으로 필자들을 데리고 이런 식으로 새로운 비즈니스를 시작하는 사람들이 수두룩하게 나타날 것입니다. 그러니까 지금, 당장, 전략적으로 이 문제를 고민해야 합니다. 여기에 출판의 사활이 걸려 있습니다.

정욱희——류영호 차장님이 말씀하신 대로 지금 시장 참여자들이 느끼는 불편함을 해소할 방법이 있으면 저도 전자책 시장의 비율이 10년 안에 20% 또는 30%까지도 가능할 거라고 봐요. 앞에서도 계속 얘기했지만, 문제는 30%가 된다 하더라도 출판사 또는 출판 산업의 미래가 보장되지 않는다는 겁니다. 지속적으로 축소되는 출판 시장에서 힘든 삶을 살게 될 수 있다는 거죠.

그러면 개별 출판사는 비즈니스적인 선택을 해야 돼요. 이게 결코 출판 산업의 주류가 되지는 않겠지만 어떤 출판사들은 종이책의 질을 획기적으로 높여서 '종이책만 원하는 사람들을 위한 책'을 만드는 게 디지털 콘텐츠 시대에 유효한 생존 전략이 될 수도 있습니다. 그게 아니면 출판사 안에 벤처기업 같은 조직을 만들어서 본격적으로 디지털 콘텐츠 비즈니스 모델을 고민하고 실험해볼 수도 있습니다. 어떤 방향이 됐든 비즈니스 방향을 선택하고, 선택한 방향으로 사업 모델 자체를 수정해야

개별 출판사는 비즈니스적인 선택을 해야 돼요. 출판 산업의 주류가 될 수는 없겠지만 어떤 출판사들은 종이책의 질을 획기적으로 높여서 '종이책만 원하는 사람들을 위한 책'을 만드는 게 디지털 콘텐츠 시대에 유효한 생존 전략이 될 수도 있습니다. 그게 아니면 출판사 안에 벤처기업 같은 조직을 만들어서 본격적으로 디지털 콘텐츠 비즈니스 모델을 고민하고 실험해볼 수도 있습니다.

정욱희 길벗출판사 어학편집/디지털콘텐츠 실장

합니다. 올바른 전략을 선택하고, 사업 모델을 착실히 변화시킨 출판사는 살아남거나, 다른 차원의 콘텐츠 기업이 될 기회를 잡겠죠. 사실 전자책 시장의 비율이 얼마나 높아지는가는 개별 출판사의 생존에서 핵심적인 요소가 아니라고 봅니다.

10년 후 출판사는 어떤 모습일까?

한기호——여러분들한테 나눠드린 자료 중에서 제가 유심히 봤던 것이 미국 〈애틀랜틱Atlantic〉의 놀라운 변모입니다. 월간지 〈애틀랜틱〉은 정치경제, 외교, 문화, 테크놀로지 등을 취급하는 명문 미디어로 알려져 있습니다. 1857년 설립된 이 전통 있는 출판사가 디지털 시대의 '승자'로 각광을 받고 있다고 합니다. 〈애틀랜틱〉은 4년 연속 매출증가로 흑자를 보이고 있는데 수입의 65%를 디지털 매체가 맡고 있습니다. 광고 수입만을 보더라도 이미 반 이상이 디지털입니다. 흥미로운 것은 디지털 최우선 경영정책인데도 종이 부수가 증가세를 보이고 있다는 점입니다.

〈애틀랜틱〉의 경영자는 1999년 당시 부진을 보이던 〈애틀랜틱〉을 1천만 달러에 매수했으나 고전을 면치 못하고 2005년까지 3천만 달러에 달하는 손실을 안겼습니다. 그러나 〈애틀랜틱〉을 '디지털미디어 컴퍼니'로 재정비하고 모든 업무를 디지털 최우선 경영방식으로 전환하기에 이릅니다. 이 전략을 이끈 사람이 애틀랜틱미디어 전 사장 저스틴 스미스입니다. 파리 출신의 〈인터내셔널 헤럴드 트리뷴〉이나 〈이코노미스트〉에서 이벤트나 기업전략을 담당했고 영국 주간지 〈위크〉의 미국판을 히트시킨 미디어 비즈니스의 프로입니다. 그의 실적을 인정한 〈애틀랜틱〉의 오너는 모든 권한을 스미스 사장에게 일임, 오래된 출판사를 스타트업 기업식으로 운영하는 것을 허가합니다.

스미스가 먼저 손은 댄 것은 '편집'과 '비즈니스'에 걸친 벽을 무너뜨리는 일이었습니다. 미국에서 편집 부문과 비즈니스 부문의 분리는 일본 이상으로 엄격합니다. 이러한 파이어월(장벽)은 저널리즘의 독립성, 즉 기자, 편집자가 비즈니스적인 이해관계에 얽히지 않고 기사를 쓰는 데에 꼭 필요합니다. 그러나 한편으로 '콘텐츠를 모르는 비즈니스 담당자'와 '비즈니스를 모르는 기사, 편집자'가 되어버립니다. 이대로는 새로운 비즈니스 '꺼리'가 생겨날리 없으니, 스미스 사장은 편집의 독립성을 유지하면서 양부문의 사람으로 한 팀을 만들어 정기적으로 회의를 열었습니다. 편집과 비즈니스의 지식과 견해를 나누어 새로운 아이디어를 창출하려는 전략이었습니다.

또한 '디지털'과 '종이'의 울타리를 헐어버렸습니다. 광고영업이라면 종이 담당과 디지털 담당에게 나누어 업무를 할당하는 것이 아니라 개개인에게 예산 목표만을 부여하는 방식으로 변경했습니다. 종이든 디지털이든 상관없이 영업하도록 하고 예상 목표율 달성을 최우선으로 하는 방식으로 바꾼 것입니다.

이 두 개의 벽을 허문 결과 다양한 아이디어가 태어났습니다. 콘텐츠에서는 〈애틀랜틱〉의 메인사이트와 더불어 뉴스나 견해를 모은 뉴스사이트 '애틀랜틱 와이어', 도시나 여행 정보 전문 사이트 '애틀랜틱 시티'가 출발했습니다. 2012년 가을부터 20명의 저널리스트를 고용해 글로벌 엘리트로 구성된 스마트폰용 뉴스사이트 '쿼츠'를 발족시켰습니다. 사이트의 무료화(잡지기사 무료공개)와도 잘 어우러져 각 사이트가 상승세를 보였습니다. 2013년 1월에는 전 사이트를 합계한 유니크 유저수는 2천만 명을 넘었습니다.

비즈니스와 광고에서 종이, 디지털(PC, 태블릿), 모바일, 이벤트를 패키지로 묶은 제안을 강화해 기업의 다양한 니즈에 대

제이슨 엡스타인은 『북 비즈니스』에서 출판사는 디지털 기술로 말미암아 이전과 같은 가내공업의 장인과 같은 업무로 회귀할 수 있게 될 것이며, 미래의 책은 대형 출판사에 의해 만들어지는 것이 아니라 편집자 또는 출판인으로 구성된 소규모 팀에 의해 만들어지게 될 것이기 때문에 우리들은 현재, 출판의 새로운 황금기의 입구에 서 있다고 말했습니다.

한기호 한국출판마케팅연구소장

응했습니다. 디지털만으로는 단가가 싸지기 마련인데 여기에 종이나 이벤트와 연결함으로써 비즈니스의 규모를 크게 확대시켰습니다. 급증하는 온라인 광고와 보조를 맞추듯 종이 광고의 매출도 상승하면서 종이와 웹이 사실상 서로를 죽이는 관계가 아님을 증명했습니다.

광고 비즈니스에 있어서 주된 상품은 브랜드콘텐츠입니다. 이것은 스폰서콘텐츠, 네이티브광고라고도 불리며 '기사광고의 진화된 형태'라고도 합니다. 브랜드콘텐츠는 기업이 만든 콘텐츠, 혹은 기업 스폰서가 만든 콘텐츠를 사이트상에 게재하는 상품이며 다른 기사광고와의 차이는 기사내용이 콘텐츠 구조이며 회사의 직접적인 선전이 아니라는 점입니다. 스마트폰 전용 사이트 '쿼츠'에서는 보잉, 소니, 캐딜락, 크래디스위스 등의 쟁쟁한 기업이 브랜드 콘텐츠의 고객입니다.

비즈니스 면에서는 이벤트 사업도 강화하고 있습니다. 외부 단체와 파트너십을 맺어 Aspen Idea festival(미국 콜로라도 주 애스펜에서 열리는 축제로, 다양한 이슈에 대한 아이디어를 나누는 세미나, 강연 등이 이루어진다) 등을 시행함으로써 이벤트비즈니스가 수입을 점유하는 비율은 2007년 6%에서 현재 14%까지 상승했습니다.

일련의 개혁으로 인해 사이트의 트래픽은 급상승했으며 종이 부수도 회복, 나아가 광고도 디지털, 종이 모두 매출증가라는 대박을 터트렸습니다. 〈뉴욕타임즈〉, 〈파이낸셜타임즈〉 등의 거대 미디어에 비해 규모는 작지만 〈애틀랜틱〉의 전략은 시사하는 바가 큽니다. 〈애틀랜틱〉에 있어 향후 열쇠가 되는 것은 요금부과 전략입니다. 광고, 요금부과의 양측에서 디지털 수입을 확대할 수 있다면 디지털 시대의 롤모델의 자리를 확고히 지킬게 될 것입니다.

다른 측면에서 제이슨 엡스타인은 『북비즈니스』(최일성 옮김, 미래사, 2001)에서 출판사는 디지털 기술로 말미암아 이전과 같은 가내공업의 장인과 같은 업무로 회귀할 수 있게 될 것이며, 미래의 책은 대형 출판사에 의해 만들어지는 것이 아니라 편집자 또는 출판인으로 구성된 소규모 팀에 의해 만들어지게 될 것이기 때문에 우리들은 현재, 출판의 새로운 황금기의 입구에 서 있다고 말했습니다.

이제 다음 주제인 10년 후의 출판사에 대해 이야기를 나눠보죠. 제이슨 엡스타인의 예상은 현실이 되어가는 것 같기도 한데 여러분의 생각은 어떠신지요?

장은수——저는 먼저 그런 말이 왜 나왔는지부터 이야기해야 한다고 생각합니다. 아까도 말했지만, 출판 산업의 종래 비즈니스 모델은 어떤 한계에 부닥쳐 있습니다. 개인 편집자 전성시대 같은 개념은, 시쳇말대로 창조 경제 시대니까 뛰어난 개인 한 사람이 열 조직 안 부럽다는 차원에서 접근해서는 안 됩니다. 이는 종래의 출판 모델을 혁신하기 위한 방법론 중의 하나로 생각해야 합니다. 프로세스 혁신이나 직무 혁신 차원의 문제가 아니라는 뜻입니다. 디지털과 경쟁하기 위해서 생산성을 끌어올리고 이익률을 높이려는 필사적인 몸부림의 결과인 것입니다.

개인의 직무를 혁신해서 위기를 돌파하자, 마케터가 지금보다 일을 훨씬 잘해야 하는데 왜 다른 조직보다 못할까? 블로그도 오픈하고 소셜미디어도 이용하면서 열심히 하면 되는데, 왜 우리 조직에는 창조적이고 열정적인 사람이 없을까? 아직도 질문과 대답이 이 수준에 머무르는 경우가 대부분입니다. 각종 출판 관련 강의나 세미나 자료집 등은 직원 역량 제고, 직무 구조 혁신, 사내외 소통 강화 등을 통해 현재의 출판 위기를 돌파할 수 있다고 이야기합니다. 부분적으로, 그리고 단기적으로 상당히 효과를 볼 수도 있겠죠. 그러나 현실을 인식하는 데에는 별 소용이 없습니다.

굳이 따지자면, 아직 개선의 여지가 없지는 않겠지만, 이쪽에만 주목하는 것은 제가 보기에 상당히 어리석어 보입니다. 이 좌담이 〈기획회의〉 15주년 특집이니까, 덕담 삼아서 이야기해보면, 지난 15년 동안 〈기획회의〉에서 꾸준히 노력해준 결과, 출판 마케팅, 출판 기획, 출판 편집 등은 급진적으로 현대화되고 합리화되었습니다. 제가 출판계에 입문할 때와 비교하면 상상할 수도 없는 수준의 일들을 요즈음 편집자, 마케터 들은 수행하고 있습니다. 임프린트라는 출판 조직 형태는 이처럼 부분적으로 극대화된 출판 합리성 없이는 절대로 성립할 수 없습니다. 그런데 왜 계속 출판은 위기를 벗어나지 못하는 걸까요?

외적 이유에 대해서는 충분히 말씀드렸으니까 젖혀두고, 지금 우리에게 혁신 과제로 다가오고 있는 것은, 여러 출판사 사장님들은 별로 인정하고 싶지 않겠지만, '출판 경영' 쪽입니다. 출판 경영, 특히 생산, 회계, 인사, 운영 전략 등 전략 차원의 문제들은 지난 20년 동안 거의 변하지 않았습니다. '북에디터' 등 출판사 직원들이 모이는 곳마다 다른 산업에서는 상상할 수 없는 수준의 끔찍한 노동 환경에 대한 불만과 폭로, 그에 대한 광범위한 공감이 이루어지고 있는 것을 주목할 필요가 있습니다. 책을 만들어 인류에 기여한다는 이유로, 이런 상황이 계속되어도 되는 걸까요? 그렇지 않다면 무엇이 근본적으로 바뀌어야 할까요?

저는 단적으로 이야기할 수 있습니다. 경영이 바뀌어야 합니다. 각 출판사에 맞는 비즈니스 모델에 대한 숙고가 있어야 하고, 그에 따라 장기적, 합리적으로 직원들과 소통할 수 있는 업무 프로세스 등이 현대화되지 않는 한, 출판은 결코 위기를 탈출할 수 없습니다. 직무 혁신보다 모델 혁신이 우선이라는 겁니다. 경영이 먼저 혁신되어야 일하는 것도 바뀝니다. 이미 우리 내부에서 발행된 자료에도 이런 점이 분명히 지적되어 있습니다. 가령, 2010년에 나온 한국출판연구소 자료집 『한국 출판 산업의 위기 극복 방안』을 보면 경영 혁신에 대한 주문이 이미 주된 내용으로 이루어져 있습니다. '전략 경영'을 도입하지 않고 출판은 결코 생존할 수 없습니다. 아무리 창조적 개인의 시대가 왔다 할지라도, 출판이 그들하고 어떻게 일해야 하는지 알지 못한다면, 출판사 역량이 그 사람하고 일하는 데 최적화되지 않았다면, 그 선언은 허울일 뿐 아무 쓸모없는 담론에 지나지 않습니다. 이제는 이에 대해 비즈니스 모델 차원에서 대답하는 출판사가 나와야 합니다.

결국 미래 출판사의 방향은 대기업, 중소기업, 1인기업에 따라 다른 형태를 띠겠지만, 경영 혁신을 통해 비즈니스 모델을 정립하는 데에서 시작하지 않으면 모두 헛된 이야기에 지나지 않습니다. 아마 절대로 안정적인 성장을 만들어낼 수 없을 겁니다. 안정적 성장이 없다면, 창조적 개인들은 이 산업을 거들떠보지도 않을 겁니다. 책의 고유한 마력에 의해 인재들이 저절로 유입되는 시기는 끝나가고 있습니다. 준비를 철저히 하지 않으면, 짧으면 5년 이내에 출판의 인재 풀은 말라버릴 겁니다. 아니면 전략을 갖춘 소수의 출판사에 집중되겠죠.

홍영태——출판의 본질은 책을 만드는 거잖아요. 저자하고 소통하고 그 결과물을 독자한테 파는 구조가 본질적으로 변할 것인가? 그건 변하지 않는다고 봐요. 출판사 직원 입장에서 생각해보면 아침에 일어나서 블로그부터 하라는 건 24시간 근무체제도 아니고 이거 사실 가능하지 않습니다. 직원한테 "아침 5시에 일어나서 블로그에 글을 올려." 이건 미친 짓이에요. 개인 여가 생활도 있는 것이니까요. 책 만드는 것도 외주에만 의존하는 것은 문제입니다. 그건 착취 구조거든요.

김학원——디지털 환경은 한편으로는 옛날의 고전적인 것들이 다시 부활하도록 하는 환경을 만들어주기도 하잖아요. 그랬을 때, 그 개념은 미국에서 가장 활성화되기 시작한 셀프 퍼블리셔self-publisher를 말하는데 셀프 퍼블리셔의 개념은 자기가 직접 쓰고, 자기가 직접 편집하고, 자기가 직접 전파하는 거잖아요. 조선시대 때 자기가 직접 써서 자기 문집을 필사본으로 편집, 제작해서 만들어서 배포하던 것이 이제 디지털로 옮아간 것이거든요. 우리나라의 1인출판하고는 다른 개념입니다. 우리가 지금 이야기하는 1인출판은 디지털 출판 환경에서 새롭게 부활한 미국에서의 셀프 퍼블리셔의 개념과는 좀 달라요. 블로그에서 자기가 직접 쓰고, 편집해서 웹에서도 전파하고 디지털 기술 환경의 산물인 POD 제작 시스템으로 책을 펴내기도 하는 것이 셀프 퍼블리셔의 개념이잖아요. 이런 흐름이 확장될수록 지식기반은 더 다양해지고 풍부해지기 때문에 출판의 환경은 훨씬 더 무르익는 거죠.

셀프 퍼블리셔의 확장을 출판사의 위기 혹은 더 나아가서 출판 산업의 발전과 대

척점으로 생각하는데, 그건 아니라고 봅니다. 혹자는 "이제 나 혼자 쓰고 편집하고 발행할 수 있는 시대가 왔으니 출판사는 필요 없어!"라고 생각할 수 있는데 아이러니하게도 현실에서는 그러한 사람들이 많아질수록 출판은 더욱 발전하는 것 또한 사실입니다. 동네 조기 축구회가 활성화될수록 K리그가 발전하는 것과 큰 맥락에서는 같은 이치입니다.

우리나라에서 10여 전부터 쓰기 시작한 1인출판의 개념은 디지털 환경이 새롭게 부활시킨 셀프 퍼블리셔의 개념과는 좀 다르게 사용되고 있습니다. 미국과는 여러 사회문화적인 차이로 출현의 양상이 다르게 나타났기 때문입니다. 우리나라에서는 출판사에서 일하던 편집자나 영업자들이 소규모 자본으로 할 수 있는 창업의 길을 고려하면서 가급적 혼자 할 수 있는 방식을 찾기 시작했습니다. 극단적으로 1인 혹은 1인에서 3인 이내의 출판사들이 만들어졌고, 이들이 생존 모델을 보여주면서 '1인출판'이라는 말들을 쓰기 시작했습니다. 따라서 디지털 환경에서 출현한 자기 출판self-publishing의 주체로서의 '셀프 퍼블리셔'와는 다른 개념입니다. 셀프 퍼블리셔는 좀더 정확하게 말하자면 '내 이름으로 책을 내고 싶다'는 욕구에 기초한 광범위한 예비 저작자(would-be-writer) 군들이 디지털 환경에서 그 욕망을 실현하는 과정에서 출현한 개념이라면, 한국에서의 '1인출판'은 저작에 대한 욕망이 아니라 출판에 대한 욕망을 실현하고자 하는 창업의 주체들이 출현하면서 나온 개념입니다. 한국적인 특수 환경에서 적은 비용으로 어떻게 출판사를 창업하고 생존할 수 있느냐를 고민하면서 최대한 소규모로 시작하고 운영하는 방법들을 찾아내면서 등장한 개념입니다.

장은수——출판의 가치가 무엇일까요? 우리 일은 저자나 독자에게 도대체 무슨 가치를 얼마만큼 더해주는 걸까요? 지금, 우리가 가장 심각하게 물어야 할 질문 중 하나입니다.

우선 생각할 수 있는 게 편집, 디자인 등을 책의 질을 높여주는 것이겠지요. 이를 제조 측면의 가치라고 할 수 있습니다. 그런데 우리 편집, 디자인 기술은 대부분 종이라는 물성과 인쇄라는 기술을 기반으로 하고 있습니다. 어떤 사람은 콘텐츠 자체에 대한 수정 및 보완이 주요 가치라고 말하기도 합니다만, 사실 이 부분의 부가가치는 우리가 생각하는 것과 달리, 그다지 높지 않습니다. 우리 일의 대부분은 저자의 창조성에 의존하고 있습니다. 그러니까 판면권이라는 권리가 성립이 잘 안 되는 것입니다. 물론, 'WHY' 시리즈 같이 일종의 편집자-저자 개념으로 접근하면 조금 다를 수 있습니다만. 그런데 셀프퍼블리싱이나 디지털 콘텐츠 사업에서는 제작기술은 대개 플랫폼 업체들이 제공하는 탬플릿에 의해서 해결됩니다. 편집이나 디자인이 출판(콘텐츠 비즈니스)의 중심에서 사라지는 겁니다. 아니면, 일종의 기능이 되어서 쉽게 분리 판매됩니다.(극단적이지만, 아는 사람 원고를 읽고 오자 좀 잡아주고 코멘트 해준 후 술 한잔 얻어먹는 경우를 생각해보세요. 가령, 어떤 회사에서는 독자 편집자를 이용해 교정 문제를 해결(?)하기도 했습니다.)

두 번째로 생각할 수 있는 게 배본입니다. 저자는 전국의 독자들한테 자신의 콘텐츠를 노출할 수 있는 기회를 잡기 어려우니까, 또 출판사라는 집단만큼 효율적이기는 어려우니까 이를 대행하고 그 대가를 제공받는 거죠. 이는 대형서점의 매대에 대개 가격이 책정되어 그 자리를 점유하려면 비용을 지불해야 하는 현재 상황에서 그 의미가 커졌습니다. 배본 자체가 모험으로 바뀌었으니까, 저자 입장에서는 위험을 분산 투자하고 싶고 그 결과 출판사가 여전히 필요한 겁니다. 한마디로 말해, 배본도 하고 광고도 하고 홍보도 해서 '발견 가능성(discoverability)' 문제를 해결해 주는 게, 그중에서도 배본을 통해 물리적 형태의 책을 노출해주는 게 저희의 주요한 가치 중 하나입니다. 그런데 오프라인서점이 줄어들면서, 또 상품 회전률이 떨어지고 반품률이 높아지면서 출판의 가장 큰 가치 중 하나였던 배본의 의미가 날로 축소되고 있습니다. 책을 펴내도 전국 서적 유통망에 전달하는 데 굉장히 소극적으로 변해버린 거죠. 마치 영화를 찍어놓고 멀티플렉스 개봉관을 잡는 비용이 너무 많이 들어서 론칭 자체를 철회하는 영화 산업과 같은 꼴이 되어버린 겁니다.

디지털은 이 문제를 전혀 다른 방법으로 해결합니다. 그곳에서도 발견 가능성 문제가 사라지는 것도 아니고, 오히려 더 치열할 수도 있지만, 적어도 유투브 하나만 잘 타더라도 심지어 전 세계 배본조차 꿈이 아니게 되었습니다. 가령, 광고 같은 것도, 구글이나 페이스북 등을 이용해, 이론적으로는 적은 비용에, 그것도 개인이 직접 설계해서 집행할 수 있게 되었습니다. 이는 출판에 지극히 불리한 상황입니다.

마지막으로 저희의 가치가 있을 수 있는 곳은 '발굴'입니다. 좋은 원고를 가진, 자신의 가치를 아직 잘 모르는 무명의 저자들

발굴도, 배본도 그 의미가 약화되니까, 출판은 자꾸 '제조' 쪽에 신경을 쓰고 있습니다.
이른바 책의 물성을 강화해서 차별적인 가치를 제공하려는 것이죠.
독자가 소수로 제한되는 대신에 책은 점차 고가의 예술품으로 변해가는 겁니다.
지식의 민주화라는 근대 출판의 본질적 이념 중 하나는 점차 소멸하고, 중세의 귀족적 책 문화로 돌아가는 겁니다. (장은수)

을 발굴해서 용기를 북돋우어 세상에 선보이는 일입니다. 인간은 자신을 알아봐주는 이를 늘 필요로 하는 만큼, 이건 아마 영원한 가치가 있겠지만, 이미 개인 미디어 시대로 접어든 탓인지, 많은 경우 작가들이 블로그, 트위터, 페이스북 등을 이용해 자신을 알리고, 자가 출판을 통해 독자를 직접 만나려 하는 등 출판 없는 출판을 행하려는 경향이 늘어나는 것도 사실입니다.

발굴도, 배본도 그 의미가 약화되니까, 출판은 자꾸 '제조' 쪽에 신경을 쓰고 있습니다. 이른바 책의 물성을 강화해서 차별적인 가치를 제공하려는 것이죠. 이는 강력한 대안 중 하나이기는 하지만, 그래서 이른바 '독립 출판'에서 많이 시도되고 있지만, 가격의 급상승을 피하기 어렵습니다.

대림미술관에서 전시회도 연 게르하르트 슈타이들의 출판물을 보면 금세 알죠. 독자가 소수로 제한되는 대신에 책은 점차 고가의 예술품으로 변해가는 겁니다. 지식의 민주화라는 근대 출판의 본질적 이념 중 하나는 점차 소멸하고, 중세의 귀족적 책 문화로 돌아가는 겁니다. 그 의미를 숙고할 필요는 있습니다만, 책이 대중화의 길을 포기하고 나면 그때부터는 진정한 악순환이 시작될 겁니다. 그 틈을 가격 대비로 질 좋은 콘텐츠가 파고드는 거예요. 가령, "5만 원 내고 이 책을 왜 샀니? 내용은 비슷한데 싸고 편집은 좀 나쁘거나 없지만, 대신에 2천 원짜리야." 물리적 소유욕을 충족하기는 어렵겠지만—사실 이 부분도 굉장히 중요하기는 하지만—책이란 본래 내면에 재산을 쌓는 것이므로 내용만 '읽으면' 된다고 생각하는 더 많은 독자들을 잃어버리는 거죠. 음악산업처럼 음악을 듣기는 거의 디지털로 듣고, 소유는 한정판 기념 음반으로 가끔 하는 그런 산업 구조가 되겠죠. 그러므로 저희는 출판의 가치를 올바로 인식하고 거기에서 새로운 길을 모색하는 데 좀 더 신경 써야 합니다.

디지털 충격의 여파에 대해 강 건너 불구경하듯이 있으면, 조만간 그 재앙이 몸을 태워버릴 겁니다.

이 홍——자동차 회사 롤스로이드가 폭스바겐에 합병 당했잖아요. 폭스바겐보다 차를 못 만들어서가 아니었죠. 노조 문제라는 이야기도 있지만 여러 원인 중 하나는 시대의 변화를 따라가지 못했다는 데 있습니다. 좋은 예가 될지는 모르겠지만 고민스러운 지점이 있어요. 자동차 산업은 기계산업일까요, 전자산업일까요? 전통적으로 자동차는 여러 금속 부품을 짜 맞춘 기계라고 생각합니다. 엔진과 골격을 형성하는 프레임이 핵심이죠. 그런데 오늘날 자동차는 기계산업의 영역에서 전자산업의 영역으로 넘어오고 있습니다. 어떤 엔진을 장착했느냐를 따지는 만큼 어떤 디지털 스마트 기능이 탑재되었느냐가 중요한 기준이 되었습니다.

그런 측면에서 봤을 때, 자동차 산업은 이제 기계산업이 아니라 전자산업이라고 말을 하더군요. 기계라는 아날로그 관성을 뛰어넘는 디지털 관성으로 변화했지만, 하지만 자동차라는 총칭은 바뀌지 않습니다. 10년 후가 됐든 20년 후가 됐든 사람들은 여전히 책을 읽는다고 할 것이고 책을 책이라고 부를 겁니다. 10년 후 출판은 여전히 전통적인 방식으로 좋은 저자를 갖고 좋은 책을 제조하는 그런 출판사는 살아남을 겁니다. 하지만 책이라 부르는 것들의 물성은 달라지겠지요.

김학원——전적으로 동의합니다. 그건 당연한 전제죠. 좋은 책을 펴내는 것이 출판의 핵심이고 그것이 출판사 생존의 기본 모델이다, 이 말에 토를 달 출판인은 없을 것입니다. 그 명제에 대해서는 100년 전이나 지금이나 100년 후나 동일하게 '참'이라는 태도를 가질 겁니다. 다만, 큰 틀에서 보면 이런 것 같아요.

저자는 이야기를 짓는 주체이고, 출판은 이야기를 만드는 주체잖아요. 우리는 완성된 이야기를 만들어서 그것을 전파하는 주체라면 과거에는 무엇을 이야기할 것인가가 중요했습니다. 그러나 어느 순간부터, 도식적으로 말하자면 20년 전부터는 어떻게 이야기할 것인가가 중요해졌다는 거죠. 10년 후든 20년 후든 100년 후든 중요한 거는 우리가 독자와 어떻게 만날 것인가 입니다. 예전에는 무엇을 이야기할 것인가의 시대였어요. 그때는 이야기만 하면 됐단 말이에요. 어떻게 이야기할 것인가는 중요하지 않았습니다. 그렇기 때문에 좋은 책만 만들면 됐죠. 그리고 좋은 얘기만 하면 됐어요.

그런데 한국 사회에서 20년 전부터 처음으로 '대중', '대중문화'라는 개념이 등장하고 출판이 대중문화의 주체로 등장하면서 '어떻게 이야기할 것인가?' 라는 문제가 중요해지기 시작했어요. 그 시절부터 출판사는 이렇게도 만들어보고 저렇게도 만들어보고 카피도 이렇게도 쓰고 저렇게도 쓰고 해왔단 말이죠. '무엇을 이야기할 것인가'를 고민하던 시대와 '어떻게 이야기할 것인가'를 고민하는 시대의 본질적인 차이는 독자하고 어떤 관계를 맺을 것이냐, 어떻게 만날 것이냐 입니다. 예전에는 우리가 독자하고 일회적으로만 만났지, 구조적으로는 만나지 않았거든요. 출판사를 평가할 때 어느 장르나 분야에서, 어떤 차별적인 내용의 책을, 몇 종 정도 가지고 있는가, 좀 더 덧붙이면 어떻게 책을 만들어 홍보하고 얼마나 파는가, 결국 이 과정의 모든 결과로 그 출판사의 매출이 얼마냐? 이런 눈으로 보았습니다. 그런 시각이 옳은가 그른가를 떠나 당시에는 그게 중요했기 때문입니다.

하지만, 미래의 출판을 이야기할 때는 이러한 평가의 기준보다는 독자하고 어떻게 관계를 맺을 것인가의 문제가 중요합니다. 그 출판사에 독자수가 몇 명이냐, 그리고 그 독자가 출판사하고 어떤 관계를 맺고 있는가, 그 관계 맺기의 방식이나 태도, 습관들이 매우 중요하게 되는 거죠. 예를 들어서 어느 한 출판사가 1,000종의 목록으로 연 2백억 원의 매출을 냈다고 칩시다. 그런데 매출의 절반 이상을 차지하는 베스트셀러 3~40종이 몇 년 안에 급격히 하락하고, 그 독자층인 연간 100만 명의 독자들이 그 과정에서 저자도 출판사도 잊어버리고 뿔뿔이 흩어져버린다면 20년 후 그 출판사의 미래는 보장할 수 없는 것입니다.

반면, 매출은 연간 10억에 불과하지만 대단히 차별적인 콘텐츠를 가지고 있고요. 독자는 지금 1,000명에서 1,500명인데 2,3백 명씩 꾸준히 늘어나고 있어요. 독자와 계속 정기적인 소통을 하면서 하나의 피드백 구조를 가지고 있는 거죠. 그래서 서점에 묶여 있는 불특정 다수의 독자들이 아니라 실체와 실명의 독자들과 만나고 있는 출판사입니다. 이 출판사는 10년, 20년 후를 전망할 수 있습니다.

디지털 환경이 지식의 생산과 소비가 만나는 유기적 연결고리, 즉 상호 소통의 기회와 방법을 제공해주면서 그 갈증들이 확장되고 있다는 거죠. 몇 년 전에 〈뉴욕타임즈〉의 문화면에서 새로운 개념의 독자를

과거에는 글 쓰는 일을 업으로 하는 사람들을 저자로 여겼다면,
지금은 다양한 분야에서 일하는 전문가들이 저자가 될 수 있는 시대입니다.
그들은 직접 원고를 집필하거나 구성하기에는 다소 역량이 부족하지만,
출판사 에디터들의 검증된 기획력과 구성력, 인터뷰, 대담 등의 프로세스를 대입시켜 책을 완성하게 되면
그들은 훨씬 세련된 비주얼과 콘텐츠와 능력을 갖추게 됩니다. (박숙정)

그림으로 표현한 기사를 본 적이 있어요. 디지털 환경에서 자란 오늘의 젊은 독자를 여러 개의 손으로 종이책도 보고, 전자책도 보고, 스마트폰으로 카톡도 하고, 리시버를 귀에 꽂고 듣기도 하고, 전자펜으로 쓰기도 하고, 자판을 두드리기도 하고, 사진도 찍고, 이메일도 보내는 등 멀티적인 활동을 하는 문어로 그렸어요. 이른바 디지털 네이티브라고 하는 1994년 이후에 태어난 세대들은 문어의 모습으로 세 살이면 이 환경에 반응하고 초등학생이면 이미 적응합니다. 이른바, 디지털 네이티브 세대하고 우리가 커뮤니케이션을 하려면 그 사람들하고 어떻게 만날 것인가의 관점에서 생각을 해야 합니다. 1회적인 만남이 아니라 지속적인 소통과 관계를 어떻게 이어갈 것인가, 정보와 지식을 서로 주고받는 적극적 관계를 어떻게 만들어갈 것인가, 이런 문제들이 중요하게 대두될 것입니다.

이 홍——동의합니다. 현재 출판은 요소를 투입하고 제품을 뽑아내고 파는 일을 하는 단순한 제조 형태입니다. 말씀하신 것처럼 미래의 출판은 그것이 지식 아카이브가 될 수도 있고 파크가 될 수도 있습니다. 그런 부분이 융합하는 공간이 될 것입니다. 무엇을 만나서 어떻게 팔 것인가가 아니라 어떻게 만날 것인가가 중요합니다. 지식과 어떻게 만나고, 정보와 어떻게 만나고, 그것을 어떻게 소비자와 만나게 하고… 그런 융합의 구조가 되는 것이기 때문에 결국 내가 가진 자원을 어떻게 해석하고 다각화시키느냐에 경쟁이 좌우된다고 봅니다.

김학원——지난 20년 동안, 저한테 가장 자극을 준 말은 빌 게이츠가 2000년에 예언한 "교과서와 책가방이 사라질 것이다."가 아니었어요. 그거 들었을 때 겉으로는 참 멋지고 당돌하다고 생각했지만 속으로는 웃었어요. 이 친구, 책 많이 안 읽었군. 아니 좀 정확히 말하면 출판을 전혀 모르는 군. 이렇게 생각했습니다. 전환기나 혁명기에는 이런 뻥이 먹히잖아요. 빌 게이츠는 사실 스티브 잡스에 비해 책이나 출판을 잘 모르는 사람이었어요. 오히려 강력하게 제 뒤통수를 친 사람은 아마존 사장인 제프 베조스였습니다.

그는 미국의 상위 랭킹 출판사들을 모아놓고 잡스처럼 프리젠테이션을 했어요. 그때 그는 "당신들은 독자를 모른다. 당신들이 언제 독자들하고 얘기해본 적이 있냐? 그거 이제까지 100년 동안 서점해서 다 했다. 당신들의 고객은 100년 동안 서점에 있었다. 당신들이 맨날 독자를 원한다고 얘기하지만, 시장조사라도 한번 제대로 해본 적이 있냐?"고 말했습니다. 그러면서 그는 "만약 오늘 당장 전 세계의 서점이 사라진다면 당신들은 어떻게 먹고살 것인가? 어떻게 당신들이 공들여 만든 책을 독자들에게 팔 것인가?"라고 질문했습니다. 물론 아주 공격적인 질문이었고 의도가 깔려 있는 정치적인 질문이기도 했지만 아마존 사장이 왜 그 시점에서 그러한 얘기를 했을까? 그리고 그 질문에 대한 우리의 답은 무엇일까? 여러 생각들이 꼬리를 물고 이어졌습니다. 그 이후로 제 머리 속에 아마존 사장의 이 말이 떠난 적이 없습니다. 아마존과 어떻게 경쟁할 것인가? 아마존과 어떻게 손잡을 것인가? 그리고 독자와 어떻게 직접 만날 것인가? 서점에서 넘겨준 우리의 독자를 어떻게 되찾아올 것인가? 이 물음에 대한 답하는 것이 저한테 추가적으로 부여된 임무인 것처럼 제 안에 박혔습니다.

박숙정——저는 출판사가 그동안 독자와 만나지 않았다고는 생각하지 않아요. 특히 아동출판의 경우는 독자가 두 부류입니다. 유저와 니저가 틀리지요. 책을 읽는 사람은 아이들이지만 사는 사람은 부모예요. 이 두 그룹의 독자를 하나로 만나기 위해서는 그에 필요한 이벤트, 만남, 쌍방향 소통을 해야 합니다. 그래서 예전부터 아동 분야 마케팅은 발로 뛰는, 현장영업이 강했지요.

어린이날이나 방학 시즌엔 독자(아이, 학부모, 교사)들을 만나는 행사와 투자를 해야만 성장할 수 있었습니다. 또한 각 출판사마다 갖추고 있는 홈페이지를 통한 북클럽이나 저자 세미나 개최 등도 독자와의 쌍방향 소통이라는 생각이 듭니다.

앞으로는 다양한 플랫폼, 다양한 유통, 다양한 저자가 필요한 시대가 될 것입니다. 예전에는 글을 쓰는 일을 업으로 하는 사람들을 저자로 여겼다면, 지금은 다양한 분야에서 일하는 전문가들, 즉 1만 시간의 법칙을 실천하고 있는 모든 사람들이 저자가 될 수 있는 시대가 되었다고 생각합니다. 한 기업이나 전문 분야에서 적어도 10~20년, 30년을 일한 사람들이 후배들이나 그 분야의 발전을 위해 본인들의 노하우나 경험담 등을 책으로 출간하기를 원합니다. 작게는 해당 기업에서 교재로 활용될 수 있으나, 성공할 경우는 자기계발서나 경제경영서 분야의 새로운 저자로 떠오르는 것이지요.

여기에 출판사의 기획력, 마케팅력 등이 가미되어 더 좋은 콘텐츠, 더 좋은 플랫폼이 생겨나는 겁니다. 출판사 입장에서는 수익률이나 매출 부분에서 파트너십으로 함께 가기 때문에 손해를 볼 일은 거의 없습니다. 그들 스스로가 또 다른 마케팅과 유통의 역할을 해주고 있기 때문입니다.

저희가 최근 2,3년 동안 미디어 분야와 트렌드 분야를 기획하는 데 집중해봤어요. 방송, 미디어 분야가 수십 개의 케이블, 종편 채널과 홈쇼핑 채널까지 합쳐 대단위 플랫폼을 형성하고 있지요. 각 채널에서 방영되는 프로그램과 출연하는 사람들의 성향과 분야, 시청자들의 반응을 조사, 분석하고, 그들을 저자로 끌어들일 수 있는 방법을 고민해보았습니다.

완성된 하나의 프로그램을 다시 원고로 콘텐츠화하고, 책으로 만들어 독자와 만나게 하는 데에는 생각보다 많은 어려움과 한계점이 있었습니다. 결과적으로 독자들이 영상으로 보는 것과 책으로 만나는 것에는 확연한 차이가 있다는 것도 배웠고요. 그러나 그것을 다시 전자책(디지털)으로 변환하였을 때는 또 상황이 달라졌습니다.

인기 있는 출연자, 강연자들의 경우, 요즘은 거의 팬카페라는 또 다른 형태의 마케팅수단을 동반하고 있습니다. 1차 수단으로 팬카페 회원들을 통한 바이럴마케팅은 참으로 대단한 결과를 발휘합니다. 그리고 본인이 직접 관리하고 있는 트위터나 페이스북의 위력도 무시할 수 없는 마케팅 수단이고요.

그들이 직접 원고를 집필하거나 구성하기에는 다소 역량이 부족하지만, 출판사 에디터들의 검증된 기획력과 구성력, 인터뷰, 대담 등의 프로세스를 대입시켜 책을 완성하게 되면 그들은 훨씬 세련된 비주얼과 콘텐츠와 능력을 갖추게 됩니다.

저는 이러한 마켓과 새로운 저자의 출현도 미래 출판의 한 모습이 되리라 생각합니다.

김학원——그 점이 중요하죠. 제가 얘기하

는 건 기존에 우리가 독자와 안 만나왔다가 아니라 출판사의 플랫폼이 변화되어야 한다는 겁니다. 변화된 지식 환경에 걸맞는 플랫폼으로 출판사가 진화해야 한다는 거죠. 미래 출판사가 어떤 모습이고, 그 속에서 편집자의 역할은 뭐냐? 하나의 지식 이야기를 만들어내고 사회에 전파하는 기존의 플랫폼에서 좀더 진화한 모습으로 바뀌어야 합니다. 분명히 10~20년 후에는 지금의 출판사 모습하고는 다를 겁니다.

홍영태——출판사를 어떻게 정의하느냐에 따라 다릅니다. 김학원 대표는 출판사를 이야기라고 했는데요. 가공되고 정선된 정보죠. 그것을 가공하고 잘 편집해서 전파하는 기능이거든요. 그런 측면에서 본다면 오히려 책의 본질은 더 강화될 거라고 봅니다. 본질이 굉장히 강화되고, 기술적 제약이라든가 금전적 제약에서 점점 더 자유를 얻는 거죠.

경제경영서 분야는 홍보나 마케팅이 치열하거든요. 비즈니스북스 직원이 15명인데요, 4명의 홍보·마케팅 직원들이 온갖 일을 다 해요. 요즘엔 이런 생각이 들어요. 프랑스 혁명기의 백과사전파들이 근대 출판 모델을 만들었잖아요. 그때 사람들이 카페에 모여서 낭송하고 스피커를 손에 들고 책 내용을 읽었던 모습이 오히려 지금 실현되고 있다는 착각에 빠져요. 17세기 프랑스에 내가 살고 있나 하는 생각도 듭니다. 출판이 변한다고 하는데, 저는 오히려 본질로 돌아가고 있는 것 같습니다.

김학원——돌아가는 것이 아니라 전혀 새로운 환경에서 다시, 새로운 양상으로 부활하고 있다고 보는 것이 맞을 것 같습니다. 예를 들어 칸트가 언제 인세 수입으로 먹고살았나요? 귀부인들에게 고급스런 지적 서비스를 해주고 후원을 받아 생활한 거지요. 그 지식 서비스 개념이 디지털 시대에 다시 새로운 형태로 부활하는 거죠.

장은수——그래서 여쭤보고 싶은 거예요. 그러면 출판의 가치가 뭐냐는 겁니다. 만드는 건가요? 아까 박숙정 상무님이 말씀하셨지만, 디지털 시대에 독자는 저자들이 이미 다 갖고 있어요. 어떤 경우엔 출판사가 필요도 없어요. 저자들이 대충 인쇄해서 그냥 팔아도 되잖아요. 파워포인트로도 강의를 얼마든지 할 수가 있으니까요. 그러면 왜 출판사를 이용하는 건가요? 관습인가요? 저희 일에 어떤 가치가 있느냐는 거죠. 혹시 명예를 제공하는 건가요? 후원인가요? 아니죠. 아까 들은 바에 따르면,

오히려 우리가 후원받고 있는 건데요.

김학원——출판사들은 이제까지 무엇을 선정하여 편집하고 제작해서 홍보하고 파는 경험과 역량을 쌓았습니다. 그 과정에서 획득한 모든 과정들이 바로 우리의 노하우이고 경쟁력이잖아요. 앞으로는 독자하고 어떻게 만날 것인가, 그리고 이것이 일회적인 것이 아니라 지속적인 관계를 맺을 수 있는 방식을 고민하고 개척해나가야 한다는 거지요. 이 문제까지 해결하면 출판은 미디어로서의 길을 다시 열 수 있다고 생각합니다.

장은수——출판의 기본은 적어도 지금까지는 제조업이에요. 출판사의 네트워크는 제조를 보충하기 위해, 책을 더 많이 팔기 위해서 구축했던 거예요. 그런데 출판의 진짜 네트워크는 사실 독자 네트워크가 아니라 서점 네트워크였어요. 저자들은 서점하고 관계가 좋은 회사하고 일하고 싶었던 겁니다. 사실, 우리가 제공할 수 있는 핵심적인 가치는 거기에 있었습니다. 그리고 여유 있는 출판사들은 광고를 해주는, 쉽게 말하면 '발견 가능성'을 높이는 동시에 저자의 브랜드 가치를 높여주는 서비스를 해준 겁니다. 그런데 소셜미디어 시대가 된 후, 저자 측면에서 보면 자기가 페이스북 등을 통해 독자들과 직접 관계를 맺고 홍보하면 되는 거고, 게다가 강연 네트워크가 생기면서 1년에 수천 명씩 잠재 독자들을 만날 수 있습니다. 그러니까 직접 판매도 가능해진 겁니다. 그러니까 "내가 3,000천 부는 팔아 줄 테니까 책만 찍어주면 됩니다." 이런 말을 할 수 있는 겁니다. 어쨌든 제가 하고 싶은 이야기는 출판의 비즈니스 구조가 근본적으로 변하고 있다는 겁니다.

박숙정——말씀하신 것처럼 출판사가 하는 건 퀄리티를 높여주는 거죠. 그들이 말로 하는 부분(강연)과 프린트 되는 부분(출판)은 다르거든요. 또한 초반에 말씀하신 것처럼 소수, 특정 독자를 제외한, 불특정 다수의 독자를 만나게 하기 위해 출판사만의 파워일 수 있는 홍보와 배본이 상당히 중요하다고 생각합니다.

장은수——제품의 질을 높이는 게 출판의 가치라고 하면, 가령 편집자를 어떻게 교육해야 할까요? 제품의 질을 높여주는 편집자가 필요하지 않겠어요. 조직도 이를 중심으로 재편되어야 하고요. 그래야 직원이 목표를 가지고 일할 거 아닙니까. 우리 회사의 미래 편집자는 질 좋은 책을 만드는 사람이어야 합니다. 이렇게 경영진에서 선언해주어야 합니다. 그런데 그건 김학원 대표님이 얘기하신 것과 양립하기 쉽지 않습니다. 만약 어떤 출판사의 가치가 저자-독자와 소통을 통한 가치 증대에 있다고 한다면, 편집자는 저자-독자를 포함하는 커뮤니티 등을 콘텐츠 베이스로 구축할 수 있고 관리할 수도 있는 사람이어야겠지요. 그러면 그에 맞추어 일해야겠지요. 한 사람한테 이것도 잘하고 저것도 잘하라고 하는 건 그 개인만이 아니라 사실은 회사 전체가 가치 혼란에 빠져 있는 겁니다. 비즈니스 모델이 있다는 건 한 출판사에 집중해야 할 가치가 있다는 겁니다. 직원들을 일에 집중하게 해줘야 해요. 한 사람한테 모든 일을 하게 하는 출판은 이제 미래가 없다고 생각합니다. 한 회사의 인적 자원이 부족할수록 오히려 집중하게 하지 않으면 실질적인 가치 창조는 어렵습니다. 설사 일시적으로 잘되었다 하더라도 곧 지쳐서 이직을 꿈꾸게 되지요.

김학원 대표님 말씀대로, 지금은 출판사별로 서로 다른 비즈니스 모델이 출현하는 시기입니다. 위탁 판매를 고리로 해서 저자-출판사-서점-독자가 줄줄이 늘어서 있는 표준 비즈니스 모델을 적용하던 세계에서 각 출판사별로 다른 비즈니스 모델을 확고하게 갖추어야 하는 시기로 이행 중입니다. 그렇다면 그 모델에 대해서는 누가 고민해야 할까요? 당연히 최고경영자들이죠. 이때 최고경영자가 그 고민을 안 하고, 과거 모델에 매달려 회사를 운용하면 어떻게 될까요? 디지털 콘텐츠의 공격으로 계속 허약해질 겁니다. 그것이 지난 몇 년 동안 출판계가 경험한 것입니다.

정욱희——김학원 대표님 말씀에 전적으로 동의합니다만, 덧붙이고 싶은 말이 있습니다. 독자하고 아무리 좋은 관계를 만든다 해도, 그 관계 안에서 독자들에게 디지털 시대에 맞는 적절한 형태의 콘텐츠를 제공하지 못하고 종이책만 계속 출간하는 방식으로는 미래를 대비할 수 없을 거라고 봐요.

독자들이 그 관계 안에서만 만족하지 않을 수도 있잖아요. 내가 어떤 출판사와 맺은 관계가 아무리 친밀해도, 전자책을 원한다면 다른 출판사에서 만든 전자책이나 디지털 콘텐츠를 구매해서 보게 되겠죠. 아니면 아예 출판사가 아닌 다른 형태의 기업에서 만든 콘텐츠를 소비할 수도 있고요. 그러면 애써 만들어놓은 독자와의 관계도 무너질 가능성이 있죠. 출판사가 독자하고

스마트해진 독자들은 출판사와 서점의 일방적인 광고와 베스트셀러 순위를 무조건 받아들이지 않습니다. 지인이나 전문가들이 추천하는 책에 더 많은 관심을 갖고 실제 구입으로 이어간다는 설문 결과도 나오고 있습니다. 결국, 저자와 출판사, 서점이라는 전통적인 출판 시장의 참여자들에게 디지털은 오프라인을 더욱 확장시키면서 독자들과의 접점을 강화할 수 있는 좋은 도구이자 채널입니다. (류영호)

관계를 밀접하게 만드는 동시에, 이 관계를 바탕으로 디지털 시대에 걸맞는 새로운 콘텐츠 유형을 만들고, 이걸 독자들이 소비하도록 만들어야죠. 경영자가 의식적으로 종이책 이외에 어떤 걸 만들 수 있는지 끊임없이 고민하고 시도해야 합니다.

사실 저는 10년 후 출판사의 일반적인 모습이라는 건 잘 상상하지 못하겠어요. 지금도 그렇지만 아마도 출판사들은 지금보다 훨씬 복잡하고 다양한 형태로 분화될 겁니다. 값싼 전자책만 내는 출판사나 아주 비싼 종이책만 내는 출판사가 있을 거고, 모든 종류의 콘텐츠 시장을 완전히 장악한 대형 출판사도 있을 겁니다. 아주 이상적인 출판 기업을 상상해본다면 규모와 무관하게 자기 시장 안에서 독자들과 밀접한 관계를 맺고, 이를 기반으로 종이책과 전자책을 망라한 다양한 콘텐츠를 전방위로 만들어서, 독자들이 필요에 따라 자연스럽게 원하는 형태의 콘텐츠를 구매할 수 있게 하는 회사겠죠. 그런데 아직까지는 국내는 물론 해외에서도 '바로 이거야'라고 평가할 만한 성공 사례를 보지는 못했습니다.

장은수——성공 사례 중 하나로 사실은 전자책이 있죠. 물론 세계 곳곳의 출판사를 잘 들여다보면 다른 성공 사례로 있을 겁니다. 가령, 문학동네의 북카페 같은.

류영호——트위터, 페이스북 등 소셜미디어 서비스 이용이 확대되면서 사람들이 더 많은 콘텐츠를 보고 있다는 통계가 있습니다. 책의 형태로 만들어진 것은 아니지만, 그만큼 다양한 형태와 가격대의 모바일 읽기에 대한 수요와 공급은 커질 것으로 봅니다. 종이책만 보면 부정적인 생각과 전망이 떠오를 수 있지만 이제 관점을 바꿔야 합니다. 과연 사람들은 어떤 콘텐츠를 찾아서 읽을까요? 이를 최적화해서 제공하고 확장시킬 수 있는 곳이 바로 출판계입니다. 기획 편집자 개인일 수도 있고, 출판사일 수도 있습니다.

지금 우리 세대는 디지털 시대의 글쓰기와 읽기에 대해 혼란을 경험하고 있다고 봅니다. 실제 각종 디바이스를 통해 이용하는 대부분의 콘텐츠는 '경박단소輕薄短小' 형태입니다. 지나치게 단편적이거나 속보성 정보에만 집중하는 현상을 보이고 있습니다. 그만큼 생각하면서 내면의 깊이와 확장을 통한 사유가 줄어들고 있는 것은 인류문화사 측면에서 바람직한 현상은 아닙니다. 균형적인 사고를 통한 개인과 사회의 발전을 위해서 책읽기의 필요성이 더욱 요구되는 시대입니다. 높은 사명감으로 출판을 디지털에 제대로 접목시켜서 독자들의 관심을 더욱 유도하고 충성도를 높이는 전략이 필요합니다. 출판의 뿌리가 흔들리지 않으면서 새로운 출판 콘텐츠 비즈니스 모델이 더 필요한 이유입니다.

종이책 시장이 급격하게 줄어들진 않을 겁니다. 책의 활용 시간과 가치 측면에서 수 백년간 이어져온 출판과 독서문화가 십수년 사이에 대체될 만큼의 수준은 아니라고 봅니다. 핵심은 디지털 시대에 대한 시장 참여자 각자의 전략과 실행력에 있습니다. 앞으로 10년이 중요한 이유는 출판의 본질적 가치를 디지털에 능동적으로 잘 연결하는 곳과 그렇지 않은 곳이 생존의 차이가 극명하게 벌어질 수 있기 때문입니다.

최근 해외 메이저 출판사인 펭귄Penguin US, 아셰트Hachette, 사이먼앤슈스터Simon & Schuster US 등이 합작한 도서추천 플랫폼인 '부키시Bookish'가 전자책 스타트업인 '조라Zola'에 인수되었습니다. 이 사례는 디지털 출판 시장에서 시사하는 바가 큽니다. 글로벌 출판계의 이슈가 된 책의 '발견 가능성'에 대한 메이저 출판사들의 구체화된 실행 결과가 부키시였습니다. 부키시는 협력사들이 출간한 다양한 책들을 소개하고 개인 회원들에게 맞춤형으로 책을 추천하고 판매도 지원하는 서비스입니다. 출판사에서 직접 만든 추천 플랫폼으로 업계의 주목을 끌었습니다. 그런데 상대적으로 작은 규모의 '조라'에 인수된 이유는 무엇일까요? 메이저 출판사에 우수한 전문 인력들과 투자 여유도 많아서 이러한 플랫폼 서비스를 잘 만들어갈 수 있었을 겁니다. 하지만, 서비스 접점에서 가장 중요한 요소는 출판사 관점에서 보기 힘든 부분입니다. 책의 다양한 메타데이터Metadata와 추천 플랫폼 내에서의 큐레이션Curation 알고리즘을 구축하고 독자에게 맞춤형으로 제공하는 일련의 기술 마인드와 개발 역량은 조라의 멤버들이 더 잘할 수 있다는 판단이 양쪽 경영진의 합의점이었다고 봅니다. 출판사 입장에선 앞으로도 계속 기본적인 데이터와 출판 콘텐츠는 연결되기 때문에 나쁜 선택은 아닙니다. 서로의 장점을 결합해서 시너지 효과가 분명히 나올 수 있는 구조가 될 것으로 봅니다.

아마존이 세계 최대의 소셜리딩 커뮤니티인 '굿리즈Goodreads'를 인수한 것도 디지털 시대 출판 산업의 변화를 잘 보여주는 사례입니다. 서점과 독자의 거래 관계를 넘어서 보다 밀접한 관계를 맺기 위한 아마존의 과감한 전략적 선택이었다고 봅니다. 스마트해진 독자들은 출판사와 서점의 일방적인 광고와 베스트셀러 순위를 무조건 받아들이지 않습니다. 지인이나 전문가들이 추천하는 책에 더 많은 관심을 갖고 실제 구입으로 이어간다는 설문 결과도 나오고 있습니다. 결국, 저자와 출판사, 서점이라는 전통적인 출판 시장의 참여자들에게 디지털은 오프라인을 더욱 확장시키면서 독자들과의 접점을 강화할 수 있는 좋은 도구이자 채널입니다. 책의 발견 가능성을 높이면서 기존 독자층을 두텁게 하고 새로운 독자 수요를 창출할 수 있는 방법은 디지털 기술과 네트워크를 통해 저비용 고효율 구조를 만드는 것입니다. 종이책과 전자책은 그러한 기반 위를 자유롭게 넘나들며 독자들과 지속적으로 호흡하고 발전할 수 있습니다. 콘텐츠의 생산자와 유통사 모두의 이익 규모는 병행해서 증가할 것입니다.

이 홍——동의합니다. 출판산업은 가장 역동적인 융합형 모델로 성장할 수 있습니다. 전자책이나 출판 비즈니스 측면에서 분명한 방향이 될 겁니다. 극단적으로 본다면 개별 기업으로의 출판사는 더 이상 어렵지 않겠냐는 생각도 합니다. 문제는 우리 출판사들의 소유 구조가 굉장히 배타적이라는 데 있습니다. 개인 소유 형태이고, 가업의 형태가 깊다 보니 출판사끼리 교류·협력하거나 공통 프로젝트를 진행하는 게 쉽지 않습니다. 몇 년 전에 한 출판사에 공동 프로젝트 하나를 제안했다가 일언지하에 거절당한 적이 있는데요… 거침없는 변화를 따라가기 위해서는 다양한 지식이나 정보, 인적 구조 혹은 네트워크가 형성되고 교류가 되어야 하는데 과연 이게 어느 정도 가능할 것인지는 미지수입니다.

장은수——그건 시장 구조하고 연결되는데요. 도대체 우리가 파는 것이 무엇인가? 오늘날의 출판은 이 질문으로 돌아가고 있습니다. 가령, 왜 문고본 시장이 안 될까? 여러 가지 이유가 있겠지만, 저작권을 사고파는 시장이 활성화되어 있지 않아서입니다. 가령, 저자 입장에서 생각해보면요. 콘텐츠를 하나 생산했으면 종이책으로, 전자책으로, 앱으로, PDF로, 문고본으로, 연극으로, 드라마로, 영화로 다양하게 소비자들을 만나고 싶죠. 이른바 원 소스 멀티 포맷이 저자한테는 본래 표준입니다. 출판에도 본래 이런 사고가 있어야 하는데, 그래야 콘텐츠 하나를 개발해 수익을 극대화할 수 있는데, 한국 출판은 원 소스 멀티 유즈(OSMU)를 말만 하면서, 출판 바깥에서 무슨 일이 생기기만을 기다릴 뿐 실제로 출판 내부에서는 다양한 포맷의 출현을 금지하고 있습니다.

과거에는 콘텐츠 제작 또는 전환 비용이 꽤 많이 들었기 때문에 저자들이 출판사의 저작물에 대한 독점적 이용 방식을 받아들일 수밖에 없었습니다. 하지만 조만간 이는 옛날이야기가 될 겁니다. 가령, 만화가나 일러스트레이터 들은 이미 이런 방식으로 계약하지 않습니다. 아예 멀티 포맷 에이전트 계약을 하든지, 사용권을 엄격하게 제한하는 이용권 계약을 합니다. 이제 출판 중심의 사고를 전환할 필요가 있습니다. 다른 나라들처럼 제품을 사고파는 시장뿐만 아니라 우리 내부에서 저작권을 사고파는 시장을 활짝 열어젖혀야 합니다. 어떤 마켓에서 다른 출판사나 업체가 더 잘하고 있다면, 그곳과 과감하게 제휴하는 방식을 고민해볼 필요가 있습니다. 다른 사람이 내 콘텐츠를 이용해 사업을 해도 내가 더 잘할 수 없는 영역이라면 그 시장을 잠궈둘 것이 아니라 거기서 새로운 일들을 진행시킨 후에 수익을 돌려주면 되는 거잖아요. 이는 투명한 거래 조건의 확립과 저작권을 사고판다는 분위기가 있지 않고는 불가능합니다.

출판을 이야기할 때, 저희는 사실 그 말을 세 가지 뜻으로 사용합니다. 첫째는 책입니다. 시간이 지나면 책이 남는 거니까요. 둘째는 출판사 자체입니다. 그건 사실 건물이나 회사라기보다는 어떤 전통, 정확히 말해 전통의 법적 형태인 지적 재산권, 그러니까 출판권입니다. 제 말은 이 부분에서 출판의 새로운 가능성을 찾을 수 있다는 겁니다. 셋째는 경험입니다. 원고가, 말이, 조각글이 어떻게 모여서 하나의 콘텐츠를 이루는지, 그 과정에서 출판사가 무슨 일을 해야 하는지, 책을 낸 후에 독자들과 만나게 하려면 어떻게 해야 하는지에 대한 경험이 저희한테 누적되어 있습니다. 그 경험을 사고파는 시장도 앞으로는 가능하겠죠. 가령, 다른 사업에서 흔히 보이는 컨설팅이나 에이전트나 홍보 회사 등과 같이 말입니다. 이게 다 비즈니스 모델과 약간씩 관계있는 거죠. 그런데 한국 출판에서는 세 가지가 모두 사업화되지 않았습니다. 출판사를 사고팔지 않죠. 책을 사고팔지도 않아요. 경험을 사고파는 건 더군다나 없죠.

홍영태——한국은 근대 출판이 해방 이후에 시작돼서 그런 문제도 있는데, 그 문제는 자동으로 해결된다고 봐요. 2013년도부터 3~5년 안에 극심한 불황과 집중·집적이 대규모로 일어날 겁니다. 우리가 87년에 저작권 협약(UCC)에 가입하면서 양극화가 일어났습니다. 그에 못지않은 충격이 몰아닥치고 있습니다. 지금도 서점보다 출판사 수가 많은 나라는 지구상에 우리나라밖에 없습니다.

교보문고에서 1년에 한번 이상 수금하는 출판사가 4,800개죠? 무슨 얘기냐면 3년 내지 5년에 한 권 이상 책을 내는 데가 4,800개 정도 된다는 겁니다. 1년에 1권 이상 내는 데는 2,500개거든요. 대한출판문화협회에서 조사한 작년 통계가 조금 있으면 나오겠지만, 아마 2천 개 초반으로 줄어들 겁니다. 내후년쯤에는 1,500개 이하로 줄어들 겁니다. 그럼 서점하고 일대일 구조가 되는 거죠. 하지만 이 숫자도 우리보다 인구가 많은 미국과 일본이 3,000개가 조금 넘는다는 현실을 볼 때 많다고 할 수 있습니다. 소유 구조에 집중과 집적이 일어나면서 정년퇴직까지 갈 수 있는 구조가 되려면 50억 매출은 넘어야 합니다. 각 분야별 팀장이나 책임자가 정년퇴직까지 갈 수 있으려면 최소 50억은 돼야 해요. 옛날에는 한 사람당 10억이라고 했는데, 요새는 한 사람 당 15억은 잡아야 되거든요.

출판사는 편집, 마케팅, 경영지원, 홍보 등 4섹션으로 나눌 수가 있습니다. 4섹션의 책임자가 4명이라면 60억 구조거든요. 사장까지 하면 75억이 되겠죠. 60억에서 80억, 100억 정도가 돼야 안정적으로 조직원들이 도태되지 않고, 승진이 계속될 수 있습니다. '내가 여기서 충분히 여생까지 일할 수 있는 구조'가 될 때, 논의구조가 축적됩니다. 그리고 한국출판의 역사가 60년이다 보니까 창업자들이 살아 있습니다. 미국 같은 경우 19세기에 인수합병을 안 했어요. 창업자들이 살아 있으면 안 돼요. 2~3세가 받아야 합니다. 그 사람들은 애정이 없거든요. 창업자들한테는 출판사가 자기 분신이고 영혼이거든요. 창업자 수가 반 이하로 돼야 인수합병이 일어납니다. 그리고 어느 정도 규모의 경제가 일어나야 합니다.

제가 아까 앞으로 전자책이 20% 정도가 될 것이라고 얘기했을 때, 그 구조는 뭐냐면요. (지금 같은 상황이라면 10%가 안 될 겁니다.) 단행본에서는 100억 이상이 되면 대형이라고 봐야 합니다. 소형은 20억 이하 정도 되면 되죠. 참고서를 내는 데는 1,000억 이상이 되어야 대형이거든요. 학습물은 100억 이하를 소형이라고 합니다. 앞으로 100억 이상 되는 단행본 회사들이 지금보다 거의 2배 정도 될 것이고, 50억 이상 되는 출판사들은 지금의 두세 배가 될 겁니다. 그리고 소형들이 쭉 있는데요. 일 년에 한 권 이상 내는 출판사가 1,000에서 1,500개 정도로 줄어들면 지배구조의 문제 등이 경영혁신 문제하고 맞물려가지고 엄청나게 논의가 활발해질 겁니다. 왜? 스텝들이 20~30명 되면 논의구조가 활성화가 되거든요. 15~20명 정도가 활성화의 기폭제이죠.

장은수——나오미 클라인이 말한 '재난 자본주의' 같은 거군요. 자본가들이 상품을 사고파는 일에서 기대 수익을 올릴 수 없을 때, 환란 같은 재난을 일으켜 자산 가치를 폭락시키거나 시장을 텅 비게 만든 후, 자산을 헐값에 사들이거나 시장을 독점해서 쉽게 돈을 주워 담는 것 말입니다. 저희가 해외 투기 자본에 의해 IMF 사태 때 수없이 당했던 거죠. 쌍용자동차 사태 등도 그 과정에서 생겨났고요. 하지만 제 생각에 출판에는 해당이 안 됩니다. 물론 일부 출판사는 운 좋게 혜택을 볼 수도 있겠죠. 다른 출판사가 망한 후, 그 자산을 싼 가격에 사들이거나 경쟁을 약화시켜서 수익률을 높일 수도 있겠죠. 하지만, 그 가정 자체가 잘못된 겁니다. 훨씬 더 제로베이스의 출발이 필요합니다.

현재 출판의 위기는 물론 수요의 점진적 감소와 과잉 공급이 결합한 공황적 상황에서 기인한 바가 큽니다. 그런데 많은 다른 산업의 경우, 소비자들이 정해진 기간에 정해진 물건을 사용하는 소비 총량이 어느 정도 보장된 상태이므로 공급 과잉 상태가 해소되면, 그러니까 경쟁사가 사라지면 살아남은 경쟁사들이 오히려 더 건강해질 수 있습니다. 출판은 사정이 다릅니다. 책에 대한 기초 수요 자체가 다른 콘텐츠에 의해 대체되는 중입니다. 그러니 출판사 숫자가 줄어들어서 공급 과잉 상태가 일부 해소되더라도, 출판 자체의 매출이 유지되기는커녕 총매출은 줄어들 것이고, 그 매출이 생존 출판사로 넘어가지 않을 겁니다.

예를 하나 들어보겠습니다. 작년에 삼

성카드에서 발표한 자료에 따르면, 이것은 빅데이터이니까 상당히 신뢰도가 높습니다만, 20대들은 온라인이든 오프라인이든 더 이상 서점에서 책을 사는 일에 큰 매력을 느끼지 못하고 있습니다. 심지어 50대에 추월당한 겁니다. 이는 어떤 결정적 전환이 없다면, 구매력이 떨어져 있는 20대한테 책이라는 물건은 그다지 매력적인 '물체'가 아니거나 가치 있는 '읽기 경험'을 제공하지 못하는 구닥다리라는 것을 보여줍니다. 그렇다면 저희는 그 매력도를 끌어올리는 일을 해야 합니다. 출판하는 많은 사람들의 생각과는 달리, 이는 정부 지원이나 독서 운동 등으로 결코 해결할 수 없습니다. 책 자체가 매력적으로 보이도록 문화가 완전히 바뀌거나(그러나 문화를 바꾸는 것은 그리 쉬운 일은 아닙니다), 저희 비즈니스를 소비자 중심으로 변화시켜서 20대들이 접근하기 쉽고 이용하기 간편하도록 만들어야 합니다. 20대들을 얼빠진 얼간이들로 비하하고, 나라의 미래를 걱정해 봐야 소용없습니다. (저 역시 가끔 이런 말을 하지만요.) 책을 전혀 새로운 차원으로 옮겨서 고민해보려는 전환이 필요합니다. 저희는 계속 시간 점유율 싸움에서 밀리고 있습니다. 어떤 조사에 따르면, 소비자들이 5년 전에 비해 책에 쓰는 시간은 4분의 1로 줄었습니다. 그 시간을 차지한 것은 소셜미디어 등 인터넷 읽기, 게임, 드라마 등입니다. 그러니까 줄어드는 시장에서 '저 회사가 먼저 망하나, 내 회사가 먼저 망하나 보자. 저 회사가 쓰러져 사라지면 그 독자들이 내 회사로 옮겨올 거다.' 그런 가정은 무의미하다고 생각해요.

홍영태——다매체 환경에서 매체전환문제 등에 대해 우리 출판계가 문제제기를 하는데요. 지난 15년을 놓고 보면 사실 도서정가제 문제나 여러 가지 문제 때문에 독자를 확장시키는 업계 차원의 노력은 없었습니다.

장은수——계속 성장했으니까요. 문제를 심각하게 여긴 적이 없는 거죠.

홍영태——그것보다는 여기서 얘기하는 출판 리더십의 문제가 큽니다. 그리고 그 리더십 부재의 공백을 틈타서 이제는 출판사와 서점의 유대감까지 끊어지는 겁니다. 옛날엔 동업자 의식이 있었단 말이죠. 이렇게 되면 출판 정치 얘기로 가는 건데요…

편집자 주도의 시대는 올 것인가?

한기호——오늘 좌담의 주제는 한국의 출판기획자 입니다. 기획자가 곧 편집자이기도 하죠. 결론은 편집자 이야기예요. 〈기획회의〉가 지금까지는 한기호라고 하는 개인의 잡지였다면, 이제는 편집위원들 시스템으로 후배들한테 넘어가기 시작할 겁니다. 약간의 중간 과정은 있겠지만요. 그런 의미에서 기획자, 즉 편집자에 주목했는데요. 편집자의 시대가 온다는 얘기는 계속 해왔습니다. 이번에도 자료를 넘기면서 보니 신문사 기자들은 다 망해도 출판사의 편집자들은 산다고 하더군요. 편집자의 미래가 어떻게 될 건지에 관한 항목이 많은데요. 이제 10년 후의 편집자에 대해 이야기를 나눠보죠.

홍영태——편집자는 오히려 더 좋아질 것 같아요. 아까 얘기한 그런 식의 미래를 가정한다면 근무 환경도 좋아지겠죠. 단행본 회사들이 대규모화되면 다양한 지원 환경을 갖출 수 있게 되거든요. 결국은 기획력을 갖춘 편집자들의 전성시대가 올 수밖에 없습니다. 인쇄업계를 옆에서 바라보면요. 인쇄업계는 사실 장치산업이다 보니까 20억에서 50억, 100억 정도 되는 업체들이 거의 대부분입니다. 그러다 보니까 자산들이 다 50억, 100억씩 됩니다. 한국출판인회의가 400개 사 이상 되는데, 돈 1~2억 모으려면 무지하게 힘들어요. 하지만, 거기는 100억 정도 되는 인쇄소들이 있으니까 한 자리에서만 3억이나 5억을 모은답니다. 무슨 뜻이냐면 일 잘하는 기장들은 몸값이 상당한 수준으로 올라갈 수밖에 없는 구조라는 거예요. 50개, 100개가 경쟁하다 보니까 빤한 겁니다. 저기서 잘한다 그러면 딴 사람이 3천만 원 받을 때, 그 사람은 4천만 원 받는 거죠.

기획자라는 걸 두 가지 측면에서 봐야 합니다. 옛날에는 기획을 잘해도 임금은 하향평준화되는 경향성이 있었습니다. 딴 사람들이 적게 받으니까 그런 거예요. 왜? 출판사가 너무 많으니까 경쟁이 잘 안 보이죠. 미국이 출판사가 약 3천 개인데 인구가 8분의 1 정도 되는 우리나라에 출판사가 2천 개나 된다는 건 말도 안 되거든요. 미국이나 일본 기준으로 놓고 보면 집적화가 덜 된 겁니다. 우리나라는 1년에 한 권 이상 내는 출판사가 5백 개 넘으면 안 되는 구조예요. 그렇게 되면 임금 면에서는 굉장히 메리트가 생길 것이고, 업무 환경도 굉장히 좋아지죠. 그래서 역량이 있다면 스타 기획자들이 점점 많아질 수밖에 없습니다. 스타 감독들, 피디들이 나타날 수 있는 구조가 점점 되어갈 겁니다. 물론, 경쟁을 통해 편집자들도 많은 사람들이 많이 도태가 되겠지만, 훨씬 더 나아질 것 같아요.

이 홍——편집은 대개 정리라는 부분의 비중이 큰데 앞으로 해석의 영역이 더 중요하게 될 겁니다. 어떻게 정리해야 되느냐는 공식적인 측면이 강한 반면 해석의 영역은 다양성에 대한 창의적인 대응 능력이 요구되지요. 그런 측면에서 본다면 이미 그렇게 많이 바뀌고 있는 게 아닌가, 하는 생각을 하게 됩니다.

출판기획도 내부 자원만으로는 안 될 겁니다. 기획자가 곧 편집자라는 등식에는 반대합니다. 물론, 기획자가 편집자가 될 수 있지만, 기획자가 반드시 편집자여야 할 필요도 없고 당위성도 없습니다. 결국은 어디까지를 기획이라고 하느냐에 따라 다르겠지요. 책이라는 물성을 만드는 형태의 기획이라고 한다면 당연히 내부적으로 훈련이 되고 책을 만들어온 사람들이 중심이 되겠지만, 독자의 니즈를 반영해서 론칭하는 마케팅 영역까지를 포함한다면 기획자와 편집자의 구분이나 의미는 달라질 것입니다.

아울러 우리가 감당해야 할 지식이나 정보의 양도 내부 구성원들만으로는 해결하기 어렵다고 생각합니다. 실제로 우리가 필요로 하는 소스들을 만나고 확보하는 방식은 분명 지금보다 더 다양하고 세련될 필요가 있습니다. 얻어 걸리면 좋다는 것만으로는 한계가 분명하거든요. 원래 저자가 기획자였지요. 이제 독자가 기획자가 되는 시대로 넘어갑니다. 그게 변화의 핵심이 아닐까요. 그런 부분들에 대해서 전문적인 영역을 담당하는 일군의 사람들이 많이 늘어나지 않을까 싶습니다.

장은수——우리가 편집자든 뭐든 어떤 이름으로 불리든 좋은데, 사실 그 말이 어떤 하나를 지칭하지는 않는다는 겁니다. 회사의 비즈니스 모델에 따라 다른 지칭이 있는데, 그걸 뭉뚱그려서 기획이나 편집이나 이런 말로 부르는 겁니다. 편집자는 전 세계적으로 쓰는 말이니까 대충 넘어가지만, 기획이라는 말을 쓸 때에는 조심해야 합니다. 편집자의 고유 업무에 해당하지도 않는 전혀 엉뚱한 일이 덕지덕지 붙어 들어오곤 하니까요. 근대 출판 이후, 또는 미래 출판까지 포함하여 편집자의 일은 크게 네 가지 정도로 나눌 수 있습니다. 아마 이건 변하지 않을 겁니다.

첫 번째는 소위 사상으로서의 편집자라

소위 사상으로서의 편집자라는 게 있습니다. 우리가 흔히 얘기하는 문학 또는 인문학 출판의 기본입니다. 미래의 주류가 될 가능성이 높은 지하의 흐름을 찾고, 그 흐름을 주도할 작가, 사상가, 학자 등을 발굴해서 주류로 만드는 작업을 하는 게 편집의 기본입니다. (장은수)

는 게 있습니다. 우리가 흔히 얘기하는 문학 또는 인문학 출판의 기본입니다. 미래의 주류가 될 가능성이 높은 지하의 흐름을 찾고, 그 흐름을 주도할 작가, 사상가, 학자 등을 발굴해서 주류로 만드는 작업을 하는 게 편집의 기본입니다. 대개 편집자하면 떠올리는 일이죠. 저는 이를 중심에서 배제하는 것은 출판 정신의 훼손으로 받아들이고 있습니다. 그러나 이것만으로 현대 출판을 규정하는 건 불가능합니다. 다른 업무도 있으니까요.

둘째, 벤처 캐피탈리스트Venture Capitalist로서의 편집자가 있습니다. 출판 자본의 투자처를 결정하는 겁니다. 유망한 프로젝트, 기획, 아이디어, 더 나아가서는 사업, 회사 등에 투자해서 수익을 내는 일을 합니다. 가령, 아까 정욱희 실장님이 얘기하셨는데요. 콘텐츠 비즈니스에 투자하는 사람이 필요할 수도 있습니다. 유망 작가에게 잘 투자하고 사업을 키워나가서 유명 작가가 됐을 때, 그러니까 벤처기업으로 따지면 상장했을 때, 막대한 수익을 거두어들이는 일을 하는 거죠. 이 부분은 사상으로서의 편집자하고 겹치겠네요. 물론 벤처니까 대개는 실패하겠지만 말입니다. 어쨌든 VC로서의 편집자는 사라지지 않을 겁니다. 이 투자를 적절한 곳에 잘할 수 있느냐, 그 이후에는 운영을 잘할 수 있느냐, 이것이 편집자에게 요구되는 능력이지요. 그중에는 네이버 만화, 다음 스토리볼, 레진코믹스 등같이 스스로 자신한테 투자해서 벤처기업이 되는 방법도 있겠죠.

셋째, 비즈니스 오퍼레이터Business Operator로서의 편집자가 있습니다. 콘텐츠를 개발했을 때, 이 콘텐츠와 사업으로 결합할 수 있는 온갖 영역을 개발하고 이를 개척해 실행하는 능력입니다. 어떤 의미에서 보면, 마케팅 영역과 일부 겹치기도 합니다만, 기존의 서점 세일즈 채널보다는 사업적 기회를 중심으로 한다는 점에서 차별화됩니다. 한마디로 말해서 콘텐츠의 다양한 가능성을 발견하고 이를 통합적으로 사업화해서 운영하는 고도의 능력입니다. 만약 기획이라는 말을 쓰고 싶다면, 저는 콘텐츠 피커Contents Picker가 아니라 이 역할에 그 말을 갖다 붙이고 싶습니다.

가령, 『마법천자문』 같은 콘텐츠를 처음부터 끝까지 통합적으로 사업화할 수 있는 계획을 짜고 팀을 조직해 이를 운영하는 일을 편집자에게 부여하는 거죠. VC 편집자들한테 투자를 받으면 더 좋겠네요. 조금 초보적인 단계로는 이런 게 있을 수 있겠네요. 전통적으로 편집장들이 하던 일이죠. 저자에게 강연 등을 연결해주고, 아이디어가 있을 때 자사 또는 타사의 지면을 제공해 연재물을 싣게 해 원고도 확보하고 저자들의 경제적 이익도 늘려주는 동시에 사전 홍보도 실행하는, 이건 아주 초보적인 형태의 비즈니스 오퍼레이팅입니다.

마지막으로 북 마이스터Book Meister로서의 편집자가 있습니다. 좋은 말로 하면 물성의 예술가, 제작 전문가로서의 편집자입니다. 대표적 인물이 슈타이들입니다. 그는 인쇄를 장악해서 저자와 독자가 생각할 수 있는 최상의 품질을 갖춘 물리적인 책을 만드는 사람입니다. 혹시 전시회에서 판매한 도록에 딸려 있는 DVD 다큐멘터리를 보셨는지 모르겠습니다. 전시 중 사람들 관심을 많이 끌었던 『길 위에서』의 실제 가격은 1,500만 원 정도입니다. 전체 활판 인쇄에 세계적 사진가의 원화 사진을 일일이 수작업으로 붙여서 만들었으니까 제작비가 상상을 초월하죠. 다큐에 따르면, 이 책을 450부 찍었어요. 150부는 저자에게 증정하고, 나머지 300부는 시장에서 팝니다. 출판사는 독일에 있는데, 책의 출판기념회를 런던에서 했습니다. 중간에 이 책의 출판에 대해서 저자랑 상의하면서 슈타이들이 이런 말을 합니다. "이 책은 6개월 후에는 틀림없이 가격이 오를 것이다." 이 책은 대중 출판물이라기보다는 하나의 예술품입니다. 북 마이스터로서의 편집은 궁극적으로 이런 출판을 지향해야 합니다. 종이, 디자인, 인쇄, 제본 등 제작을 완벽하게 장악해서 책의 물성을 극도로 끌어올리는 거죠. 예술로서의 출판이라고 할 수 있겠네요. 최근에 물성에 대한 논의는 많이 하지만, 주로 디자인 차원에서만 이야기하고 있을 뿐 비즈니스 모델 차원에서 고민하는 데는 극히 드물다고 봅니다.

이게 제가 생각할 수 있는 범위에서 편집자의 네 가지 역할입니다. 출판사의 비즈니스 모델에 따라 편집자는 다른 일을 하는 겁니다. 그런데 지금 저희 논의는 대부분 출판사 자체의 비즈니스 모델이 정리되지 않은 상태에서 편집자한테 이 역할들을 그때그때 필요에 따라 요구하는 식입니다. 그걸 '기획'이라는 허울 좋은 말로 부르고 있다고 봅니다. 이름은 아무 가치가 없습니다. 편집자가 기획자가 되었다고 해서 달라지는 건 하나도 없습니다. 콘텐츠 피커를 원한다면, 그에 맞는 비즈니스 모델이 있어야 합니다. 물론 한 권 한 권 좋은 책을 내는 것은 중요하지만, 출판 담론을 이야기할 때에는 다른 차원에서 이야기해야 합니다. 책들을 하나하나 출판하는 그 반복적 행위들을 통해서 무엇을 남길 것인지, 그 행위 하나하나에 어떤 집합적 의미를 담을 것인지를 고민해야 합니다. 사업을 남길 건지, 돈을 남길 건지, 사상의 보루가 될 건지 등을 먼저 정해야 합니다. 이 일을 동시에 잘할 수 있는 회사도 없고, 그에 맞추어 일할 수 있는 사람도 없습니다.

김학원——우선 개념 정리부터 필요한데요. 제가 『편집자란 무엇인가』(휴머니스트, 2009)에도 썼지만 출판에서 기획자라는 말은 기획의 중요성이나 상대적으로 기획에 치중하는 역할을 강조하는 배경에서 나왔지만 정확한 개념은 편집자입니다. 책의 모든 제작 과정을 다루는 편집자라는 개념에서 상대적으로 기획에 관한 업무를 중점적으로 수행하는 편집자를 지칭하는 말은 나라마다 출판사마다 다르지만 기획자라 쓰는 경우는 없습니다. 영국, 유럽, 미국에서는 명함에 'Acquiring Editor' 혹은 'Commissioning Editor'라 적은 편집자들이 이른바 '기획 편집자'에 해당하는 편집자들입니다. 저자와 만나 계약을 하고 원고를 받는 편집자들을 말합니다. 물론 발행의 책임이라는 지위에 오른 편집자들 중에 'Publisher'라고 적힌 명함을 가지고 다니는 이들도 있는데 큰 틀에서 보면 편집자, 편집인입니다. 우리도 같은 맥락으로 편집자, 편집장, 편집주간 등으로 불러왔습니다. 그런 점에서 기획자라는 말은 좀 편의적으로 쓰는 용어인 듯하고 개념 정리 없이 막 쓰다보면 정의는 물론 역할까지 애매해져서 전 기획자라는 말 대신 편집자라 지칭하겠습니다.

디지털 환경 변화는 기본적으로 미디어의 양질적인 변화, 즉 커뮤니케이션 방식의 혁명적인 전환을 의미하는 것이어서 편집자의 역할에 대한 변화를 초래한다고 볼 수 있습니다. 우선 디지털 환경은 쓰는 공간, 환경, 방식의 변화를 초래했어요. 집필실과 집필의 과정이 달라진 것이죠. 연재의 공간이 신문, 잡지에서 블로그에서 네이버까지 다양해졌고 편집자의 눈으로 볼 때 책으로 펴낼 수 있는 초고 또는 초고 이전의 원고들이 탄생하는 공간과 방식이 엄청나게 확장됐어요. 통계를 낼 수 없어서 정확하게 이야기할 수는 없지만 10년 전하고 지금하고 비교하면 100% 전작으로 신간을 출간하는 종수가 점점 줄어들지 않나 싶어요. 따라서 이러한 초고의 과정을 누가, 어떻게 기획하고 주도하느냐, 이 점이 중요하게 대두될 것입니다.

두 번째로는 다양한 미디어의 융합이 왕성하게 이루어지면서 한 저자의 특정 저서가 다양한 미디어와 만나 재구성, 재편집, 재탄생되는 사례들이 앞으로 많이 등장할 것입니다. 이 환경을 누가, 어떻게 기획하고 주도하느냐에 따라 편집자의 위상과 역할이 달라질 것입니다. 이 문제는 앞의 문제보다 출판 비즈니스의 측면에서 볼 때 결정적인 사안이라 출판사의 위상과 역할로 확장될 것입니다. 예를 들어 휴머니스트에서 출간된 주영하 교수의 『식탁 위의 한국사』(2013)는 대기업의 동영상 강의 콘텐츠로, 방송사의 다큐멘터리 콘텐츠로 활발하게 활용되고 있는데 이러한 과정들이 몇 년 후에는 도처에서 발생할 것입니다. 편집자와 출판사들이 이러한 미디어 융합 환경을 이끌어갈 수 있는 감각과 역량을 키워야 합니다.

10년 후를 내다보면 출판사나 편집자들이 저자로부터 벗어나 이제까지의 강점을 가지고 미디어 전체 판을 놓고 하나의 핵심 기획으로 다양한 변주와 각색을 통해 사회 문화적으로 엄청난 반향과 시너지를 생성할 수 있는 시도 역시 가능하지 않을까 하는 기대감이 있습니다. 오늘날의 괴테는 괴테의 원고가 아니라 수많은 괴테의 저작물들을 만든 편집자들에 의해 만들어졌다, 라는 말은 과장이 아닙니다. 괴테는, 괴테와 오랜 관계를 맺은 편집자들에 의해서만 만들어진 것이 아닙니다. 그들의 역할도 중요했지만 그보다 괴테로부터 떨어진, 괴테의 가치를 시대적으로 재해석해낸, 보다 근본적으로 말하자면 괴테로부터 진정으로 해방된, 편집자들에 의해 만들어진 것이지요.

우리도 이런 환경이 10년, 20년 후에 도래할 것입니다. 물론 전혀 다른 양상으로 나타날 것입니다. 출판사와 편집자들이 새로운 미디어 경쟁과 융합의 환경에서 얼마나 적극적으로 사고하고 실천하고 상상하느냐에 따라 판가름 나겠지요. 경력 15~20년 차 정도의 30대 후반에서 40대 초중반의 팀장에서 편집장까지의 세대들이 향후

10년, 20년의 출판을 주도할 텐데 문제는 이 세대들이 출판사가 처한 생존의 당면 과제에 너무 복속되어 있다는 점입니다.

출판기획은 창의적인 아이디어만 가지고 할 수 있는 것이 아니어서 20대에 빛나는 기획물을 내놓을 수 있는 게 아니잖아요. 어느 정도의 경험과 네트워크와 여러 가지 미디어 환경들을 다 볼 수 있어야 하기 때문에 대체로 30대 후반 이후 40대가 되어야 한 시대를 내다보는 편집 활동을 할 수 있습니다. 그런데 지금 40대 초중반의 경험 있는 편집자들이 대부분 출판사의 편집장이거나 아니면 막차를 탄 창업 세대라서 이 세대들의 창의성이 발휘될 수 있는 환경이 아닙니다. 당장의 생존을 위한 신간 작업의 실무에 급급한 거죠. 이것이 가장 결정적이면서도 현실적인 문제점입니다.

장은수——그게 제가 아까 이야기한 건데요. 결국 편집자는 경영 혁신과 결합되지 않는 한 절대 혁신되지 않습니다.

박숙정——그 부분에 동의를 합니다. 현재의 편집자들이 가장 고심하는 부분이 자신들의 직업에 대한 비전을 느끼지 못하고 있다는 겁니다. 시대는 변하고, 출판 환경은 계속 디지털화 되고 있는데요, 종이책 편집자들이 최근 2~3년 사이에 딜레마에 빠져 있어요. 자칫 기획의 방향성마저 잃어버리는 거죠. 출판비즈니스 모델에서의 변화 없이 편집자들에게만 역할의 변화를 요구하는 것은 무리라는 생각이 듭니다.

김영사의 경우, 일부분, 내부 역량 강화를 위해 기획팀과 편집팀으로 분리, 운영을 해오고 있지만, 자신들의 소속팀에 대한 업무 방향과 성과에 대해서도 혼돈스러워 합니다. 당연히 결과는 기대에 못 미치죠.

탁월한 기획자도 사실 편집의 프로세스를 모르면 완성도 높은 결과물을 낼 수 없습니다. 그 결과물로 그 사람에 대한 업무 평가를 하게 되고요. 확립된, 또는 변화된 비즈니스의 모델 없이는 편집자들 스스로가 자신의 정체성을 찾기는 힘들 것입니다.

여타 출판사에서 현재 기획팀과 편집팀을 나누어서 분리, 운영하는 곳이 몇 군데인지 잘 모르겠지만, 편집자들에게 기획력을 요구할 때는 그저 다양성을 요구하는 걸로만 받아들여집니다. 한 달에 본인이 낼 책은 미리 정해져 있는데, 모든 부분에서 다양성을 섭렵하면서 기획하라 하기엔 내부 환경이 받쳐주지 않는다는 거죠. 그럼에도 불구하고 그 안에서도 또 두각을 나타내는 사람이 있다는 것이 문제라면 문제일 수 있지요.

장 대표님 말씀하신 것처럼 저희 회사의 경우, 기획팀의 수장이 40대 중후반인데요. 그 친구의 역할과 책임이 중간에 걸리는 거예요. 본인이 직접 관리자적인 능력도 발휘해야 하고, 기획자적인 능력도 발휘해야 되는 거죠. 거기에 회사는 수장들에게 리더십은 물론 편집과 마케팅 능력까지 요구하고 있고요.

편집자들의 능력을 끄집어내기 위해서는 회사의 매출 대비 환경 변화가 아니라, 기본적인 출판 마인드의 변화나 경영(출판)툴의 변화가 반드시 필요합니다. 그들에게 지식산업을 창출해내는 지식인이라는 인식을 심어줄 필요가 있습니다.

김학원——그것이 왜 그런가를 진단하려면 결국은 지난 20년간의 출판을 돌이켜 봐야 됩니다. 예를 들어 10년, 20년 전에는 출판사들이 수많은 기획물에 투자했는데, 왜 최근에는 새로운 기획이 아니라 선인세 경쟁과 저자 캐스팅에 열을 올리고 점유율 싸움하고 베스트셀러 순위 싸움하며 정신없이 당장의 생존 게임에만 몰입했는가? 왜 그랬을까요? 지난 10년 동안 대한민국 출판에서 내로라하는 기획물이 거의 없었습니다. 왜 그랬을까요?

지난 10년은 어느 정도 규모를 갖춘 상위 10개사나 소규모 출판사나 생존이라는 틀 안에서 활동했어요. 제 이야기가 좀 심하게 들릴 수도 있겠지만 여건이 되는 출판사들은 10억, 20억을 베스트셀러 모시고 오거나 베스트셀러 만드는 데 쓰거나 혹은 내가 잘하는 것보다 다른 출판사가 돈 번다 싶은 분야의 인력을 들여와 매출 확장을 시도하거나 새로운 도전이라는 기치를 내걸고 전자책 개발 등에 투자했어요. 소규모 출판사야 당연 저비용으로 할 수 있는 길을 택할 수밖에 없었죠. 그런 점에서 2010년대의 출판은 1990년대나 2000년대에 비해서 질적으로 후퇴했습니다. 이 점에 대해서 출판사들이 좀 더 냉정하고 비판적으로 성찰해야 합니다. 자칫 잘못하면 향후 10년, 20년을 이끌 지금의 30대 후반에서 40대 중후반까지의 편집자들이 열심히 생존하는 방법만을 경험하고 그 이상을 넘는 시도를 하지 못하는 환경이 될 것입니다. 출판사도 그 출판사를 이끌어가는 세대들도 모두 10년, 20년 비슷한 생존의 몸부림 안에서 허덕일 수도 있다는 암울한 전망도 가능합니다.

장은수——편집장을 관리자로 만드는 데 투자했어요.

상위 10개사라 일컬어지는 출판사들이 지난 10년 동안 무엇을 했는지, 냉철하게 살펴보아야 합니다.
그동안 번 돈을 어디에 투자했는지에 대해서 있는 그대로 들여다보고,
출판사는 물론 출판계에 어떤 성과와 문제점들이 있었는지 이성적으로 살펴보면
한국 출판계가 가야할 방향과 과제 중 절반은 나올 겁니다. (김학원)

김학원——관리자로 만들거나 본부장 체제로 바꾸어서 생산성을 높이거나 했죠. 나머지는 신사업이라는 명분 아래 핵심 역량을 디지털 사업으로 배치했습니다.

박숙정——결국 출판업을 발전시키고 성공시키는 데 필요한 인재들을 제대로 된 방법으로 육성시키지 않았다는 거죠.

김학원——보다 더 중요한 것은 출판사가 생존기를 넘어 성장기에 이르러 그 다음 시기의 성장을 어떻게 기획할 것인가, 하는 문제입니다. 사업의 방향을 정하고 운영하는 과정에서 출판사가 가진 핵심 가치가 무엇인가? 이를 이끌어온 핵심 역량과 주체가 누구인가? 이들을 어디로 배치할 것인가? 이것이 매우 중요한 문제라고 봅니다.

출판은 노동집약적인 제조업이고 이는 결국 사람이 하는 것이라서 어떤 새로운 사업을 진행할 때 누가 하느냐에 따라 성패가 갈릴 만큼 핵심 역량의 배치는 출판 경영의 핵심 사안이라고 봅니다. 그런데 이 점에서 지난 10년간 출판사들이 거의 최악의 경영을 했다고 봅니다. 그러다 보니 결국 출판 산업 전체의 상식과 발전을 위해서 하지 말아야 하고, 하지 않아도 되는 상식 이하의 짓을 저질렀습니다. 90년대 초반부터 본격적으로 시작한 대중문화, 대중출판의 과정에서 성장한 출판사들, 그중에서도 상위 10개사라 일컬어지는 출판사들이 지난 10년 동안 무엇을 했는지, 냉철하게 살펴보아야 합니다. 그동안 번 돈을 어디에 투자했는지에 대해서 있는 그대로 들여다보고, 출판사는 물론 출판계에 어떤 성과와 문제점들이 있었는지 이성적으로 살펴보면 한국 출판계가 가야 할 방향과 과제 중 절반은 나올 겁니다. 30대 후반에서 40대 중후반 세대들에 대한 투자와 새로운 시도는 지난 10년에 대한 뼈아픈

반성과 함께 이루어져야 기획의 중심과 방향, 주체가 분명해질 겁니다.

홍영태——전체를 봐야 되는 게요. 2000년 초까지는 우리나라가 급속도로 발전하는 과정이었기 때문에 모험적 시도가 어느 정도 가능했어요. 이제 국민소득 수준이 어느 정도 올라왔어요. 그러다 보니까 큰 기획이 나올 수가 없는 형편입니다. 출판이 독자들이 절실하게 필요로 하는 것을 만드는 게 아니라 보고 즐기고자 하는 문화적 욕구에 부응할 수밖에 없는 상황이에요. 거기에 머니 게임에 들어가면서 문제가 더 복잡해졌습니다.

한기호——아까 사상으로서의 편집자에 대해 말씀하셨는데, 새로운 사상이 나온 게 있습니까?

장은수——사상으로서의 편집자는 새로운 사상을 만들어내려고 하는 겁니다. 새로운 사상은 끊임없이 나오고 있습니다. 가라타니 고진이, 지그문트 바우만이, 알랭 바디우가, 슬라보예 지젝이, 한병철이, 강상중이 나왔죠. 물론 국내에서도 수없이 새로운 사상가들이 출현했습니다. 편집자는 그들을 주시하고 지켜보고 격려하고 사유의 거장으로 자리 잡을 때까지 함께 온갖 모험을 펼칩니다. 이는 근대적 현상입니다. 근대 이전에는 편집자가 없었어요. 있을 필요가 전혀 없었죠. 교회가 정해주고 국가가 정해주는데, 왜 편집자가 필요하겠어요. 국가나 교회가 정해주지 않았지만, 인간의 삶에 진짜 중요한 것이 있다고 가정해야 편집자가 존재하는 겁니다. 편집자는 그런 걸 만들어내는 거예요. 기존에 중요하지 않다고 여겨왔던 생각을 시대정신으로 격상시켜 중요한 사상으로 만들어내는 게 편집자의 기본 의무입니다. 민음사 박맹호 회장님 같은 세대의 편집자들이 출판에 대해 가지고 있는 기본적인 철학이 이 의무를 지는 것이었습니다. 그분들이 그 의무를 감당하려 했기 때문에 오늘날 우리가 읽는 수많은 작가들과 사상가들이 출현한 것입니다.

저희가 1990년대에 했던 편집은 좀 다른 거예요. 민주화 이후 폭발하는 대중들의 지식 욕구에 맞춰 이 고난도의 사상을 풀어서 가령, 유홍준의 『나의 문화유산 답사기』 같은 책을 만들었고, 대중 출판의 시대를 열었던 것입니다. 그렇다고 해서 위에서 얘기한 대로 저희 세대의 문학이나 사상을 만드는 일을 게을리한 적도 없다고 봅니다. 사유의 모험들을 계속해서 펼쳐간 거죠.

한기호——2004년에 일본의 이와나미쇼텐의 편집자가 그런 얘기를 했어요. 포스트모더니즘 이후에 새로운 사상이나 사상가는 등장하지 않았다. 인문기획자는 새로운 사상이나 사상가를 소개하는 것이 일인데, 인문기획자가 할 일이 없어졌으니까 앞으로 해야 될 일은 인류가 생산한 모든 지적 유산을 새롭게 재구성해서 내놓는 거라고 했어요. 그 뒤로 지난 10년간의 인문서를 보면 모두 하나의 키워드를 중심으로 해서 기존에 있던 사상을 정리하는 것이었어요. 과연 새로운 사상이 있었나요? 신자유주의라면 모를까.

장은수——그러나 아즈마 히로키도, 사사키 아타루도, 강상중도 계속 나오고 있습니다. 이와나미가 마음에 드는 철학자들이 없었나 보죠. 생각한다는 게 인간의 삶에 어떤 의미가 있느냐를 묻는 것, 그것이 시대에 따라 어떻게 다른 답을 만들어내는가를 함께 고민하고 모험을 펼쳐나가는 것은 편집자라는 직업이 있는 한 사라질 수 없습니다. 또한 지금 얘기하신 대로 편집자의 콘텐츠에 대한 자율성이 극대화되는 출판도 이미 세계적으로 모델이 있습니다. 가령, DK나 디아고스티니 같은 출판사들은 막강한 자본과 새로운 출판 철학을 배경으로 거의 저자 없는 출판까지 시도하고 있습니다. 그들이 낸 책은 수직적인 깊이는 없지만 정교한 편집 전략에 따라서 콘텐츠를 철저하게 비즈니스적 차원에서 가공해 냅니다. DK의 편집자나 디자이너는 언제든지 영미 공군의 항공사진을 모아 둔 데이터베이스에 접근할 수 있다니까 부럽다고나 할까요.

한기호——〈한국일보〉 출판문화상 심사를 해마다 가보면요. 그림책 수준이 굉장히 높아졌어요. 논픽션 그림책은 DK나 갈리마르보다 훨씬 더 잘 만드는 듯한 느낌입니다. 그런데 그런 책들이 시장에서 별로 주목받지 못합니다. 그런 책이 나오려면 그림 작가와 글 작가와 디자이너와 편집자의 능력이 잘 조화가 되어야 합니다. 그게 바로 출판사의 브랜드라 할 수 있을 겁니다. 그러나 정성 들여 그림책을 내놓아도 잘 안 팔리면 능력을 계속해서 키워가기가 어렵습니다. 차라리 앤서니 브라운이나 존 버닝햄처럼 유명한 외국 작가의 그림책을 수입해 펴내는 게 편하잖아요. 그러면 기획자가 안 키워집니다. 이런 시대에 우리가 어떻게 해야 될 건가, 편집자를 어떻게 키워나가야 하는 건가 하는 생각을 합니다.

박숙정——그림책 시장만 본다면 아동 분야에서 유아 그림책 시장이 거의 축소되고 작아진 상태입니다. 여기 계신 출판사들도 아동 브랜드가 따로 있겠지만, 그림책의 경우는 국내작가를 발굴하기가 쉽지 않습니다. 거기에는 그만한 투자와 시간, 브랜드가 갖춰져야 하기 때문이지요. 검증된 그림작가를 만나기도 힘들지만, 그들에게 정말 퀄리티 높은 글과 그림을 요구하려면 최소한 2~3년의 시간을 들여야 돼요. 몇몇 베스트 작가들은 기존 그림책 출판사에서 거의 독점하고 있고요. 후발 출판사들은 작가를 발굴해야 하는데, 출판사 내부에서 그 기간을 기다리지 못하는 경우가 상당히 많아요.

우리나라 학부모들은 외국 작가의 브랜드, 출판사의 브랜드를 보고 책을 고르는 경우가 많습니다. 그림책 분야처럼 스테디셀러가 많은 분야도 드물지요. 내 아이가 읽어야 할 책이다 보니 모험을 할 필요가 없는 거죠. 검증된 책만을 찾다보니까, 그 기준이 작가나 출판사가 되는 겁니다. 주니어김영사만 해도 유아보다는 초등, 청소년 분야가 강해서 좋은 그림책을 내놓아도 1년에 초판 소진하기도 힘이 듭니다.

그래도 꾸준히 작가와 작품을 발굴하고, 오랜 시간 공을 들인다면 그림책의 발전은 지속될 것이라 생각합니다.

2013년에는 그 와중에도 약간의 선전을 했어요. 그 이유를 살펴보면 직접적인 소비자가 선택하는 자연 판매가 아니라, 거의 유아 관련 단체의 납품이 70% 정도를 차지하고 있습니다.

그렇다 보니 마케팅 전략도 B2B 전략으로 수정하는 경우가 생기고요. 그림책은 어쨌든 온오프라인에서 잘 진열해놓고 독자가 직접 선택해야 되는데, 일주일 내에 반응이 없으면 서점에서는 바로 내려버리지요.

그 가운데서도 선전하고 있는 그림책출판사들의 좋은 그림책들은 매년 볼로냐도서전 라가치상에서 대상을 수상을 하는 등 선전하고 있습니다. 예전에 비해 외국에서도 우리나라 그림책에 관심을 갖고, 에이전시에서도 수출용 그림책을 많이 찾고 있고요.

그림책에 대한 주변 환경변화와 미래 시장을 위해서는 출판사가 숨어 있는 국내작가들을 발굴하는 데 과감하게 투자해야한다고 생각합니다. 그러려면 그림책 에디터들의 능력과 안목을 키워줘야 하는데, 그 방법에는 여러 가지가 있겠으나 저는 해외 시장을 살펴보는 것이 가장 쉽고, 빠른 방법이라고 생각해요.

볼로냐도서전 뿐만 아니라, 각 나라의 북페어, 서점 등을 순회하면서 다양한 그림책과 콘텐츠를 살펴보고, 모방, 창조해내는 것은 현재 우리나라 그림책 에디터들에게 주어진 과제이자 출판사가 지원해줘야 할 과제이기도 합니다. 장 대표님이 말씀하신 것처럼 회사의 비즈니스 모델이 달라져야만, 각 분야의 편집, 기획자들이 성장할 수 있어요.

특히, 유아·아동은 오히려 성인 쪽보다 더 기획의 방향에서 혼돈스러워 하고 있는데, 그것은 아동출판의 기획이 우리나라 교육정책과 맞물려 함께 갈 수밖에 없는 현실 때문이기도 합니다. 아동출판기획자들의 오랜 경험과 축적된 노하우가 만들어내는 기획력은 언제부터인가 판매의 소구점에서 벽에 부딪히며 기획자로서의 역할과 비전에 대해 깊이 고민하게 되는 지점에 이르렀지요.

조금만 시선을 돌리면 무엇이 문제점인지 분명히 파악할 수 있습니다. 외국의 아동도서들과 비교만 해보아도 딱 해결점이 나옵니다.

한기호——편집자와 출판사가 출판물을 선정하는 게 아니라 발견해야 된다고 했는데, 지금까지 거의 선정하고 골라냈잖아요. 앞으로 어떻게 발견해야 될까요?

홍영태——비즈니스북스는 작년 프랑크푸르트도서전이나 런던도서전에 해마다 4명을 보냅니다. 전체가 15명이니까 과장급 이상의 직원은 거의 3년에 한 번은 가는 거죠. 도쿄도 있고 북경도 있기 때문에 거의 2년에 한 번은 가요. 편집자뿐만 아니라 영업팀과 경영지원팀도 보낼 예정입니다. 왜 그러냐면 투자가 없이 되는 일은 없다고 생각하기 때문입니다. 많이 놀고, 많이 투자를 하고, 많이 봐야 성장이 되거든요.

왜 그 말씀을 드리냐면요. 대부분의 출판사에 직원 교육이 없습니다. 투자도 없고요. 제 첫 직장이 두산동아였는데요. 처음 5년 정도는 1년에 한 달 정도 교육을 받은 것 같아요. 지겹게 받았어요. 지금 생각해보면 그걸 다 써먹고 살더라고요. 전 출판사들이 투자하는 만큼 나온다고 봐요. 여기는 규모의 문제도 있어요. 50억, 100억 정도 되는 출판사 사장들이 10억 남는다고 하루에 열 끼 먹는 거 아니거든요. 이 정도의 매출이 되어야 출판사는 비로소 교육에 신경을 쓸 여력이 생깁니다.

한기호——출판이라고 하는 게 사실은 도제 시스템이라고 할까? 사수를 잘 만나서 책을 같이 만들어보고 함께 기획하고 경험에 의해서 배우는 거잖아요. 지금까지는 그랬죠. 앞으로는 어떻게 될까요? 개인의 역량을 강화해야 되는데, 어떻게 커뮤니케이션을 해야 할까요?

정욱희——현재 편집자를 교육시키는 도제 시스템은 거의 사라졌습니다. 길벗도 마찬가지지만 어느 정도 규모가 되는 출판사들은 SBI 같은 외부 교육 프로그램을 이수하게 하거나, 회사 내부에 공식적인 교육 프로그램을 만들어서 훈련을 시키려고 하는 편이죠.

장은수——민음사는 거의 없어졌어요. 도제적 업무 교육이라는 게 아예 사라질 수는 없지만요, 입사하면 입사 교육을 받죠. 선배 편집자가 가르치든 외부 강사가 가르치든 제가 가르치든 체계적인 교육을 당연히 받습니다. 필요하면 SBI 보내는 거죠. SBI, 한겨레교육문화센터의 출판 교육만 잘 활용해도 충분히 기본 이상은 할 수 있다고 생각해요.

김학원——과거에는 소통의 능력이 없어도 리더의 위치에 오를 수 있었어요. 편집에 대한 경험과 역량을 쌓으면 그것으로 족했지요. 옛날에는 사장도 그랬고 편집장도 그랬어요. 제가 20여 년 전에 출판사에 입사했을 때 사장, 주간, 편집장 모두 무척 개성적이었어요. 주간도 편집장도 나름다 경험과 실력이 있었는데 지금과 비교하면 조직적 소통의 능력이나 시스템은 부족했어요. 그 당시에는 사장들이나 편집장들 중에 그런 사람들이 많았어요. 물론 지금도 출판사에 그런 분들이 여전히 있고 이런 현상은 출판사에만 있는 것은 아닐 겁니다.

제가 막상 주간이라는 직책에 올랐을 때 편집자들의 역량 강화라는 측면에서 가장 중점을 둔 것은 '노동집약적인 출판의 과정에서 일상적으로 필요한 소통의 환경을 어떻게 만들 것이냐?' 라는 문제였습니다. 소통이 개성의 문제가 아니라 환경 혹은 시스템의 문제로 전환시키려면 책을 만드는 사람들이 일상의 노동, 일상의 사유 과정을 공유해야한다고 생각했습니다.

이를 위해 가장 먼저 시행한 것은 제가 일하는 과정을 생중계한다는 것이었어요. 매일, 시시각각 여러 차례 편집일기를 써서 이를 공유하는 거지요. 휴머니스트를 창업했을 때 가장 신경 쓴 것이 바로 전 사원이 이를 실천하는 것입니다. 대표에서 사원까지, 편집자나 마케터에서 디자이너, 총무까지 1년에 거의 책 한 권 분량의 업무 일기를 씁니다. 이는 실시간으로 공유합니다. 휴머니스트의 모든 사람들이 각기 제 자리에서 일하지만, 이 실시간 일지를 통해 한 운동장에서 같이 뛰는 선수로 변하는 거지요. 휴머니스트에 처음으로 입사한 사람들이 공통적으로 가장 신기해하고 재미있어 하는 것이 바로 전 사원이 쓰는 생생한 일기를 읽는 과정입니다. 모든 정보를 다 여기서 얻어요. 회사의 모든 움직임들을 이곳을 통해 속속들이 다 알 수 있고 부서가 달라도, 직책이 달라도 그 사람의 현재 상태까지 파악할 수 있어요. 어제 몇 시에 들어갔는지, 누구랑 술을 먹고 어떤 이야기를 나누었는지, 무엇 때문에 내일 끝날 마감이 일주일 늦어졌는지, 이를 통해 알 수 있습니다. 모든 도서의 정보도 직원이라면 누구나 다 알 수 있어요. 오늘 어떤 책이 몇 부 출고되었는지, 지난달에, 지난해에 몇 부가 팔리고 지난 3년 동안의 판매 현황을 알 수 있는 그래프를 확인할 수도 있어요. 주요 저자로 검색하면 그 동안 그 저자와 함께 일한 직원들의 일지들을 열람할 수 있어요. 이런 변화는 20년 전에는 상상할 수 없었던 변화입니다. 최소한 3~4년 같이 일하면서 일주일에 한두 번은 술잔을 기울이면서 공적으로나 사적으로나 다양한 이야기들을 나누며 친분을 쌓아온 것과도 같은 호흡의 수준을 한 달 만에 이룰 수 있는 것은 바로 이 디지털 환경이 준 정보의 일상적 공유와 축적을 통한 시너지 효과입니다.

또 한 가지, 아까 출판의 글로벌 전략에 대해서 이야기가 잠깐 나왔잖아요. 저는 디지털 환경의 핵심적인 개념 중의 하나가 글로벌리제이션이라고 봅니다. 아직은 아니지만, 10년 후에는 현실이 될 겁니다. 세계의 출판이 언어권에 기초해 국가별로 시장이 형성되어 출판권을 계약하는 비즈니스가 성립된 것은 서점 때문이었습니다. 예를 들어 미국의 출판사가 한국에서 비즈니스를 하려면 한국의 서점과 거래하는 한국의 출판사에게 출판권을 수출해야 했습니다. 한국이 중국 시장이나 대만 시장에 진출하는 경우도 마찬가지입니다. 그러나 앞으로 기존의 서점 채널이 아니라 킨들처럼 다양한 언어권의 책을 동시에 사볼 수 있는 디바이스가 늘어나면 상황은 달라집니다. 트랜스 언어권에 트랜스 로컬이 가능해지니 출판의 실질적인 글로벌 마케팅의 길이 열리는, 매우 혁신적인 상황으로 바뀔 겁니다.

출판의 글로벌 전략과 관련하여 놓치지 말아야 할 시장 개척 영역은 북한을 비롯한 중국, 러시아, 몽골 접경 지역까지를 포괄하는 넓은 의미에서의 한국어 언어권 시장입니다. 고려, 조선, 심지어 일제 강점기까지 1천 년 넘게 우리의 시장은 한반도 전체였고 대륙의 북으로 중국, 몽골, 러시아를 통한 인도와 유럽 대륙, 그리고 반도의 동으로 중국, 동아시아, 아래로는 일본, 태평양 건너로는 미국 등이었습니다. 그중에서도 향후 20년 이내에 북한과의 교류와 이를 매개로 한 대륙의 북쪽 교류는 출판시장에도 엄청나게 중요한 기회를 안겨줄 것입니다. 생각해보세요. 북한, 중국, 몽골, 러시아와 당일 배송의 물류 네트워크가 만들어지는 시장의 확대 상황을 그려보면 출판은 지금과 완전히 다른 비즈니스가 될 것입니다. 이런 상황이 우리 세대가 활동하는 시기 내에 이루어질 겁니다.

제가 2년 전에 베를린을 중심으로 한 몇몇 도시들의 서점들을 둘러보았을 때, 유럽 출판사, 특히 독일과 프랑스 출판사들의 변화의 핵심은요. 영어판의 동시 출간입니다. 유럽의 도시들에 있는 서점들의 가장 큰 변화는 영어책 진열대의 증가입니다. 그 증가의 원인이 과거에는 출판권 계약을 통한 번역 출판이었지만, 지금은 프랑스책을 출간하면서 동시에 영어 번역본을 출간한다는 것에 있습니다. 프랑스와 독일이 디지털 환경에 의한 출판의 글로벌리제이션에 대한 전략적 대응책의 하나로 영어본 동시출판 시스템의 확장을 채택한 것은 매우 시사적입니다. 이러한 변화는 미래의 출판시장에 여러 개의 언어를 동시에 선택해 읽을 수 있는 디바이스의 등장이 멀지 않았다는 것을 의미합니다. 이러한 출판의 세계화 흐름의 양상을 좀 더 입체적으로 예측하고 이런 환경들이 활성화되면서 초래될 다양한 시도들을 예상하면서, 한국의 출판사나 편집자들도 이러한 변화를 주도적으로 이끌고 활용하는 기획들을 시도해야 합니다. 프랑크푸르트 도서전에 가서 가장 부러웠던 것이 그 도서전에서 오픈해서 며칠 만에 몇 개국, 심지어 2, 30개국에 출판권을 팔았다는 뉴스들이었습니다. 출판 비즈니스 면에서는 그게 가장 부러웠습니다. 한국의 출판사나 편집자들이 이제 새로운 환경이 주는 출판의 트랜스 로컬의 흐름을 잘 읽고 활용하는 사례들이 늘어나길 간절히 바랍니다.

정욱희——2012년에 영어 학습서 하나를 아이폰 애플리케이션으로 만들었는데요. 국내에서 웬만큼 팔고 나서, 한국어 텍스트만 일본어로 번역해 일본 앱스토어에 올려 판매를 해봤어요. 결과는 2012년 한 해 동안 일본 앱스토어에서 올린 매출이 한국 내에서 종이책과 애플리케이션이 판매를 모두 더한 매출을 간단하게 뛰어넘었어요. 종이책 출판 시장에서는 우리가 만든 책을 일본어로 번역해 일본에 직접 판매하는 건 불가능하지만, 디지털 콘텐츠 공간에서는 우리 콘텐츠를 해외 시장에 직접 판매하는 게 얼마든지 가능한 일인 거죠. 지금은 어떤 출판사라도 전자책을 아마존에 올려서 세계를 대상으로 판매할 수 있는 시대거든요.

하지만 해외 시장 진출이라는 게 제약도 많아서 일단 한국어를 외국어로 번역하고, 번역문을 제대로 교정하는 데만도 상당한 투자가 필요합니다. 그리고 아무리 디지털 콘텐츠 시장이라고 하더라도 적절한 마케팅 활동이 필요하고요. 따라서 단순하게 시장 경험을 쌓는 게 목적이 아니라면, 사실 이것 또한 비즈니스적인 선택이 필요한 일이죠. 누구 똘똘한 편집자가 나와서 '이 책을 번역해서 일본에 팔아보자'고 기획을 하고, 운 좋게 적지 않은 매출을 올려보는 식의 1회적인 수준으로 대응하는 건 큰 의미가 없다는 거죠. 인력을 배치하고 몇 년에 걸쳐 지속적인 투자를 하는 식으로 경영을 바꾸어야 할 수 있는 일이라고 봅니다.

김학원——저희가 3년 전에 출시한 『외국인을 위한 한국사』(전국역사교사모임, 2010)는 한국어본하고 영어본을 동시에 출간했거든요. 완간하는 데 대략 5년 정도 걸렸는데요. 그때만 해도 왜 영어판을 내냐, 그리고 그 영어판을 한국에서 어떻게 팔거냐 이런 지적들이 많았습니다. 하지만 이 프로젝트의 핵심은 영어판 발행이었습니다. 한국인들이 외국인들과 만났을 때 한국의 역사와 문화를 어떻게 이야기할 것인가? 그게 이 책의 초점이었어요. 예를 들어 우리가 일본이나 미국, 프랑스나 독일을 알고자 할 때는 다양한 책들이 있잖아요. 그런데 외국인들이 한국의 역사를 알기 위해 읽을 만한 책이 없는 겁니다. 그들에게 한국어본을 줄 수는 없잖아요. 그래서 『외국인을 위한 한국사』 영어본을 한국어본과 동시에 출간했는데 처음에는 한국어본이 더 잘 나갔어요. 지금은 영어본이 훨씬 더 잘 팔립니다. 한국의 대학에 외국인 유학생들이 급격하게 늘어나면서 이 책을 교재로 쓰고 있고 미국의 뉴욕이나 LA의 한인 학교에서도 한국인 3세들에 대한 한국사 교육 교재로도 쓰입니다. 조만간 〈뉴욕타임즈〉 인사이드 코리아에도 이 책의 주요 내용들이 시리즈로 연재될 겁니다. 이처럼 출판권 수출의 길도 있지만 트랜스 로컬, 다문화

사회, 쌍방향 글로벌리제이션의 환경이 만드는 시장 변화의 흐름에서 필요한 기획도 뒤따르는 것이니 이전과는 다른 눈으로 변화의 흐름을 읽는 것이 필요합니다.

정욱희——그런 사례들은 사실 여러 출판사들이 적지 않게 경험하고 있어요. 반면에 실패한 사례도 많고요. 중요한 건 가능성을 발견했다면 출판사가 그걸 자기 사업 모델로 받아들이고 그 일을 본격적으로 해야죠. 일정 수준의 위험을 감수하고 투자를 하고 성과를 사업 모델로 확장하고 이런 게 필요합니다. 그런데 아직까지 전략적으로 그런 투자를 하는 출판사는 거의 없어요. 아까 계속 얘기한 것과 결국은 같은 말인데, 해외 시장 진출이라는 것도 사실 디지털 시대에 개별 출판사가 시도할 수 있는 여러 개의 새로운 비즈니스 모델 중 하나일 뿐입니다. 무엇이든 새로운 비즈니스 모델을 발굴하고, 그걸 실험하고, 성공 모델을 만들고 하는 게 앞으로 우리 출판계가 해야 할 일이 아닌가 합니다.

이 홍——두려워하죠. 한 번의 리스크가 전체 이익을 갉아 먹을 수 있는 거고요. 특정한 성공 사례들로서는 아름다운데, 비즈니스 모델이라고 했을 때는 그 이상의 투자가 들어가야 하고 시간이 걸려야 하거든요. 이런 부분은 출판사가 경험이 약하죠. 담대하지 못한 부분이 있습니다.

류영호——국내 출판사가 전자책 시장을 바라보는 관점에도 많은 변화가 일어나고 있습니다. 제가 10여 년 전에 출판사를 대상으로 전자책 사업을 설명하고 협의했던 시절에 비하면, 전자책에 대한 이해도와 수익구조, 마케팅 방법론에 대한 내부 전문가들이 많아졌습니다. 국내 전자책 시장의 역사를 돌아보면 여러 우여곡절이 있었지만 그만큼의 성장 기반도 갖춰가는 과정이었습니다.

중대형 출판사를 중심으로 내부에 전자책 관련 전담 조직을 운영하는 곳도 생기고, 전문 교육 기관을 통해 전자책 인력 양성과 신규 콘텐츠 개발도 지속적으로 증가하는 분위기입니다. 오랫동안 출판사 관계자분들과 전자책에 대한 여러 관점과 방향성에 대해 커뮤니케이션 해왔는데요, 출판편집자의 관점에서 종이책 편집과 전자책 편집을 병행하는 시스템이 적합한가에 대한 집중된 논의도 있었습니다. 제 의견은 병행보다는 각자 전문화해서 콜라보레이션Collaboration 시스템을 적용하는 것이 더 효율적이라고 봅니다. 과거에 비해 많이 개선되었겠지만, 출판사 내 편집부서와 전자책부서의 이해관계를 조정하는 것은 실무진에서는 상당히 어려운 부분입니다. 경영진의 전략적 의사결정과 리더십이 필요한 사항입니다. 기획 편집의 분야와 성격, 제작 포맷에 최적화된 편집자의 전문성을 강화시키는 쪽으로 출판사의 조직 정책적 변화가 이어지면 좋겠다는 생각입니다.

최근 1~2년 동안 저자의 입장에서 출판사 편집자분들과 출간 작업을 한 경험이 있습니다. 여러 관점에서 제가 본 출판 편집자의 유형은 크게 인바운드In bound형과 아웃바운드Out bound형입니다. 먼저 인바운드형 편집자는 전형적인 출판 편집 업무를 체계적으로 진행하고 제작까지 연결하는 출판 제작 전문가입니다. 아웃바운드형 편집자는 말 그대로 외부 제휴 활동에 집중하는 유형으로 출판사의 콘텐츠 기획부터 원 소스 멀티 유즈 전략 수립과 실행까지 전담하는 콘텐츠 마케팅 전문가입니다.

제가 주로 하고 있는 업무가 신규사업 개발과 콘텐츠 사업 제휴 분야인데 출판업계와 다른 분야의 업체와 전문가들을 자주 만나는 편입니다. 이분들이 출판 콘텐츠를 바라보는 시각을 들어보면 흥미로울 때가 많습니다. 드라마, 영화, 게임, 뮤지컬, 이러닝 등 하나의 콘텐츠를 기획하고 확장하기 위한 기초로 출판(책)을 1순위로 꼽는 경우가 대부분입니다. 그만큼 출판에 대한 인접 산업 영역의 관심과 투자는 지금의 모습과는 차원이 달라질 가능성이 높습니다. 따라서 분야별로 전문 출판 인력의 양성이 절실히 요구되는 시점입니다. 앞에서 언급한 인바운드형과 아웃바운드형은 깊이와 넓이의 관점에서 양쪽 다 분명히 출판 산업 전체의 발전을 위해 필요한 편집자의 가치라고 봅니다.

그리고, 인접 산업에서 출판 산업으로 진출하는 전문 인력들에 대한 포용과 협업의 자세도 매우 중요합니다. 디지털 출판을 통한 편집자의 역량을 더욱 증진시킬 수 있는 좋은 계기가 될 것입니다. 앞으로 출판 시장에서 전자책, 메타데이터Metadata, 큐레이션Curation, 게이미피케이션Gamification, 소셜마케팅, 애자일Agile 출판 등 디지털과 결합된 형태의 비즈니스 모델들이 계속 생산되고 진화할 것입니다. 미래형 출판 편집자의 양성과 발전을 위해서는 편집자 스스로의 동기부여와 노력만큼 출판계의 정책적 지원과 투자가 병행되어야 합니다. 독자들이 양질의 출판 콘텐츠를 접하고 구입할 수 있는 선순환적인 생태계와 플랫폼을 만들어야 합니다. 이를 위해 30~40대 출판 편집자들이 가진 다양한 출판 경험을 공론의 장에서 펼칠 수 있는 시스템이 필요하다고 봅니다. 특정 출판사 내에서만 고민하는 데 그치면 실질적인 발전을 기대하기 어렵습니다.

이와 관련해서 한가지 제안을 드리고 싶습니다. 미국의 사례지만 매년 1월에 DBW(DigitalBookWorld)라는 행사가 5년째 이어지고 있습니다. 전통적인 출판과 각종 미디어와 콘텐츠 전문가들이 시장에 대한 담론과 사례를 발표하는 행사인데요, 여기서 논의된 출판산업의 미래에 대한 진지한 고민들과 아이디어들을 개인과 조직의 전략에 반영한다고 합니다. 이러한 출판과 미디어 컨퍼런스가 국내에도 만들어진다면 고민을 갖고 있는 출판 편집자에게 도움과 영향을 줄 것으로 봅니다.

최근에 20~30대 젊은 출판인이 모여 출판 전문 팟캐스트Podcast를 시작했습니다. 출판사 내부와 서점업계의 소탈한 이야기를 매번 전해들을 수 있는데 업계 내 커뮤니케이션 측면에서 긍정적인 효과가 많다고 봅니다. 다양한 인사이트와 커뮤니티를 나눌 수 있는 채널과 시스템을 통해 새로운 시대를 이끌어갈 출판 편집자의 탄생을 기대하고 싶습니다.

홍영태——저는 그동안 출판계하고는 담 쌓고 혼자서 살았습니다. 몇 년 전부터 한국출판인회의에 들어가서 일을 하면서 너무 많은 걸 느꼈어요. 출판 환경이 너무 안 좋아요. 출판계가 할 일이 정말 많아요. 수많은 선배들이 고군분투를 해서 여기까지 끌고 왔구나 싶어요. 방관자적인 입장에서 봤을 때는 무슨 일을 하는지도 모르죠. 그 일을 해온 사람들은 자기 회사의 손해를 감수하면서까지 했는데 그게 잘 전달이 안 된 것 같습니다.

전자책 디지털 시대라고 하는데요. 제가 아까 그런 말씀을 드렸지만, 본질적인 측면에서의 출판사는 여러 제약 상황을 벗어나고 있습니다. 아까 김학원 대표가 스토리라고 표현했는데, 저는 정보라고 했죠. 정보를 발굴하고 만들고 그걸 잘 가공해서 전파하는 역할이 중요한 시대로 들어서고 있습니다. 20세기 중반 미디어의 제왕 시절 출판을 그리워하는 사람들이 있는데, 그건 흘러간 물일 뿐입니다. 출판시장이 쪼그라든다고 하지만, 영화나 게임이나 출판을 쫓아오려면 멀었습니다.

콘텐츠진흥원에 가봤는데요. 거기서는 콘텐츠를 12개 분야로 나눕니다. 연극, 드라마, 영화계에서는 출판계에게 그래요. "그렇게 잘 사시면서 뭐가 아쉬워서 이런

2013년 여름에 읽었던 SERI 보고서에도 그런 얘기가 있어요.
아날로그와 디지털을 어떻게 구분할 것인가?
"아날로그는 학습적 관점이고 디지털의 핵심은 체험이다."는 말이 인상적이었습니다.
소비자가 중심이 되는 체험의 시대로 바뀐다는 거죠. (이홍)

데까지 나오십니까?" 출판사들이 어렵다 하지만, 다른 미디어 환경하고 비교해보면 그렇게 어려운 것도 아닙니다. 우린 자꾸 구멍가게만 생각하는데요. 사실은 대교니 두산동아니 매출이 조 단위로 가는 데도 있어요. 단행본만 보는데 그렇게까지 볼 필요는 없습니다. 전자산업이 삼성전자도 있지만, 동네 전파사도 전자산업이거든요. 시야를 넓게 갖고 묵묵히 해나가면 되지 않을까 합니다.

이 홍——2013년 여름에 읽었던 SERI 보고서에도 그런 얘기가 있어요. 아날로그와 디지털을 어떻게 구분할 것인가? 해당 보고서의 일방적인 논리일 수 있겠지만 "아날로그는 학습적 관점이고 디지털의 핵심은 체험이다."는 말은 인상적이었습니다. 소비자가 중심이 되는 체험의 시대로 바뀐다는 거죠. 디지털이기 때문에 더욱 그런 흐름으로 갈 수 있는 게 아니냐는 겁니다. 오감만족의 욕구, 이를 가능하게 하기 위해서는 기능이 단순하면서도 무척 친절해야 합니다. 소비자는 그런 단순한 것부터 체험하고 느끼면서 주관적인 감정을 객관화 하는 겁니다. 디지털이라는 것도 따지고 보면 인문적인 요소가 강하지요.

우리가 콘텐츠 산업의 중심으로서 출판의 디지털화를 고민하고 있지만 여전히 독자를 학습시키고 가르치려는 경향이 있거든요. 그런데 소비자들은 지금 느끼고 체험하고 즐기고 싶어 합니다. 앞으로 우리가 가진 콘텐츠들을 독자들이 얼마큼 즐겁게 체험을 하게 할 것이냐. 또, 그것을 통해서 자기 스스로를 재정립하게 만들어갈 것이냐. 이런 고민이 필요합니다.

이런 고민의 연장선에서 본다면 기획자와 편집자로 불리는 사람들 역시 체험에 강해져야 합니다. 우리는 여러 가지 부분에 있어서 학습이 잘 되고 교육이 잘된 편집자를 원하지만, 이들이 구체적인 체험

**2010년 전후 주요 출판사들의 성장이 일제히 멈췄고,
그 뒤로 400억대 매출을 돌파해 다음 단계로 나가는 출판사는 아직까지 없습니다.
한마디로 정리하면 2010년을 기점으로 한국 출판산업의 한 시대가 끝났지만,
다음 시대는 좀처럼 시작되지 않고 있는 셈이죠.** (정욱희)

을 하는 데 대해서는 투자에 인색합니다. 실제 체험을 통해서 강한 충격에 단련되지 않은 편집자가 변화된 시대에 살아남을 수 있겠느냐는 걱정이 듭니다. 새로운 흐름에 맞추어서 체험하고 충격을 받고 그것을 통해서 단련이 되고 그 안에서 생태계를 형성해 새로운 걸 끄집어내는 편집자들을 만들어야 합니다. 이런 사람들이 어떠한 형태의 비즈니스 모델이 오고 어떤 출판이 만들어지든 굳건히 우리 터전들을 지켜주지 않을까 생각해봅니다. 물성적인 책을 만드는 것을 넘어 지식 생태계를 만들어가는 사람들… 이게 출판사와 그 속에서 일하는 사람들의 미래라 믿습니다.

박숙정——지금을 융합의 시대라고도 합니다. 지식콘텐츠 산업으로서의 출판업을 생각해볼 때, 그 산업을 이끌어가는 인재들의 활용성을 가장 크게 생각해봐야겠지요. 그러한 측면에서 보면 편집자들이 책이라는 콘텐츠만을 파고들 것이 아니라, 영화, 연극, 노래, 무용 등 다양한 문화적인 체험과 인문지식의 습득과 경험 등을 통해 그것을 함께 융합적으로 결합시킨 새로운 상품을 내놓을 수 있도록 지원, 육성해야 하는데, 그러기 위해서는 정부든 출판사든 적극적인 지원, 투자가 필요할 것입니다.

출판사에서 신입사원을 채용할 때, 그 회사에서의 신입이지 거의 경력사원들을 원하고, 또 채용하게 됩니다. 소자본, 소규모 출판사의 입장에서는 사람을 위한 투자가 현실적으로 힘들다는 구조적인 이유 때문일 거예요.

전체적으로 출판환경의 구조적인 혁신이 없이는, 출판 비즈니스 모델의 혁신 없이는 처음 단계부터 실행에 옮기기는 매우 힘들 것입니다. 따라서 개별 출판사의 전통이나 규모에 맞는 변화를 시도하고, 인적 자원을 위한 작은 실천이라도 먼저 시작해보는 것이 좋을 듯합니다.

모든 산업의 핵심은 기술력보다 사람이라고 생각합니다. 사람이 발전하지 않고, 능력을 배양하지 못한다면 그 산업은 후발주자가 될 수밖에 없습니다.

특히, 편집자가 기획자인 시대에 그들이 보다 진보적이고 융합적으로 사고할 수 있으려면 스스로의 노력도 필요하지만, 사회 전반 그리고 직장(출판사) 자체 내의 구조나 경영마인드가 중요하다고 생각합니다.

요즘 청소년, 대학생들 중에 출판업, 출판기획자(편집자)라는 직업을 선호하거나 목표에 두고 준비하는 친구들이 매우 드뭅니다. 현재 서울시 교육청의 목표 중 하나인 진로·직업교육과 관련해 아이들과 직접적으로 만나고 대화하는 시간이 있었는데, 아이들이 출판기획자라는 직업에 매력을 느끼지 못하고 있었습니다.

사실 참으로 회의적이었지요. 저 스스로는 재능기부를 하면서 내가 몸담고 있는 이 직업과 하는 일에 대해 자부심을 갖고 열심히 전달하려 했지만, 직업군으로서의 홍보나 인지도 부분에서도 매우 심각하구나, 하는 생각에 고민이 많았습니다.

계속 달라지는 환경과 시대변화에 맞서 앞으로 후배 편집자들이 만들어내는 기획은 어떤 것일까 매우 궁금하기도 하고, 10년 후의 출판사의 모습은 어떤 모습일까 기대되기도 하는데요. 후배들이 새로운 기획에 대해 과감하게 도전하고, 실패하고, 성공하고, 실천할 수 있는 환경이 되려면 출판사들이 그에 걸맞는 자본과 인프라와 단단한 힘을 갖추었으면 합니다. 그렇게 된다면 출판 편집자들이 갖는 자부심과 역량은 높아질 거라 생각합니다.

정욱희——저는 지금 출판사들의 핵심 인력들은 모두 80년대의 자식들이고, 따라서 우리나라 출판산업의 현재는 결국 80년대의 산물이라고 생각합니다. 80년대 후반과 90년대 초반에 학생운동 출신의 우수한 인력들이 출판계로 대거 들어왔고, 그분들이 출판에 적응하면서 만들어낸 것들이 90년대 초중반의 우수한 기획물들이잖아요. 그리고 이런 성과들이 쌓여 2000년대 개별 출판사들이 200억, 300억 대 매출까지 성장하게 만든 것이죠. 저 같은 경우 그 세대의 막내인 셈인데, 제가 출판에 입문할 때만 해도 매출 100억이 넘는 출판사가 이렇게 많아질 거라고는 상상도 하지 못했거든요.

그런데 2010년 전후 주요 출판사들의 성장이 일제히 멈췄고, 그 뒤로 400억대 매출을 돌파해 다음 단계로 나가는 출판사는 아직까지 없습니다. 한마디로 정리하면

2010년을 기점으로 한국 출판산업의 한 시대가 끝났지만, 다음 시대는 좀처럼 시작되지 않고 있는 셈이죠.

그런데 요새 서른 전후의 편집자들을 만나서 얘기하다 보면, 2010년까지 성장을 이끌어온 선배들의 성공한 경험이 오히려 지금 후배들의 발목을 잡고 있는 게 아닌가 싶어요. 우리가 지금 젊은 편집자들에게 갖는 문제의식이 이런 게 아닌가요? "선배들은 너희들보다 훨씬 어려운 시절에 일하고도 이런 성과를 냈어. 너희도 우리랑 똑같이 하면 성공할 수 있거든. 왜 안 하니?" 그런데 지금 젊은 편집자들이 과거에 우리가 했던 것처럼 일하면 지금 상황을 돌파할 수 있을까요? 지금 출판계에 80년대 중반 이후 태어난 친구들이 들어오고 있는데, 실제로는 그들에게 90년대 언저리에서 책을 만들어 성공한 과거의 경험을 답습하도록 강요하고 있는 건 아닌지 깊이 고민할 필요가 있습니다.

저는 출판계가 최근 몇 년 간의 정체 상태를 극복하려면 두 가지가 필요하다고 봅니다. 하나는 콘텐츠 개발 측면에서 서른 전후의 젊은 편집자들이 새로운 기획을 시도할 수 있는 기회를 열어주어야 합니다. 과거의 성공 경험에서 핵심적인 가치만 지키고, 지금 시대에 어울리는 콘텐츠를 젊은 세대들이 자기 감각으로 만들어낼 수 있도록 독려하고 도와줘야죠. 그리고 다른 하나는 비즈니스 측면에서 이제 40대 중반과 50대가 된 경영자나 편집 책임자들이 해야 할 역할은 콘텐츠 개발 과정을 관리하고 감독하는 일이 아니라, 오히려 조직 내에서 미래를 위해 위험을 감수하는 일이라고 봅니다. 위험을 감수한다는 게 디지털 콘텐츠 사업이나 해외 출판 사업을 새로 시도하는 것일 수도 있고, 20대~30대 편집자가 제안한 엉뚱한 기획을 맘대로 해보라고 승인하는 일일 수도 있습니다. 젊은 편집자들이 젊은 감각으로 다양한 콘텐츠를 만들어내고, 책임 있는 사람들은 위험을 감수하고 새로운 일에 뛰어드는 결단이나 시도를 하는 것이 지속적으로 성장하는 출판사를 만드는 시작점이 될 거라고 봐요.

류영호——저는 오늘 출판사가 아닌 외부의 관점에서 출판편집자에 대한 방향성과 기대감에 대해 말씀드렸습니다. 마지막으로 앞서가는 출판 편집자가 갖춰야 할 핵심 요소를 생각해봤습니다. 아직 저도 산업을 배워가는 입장이지만, 기본적으로 모든 일에는 열정이 가장 중요하다고 봅니다. 출판 편집 업무도 예외는 아닐 겁니다.

미래에 성공하는 출판 편집자를 디지털 시대의 '휴먼 플랫폼Human Platform'으로 정의하고 싶습니다. 지식문화적으로 시대를 관통하는 양질의 콘텐츠를 기획하고 여러 포맷에 최적화해서 담아내는 역량을 갖춘 편집자들은 출판을 모든 콘텐츠 산업의 중심으로 만드는 강력한 힘이자 뿌리가 될 것이라고 믿습니다. (류영호)

출판에 대한 내면의 울림이 계속해서 일어나는 사람이 지속해서 발전하고 성장할 것으로 봅니다. 스마트 미디어 시대는 정보의 홍수가 더욱 거세지고 있습니다. 독자들은 일상에서 알아야 할 정보와 가치있는 지식을 정리해줄 그 무엇인가를 찾고 있습니다.

출판편집자는 시대의 트렌드와 각 계층별 라이프 스타일의 변화에 민감할 필요가 있습니다. 일상생활 속에서 독자들이 콘텐츠를 소비하는 패턴을 이해하고 기획과 편집으로 연결해야 양질의 결과물이 나올 수 있기 때문입니다. 앞으로는 오프라인을 통한 네트워크만큼 소셜미디어를 통한 직간접적인 분석이 더욱 부각될 것으로 봅니다. 그런 측면에서 저는 트위터, 페이스북, 블로그 등을 적극적으로 활용하는 출판 편집자에 대해 주목하고 있습니다. 더불어 디지털과 IT에 대한 최소한의 체험과 학습이 병행되면 스마트한 출판 편집자의 모습이 보다 더 구체화될 것입니다.

끝으로, 저는 미래에 성공하는 출판편집자를 디지털 시대의 '휴먼 플랫폼Human Platform'으로 정의하고 싶습니다. 지식문화적으로 시대를 관통하는 양질의 콘텐츠를 기획하고 여러 포맷에 최적화해서 담아내는 역량을 갖춘 편집자들은 출판을 모든 콘텐츠 산업의 중심으로 만드는 강력한 힘이자 뿌리가 될 것이라고 믿습니다. 제반적인 기술과 인프라는 가치를 높여주는 하나의 도구입니다. 저자와 독자의 거리를 지식과 감성으로 연결하고 채워주는 기획과 편집이 선행될 때 각종 도구들이 제 역할을 할 수 있습니다.

장은수——앞으로 출판사는 두 가지는 확실히 갖춰야 할 거라는 생각이 듭니다. 첫째, 출판은 앞으로 데이터에 기반을 두고 사업모델을 짜고 콘텐츠를 기획하고 마케팅해야 한다는 겁니다. 감으로 출판하는 시대는 이미 저물었습니다. 콘텐츠 경쟁이 치열하지 않고 니치 마켓이 거의 무한대로 열려 있던 지난 20년간의 출판 모델은 이제 잊어야 합니다. 데이터 분석이나 시장 정보에 대한 정확한 이해 없이 출판하는 게 앞으로 가능할까 싶습니다. 새로운 세대의 편집자들은 이미 이런 사실을 본능적으로 느끼고 있습니다. 회사에서도 그렇게 가르치고 있고요. 그럴 때 장기적이고 성과 지향적인 동시에 새로운 비즈니스들을 계속 시도할 수 있는 환경이 마련된다고 생각합니다. 출판사 내외부 통계가 제대로 구축되어 있고, 그 정보에 편집자들이 권한을 가지고 접근할 수 있도록 허락하는 회사는 아직 아주 드뭅니다. 각자가 회사의 비즈니스 전략을 이해하고, 그 회사가 갖고 있는 데이터들을 이용해서 다음 단계로 한 단계씩 넘어가는 게 중요합니다. 또 이 데이터들을 편집자에게 이해시키고 교육시키고 그에 기반을 두고 일할 수 있게 만들어주는 게 미래 출판의 중요한 형태가 될 겁니다.

둘째, 최근 출판 행태를 보면, 자꾸 성공에 투자하려고 하는 경향이 있습니다. 지금과 같은 격변하는 환경에서는 오히려 실패에 투자하는 게 중요하다고 생각합니다. 출판이 자꾸 보수화되고 있고, 불황을 이유로 새로운 모험은 가능한 한 억제되고 있습니다. 편집자들한테 실패해도 괜찮다고 얘기하지 않는 한 절대로 새로운 책들이 나오지 않을 겁니다. 개인의 아이디어가 성공할 수 있는 확률을 높이는 경험을 축적한 회사가 도와줘야 합니다. 온갖 모험을 시도할 수 있도록 리스크를 함께 감수하는 용기가 출판문화에 필요한 시기입니다. 전자책 같은 경우도 마찬가지입니다.

근대 출판은 기본적으로 9대 1의 법칙으로 이루어져 있습니다. 새로운 일을 하려고 한다면, 엄청 노력해도 한 번은 성공하고 아홉 번은 실패하게 되어 있습니다. 박맹호 회장님 말씀대로, 출판이 영원한 벤처 사업인 이유입니다. 그렇다면 하나의 성공이 아홉 개의 실패를 껴안을 정도로 큰 성공이어야 합니다. 한마디로 빅 석세스가 필요합니다. 그런데 요즘 한국출판에서는 빅 석세스가 만들어내는 조직적 열망이 사라졌습니다. 어쩌면 이게 위기의 중요한 원인이라고 생각합니다. 최근 입사하는 후배 편집자들은 대단히 뛰어난 자질을 갖추고 있습니다. 이른바 스펙이 좋죠. 외국어도 잘하고 공부도 많이 했어요. 기본적으로 수백 대 일의 경쟁을 뚫고 들어온 사람들입니다. 사고가 유연하고 디지털 네이티브에 새로운 것에 대한 두려움도 없고 출판에 대한 동경도 있고 책도 여전히 좋아하죠. 다른 회사도 마찬가지라고 봅니다. 이 세대의 에너지를 이용하지 않고 한국출판은 절대로 성장할 수 없습니다. 이 세대의 시도들을 열린 마음으로 수용하고 그들이 실패하지 않도록 돕는 데 상당한 노력을 기울여야 합니다.

젊은 세대들의 진입을 가로막는 노동조건 문제 같은 것도 가능한 한 빠른 시간 안에 해결할 필요가 있습니다. 요즘 시대에 휴가 같은 것 가지고 직원들하고 다툰다는 게 도대체 말이 됩니까? 공동 탁아소 운영 같은 기본 복지 문제도 전향적으로 수용해야 합니다. 임금이 다른 업종에 비해 조금 적을 순 있지만, 노동법에 규정된 근로 조건들 가지고 문제를 일으키는 후진적 행태는 종말을 고해야 합니다. 현재 출판사에 들어오고 싶어서 대기 중인 우수한 인력들을 지금 못 받아들이면 앞으로는 이 동네에 얼씬도 안 할 겁니다. 저희 시대하고 달라요. 저희는 운동권 문화에 익숙해서 공무원이나 대기업에 들어가고픈 마음이 별로 없었습니다. 저는 삼성전자에 가고 싶다는 생각을 20대 때 한 번도 해본 적이 없습니다. 지금 세대는 그렇지 않습니다. 모두가 그런 건 아니지만, 삼성에, 네이버에, 방송국에 가고 싶지만, 거기에 못 가서 오는 사람이 많습니다. 현재와 같은 문제를 출판계에서 계속 일으키는 한, 더 이상 인재의 유입은 없습니다. 유입되었다 해도 금세 뛰쳐나가버릴 겁니다. 그러니 지금 출판의 비즈니스 모델을 미래 지향적으로 혁신하고, 젊은 편집자들에게 기회를 부여해 꾸준히 성공모델을 만들어내야 합니다.

김학원——장은수 대표 의견에 전적으로 동의하고, 정욱희 실장이 얘기했던 세대 역할론에 대해서도 공감합니다. 저는 출판의 미래를 생각하면 설레고 희망적입니다. 하지만, 현실을 보면 참 우울하고 절망적인 면이 많습니다. 제가 출판하면서 가장 절망을 느낀 게 최근 3년간입니다. 아무리 이해하려 해도 이해할 수 없는 현상이 두 가지였거든요.

최근, 출판의 모든 이야기가 다 해외의 잘나가는 신간과 국내의 잘나가는 저자를 유치하는 것, 그리고 더 많이 파는 것으로 귀착되어 있습니다. 이 두 가지에 눈이 멀었던 거지요. 어쩔 수 없는 이러저러한 환경의 상황을 늘어놓아도 이해할 수 없는 상식 이하의 출판을 했다고 생각합니다. 이런 식의 출판으로는 출판의 변화 양상을 제대로 볼 수 없습니다. 이런 눈으로는 새로운 환경의 변화가 주는 기회를 읽어낼 수 없습니다. 따라서 지금은 출판의 혁신이 필요한 때입니다. 혁신은 가장 저렴하지만 가장 효과적인 조치입니다. 하지만 혁신은 돈으로 하는 것이 아닙니다. 관점의 전환, 가치의 전환, 태도의 전환에는 큰돈이 들지 않습니다. 다만, 사심과 기득권, 습관을 버려야 하기 때문에 쉬운 것은 아닙니다. 미래의 출판으로 나아가기 위해 한국의 출판은 지난 10년, 특히 최근 3년 동안의 출판에 대한 뼈아픈 반성으로 시작하지 않으면 안 된다고 봐요. 이것이 전제되지 않는 경영혁신, 이것이 전제되지 않는 투자는 당장의 이득은 있을지언정 미래의 출판을 읽는 데로 나아가지 못할 것입니다.

반성과 혁신의 과정에서 가장 핵심적인 것은 결국 기획입니다. 두 가지에서 출판의 미래를 걸어야 합니다. 출판사가 지금 보유한 30대 후반에서 40대 중후반의 주체들을 기획의 전면에 배치해야 합니다. 매일 매일 처리해야 할 업무에 지친 그들에게 물론 쉴 수 있는 여유도 주어야 하고 적절한 연봉과 대우도 해주어야 하고 새로운 기획을 할 수 있는 여건도 마련해주어야 합니다. 그 이전에 근본적으로 필요한 것은 경영자들이 혁신적인 전환에 대한 실천적인 모습을 보여주어 새로운 신뢰와 희망을 만들어내는 것입니다. 그리고 미디어로서의 출판이 당대에 내놓을 수 있는 독특한 기획으로 나아갈 수 있는 진정한 출판 리더십이 등장해야 합니다.

올해부터는 출판계의 공기가 좀 달라졌으면 합니다. 출판사는 소설을 내든 역사책을 내든 과학책을 내든 큰 맥락에서 이야기 공장입니다. 어떤 새로운 이야기들을 어떻게 해서 세상에 내놓았는지, 그것이 우리의 삶과 세상을 어떻게 변화시켰는지, 그 과정에서 출판사에서 일하는 사람들은 어떤 드라마를 만들어냈는지, 그런 소식들이 많이 회자되었으면 합니다. 그것이 출판계가 살아 있는 증거이고 우리가 살아 있다는 이 증거들은 결국 기획의 힘과 편집의 힘에서 비롯될 것이기 때문입니다.

한기호——오늘 장시간 정신없이 달려왔습니다. 여러분이 결론을 다 내려주셨으니 제 마무리는 생략하겠습니다. 모두들 수고하셨습니다.

2

이 기획자를 말한다

안목과 관계

박맹호 민음사 회장

김형보 | 어크로스 대표

박맹호 민음사 회장이 팔순을 맞아 쓴 자서전 『책』 이야기가 나왔다. 한국출판마케팅연구소의 한기호 소장을 오랜만에 뵙고 점심을 먹는 자리였다. 북디자이너 정병규 선생을 발탁하고 후원하는 그의 이야기가 인상적이었다고 한다. 그리고 소장은 내게 이렇게 말했다. "사람을 기르는 출판인이 드물어. 박 회장을 뵙고 이야기를 들어보는 것은 어때?"

한번도 박맹호 회장을 직접 대면한 적은 없었다. 한국 출판계의 전설적 인물. 뵙고 이것저것 여쭐 수만 있어도 영광이라고 생각했다. 어쩌면 그 짧은 인터뷰에서 지금 내가 허덕이고 있는 출판업의 문제를 해결해줄 새로운 시야를 만날 수 있을지도 모른다고 잠깐 기대했다.

하지만 막상 인터뷰를 준비하게 되자 기대는 부담으로 바뀌었고, 대책없이 인터뷰를 받아들인 경솔함이 원망스러워졌다. 욕심이 지나쳐 제 능력을 못 살폈다. 그래도 약속을 하였으니 부딪쳐 보자고 용기를 내었다. 인터뷰의 형식은 편집자 후배가 편집자 선배에게 질문을 하는 것. 자세한 노하우보다는 큰 길을 묻는 방식으로 해보자고 마음먹었다.

처음 약속한 인터뷰 날짜가 열흘가량 미뤄졌다. 편찮으시다는 말을 전해 들었기에 인터뷰를 길게 할 수 있을까 걱정부터 되었다. 다행히 민음사 회장실에서 뵌 박맹호 회장은 정정했다. 인터뷰도 편안한 분위기에서 무리 없이 진행할 수 있었다.

사람을 보는 안목

김형보(김)——후배 편집자가 선배 편집자를 만나 지혜를 구하는 기획의 첫 번째 인터뷰입니다. 회장님께 출판과 편집에 대해 여쭈려고 합니다.

박맹호(박)——제 자서전에 다 들어 있는데, 별 이야기가 없을 것 같아 걱정입니다. 제가 어제 잠을 못 잤어요. 헤매더라도 바로잡아 가면서 이끌어주세요. 여든이 넘으니 일흔 때와 달리 서툴고 좀 어눌해져요.

김——네. 저도 인터뷰가 처음이라 많이 서툽니다. 너그럽게 봐주세요. 자서전을 읽다 첫 번째로 눈이 번쩍했던 부분이 "비록 내가 직접 쓴 작품은 아니더라도 남들보다 먼저 훌륭한 작품을 만나고 나면 그 쾌감이 강렬했다. 늘 그런 소설을, 작가를 발굴하고 싶었다"라는 내용이었어요. 출판을 업으로 선택한 이유였나요?

박——작품 하나가 실패하는 바람에 그랬어요. (이 작품은 1955년 〈한국일보〉 신춘문예에 응모했던 단편소설 「자유 풍속」을 말한다—필자 주) 이 작품이 이번에 〈한국일보〉에서 명예당선을 받게 되었어요. 거의 60년 만에 당선이 된 거죠. 우리 문단사에서는 드문 일이에요. 그때 (신춘문예에서) 떨어지면서 내게 작가로서의 재능이 부족하다고 생각했어요. 그렇다면 나는 사람을 뽑는 일을 하자고 생각했어요. 소설은 못 쓰지만 사람을 보는 능력은 있지 않나 그런 건방진 생각을 했었습니다.

김——사람을 뽑는 즐거움, 작품을 발견하는 즐거움이 창작의 즐거움과 맞먹는 것이었나 봅니다.

박——그렇습니다. 사람을 만난다는 것, 그것이 굉장한 쾌락이고 즐거움이에요. 물론 실패도 있었지만, 좋은 사람을 발견하고 만나는 경험을 몇 번 하고 나니깐 그래도 내가 역시 직업을 잘 선택했다, 그런 생각이 들었어요.

김——편집자와 관련된 질문을 좀 드릴까 합니다.

박——제가 아는 것까지만 이야기를 할게요.

김——출판계의 많은 분들이 민음사 출신들을 '민음사관학교' '맹호사단'이란 별칭으로 부릅니다. 편집자를 채용하거나 발탁할 때 어떤 점을 중요하게 여기시는지요.

박——다 아는 것들이에요. 기본적인 조건을 갖추고 있어야 하겠죠. 가령 책을 많이 읽었다거나 학교에서 제대로 교육받고 훈련을 받았다는 것. 그런 기본적인 조건이 중요해요. 그리고 그런 기본적인 조건 말고, 그 사람을 딱 만났을 때 어떤 스파크 같은 게 있어요. '아! 이 사람 물건이구나.' 그런 게 있어요. 직감 같은 거죠. 이 친구가 뭔가를 가지고 있구나, 같은 느낌을 받아요.

김——회사에서 크게 쓸 편집자를 발굴할 때도 그런 스파크를 보시나요? 일의 결과가 중요했나요, 태도를 더 중요하게 보셨나요?

1990년대 들어오면서 전문 편집자를 중심으로 자회사들을 만들어나갔던 것도 반 발짝 빠른 변화였던 것 같습니다. 민음사의 도약을 이끌어낸 시스템의 재편이랄까요. 그때 전문가인 편집자들의 의견을 우대하고 이야기를 잘 들어주자고 결심을 하셨다지요?

김형보 어크로스 대표

박——태도도 중요하겠지만 결과가 증명을 해주잖아요. 그 사람이 만들어낸 일의 결과, 책을 보고 판단했습니다. 그래도 '싹수'는 보여요. '이 사람 일을 해내겠구나' 그런 싹수요.

김——이영준 주간(현 경희대학교 후마니타스 칼리지 교수)의 경우에도 4년 차 편집자를 주간으로 파격 발탁을 하셨던데요?

박——그랬죠. 그런 경우는 여럿 있어요. 이영준 주간도 그렇고 이갑수 현재 궁리출판사 사장도 그랬어요. 이갑수 사장의 경우 시를 써서 '오늘의 작가상'을 받았던 사람이에요. 그런데 이갑수 시인이 엉뚱한 직업을 가지고 있는 거예요. 제약회사였던가. 그래서 이갑수 시인에게 그 회사 다니지 말고 민음사로 와서 일을 하라고 제안을 했지요. 바로 편집장을 시켰어요.

김——책을 안 만들어보셨던 분인데, 바로 편집장을 시켜도 되겠다는 판단을 하신 거예요?

편집자는 창조자입니다. 편집자는 출판에서 경영자보다 더 중요한 역할입니다. 편집자가 오늘날의 문화를 만들어냈어요. 그리고 더 나아가서는 정권도 만들어낸다 생각해요.

박맹호 민음사 회장

박——본인이 시를 쓰는 사람이니깐. 책을 많이 읽은 사람들은 대개 기본적으로 조건을 갖추고 있어요.

김——북디자인의 영역을 최초로 개척했던 정병규 선생을 봤을 때도 스파크가 튀었던 건가요?

박——물론이죠. 그 안의 천재를 단번에 알아봤던 것 같아요.

김——사람을 알아보는 데 특별한 비법이라도?

박——그런 비법은 잘 모르겠고요. 제가 출판업을 하면서 사람의 눈빛을, 그리고 대화하는 것을 보면 사람을 좀 알겠더라고요.

김——자서전을 읽다 '이런 안목'은 어떻게 기를 수 있을까 고민을 했습니다. 원고를 알아보는 것도, 작가를 알아보는 것도 결국 안목인데, 이문열 선생을 발탁한 것도 그런 안목이었나요? 역시 스파크가 있었던 건가요?

박——스파크, 물론이죠. 대신 사전 지식, 사전 조건이 구비되어야 하죠. 가령 이문열 같은 사람은 당시 이미 등단을 했고, '오늘의 작가상'도 탔고요. 그 무렵 그의 여러 작품을 뒤져 읽고 판단했지요. 이문열의 경우, 당시 문단의 신진 작가였던 그에게 『삼국지』를 새로 쓰게 한 것이 컸어요. 역사소설이고 대중소설인 『삼국지』를 신진 작가에게 쓰게 하는 것은 고민이 많이 되었어요. 하지만 그런 선입관을 과감히 타파하고, 『삼국지』를 완전히 새로운 글로 만들어내는 과정이 중요했던 것 같습니다.

김——당시 이문열 선생의 여권 문제를 해결하고(부친이 남로당원 출신이라 연좌제로 여권을 발급받을 수 없었다—필자 주), 신인에게 파격적인 고료를 주도록 〈경향신문〉을 설득했던 것도 인상적이었습니다. 출판기획자의 입장에서 보자면 작가가 글을 쓸 수 있게 환경을 만들어주는 것도 중요하다는 인상을 받았습니다.

박——작가가 글을 쓸 수 있는 환경을 만들어주는 게 아주, 제일 중요하죠. 모든 작품이 다 그래요. 출판사가 작가를 특별하게 대우해주고 인정해주고, 그러면 보답이 와요. 강석경이 『숲속의 방』을 쓸 때, 원고에 대해 이야기를 많이 해주었어요. 보완할 지점도 말해주었죠. 한수산의 경우도 마찬가지고, 박영한의 경우도 그랬어요. 작품에 대한 의견을 여러 가지로 말해주는 것에 신경을 많이 썼어요.

김——작가들이 의견을 잘 듣는 편인가요?

박——이야기를 듣는 경우도 있고, 안 듣는 경우도 있고. 잘 들으면 작품이 성공을 하는 거고, 안 들으면 성공을 못 하는 거죠.

김——의견을 듣는 작가들의 모습을 보면, 스파크가 올 수 있겠네요?

박——그건 스파크의 문제라기보다 저자와 편집자, 상호 신뢰의 문제죠. 출판사의 의견을 못 알아들으면 그땐 그 작품이 잘 안 되더라고요. 백발백중 안 되더라고요.(웃음)

주변에 어떤 친구들이 있나

김——자서전을 읽으면서, 좋은 분들과의 만남, 좋은 원고들과의 만남이 계속 생기는 것을 보며 무척 부러웠습니다. 가장 소중한 만남이나 원고 중에 어떤 것이 기억에 남으세요?

박——가령 '오늘의 작가상' 첫 작품인 한수산의 『부초』의 경우, 작가 황석영이 그 원고를 들고 달려왔어요. '이건 특별한 저술인데 괜찮다'고 말하며 원고를 보여줬어요. 저는 황석영을 신뢰했었고 그래서 즉각 받아들였죠. 이문열의 경우 유종호 선생이 추천했었고 그때도 즉각 받아들였어요. 이렇게 주위에서 사람과 원고를 추천해주는 사람들이 아주 중요해요.

김——김현 선생과 고은 선생과의 만남도 아주 특별했지요?

박——고은 선생은 말예요. 그의 표현대로라면 그와의 관계는 '서론 없는 본론'의 관계였어요. 그를 만나자마자 의기투합하고 아이디어를 주고받았어요. 그리고 그 아이디어가 작품이 되었어요.

김——천재들과의 우정이 민음사 초창기의 동력 아니었나 하는 생각이 들었어요.

박——그게 제일 행운이라고 생각해요. 저는 학교 동창들을 잘 만났어요. 그리고 그들이 저를 잘 도와주었죠. 주변에 어떤 친구들이 있느냐, 그게 그렇게 중요하더라고요.

김——친구들을 적극적으로 만나러 다니신 것 같지는 않은데, 회장님 주위로 사람들이 몰리는 건가요?

박——그런 것도 있었고, 저도 사귀고 싶은 사람들에게는 접근을 했죠.

김——적극적으로 우정, 관계를 만드신 건가요?

박——적극적이라기보다는… 소극적으로라도 접근을 했어요. 가령 작고한 신동문 선생 같은 경우가 제가 사귀려고 노력했던 분이죠. 그분 살아계셨으면 굉장했을 텐데요. 민음사 첫 책인 『요가』도 그분의 도움을 받은 거죠. 제가 도움을 많이 받았어요. 도인 같은 분이었는데… 그리고 김우창 교수, 유종호 교수, 남재희 같은 분들이 도와주지 않았다면 이렇게 못 했을 거예요.

김——그런 분들이 기꺼운 마음으로 회장님을 도왔던 이유가 뭐였을까요?

박——서로 이해관계가 있어서 그랬던 것은 아니었어요. 그저 대화를 하다보면 서로 무엇인가를 발견하게 되고, 그것을 구체화하는 과정이 책으로 연결된 것이지요.

김——책을 둘러싼 세상에서 대화로 아이디어가 만들어지고, 그것이 책으로 실현되는 과정이네요.

박——바로 그게 대화예요. 저는 대화를 할 때 많이 듣는 편이기도 하지만,

적극적으로 대화를 하다 보면 아이디어가 많이 떠올라요. 그것을 확대 재생산을 하는 거죠. 주위의 좋은 사람들과 대화를 많이 하면 새로운 아이디어, 새로운 기획이 떠올라요.

김——대화 자체가 즐거우셨던 거예요?

박——즐겁지 않은 대화 속에서 어떻게 좋은 게 나옵니까? (웃음) 출판의 즐거움은 그런 대화와 그것을 가능케 하는 사람들과의 만남에 있어요. 바로 새로운 세상과의 만남이지요. 새로운 사람과 세상을 만난다는 것은 새로운 우주를 만난다는 것과 똑같아요.

김——저는 그런 만남이 부럽다는 생각만 듭니다.

박——그건 어느 시대나, 누구나 가능한 거예요. 그런 만남을 제가 선별적으로 편집했을 따름이에요. 그것이 제게만 특별히 주어진 기회라고 생각하지 않아요. 물론 학교를 다니며 좋은 친구들을 잘 만나긴 했지만요. 하지만 그것도 제가 의도적으로 편집하지 않았으면 책으로 이어지는 그런 만남이 안 되었을 거예요.

김——책의 세계로, 회장님의 그 관계와 우정이 편집되어서 들어온 거라고 할 수 있겠네요. 저자와 출판사, 비즈니스 관계에서 제일 신경을 써야 하는 것이 무엇인지도 궁금합니다.

박——저자와의 관계라는 것은 엄밀히 따지면 거래예요. 서로 신용을 지키는 것이 매우 중요합니다. 필수적입니다. 금전 관계가 분명하게 이뤄져야 됩니다. 그리고 저자가 상대적으로 손해 보지 않았다는 느낌을 받도록 대우해주는 것도 중요해요. 저자를 관리한다고 생각하기보다 기본적인 것을 제

'반 발짝 먼저' 한다는 것은 모든 분야에서 혁명이에요.
가령 세계문학전집을 만들 때도 사람들은 회의적이었고 대부분 반대했어요.
반 발짝 먼저 내딛는다는 것은 '온 발짝'을 내딛는 것과 다릅니다.
너무 앞서 나가면 실패할 수 있어요. 대중과의 적당한 거리를 유지하는 거죠.

대로 하는 것이 중요해요. 인세를 항상 정확하게 계산해서 빨리 지급해주느냐가 관건이에요.

김——현업에서 편집자들은 저자와 편집자의 관계가 수평적이어야 한다고 생각하는데, 수직적인 느낌을 받아서 많이들 힘들어합니다. 때로는 조교가 돼버린 느낌이라고 말하는 경우도 있습니다. 기 센 분들이 참 많더라고요.

박——제가 생각하기에는, 저자의 입장에서 유불리를 따지자면 저자들은 편집자 말을 잘 듣는 게 자신에게 제일 유리합니다. 원래 편집자가 책을 만들어내는 거예요. 저자들이 기가 세면 결국 자기 코 자기가 내리치는 거예요. 자기 손해예요.

김——서울대학교 인문대에 2억 원을 기부하고, 기금으로 '서울대 인문 강좌'를 기획하셨지요? 출판사의 저자 후원 모델이라고 볼 수도 있을 것 같습니다.

박——세상에 공짜는 없어요. 보상을 기대했다고 생각하지는 않아요. 하지만 어쩌면 일종의 씨를 뿌리는 거라고도 볼 수 있겠지요. 그렇게 씨를 뿌리고 나면 언젠가는 돌아와요. 그런 일은 시간이 걸려야 되는 일이겠지요. 단순한 이해타산으로 할 수 있는 일은 아니에요.

김——10년, 20년을 바라보는 나무 심는 사람의 심정인가요?

박——그렇게 길게 보고 하는 일도 있지요. 그리고 또 단기적인 관점에서 바로 결단을 내려서 하는 것도 있어요. 케이스 바이 케이스 아닐까요?

김——단기적인 관점이요?

박——그건 (기획의 관점에서는) 찬스가 온 거예요. 바로 결정을 해야죠. 그런 찬스가 왔을 때는 내일 다시 이야기해보자라고 미뤄서는 안 될 일이죠. 아니면 아니다,라고 바로 결정을 해야죠. 반 발짝만 먼저 움직여라.

김——민음사가 다른 출판사들과 달랐다고 한다면 어떤 점이 있을까요?

박——제가 조금 다르게 했다고 하면, 다른 사람들이 위험하다, 안 된다 하는 것을 과감히 시도했던 것에 있지 않았나 생각합니다. 그리고 반 발짝만 먼저 움직이자, 하고 항상 생각했어요. 그것이 가령 성공의 이유라면 이유일 거예요.

'오늘의 시인 총서' 같은 경우는 정말 모험이었어요. 당시에 시집을 상품화한다는 것은 미친 사람들이나 하는 일이었어요. 비평집 내고 창작집 내는 것도 그랬죠. 그때의 풍토에서는 정말 쉬운 일이 아니었습니다. 그런데 제가 그런 일을 했던 이유가, 제가 능력이 없기 때문에 남이 안 하는 것을 한다는 생각을 했기 때문이었어요. 다른 분야는 잘하는 사람들이 너무나 많았으니까. 제가 따라갈 수가 없으니까. 그쪽에는 그 분야의 도사들이 따로 있으니까. 남들이 버리고 안 하는 분야니 내가 한번 제대로 만들어보자, 이런 생각이었던 것 같아요.

김——'반 발짝 먼저'라는 개념은 자서전에도 여러 번 언급하셨어요.

박——가령 예전에 대부분의 책이 세로쓰기였을 때, 가로쓰기를 전면화시켰어요. 당시 가로쓰기를 채택한 곳은 창작과비평사와 잡지 〈뿌리깊은나무〉뿐이었어요. 일반 대중서나 시집, 비평서, 소설 등은 모두 세로쓰기였습니다. 가로쓰기를 시도한다는 것은 큰 모험이었어요.

김——'반 발짝 먼저'가 혁명적인 변화를 가져오기도 하네요.

박——'반 발짝 먼저' 한다는 것은 모든 분야에서 혁명이에요. 가령 세계문학전집을 만들 때도 사람들은 회의적이었고 대부분 반대했어요. 다른 출판사에서 세계문학전집을 이미 다 만들어냈고 실패한 경우도 많은데, 왜 하려고 하냐는 거죠. 게다가 (당시에는) 세계문학전집은 이미 시대에 뒤떨어진 고물이 된 것이라고까지 말하며 말렸죠. 그렇지만 '우리가 새로운 문체로, 제대로 만들어보자'라고 생각했어요. 그래서 세계문학전집을 '반 발짝' 앞서서 내게된 거예요. 나중에 후발주자들이 많이들 따라왔지요. 만약 반 발짝 늦었다면 이루어지지도 않았을 것이고, 되지도 않았을 거예요.

김——세계문학전집의 발간사에 "세대마다 문학의 고전은 새로 번역돼야 한다"는 말이 제게는 벼락같았습니다.

박——유종호 선생 글이에요. 출판이란 것도 그런 일입니다. 언젠가 지금의 민음사 세계문학전집도 새로운 도약을 꼭 해야 합니다. 적절한 시기에, 필요한 시기에 타이밍을 확실히 잡아서 해야 할 거예요. 그리고 반 발짝 먼저 내딛는다는 것은 '온 발짝'을 내딛는 것과 다릅니다. 너무 앞서 나가면 실패할 수 있어요. 대중과의 적당한 거리를 유지하는 거죠. 비룡소 초창기가 그랬어요. 의욕이 넘쳐 온 발짝을 내디딘 거죠. 반성하고 스텝을 반으로 줄였더니 그제야 성공할 수 있었던 겁니다.

전문 편집자의 시대

김——1990년대 들어오면서 전문 편집자를 중심으로 자회사들을 만들어나갔던 것도 반 발짝 빠른 변화였던 것 같습니다. 민음사의 도약을 이끌어낸 시스템의 재편이랄까요. 그때 전문가인 편집자들의 의견을 우대하고 이야기를 잘 들어주자고 결심을 하셨다지요?

박——저는 늘 얘기해왔지만, 편집자는 창조자입니다. 편집자는 출판에서 경영자보다 더 중요한 역할입니다. 편집자가 오늘날의 문화를 만들어냈어요. 그리고 더 나아가서는 정권도 만들어낸다 생각해요. 반 발짝 앞선다는 것을 계열회사 만든 것 가지고 이야기하는데… 다행히 성공을 해서 그렇지 실패할 수도 있었어요.

김——그래도 민음사의 전문 편집자 중심의 브랜드 확장은 이후 많은 출판사들에게 영향을 끼쳤습니다.

박——사실 당시에는 단순한 생각이었어요. 민음사가 매일 책을 내니까 신문사에서 민음사 책을 너무 자주 다룬다고 말이 많았어요. 그래서 책들을 분야별로 계열화시키고 새로운 브랜드를 달아주면 언론의 혜택을 좀더 많이 볼 수 있지 않을까 하는 단순한 생각이었죠. 새로운 브랜드가 계속 나오니까 한번은 친분이 있던 한 출판사의 사장이 제게 "이름을 왜 이렇게 많이 만드세요?"라고 항의를 했어요. 그래서 할 말이 없어 "연습하는 중이야"라고 답을 한 적이 있었죠.

김——조간신문을 기다리는 일이 설렌다는 표현을 봤습니다. 신문 읽는 일이 회장님 평생 공부 습관 중 중요한 일이겠다는 생각이 들었습니다.

박——중요한 일이죠. 그런데 신문의 영향력도 약해지고 사람들이 신문을 잘 안 봐요. 그래서 저는 좀 의기소침해졌어요. 문제는 옛날에는 모든 정예 엘리트들이 모여서 신문을 만들었는데 그런 사람들이 다 빠져나갔나 봐요. 최근의 신문 기사를 보면 오히려 기자들에게 중요한 내용을 가르쳐줘야 하는 건지, 내가 배워야 하는 건지 모르겠어요. 신문의 질적 수준이 많이 하락했어요.

김——후배 출판인들에게 권하고 싶은 공부가 있으시다면?

박——자기 전공을 알아서 각자 자기가 공부하고 노력해야죠. 공부에는 제왕의 길이 없어요. 다른 방법 없어요.

김——책은 주로 어떤 분야를 좋아하세요?

박——저는 논픽션을 많이 읽어요. 인간사를 이해할 수 있게 도와줍니다. 사람이 성장하는 이야기, 자기 자신을 극복하는 과정과 방법, 이런 이야기들이 참 재밌어요. 사람 이야기가 좋습니다.

김——자서전을 보니 여행도 큰 공부가 되셨던 것 같은데요?

박——여행은 정말 큰 영향을 줬어요. 스페인 바르셀로나에서 고야의 그림을 직접 봤을 때, 교과서에서 봤던 것과 너무나 다르게 그림이 살아 움직이는 것 같고, 그림에서 튀어나올 것처럼 생생했어요. 예술이란 것에 대해 달리 생각하는 계기가 되었습니다. 그리고 바르셀로나 근교에 몬세라트 산이 있었는데, 마치 남자 페니스가 모여 있는 것처럼 늘어서 있었어요. 이런 자연의 모습 속에서 피카소나 고야 같은 천재들이 나온 게 아닌가 생각도 했었죠. 굉장한 인상이었어요. 이런 경험들이 바로 출판에 반영되었다고 할 수는 없지만, 제가 책을 만들고 예술을 대하는 것에 많은 영감을 주었던 것

같습니다. 책 문화를 끌어올려야겠다는 생각도 했던 것 같아요.

나중에 이런 바르셀로나에서의 경험을 막내아들(박상준 현 민음사 공동대표)에게 이야기해준 적이 있었죠. 공과대학을 나오고 유학을 갔던 막내아들의 대학원 졸업식을 갔는데, 졸업 작품 내용 중에 스페인 관련 내용이 들어 있었어요. 그때까지 저는 막내가 공대로 유학을 간 줄 알았어요. 알고 보니 유학을 가서 미디어 아트를 전공했더라고요. 등잔 밑이 어두웠던 셈이죠. 어쨌건 이런 여행의 경험이 어쩌면 아들에게도 많은 영향을 준 것인지도 모르겠습니다.

로망스가 있는 출판디자인

김——출판디자인에도 조예가 깊으신 걸로 알고 있습니다. 정병규 선생 등 뛰어난 디자이너를 발탁하시기도 했고요. 출판디자인에서 가장 중요하게 생각하시는 것은 무엇인가요?

박——책도 출판광고도 로망스가 있어야 된다고 생각해요. 사랑스러워야 합니다. 너무 딱딱하면 독자들이 안 좋아해요.

김——읽고 싶게 만들고, 갖고 싶게 만들고, 꿈꾸게 만든다는 뜻인가요?

박——뭔가 이야기가 있어 보여야 됩니다. 갖고 싶어야 하죠.

김——민음사의 책 중 가장 아끼는 장정은 어떤 책인가요?

박——소설가 김승옥이 디자인한 '세계시인선' 표지예요. 그 표지가 참 좋아요. 지금은 절판이 돼서 없지만. 그 디자인은 인간의 원초적인 것을 그려낸 표지예요. 여성의 몸을 상징한 도안이 있는데 매우 섹슈얼해요. 직접적으로 표현한 것은 아니지만, 보고 있으면 그게 탁 느껴져요. 이 책이 절판이 되어 많이 아쉬워요. 그리고 세계문학전집의 디자인도 성공한 디자인인 것 같고요.

김——신문광고 디자인에 대한 관심도 크시지요? 민음사 신문광고 디자인과 그 힘은 정말 대단하다는 생각을 많이 했습니다.

박——전 평생 신문광고를 만들고 연구하는 것을 즐겼어요. 신문광고의 영향력이 점점 쇠퇴하는 것이 아쉽죠. 더 적응을 해봐야겠지만, 이제 제 시대는 아니죠. 사이버 시대는 잘 모르겠어요. 책 광고 만들 때는 독자들에게 사라고 요구하는 것이 아니라 부드럽게 권유를 한다고 생각하고 만들었어요. '책이 이런 모양으로 나왔습니다. 어떻게 생각하십니까.' 이렇게 묻는 거죠. 책보다 먼저 독자들을 만나는 게 광고라고 생각합니다. 그래서 인상이 매우 중요합니다. 광고에 신경을 참 많이 썼어요. 책이 나가서 광고를 한 게 아니라, 광고를 하니깐 책이 나간다고 믿고 있으니까요.

대체할 수 없는 책의 가치를 만들어야 한다

김——질문 몇 가지만 더 드리겠습니다. 미디어 환경의 복잡한 변화, 책의 운명에 대한 여러 의견이 있습니다. 이에 대해 어떻게 생각하시는지요.

박——종이책으로 꼭 한정 지을 순 없겠지만, 저는 출판이라는 것이 모든 산업의 기초 작업을 해주는, 사회 전 분야에 관한 '이론서' 같은 것이라고 생각합니다. 종이책의 장래가 어떻고 미래가 어떻고 많은 이야기들이 나오는데 그것은 경제와 사회의 발전과 맥을 같이하는 거예요. 책이라는 것은 산업이 존재하는 한 존재한다고 생각해요. 가령 인터넷이나 다른 미디어들이 여러 정보를 전달해줄 수는 있겠지만, 결국 책으로 정리가 되어야 정확하고 명확하게 드러난다고 생각합니다. 책이 모든 것의 기본이고 토대입니다. 그것이 있어야 다른 산업들도 가능합니다.

최근 도서정가제와 관련한 논란이 있지요. 그것도 중요한 문제지만, 저는 책의 내재적 가치를 계발하고 발전시키는 일에 책 만드는 사람들이 더 많은 에너지를 썼으면 좋겠어요. 이 문제는 참 어려워요. 출판을 시작한 이래 한번도 이 문제가 해결된 적은 없었지요. 계속 운동으로 남아 있어요. 이 문제도 중요하지만, 이럴 때일수록 책의 가치를 높일 수 있게, 독자들이 제값을 치르고 살 수 있도록 책의 진짜 가치를 만들어내는 것에 집중해야 합니다.

김——출판환경을 개선하기 위해 많은 일을 하셨지요? 서점 공간 확대운동이 자서전의 내용에서 기억에 남습니다.

박——그때 우리 산업이 근대화되고 사회가 발전하면서 폭발적으로 책이 쏟아져 나왔어요. 조그만 소형 서점 공간에서는 그 책들을 진열할 수가 없었어요. 대형 서점도 종로서적밖에 없었던 시기였어요. 대형 서점이 많이 생겨야 그 많은 책을 다 진열할 수 있다고 생각해서 운동을 지원했습니다.

책이 나오면 독자를 만날 공간이 필요했어요. 전체 출판계가 살기 위해 필요하다고 생각하고 노력했지요. 하지만 지역의 작은 서점들의 반발도 있었습니다. 하지만 세상은 빨리 변화하는데, 그러한 변화를 빨리 수용해서 확대하고 창조해나가는 것이 중요하다 생각합니다. 변화하는 것을 막으려고 하는 것은 아닌 것 같아요. 서점 공간 확대운동 이야기는 이미 오래된 이야기입니다. 지금 출판계에서 일어나고 있는 변화, 그리고 그것에 대한 전망은 (지금의) 제가 할 수 있는 것은 아닌 것 같습니다.

김——마지막 질문입니다. 출판 후배들에게 해주고 싶은 말씀은 없으신지요. 덕담도 좋습니다.

박——특별히 떠오르는 말은 없는데… 평소에 자주 하는 말을 다시 하겠습니다. 출판은 벤처라고 생각합니다. 주어진 것을 그대로 만들거나 단순히 확대 재생산하는 일이 아닙니다. 모험을 해서 만들어내는 것이라고 생각해야 합니다. 저는 벤처를 하는 심정으로 평생을 살아왔습니다.

김——감사합니다.

인터뷰를 마치니 마라톤을 뛴 것처럼 피곤했다. 짧지도 길지도 않은 70분의 인터뷰였지만 깨달음을 구하는 심정으로 집중해서 묻고 들었다. 답변은 짧은 편이었고 막연하게 들릴 때도 있었다. 자서전의 내용을 반복하지 않으려는 박맹호 회장의 말 아낌 때문이기도 했고, 자서전에 없는 내용의 질문을 제대로 찾지 못한 인터뷰어의 수준 때문이기도 했다.

가슴이 뛰었고, 기억에 뚜렷이 남는 대목은 두 가지였다. 내가 부족하다고 느껴 힘들어했던 것에 관한 이야기다. 안목과 관계. 책과 사람을 보는 안목, 그리고 책과 사람과 우정의 관계를 맺는 것에 관한 내용이었다. 비법은 전해 듣지 못했다. 대화를 즐기고 만남을 소중하게 여겼다는 말에 비법을 캐물을 수는 없었다. 그것은 비법이 아니라 한 출판인이 묵묵히 자신의 일을 한 과정이었기 때문이다.

'나는 어떤 눈을 가지고 있는가, 어떤 관계를 맺고 있는가.' 제 능력을 살피지 못하고 무작정 하겠다고 했던 이 인터뷰가 내게 남겨준 질문이고 성과다.

김형보 | 어크로스 대표
웅진출판에 인턴 편집자로 입사한 후, 웅진지식하우스 주간, 대표로 일하며 200여 종의 책을 출판하였다. 주로 교양서와 경제경영서를 기획 편집하였다. 2011년부터 '지식논픽션' 출판사 어크로스에서 일하고 있다.

행복한 마음 간절한 마음

박은주 김영사 사장

고세규 | 문학의숲-고즈윈 발행인(현 김영사 주간)

박은주 사장은 편집·기획자로 출판에 입문하였다. 김영사에서 편집장으로 일하다 사장이 되어 회사를 키웠다. 출판계를 넘어 문화계와 언론의 주목까지 한 몸에 받는 박은주 사장은 출판의 다양한 가능성에 도전하고 새로운 길을 제시해왔다. 이것이 가능했던 데는 타고난 재능과 감각은 물론이고, 거기 더해진 노력과 열정이 있었다. 그리고 변함없이 한 권의 책, 한 명의 독자, 한 사람의 직원이나 협력사와 선하고 긍정적인 방향으로 소통하려는 소박하고 단단한 원칙과 내면세계가 있다.

필자는, 1997년 IMF외환위기 시절 박은주 사장이 유학을 마치고 서둘러 김영사에 복귀한 직후 김영사에 막내 편집자로 입사하여 여러 해를 근무했다. 당시 사회 초년병이었던 필자는 일의 시작과 마무리, 출판의 목표와 방법을 찾는 눈, 일과 함께 살아가는 관점과 자세를 박은주 사장에게 배웠다. 2013년 1월 중순, 서울 가회동에 있는 김영사에서 박은주 사장을 만났다.

사람을 성장하게 하는 힘

고세규(고)——〈기획회의〉로부터 인터뷰 요청을 받고서 잠시 고심했습니다. 출판을 하면서 품게 된 질문들을 사장님을 만나 묻고 싶은 후배 출판인이 많을 텐데, 저의 생각들은 이미 사장님으로부터 나온 것이 많기에 드리는 질문이 그다지 신선하지 못할 거란 우려 때문이었습니다. 하지만 편집자로 일하면서 보았던 모습들 뒤에 숨겨져 있을 것 같았던 여러 의미들을 여쭙고 싶었고, 제가 김영사를 떠나 있던 동안 변화한 모습과 새로운 이야기들을 듣고 싶어 이 자리를 청했습니다.

처음 김영사에 입사했을 때 제 앞에 가슴 설레는 기획과 원고들이 많아서 그걸 책으로 완성해가는 일도 즐거웠지만, 무엇보다 초보 편집자인 저의 의견을 존중해주고 독려해주셨던 게 인상 깊었습니다. 편집의 아주 작은 부분부터 새로운 원고를 기획하는 일까지 모든 단계에서 어린 직원에게 그 같은 믿음을 주는 건 쉬운 일이 아니었을 텐데요.

박은주(박)——그것이 한 편집자가 성장해가는 가장 좋은 길이라 여기고 있기 때문이에요. 우리는 자신의 생각을 일단 세상에 펼쳐봐야 해요. 그것이 성공하든 성공하지 않든. 성공하면 일의 보람과 기쁨을 배울 것이고, 성공하지 못하면 실패의 요인을 분석하고 자신을 성찰하는 시간 속에서 같은 실수를 반복하지 않으려는 교훈을 얻을 것입니다. 그런데 생각을 펼쳐보기도 전에 타인에 의해 자꾸만 막히고 꺾이다 보면 생각이 더 이상 나아가지 못하고 시들어버립니다. 자꾸 부딪혀가면서 실패도 해보고 성공도 해보는 경험을 쌓아야 빠르고 튼튼하게 성장할 거라 믿고 있어요.

사람은 크게 성장하는 기회가 몇 번 오는데, 앞뒤가 막히고 더 이상 탈출구가 없다고 생각될 때 자신도 의식하지 못한 상태에서 찾아옵니다. 생각이 더 이상 나아가지 않고 몸과 마음이 탈진 상태에 빠지는 때입니다. 그때 비록 힘들더라도 포기만 하지 않으면, 길 없는 길에서 평탄대로가 열리는 큰 경험을 하게 돼요. 바로 그때 급격한 성장이 일어나는 것 같아요. 제 경

사람은 크게 성장하는 기회가 몇 번 오는데, 앞뒤가 막히고 더 이상 탈출구가 없다고 생각될 때 자신도 의식하지 못한 상태에서 찾아옵니다.
생각이 더 이상 나아가지 않고 몸과 마음이 탈진 상태에 빠지는 때입니다.
그때 비록 힘들더라도 포기만 하지 않으면, 길 없는 길에서 평탄대로가 열리는 큰 경험을 하게 돼요.

우도 그랬고 직원들을 곁에서 지켜봤을 때도 그것을 실감하게 됩니다. 그때를 이겨내면 능력도 마음도 비약적으로 성장합니다. 우리는 안전하고 소극적인 울타리만 찾아서 깃들 것이 아니라 스스로를 생사의 절벽에 밀어넣는 마음으로 치열하게 살아갈 필요가 있는 것 같아요.

고——언젠가 제가 한 권의 책에 대해 상의할 때 그 한 건의 일이 아닌, 일과 삶의 방향에 대한 이야기를 중심으로 말씀해주신 것이 기억에 남습니다.

박——우리 모두는 하루 중 가장 많은 시간을, 그리고 가장 중요한 시간을 회사에서 보냅니다. 회사에서 행복하지 못하면 삶이 행복하지 못하게 될 가능성이 높아요. 일과 삶을 떼어놓고 생각할 수 없는 것이지요. 삶과 일의 방향이 일치할 때 마음에 평화가 오고 삶이 조화로워집니다. 회사는 직원이 개인의 삶에서 이루고 싶은 꿈과 열망이 무엇인지, 그가 가장 잘할 수 있는 일이 무엇인지 등을 살펴보면서 그 꿈을 이루도록 이끌어줄 필요가 있습니다. 일의 성과만으로 직원을 바라본다면 당장은 쉽고 빠른 결과를 얻을지 모르지만, 그러면 사람이 일의 도구가 되어버리고 결국 생명 에너지가 고갈되어 버릴 것입니다. 그러면 개인도 망가지고 회사도 끝내는 사라지게 되겠지요.

스스로 주인이 되라

고——김영사에서 일할 때 좋은 점 중 하나는 정확하고도 빠른 의사 결정과 소통이었습니다. 얼마 전 한 번역가를 만났는데, 그분이 김영사 기획자와 점심을 먹고 나서 2시쯤 들어왔답니다. 그런데 바로 전화가 오더래요. 그거 사장님께 확인받았으니까 진행하자고요. 대개 한 결과가 나오려면 보고서 쓰고 회의하고 또 보완하고 하면서 며칠씩 걸리기 마련인데, 그렇게 빠른 소통과 결정에는 조직 내에 기본적인 신뢰가 있고 한번 해보라고 하는 경영자의 자신감이 있어서인 것 같다고 하더군요.

박——경영자가 하는 일 중에서 중요한 하나가 결재입니다. 직원이 결정을 요청하거나 재가를 바라는 게 있다면 그것은 저에게 최우선순위가 됩니다. 다른 일을 제쳐놓고라도 직원이 원하는 것은 최대한 집중하여 깊이 있고 빠르게 답신하려고 노력합니다. 그렇다고 무조건 예스만 하는 건 아니에요.(웃음) 뒤로 미루기도 하고 포기하기도 하는데, 어떤 일은 1년 넘도록 진행되지 않는 경우도 있어요. 일은 '되어지는' 때가 가장 적합한 타이밍이라고 생각하여 순리대로 처리하려고 합니다. 빠른 결재를 하는 이유는 직원을 기다리지 않게 하고 답답하지 않게 하기 위해서지요.

고——김영사에서 일하는 방식의 특징 중 하나는 모든 일에 대해 그 일을 어떻게 처리할 것인지 스스로 사장의 관점에서 미리 판단해본다는 것입니다. '사장님 어떻게 할까요?'라고 묻는 게 아니라 '이러하고 저러하니 이렇게 하는 게 좋겠습니다. 다만 그렇게 하려면 이런 문제가 예상되는데 이렇게 보완하려 합니다.' 식으로요.

박——어떤 때 직원이 "외부에서 이런 기획안이 접수되었는데 어떻게 할까요?" 하고 묻는 경우가 있어요. 자신의 생각은 쏙 빼고 묻는 거지요. 그러면 제가 일부러 질문을 해요. "본인은 어떻게 생각하세요?"라고요. 이런 식으로 몇 단계를 거치고 몇 달 몇 해를 지내다 보면 서로 바라보는 시각과 안목이 같아져요. '이건 합시다, 저건 하지 맙시다.' 이렇게 늘 사장이 답변해

우리 모두가 세상의 주인공이 되기 위해 태어난 '주인'들인 것이지요. 월급에 매여 살아가는 존재들이 아니라는 겁니다. 사장만이 회사의 주인인가요? 사장도 자신에게 맡겨진 역할과 책임을 다하는 한 사람일 뿐입니다.

박은주 김영사 사장

주면 본인이 그걸 왜 해야 하는지, 왜 하지 말아야 하는지 연습이 되지 않아서 시간이 지나도 판단력이 발전하지 못하게 됩니다. 그래서 먼저 판단할 수 있도록 하고 있어요.

고——출판사라는 곳은 다양한 의견이 쉼 없이 충돌하는 곳이기도 합니다. 정해진 답이 없는 문화산업의 특성이자 매력 같기도 합니다. 그러다 보니 문장 하나, 문안 하나, 서체나 디자인 요소 하나까지도 서로의 의견이 자주 맞부딪치기 쉽습니다. 그런 경우에 어떻게 하시는지요?

박——일에는 정말 정답이 없지요. 다만 한 문제에 부딪혔을 때 최선을 다해 그 문제를 골똘히 생각해보고, 선택할 수 있는 최선의 결정을 해야 합니다. 시간이 흐르고 고민과 경험이 쌓이다 보면 문장 또는 디자인에 대한 감각이 저절로 키워져서 후배들에게 조언도 할 수 있게 되지요. 기업은 서로 다른 생각과 다양한 의견을 가진 사람들이 한 가지 목표를 향해 함께 살아가는 공동체입니다. 출판사는 좋은 책을 통해서 사회를 이롭고 행복하게 만

스스로 판단하고 결정을 내린다는 것은 바로 주인이 하는 일입니다. 사장님이 강조하던 것 중 하나가 '주인'이 되라는 것이었습니다. 일명 '주인론, 머슴론' 또는 '주인론, 손님론'이죠.

고세규 김영사 주간

들자는 한뜻으로 모인 곳이고요.

어떤 상황에서든 상호 효과적인 소통이 중요한데, '자신의 생각을 투철하게 내놓자'는 업무 원리를 명시하고 있어요. 좋은 생각도 내놓지 않으면 그냥 묻히고 말겠지요. 그만큼 내놓는 게 중요한데 그것도 '투철히' 내놓으라고 합니다. 그렇게 저마다 선명하게 정리한 생각들을 내놓고 서로 나누다 보면 가장 좋은 선택도 할 수 있고 각자의 생각과 안목도 성장할 거라고 믿어요.

고——스스로 판단하고 결정을 내린다는 것은 주인이 하는 일입니다. 사장님이 강조하던 것 중 하나가 '주인'이 되라는 것이었습니다. 일명 '주인론, 머슴론' 또는 '주인론, 손님론'이죠. 대접하려는 사람은 주인이고 대접받으려는 사람은 손님이다, 주인은 바닥에 떨어진 휴지 한 장이라도 스스로 줍지만, 머슴은 주우라고 해야 줍는다는 것이었습니다. 결국 주인은 하기 싫은 것도 즐겁게 하고 미래까지 내다보며 더 좋은 방법을 찾아 창의적으로 움직입니다. 회사에 와서 대접받으려는 사람, 그런 사람은 결국 어떤 대접도 받지 못하는 사람이 되게 마련인데, 대개 이런 간단한 원리를 잊어버리곤 합니다.

박——어느 신입 팀장이 입사한 날 이런 질문을 했어요. 회사에 첫 출근을 하면 가장 먼저 하는 게 무어냐고요. 그랬더니 분위기 파악부터 한다고 그러더군요. 제대로 처신하려면 주위 사람 파악부터 해야 한다고요. 빙그레 웃음이 나왔어요. 그런 마음으로 생활하느라 피곤했을 걸 생각하니 안타까운 마음도 들었고요. 저는 여기 김영사에서는 분위기 파악하지 않아도 된다, 분위기 파악은 손님이 하는 거다, 여기는 주인들만 사는 곳이니 분위기 파악할 이유가 없다고 했어요. 내가 먼저 다가가 대접하는 게 주인 마음이지요. 누가 와서 말 붙여주지 않나, 밥 먹자고 청하지 않나 이렇게 생각하는 건 손님 마음이고요. 먼저 다가가서 인사하고 차 한 잔 만들어주는 마음이 행복하게 직장생활을 하는 지름길입니다. 빨리 한 달 동안 직원들과 친해져라, 그래서 김영사 식구들을 자신의 팬으로 만들라고 주문했어요.

서른 살 중반까지 자신을 노동자라고 굳게 믿고 있던 편집자가 있었어요. 왜 노동자냐고 물었더니 사측에서 주는 월급을 받고 있기 때문이라고 했습니다. 누가 사측이냐고 물었더니 제가 사측이라고 하더군요. 그런데 내 임기와 급여는 주주들이 결정하는데 따지고 보면 나도 노동자인 셈이다, 그러면 주주가 진짜 사측인데, 주주 중에는 직원도 있으니 그 직원은 또다시 사측이 아니겠느냐고 했지요. 노사 관점만으로는 설명에 한계가 있습니다.

우리 모두가 세상의 주인공이 되기 위해 태어난 '주인'들인 것이지요. 월급에 매여 살아가는 존재들이 아니라는 겁니다. 사장만이 회사의 주인인가요? 사장도 자신에게 맡겨진 역할과 책임을 다하는 한 사람일 뿐입니다. 직급을 위아래로 나누는 것은 정말 의미가 없어요. 스스로 위아래 구분 짓고 일하다 보니 사장은 위고 팀장은 밑이고 사원은 더 밑이라고 생각하는 것 같아요. 각자의 역할과 본분이 있어 그것에 충실히 지내면 되는 것이고, 우리는 모두 수평적으로 연결되어 있는 관계라고 생각해요. 신입사원이 회사에 들어오면 제일 먼저 강조하는 게 그거예요. 주인이 되라는 것, 주인공으로 살라는 것.

고——주인된 자세는 김영사의 기획에도 그대로 적용되었습니다. 사장님은 많은 사람들로부터 "김영사는 어떤 책을 만듭니까?"라는 질문을 받곤 했는데, 대답의 요지는 늘 "편집자들에게 자기가 읽고 싶은 걸 만들라고 한다"는 것이었습니다. 편집자가 자신이 읽고 싶은 책들을 꾸준히 잘 만들어가면 그 분야가 김영사에서 하나의 주요한 분야가 되고 또 다른 사람이 와서 또 자신이 읽고 만들고 싶은 분야를 꾸준히 잘 키워나가면 그 분야가 또 한 줄기로 자리 잡게 된다는 것이 바로 주인 된 직원들이 일하는 김영사의 기획 방법이라고 했어요.

박——밭을 갈고 씨앗을 뿌리고 싹을 틔우고 결실을 거두는 것은 농부의 몫이에요. 그 밭에 무엇을 가꾸고 어떤 결실을 얻는가는 전적으로 농부가 결정할 일입니다. 한 편집자가 자신의 목표와 철학을 가지고 밭의 한쪽에서 꽃을 피우고 있으면, 또 다른 한쪽에서는 다른 편집자가 또 다른 관심사와 열정을 가지고 자신의 열매를 거두어갑니다. 한계가 없는 무한대의 밭에서 농부가 마음껏 자기 농사를 지을 수 있는 곳, 그곳이 김영사가 되기를 바라는 것이지요.

직장, 자신의 꿈과 이상을 실현해가는 곳

고——"행복의 실험장, 김영사"란 말에 그 의미가 온전히 담겨 있는 듯합니다. 저마다 자신의 관심과 꿈을 김영사라는 밭에서 씨를 뿌리고 가꾸면서 자신의 행복을 만들어가란 의미의….

박——직장이 자신의 꿈과 이상을 실현해가는 곳이었으면 좋겠어요. 나의 꿈을 이루는 것은 내 가족의 꿈을 이루는 것이고, 그것이 사회의 꿈, 인류의 꿈을 이루는 것으로 이어진다고 봅니다. 그런데 꿈을 이루어가는 데 너무 긴장하고 스트레스 받는 것은 좋지 않은 것 같아요. 항상 하는 말이 "우리 재미있게 일합시다"인데, 정말 기분 좋은 순간은 직원들의 웃음소리를 들을 때예요.

고——책 만드는 이유나 원리에도 그 관점이 적용됐어요. 저마다 회사를 통해 자신의 행복을 실험하고, 만드는 책을 통해 그 행복을 외부로 확장하는 개념이지요. 회사와 책이 '나와 사회의 행복'을 만드는 발판이 되는 셈입니다. 책을 만드는 게 쉬운 일은 아니에요. 계속해서 한 글자, 한 문장에 집중하고 긴장감을 유지한다는 것은 힘든 일입니다. 집중력이 떨어질 때도 있는데, 그때는 제가 읽고 있는 원고의 바로 그 지점을 독자가 실제로 읽고 있다고 떠올립니다. 그 순간 독자가 어떻게 느낄지를 생각하면 정신이 번쩍 납니다. 독자가 그 부분에서도 행복감을 느껴야 한다는 생각에 미치게 되면 힘든 생각이 사라지면서 매순간이 소중하게 느껴집니다.

비슷한 얘기를 사장님께서 하신 적이 있는데 바로 팔만대장경 이야기였어요. "우리는 팔만대장경을 만든 민족이다. 얼마나 큰 정성과 정확성을 가지고 만들었겠느냐"는 것이었죠.

주제를 바꾸어 질문을 드리겠습니다. 함께 일하다 보면 이상하리만큼 조직과 맞지 않는 직원도 있습니다. 그런 경우 상당히 곤혹스런 상황이 벌어지기도 하지요. 이런 상황에서 어떻게 하시는지요?

박——신입 직원의 경우에는 동료들을 알아가고 업무에 적응할 수 있는 인턴 기간을 거치게 합니다. 그 기간을 보내면서 자신이 원하는 가치를 발견하고 가능성을 보여주어 오래도록 함께할 수 있도록 하는 것이지요. 그렇지 못한 경우에는 능력을 더욱 잘 발휘할 수 있는 곳을 찾아갈 수 있도록 진심 어린 조언을 해주기도 합니다. 제 경험을 돌아보면 보통 3년 정도 지나면 자기 분야의 전문가로 성장할 수 있는 성품과 능력을 갖추게 되는 것 같습니다. 아무리 시간이 흘러도 자신의 재능과 가능성을 발견하지 못하거나 매너리즘에 젖어 에너지를 소모하는 경우, 또는 자기만을 생각하는 이기심 등으로 조직에 문제를 일으키는 경우는 함께하기 어려울 수도 있습니다. 제 요구 기준이 너무 높은가요?

고——제가 막 사회생활을 시작한 20대 후반에 사장님을 만났는데, 이후 저를 한 명의 직원으로만 바라보는 게 아니라 제가 앞으로 어떻게 삶의 방향을 잡고 변화해야 하는가까지도 고심하시는 걸 봤어요. 직원의 미래까지 생각하면서 함께 살아가는 깊은 인연으로 여긴다는 사실에 감명받았습니다.

박——한두 달 잠시 스쳐만 가도 사람은 영향을 많이 받게 되잖아요. 오래 함께하는 직원이라면 더 말할 나위가 없지요. 대개 어린 직원의 경우, 자신의 장점과 경쟁력이 어디에 있는지 잘 몰라요. 몇 달 전에 있었던 일인데 새로 입사한 팀장에게 한 달쯤 지난 뒤 옷을 젊게 입으면 좋겠다고 주문한 적이 있어요. 다음 날부터 바로 찢어진 청바지에 화가모자까지 쓰고 출근했는데 계속 싱글벙글이에요. 외향이 바뀌니 생각도 바뀌고 의욕도 넘친다고 해요. 외향이 내면에 영향을 미친 겁니다. 물론 내면 또한 외향에 영향을 미칩니다. 생각을 새롭고 창조적으로 하라는 얘기를 백날 하는 것보다 옷 한번 바꿔 입으라고 해보는 게 빠를 수 있어요. 외향과 내면은 서로 영향을 주고받기 때문에 쉬운 쪽으로 변화를 주는 게 보다 효과적인 거지요.

고——출판사들에 어떤 바람이 불었는지 언제부터인가 당근과 채찍, 성과제도를 들여다 실적 그래프를 그리는 게 유행처럼 됐습니다. 책 만드는 시간보다 보고서 작성하는 시간에 더 정성을 쏟기도 합니다. 그런데 김영사는 눈에 보이는 성과 수치를 믿는 게 아니라, 그 밑에 깔려 있는 보이지 않는 힘, 정신의 시스템을 추구한다고 느껴왔습니다.

대개 출판사는 편집부, 마케팅부가 앙숙이지요. '너희는 왜 이렇게 책을 못 만들어?' '너희는 이렇게밖에 못 팔아?' 이런 식으로요. 그런데 저는 김영사에서 일할 때 아침에 회의 끝나고 나면 영업부를 찾아가 따로 모여서 '조금만 기다려 봐. 일단 이거 잘 팔고 있으면 곧 더 좋은 거 만들어볼게. 기대해줘.' 이런 얘기를 편하게 했어요. 영업부도 저에게 애정 있고 허심탄회한 조언들을 많이 해주었고요. 이런 분위기 덕분에 사람이 하는 일이라는 것을 느낄 수 있었습니다. 서로 한배를 타고 간다는 믿음이 있어서 일하는 재미가 있었습니다.

만약에 내가 일을 하다가 잘 안 풀릴 때, 아파서 일을 잠시 못 하게 될 때가 오더라도 동료가 저를 도와줄 거란 신뢰가 바탕에 있습니다. 공동체라는 느낌과 유대감이 있는 것이 김영사가 가진 특별한 힘이 아닌가 싶습니다.

박——수치와 도표로 사람을 평가하는 건 전근대적인 방식인 것 같아요. 만약 누군가가 나 자신을 수치로 평가한다면 싫을 것 같습니다. 사람들의 마음에 부담을 주거나 상처가 되는 것은 가급적 없애려 합니다. 입장 바꿔놓고 생각했을 때 저도 싫으니까요. 김영사에는 업무일지도 없어요. 직원들 스스로 일을 관리하고 시간을 관리하는 것이지요.

고——그게 사장님의 경영관인데요, 또 다르게 적용하면 책을 기획하는 방법이 됩니다. '베스트셀러를 생각하지 마라. 따라가려고 하지 마라'는 게 그런 차원입니다. '자기가 읽고 싶은 책을 만들어라. 유행이 아닌 미래를 보라. 내가 사랑하는 사람들에게 보여주고 싶은 책을 만들어라'라고 강조하십니다. 그러면 거짓이 없다면서. 또 다른 사람을 아프게 해서 돈을 버는 책은 만들지 말아야 한다고 조언해주셨죠.

기획을 그렇게 시작하니까 거짓 없는 책이 탄생합니다. 내가 만들고 싶은 책이니까 어떤 때는 요리, 어떤 때는 영어, 역사, 과학 등 분야도 다양해집니다. 중심이 되는 공통 사항은 바로 '전문지식의 대중화, 대중지식의 고

급화'였습니다. 추상적인 것처럼 보이지만, 실제로는 그 어느 데이터나 그래프보다 분명하고 적용도 잘 되었습니다. 회사의 원리가 있고 중점 사항이 있고 세부 사항이 있으니 관점과 판단의 기준이 늘 선명했습니다.

저 또한 출판사를 운영하면서 김영사에서 배운 원리와 방법을 적용하려고 했지만, 쉽지는 않았습니다. 사장님은 어떠셨는지요? 편집자에서 새롭게 사장이라는 역할을 맡았을 때가 궁금합니다.

박——김영사에 편집장으로 입사하여 6년간 정말 많은 것을 배웠어요. 사장이 되고 보니 그동안 마음속으로만 생각해왔던 것을 구체화하여 하나하나 펼칠 수 있게 되어 좋았어요. 그중 하나가 호칭 문제를 해결한 것이에요. 그 당시에 여자는 직책이 있어도 미스 김, 미스 박으로 불렸어요. 회사에서는 여자이건 나이가 어리건 이름을 불러주자고 했어요. 그리고 회사에서 모두 존댓말을 쓰자고 했어요. '미스 박, 뭐 해줘'가 아니라 '박서진 씨, 이것 좀 부탁해요'가 되는 거죠.

고——그런 호칭 속에 김영사가 중심에 품고 있는 키워드가 있습니다. 김영사 사람들이 제일 좋아하는 말은 단연 6번 같은데, 바로 '공경' 이야기예요. "우리는 남을 공경하고 사랑함이 곧 내가 공경받고 사랑받는 근본인 줄 알아서 모든 사람을 공경하고 사랑한다."(김영사에는 '김영사 사람이 알고 마음에 새겨 실행할 일'이 있는데 23개의 항목으로 되어 있고, 직원들 모두 이 내용을 외운다. 그중 6번을 이야기한 것—필자 주)

박——고 대표가 여전히 김영사의 핵심 가치를 잊지 않고 있어서 감사하게 생각해요. 불교 공부하면서 눈뜬 것이 공경심이라는 것이었어요. 깨우친 내용을 회사 경영과 일치시키려고 노력했고요, 그렇게 해서 나온 것이 존중경영 철학입니다. 김영사에 일관되게 적용되는 핵심 가치라고 할 수 있어요.

우선 내 가까운 직원들부터 존중하기 위해 직원들의 얘기를 귀담아들으려고 노력해요. 그들이 원하는 마음의 열망, 하고 싶은 이야기를 들으려고 노력해요. 저자들은 책이 어떻게 팔리고 인세가 어떻게 지불되는지 늘 궁금해합니다. 그래서 저자들을 존중하기 위해 만들어진 것이 인세보고서입니다. 또 파트너사는 공동운명체잖아요. 인쇄소, 제본소 등 제작처와 약속을 반드시 지키고 정확하게 거래합니다. 서점 관계자에게도 많이 팔아달라고 부탁하거나 조르지 않고 도움이 되는 정보를 전하는 반가운 사람이 되기 위해 노력합니다.

책, 전할 만한 이야기를 담다

고——김영사의 『정의란 무엇인가』는 사회의 굵직한 트렌드를 형성한 대표적인 책입니다. 그 책을 기획하게 된 이야기가 궁금합니다.

박——스카우팅 뉴스레터 맨 밑에 『Justice』라고 써져 있고 '하버드 강연 모음집'이라고 간단하게 한 줄이 있었어요. 학생들에게 강의한 내용이라면 대중적인 글이 되겠고, 마이클 샌델의 글이라면 충실하겠다는 판단이 서서 기획 단계에서 계약을 했어요. 크게 안 팔려도 사회적인 메시지를 담아 출판하면 필요한 책이 되겠다고 생각했습니다. 계약 후 4년 뒤에 책이 나왔는데 처음에는 2만 부 예상했어요. 그런데 기대 이상으로 많은 사랑을 받았죠.

고——안철수 선생의 책은 어떠했나요? 처음의 주제에서 크게 달라졌다고 전해지는데….

박——안철수 선생과는 2001년 첫 책을 펴냈고 그동안 진전된 생각과 새롭게 공부한 내용들을 모아 2004년 두 번째 책으로 정리해 출간했습니다. 3년에 한 권 정도 꾸준히 책을 펴내기로 하였고 후속작이 준비중이었는데 그 후 그분의 입장과 상황이 바뀌면서 대담집으로 전환해 나오게 됐습니다.

고——김영사는 인물 에세이 분야에서 일찍이 남다른 성과를 만들어왔습니다. 단순화하면 사람 보는 안목이 있는 것이고 다양한 분야 사람들에 대한 네트워크가 있다는 이야기이기도 한데, 사람을 바라보는 관점이란 게 따로 있으신지요.

박——그 사람이 살아온 인생의 궤적, 즉 경험과 지식, 노하우, 지혜들을 다른 사람에게 전할 만한 가치가 있는가를 중요하게 생각합니다. 종교가 달라도 정치 노선이 달라도 진정성이 있고 새겨들을 이야기가 있다면 책으로 전하려고 합니다. 물론 정치인은 조심스럽습니다. 과대 포장되거나 자기 홍보가 될 가능성이 높기 때문이지요.

고——반면 김영사가 정치인 책을 펴내서 가장 성공한 것으로 보이는데요. 사실은 책이 나온 후 인기가 생겨서 정치인이 된 경우도 있죠.

박——김대중 전 대통령도 1993년 정계를 은퇴했을 때 책을 냈고, 이명박 전 대통령도 정치와는 무관한 기업인일 때 책을 냈어요.

고——최근 펴낸 책 중에 고 통일교 문선명 총재의 저서 『평화를 사랑하는 세계인으로』는 상당한 논란이 일기도 했습니다. 예상하셨던 일이지요?

박——논란이 예상됐지만 펴낼 만한 가치가 있다고 생각했어요. 진정한 종교인이란 배고픈 사람 먹이고, 아픈 사람 치료해주고, 교육 못 받는 아이들 학교 보내주고, 일자리 없는 사람 일자리 주고, 결혼 못한 사람 결혼시켜주는 거라고 생각해요. 비단 종교인뿐만 아니라 일반인들도 누구나 그렇게 실천하려 노력해야겠지요. 그런데 이 같은 일을 가장 많이 실천한 인물 중 한 명이 문선명 총재라고 보았어요. 그래서 주저 없이 출간목록에 넣었지요.

모든 일은 마음먹기에 달렸다

고——김영사 하면 '베스트'를 떠올리는데, 동시에 저는 김영사 하면 '퍼스트'를 떠올립니다. 김영사의 베스트는 바로 '최초'에 기반하여 나온 게 아닌가 합니다. 일찍이 교양과학, 경제경영, 어학 분야를 대중 독서 시장으로 끌어왔고, 교양만화와 해외 출판까지 늘 새로운 시도를 앞서 해오고 있습니다. 줄을 서서 책을 사서 읽게 한 첫 출판사로도 알려져 있고요. 언제나 그렇긴 하지만 지금은 더욱 새로운 길에 대한 탐색이 필요한 시기인 듯합니다. 출판편집자가 가져야 할 자세를 어떻게 보시는지요?

박——세상은 내일을 기약할 수 없이 끊임없이 변화하고 있잖아요. 책을 만드는 편집자는 앞서 변화해야 하는 것 같아요. 그러기 위해서는 자신을 끊임없이 갈고닦아가는 과정이 필요하고요. 과거에 머물지 말고, 과거의 성공 경험에도 머물지 말고, 자신의 생각과 관습을 계속 버려가면서 변화하는 미래에 맞추어가는 것이 필요한 것 같습니다.

출판은 책을 통해 사람의 의식에 변화를 주는 일이고 이를 통해 세상을 변화시키는 일이기도 해요. 그래서 출판인은 마음가짐이 중요하다고 생각합니다. 우리가 맑고 밝은 마음으로 기획을 하고 세상을 바라보면 그 방향으로 책과 세상이 바뀌고, 부정적인 시각과 걱정스러운 마음, 불안한 마음으로 책을 만들면 세상은 또 그렇게 될 겁니다. 모든 것을 투명하게 호불호 없이 객관적으로 보다 보면 앞으로는 이게 필요하구나, 이 책을 해야 할 시점이 왔구나 하는 생각이 들고, 그것을 실행에 옮겼을 때 책을 통해 필요한 일을 필요한 때에 할 수 있게 될 거예요. 그렇게 되면 출판이 변화하는 시대보다 조금 더 앞서가게 될 겁니다.

고――출판계에서 어떤 이는 지금이 최악의 위기라고 하고, 어떤 이는 과도기라고 합니다. 비단 출판 분야에만 해당하는 얘기는 아니고 다른 부문이나 삶에도 마찬가지로 해당하는 이야기인데요. 오늘의 상황을 어떻게 진단하시는지요?

박――위기를 위기로 보기보다 '변화의 출발선 위에 우리가 와 있구나'라고 보면 좋을 것 같아요. 한 생각 차이인데요, 그 한 생각이 많은 것을 달라지게 할 거라 생각해요. 사실 지금이야말로 진정한 출판편집자의 시대가 열리는 때인 것 같아요. 새로운 지식이 기하급수적으로 폭발하는 이 시대에 진정으로 쓸모 있고 의미 있는 지식과 정보를 모으고 재구성하고 거기에 새로운 가치를 입혀서 새로운 지식을 재생산해내는 편집자의 역할이 필요한 것이지요. 이것이 진정한 창조의 한 과정이라고 봅니다.

고――인터뷰가 마음공부하는 시간 같기도 합니다. 김영사에서 우리가 같이 일하게 된 게 전생에 어느 절집에서 못다 한 공부를 여기 모여서 하는 거라고 하셨던 말씀이 기억나네요. 모든 일은 한 생각과 그 차이에서 비롯되고, 마음의 문제임을 공감합니다.

편집자로 일하면서 언론사 기자를 만나는 일이 부담스럽기도 했어요. 기자는 우리 책을 소개해주는 사람이고 나는 부탁하는 입장인 것처럼 여겨졌기 때문인데 사장님이 그렇게 만나지 말고 친구가 되라고 하셨어요. 부탁하는 마음이 바뀌니 어려움이 사라졌어요. 저자 중에 어린아이처럼 매우 까다로운 분이 있어서, 고심하다 그분의 책은 하지 말자고 했더니 그분의 장점만을 보고 만나면 되는 일이라고 했어요. 간단한 것인데 결과는 크게 바뀌었습니다.

마지막 질문입니다. 책을 만들 때, 일을 할 때, 살아갈 때의 목표나 태도를 어떻게 가져가면 좋을지 후배들을 위해 한마디 부탁드립니다.

박——'간절한 마음'은 일을 수월하게 풀리게 하는 힘이 있어요. 간절한 마음으로 책을 기획하고, 간절한 마음으로 디자인하고, 간절한 마음으로 마케팅하면 독자 마음을 움직이게 되고 세상을 좋은 방향으로 변화시킬 것이라 생각해요.

박은주 사장은 늘 행복의 전도사였다. 일과 삶의 목표에 대해서도 박 사장의 행복론은 간결하고 분명했다. 책과 일을 통해 자신의 행복을 찾아가는 그 길에서 또한 그 행복을 전파하라고. 그것이 박은주 사장의 타인 또는 세상과의 소통법이었다. 9년 만에 긴 대화 시간을 가진 오늘, 하나 더 느껴지는 것이 있다면 '자유로움'이다. 그저 행복의 길을 갈 뿐인 한 사람의 담담하고 소박한, 쉼 없이 비우고 비우려는 이의 거칠 것 없는 자유에서 아름다움이 전해졌다.

고세규 | 문학의숲-고즈윈 발행인(현 김영사 주간)
풀빛출판사에서 편집을 시작한 이후 김영사에서 일하고 있다. 도중에 문학의숲과 고즈윈출판사의 발행인으로서 220여 종의 책도 출판하였다. 『CEO 안철수, 영혼이 있는 승부』 『도전받는 오리엔탈리즘』 『아름다운 마무리』 『새로운 인문주의자는 경계를 넘어라』 『다름의 아름다움』 등을 기획 편집했다.

소신을 가지고 색깔을 만들어내다

홍지웅 열린책들 대표

김홍민 | 북스피어 대표

'어떻게든 이 책 한 권만 잘 팔면 되는데…'라는 마음에 눈 딱 감고 위법이든 편법이든 저질러보면 어떨까 하는 상상을 가끔 한다. 소심한 성격인 탓에 아직 실행하지는 못했지만, 내가 머뭇거리는 사이 몇몇 출판사들은 발빠르게 움직여 사재기는 말할 것도 없고 교양서를 실용서로 둔갑시켜 시장을 교란하는 등 눈에 띄게 활약하고 있다. 야구로 치면 승부 조작이다. 하지만 선수는 퇴출돼도 출판사는 끄떡없다. 세상 사람들이 그다지 관심을 갖지 않기 때문이다. 그들은 그저 세상의 흐름으로부터 뒤떨어지지 않기 위해 세간에 화제가 된 책, 베스트셀러를 가끔 한 번씩 살 뿐이다. 지금으로서는 출판계 스스로가 영차영차 힘을 합쳐 실마리를 찾는 수밖에.

'한국의 출판기획자들' 인터뷰는 그 실마리를 찾기 위한 노력의 일환인 걸로 알고 있다. 시건방진 말머리를 쓴 김에 조금 더 이어가보자면, 자기만의 스타일, 혹은 철학(과 같은 말들을 뭉뚱그리면 '자존심')을 가지고 책을 만드는 출판사들이 조금씩 많아지는 것이야말로 문제 해결의 출발일 거라 믿는다.

열린책들 홍지웅 대표와의 인터뷰에 앞서, 사두고 구경만 했던 『통의동에서 책을 짓다』를 읽었다. 사두고 읽지 않았던 이유는 두꺼워서다. 페이지가 장난 아니다. 선입견도 한몫했다. 이런 유의 일기 혹은 자서전은 뻔한 서사, 이를테면 역사를 자기 합리화하여 성공담을 왕창 늘어놓는 경우가 대부분이기 때문이다. 하지만 이 책은 달랐다(고 평가하지 않았다면 이 글은 쓰지 않았다). 물론 홍지웅이라는 인간의 능력이 얼마나 출중한지를 보여주는 에피소드들도 많았지만, 능력이 출중한 것이 죄는 아니지 않은가.

몇 날 며칠에 걸쳐 한 장 한 장 페이지를 넘기는 동안 나는 10년 전이나 지금이나 출판계의 문제가 똑같다는 점을 깨달았고, 대표의 '곤조'(송구하지만 이 표현을 꼭 쓰고 싶었다)가 조직을 어떻게 변화시키는지 알게 됐다. 그것은 창업 8년 차인 내가 귀담아들어야 할 대목이었다. 그런 연유로 나는 이 거대한 분량의 책을, 아침마다 서지 않는 발기부전 환자가 치료제를 먹는 심정으로 꾸준히 복용했다. 마침내 읽기를 마쳤을 때, 나는 그를 만나 자신만의 혹은 열린책들만의 스타일을 구축해오기까지의 어려움, 이를테면 시행착오에 관해 물어보고 싶었다. 몇 번의 거절 끝에 어렵게 만난 그는 "여느 인터뷰와 다를 게 없는 하나 마나 한 인터뷰로 귀결되면 게재하지 않겠다"는 내 말을 두 번쯤 확인한 후에야 말문을 열었다.

회사 이미지가 만들어질 때까지는 한 분야의 책만

잘 알려져 있듯 홍지웅 대표는 러시아소설을 내면서 출판사를 시작했다. 안팔리는 러시아소설을 작정하고 내기로 한 이유는 잘 알고 좋아했기 때문이다. 대학원에서 러시아문학을 전공한 그는, 열린책들이라는 이름이 탄생하기 전부터 도스토예프스키 전집을 내고 싶어 했다. "러시아문학을 처음 할 때 큰 노선이 두 개 있었다. 현존하는 중요한 책들을 낼 것. 기존에 나왔던 책은 제대로 번역할 것. 당시에는 다수의 번역서가 중역이었다. 일어들이 유창했으니까 전부 일본어판을 가져다가 번역했다. 그러다 보니 한국어로 옮긴 글 자체는 상당히 유려했다. 이에 반해 열린책들에서 나온 도스토예프스키가 반드시 기존 판에 비해 잘 읽히는 건 아니다. 주지하다시피 도스토예프스키는 도박 중독에 낭비벽이 심했고 빚에 쪼들려 소설의 앞뒤를 꼼꼼하게 따지지 않고 급하게 쓰기도 했다. 원문 자체가 짜임새 없이 허술한 대목도 많다. 내가 목표로 삼은 것은 원문에 충실하자는 거였다. 설사 원문에 오류가 있어도 그대로 가자. 예컨대 열린책들에서 나온 『악령』의 경우, 나는 좋은 번역이라고 생각한다. 서울대 김연경 교수가 맡았는데 원문을 잘 살렸다. 나는 도스토예프스키 전집 가운데 『악령』의 번역이 가장 잘 됐다고 생각하지만, 독자들은 『악령』의 번역이 가장 나쁘다고 평가한다. 이런 걸 보면 좀 아쉽다. 김연경 교수가 문학과지성사에서 소설을 세 권이나 낸 사람이다. 유려하게 하려면 얼마든지 유려하게 할 수 있었다. 하지만 『악령』은 때론 투박하고 때론 실수하는 도스토예프스키의 원문을 잘 살리는 게 중요하다고 봤다."

원문의 묘미를 살리려면 작품을 숙지하는 것은 물론 해당 작가가 속한 문화에 대한 이해가 선행되어야 한다. 지나치게 오버하거나 앞서가는 일 없이 표현하고자 하는 바를 정확히 우리말로 옮기기 위해선 끊임없이 고칠 수밖에 없다. 제멋대로인 번역과 중역이 문제되지 않았던 시절, 그는 자신의 의도를 이해하지 못하는 번역자, 때로는 독자와 불화했다.

"『세상의 바보들에게 웃으면서 화내는 방법』이라는 책도 비슷하다. 이 책은 『연어와 여행하는 방법』이라는 제목으로 1995년도에 출간했다. 영어판으로 소설가한테 번역을 의뢰해서 냈다. 그러니 문장은 좋다. 한데 움베르토 에코의 원문을 보면 묘하게 살짝살짝 현실을 비꼰 대목들이 많다. 『연어와 여행하는 방법』에서는 그걸 살리지 못했다. 결국 이세욱 씨가 영어판, 이탈리아판, 불어판을 하나하나 살펴보고 원문의 뉘앙스를 살려서 다시 번역했다."

창업 초기에는 자금이 원활하게 돌지 않았기 때문에 시간에 쫓겨서 낸 책들도 있었다고 한다. 다소 미진하다 느껴도 '일단은 내고 보자'는 마음으

어떤 작가든 시간이 지남에 따라 성장한다. 나는 그런 과정을 보는 게 즐겁다.
어떤 작가의 기분 좋은 정취에 빠지면 그 작가의 시시콜콜한 것에까지 관심이 생긴다.
열린책들에서는 한 작가나 사상가의 저작을 출간하기로 결정하면 그 사람의 모든 것을 보여주는 기획,
설혹 그것이 그 작가의 졸작이나 숨기고 싶은 작품일지라도 모두 다 보여주는 기획을 한다.

로 만든 책도 분명히 있다. 하지만 시간이 날 때마다 책을 들여다보며 미진한 대목은 수정하여 다시 만들었다. 안 되겠다 싶으면 번역자를 교체했다. 그 과정에서 이세욱 씨와의 행복한 만남이 있었고, 『장미의 이름』을 번역한 이윤기 씨와는 믿음직한 연대를 구축할 수 있었다.

'시대에 걸맞은 번역'이라는 구호는 말은 쉽지만 수지타산적 측면에서는 좀처럼 실행하기 어려운 일이다. 개별 작품이 아니라 작가를 향한 장기적 안목이 바탕이 됐기 때문에 가능했다. 열린책들 하면 따라붙는, 이른바 전작주의다.

"어떤 작가든 시간이 지남에 따라 성장한다. 나는 그런 과정을 보는 게 즐겁다. 어떤 작가의 기분 좋은 정취에 빠지면 그 작가의 시시콜콜한 것에까지 관심이 생긴다. 그러다가 '움베르토 에코 마니아 컬렉션'(전25권)까지 간 거다. 열린책들 수준의 '에코 컬렉션'을 가진 나라는 한국이 유일하다. 그는 영어로 글을 쓰고 프랑스어로 책을 내기도 하는데 전부 찾아서 만들었다.

폴 오스터도 마찬가지다. 자기만의 문체를 가지고 그런 정도의 글을 풀어내는 소설가는 흔치 않다. 폴 오스터의 문체에 감탄해서 전작을 내기로 했다. 처음에는 안 팔렸다. 『미스터 버티고』(1995)는 초판을 소진하고 다행히 어느 기관에서 우수도서로 선정되는 바람에 2쇄를 찍긴 했는데, 『리바이어던』(1996)이나 『문 팰리스』(1997)는 초판 이후로 더 이상 나가지 않았다."

그럼에도 폴 오스터는 국내 독자들에게 인정받을 거라는 확신이 있었다. 그는 이 책들을 원작자와 재계약하고, 5년여가 지난 2000년 무렵에 『공중 곡예사』, 『거대한 괴물』, 『달의 궁전』으로 제목을 바꿔서 다시 펴냈다.

표지도 새로 만들었다. 독자들은 여전히 시큰둥했다. 포기하지 않았다. 후속작인 『오기 렌의 크리스마스 이야기』(2001), 『폐허의 도시』(2002), 『뉴욕 3부작』(2003)을 줄기차게 냈다. '언젠가는 찾을 거다. 독자가 이기나 내가 이기나 해보자'는 심정이었다고 한다. 차츰 마니아가 생기기 시작했다. 독서클럽을 중심으로 폴 오스터를 읽고 좋은 평가를 내리는 독자들이 늘어갔다. 한 권 한 권 만들어온 폴 오스터의 책은 스물다섯 종에 이른다.

사람들은 그에게 '전작주의자'라는 라벨을 붙여주었지만, 그는 전작 운운하는 수식어가 우습다고 했다. 기획을 할 때 개별 작품이 아니라 작가를 보는 것은 당연한 수순이기 때문이다. 하지만 세상은 그가 자신의 전국구적인 소신을 마음껏 펼치도록 내버려두지 않았다. '러시아소설 전문 출판사'라는 독특한 이미지에 '전작주의'라는 컨셉('콘셉트'라고 해야 하지만 나는 아무래도 이 단어가 입에 붙지 않는다)이 점차 알려지면서 문제가 생겼다. 열린책들이 계약했거나, 계약 준비 중이라는 소문을 듣고 다른 출판사들이 눈독을 들이기 시작한 거다.

한 출판사에서 전 작품을 내도록 배려하는 게 기본 예의

『통의동에서 책을 짓다』에 보면 이와 관련된 에피소드가 여럿 있다. 무척 흥미진진하기 때문에 전부 들려주고 싶지만, 주어진 지면이 많지 않으니 딱 한 대목만 소개해보고자 한다.

> 열린책들에서는 한 작가나 사상가의 저작을 출간하기로 결정하면 그 사람의 모든 것을 보여주는 기획, 설혹 그것이 그 작가의 졸작이나 숨기고 싶은 작품일지라도 〈모두 다〉 보여주는 기획을 한다. 그래서 어떤 한 작가를 기획 대상으로 선정하면, 일단 그가 쓴 대부분의 작품들을 구입해서 면밀하게 검토한다. 모든 저작을 계약하려면 한꺼번에 너무 큰돈이 들어가므로, 그중 중요한 작품부터 몇 권 저작권 계약을 하고

출간하기 시작한다. 그렇게 해도 저작이 많은 경우는 종종 몇 권은 다른 출판사에서 저작권을 가져가기도 한다. 우리가 책을 펴내기 시작하면 다른 출판사에서 눈독을 들이고 계약을 하는 경우가 종종 있었다. 우리가 폴 오스터를 내기 시작했을 때도 대표작 4권을 먼저 계약하고 출간하기 시작했지만 바로 얼마 뒤에, 다른 출판사에서 『뉴욕 3부작』과 『굶기의 예술』을 계약하는 바람에 〈전작〉의 발간에 이가 빠지게 되어 아쉬웠다. 아멜리 노통브의 경우도 우리가 꾸준히 한국 시장에서 키워온 작가인데, 최근에 또 다른 출판사에서 저작권을 따가는 바람에 계속 키워가야 할지 말지를 고민 중이다.(『통의동에서 책을 짓다』, 141쪽)

공교로운 일인지 고의적인 일인지는 당사자 외에 알 길이 없다. 어쨌든 이런 일, 흔하다. 나 역시 몇 번이나 비슷한 일을 겪었다. 이건 예의를 따지기에 앞서 출판사의 자존심 문제라고 생각한다. 세상에는 내야 할 책이 얼마든지 많은데 굳이 다른 출판사에서 총력을 기울이는 시리즈에 끼어들 필요가 있을까. 이에 따른 무리한 선인세 경쟁으로 "해외 번역서에 대한 의존이 커지면서 '국제 출판시장의 호구虎口'로 전락한 한국 출판계의 처지가 돌이키기 어려운 지경에 이르렀다는 지적"('선인세 100만 달러나 주고 출판권 가져오다니…', 〈동아일보〉, 2009년 1월 22일자)까지 나오는 판국이다. 그럼에도 불구하고 시간이 지날수록 시장이 어려워질수록 공공연하게 불거진다. 한 출판사에서 총력을 기울여 키워놓은 작가의 책을 다른 출판사에서 배려하는 목가적인 결말은 우리 출판계에서 기대할 수 없는 일일까.

"힘들 거다. 우선은 오랫동안 한국 에이전트들이 외국 에이전트를 부추긴 측면이 있다. (작품을 수출하는 게 아니라 수입하는 입장이다 보니) 한국 에이전트끼리 좋은 작가를 독점으로 확보하기 위해 경쟁을 해야 한다. 그런 경쟁 구도가 외국 출판사와 에이전트들에게 자연스럽게 받아들여지는 거다. 물론 외국에서도 군소 출판사에서 데뷔한 작가가 갈리마르 같은 대형 출판사로 옮기는 일이 있다. 하지만 대체로 한 군데 출판사와 꾸준히 파트너십을 가지고 글을 발표한다. 한국은 이제 돌이킬 수 없을 것 같다. 쉽지 않다. 해외에서 좋은 작품, 좋은 작가가 나타나면 우리나라에서는 항상 더 주겠다는 출판사가 있으니까. 아무리 에이전트들이 경쟁을 붙이더라도 출판사가 스스로 '우리는 경쟁하지 않겠다'고 하면 될 텐데, 그런 출판사들이 요즘 어디 있나. 공개경쟁 시장에 다 나와 있다고 봐야 한다. 그걸 탓하기도 어렵고. 세계적인 추세이기도 하고."

출판사를 차리고 맨 처음 다른 출판사들과 선인세 경쟁을 벌여야 하는 지경에 이르렀을 때 나는 어리둥절한 기분이 들었다. 아카데미상을 받았다는 이유로 해외 마켓에서 우리나라 영화 제작사끼리 경쟁하다가 턱없이 비싼 값에 영화를 수입했다거나, 월드컵을 비롯한 각종 스포츠 중계권료에 대해 "인구와 경제 규모를 놓고 보면 한국이 지급하는 중계권료는 세계 최고 수준인 셈"("스포츠 중계권료 '기막힌 헛돈질'", 〈한겨레〉, 2009년 3월 13일자)과 같은 뉴스를 볼 때마다 느꼈던 기분과 비슷하다. 출판은 다르겠지. 아니, 다르지 않다.

이후로 몇 번이나 출판권을 놓고 경쟁하면서 나는 깨달았다. 의사들이 "최소한의 보험밖에 들지 않은 환자들에 대해서는 신경을 덜 쓰고 계속 올라가는 의료시술 비용을 가장 잘 변제해줄 환자들한테 더욱 값비싼 의료기기를 사용"하듯, "고객이 가져다주는 돈의 액수에 따라 보상받는 변호사들의 가장 중요한 활동이 수익성 좋은 고객을 찾아내는 '영업 실적 높이기'이듯"(『말의 가격』, 앙드레 쉬프랭 지음, 한창호 옮김, 사회평론, 2012) 출판 역시 철저하게 자본주의에 종속된 세상의 한 부분일 뿐이다. 다만 그에게 이런 질문을 한 까닭은, 출판계 어딘가에서 혹시 내가 모르는 움직임 같은 것이 있지 않을까 하는 속절없는 기대 때문이었다. 이제 알겠다. 그런 건 없다. 앞으로도 없다. 조금은 후련한 기분도 들었다.

홍——그런 케이스는 많다. 내가 전작을 구해서 읽어보고 주위에 외주 줘서 검토 맡기고 한참 공을 들였는데 경쟁이 붙는다. 환장한다.

출판사는 끊임없이 새로운 걸 생각해내야 한다. 좋은 작품을 찾는 것도 기획이지만 책 한 권을 만들 때 그에 따르는 아이디어를 고안해내는 것, 그런 것이야말로 진짜 기획이 아닐까.

홍지웅 열린책들 대표

김——그럼 어떻게 하나.

홍——어떻게 하긴 뭘 어떻게 해, 포기하는 거지. 니가 잘 파나 두고 보자, 이러면서.(웃음)

김——꼭 하고 싶었던 작가인데 공교롭게도 다른 출판사에서 책이 나오는 경우도 있지 않나.

홍——먼저 손을 댔던 출판사에서 한두 작품 내다가 포기하는 바람에 한참 뒤에 계약해서 낸 적도 있다. 이언 뱅크스가 그런 경우다.

이언 뱅크스는 그가 1997년에 영국에 갔을 때 알게 된 작가다.

"서점에 가서 북마스터들에게 영국 작가 가운데 가장 자신 있는 작가가 누구냐고 물은 적이 있다. 다들 입을 모아 이언 뱅크스를 권하더라. 다른 베스트셀러 작가도 많았지만 당시에는 영국을 대표하는 작가로 이언 뱅크스

열린책들 하면 떠오르는 이미지가 있다. 파스텔톤의 46판 양장 사이즈에 담긴 예쁜 디자인이 그것이다. 서점에 진열된 수많은 책들 가운데 '아아, 저 책은 열린책들에서 만들었구나' 하고 짐작할 수 있다는 것, 이런 이미지를 구축한 출판사는 많지 않다.

김홍민 북스피어 대표

를 꼽았다. 그 뒤로 같은 서점에 들를 때마다 이언 뱅크스에 대해 물었다. 한번은 북마스터가 이언 뱅크스의 사인이 들어 있는 책들을 보여줬다. 몽땅 사왔다. 우리나라에 와서 몇 명한테 읽혀봤더니 반응이 좋았다. 그런데 출간을 준비하는 와중에 『공범』(문학사상사, 1996)이 다른 출판사에서 나온 거다. 김이 빠졌다. 다른 출판사에서 책이 나온 작가를 굳이 내가 할 필요는 없다고 느꼈다. 포기하기로 했다. 해당 출판사는 『공범』을 낸 이후로 더 이상 후속작을 내지 않았다. 그 책도 많이 안 팔린 것 같고. 그래서 햇수로 딱 10년 후에 『말벌공장』(2005)을 내면서 지속적으로 이언 뱅크스를 소개했다. 마니아가 생길 거라고 봤다. 하지만 팔리지 않았다. 문화적 갭이 있었던 것 같고, 작가가 소설에서 다룬 정신병리적인 부분을 독자들이 이해하지 못한 측면도 있지 않았나 싶다."

이야기는 자연스럽게 그가 손을 댔다가 '실패한'(듯 보이는) 작가의 책으로 이어졌다. 나는 조르주 심농이 가장 궁금했다. 심농은 나무랄 데 없는 문장력과 경력을 겸비한 작가지만 한국에는 제대로 소개된 적이 없다. 고려원과 해문, 동서에서 드문드문 한 권씩 나왔을 뿐이다. 열린책들에서 그야말로 야심차게 심농을 소개했을 때 기대했던 독자들 중에는 나도 포함되어 있다. 과연 마케팅은 공격적이었다. 〈버즈북〉(에 관해서는 뒤에서 설명하겠다)도 인기를 끌었다. '전자책 대여' 무료 서비스를 시도하기도 했다. 전자책을 내려받은 독자가 1주일 동안 책을 다 읽지 못하면 구매로 이어질 수 있는 꽤 그럴듯한 아이디어였다. 2011년 5월에 네 권이 한꺼번에, 그리고 매달 두 권씩 꼬박꼬박 나왔다. 2012년 1월까지 아홉 달 동안 열아홉 권이 출간되었다. 그 뒤로 1년여가 지난 지금까지 소식이 없다.

홍——'매그레 시리즈'는 추리소설이다. 그런데 정치한 장치가 숨겨진 추리물과는 좀 다르다. '셜록 홈스'나 '뤼팽'처럼 생각하고 접근하면 밋밋한 감이 있다.

김——나도 읽어봤는데 처음 몇 권은 재미가 없었다. 나중에 나온 책들이 좋았다.

홍——순서를 바꿀까 생각도 하긴 했다. 근데 전부 다 핑계다. 좋아하는 사람도 있겠지만 전체적으로 '매그레 시리즈'가 내가 생각한 만큼 그렇게 재미있지 않은 거다.(웃음)

김——더 이상 '매그레 시리즈'는 안 나오는 건가.

홍——안 나온다. 계약된 책 네 권만 더 내고 그만할 생각이다.

김——칠레 작가 로베르토 볼라뇨도 한국에서는 자리를 잡지 못한 채로 중단된 상태다. 빠르면 한두 달, 적어도 세 달에 한 권은 나왔는데 2012년 6월 이후로 감감무소식이다.

홍——볼라뇨도 한 작품 빼놓고는 판매가 신통치 않았다. 분량이 두꺼운 장편들이 많아 번역하는 과정에서도 문제가 불거졌다. 가령 『2666』 같은 작품은 원서로 1,000페이지가 넘는다. 계속해서 신간을 내며 독자들을 환기시켜야 했는데 타이밍을 놓쳤다.

김——판매를 반등시킬 방법을 모색하고 있나.

홍——고민 중이다. 내용이 무겁기도 하고, 볼라뇨다운 문학적 실험이 좀 감당하기 어려운 부분도 있어 쉽지 않을 거다. 문학적으로는 중요한 소설이지만 한국에서 많이 팔기는 어렵겠다고 판단했다. 하지만 의미 있는 책인 건 맞다. 문학이 어떤 역할을 해야 하는가를 다루는 점에서도 주목할 부분이 있고.

김——개인적으로 '볼라뇨 시리즈'는 성공 여부를 떠나 두 가지 점에서 흥미로웠다. 하나는 시리즈를 내기 전에 〈버즈북〉이라는 형태로 준비호를 만들었다는 점이고, 다른 하나는 표지 작업을 쿠바 출신 화가에게 의뢰했다는 점이다. 그 얘기를 좀 해보자.

일정한 스타일을 고집하면 트렌드가 만들어진다

열린책들 하면 떠오르는 이미지가 있다. 파스텔톤의 46판 양장 사이즈에 담긴 예쁜 디자인이 그것이다. 서점에 진열된 수많은 책들 가운데 '아아, 저 책은 열린책들에서 만들었구나' 하고 짐작할 수 있다는 것, 이런 이미지를 구축한 출판사는 많지 않다.

"2000년부터 본격적으로 펴내기 시작한 46판 양장본은 모두 등을 실로 꿰매어 제본하는 사철 방식으로 제작하는데, 제본비는 실로 꿰매지 않은 채 책등에 칼집을 내어 본드로 제본하는 소위 아지노 제본 방식보다 1.5배 정도 든다. 사철 방식이 페이지당 70전이면 아지노 방식은 50전 정도다. 그리고 판형도 46판에서 가로만 8mm 잘라낸 크기를 고수하고 있는데 한두 권 출간해보고 반응에 따라 결정한 게 아니라 열린책들의 모든 소설책을 이 판형으로 계속 내다 보니까, 다른 출판사들도 언젠가부터 소설을 모두 이 사이즈와 같은 판형으로 내고 있다. 어떤 사람들은 이 판형을 '열린책들 판형'이라고 부르기도 한다."

앤디 워홀의 작업에서 영감을 얻어 만든 에코 컬렉션도 그렇거니와 이혜승 화가가 그린 니코스 카잔차키스 컬렉션, 프로이트의 사진을 토대로 고낙범씨가 작업한 지그문트 프로이트 컬렉션의 모노크롬 표지도 여러 차례 언론에 보도되었다. 특히 볼라뇨 시리즈의 표지는 한국인이 아닌, 해외에 거주하는 아티스트에게 의뢰했다는 발상이 재미있다.

"볼라뇨는 라틴아메리카의 거장이고 아후벨은 독서광으로 알려진 쿠바의 화가다. 두 사람 다 한국에는 전혀 알려지지 않았다. 아후벨의 작품을 본 순간 볼라뇨의 작품과 어울리겠다고 생각했다. 아후벨에게 연락해 표지 작업을 해보지 않겠느냐고 제안하자 놀라운 반응이 돌아왔다. 그는 볼라뇨의 애독자였던 것이다. 진행 과정이 쉽지만은 않았지만 아후벨이 볼라뇨의 작품들을 잘 이해하고 있었기 때문에 대체로 순조롭게 진행됐고 썩 만족스러운 결과물을 얻을 수 있었다."

볼라뇨의 책 표지를 해외 아티스트가 맡았다는 얘기를 들었을 때 나는 과연 열린책들다운 기획이라고 생각했다. 그는 아후벨이 작업한 표지를 하나하나 설명해주었다. "앞표지만 보면 호수처럼 보이지만 뒤표지까지 펼치면 새로운 이미지가 떠오른다. 디자인 비용은 권당 170만 원. 우리나라의 베테랑 디자이너가 150만 원 정도 받으니까 조금 더 준 셈이다. 볼라뇨의 책을 다 읽고 전체 이미지를 고려하여 컨셉을 잡고 개별적인 부분을 잘 드러냈다. 성공 여부를 떠나서 볼라뇨 시리즈는 충분히 만족스럽다."

홍지웅 대표가 위에서 설명한 책은『아이스링크』라는 작품의 표지다. 아직 출간되지 않았다. 궁금하면 〈버즈북〉을 구해서 읽어보기 바란다. 책 속에는 열린책들이 아후벨과 어떤 식으로 계약을 하고 작업을 진행했는지에 대한 일정과 논의들이 담겨 있다. 가격은 666원. 볼라뇨의 작품 『2666』에서 나온 아이디어다.

책 한 권을 만들 때 그에 따르는 아이디어를 고안해내는 것

〈버즈북〉 얘기를 이어가보자. 〈버즈북〉이란 열린책들에서 펴내는 신간 예고 매체다. 소문이 자자하다는 'buzz'와 'book'의 합성어라고 한다. 사실 〈버즈북〉은 전신이 있다. 베르베르의 『개미』를 펴내기 전에 만들었던 〈북캐스트〉가 바로 그것이다.

"작가 베르베르나 그의 소설 『개미』, 둘 다 1993년 발간 당시에는 우리나라에 알려진 것이 하나도 없었다. 베르베르와 『개미』를 알리기 위해 고안한 것이 〈북캐스트〉라는 신간 예고지다. 타블로이드판 16면으로 두 달 뒤에 나올 『개미』를 미리 홍보하는 매체였다. 『개미』의 줄거리, 해외 서평, 기획 회의 내용, 작가 인터뷰 등을 주요 내용으로 한 홍보지다. 당연히 신간 예고 매체가 한국에서는, 아니 세계에서도 선례가 없는 것이므로 〈북캐스트〉 발간에 관한 내용이 일간지에 크게 보도되었으며, 이것이 덩달아 『개미』의 사전 홍보 역할을 충분히 해냈다."

〈북캐스트〉는 『개미』를 베스트셀러로 만드는 데 결정적 영향을 미쳤다. 이런 아이템을 다른 출판사가 따라하지 않을 수 있겠나. 덕분에 타블로이드판 홍보지를 내기 시작한 출판사가 스무 곳이 넘게 생겼다. "나중에는 서점 카운터에 홍보지를 놓을 자리가 없어서 서점에서 이를 기피하는 현상까지 생겼다."

〈북캐스트〉에 관해 들었을 때 나는 약간 놀랐다. 형태나 컨셉은 다르지만, 북스피어도 2012년 초부터 〈르 지라시Le Zirasi〉라는 홍보지를 꾸준히 만들어오고 있다. 북스피어에서 책이 나왔다는 사실을 알리고 싶다는 바람에서 기획한 신문 형태의 소식지다. 〈르 지라시〉를 처음 냈을 때 독자들의

반응은 좋은 편이었다. 몇 군데 출판사와 매체에서 따라하기도 했다. 솔직히 독창적인 아이디어가 아닌가 우쭐했던 게 사실이다. 아니었다. 이미 20년도 더 전에 〈북캐스트〉가 있었다. 홍지웅, 잘났다. 내가 〈르 지라시〉를 건네줬을 때 그는 빙그레 웃었다.

"내가 생각하는 기획이란 이런 거다. 책을 낼 때 새로운 걸 생각하는 것. 책을 어떻게 알릴 것인가. 우리가 〈북캐스트〉를 낸 이후에 그것은 참신한 홍보수단으로 떠올랐다. 색다른 방식이었다. 돈을 들여 하는 광고는 돈만 있으면 누구나 가능하다. 출판사는 끊임없이 새로운 걸 생각해내야 한다. 좋은 작품을 찾는 것도 기획이지만 책 한 권을 만들 때 그에 따르는 아이디어를 고안해내는 것, 그런 것이야말로 진짜 기획이 아닐까."

책을 만드는 일에 관한 한 그의 머릿속에는 늘 아이디어가 가득 차 있는 듯 보였다. 그것은 뭔가로부터 배우거나 습득함으로써 생기는 것이 아니다. 때문에 "어떻게 이런 아이디어를 생각할 수 있었나요?"라고 물어본다면 본인도 구체적으로는 설명하지 못하리라. 물론 나는 그런 바보 같은 질문을 하지 않았다.

건축이나 미술에 대한 지속적인 관심도 영향을 줬겠지만 그는 본능적으로 아름다운 것을 추구하고 직감을 중시하는 예술가 타입의 인간이라는 느낌이 든다. 하지만 그런 타입의 인간이 갖는 대체적인 성향과 달리 행정적인 실무에 관해서도 밝고 능하다. 만약 내가 열린책들의 직원이었다면 스트레스를 받아 종교에 귀의했을지도 모른다. 왜냐. 유능하고 실무에도 능한 상사 앞에서 자신의 생각을 꺼내기란 좀처럼 쉬운 일이 아니니까. 주눅부터 들 게 뻔하다. 새로운 아이디어를 떠올리는 것은 어렵다. 하지만 정말로 어려운 것은 그 '새로운' 것을 상사에게 설명할 때다. 대표는 자기 머릿속에 있는 생각을 '일단 해볼까' 하는 마음으로 추진할 수 있지만, 직원들은 다르다. 더구나 아이디어에 관한 한 홍지웅 대표는 엄격하다. 바람직한 자세인 건 맞지만, 직원들에게는 마초 타입으로 분류되지 않을까 싶을 정도이다.

"나는 우리 직원들에게 가능한 한 다른 출판사에서 고안한 아이디어는 좋은 것이라 하더라도 모방하거나 따라하지 말라고 강조한다. 직원들이 제시하는 아이디어 가운데 '다른 출판사에서 이렇게 하던데요' 하면 그 아이디어는 그 사실 때문에 '쓰레기통 속으로'다. 늘 새로운 아이디어로 승부하라는 거다."

사정이 이렇다 보니 열린책들에서는 자기들끼리 배우고 익히는, 이를테면 직원들 간의 상호협동적인 분위기 같은 것이 자연스럽게 형성되었다. 물론 재주 많은 사장이 직원들을 부지런히 채근한 결과이기도 하리라. 그러한 분위기와 독려가 결실을 맺어 2008년에는 근사한 책이 출간됐다. 바로 『열린책들 편집 매뉴얼』이다.

"부분적으로 교정 교열에 관한 가이드라인이 있긴 했다. 교정 교열 과정에서 직원들이 틀렸던 걸 모니터링해서 보고하는 친구도 있었고. 모니터링을 토대로 편집자들에게 자신이 틀렸던 내용, 실수했던 부분을 취합해서 발표하게 했다. 각각 분야를 나눠 내부 편집 강의를 한 거다. 훈련을 꾸준히 하다가, 성과를 체계화시켜보면 좋겠다고 생각했다. 처음에는 50부를 가제본해서 열린책들에서만 사용했다. 1년 정도 쓰다가, 이거 책으로 한번 내보자, 왜냐하면 편집자들뿐만 아니라 일반인 중에도 글을 쓰는 직업을 가진 많은 사람들이 고민하는 문제니까."

『열린책들 편집 매뉴얼』은 당연히 구입할 수밖에 없는 책이었다. 당시 출판사 편집부에 적을 두고 있던 인간들은 다들 나와 비슷한 심정이었으리라. 두말할 나위도 없이 홍지웅 대표의 아이디어다. 가격은 3,500원. 350페이지가 넘는 분량에 본문 2도 편집이니까 팔아서 남길 목적이었다면 결코 매길 수 없는 가격이다. 반응은 예상을 뛰어넘었다. 대학에서 교재로도 이용되었다.

"이후로 내용을 추가, 수정하여 해마다 개정판을 내고 있다. 맞춤법이나 교정에 관한 원칙은 자주 바뀌니까. 앞으로도 매년 낼 작정이다. 이 책을 위해서 2주가량 집중적으로 세미나를 하며 직원들이 전부 발표하게 한다. 출판사에 있으면 많은 사람을 앞에 놓고 발표할 기회가 별로 없으니까 훈련도 될 테고."

인터뷰에 동석했던 열린책들 안성열 주간이 이 대목에서 끼어들었다.

"나는 『열린책들 편집 매뉴얼』이 홍지웅 대표가 생각하는 기획의 의미를 담고 있는 게 아닌가 싶다. 내가 처음 열린책들에 입사했을 때만 해도 띄어쓰기나 간단한 교정 원칙이 담긴 책은 시중에도 있었다. 그래서 『열린책들 편집 매뉴얼』을 만든다고 했을 때 저걸 왜 하지, 라는 의구심이 있었다. 막상 해보니 그 과정에서 회사에 굴러다니던 교정 원칙이 체계화되었다. 무엇보다 조금씩 보강해서 같은 책을 매년 다시 만들어 제작하는 것, 이런 노력이 오랫동안 책을 살아 있도록 하는 게 아닐까."

열린책들이 모든 책을 잘 파는 건 아니다. 매그레와 볼라뇨의 예를 들기도 했지만 잘 파는 책보다 못 파는 책이 많다. 그래도 오버하지 않는다. 책을 잘 만드는 일에 집중한다. 그 결과 지금의 브랜드가 만들어졌다.

"아무리 좋은 책이라도 안 팔리면 시행착오로 볼 수 있지 않나. 일곱 권짜리 『붉은 수레바퀴』나 초창기에 냈던 러시아문학 비평서는 다 시행착오이고 말도 안 되는 기획이다. 하지만 전부 열린책들이 러시아문학 전문출판사라는 이미지를 만드는 데 기여했다. 러시아문학에 관한 한 믿을 만하다는 평가를 받을 수 있는 기틀이 됐다. 그런 이미지를 발판 삼아 조금씩 외연을 확대해나간 거다. 열린책들이 외국 문학은 잘한다는 믿음을 준 게 다 초창기에 냈던 책들이다. 결국 책을 잘 만드는 게 중요하다. 베르베르나 에코 마니아나 전부 원서보다 잘 만들었다는 평가를 받는다. 무작정 돈을 들여서 만든 게 아니라 책의 컨셉에 맞는 디자인을 고민하고 아이디어를 냈기 때문에 가능했던 일이다."

어려운 시절이다. 홍지웅 대표의 말대로 소신을 가지고 색깔을 만들어 가면 언젠가 세상이 나에게도 웃음 짓는 날이 올까. 그의 얘기를 듣다 보니 그럴지도 모르겠다는 기분이 든다. 그런가. 그렇다면, 눈 딱 감고 위법이든 편법이든 섣불리 저지르지 말고 조금 더 버텨볼까.

김홍민 | 북스피어 대표

태권브이와 같은 해에 태어났고, 〈아웃사이더〉 출판사에서 잡지와 단행본을 만들며 사회생활을 시작했다. 2005년 무렵에 〈딴지일보〉 최내현 편집장과 함께 출판사를 차리고 현재까지 한 종의 열외 없이 장르문학을 만들어오고 있다. 출판으로는 돈을 못 벌지만 〈한겨레〉, 〈시사인〉, 〈주간경향〉, 〈하퍼스 바자〉 등에 잡문을 기고하고 이런저런 출판 강의를 하며 SBS 〈책하고 놀자〉에서 장르문학을 소개하는 걸로 겨우 먹고산다.

이 시대에 해야 할 말을 하는 것

강맑실 사계절출판사 대표

윤양미 | 산처럼 대표

지금은 한국의 대표적인 아동, 청소년, 인문 출판사로 자리매김하고 있지만, 사계절출판사는 1982년 사회과학 출판사로 시작하여 한국사회를 바라보는 문제의식이나 인문정신을 30여 년 동안 일관되게 지켜내며 출판의 정도를 걷고 있는 중견 출판사다. 또한 한국 출판 역사에 기록될 굵직한 기획출판물들을 펴내며 한국적 정서를 바탕으로 한 책들을 출간하고 있는, '출판업계 누구도 흉내 낼 수 없는 너무나 한국적인 출판사'다. '책이라는 그릇에 시대정신을 담는다'라는 캐치프레이즈가 인상적인 사계절출판사의 강맑실 대표를 2013년 2월 27일 서교동 한 카페에서 만났다.

개인적으로 강맑실 대표와는 1995년 여성편집인클럽에 입회하면서 모임의 선배로서 인연을 맺었다.

그때 강맑실 대표는 1994년부터 사계절출판사의 경영을 맡으면서 모임에는 참석하지 않았지만, 정기 모임을 사계절출판사의 광화문 사옥 회의실에서 할 수 있도록 배려해주었기 때문에 인사를 하고 지냈다. 그 이후에도 여성편집인클럽은 물론 한국출판인회의 산악회나 마라톤 모임인 북커스 등 출판계 여러 활동의 장을 기웃거릴 때마다 어울리는 선배다.

사계절출판사의 출판정신

윤양미(윤)——주위의 여성 편집자들이 이구동성으로 가장 존경하는 출판인으로 강맑실 대표를 꼽으면서, 출판정신이나 기획력, 뚝심 등을 닮고 싶다고들 합니다. 어제오늘 일은 아니지만 출판계가 많이 어렵고, 이런 때일수록 기본으로 돌아가야 할 필요도 있을 것 같은데요. 그래서 오늘 출판정신을 중심으로 이야기를 나눠볼까 합니다. 먼저 사계절출판사의 출판정신은 무엇입니까?

강맑실(강)——먼저 존경한다는 표현은 전라도 사투리로 '징허니 낯 뜨겁고만요'. 그냥 출판 선배로서 편하게 이야기 나누는 자리라 생각하고 이야기할게요. 출판정신을 한마디로 말하기는 참 쉽지 않네… 우리가 살고 있는 시대에서, 해야 할 말을 하는 것이라고나 할까? 그런데 그 해야 할 말이 과연 무엇일까? 그것을 알기 위해서는 먼저 내가 이 사회의 한 구성원, 이 우주와 자연 속의 하나의 생명체라는 자각에서 출발해야 하지 않을까, 하는 생각이 들어요. 살아가는 나의 철학이기도 하죠. 내가 이 시대를 객관화시켜 바라보거나, 혹은 우주나 자연 속의 한 생명체로 나를 인식하지 않고 군림자의 위치에서 바라볼 때는 내가 살고 있는 이 시대에서 무슨 말을 해야 할지 알 수 없다는 거죠. 말하자면 출판정신이란 내가 이 시대의 한 구성원이라는 자각, 그리고 자연 속의 하나의 생명체라는 자각에서부터 싹튼다고 보는 것인데 그런 자각 없이는 이 시대의 고통이나 아픔을 느낄 수가 없거든요.

예컨대 내가 풀 한 포기와 똑같은 자연의 생명체라는 자각 대신 그들을 지배하는 인간이라는 위치에 섰을 때는 같은 생명체로서의 연대가 없어지

윤양미 산처럼 대표

주위의 여성 편집자들이 이구동성으로 가장 존경하는 출판인으로 강맑실 대표를 꼽으면서, 출판정신이나 기획력, 뚝심 등을 닮고 싶다고들 합니다. 어제오늘 일은 아니지만 출판계가 많이 어렵고, 이런 때일수록 기본으로 돌아가야 할 필요도 있을 것 같은데요.

고, 그 순간 이 자연은 실용화되어버립니다. 함께 융화해가면서 공존하는 존재가 아니고 말이죠. 사계절출판사가 말하는 출판정신으로서의 시대정신이라는 것도 이처럼 이 시대 속의 한 사람으로서 구성원 간의 연대, 생명체 간의 연대 속에서 책으로써 해야 할 말을 끊임없이 찾아나갈 때 깃들 수 있다고 생각해요. 너무나 당연한 말을 장황하게 했나요. 하하.

윤——그러한 출판정신을 사계절출판사는 어떤 기획 속에서 담아내고자 하시는지요.

강——기획은 출판 분야와 연결되지 않을 수 없는데, 사계절출판사는 독재정권 시절에 책으로써 진보적 개혁 정신을 대중화하기 위해 설립된 출판사이니만큼, 그 당시 사회과학 서적을 내면서 가졌던 설립자의 방향성을 잃지 않으려 노력하고 있어요. 그때그때의 시대 속에서 어떻게 그 방향성을 관철시켜 나가느냐가 사실 굉장히 큰 숙제이지요.

출판 분야는 아동, 청소년, 인문, 이 세 분야에 집중하고 있고, 인문서 중

출판정신을 한마디로 말하기는 어렵지만, 우리가 살고 있는 시대에서 해야 할 말을 하는 거라고 생각해요. 그 해야 할 말이 무엇인지 알기 위해서는 먼저 내가 이 사회의 한 구성원, 이 우주와 자연 속의 하나의 생명체라는 자각을 해야 해요. 그런 자각 없이는 이 시대의 고통이나 아픔을 느낄 수가 없거든요.

강맑실 사계절출판사 대표

에서도 역사를 핵심역량으로 삼고 있어요. 아동은 그림책, 아동문학, 아동교양, 청소년도 청소년교양, 청소년문학 이렇게 나뉘어있지만 어떤 분야의 어떤 책에서도 사계절출판사만의 방향성을 일관되게 견지하려 하고 있습니다. 심지어 그림책에서조차 행여나 만들어진 가짜 동심이라든지, 아니면 서구의 패권주의적 문화가 알게 모르게 묻어 있는 글, 이런 내용은 출판할 수 없기 때문에 원고를 걸러내는 과정에서부터 출판사의 관점이 작동하는 거지요. 그 과정이 사계절출판사는 상당히 철저한 편이에요. 원고 검토나 기획 단계에서부터 직원들 전체가 많이 신경을 쓰고 있지요. 관점의 문제에 있어서 번역서를 검토할 때는 잘 드러나지 않았던 부분이 완역 후에 밝혀졌을 때, 출판을 포기한 경우도 몇 차례 있었습니다.

윤——그런 관점을 직원들이 공유하고 있나요?

강——당연히 공유하고 있죠. 이러이러한 책을 내면 안 된다고 이야기하는 것은 1, 2분이면 끝날 수 있어요. 하지만 그것을 직원 모두가 체질화화기 위해서는 구체적인 원고 하나하나를 가지고 토론을 하고 의견을 주고받는 과정이 필요하거든요.

사계절출판사는 어떤 책을 내야 하는가, 라는 마인드를 정착시키기 위해 전 직원이 출간 결정에 참여한 시기가 5년 가까이 있었어요. 내가 경영을 맡은 1995년부터 1999년 즈음까지 경리를 보는 친구도 원고를 같이 읽고 왜 이 원고는 사계절에서 내면 안 되는지, 왜 이 책은 상품성이 없고 팔리지 않는다 하더라도 사계절에서 꼭 내야 하는지 등을 토론해서 출판을 전 직원이 함께 결정했던 시기가 있었지요. 그런 과정이 있고 나서는 출판 결정의 기준들이 어느 정도 정착이 된 듯합니다. 하지만 지금도 어떤 원고를 책으로 출간할 것인가 말 것인가를 결정할 때 가장 긴장합니다.

윤——창립기념 MT를 제주도로 갔을 때 4·3항쟁의 현장을 찾았던데요.

강——책을 내는 사람이 현장을 떠나서는 그 사람이 만든 책은 죽어 있는 책이다, 라는 말을 직원들에게 종종 합니다. 현장이라는 것은 앞서 출판정신을 이야기할 때도 말했듯이 내가 이 사회에 몸담고 사는 한 사람의 살아 있는 구성원이다, 라는 것을 느끼게 해주는 시대의 현장이지요.

즐거움의 현장보다는 아픔의 현장을 의식적으로 찾아가지 않으면 안 되는데, 그 이유는 인간은 당장 내 가족의 안위, 우리 출판사의 성공 여부에만 관심을 갖는, 말하자면 가족 중심, 단위 사업체 중심의 이기적 사고에 빠져 있기 때문이지요. 따라서 의식적인 학습이 중요하지 않을까요. 의식적으로 프로그램화해서 내가 일부러 찾아가지 않으면 안 된다는 겁니다. 사계절출판사는 용산참사 현장이라든지, 4대강이 파헤쳐진 현장이라든지, 과거 역사의 현장에 종종 함께 가지요. 현장에 갈 뿐만 아니라, 가기 전에 관련된 책도 읽고 현장에서 가이드의 얘기도 듣고 거기서 토론도 하고. 그런 의식적 학습들이 개인적으로도 일상적으로 이루어져야 한다고 봐요.

윤——직원들도 사계절출판사의 출판정신을 내면화해서 행동하는 거네요.

강——그런 점에서는 직원들의 자발성이 강해요. 어떤 사건들이 터지면 이럴 땐 이러이러해야 되겠다, 하는 의견들이 자발적으로 나오지요. 인트라넷을 통해 40여 명 가까운 직원 전체가 서로 실시간으로 소통할 수 있으니까 인트라넷의 '공지 사항'이나 '자유 마당' 같은 곳에서 우리 이렇게 하자, 하는 행동지침에 관한 의견들이 올라오죠.

예를 들어 미국산 소고기 수입 반대 촛불시위 때는 어디서 어떻게 몇 시에 만나자, 그럼 누구누구 갈래, 누가 뭐 준비할래, 끝나고 어디서 뒤풀이한다, 하는 댓글들이 죽 달려요. 4대강 문제가 터져 나왔을 때는, 4대강 살리기 5단 통광고를 하자, 광고 헤드카피는 어땠으면 좋겠다, 광고비는 얼마씩 걷자, 는 등의 의견들이 자발적으로 올라오지요. 그러면 어떻게 회사가 가만히 있을 수 있겠어요. 나머지 부족한 광고비는 회사에서 충당하면서 임직원 이름으로 광고가 나가는 거지요. 회사에서 단독으로, 대표 마음대로 냈던 광고가 아니었답니다. 2012년 여름 청계광장에서 '소리 질러 책을 불러' 대회가 열렸을 때에도 피켓과 플래카드 문구, 피켓 제작 방식, 음료수 준비, 선발대 등에 관한 이야기들을 총무부를 중심으로 직원들이 인트라넷을 통해 주고받고 했지요.

윤——2012년에 용산 참사를 다룬 다큐멘터리 영화 〈두 개의 문〉 엔딩크레디트가 올라가면서 후원자 중에서 대표님 이름을 발견하고는, 많은 출판인들이 반가워했잖아요. 한데 〈두 개의 문〉뿐만 아니라, 2005년 '우토로 살리기 캠페인', 최근에는 『의자놀이』 책 구입 등 후원을 끊임없이 하고 계신 것 같은데 직원들도 행동을 같이하는군요.

강——새삼 부끄럽네요. 〈두 개의 문〉은 제작비에 어려움을 겪고 있다는 걸 우연히 알게 되어 한 것인데 아고, 정말 부끄럽습니다. 일상적으로 현장을 찾아가볼 수 없는 경우가 허다한데 우리가 그래도 작은 힘이나마 보탤 수 있는 형편이 되니까 감사한 거죠. 그런 일들은 정말 요란하지 않게 하고 싶습니다. 그리고 직원들과 약속을 한 게 있는데요. 우리가 가끔 이런저런 출판상을 타면서 상금을 받잖아요. 상금은 모두 후원금으로 쓰기로 약속을 했어요.

'역사'라는 핵심역량을 키우기까지

윤——사회과학출판사에서 출판의 영역을 확장시켜갔던 시대 상황은 어땠나요?

강——출판의 다변화를 시도한 것은 1986년 구소련의 개혁개방 정책 이후 맑시즘을 중심으로 한 사회과학 책이 힘을 잃어버린 직후였죠. 하지만 사회과학 책에 담아냈던 그 정신을 살려나가는 일은 뭔가, 고민했어요. 설립자 김영종 전 대표가 그런 변화에 대한 대응이 상당히 빨라요. 사회 현상을 분석하고 나아갈 길을 준비하는 것이 빠른 분이지요. 사회과학적 어젠다를 교육과 민족의 문제로 이어가고자 했습니다. 자연스럽게 아동, 청소년 분야로 기획을 다변화했지요. 아동, 청소년, 인문이라는 사계절출판사의 핵심 분야의 초석은 그때 다져졌어요. 또한 진보적 성향의 교사들의 힘을 모아 〈교육현장〉이라는 무크지도 냈지요. 교육의 문제에 아무도 제대로 집중하고 있지 않던 당시로서는 그 무크지 발행이 하나의 사건이었죠. 그때는 자금이 넉넉지 않을 때인데도 그 일이 가능했어요. 교사들이 자신들의 정당한 목소리를 내는 창구에 굶주리고 있던 터라 사명감으로 신나고 즐겁게 작업을 할 수 있었던 거지요.

윤——사계절출판사의 핵심역량은 '역사'잖아요. 출판사의 핵심역량이 왜 중요하다고 보시는지요?

강——난들 책만 좋으면 어떤 책이라도 내고 싶다는 생각을 왜 안 했겠어요. 핵심 분야를 아동, 청소년, 인문으로 정했지만 누군가가 이런 책도 내보지? 그러면 분야에 상관없이 "그래요, 냅시다" 이렇게 냈던 책들도 있었어요. 이미 20여 년 전 일이긴 하지만 예를 들면 의학 책 『인공항문 관리 지침서』도 냈고, 『안전운전 365일』, 영어책 등도 냈지요. 책이란 마케팅을 비롯해 정말 혼신의 힘을 다해야 겨우 조금 알려지는 법인데 그런 책들로까지 분야가 확산되어 역량이 분산되면 핵심 분야를 유지하기가 어려워지는 거죠. 그런데도 그렇게 하는 이유는 뭐겠어요? 그거 내면 팔릴 것 같다는 욕심이잖아요.

사계절출판사도 오래전 그런 시절이 있었기 때문에 다시 핵심역량 분야에 전념을 할 수가 있었던 거지요. 그런 시행착오를 거쳤기 때문에 욕심을 부르는 유혹들을 떨치고 집중할 수 있게 된 겁니다. 하지만 지금도 늘 그 점을 경계하고 있지요. 중요한 건 핵심 분야를 잘 지켜나가는 건데 그걸 지켜나간다는 게 말처럼 쉽지는 않아요.

윤——지금까지 밀리언셀러를 2종 정도 내셨는데요. 베스트셀러도 아니고 밀리언셀러는 좀 차원이 다른 것 같아요. 어떻게 밀리언셀러가 가능한 것인지 사계절출판사 나름의 비법 같은 것이 있을까요?

강——밀리언셀러의 비법은 한마디로 '없어요'. 밀리언셀러를 딱 몇 종 내놓고 무슨 비법이 쌓였겠어요. 하하. 단, 모든 책을 스테디셀러로 만들려는 노력은 부단히 하고 있지요. 『반갑다, 논리야』는 베스트셀러에서 밀리언셀러가 된 것이고, 물론 이 책 역시 지금도 독자들로부터 꾸준히 사랑받고 있지만요, 『마당을 나온 암탉』은 10년 만에 밀리언셀러가 된 거예요. 이처럼 시간을 두고 100만 부를 넘긴 책들이 출판사마다 몇 권씩은 있을 겁니다.

나는 『마당을 나온 암탉』처럼 오랜 세월 지치지 않고 나가는 책이 진정한 밀리언셀러가 아닐까, 생각해요. 스테디셀러야말로 여러모로 아름다운 책이지요. 누구나 그렇게 생각할 텐데, 베스트셀러는 운이 작용합니다. 스테디셀러는 운이 작용할 리가 없죠. 결국은 책의 내용이지요. 스테디셀러로 만들어야지 하는 계획된 의도보다는 정말 최소 10년 동안 이 분야의 어떤 책이 나와도 선점당하지 않게 하려면 어떻게 만들어야 하나, 하는 책의 품질 자체에 대한 집념이 편집자가 가져야 할 정신이기도 할 겁니다.

덧붙이자면 그렇게 책을 만들려고 하면 시간과 돈이 필요해요. 왜냐하면 편집자가 1차 독자라는 말을 흔히 하는데 그만큼 편집자는 책의 부족한 부분을 볼 줄 안다는 것이고, 부족한 부분을 채우려고 하는 욕심이 커지기 때문이지요. 그럴 경우 같이 책을 만드는 사람들의 이해, 출판사의 문화가 중요해집니다. 그런 조건이 허락되지 않으면 아무리 편집자가 하려고 해도 못하는 것이지요. 아, 생각났다. 스테디셀러의 비법. 편집자가 맘에 들 때까지 책을 만들 수 있는 출판사의 토양이죠.

윤――보통 출판 일정을 짜고 마감을 독촉하기 마련인데요.

강――내가 편집자였기 때문에, 절대적인 시간을 아니까요. 물론 어떤 때는 답답해서 나 같으면 이렇게 확 해버릴 텐데 하는 생각이 없는 것도 아녜요. 자신의 전략 부족으로 책을 오래 매만지고 있는 걸 책의 질을 높이기 위한 거라고 착각하는 것도 문제이니까요. 하하.

기획출판의 산실

윤――사계절출판사라고 하면 '역사신문'과 '세계사신문' '한국생활사박물관' '근현대사 신문' '아틀라스 역사' 시리즈 등으로 이어지는 기획출판들로 한국출판의 역사에서 기획출판의 한 지평을 열었다는 평가를 받고 있잖아요. 시간도 많이 걸리고 작업에 참여하는 스태프도 많아서 어려움이 많았을 것 같아요.

장기기획의 경우, 기획을 실행하는 역량이 정말 중요해요.
그 실행력은 느닷없이 생기는 게 아니라 꾸준히 쌓아온 출판사의 역량에서 나와요.
그 바탕은 편집자들이 자신의 분야에 몰두해서
공부하고 관심을 집중할 수 있게 하는 출판사의 시스템이에요.

강——'역사신문'은 설립자 김영종 전 대표가 기획하고, 만들기는 내가 대표가 되고 나서 만들었어요. 자금도 넉넉하지 않고 힘들 때, 그리고 내가 경영자로서 여러모로 서투를 때 만들었어요. 사실 기다리는 법은 그때부터 배웠지요. 서두른다 해서 책이 나오는 게 아니다, 제대로 된 책은 숙성의 시간이 필요하다는 걸 알았어요. 그 힘을 밀어붙여서 '한국생활사박물관'까지 겁 없이 출간하기에 이르렀는데, 장기기획물의 네트워크와 노하우를 통해 자연스럽게 역사가 사계절출판사의 핵심역량이 되어갔어요. 원래 역사라는 것이 시대를 향해 얘기할 수 있는 내용이 가장 풍성하거든요. 교과서도 역사교과서의 역사 왜곡 자체가 문제이고 그로 인해 아이들의 역사 인식이 어른이 되어서까지 잘못 형성된다는 생각에 역사 분야를 더욱 중요시하고 있습니다.

윤——기획출판을 한 이후 출판사에 달라지는 것들이 많았을 것 같아요.

강——장기기획의 경우, 기획의 아이템은 누구나 생각할 수 있지만 그것을 어떻게 엮어서 만들어내느냐 하는 실행력이야말로 중요한데, 그 실행력은 하려고 해서 되는 게 아니고 꾸준히 쌓아온 출판사의 역량에서 나오는 것이죠. 역량을 쌓는 일을 어떻게 할 것인가, 하는 건 연구해야 해요. 기획력이라는 것이 느닷없이 나오는 게 아니거든요.

편집자들이 자신의 분야에 몰두해서 공부하고 관심을 집중시킬 수 있게 하는 출판사의 시스템이 관건인 거죠. 그런 시스템 속에서 편집자의 차별화된 기획력이 나오는데, 그런 편집자의 역량은 출판사의 브랜드에도 기여를 하겠지만, 일단 책이라는 매체에 대한 독자들의 시각을 확 넓혀주는 힘이고, 책을 만드는 사람들의 자존심을 세워주는 힘이기 때문에 편집자 역량을 키우는 작업은 아주 중요합니다. 출판의 한계를 툭툭 부수면서 출판 영역을 확장해나가는 것은 바로 편집자들 아닐까요. 그런 점에서 장기기획은 편집자들의 역량을 최대로 끌어내는 하나의 시스템으로서의 작업인 셈이지요.

그리고 기획출판을 하면 없었던 인적 네트워크가 만들어져요. '한국생활사박물관' 한 권을 만드는 데 300여 명의 손을 거쳤어요. 그러면 그게 하나의 거대한 인적 네트워크가 되는 거죠. 여러 성과 중 또 하나는 '기록화'라는 장르를 정착시킨 점입니다.

정조의 화성행차라든지 옛날에는 기록화가 있었잖아요. '한국생활사박물관'은 한 장의 그림이 박사학위 논문이라고 할 정도로 어려운 작업인 거예요. 예컨대 고려시대에는 찻잔의 문양과 색깔은 어땠는지, 찻잔을 들고 있는 사람이 입고 있는 옷 모양은 어땠는지, 그 사람의 얼굴 화장은 어떻게 했는지, 머리 모양은 어땠는지, 이 모든 것들이 그 시대를 그대로 보여줘야 하는 거잖아요. 그러기 위해서는 기록을 통해서 일일이 확인해야 하고, 그림 한 장을 가지고 수십 명이 고치고 고쳐서 '한국생활사박물관' 한 페이지의 한구석을 차지하는 것이니까. 이처럼 각 분야를 연결하는 거대한 인적 네트워크가 만들어지면 다른 책을 만들 때 훨씬 수월해지고 시행착오도 줄어들고, 다른 출판사에서 역사물을 만들더라도 편한 길이 트이는 거지요.

새로운 콘셉트, 새로운 독자층, 새로운 형태의 책에 대한 도전과 모험

윤——'역사신문' '세계사신문' '근현대사신문'이 역사를 신문의 형태로 정리한 것이잖아요. 특히 '역사신문'이 첫 기획출판이자, 새로운 형태로 새로운 독자를 만나는 것이었을 텐데요. 독자들에게 새로운 책의 형태를 맛보게 하고 접근하게 하기 위해 어떤 마케팅이 있었나요?

강——책은 독자들이 읽게 하기 위해 만드는 거잖아요. 일기처럼 간직하기 위해 만드는 것이 아니라. 책은 만드는 것과 똑같이 파는 게 중요하다는 거죠. 한때 사계절출판사가 이런 매너리즘에 잠깐 빠진 적이 있어요. '우리는 좋은 책을 만드니까 알아서 팔릴 것이다.' 굉장한 자만이죠. 점차 마케팅에 박차를 가해서, 지금은 마케터들이 마케팅을 기획하고 실행해가는 게 굉장히 숙달되어가고 있지요.

'역사신문'을 발간했을 때는 차별화된 기획이기 때문에 마케팅에 많이 신경 썼어요. 1995년 당시에 1,000만 원이면 엄청 큰돈인데, 그 돈을 들여서 포커스그룹 인터뷰(FGI)도 했고, 리서치 회사에 의뢰해서 2,000여 명의 소비자들에게 우리가 알고 싶은 문항을 조사해서 두꺼운 책자로 된 보고서를 받은 적도 있어요. 그런데 중요한 것은 아무리 돈을 들여서 조사를 한다고 해도, 독자들은 독자들도 모르는 니즈가 있다는 것이에요. '물먹는 하마'는 처음에 일본에서 개발됐잖아요. 일본이야 섬나라라 습하니까, 우리나라는 해안가 마을 외에는 우리가 습한 곳에서 산다고 생각 안 했거든요. 그런데 물먹는 하마를 장롱에 넣어놨더니 이렇게 물이 많이 나왔다, 하면서 광고를 해서 엄청 팔린 거잖아요. 우리는 미처 생각하지 못했던, 눈에 보이지 않는 습기에 대해 깨닫게 해준 것이지요. 책의 차별화된 기획도 독자들이 생각하지 못한 분야를 찾아내는 것이에요. 마케팅 전략에 있어서도 그런 것을 깨우쳐주는 게 중요하죠.

그래서 그때 얘기를 계속하면 독자들의 리서치 결과로는 타블로이드 판형이 들고 다니기 힘들다, 책꽂이에 꽂기도 힘들다, 그러니 잡지 판형으로 해달라는 독자가 80% 이상이었어요. 결국은 선택의 문제였죠. 소비자 조사 결과가 나왔다 하더라도, 결정의 주체는 출판사이니까. 우리는 잡지 판형으로 가면 디자인상 신문의 생생한 느낌을 살릴 수 없다고 판단해서 지금의 판형으로 출간하기로 최종 결정을 했는데, 막상 출판이 되니까 그 판형을 그렇게 싫다고 했던 사람들이 "아, 정말 이거 신문 보듯이 생생하네"라고 하는 거예요. 출판사는 독자도 모르는 니즈를 짚어줘야 하는 거죠. 꼭 기획의 주제뿐만 아니라, 패키지라든지 제목 등도 마찬가지예요. 소비자 시장 조사에는 함정이 도사리고 있는 셈이죠.

윤——청소년 도서야말로 생각을 안 해본 출판사가 없었을 텐데요. 시장이 전무하던 시절에 '사계절1318문고'를 할 수 있었던 것은 어떤 가능성을 보신 건가요?

강——그 당시 '1318문고'에 대한 반대가 꽤 컸어요. 물론 회사 내에서도 그랬고. 그 당시에는 청소년 도서를 디스플레이하는 곳이 없었기에 출간되어 봤자 매장에 진열되지도 않는다고들 했지요. 모두가 청소년용 소설은 시장이 힘들다 했을 때 나는 기획을 했던 당시 최옥미 팀장(지금은 역사기획팀을 맡고 있으면서 편집 총괄팀장의 위치에 있습니다만)을 믿었어요. 왜? 분명히 지금(말하자면 1990년대 후반)부터는 학교 교사와 독서운동단체 등을 통해 양질의 권장도서 중심으로 가게 되어 있다고 생각한 거죠. 독재정권을 함께 헤쳐나온 386세대 선생님들의 네트워크와 학부형들의 네트워크가 반드시 활성화될 터이니 우리는 그 네트워크를 통해서 적극적으로 알려나가자, 그래서 학생들과 자식들에게 믿고 권할 수 있는 정말 끝내주는 책으로만 선별해서 출간하자, 이렇게 해서 성큼 출간을 시작했던 것이지요. 이미 그 당시 곳곳에서 교사와 학부형을 중심으로 한 독서운동과 독서단체의 싹이 움트고 있을 때였으니까.

윤——그리고 아동물 중에서 『누가 내 머리에 똥 쌌어?』나 『오줌 멀리 싸기 시합』 같이 똥, 오줌을 제목으로 하신 게 있는데, 지금이야 아이들이 이런 이야기를 좋아한다고들 얘기하지만 당시 똥, 배꼽, 방귀 같은 단어는 책 내용이나 제목에서 일종의 금기어처럼 취급되지 않았나요?

강——그 책이 출간된 게 1992년의 일이니까 아이들 책 제목에 '똥'을 넣은

건 아마 사계절출판사가 처음일 거예요. 그때 다섯 살 난 아들을 키우고 있었는데요. 똥 얘기만 나오면 얘는 자지러지는 거야. 오줌, 방구, 이런 말만 나오면 아주 우스워서 어쩔 줄 모르는 거예요. 아, 이런 게 아이들의 은어구나, 아이들이 은밀히 좋아하는 말이구나, 그런데 왜 어른들은 어른들 시각에서만 제목을 지을까, '똥'이라는 말을 확 드러내버리자, 생각했지요.

원서 제목은 『자기 머리에 누가 똥을 쌌는지 궁금해하는 작은 두더지』였어요. 번역도 직역을 상당 부분 고쳤어요. 예컨대 "누가 내 머리에 똥 쌌어?"라는 말을 반복해서 노래하듯이 집어넣어 운율을 맞추고 독일어로 된 의성어, 의태어는 전부 순우리말로 바꿨지요. 그 이후 똥 관련 책이 엄청 나왔지요. 그렇게 아이들에 대한 어른의 편견은 깨져간 셈이죠.

윤——그런가 하면 『꽃할머니』 같은 위안부 할머니를 다룬 책이나 『비무장지대에 봄이 오면』 같은 분단 문제를 다룬 '평화그림책' 시리즈가 있고, '남북 어린이가 함께 보는 전래동화' 시리즈 등 어린이책 분야에서도 여전히 민족 현실과 통일 문제를 생각하는 출판물들이 있어요. 사계절출판사가 잃지 않고 있는 출판정신의 한 면모일 수도 있고요. 한데 어떤 측면에서는 위안부 할머니 이야기를 과연 아이 때부터 알려줄 필요가 있을까 싶기도 하거든요. 전달하기 힘든 부분도 있었을 것 같고요.

강——'평화그림책'은 평화나 전쟁이 어른들만의 문제가 아니라 아이들에게도 아이들 눈높이로 다가가서 얘기해줘야 하는 주제다, 라는 의식에서 출발했어요. 아이들에게 금기시할 주제는 아니라는 것이지요. 하지만 짐작하겠지만 이 작업은 두 가지 면에서 굉장히 힘든 작업입니다. 하나는 한, 중, 일, 이 세 나라의 복잡하게 얽힌 역사까지를 담아내야 한다는 점, 또 하나는 그것을 아이들의 눈높이로 아이들 속으로 들어가 이야기를 나누어야 한다는 점이지요. 원래 이 기획은 한, 중, 일 세 나라의 의식 있는 그림책 작가들이 역사인식을 함께 나누면서 지금의 아이들이 커서 어른이 될 때에는 이 땅에 전쟁이 사라져야 하지 않겠느냐는 절박한 마음에서 시작한 것으로 알고 있어요. 그 제안이 사계절출판사에 들어왔을 때 한 치의 망설임도 없이 출판을 결정했어요. 맨 먼저 나온 책이 위안부를 다룬 『꽃할머니』란 그림책인데 이 책은 '평화그림책' 시리즈를 기획해서 금방 출간된 책이 아니라, 작가 권윤덕 선생이 10여 년 전부터 숙성시켜온 이야기를 담은 겁니다.

이 시리즈는 세 나라 동시 출간을 원칙으로 했지만 『꽃할머니』는 아직도 일본에서 출간 준비 중에 있지요. 하지만 여러 염려에도 불구하고 정작 일본의 독자들인 아이들, 교사들, 학부형들을 모아놓고 일본의 몇몇 학교에서 이 책을 보여주었을 때 정말 뜻밖에도 긍정적인 반응들이 많이 나왔어요. 감동적이었지요. 위안부라는 어려운 주제를 담은 그림책이 어떻게 아이들에게 다가갔는가 하는 것은 책을 보면 알 수 있으니 기회 닿으면 꼭 한번 읽어보세요.

윤——사계절출판사 그림책들은 조카가 열심히 보고 있어서 가끔 옆에서 같이 보는데, 『꽃할머니』는 한번 찾아서 봐야겠네요. 그리고 벽초 홍명희의

『임꺽정』의 경우도 분단 이후 처음으로 남북한 사이에 저작권 계약을 맺은 역사적 사건이었잖아요.

강——『임꺽정』의 계약도 획기적인 사건이었지요. 처음으로 북쪽의 저작권자와 남쪽의 출판권자가 북쪽에서 직접 만나 계약을 한 사례인데 남북경제협력문화교류재단이라는 단체를 통해 했었지요. 분단의 철조망을 걷어내고 홍명희 선생의 손자 홍석중 선생과 개성에서 처음 만나 뜨겁게 포옹했던 그때의 감동은 잊을 수가 없어요. 그때는 2005년, 시절이 좋았던 때라 통일부 허가를 받고 직접 봉고차를 타고 판문점을 통과해서 비무장지대를 지나 개성으로 갔기 때문에 평생 못 잊을 거예요.

출판을 한다는 것은

윤——편집자 출신의 경영자로서 현장 감각을 늘 잃지 않으려 하신다고 들었어요. 전에는 사계절출판사에서 출간되는 모든 책을 최종 단계에서 읽은 것으로 알고 있는데 지금도 그러시는지요?

강——원고 검토 단계에서 가장 열심히 읽는 편이지요. 담당자와 의논도 제일 활발히 주고받는 단계이기도 하고요. 그리고 편집기획, 최종 교정지, 접지 단계 등을 확인하니까 책 한 권의 본문을 몇 단계 보는 셈이네요. 인문서의 경우는 세세한 내용을 일일이 다 보기는 힘들지만 다른 분야의 책은 두껍지 않으니까 꼼꼼히 보는 편이에요. 30년 가까이 책 읽는 일을 하다 보니 나름 속독법이 생겨 읽는 게 힘들진 않아요. 오히려 새로운 원고나 최종 교정지를 받아들면 아직도 흥분됩니다. 그때 아, 내가 편집자이긴 편집자구나, 하는 생각을 하지요.

윤——끝으로, 출판을 하면서 가장 중요하다고 생각하는 것은 무엇인지요?

강——출판을 하면서 가장 중요한 것은 첫째, 출판사의 관점과 차별화된 기획력이 아닐까요. 또한 차별화된 기획력을 가졌다고 해도 그걸 실행할 수 있는 능력을 갖춰야 하는데, 실행할 수 있는 능력은 곧 편집자와 마케터의 역량이에요. 두 번째로 중요한 요소인 것이지요.

편집자의 역량이라는 게 어디까지냐, 그 분야의 최고 전문가인 저자들까지 설득할 수 있어야 해요. 그 정도가 되려면 어떻게 해야 되겠어요? 그 분야에 대한 부단한 학습 없이는 어려워요. 동시에 마케터의 역량도 갈수록 거세게 요구되는데 전에는 온, 오프라인서점 중심의 차별화된 프로모션, 각 분야별 핵심 네트워크를 통한 홍보전략 등이 중심을 이루었지만, 지금은 SNS시대인지라 마케팅의 범위 역시 엄청나게 확장되고 있어요. 그 확장된 영역까지 아우르면서 구석구석까지 책을 제대로 알려 독자들로 하여금 우리 책을 찾게 만들기 위해서는 그 역량이 어떠해야 하는가는 말할 나위가 없는 것이지요. 또한 출판사마다 나름의 독특한 판로를 개척해서 확고히 시스템화해야 하겠지요.

세 번째는 사람과의 관계라고 봐요. 출판을 하면서 보면, 사람들이 가장 힘들어하는 게 인간관계예요. 사람에게서 가장 큰 위로를 받지만 또 사람에게서 가장 큰 상처를 받아요. 출판이란 많은 사람이 어우러져서 이루어지는 것인지라 관계의 문제가 중요하지요. 관계라고 하면 왠지 실용적 느낌이 나는데, 내가 말하는 것은 사람에 대한 애정, 또한 남들이 하찮게 여기고 짓밟고 하는 것들을 소중하게 들여다볼 줄 아는 마음이지요. 그런 마음에서부터 관계의 강력한 힘이 싹트지 않을까요.

급변하는 세상에서 완급을 조절하며 항상 새로운 기획에 도전해야 하는 출판이라는 일과, 사회의식을 견지한 일상적 삶이 균형 있게 조화를 이루고 있는 강맑실 대표는 세월이 흐를수록 아름다워지는 출판계의 '큰 누나'다. 그리고 출판기획자로서 강맑실 대표는 사회변혁을 꿈꾸는 역사인식이 뚜렷한 인문주의자이자, 문학적 소양이 풍부한 따스한 감성의 소유자, 그리고 길가에 무심히 솟은 풀 한 포기에도(혹은 출판생태계의 구석진 곳에서 묵묵히 책을 만들고 있는 작은 출판사에도) 섬세한 관심과 배려가 돋보이는 생태주의자다. 엄혹한 군사독재 정권의 한 시대를 건너와 여전히 무한경쟁으로 내모는 혹독한 신자유주의 시대에 이제는 '호형호제'도 제대로 못하는 시대를 살아가야만 하는 지금, 책과 삶의 품격을 다시 생각하게 하는 출판계 선배로서 강맑실 대표가 여기서 우리와 함께 고민하며 책을 만들고 있다는 사실이 참으로 고맙다.

윤양미 | 산처럼 대표

동국대학교 국어국문학과를 졸업하였다. 1988년에 백과사전 편집자로 출판 일을 시작해, 1994년부터 단행본 출판사에서 일했으며, 2002년 1월 도서출판 산처럼을 차려 인문사회학 책들을 펴내고 있다.

깨끗하고 쉬운 우리말로 책을 만들어야 한다

윤구병 보리 대표

박정훈 | 철수와영희 대표

윤구병 대표는 기억이 안 나겠지만 내가 대표를 처음 만난 건 1995년 여름 경이다. 신촌에 있던 보리출판사가 일하는 사람들의 글 모음집인 월간 〈작은책〉을 창간한 해였다. 〈작은책〉에서 일하는 친구 때문에 〈작은책〉 발송 작업을 돕고 보리 직원들과 함께 뒤풀이에서 막걸리를 먹은 적이 있었다. 그때 윤 대표도 함께 있었는데 나이 차이가 많이 나는 직원들과 격의 없이 어울리는 것이 인상적이었다.

당시 보리출판사의 분위기는 내가 일반적으로 생각했던 고뇌하는 지식인들이 모인 출판사 이미지와는 많이 달랐다. 무슨 공장 같은 분위기였고, 운동권 냄새가 물씬 나는 대학 동아리방 같은 느낌이기도 했다. 게다가 당시 보리출판사 사장이라는 사람은 아무리 여름이라고는 하지만 러닝셔츠만 입고 있었다. 나중에 나는 〈작은책〉에서 일하게 되었고, 도토리출판사를 거쳐 결국 보리출판사까지 보리 울타리에서 만 10년간 직장생활을 했지만, 그 당시 기억이 너무 강렬해서 지금도 내가 생각하는 윤 선생과 보리출판사의 이미지는 1995년 〈작은책〉 발송 작업을 같이하며 느꼈던 열정적인 그 해 여름의 모습이다.

윤 대표를 인터뷰하는 동안 나는 내가 느꼈던 그 해 여름 윤 대표와 보리출판사의 모습이 아직도 '현재진행형'임을 느꼈다.

〈뿌리깊은나무〉에서 배운 편집 철학

박정훈(박)——대학에서 철학공부를 하시다가 서른 살인 1972년에 한국 브리태니커에 들어가셨죠. 출판편집을 시작하게 된 특별한 동기가 있나요?

윤구병(윤)——아니요. 그때는 대학원 다닌 사람들은 대학강사를 거쳐서 대학 선생이 되는 것이 목적이었어요. 당시 제 은사이신 박홍규 선생님이 육군사관학교에서 1주일에 일곱 시간을 강의할 수 있도록 주선해주셨는데, 일곱 시간으로는 교통비와 하숙비가 해결되지 않더라고요. 그래서 대학에서 강의하는 꿈을 접을 수밖에 없었어요. 그래서 브리태니커에 들어가게 되었어요. 편집에 꿈이 있었다거나 뭐 경력이 있어서 들어간 게 아니라 오로지 밥 벌어먹으러 들어간 것이지요.

그때 생각이 나요. 브리태니커 사장이었던 한창기 선생님이 "대학원까지 나온 사람이 뭐 이런 데서 근무하겠다고 합니까?"라는, 그 당시에 내가 듣기로는 정말 싸가지 없는 소리를 했어요. 그래서 저도 아주 퉁명스럽게 대꾸를 했지요. "뭐 다른 뜻 없습니다. 밥 벌어먹으러 왔습니다"라고요. 나중에 그분이 사장이란 걸 알았어요.

거기 들어가서 〈배움나무〉라는, '브리태니커 백과사전'을 사는 사람들한테 달마다 보내는 사내보를 만들었어요. 그리고 나중에는 페이지 수도 늘리고, 크기를 줄여서 사외보로 바꾸는 작업을 했지요. 그러면서 편집을 배웠어요.

박——브리태니커에 들어가시고 나서 4년 뒤, 1976년도에 창간된 〈뿌리깊은나무〉의 초대 편집장을 맡으셨지요?

윤——당시 한창기 선생님은 세계 곳곳에 있던 브리태니커 지사 중에서 '브리태니커 백과사전'을 제일 많이 팔았어요. 영업능력이 뛰어났던 분이었지요. 한 선생님은 그 수익금을 '우리 문화' 쪽으로 돌려서 쓰고 싶은 욕심이 있었어요. 그래서 4년 동안 브리태니커 본사를 설득해 〈뿌리깊은나무〉를 창간했어요. 한 선생님이 밖에서 새로 경력 있는 사람을 뽑는 것보다 나를 편집장 시키면 좋겠다고 해서 얼떨결에 편집장을 맡았어요.

박——그럼 그동안은 주로 〈배움나무〉 하고 월간 〈뿌리깊은나무〉만 주로 편집하신 거네요.

윤——그렇죠. 단행본은 내지 않았으니까요.

박——브리태니커에서 잡지 만드는 일을 하시면서 배운 것 중 제일 기억나시는 게 있나요?

윤——그 당시 한 선생님은 우리말과 우리글에 대한 애착이 굉장히 크셨어요. 그래서 〈뿌리깊은나무〉가 최초로 한글전용 가로쓰기를 했습니다. 그때는 창비도 가로쓰기는 했지만 한자가 섞여 있었고, '창작과 비평'도 한글이 아니라 한문으로 〈創作과批評〉이라고 쓸 때니까 굉장히 파격적인 것이었죠. 그리고 그 당시 교양지는 보통 신국판이 표준으로 되어 있었는데 그것도 여성지 크기로 바꿔버렸어요. 그래서 〈뿌리깊은나무〉를 창간하기 전에 편집부에서는 우리말에 대한 공부를 해야만 했어요.

박——〈뿌리깊은나무〉 편집장이 되시고 나서 만 2년 만에 기획력이 바닥나서 그만두셨다고 책에 쓰신 것을 읽었습니다.

윤——네, 스스로 그만두었어요. 머리가 하얘지더라고요. 잡지 만드는 피가 마르는 작업을 매달 해야 하잖아요. 나는 〈배움나무〉로부터 시작하면 4~5년 됐지만 〈뿌리깊은나무〉처럼 긴장이 요구되는 잡지를 1년 반 정도 더 하다 보니까 머리가 텅 비고, 그렇게 해가지고는 못하겠더라고요. 그래서 한 선생님에게 "제가 편집장을 더 이상 맡으면 이 잡지는 똑같은 것만 되풀이될 겁니다. 나를 자르십시오"라고 했어요. 그랬더니 기어코 못 자르겠다고 해서 내가 스스로 그만두고, 공부를 더 하고 싶은 마음도 있고 해서 박사과정에 입학했지요.

박——잡지 만들던 때 특별히 기억나는 기획에 대해 들려주세요.

윤——〈뿌리깊은나무〉에 보면 '숨어사는 외톨박이'라는 칼럼이 있어요. 이미 사라져버린 전통적인 삶의 방식을 유지하고 있는 분들을 취재한 글이거든요. 재지기나 땅꾼, 장돌뱅이 같은 사람들을 취재하는 꼭지였어요. 그런데 한 선생님의 처음 기획은 우리나라 모든 분야의 젊은 첨단과학자들을 인터뷰하자는 것이었죠. 그래서 그런 분들을 찾아서 인터뷰를 해보았는데, 들어보니까 대단히 소중하고 정말 중요한 것이기는 한데, 전문 영역이어서 아무도 알아듣지 못할 것 같았어요. 그래서 이건 적합하지 않겠다, 과학잡지면 모르겠는데 우리 문화를 두루 알리고 정말 초등학교만 나온 사람들도 읽을 수 있게 전달하기에는 한계가 있다, 그래서 기획을 바꾸자고 했죠.

사라져가는 우리 문화의 전통 가운데서 소중하고, 실제로 지금 아니면 취재할 수도 없는 사람들의 이야기를 담자고 했어요. 한 선생님이 거기에 대해서 흔쾌히 괜찮겠다고 했죠. 독자들의 반응도 괜찮았어요. 나중에 내가 그만둔 후 '숨어사는 외톨박이'가 발전해서 브리태니커에서 '민중자서전' 20권으로 나오죠. 단행본으로도 두 권 나왔어요.

1995년 여름경, 보리출판사에서 처음 만난 윤구병 대표는 나이 차이가 많이 나는 직원들과 격의 없이 어울리는 모습이 인상적이었다. 윤 대표를 인터뷰하는 동안 그 해 여름의 모습이 아직 현재진행형임을 느꼈다.

박정훈 철수와영희 대표

박——'숨어 사는 외톨박이'라는 칼럼이 '민중자서전'의 기초였네요?

윤——네. 신문기자나 잡지기자들은 민중의 생각과 느낌, 뜻을 자기가 그대로 올곧이 반영하는 심부름꾼이라는 생각을 했어요. 그래서 말은 민중이 하도록 하고 기자들은 그야말로 기록하는 사람이다, 중심 되는 내용을 고스란히 제대로 전달하면 된다는 생각을 한 거죠. 말하자면 우리가 마음대로 기사를 쓴다, 우리가 정보를 가지고 버무려서 비빔밥을 만든다, 그런 생각은 하지 말자는 뜻이 '숨어 사는 외톨박이'에 담겨 있었어요.

기획은 이제까지 아무도 밟지 않은 길을 밟는 것

박——기획력이 고갈돼서 그만두신 건데, '기획'에 대해서는 어떻게 생각하시는지요.

윤——남이 더 잘할 수 있고, 먼저 할 수 있고, 관심을 보이는 것은 하지 말

제 스승들이 저한테 일러준 말은 깨끗하고 쉬운 우리말로 글을 써서, 그걸 책으로 묶어 모두가 읽고 알아들을 수 있게 하라는 것이었습니다. 우리 출판인의 자세는 그래야 한다고 봅니다.

윤구병 보리 대표

자고 생각합니다. 더 잘할 사람에게 맡기자, 다른 쪽에서 더 잘할 수 있는 것이면 그쪽으로 보내자, 그래서 다른 쪽에서 생각을 못하거나 여러 가지 어려움 때문에 못하는 것을 하자는 생각이에요.

물론 남이 먼저 길을 닦아 나온 데를 따라가는 것이 안전하고 훨씬 더 실리적인 생각이기도 해요. 그러나 〈뿌리깊은나무〉도 완전히 다른 데서 하지 않은 것만 골라서, 그렇게 하면 망한다는 것만 골라서 했기 때문에 성공했지요. 내가 그런 훈련과 교육을 받고 출판을 대했기 때문에, 기획은 이제까지 아무도 밟지 않은 길을 밟는 것이라고 생각을 했습니다. 기획력이 바닥이 나서 〈뿌리깊은나무〉를 그만둔 것도 그런 측면이 컸어요.

그리고 기획의 내용은 필자에게도 나오고 화가에게도 나오겠지만, 그 내용을 끌어내는 길잡이로, 그것을 마무리시키는 역할로, 책 꼴로 갖춰내는 것이 기획자와 편집자의 몫이기도 합니다.

박——한창기 선생님한테 영향받은 것 중 우리말에 대한 이야기를 해주셨는데요. 또 다르게는 어떤 영향을 받으셨는지요.

윤——그분은 개인으로서 우리 문화에 가장 큰 영향을 미친 분입니다. 그만한 분은 제가 아직도 못 보았어요. 우리 문화가 서양 문화 못지않은, 아니 그들의 문화보다도 훨씬 깊이가 있고, 오래 간직되었다는 것을 저뿐만 아니라 주변의 많은 사람들을 일깨운 분이죠. 그래서 나한테는 아주 큰 스승이에요.

박——브리태니커를 그만두시고 나서 충북대 교수가 되셨는데요. 충북대 교수 시절에 처음으로 기획하신 책이 '웅진어린이마을'('어린이마을')이라는 어린이전집입니다. 철학을 전공하셨고, 잡지를 하셨으니까 오히려 인문 쪽이나 사회과학 쪽의 책을 기획하셨을 것 같은데, 어린이책을 기획하게 된 특별한 이유가 있나요?

윤——그게 좀 엉뚱해요. 당시는 전두환 정권이 들어선 때였는데 민주화운동, 노동운동 등을 모두 빨갱이들이 시킨 것이다, 라고 탄압을 해서 노동운동도 그렇고 민주화운동도 전부 점조직 형태로 흩어졌어요. 나도 점조직의 한 언저리에 있었던 사람이에요. 그런데 나는 대학 선생이라 몸으로 때울 수는 없는 일이고 내 호주머니 터는 길밖에 없는 거예요.

먹고살면서 호주머니 털려고 하니까 한계가 있어요. 지금 웅진의 윤석금 회장이 일본 자본으로 '해임인터내셔널'이라는 회사를 만들어 참고서를 만들고 있었는데 조금 욕심이 생겼던가 봐요. 참 기구하죠. 한 선생님은 미제국주의 자본을 가져다가 '우리 문화' 운동을 하고, 초기의 웅진도 일본제국주의 자본을 가져다가 출판을 한 것이죠. 윤석금 회장이 나를 찾았어요. 윤 회장은 브리태니커에서 같이 일을 했는데, 유능한 세일즈맨이었어요. 그때 나하고 인연이 생긴 거예요. 이 양반이 나에게 같이 일하자고 1년 이상 연락을 했는데, 내가 안 하겠다고 발을 딱 끊었어요.

그런데 1982년 무렵 노동현장 상황이 어려워지면서 들어갈 돈이 많이 생기게 되었지요. 조직의 일원 중 한 명인, 지금은 동국대에서 교수로 있는 홍윤기라는 친구가 재원이 부족하다고 하는 거예요. 그래서 내가 "웅진에서 자꾸 나한테 기획 하나 해달라고 그러는데, 그게 어린애들 거고 해서 계속 거절했다" 했더니, "맡읍시다" 그래요. 지는 아무것도 안 하면서.(웃음) 돈이 필요하니까 맡자는 거예요. 그래서 1982년에 내가 윤 회장을 만나서 웅진 편집부를 구성해주었지요. 나는 대학에 있으니까 직접 할 수는 없고 해서 지금은 소설 쓰는 김영현 씨를 편집장으로 두고, 그 다음에 지금은 아동문학 기획자인 김중철 씨를 합류시켰죠. 이분들이 내 손으로 직접 뽑은 웅진출판사 편집부의 초기 멤버입니다. 그 뒤 '어린이마을'을 만들면서 사람들을 더 불러 모았죠.

이 사람들이 편집을 하고 제가 기획을 해서 '어린이마을'을 만들었어요. 그리고 이오덕 선생님을 편집위원으로 모셔야 제대로 된 책이 될 것 같아 이오덕 선생님을 만났어요. 이오덕 선생님과의 본격적인 인연이 거기서 시작되었지요. 어린이책을 만들게 된 첫 동기가 아이들을 사랑해서 한 게 아니라 운동자금을 마련하기 위한 방편이었죠.(웃음)

박——어린이책을 만들자는 제안을 웅진에서 먼저 한 것이네요.

윤——네.

박——그럼 대표님은 기왕 만드는 어린이책인데 잘 만들어보자고 관심을 가지게 된 것이고요.

윤——이런 이야기는 안 하는 이야기인데. "내가 처음부터 어린이에게 그렇게 관심이 컸다. 어린이 사랑이 대단했노라"라고 대답하는 것이 정답인지는 알면서도….(웃음)

박——저도 여태까지 그렇게 알고 있었어요.(웃음) '어린이마을'을 아직 보지는 못했습니다만, 웅진그룹을 일구었던 밑거름이 된 책으로 알고 있는데요. '어린이마을'에 대해 간단하게 말씀해주십시오.

윤——요즘에는 어린이들을 놀고, 배우는 아이들로만 생각을 하잖아요. 우리 어렸을 때만 하더라도 자기 힘에 맞추어서 놀기도 하고, 봄, 여름, 가을, 겨울에 부모님 일을 거들기도 했습니다. 시골에서도 그렇고 어렵게 사는 도시의 산동네에서는 다 그랬으니까요. 그 책에는 애들이 구공탄을 새끼줄에 매 가지고 가파른 계단을 올라가는 장면도 많이 있고, 골목길에서 애를 업고 달래는 애들도 있고, 그것을 다 고스란히 '어린이마을' 초판에 담았어요. 물론 썰매 타고 신나게 노는 장면도 넣었고, 전통놀이를 자연스럽게 하는 모습도 담았지만 부모님 일을 거드는 모습도 다 담았어요.

산촌, 농촌, 어촌, 도시의 모든 모습을 담았어요. 서울의 모습 같은 경우는 나중에 재판부터는 빠졌지만 산동네였던 금호동의 판자촌들도 담았어요. 서울에서 당시 큰 빌딩인 삼일빌딩의 모습도 보여주었지만 산동네의 모습을 보여주면서 이런 것이 함께 공존하는 것이 서울이다, 라는 것을 보여주었어요.

박——어떻게 보면 어린이 사회과학책이라고도 볼 수 있겠네요.

윤——그렇죠. 꼴망태 들고 나무도 하고, 지게도 지고, 토끼잡이 하는 것도 보여주고. 광산촌도 들어가 있어요. 그래서 광부들의 삶을 취재하러 김환영 선생님이 광산촌을 여섯 번인가 찾아갔어요.

박——그래서 웅진의 '올챙이그림책'에 담긴 광부 이야기도 김환영 선생님이 그리신 거군요.

윤——네. 그걸 밑바탕으로 해서 한 거예요. 그렇게 해서 '노는 아이들, 부모님의 일손을 거드는 아이들, 저마다 다른 지역의 우리 어린이 동무들이 이렇게 있다. 도시에만 있는 게 아니라 산촌에도, 농촌에도, 어촌에도 있다. 함께 서로 사는 모습을 봐야 한다'는 뜻에서 만들었어요.

'어린이마을'은 책을 1월에서부터 12월까지 열두 권으로 만들었어요. 열두 권에 우리나라 각 도를 반영하고, 기초산업에서부터 첨단산업까지 어떻든 우리 삶에 밀접히 관련된 것들은 다 담으려 했어요. 그리고 이 책을 가지고 부모들이 아이들과 같이 이야기하고 알려주고 즐기기 위해서는, 부모들도 기본 상식이 있어야 한다고 생각해서 '어머니책' 12권을 따로 덧붙였어요. 그리고 이 책을 읽고 머리에 담는 것뿐만 아니라, 이걸 바탕으로 스스로 해보는 게 필요하다고 해서 '스스로 해보기' 12권을 덧붙여서 모두 36권이지요.

박——말씀을 들으니까, 지금 다시 만들어도 좋은 기획일 것 같은데요.

윤——남북이 문화교류가 활발해지고 서로 왔다 갔다 할 수 있으면 사실은 북녘의 모습까지도 고스란히 담아내는 새로운 모습의 '어린이마을'이 나와야 할 거예요. 전에 그걸 여러 차례 기획을 하고 웅진에 권유도 하고, 안 되면 보리에서라도 해야 한다고 생각을 했는데, 엄청난 재원이 드는 일입니다. 누군가는 다시 해야 할 일이라고 생각해요.

아이들한테만은 사기를 쳐서는 안 된다

박——어떤 철학을 가지고 어린이책을 기획하셨나요?

윤——'어린이마을'을 만들면서 이오덕 선생님한테서 여러 가지로 가르침을 많이 받았어요. 어린이들에게 제대로 된 건강한 감수성을 길러주고, 바른 역사의식도 알게 해 통찰력도 길러주고, 생명의 세계가 물질세계와 어떻게 다른지, 어린이 시절부터 알려줘야겠다는 생각을 가지게 되었죠. 이런 생각이 '어린이마을'을 만들면서 시작이 된 거죠. 물론 외적인 동기야 운동권 자금을 만든다는 것에서 출발했지만, 내적으로는 우리는 아이들한테만은 사기를 쳐서는 안 된다고 생각했지요.

어른들은 이런저런 책을 만들면 선택하는 눈이 있으니까 그중에서 자기가 선택하면 되지만, 아이들은 스폰지처럼 주는 대로 받아들이니까 최소한 우리 능력이 닿는 한 아이들 책은 최선을 다해서 가장 좋은 책으로 만들지 않으면 평생 씻지 못할 죄를 짓는 거다, 이렇게 생각을 한 거예요. 함께 책을 만든 사람들도 이런 생각을 '어린이마을' 때부터 했지만, '올챙이그림책'과 '달팽이과학동화'를 만들면서 확고한 의식으로 통일됐지요.

박――이오덕 선생님과의 만남이 굉장히 큰 영향을 주신 거네요.

윤――그렇죠. 1981년도에 충북대학교에서 전임강사를 시작했을 때 불문과에 전채린 선생님이 계셨어요. 그분이 이오덕 선생님이 경북에서 '경북글쓰기' 하시면서 회보를 만드신 것을 저한테 보여줬어요. 당시에 지금 있는 청년사하고는 다른 '청년사'에서 이오덕 선생님이 책을 두 권 내셨어요.

1979년도로 기억나는데 하나는 『일하는 아이들』로, 지금은 보리에서 다시 개정해서 펴냈어요. 또 하나는 『이 아이들을 어찌할 것인가』라는 책이었는데, 그걸 보고 굉장한 충격을 받았어요. 아, 우리 아이들의 형편이 이렇고, 우리 아이들이 어떤 생각과 느낌을 가지고 살고 있구나, 하는 것이 고스란히 아이들 입에서 나온 말과 글에 담겼는데, 이걸 읽고 충격을 받았던 것이지요. '소중한 우리 아이들과 우리말을 지키기 위해 평생을 교육현장에서 노력하는 스승이 계시구나'라고 생각했죠.

박――대표님 글을 보면 아우렐리우스의 『명상록』을 읽기 위해 희랍어를 공부했다고 하셨는데, 저는 그 글을 보면서 대표님께서 학문에 대한 욕구도 굉장히 크셨을 거라고 생각했습니다. 출판을 본격적으로 시작하면 실제로 시간을 많이 뺏길 수 있지 않습니까? 거기에 대한 갈등은 없으셨나요?

윤——있었죠. 공부하는 사람이 공부에 전념을 해도 제대로 하기 힘든데, 이런저런 인연으로 출판까지 같이 맡아서 한 것에 대해서는 갈등이 있었죠. 내가 박사학위 논문을 끝내 못쓰고 말았는데, 우스갯소리로 이런 이야길 해요. "'어린이마을'이 내 박사학위 논문이다"라고.

살아 있는 생명의 세계를 그대로 보여주고 싶었다

박——보통 보리출판사 하면 '세밀화', '세밀화' 하면 윤구병, 이렇게 떠올리는 분들이 많이 있습니다.

윤——'세밀화' 아이디어는 제가 냈지만, 그것을 실제로 발전시켜 기획하고 편집하는 데는 심조원 씨하고 김용란 씨가 중심이 됐습니다. 그래서 내가 기획 아이디어를 주었지만, 그걸 구체화시키고 책으로 만든 것은 오로지 그 당시에 그림을 그린 이태수, 이제호, 권혁도 선생이나, 그 그림들이 나오도록 뒷받침을 한 심조원, 김용란 씨의 덕이 저보다 훨씬 더 크죠.

박——어떻게 '세밀화' 생각을 하게 되셨는지 그 과정에 대한 얘기를 듣고 싶습니다.

윤——'세밀화'는 '달팽이과학동화'를 만들 때, 부록으로 '엄마와 함께 보세요'라는 부분을 구성하기 위해 시작한 거예요. 그림책이 끝날 무렵에 생명의 세계에 대한 정보를 더 주고 싶고, 아이가 엄마 아빠에게 그림책에 실린 내용을 물을 때 정확한 정보를 알려주면서 이야기를 나누는 란을 따로 두는 게 좋겠다고 생각해서 세밀화를 넣었습니다. 이게 '세밀화'에 대한 본격적인 출발이죠.

어떤 생명체를 사진으로 보는 것하고 세밀화로 보는 것은 다릅니다. 카메라는 기계잖아요. 그래서 어느 한군데 초점이 맞춰질 수밖에 없단 말이지요. 초점에서부터 멀어지는 것은 모두 부옇게 나타나고, 또 객체로 제대로 보여주고 싶은데, 카메라는 그걸 걸러내질 못하잖습니까? 배경까지 그대로 따라오잖아요. 그러나 살아 있는 생명체의 눈은 모든 것에 초점을 맞출 수 있어요. 그래서 생명체를 제대로 보여주자는 생각에서 세밀화로 그리는 것을 선택한 것이지요. 그렇게 해서 엄청난 비용이 들었죠.

도시에 사는 아이들에게 살아 있는 생명의 세계를 있는 그대로 보여주고, 이걸 징검다리 삼아 점점 자연에 관심을 갖게 하자는 뜻이 있었죠.

박——63세라는 나이에 〈개똥이네놀이터〉를 창간하셨습니다. 늦은 나이에 새로운 시도를 하신 건데요, 구체적인 계기를 듣고 싶습니다.

윤——이오덕 선생님께서 잡지를 여러 차례 내신 적이 있어요. 한 번 내고 끝내신 적도 있고요. 그런데 그건 글 중심이었지요. 이오덕 선생님의 꿈은 아이들의 문화에 있어 글, 그림, 노래, 연극, 영화 모든 것을 종합할 수 있는, 그래서 아이들이 모든 문화를 자기 성장 상태에 맞춰서 누릴 수 있도록 했으면 좋겠다는 소망을 가지고 계셨어요. 나도 거기에 공감을 했었고요. 그래서 이오덕 선생님이 돌아가시고 나서 뒤로 미룰 일이 아니라고 생각했죠. 그리고 보리가 그때는 형편이 괜찮았으니까, 이걸 보리가 중심이 되어 먼저 책으로 내자고 생각해서 만들었어요.

박——그 다음에 또 큰 시도를 하셨는데요, 『보리 국어사전』 이야기를 듣고 싶습니다. 말씀을 들어보면 제작기간 7년, 20억 이상의 큰돈이 들어간, 어떻게 보면 우리말과 관련된 대표님의 관심이 『보리 국어사전』에서 사실상 펼쳐졌다고 보이는데요. 『보리 국어사전』을 기획하고 펴내신 과정에 대한 이야기를 해주세요.

윤——남녘과 북녘은 언어공동체이기도 하잖아요. 똑같은 말을 쓴다는 것은 똑같은 문화적인 정체성을 갖고 있다는 뜻이고, 그것이 민족을 규정하는 가장 큰 특징이 돼요. 그런데 남녘과 북녘의 말들이 점점 멀어져가고 있어요. 그리고 아이들 국어사전들을 보니까 아이들 눈높이에 맞지 않아요. 저는 앞으로 자라나는 아이들은 남북 어린이들이 함께 웃고 같이 자유롭게 이야기도 나누고 생각도 나누는 그런 세상이 와야 한다고 생각했어요.

그러기 위해서는 아이들의 눈높이에 맞는 깨끗한 우리말, 힘센 사람들이 힘센 나라에서 들여온 외국말로 도배된 그런 사전이 아니라 누구나 쉽게 주고 받을 수 있는, 세 살배기도 알아듣고 까막눈인 어르신도 알아들을 수 있는 말들을 중심으로 사전을 묶어내야 한다고 생각한 거죠. 이런 생각을 가지고 시작한 거예요. 거기에는 이오덕 선생님의 영향이 컸지요.

우리 능력이 닿는 한 최선의 것을 만들자

박——출판인들 같은 경우에는 좋은 책도 만들고, 잘 팔리는 책도 만들려고 하는데요. 이것에 대한 긴장감과 갈등이 있습니다.

윤——저는 〈뿌리깊은나무〉를 만들면서 한창기 선생님으로부터 크게 깨우친 게 있어요. 그 당시 〈신동아〉나 〈월간중앙〉 〈문학사상〉, 이런 교양지를 만드는 사람들은 '교양지 독자는 대학교육 이상을 받은 사람들'이라고 독자를 한정해놨거든요. 그래서 교양지는 외국어도 능통하고, 자기 생각을 어려운 말로도 펼쳐낼 수 있는 사람들이 읽을 수 있도록 만들어야 한다고 생각했어요. 남녀 차별도 굉장히 심했죠. 여자는 여성지나 봐야 한다고 생각했어요. 덜 배운 사람과 많이 배운 사람을 차별하고, 남자와 여자를 차별하고.

그런데 〈뿌리깊은나무〉는 그러지 않았어요. 초등학교 의무교육을 받

은 모두가 독자가 되어야 한다고 생각했어요. 누구든지 이해할 수 있는 글로 메시지를 전달해야 한다고 보았어요. 당시에 가장 많이 찍었던 여성지가 〈주부생활〉인데, 3만 5000부를 찍었다고 그래요. 〈뿌리깊은나무〉는 전두환 정권에 의해 폐간될 때까지 매월 8만 부 이상을 찍었어요.

당시 잡지는 옷장 안의 옷처럼 한두 개 골라 읽는 것이라고 생각했는데, 우리는 처음부터 끝까지 한 자도 빼지 않고 다 읽는 책을 만들자, 라고 생각해 만들었고, 실제로 독자들에게 전달되더라고요.

박——최근 펴내신 『철학을 다시 쓴다』(보리, 2013)의 약력을 보니까, 재미있는 표현을 하나 넣으셨는데요. "2012년 일흔의 나이에 보리출판사 책이 안 팔려가지고 전국을 떠돌아다니면서 앵벌이를 갔다"라는 이야기를 하셨더라고요. 저는 대표님이 기획도 하시지만 영업에 대해서 본격적으로 고민을 하고 계시구나, 이런 생각을 했는데요. 대표님이 생각하는 바람직한 출판영업이라는 게 어떤 건지 듣고 싶습니다.

윤——제일 좋은 것은, 서점과 독자, 출판사가 상생구조를 갖는 게 제일 좋아요. 책방 문을 여는 사람들은 보통 장사꾼들과는 달라요. 뜻이 있는 사람들이거든요. 아무리 조그만 동네에서 책방을 열더라도 보통 사람은 책방 문을 안 열어요. 식당 문을 열거나 다른 걸로 하지. 그런 뜻을 가진 분들이 책방을 열면 먹고살게 해줘야 하잖아요. 그게 도서정가제 확립이란 말이지요. 그런데 지금은 다 무너져버렸단 말예요. 그래서 어린이전문서점도 다 문 닫고, 동네책방들도 다 문 닫고 그렇게 되었지요.

이를테면 보리에서는 1년에 10여 권 정도 책을 만들어내요. 현재 총 300여 종 정도 되니까 25년을 나누어보면 그 정도예요. 그런데 어떤 출판사에서는 한 해에 500종을 만들어요. 이러면 보리출판사 같은 출판사나 군소 출판사 같은 경우에는 서점에서 자기 책을 선보일 기회도 없어요. 그래서 아무리 애써서 정성껏 만들어내더라도 독자들이 볼 수가 없으니까 책을 고를 수 있는 선택권이 없어져버려요.

이것을 타개하기 위한 길이 없어요. 그래서 전체 출판계가 안고 있는 어려움이지만, 보리는 더구나 책을 드문드문 만들어내기 때문에 만들어낸 책을 "자, 우리가 이런 책을 만들어냈습니다. 직접 보시고 이것이 정말 아이들에게 사줄 만하고 읽을만하면 사십시오" 하면서 제가 직접 팔러 다니기도 하지요.(웃음) 출판사와 서점, 독자들이 살려면 도서정가제가 정립되고, 그래서 그 뜻있는 사람들이 다시 서점 문을 열게 하는 길밖에는 없어요.

모든 생명체가 잘 살 수 있는 길을 열자

박——보리에서 책을 만들 때 나무 한 그루를 베어낼 가치가 있느냐, 없느냐 판단을 해서 책을 만드는 것으로 알고 있는데요. 대표님께서 생각하시는 출판정신에 대해 듣고 싶습니다.

윤——보리에서 생각하는 출판정신은 다른 게 아니에요. 아이 때의 감수성은 비약이 없지요. 그리고 감성적으로 건강해야 건강한 실천이 나오지요. 그래서 어렸을 때부터 건강한 감수성, 바른 통찰력, 생명의 세계에 대한 바른 이해, 올바른 인식 능력들을 길러야 해요. 그리고 이것은 우리가 날마다 밥을 먹듯 끊임없이 보충해야 한다고 생각합니다.

나무 한 그루 이야기를 하는 것은 나무와 우리는 목숨을 주고받는 관계잖아요. 목숨이라고 하는 것은 목으로 내쉬는 숨, 들이쉬는 숨이라고 해서 들숨, 날숨하면서 목숨이라고 해요. 완전히 우리말이지요. 우리가 내쉬는 숨에 섞여 있는 이산화탄소를 나무가 받아서 자라고, 나무가 내쉬는 숨결에 섞여 있는 산소를 받아서 우리가 몸도 늘리고 생활도 늘리고 머리도 굴려요. 그래서 나무와 우리는 서로 목숨을 주고받으면서 목숨을 나누는 사이인데, 나무를 벤다는 것은 멀쩡한 목숨 하나를 없애는 거잖아요. 종이책을 만든다는 건 나무를 베어내는 건데. 그러면 나무를 베어 만든 책을 읽은 사람이 "그래, 나무와 우리는 이렇구나. 생명 전체와 우리의 연관은 이렇구나" 하는 생각을 갖고 나무 10그루, 100그루를 심겠다는 마음가짐을 가질 수 있도록 하게 하는 것이 출판인이 가져야 할 마음의 자세라고 생각해요.

나도 그걸 올곧게 실천하고 있는지 없는지 아리까리할 때가 많아요. 그런 뜻에서 보리의 정신은 모든 생명체가 잘 살 수 있는 길을 열자는 것이에요.

박——출판에 입문한 편집자들이나 출판인들이 가져야 할 철학에 대해서 한 말씀 부탁드립니다.

윤——한창기 선생님이나 박홍규 선생님, 이렇게 제 스승들로부터 배운 건데요. 민주주의가 발전하려면 잘 사나 못 사나, 장애가 있거나 없거나, 머리가 모자라거나 아니거나 전부 알아들을 수 있는 말로 서로가 주고받아야 된다고 봅니다. 그러면 세 살짜리 아이도 알아들을 수 있는, 까막눈인 마을 어르신들도 알아듣는 말로 주고받아야 세상이 어떻게 돌아가는지, 저 사람이 하는 말이 실제로 우리 삶과 어떤 연관이 있는지 알 수 있을 것 아닙니까?

제 스승들이 저한테 일러준 말은 깨끗하고 쉬운 우리말로 글을 써서, 그걸 책으로 묶어 모두가 읽고 알아들을 수 있게 하라는 것이었습니다.

우리 출판인의 자세는 그래야 한다고 봅니다. 누구나 알아들을 수 있는 깨끗한 말로 책을 묶어내서 그 책을 읽은 사람들이 나라의 주인으로서 설 수 있는 길을 만들어줘야 한다고 생각합니다.

박——출판의 사회적 역할에 대해서도 말씀 부탁드립니다.

윤——출판 일을 하는 사람은 출판노동자로서 건강한 출판문화를 이끌어나가야 합니다. 나는 그렇게 모두 노동자라는 인식을 가지고 남에게 해를 끼치는 제품을 만들지 않아야 한다는 생각이 필요하다고 봅니다.

현실 때문에 최루탄 공장에 다닐 수밖에 없는 사람도 있고, 몸에 해로운 식품첨가물 만드는 공장에 다닐 수밖에 없는 사람이 있고, 대량 살상 무기를 만드는 공장에 다닐 수밖에 없는 노동자도 있어요. 다행히 출판은 그런 영역이 아니에요. 그런데 출판이 잘못되면 실제로는 반민주적인 사람들에 이용될 수 있는 이념적인 도구들을 생산할 수도 있겠지요. 그렇지 않고 올곧은 생각을 가지고 있다면 얼마든지 사회에 기여할 수 있는 영역이라고 보거든요. 그래서 그 뜻을 잊지 말았으면 좋겠다는 생각을 해요.

그리고 출판에 종사하는 사람들 모두, 경영자, 편집자, 기획자, 영업자로 일하는 사람들도 모두 참된 노동자 의식을 가졌으면 좋겠습니다.

박정훈 | 철수와영희 대표

월간 〈작은책〉에서 출판에 첫발을 내디뎠다. 출판사를 10년 가까이 다녔으나, 철수와영희를 시작하고서야 겨우 출판이란 게 뭔지 알게 되었다. 사회과학 출판을 시작하면서 80년대의 부채를 조금씩 갚아나가고 있다는 자기 위안을 하며 살고 있다.

우리 시대의 기획이란 무엇인가

한철희 돌베개 대표

강성민 | 글항아리 대표

겨울나무가 봄나무로 바뀌지 않는다. 올해는 봄이 정말 더디다. 출판시장도 그렇다. 교재 철이 지나면 괜찮아지겠지 했는데 요지부동이다. 꾸역꾸역 책을 내고 있지만, 그것도 딱 1,000부씩 찍고 있지만 재고는 쌓여간다. 겨울 끝자락에서 다음 겨울날 걱정이 앞선다. 일한 만큼 거두면 좋을 텐데 올해는 왠지 끔찍한 가뭄이 닥칠 것 같다.

돌베개 한철희 대표를 만난 것은 위안이 됐다. 멘토를 만난다는 두려움과 설렘을 안고 그를 찾아갔다. 그동안 남몰래 돌베개를 나의 지향점으로 삼아왔던 덕분이다. 어떨 때는 빨리 따라잡아야겠다고 건방을 떨기도 했다. 그러다가 덜컥 인터뷰하겠다고 찾아가려니 도둑질하다 들킨 것처럼 얼굴이 붉어진다. 한편으론 멀리서 볼 때와는 다른 속 깊은 이야기도 들을 수 있을 것 같아 기대도 됐지만 말이다.

돌베개 사옥 1층에 마련된 밝은 책방 겸 쉼터에서 새까만 후배 모드로 한 대표와 마주 앉았다. 예전에 한두 번 인사한 적은 있지만 면대면 대화는 이날이 처음이다. 긴장을 안 하려 했는데 결국 긴장해 말도 버벅거리고 많은 이야기를 끌어내지 못했다. 책임을 통감하면서 며칠 동안 글쓰기의 괴로움을 겪었다.

책의 중요성은 더욱 커지고 있다

인터뷰의 초점은 돌베개의 '화려한' 과거보다는 현재와 미래에 대처하는 방식, 전반적인 출판 상황에 대한 분석, 기획이나 디자인 등에 대한 돌베개 고유의 철학에 맞췄다. 그래야 좀 차별화를 해볼 수 있을 것 같았다. 개인적인 욕심도 섞여 있었다. 1979년 태어나 30여 년 동안 자신만의 시대정신과 출판 가치를 정립해온 돌베개가 지금의 어려운 시대를 어떻게 조망하고 있는지, 앞으로 책이나 출판에 가해질 내부적, 외부적 변수에 어떻게 대처해나갈 것인지가 궁금했다.

요즘 인문교양서 출판에선 '초판 1,000부'가 공식처럼 돼버렸다. 내용이 좀 무거우면 1,000부, 약간 말랑하면 1,500부를 찍는 수준이다. 사정은 돌베개도 마찬가지였다. 초판을 1,000부 내지는 2,000부로 가고 있었다. 그런데 한 대표는 "객관적으로 한국 출판시장 자체는 정점에 달했다"고 분석했다. 바닥세를 보이는 시장에 '정점'이라는 진단이 나오니 좀 이상했다. 그런데 다 수긍할 만한 이유가 있었다.

"근래 출판이 지속적인 양적 성장은 했지만 가격 인상이나 이런 부분이 반영된 것이지 실질적으로는 제자리걸음인 상황"이었다는 것이다. "통계나 지표상으로도 2012년에는 출간 종수가 10% 줄어들었고, 오프라인은 물론 온라인서점마저 매출감소를 보였"다고 한다. 고정된 시장이라는 한계 속에서도 성장을 거듭하던 온라인서점의 기세가 처음으로 꺾인 것이다. 교보문고도 어렵다는 이야기는 더욱 을씨년스러운 분위기를 만든다.

한 대표는 현실을 정확히 받아들일 것을 주문한다. 한국은 인구가 적고 그마저 감소 추세에 있다. 절대적인 조건이 더 이상 성장할 수 없는 구조인 것이다. 게다가 스마트폰이라는 엄청난 위협요인이 등장해 지하철에선 인쇄매체 자체의 씨가 말라가고 있다. 도서관 같은 공공적인 부분이 대폭 확충되어 커진다든지, 교육에 새로운 변화가 일어 독서에 대한 근본적인 수요가 생겨날 만한 가능성도 전혀 보이지 않고 있다. 절대적, 상대적 조건이 모두 출판시장의 성장점을 닫아버렸다.

"무한한 성장을 할 수는 없지 않습니까? 성장에는 한계가 있습니다"라고 한 대표는 반문했다. 수긍이 갔다. 우리 글항아리 또한 최근 몇 년간 지속적인 성장을 해왔지만 출간 종수를 늘린 것에 비해 책 종당 성적은 갈수록 못해지는 것 같다. 게다가 출판사들이 늘 하는 말로 "매출 10억까지는 쉽게 가는데, 20억 가기는 어렵고, 30억 가기는 무지무지하게 힘들다"는 게 있다. 10명 안팎의 출판사가 1년에 낼 수 있는 종수는 한정돼 있고, 인문서라고 해서 구간이 스테디하게 계속 팔리는 것은 아니다. 스테디는 정말 드물다. 그래서 20억까지 성장하면 시장에서 움직이는 부수가 평행 그래프를 보이기 시작하는 것이다. 초보 사장들은 '아, 올해는 될 것 같았는데 왜 안 되는 거지?' 하는 조급증을 몇 년 겪다가 자신의 무능력함을 깨닫곤 한다. 그리고 화살을 시장으로 돌린다. 한 대표는 상황을 객관적으로 인식하는 것과 비관적으로 받아들이는 것은 또 다른 문제라고 강조한다.

"냉정하게 현실을 인식한다고 해서 출판은 사양 산업이라는 식으로 생각하지는 않아요. 지금 우리가 계속된 성장의 신화에 갇혀 있는데, 그건 지나갔다는 인식을 해야 한다는 거죠. 성장에 대한 환상을 가지고 접근해선 안 된다는 겁니다."

사실 한 대표는 책의 매체적 중요성이 더욱 커지고 있다고 보는 쪽이다.

"디지털 미디어나 인터넷 환경 속에서 무한한 정보들이 생성되고 범람하잖아요. 이런 것들이 우리의 삶을 편리하게 만들고 인식을 확대시키는 측면도 있지만 사실은 많은 혼란을 주고 오염되었죠. 오히려 그런 속에서 출판이 다루고 있는 텍스트는 심층적인 인식을 가능하게 하고 생각하는 힘을 갖게 해줍니다. 여전히 책을 통한, 즉 텍스트를 통한 논리적 인식과 개념적 파악 능력이 중요하단 말이죠. 책보다 더 화려한 것들은 자극을 줄 순 있어도 심오한 인식은 어렵다고 봅니다.

세계가 새로운 정보나 지식의 물결 속에서 흘러가고 있지만, 책은 균형을 잡아주는 역할, 사람의 인식이나 세계관을 잡아주는 부분에서는 매우 중요합니다. 그런 점에서 책의 가치를 역설해야 하지 않나 생각합니다."

한국적인 인문학을 목표로 하다

한 대표는 1983년에 돌베개에 합류해 1986년까지 편집장으로 활약했다. 그 후 잠깐 나갔다가 1990년 주간으로 복귀했고 1993년부터 대표를 맡아 지금껏 20여 년 회사를 이끌고 있다. 파주출판단지로 들어온 것은 올해로 딱 10년째다. 그동안 내부적으로 많은 변화가 있었다. 10년 전에는 직원을 다 합쳐서 7~8명 정도였는데 지금은 조금씩 늘어 15~16명이 됐고 그중에서 편집자가 8명이다. "건물에 공간이 있어서 책상을 놓다 보니까 커졌는데 커져도 이 정도잖아요." 여전히 규모가 작아 대표의 손길이 이곳저곳 직접 미쳐야 하는 형편이라는 것이다. 편집장 체제에서 팀장 체제로 바뀐 것도 특색이다. 돌베개에서 뼈가 굵은 팀장들이 "연배가 높아서 다른 회사의 장급"이기 때문에 가능한 구조다. 가령 이경아 팀장 같은 경우는 저자들이 혀를 내두를 정도로 동양학이나 한국학 관련 출판계에서는 모르는 사람이 없을 정도의 실력자다. 하지만 한 대표는 대체로 엄격한 편이다.

"전체적으로 제가 기준이나 기대치가 스스로 생각해봐도 조금 높은 편이에요. 책을 만들 때 제목에서부터 표지, 본문 하나하나의 요소에 대해 얘기하다보면 제 잣대가 높아서 만족하지 못하거나 아쉬운 걸 느끼게 되는데, 그렇다고 기준을 낮추는 게 쉽지 않더라고요. 이런 부분이 같이 일하는 멤버들에게는 힘들 수도 있는데 저는 그것이 제가 낮춰야 할 건 아니라고 생각해요. 오히려 그런 과정을 통해서 디자인적인 안목이건 편집이건, 정확성과 정밀함을 추구하고 책의 내용과 수준에 대한 판단력도 어느 정도 가져가

세계가 새로운 정보나 지식의 물결 속에서 흘러가고 있지만, 책은 균형을 잡아주는 역할, 사람의 인식이나 세계관을 잡아주는 부분에서 매우 중요합니다. 그런 점에서 책의 가치를 역설해야 하지 않나 생각합니다.

한철희 돌베개 대표

야 한다는 생각입니다.

또 책을 점차 예전보다 많이 내게 되는데, 그런다고 책의 수준이 떨어져서는 안 된다고 봐요. 양적으로 많아지면 부실한 책도 많이 나옵니다. 어떨 때는 제가 직원들에게 더 다양한 책들을 시도해보라고 권하기도 하는데, 지나고 재평가를 할 때면 그런 부분에서 아쉬움이 느껴지는 책들도 있고 그래요."

이런 말을 하는 돌베개의 2012년 출간 종수를 세어보니 총 41종 41권이다(정확하지 않을 수 있다). 우리 글항아리는 43종 49권이다. 돌베개 편집자는 8명이고 글항아리는 대표 포함 4명이다. 거칠게 계산해서 돌베개 편집자는 한 명당 1년에 5권을 만들고, 글항아리 편집자는 10권을 만든다. 글항아리로선 돌베개가 한 권에 쏟을 정성을 두 권에 쏟는 셈이니 책이 병이 나든 사람이 병이 나든 둘 중 하나일 것이다. 이놈의 욕심이 문제다.

요즘 인문학 분야에서 꾸준하게 성과를 쌓고 그 성과 위에서 사회적 목소리도 내는 출판사는 돌베개, 그린비, 후마니타스, 길 출판사 등이 있다. 이 네 곳은 확실히 인문학의 아우라가 있다. 돌베개는 화려하게 인문학 담론을 선도하는 느낌은 없다. 그래도 돌베개 책은 사람들 사이에서 자주 화제가

아쉬운 것은 한 권의 책이 그 의미를 사회적으로 확장시키는 측면이 요즘 들어 너무 부족해졌다는 점이다. 단순히 판매의 문제가 아니다. 책 만드는 이들의 보람과 에너지의 문제이며, 저자, 출판사, 독자가 담론으로 연결되는 재생산의 아비투스가 위기를 맞았다는 인식이다.

강성민 글항아리 대표

된다. 편집자들이 가장 좋아하고 신뢰하는 출판사로 매번 꼽힌다. 한 대표는 자신이 "상황에 따라 대처하는 스타일은 아니"라고 강조한다.

"큰 기조는 변할 것 같지 않아요. 기획은 사실 책 한 권 한 권의 차원에서 논할 수 있는 건 아니죠. 출판사의 문제의식이 하나의 의제 설정으로 이어지는 거고 그게 중요하다고 봐요. 한 권 한 권을 미시적으로 보자면 시장의 상황 속에서 독자의 요구를 파악하고 거기에 맞는 상품, 생산적인 관계 속에서 마케팅적으로 파악할 수 있지만 저는 그런 사고를 잘 못하고 그런 방식으로 기획을 출발시키지는 않아요. 한 권의 책, 어떤 분야의 책들을 왜 내야 하는지 문제의식을 가지고 시작하는 거죠.

한국학도 1980년대에 당시 한국사회를 변화시켜야 한다는 운동으로 출발한 거죠. 그 문제의식으로 현실 인식과 실천적 방향들을 탐구했던 거고, 지금도 그런 축이 없어지지 않았어요. 한국사회를 성찰할 수 있는 비판이론의 구축은 돌베개가 추구하는 출판의 방향이죠. 한국학을 구축하는 과정에서 외국 이론도 중요하지만 우리의 역사나 현실에 대한 인식을 통해서 한국적인 인문학이 가능하다고 생각했고, 그런 부분을 중요한 출판의 목적으로 설정을 한 셈이죠.

다양하고 학술적인 차원에서 한국학 연구 작업도 했고, 문화사를 정리하기 위한 시리즈도 해봤고, 한국의 고전을 제대로 정리해서 번역하는 것도 하고, 다 거기에서 비롯된 거죠. 제가 그런 책을 또 좋아해요. 교양적인 재미, 읽을거리의 재미도 필요하지만 출판, 책이 변화되는 상황 속에서 새로운 계몽과 지적인 도발을 일으켜줘야 하는데, 그러려면 새로운 문제의식과 새로운 이야기, 새로운 담론이 있어야 한다고 생각하죠. 학술적인 작업이라 하더라도 단순하지 않게 그런 부분을 중시하는 방향으로 진행한 셈이죠."

출판사의 명함은 도서목록이다

최근 들어 시장이 어려움에도 불구하고 다양한 출판사에서 다양한 기획출판이 이뤄지고 있다. 무게를 줄인 문화이론/비평 분야의 책들이 다양하게 감지되고 있고, 지젝, 랑시에르, 아감벤, 바디우 등의 유럽발 담론이 우리 현실과 연결성을 갖고 몇 년을 풍미했다. 지젝의 독자층은 놀라울 정도로 크고 넓다. 사회적 약자와 강자 구도에서 나오는 비판적 사회과학 담론도 부쩍 발랄해졌다. 게다가 크라카우어 등 저평가된 학자의 재조명 분위기 등은 한국 출판의 미래가 어둡지만은 않다는 걸 예감케 한다.

그렇지만 결국 모두 수입 이론 아니냐는 비판에서 자유로울 수 없다. 정말 끝없는 학습이다. 현실은 목마르게 인문학자를 기다리고 있건만. 동양학 쪽은 이런 비판에서 더욱 자유롭지 못할 것이다. 그쪽은 고전에 대한 끝없는 반복학습이다. 게다가 우리는 무한복제 시대의 인문학을 경험하고 있는 건 아닐까 하는 자문도 해본다. 위로와 치유의 코드로 연성화되는 기획 분위기는 책이 시대와 함께하는 게 아니라, 시대를 팔아먹는다는 느낌마저 갖게 한다.

"저는 기획이 의지적인 측면이 크다고 생각해요. 뭔가를 해보겠다, 하는. 시장의 어느 부분에 맞춘다기보다, 물론 그런 것을 전혀 생각하지 않을

'꽃의 명함은 향기'라는 시의 한 대목을 보면서, 출판사의 명함은 도서목록인 것 같다는 생각을 했어요.
책을 내면서 항상 그런 걸 의식해요.
가장 나중에 남는 건 돌베개가 어떤 책들을 냈는가 하는 거죠.
어떤 책들을 냈고, 어떤 저자와 어떻게 관계를 맺었는가가 독서계나 지식계에 영향을 주는 게 아닌가 싶어요.

수는 없지만… 뭘 해보고 싶다거나 하겠다는 의지, 자기의 바람일 수도 있고 발심일 수도 있고. 그런 토대를 가지고 출발하는 게 필요하다고 생각하죠. 그런 게 없이 계속 시장의 상황에서만 생각하면 지속적으로 끌어나갈 힘이 생기겠는가 싶어요. 세세한 부분도 중요하지만 기본적인 토대가 되는 것이 중요하다고 생각하고, 긴 호흡을 가지고 어떤 분야를 해나가는 것이죠. 물론 비즈니스적으로 편차는 있겠지만 그러다가 무너져버리지만 않는다면, 어떤 분야의 책들을 어떤 생각으로 내고, 꾸준히 해서 한 분야를 개척하고, 목록들을 만들어내고 그런 자체가 출판인으로서 보람이죠.

제가 창비에서 나온 함민복 시인의 시집을 읽었는데 제목은 잘 기억나지 않지만(『눈물을 자르는 눈꺼풀처럼』에 나오는 「명함」이란 시다.—필자 주) '도로의 명함은 이정표다, 꽃의 명함은 향기다' 뭐 이런 식으로 짧은 시가 나와요. 그 시를 보면서 출판사의 명함은 뭘까? 자문해봤어요. 출판사는 도서목록이 명함일 거 같다, 하는 생각을 했어요. 다양한 부분이 있겠지만 나중에는 어떤 책들을 냈는가 하는 게 남지 않나, 시를 읽으면서 그런 생각을 잠깐 했어요. 책을 내면서 항상 그런 걸 의식해요. 돌베개가 나중에 어떤 것들로 목록을 채우게 될지, 그때까지 살아남는 것도 중요하겠지만 문화사적으로 의미가 있는 건 그런 부분이 아니겠는가, 어떤 책들을 냈고, 어떤 저자와 어떻게 관계를 맺었고, 그런 것들이 학계든 독서계든 지식계든 문학이든 영향을 주는 게 아니겠는가 하는."

돌베개는 매년 정성껏 도서목록을 만들고 독자와의 소통 채널로 삼는다. 도서목록을 보는 재미가 좋다는 독자의 편지도 받았다. 단순히 책을 파는 게 아니라 처음 만나는 독자에게 도서목록으로 명함을 돌리는 것이다. 거기에 담긴 상징적 의미를 유념하지 않을 수 없다.

이런 생각은 책의 디자인까지 이어졌다. 책의 표지 디자인은 편집자가 가장 많이 고민하는 부분 중 하나다. 표지는 책의 얼굴이니 신경 쓰지 않을 수 없다. 하지만 너무 신경을 썼는지 한국은 다른 나라에 비해 표지 디자인이 과잉됐다는 말도 많이 듣는다. 화장술을 넘어 성형술을 발휘해 책들이 알록달록 비슷비슷해지는 경향도 있다.

"저희 표지디자인은 대개 외주를 해요. 디자이너에 따라서 표지 분위기가 많이 달라지기도 하죠. 그런데 디자이너가 아무리 뛰어나더라도 편집자나 내부에서 디렉팅을 어떻게 하느냐가 굉장히 중요해요. 디자이너는 책이라는 것이 가지는 텍스트적인 부분에 대해서 아무래도 깊이 있게 알지는 못하잖아요. 표지에는 제목이나 저자와 같은 기본적으로 중요한 부분이 있죠. 사실 타이포가 어떻게 배치되냐, 제목과 부제에 따라서 읽는 사람에게는 뉘앙스가 다를 수 있는데, 디자이너들은 형태나 시각적인 것을 중심으로 보지, 내용의 성격이나 분위기에 따른 미묘한 부분은 놓칠 때가 많죠.

제가 보기엔 그래요. 제가 그런 부분을 정확히 잡아주는 얘기를 많이 하고, 저는 복잡한 것보다는 단순하고 덜어내는 디자인을 좋아해요. 이것저것 덧붙이는 것보다는 최소화시키는 것을 선호하는 것 같아요. 디자이너들과 대화를 많이 하는 편이에요. 제가 불편하게 만들기도 하는데, 요즘 디자이너들이 보기엔 까다롭고 힘든 스타일이죠. 작업을 오래 같이한 사람들은 익숙해져서 조금 괜찮은데, 처음 해보는 경우에는 초기에 진통이 있는 거 같아요. 사실은 저희가 내부 디자이너를 두지 못하다 보니 한계가 있는 부분도 있고, 그런 속에서 돌베개 나름의 스타일이랄까 분위기 같은 걸 꾸준히 밀고 나가기 힘든 점도 있죠."

여기서 귀가 번쩍 뜨였다. 일단 제목과 부제, 저자를 중심에 놓고 디자인을 사유하기 때문에 중심이 잡히는 것 같다는 생각이 든다. 제목은 눈, 부제는 코, 저자와 역자는 입이라고 볼 때, 이 세 가지가 제대로 박혀 있어야 사람이 사람이듯 책도 책일 수 있는 것이다. 편집자가 이런 원칙을 가지고 표지에 대한 의견을 제시한다면 디자이너가 달라져도 표지는 나름의 톤을 유지할 수 있을 것이다.

"요즘은 표지뿐만 아니라 본문도 디자인적인 요소가 강조돼서, 그걸 잘못 이해하면 그저 아름답게 꾸미는 걸로 생각하죠. 색깔을 이것저것 집어넣고, 서체도 차별화한다고 다양한 걸 시도하고 그러는데 제가 보기에는 엉뚱한 것이 많거든요. 책을 정확하게 만들고 바른 문장과 내용 등 기본적인 부분부터 확실하게 해야 하는데, 요즘은 디자인에 치중해서 그런 부분이 취약해지는 경향도 있다고 생각해요. 제가 편집자들에게 강조하는 것은 본문에 색을 다양하게 쓰고 이런 것보다 기본적인 부분을 잘 조율하는 게 중요하다는 사실이죠. 디자인은 잘 드러나지 않는 게 좋은 거라고 생각해요. 꾸민 테가 잘 안 나야지, 표시가 나면 곤란하잖아요."

인문출판사의 고민

꾸민 테가 안 나야 한다는 말에는 디테일의 중요성에 대한 지적이 담겨 있었다. 디자인뿐만 아니라 출판의 전 공정에 있어 디테일이 중요한 것 같다. 최소한 3,000부는 나가겠다고 쉽게 접근했던 책이 시장에서 참패하는 경우는 의외로 많다. 반면 출간하는 것에 만족하며 판매 면에서는 열외시킨 책이 의외로 팔리는 경우가 있다. 다른 모든 일과 마찬가지로 출판 역시 이런 '의외'의 법칙을 내장하고 있다. 좋은 경험이라는 것은 의외의 상황을 많이 접함으로써 표피에 상식적으로 머물러 있던 자신을 그 분야의 심층으로 끌고 들어가 '의외'를 '당연의 법칙'으로 새롭게 인식하는 시간의 축적 아니겠는가. 이런 경험이 인문학출판사의 흔들리는 마음을 다잡아주기도 한다.

하지만 가장 아쉬운 것은 한 권의 책이 그 의미를 사회적으로 확장시키는 측면이 요즘 들어 너무 부족해졌다는 점이다. 단순히 판매의 문제가 아니다. 책 만드는 이들의 보람과 에너지의 문제이며, 저자, 출판사, 독자가 담론으로 연결되는 재생산의 아비투스가 위기를 맞았다는 인식이다.

최근 돌베개에서 출간된 박희병 서울대 교수의 담헌 홍대용 연구서인 『범애와 평등』은 〈교수신문〉 1면 톱으로 소개되는 파장을 일으켰다. 책 기사가 이런 대접을 받는다는 건 거의 학술적 사건이라고도 할 수 있다. 일간지 몇 곳도 비중 있게 소개했다. 하지만 판매는 한국 인문학에서 저자가 차지하는 위상에 비해 너무 저조했다. 홍대용이란 인물에 대한 관심이 아무래도 다산이나 연암보다는 낮을 것이다. 그렇더라도 실학의 패러다임이나 19세기 조선의 지식 지형에 의도적인 큰 균열을 일으키고자 한 이 문제작에 대한 후속 반응은 너무 미진했다. 돌베개도 이런 부분에 대한 고민이 없지 않을 것이다.

"어제 여기서 인문출판사 하시는 사장님들 예닐곱 분을 만났어요. 만나서 인문학 서평지를 하나 만들어보자는 이야기를 했는데, 인문학과 관련된 지식이나 담론의 상황이 문제이긴 한 것 같아요. 논문의 틀에 맞는 글쓰기가 평가받고 점수화되니까 학자들이 논문 이외의 글을 잘 안 쓰려고 해요. 쓸 시간도 없고. 틀에 맞는 글 말고 비평적인 글쓰기 같은 건 쉽지가 않은 거죠. 이러다 보니까 좋은 저작물이 나오기 어려운 상황이 되고, 안 나오면 독자가 모이지 않는 악순환 구조로 가게 되는 것 같아요.

그런 상황을 타개해보자 해서 어제 이야기를 나눴는데, 책에 대한 홍보적인 성격을 가진 것들은 많은데 제대로 된 서평 기능을 하는 건 없잖아요. 어제는 단순 서평이 아니라 서평과 인문학 담론을 연결시킬 수 있는 서평지를 해보자 해서 모인 것이었죠. 하여튼 그런 노력이 필요한 것 같아요. 인문학 운동으로, 인문학출판사들과 학계가 공동으로 그런 작업들을 추진해볼 필요가 있어요."

돌베개는 3년 전부터 블로그와 트위터를 통해 독자와 직접 소통을 시도하고 있다. 책을 알릴 방법이 없다는 점이 이유였다. 주말마다 나오는 신문 북 섹션에 보도되는 게 인문서의 거의 유일한 홍보 채널인데 이것도 어쩌다 한 권이지 매번 기대할 수는 없다. 많은 책들은 독자와 만날 방법이 요

원하다.

"SNS라든지 웹상으로 우리를 지지해주는 독자들이 있어요. 그런 매체를 통해 나름대로 커뮤니티화 해나가자는 생각으로 단순한 홍보부터 시작했죠. 직접적인 소통을 통해서 흩어져 있는 독자들을 가시적으로 묶어내고, 그때그때 단순한 책 정보 제공만이 아니라 이벤트 같은 걸 통해서 직접적으로 교류할 수 있는 계기를 가지기도 하고, 출판의 커다란 흐름, 방향, 출판물들 이런 걸 좋아하는 층들이, 예전에 책을 서점에서 사고팔고 했던 관계를 떠나서 좀더 긴밀하게 결합할 수 있는 활동 방안을 생각하는 거죠. 저희가 자구적으로 할 수 있는 게, 지금은 그것 외에 다른 방도는 없는 것 같습니다. 어느 정도 성과가 나는지는 모르겠는데, 의미 있는 일이라는 생각은 들어요. 당장 매출에 효과를 내는지는 모르더라도, 독자들과 다양한 커뮤니케이션을 한다는 것 자체는 굉장히 좋은 일이라고 생각하고, 관계가 쌓이면 궁극적으론 좋은 효과를 내지 않을까 합니다."

돌베개의 맨파워에 대해서도 질문하지 않을 수 없었다. 한때 민음사가 '기획사관학교'로 명성을 떨쳤지만, 돌베개는 뭐랄까 '편집사관학교'라는 느낌이 강하다. 단단하고 야무진 책은 오래 훈련된 편집자의 손을 거쳐 나왔다는 느낌을 팍팍 심어준다. 회사엔 나름의 분위기란 것이 있고, 수준을 유지하는 내부의 노력이 있게 마련이다. 아울러 회사 분위기와 일상도 궁금했다.

"저는 친근하고 재미있는 사람은 못 돼요. 성격이나 스타일이 그러려고 노력하지도 않고, 그런 점에서 재미있게 해줄 수 있는(요즘 유행하는 'fun경영'을 말하는 듯하다.—필자 주) 건 안 되고, 그냥 제 스타일대로 하는 거죠. 편집자든 누구든 마음에 안 드는 부분이 있으면 얘기하고, 어떻게 했으면 좋겠다는 얘기도 하고, 질책하기도 하고, 어떤 부분을 잘하면 잘한다 얘기도 하고. 중요한 것은 서로가 얘기를 할 수 있는 신뢰의 관계죠. 그런 바탕이 하루아침에 생기는 건 아니고 회사 자체의 문화나 이런 부분도 관련이 있을 텐데 결국은 신뢰가 가장 중요하다는 생각이 들어요.

제가 모든 부분에서 참견하는 건 아니지만 사실 어떤 부분에 대해선 아픈 얘기를 많이 하는 편입니다. 편집자라면 어떻게 바라봐야 하고, 어떻게 접근하고 풀어가야 한다는 기준이 있는 거죠. 그걸 통해서 그 사람도 배우고 성장해야 하는 거고요. 제가 일을 시키는 사람이기는 하지만 그게 하나의 훈련과정이라고 볼 수 있어요. 실제로도 내부에서 많은 훈련을 시켜야 한다고 생각하고요. 저도 출판을 하면서 제대로 된 교육과 훈련을 받지 못하고 이만큼 와버렸지만, 그래서 취약한 부분도 많죠.

지금은 SBI나 다른 교육과정이 있지만 그게 충분하다고 할 수는 없잖아요. 사내에 들어와서 계속적인 재교육과 훈련이 필요한데, 회사 내에서 그런 걸 할 수 있는 시스템을 갖추고 있는 것도 아니고, 작은 회사는 큰 회사처럼 훈련시설을 가지고 있는 것도 아니고 그렇게 하기도 어렵잖아요. 그러니 결국은 선배 편집자와 후배 편집자, 경험 많은 사람과 적은 사람의 관계 속에서 일하는 과정을 서로 배우고 가르쳐야 하는 거죠. 그런데 이게 쉬운 일이 아니라서 최근에 와서는 편집자나 마케터들을 조금 더 잘 훈련시켜야 한다는 생각이 있어요. 상당히 중요하죠.

저런 친구들이 더 성장하고 커서 출판사를 이끌어나가야 할 것인데 어떻게 키워나갈 것이냐, 외부에서 누가 해주는 것도 아니고 연차가 올라간다고 자동적으로 되는 것도 아니고 말이죠. 제가 다양한 방식으로 좀더 자극도 주고, 연차가 어린 직원들일수록 과제를 많이 주기도 하고, 학교처럼 공부를 시킬 수는 없지만 여러 프로그램을 하기도 해요. 이 친구들이 돌베개에서만 평생 있을 거라고 볼 수는 없지만, 잘 큰다면 다른 일을 하더라도 도움이 되지 않을까, 훌륭한 편집자를 할 수 있지 않을까 싶어요. 선배나 경험 있는 편집자들이 잘 지도하고 훈련시키는 게 중요한 일이라는 생각이 들죠.

출판사 자체가 기본적으로 지식산업이어서 인력의 수준이 중요하잖아요. 거기에 비해서 우리가 투자하고 있는 노력이 제가 볼 때는 굉장히 적어요. 업계 자체나 상황의 문제겠지만 기본적인 처우부터, 교육과 능력 향상을 위해 출판계가 어떤 투자와 노력을 하고 있느냐 생각하면 특히 경영자들은 반성해야 한다고 생각합니다. 함부로 할 얘기는 아니긴 한데, 제도적인

차원에서나 개별 출판사 내부에서나 조금 더 노력해야 하지 않겠느냐 생각해요. 제가 나름대로 출판인으로서 역할을 할 수 있는 게, 결국 저희 직원들 키우는 것이기도 하지만, 후배를 키운다는 생각으로 그런 노력들을 하고 있기는 해요. 그게 후배들에게는 더 힘든 과정일지만."

우리 인문학부터 제대로 하자

마지막으로 요즘 내 마음을 계속 괴롭히는 문제 하나를 털어놓았다. 한국 인문학의 국제적 위상이다. 우리는 왜 이럴까, 창피하다, 이런 식의 생각이 많이 들고, 거기에서 어떻게 해보자는 허영심이 생기기도 한다. 특히 일본, 최근에는 중국한테도 많이 뒤지는구나 하는 자괴감이 크다. 해외에서 통하는 한국 인문학, 한국 책을 해외로 수출하는 문제, 여러모로 이게 가능한 건지 진지한 자문이 필요하다는 생각을 하고 있었다. 한 대표는 "글쎄요, 저는 그런 부분에 대한 생각이 많지는 않다"면서 답을 시작했다.

"외국의 책들을 보면서 여러 가지 수준 차이는 느끼죠. 하지만 출판의 역사나 환경이나 동일한 선상에서 비교해서 결론을 내리기는 어려운 것 같아요. 한국의 출판은 한국의 역사적이고 문화적인 풍토 속에서 생겨날 수밖에 없었던 거죠. 물론 상당히 자극을 받죠. 우리도 저런 책들을 만들면 좋겠는데, 하고요. 그런데 그게 출판쟁이 마음만으로 되는 건 아니잖아요. 학계나 지식계, 논문 속에서 나오는 것이지, 만들고 싶다는 생각만으로 되는 건 아니니까.

한류나 세계화에 대해 이야기들 하지만 사실 인문출판의 경우에 의미 있는 차원이 되려면 멀었어요. 해외로 내보내고 번역하는 게 능사가 아니라, 과연 우리가 우리 고전을 얼마나 제대로 된 모습으로 갖고 있는가 이런 것도 중요하죠. 제가 볼 때는 그 수준부터 안 되는데 이런 상황에서 먼저 간다 그러면 많은 문제가 생길 수 있죠. 성급하게 생각하기보다는 조금 더 정리하는 게 사정에 맞지 않나 생각합니다. 내가 찬물을 끼얹는 건지는 모르겠지만."

나의 부족함으로 한 대표가 던지는 몇몇 중요한 화두를 깊이 있게 파고들어 구체적인 대화로 이어나가지 못한 부분에 대한 아쉬움이 크다. 이 글을 쓰면서 나온 모든 비판은 나를 향한 것이기도 하다는 점을 깨닫기도 했다. 하지만 화두는 분명 내 마음에 많은 물결을 만들어냈다.

어찌됐건 앞으로 책이 살아남기 위해서는 책 자체의 존재감 확장이 필요하다. 그것은 책의 계몽적 역할, 이른바 사유를 촉발시키고 상상력과 비판적 지성을 조형해내는 역할의 강화를 통해서도 가능하겠지만 계몽이 존재감 확장의 도구가 될 수 있는가 스스로 물어보면 자꾸 아니라고 답하게 된다. 계몽이 가능하기 위해선 이미 존재감이 확보되어 있어야 하니 말이다. 존재감도 없는 사람이 강의를 하면 어떤 청중이 듣겠는가. 그러므로 계몽, 즉 지식적 차원의 교화는 실존 이후의 문제로 여겨진다.

책의 실존적 존재감 확보는 책 자체의 어떤 충만함, 어떤 윤리성, 어떤 아우라에서 찾아야 할 것이다. 즉 책의 시적 진실에 대한 인식이 필요한 것이다.

그렇다면 무엇이 책의 산문적 웅장함 너머에 있는 시적 표정이란 말인가. 사실 여기서 그만 말문이 막힌다. 그런데 그것도 가만히 생각해보면 분명 책의 물신화도 아니요, 그 반대로 책의 화용론도 아닐 것이다. 차라리 하나의 유기체로서 책의 건강성이 아닐까. 책이 스스로를 기만하지 않고, 활기에 넘쳐 읽는 사람에게 생명력을 전염시키고 그 사람으로 하여금 무언가를 열렬히 욕망하게 만드는 것. 즉 경험과 통찰이 저자의 문체나 사상이나 정조를 통해서 매력적인 유기체로 빚어져 모방하고 싶은 실루엣을 가질 때 책은 존재감을 획득하는 것이 아닐까.

따라서 책은 먼저 인간을 예민하게 이해하고 끝없이 모방해야 한다. 이것을 기획의 논리와 연결시켜보자. 기획은 '왜 이 책을 내야 하는가'라는 정신과 지향의 차원, '책을 어떻게 만들어낼 것인가'라는 테크놀로지적 차원, 그리고 가장 근본적으로는 '내가 읽고 싶은 책이면서 타인도 읽고 싶은 책은 무엇인가'라는 욕망의 정치학적 차원이 존재한다. 기획에 있어서 어떤 정신과 지향을 가질 것인가의 문제는 책이라는 존재의 영혼일 것이고, 기술적 꾸밈과 외연 확대의 차원은 책이라는 존재의 육체를 이룰 것이다. 마지막으로 욕망의 정치학은 이 영혼을 가진 육체에 탁탁 튀는 운동성을 부여할 것이다.

그러므로 오늘날 책이 살아남기 위해서는 나를 속이지 않으면서 남을 겨냥하는 욕망의 투명성, 아득하고 난만하더라도 무언가를 이루고자 하는 지향성과 그것을 지탱하는 정신, 그리고 때로는 친숙하게 때로는 과격하게 나를 드러내는 테크놀로지의 측면이 풍부하게 고민되어야 한다. 이것은 한권 한권의 책의 차원에서가 아니라 책과 책이 이어지는 연속선상에서, 지속적으로 유지해야 하는, 놓쳐서는 안 되는 끈이다.

강성민 | 글항아리 대표

대학에서 문학을 전공했고 한때 시인을 꿈꾸다 좌절했다. 졸업 후 7~8년 동안 〈출판저널〉 〈교수신문〉 등에서 서평, 학술 담당 기자로 활동했다. 2007년부터 지금까지 출판사 글항아리를 운영 중이다.

시대 문제의 맥을 건드리는 것

장의덕 개마고원 대표

이지열 | 미지북스 대표

매서운 한파가 몰아치는 가운데 합정동의 어느 멋스러운 까페에서 개마고원 장의덕 대표를 만났다. 장의덕 대표는 1989년부터 도서출판 개마고원과 저널룩 〈인물과 사상〉을 통해 한국 사회과학 출판계의 자존심을 지켜왔다. 개마고원은 『김대중 죽이기』, 『네 무덤에 침을 뱉으마』, 『신문 읽기의 혁명』 등 우리 사회에 커다란 영향을 끼친 다수의 저작들을 출간하였으며, 장 대표는 2011년에 한국출판인회의에서 수여하는 '올해의 출판인' 본상을 수상하기도 했다.

장의덕 대표에 대한 인터뷰를 처음 제안 받았을 때는 필자가 출판계 사정에 너무 어둡고 무지하여 제대로 인터뷰를 할 수 없을 것이라고 여겨 정중히 거절했다. 그러나 이번 기회가 아니면 언제 개마고원 대표를 만날 수 있을까? 책장에 꽂힌 10여 권의 개마고원 책들을 보았다. 학창시절부터 지금까지 나를 살찌우고 즐거움을 주던 사회과학 책들 아닌가? 출판 인생 25년 동안 사회과학이라는 한 우물을 파온 선배를 만나보고 싶었다.

합정동에서 만난 장의덕 대표는 매우 온화한 인상으로, 까마득한 후배의 우문에도 솔직하고 차근차근하게 깊이 있는 답변들을 해주었다. 대화의 서두는 최근 들어 매우 어려워진 사회과학 출판계의 현실에 대한 이야기로 시작했다. 2013년 사회과학 출판 시장을 어떻게 보느냐고 묻자 장의덕 대표는 개인적으로 작년 한 해가 '1인 출판사'를 면한 1994년 이래로 가장 어려운 시기였다고 말했다. 출판 시장이 언제고 어렵지 않은 적이 있겠느냐마는 유독 사회과학 분야는 어려워지는 것이 눈에 보이는 것 같다.

이슈의 심층을 움켜쥐는 기획

이지열(이)——사회과학 책들은 기본적으로 이슈를 따라가기 때문에 책의 생명주기가 짧다고 생각한다. 단순히 사회과학과 역사 분야 책을 비교해봐도 그렇다. 5년 후에도 10년 후에도 책의 내용이 유효한 쪽은 후자이다. 요즘은 사회과학 출판사가 과연 오래가는 백리스트를 만들 수 있을지 의문이 든다.

장의덕(장)——사회과학서의 생명주기가 짧다는 것은 반은 맞고 반은 틀린 얘기다. 사회과학 분야에서도 기본서로 탄탄한 백리스트를 만들 수 있으며, 그러한 백리스트를 만드는 일이 출판사가 해야 할 가장 중요한 작업이다. 그런데 대체로 외국의 주요 학자들의 책을 번역해서 기본서를 채우고 있는 것 같다. 국내 필자들을 발굴해서 우리 내부의 지적 역량을 쌓아나가는 것이 중요하고, 그게 사실은 출판사에게도 든든한 버팀목이 될 수 있는데 갈수록 잘 해내기가 어려워 나 역시 길을 못 찾고 헤매고 있는 상황이다. 생각보다 공이 많이 들고 시간이 오래 걸리는 일이다. 많게는 기획에서 출간까지 10년이 걸린 적도 있고, 보통 1~2년은 족히 걸린다. 특히 저자를 찾아서 콘셉트에 대한 공감대를 갖기까지 많은 시간이 걸린다. 그렇게 힘들게 만들어 시장에 내놓았는데 2,000~3,000부로 끝나버리면, 저자나 출판사나 힘이 많이 빠진다.

한국 사회는 세계에서도 유례가 없는 역동성을 지닌 사회다. 사회과학 출판이 주요 사회 이슈를 따라가는 출판 행위라고 했을 때, 과연 출판사가 그러한 이슈의 변화 속도를 따라갈 수 있을까 싶다. 책이라는 것을 금방 만들 수 있는 것도 아니고, 1~2년 준비하다 보면 그 이슈는 이미 낡은 것이 되어버리는 경우가 있다.

이지열 미지북스 대표

이——좋은 책이라 생각하고 정성 들여 만들어냈지만 독자들의 냉담한 반응을 맞닥뜨렸을 때 갖는 묘한 감정은 책을 만들어본 사람이라면 누구나 느껴봤을 것이다. 개인적으로 별로라고 생각하는 책들이 뜨거운 반응을 얻고 좋은 책들이 빛을 못 보고 묻힌다고 생각될 때가 있을 텐데?

장——책이라는 게 '이것이 저것보다 더 좋고 더 훌륭하고 더 낫다'는 식으로 평가될 수 있다기보다는 독자와 눈을 어떻게 맞추느냐가 중요하다고 생각한다.

이——다시 사회과학 출판 기획으로 돌아가서, 특히 요즘과 같이 이슈가 급변하는 시대에는 사회과학 책만으로 백리스트를 형성하는 것은 여전히 한계가 있다는 생각이 든다. 한국 사회는 세계에서도 유례없는 역동성을 지닌 사회다. 사회과학 출판이 주요 사회 이슈를 따라가는 출판 행위라고 했을 때, 과연 출판사가 그러한 이슈의 변화 속도를 따라갈 수 있을까 싶다. 책이라는 것을 금방 만들 수 있는 것도 아니고, 1~2년 준비하다 보면 그 이슈는

다른 분야에 비해 사회과학 책들은 훨씬 현실 밀착적이기 때문에 독특한 폭발성이 있다. 겉으로는 보이지 않지만 잠재되어 있는 사회적 문제들의 접점을 찾고 짚어주면 독자들은 뜨겁게 반응한다. 특히 사회과학 책은 실제 판매 부수보다 몇 배의 사회적 파급력을 갖고 있다. 그게 사회과학 출판의 매력이기도 하다.

장의덕 개마고원 대표

이미 낡은 것이 되어버리는 경우가 있다. 출간 후 몇 년만 지나도 상황이 너무 많이 바뀌어버리지 않는가. 과연 사회과학 책만으로 밀고 나가는 것은 눈에 명백히 보이는 위험 부담을 안고 가는 것 아닌가?

장——그런 문제에 대해 답변할 만한 처지는 못 되는데, 굳이 하라면 뻔한 모범답안밖에 할 게 없다.(웃음) 사회과학 출판사나 기획자가 간과해서는 안 될 지점은 피상적인 이슈를 따라가는 것에 매몰되어서는 안 된다는 것이다. 지나치게 이슈를 따라가면 이슈에 대한 사회적 관심이 식어버림과 동시에 그것에 기대어 만든 책 역시 끝나버린다. 그렇게 되면 출판사 입장에서는 매번 허덕거리게 되고 운영하기가 힘들어진다. 또한 책이 신속성을 무기로 하는 보도 매체나 잡지 등과 경쟁할 수는 없다. 그러나 책은 이들 매체가 담보할 수 없는, 이슈 안에 존재하는 더 깊은 문제들을 다룰 수 있다. 표면은 엎치락뒤치락하는 것처럼 보여도 더 근본적인 층위에서의 문제의식들은 상당히 오래간다. 물론 나 역시 잘 해내고 있지 못하지만 사회과학 출판 기획은 그 심층 저류를 움켜쥐는 게 핵심 아닐까 싶다. 그런 관점에서 국내 학자들의 기본서를 기획하는 것이 중요해 보인다.

이——표면적인 이슈 밑에 있는 근본을 건드리라는 이야기인가?

장——그렇다. 다른 분야에 비해 사회과학 책들은 훨씬 현실 밀착적이기 때문에 독특한 폭발성이 있다. 겉으로는 보이지 않지만 잠재되어 있는 사회적 문제들의 접점을 찾아 짚어주면 독자들은 뜨겁게 반응한다. 특히 사회과학 책은 실제 판매 부수보다 몇 배의 사회적 파급력을 갖고 있다. 이것이 사회과학 출판의 매력이기도 하다. 『김대중 죽이기』의 경우 20만 부가 팔렸지만, 그 사회적 파급력은 훨씬 컸다. 모르는 사람들은 한 백만 부 팔린 것 아니냐고 묻는다. 그만큼 사회과학 출판은 증폭 효과를 갖고 있다.

이——최근의 경우 『88만원 세대』가 그러한 예로 생각할 수 있을 것 같다. 이 책 역시 사회과학 분야의 폭발성을 보여준 책이라 생각된다. 최근 개마고원에서 나온 『우리는 차별에 찬성합니다』(오찬호 지음, 2013)에 대한 반응도 '안녕들하십니까' 대자보 운동과 맞물려 꽤 뜨거운 것 같다. '20대 괴물론', 또는 '자기계발 논리의 매개가 된 젊은이들'의 실상을 본격적으로 해부한 책인 듯한데, 20대 독자를 염두에 둔 기획인가?

장——20대 독자들과 접점을 찾아보려는 노력의 일환이다. 20대의 문제, 20대의 불편한 현실을 전면화하고 논쟁을 촉발해보고자 했다. 실제 대학의 인터넷 커뮤니티에서 긍정적인 평가든 부정적인 평가든 이런저런 논란이 일고 있다. 그런 반응들이 사회적 논쟁으로 이어지고 변화를 불러오게 하는 것이 사회과학 출판사의 역할이라고 할 수도 있다. 『우리는 차별에 찬성합니다』도 저자의 박사 논문을 대중 독자들을 위한 내용으로 재창조한 것이라서 나오는 데 시간이 많이 걸렸다.

이——최근 사회과학 시장의 축소에 대해 가장 우려하는 지점은 무엇인가?

장——개마고원의 경우로 보자면 주력 독자가 40대인데, 이는 매우 우려스러운 상황이다. 독자와 출판사가 같이 늙어간다는 것인데, 결코 좋은 징후라고 볼 수 없다. 시간이 흐름에 따라 자라나는 세대들이 새로운 독자층으로 계속 유입되어야 하는데, 점점 줄어들 수밖에 없는 고정 독자층과 함께 늙어가고 있으니 말이다. 개마고원이 20대와 같은 새로운 독자층을 끌어들이지 못하고 있다는 것이다.

이——미지북스의 경우에도 40대 남성 독자가 주를 이룬다. 사회과학 분야의 책이나 역사 책 모두 그렇다. 아마도 이른바 386이라 불리는 40대가 20대 시절부터 사회과학 책을 많이 읽었고, 경제적으로도 가장 구매력이 높기 때문이 아닌가 생각된다. 또한 30대는 일이나 육아 때문에 책을 읽을 여유가 없고, 20대는 취업이나 학점, 스펙 경쟁으로 책을 가까이 하지 못하는 현실 때문이라고 나름 판단하고 있다. 과거에는 주 독자층이 20대였나?

장——그렇다. 예전에는 확실히 20대가 주 독자층이었다. 정말로 386과 함께 늙어가고 있다는 느낌이 강하다. 그러나 20대가 책보다 스마트폰, 게임을 더 가까이 하는 현상은 현재 일어나고 있는 거대한 변화(매체 환경의 변화)의 일부로 파악해야지, 그것을 세대론적 관점에서 절대화하면 안 된다고 본다. 젊은 층과의 접점을 찾아내는 데서 실패했다는 점을 반성하게 된다. 젊은 독자층의 고민과 현실을 읽고 그것에 책으로서 답할 수 있도록 해야 한다는 과제가 크게 다가온다.

이——최근 불어닥친 SNS 열풍이나 스마트폰 사용 시간이 길어지는 것 등 매체 환경의 변화가 사회과학 시장 축소에 영향을 많이 끼치고 있다고 생각하는가? 인터넷 환경 또한 SNS 등으로 급격한 변화를 겪으면서 소통의 장들이 분절화, 파편화되는 것 같다. 이런 점들이 건전한 사회 비평과 논쟁의 미래에 어떤 영향을 끼친다고 생각하는가?

장——매체 환경의 변화로 인해 독자들이 책을 더 안 읽게 되었다는 것은 틀림없는 사실이다. 그러나 그러한 영향이 절대적이라고 생각해서는 답이 안 나올 것 같다. 과거에 PC통신이나 인터넷이 등장했을 때도, 그런 이야기들이 있었다. 인터넷이 실제로 사회적 공론장의 역할을 많이 흡수하기도 했다. 그렇다고 단지 그것 때문에 사람들이 책을 읽지 않는다고 여겨서는 안 된다. 새로운 매체와 책은 함께 가는 것이며, 우리의 대안은 독자들과의 접점을 맞추는 더 뛰어난 기획일 뿐이다. 〈인물과 사상〉의 종간 때도 매체 환경의 변화에 적절히 대응한다는 게 얼마나 어려운 일인지 절감했다. 그러나 공론장이 전적으로 인터넷이나 SNS로 이동하는 것도 아니며, 모든 논쟁이 거기서 일어나는 것도 아니다.

이——매체 환경의 변화에 너무 주눅들 필요 없고, 구체적인 삶의 현실에 천착하는 것이 사회과학 출판의 미래라는 뜻인가?

장——그렇다. 신문 한 장만 봐도 사실 기획거리 자체는 무수히 많다. 거기서 제대로 골라낼 줄 아는 역량이 관건일 뿐이지… 예전에 내가 〈기획회의〉에 기고한 적도 있는데, 기획에는 '10:5:1의 법칙'이 있다. 10가지 기획 아이템이 있으면 그중에 5개 정도가 기획안으로 성안되어 저자와의 접촉으로까지 나아가는데, 최종적인 책으로 결과물이 나오는 경우가 1개 정도라는 말이다. 이렇게 과정을 보면 결과물이 희소한 것이긴 하지만, 아이디어가 나올 데는 무궁무진하다.

이——많은 훌륭한 아이디어들이 한 권의 책으로 온전히 나오지 못하는 이유는 무엇인가?

나는 정치 문화가 너무 양극화되고 극단화되는 것이 출판인의 관점에서도 좋지 않다고 본다. 사회가 울퉁불퉁해지고 불안정하면 사회과학 출판사가 출간할 소재들이 많아지니까 좋겠다고 생각하는 사람들이 있지만 사실은 정반대이다. 사회가 안정적일 때 책을 더 많이 읽는다.

장——내 경우엔 가장 큰 이유가 저자를 구하는 게 너무 어렵다는 점이다. 우리나라 저자 층이 너무 얇기도 하거니와, 특히 대중서를 쓰는 소위 '중간 필자'들이 워낙 없다. 왜냐하면 이들이 글을 써서 생계를 유지할 수 있는 현실적 여건이 전혀 마련되지 않고 있기 때문이다. 안타까운 일이다. 기획이 잘 되려면 중간 필자층이 두텁게 형성되어야 하는데 그럴 수 있는 조건이 아니다.

이——기획을 진행하고 책을 만들다보면 잘 될 것 같은 느낌이 오는 경우가 있는가?

장——정말 좋은 원고를 받으면 책을 만드는 중에 환희 같은 것이 느껴지는 순간이 있다. 한밤중에 자기도 모르게 춤을 추게 되는 그런 순간이랄까?(웃음) 느낌이 좋았던 것들은 그 결과도 좋았다. 예를 들어 진중권 교수가 독일 유학 시절 썼던 『네 무덤에 침을 뱉으마』의 경우도 그랬다. 그때만 해도 사회과학 분야에선 진 교수가 그렇게 알려지지 않았던 시절이었다. 원고가 독일에서 팩스로 일정 분량이 전송되어 오는데 편집자들이 퇴근도 안 하고 원고를 기다렸다. 너무 재미있었기 때문이다. 웃겨서 데굴데굴 구르면서 만든 책이었다. 출판인으로서 행복하다는 건 그런 경험의 순간들 때문이 아닐까 싶다. 『신문 읽기의 혁명』 같은 경우에는 저자를 엄청 괴롭히면서 만든 책이다. 저자가 두손 두발 다 들었다. 초고가 나오고도 거의 일 년을 고생해서 만들었다. 덕분에 이제는 나름 고전격으로 읽히는 책이 되었다.

극단적 사회는 책 읽을 여유를 주지 않는다

이——최근 개마고원에서 나온 『리얼 노스코리아』(안드레이 란코프 지음)를 인상적으로 읽었다. 북한이 비이성적이고 미친 국가가 아니라 극단적 국가 이성이 작동하는 곳이라는 해석이 설득력 있었다. 통일 문제에 대한 공허한 이념 대립 속에서 현실주의적인 진단이 빛나는 책이다. 좌우의 시각 틀에 갇히지 않은 대안이라는 측면에서 오늘날 매우 양극화하고 있는 한국의 정치 문화에도 시사하는 점이 많다고 느꼈다. 그런 측면에서 어떤 의도된 기획이라고 봐도 되는가?

장——우리 사회가 보수와 진보로 양극화된 정치 지형에서 첨예하게 대립하고 있지만, 자세히 들여다보면 서로를 이해하고 대화할 수 있는 교집합이 존재한다. 합리적인 보수는 현실적인 진보와 서로 통하고 함께 갈 수 있다고 생각한다. 그런 측면에서 우리 사회에서 진보와 보수가 무한 대립이 아니라 상호 접점을 찾는 데 기여할 수 있겠다 싶어 고른 책이다.

나는 정치 문화가 너무 양극화되고 극단화되는 것이 출판인의 관점에서도 좋지 않다고 본다. 사회가 울퉁불퉁해지고 불안정하면 사회과학 출판사가 출간할 소재들이 많아지니까 좋겠다고 생각하는 사람들이 있지만 사실은 정반대이다. 사회가 안정적일 때 책을 더 많이 읽는다. 대형 사건들이 펑펑 터지면 사람들이 그쪽으로 관심이 확 쏠리는데 책을 읽을 여유가 있겠는가? 따라서 거창한 비전이 아니라 소박한 출판인의 이해 차원에서도 사회가 극단화되지 않는 게 이익이라고 생각한다.

이——최근 한국 민주주의의 퇴행과 연성화된 권위주의 체제의 재등장에 대한 사회적 우려가 많다. 출판사들마다 각기 출판의 의의와 목표가 다르겠지만 장 대표는 출판인의 사명이 무엇이라고 생각하는가?

장——사실 그런 큰 이야기에 그럴듯하게 답을 하기보다는 "책을 낸다는 것은 곧 출판인으로서 사회적 발언을 하는 것"이라는 정도로만 말하고 싶다. 그것을 통해 꼭 필요한 사회적 아젠다가 만들어지는 데 일점이라도 기여할 수 있다면 중요한 사명을 감당하고 있는 것 아니겠나. 그렇게 동시대인(독자들)과 문제의식을 함께 보고 듣고 느끼고 나누는 가운데 작은 변화들을 만들어가는 것이다.

이——사회과학 출판사들이 일종의 탈출구로서 다른 분야로 진출하여 수익을 창출하고자 하는 시도를 어떻게 보는가?

장——경영에 실패하고 있는 사람으로서 대답하기 곤란한 질문인데, 원래 잘 안될 때는 난국을 한 방에 해결하고 싶은 욕구가 생기는 게 인지상정 아닌가 싶다. 그때 조심해야 한다. 사회과학은 미래가 없는 것 같고 다른 분야는 더 잘 되는 것 같지만, 원래 남의 떡이 커 보이는 법이다. 나는 사회과학 출판사들이 다른 분야에서 수익을 창출하고자 시도하는 것은, 규모의 경제가 가능한 단계로 올라서기 전까지는 좀 신중한 게 좋지 않겠나 하는 생각이다. 모든 일이 그렇지만 선택과 집중의 원칙이 유효한 때가 있는 것 같다.

이——책을 내는 데 비용과 노력, 시간은 많이 들어가는데 시장 크기는 제한되어 있다고 하자. 어차피 사회과학 분야의 판매 부수가 고만고만하다면 다품종 소량 생산 전략을 생각해볼 수 있다. 그러다 보면 한 권의 책을 정성들여 만드는 것보다는 완성도가 조금 떨어지더라도 종수를 늘리는 것이 유리하게 된다. 그렇게 되면 한 권의 책이라도 공을 많이 들이는 출판사들이 경영 악화로 경쟁력을 오히려 상실하고 악화가 양화를 구축하는 현상이 벌어질 것이라는 우려가 있다. 또한 규모가 큰 출판사들이 임프린트 형식으로 시장을 독식한다는 비판이 있는데 이에 대해서는 어떻게 생각하는가?

장——책 종당 고정 비용을 줄이기 위해 그런 전략을 채택할 수도 있을 것

온라인서점 중심의 시장이니 전자책이니 하는 출판환경의 변화 아래서
영업이나 기획에 대해 선배들이 후배들에게 해줄 수 있는 조언이 많지 않다고 생각한다.
비슷한 고민과 과제를 붙들고 있을 또래 출판인들끼리 서로 교류하며 배우고 고민을 나누기를 권한다.

같은데, 책 종수를 무조건 늘리는 것으로 특정 시장을 장악하겠다고 판단하는 곳이 과연 있을지는 모르겠다. 수익을 창출하지 못하는 책이라면 그것이 아무리 많은 종수로 나온다 해도 그 상황이 나아지지는 않을 것 아닌가. 중요한 것은 기획을 제대로 하고 책의 품질을 좋게 하는 것이다. 큰 출판사들이 작은 시장을 독식한다는 비판도 그렇게 설득력 있다고 생각하지 않는다. 다만 좋은 책을 내는 작은 출판사들을 위해서 이런저런 지원 정책에서 일종의 적극적 평등조치affirmative action 같은 것을 생각해볼 수 있지 않을까? 예를 들어 정부의 지원 사업들(우수도서선정 사업)의 경우에 매출 100억 이상의 출판사들은 자율적으로 출품을 자제한다든지 하는 것이다. 책은 다 똑같은 책인데, 왜 어떤 책은 되고 어떤 책은 안 된다는 것이냐는 반론이 있을 수도 있겠지만, (엄연히 상품을 주고 대금을 받는 것인데 그게 왜 '지원'인지는 모르겠지만) 지원제도라고들 하니, '우수'도서에 방점을 찍는 게 아니라 '지원'제도라는 데 방점을 찍는다면 그 취지에 더 부합하는 방안 아니겠나 싶다.

이——그동안 유명 저자들과 많이 작업을 해왔다. 어떤 식으로 저자들을 섭외하는가?

장——특별한 섭외 노하우 같은 걸 묻는 거라면, 사실 그런 건 없다. 기획이 우선이고, 저자는 그 기획에 가장 알맞은 사람을 찾은 결과일 뿐이다. 사실 그 유명 저자들이라는 분들도 접촉 단계에서는 서로 전혀 안면이 없거나 유명한 상태가 아닌 경우도 많았다. 저자와 출판사가 함께 커온 격이라고 할

까. 나는 말주변이 없어서 주로 메일로 저자에게 기획을 제안하고 공감대를 형성했다. 강준만 교수 같은 경우에는 첫 대면을 한 게 그의 두 번째 책(『김대중 죽이기』)을 내고 난 다음이었다. 고종석 선생 같은 경우도 오랜 시간 같이 작업을 해왔지만, 친해지는 데 10년 걸렸다.(웃음) 처음에는 다 똑같다. 무작정 제안하고, 만나고, 인연을 만들어가는 것이다.

이——많은 편집자들이 저자 앞에서 지식이나 여러 면에서 위축될 수밖에 없고, 대등한 위치에서 작업하기가 어렵다고 느낀다. 편집자는 저자를 대할 때 어떤 마음가짐이어야 하는가? 이에 대해 한 말씀 부탁한다.

장——편집자는 저자에게 '독자의 대표'로서 말한다고 생각해야 한다. 저자는 그 분야에 대해 일가를 이룬 사람이다. 책을 쓸 정도로 그 분야에 대해 많이 아는 사람인데 편집자가 어떻게 따라갈 수 있겠는가? 편집자들이 해당 분야에 대해 저자만큼 알 수도 없고, 알아야 되는 것도 아니다. 저자와 편집자의 대등함이란 그런 것을 말하는 게 아니다. 편집자는 편집의 전문가이다. 어떤 분야든 독자의 눈으로 보는 사람이다. 반면 저자는 그 분야의 전문가이다. 서로의 전문 분야가 다른 것이다. 따라서 저자 앞에서 편집자가 위축될 필요는 없다고 본다. 편집자는 "내가 이해 못 하면 독자들도 이해 못 한다"고 저자에게 말할 수 있어야 한다. "편집자인 나도 설득 못 하는데 독자들을 어떻게 설득할 수 있겠는가?"라고 말할 수 있는 역할에서 편집자의 힘은 나온다고 본다.

이——마지막으로 후배 출판인들에게 하고 싶은 말은?

장——아직 그런 거창한(?) 얘기할 '급'이 못 된다. 이제 감각적으로 많이 뒤처져 있다는 자각은 확실히 갖고 있다. 이를테면 『닥치고 정치』 같은 책은 죽었다 깨어나도 못 만든다. 우리 세대의 감각으로는 좀 '이상한' 사회과학서, 아니 뭔가 사회과학서 같지가 않다.(웃음) 그래서도 우리가 오히려 후배들에게 거꾸로 배워야 할 때라고 생각한다. 그럼에도 불구하고 후배들에게 한마디 한다면, 가장 왕성할 때 같이 고민을 공유하고 같이 출구를 찾을 수 있는 동료 출판인들과 교류하길 바란다. 너무 외곬으로 지내는 것은 좋지 않다.

어떤 문제들은 선배들이 유용한 조언을 줄 수는 있다. 예를 들어 조직이 커지면서 겪는 문제들이 그렇다. 소수의 인원이 일할 때는 시스템 없이도 사장 개인이 조직을 관리하고 통제할 수 있지만, 인원이 늘어나게 되면 그럴 수 없게 된다. 그런 문제들에 관해서라면 경험을 가진 선배들이 도움이 될 수 있을 것이다. 그러나 온라인서점 중심의 시장이니 전자책이니 하는 출판환경의 변화 아래서 영업이나 기획에 대해 선배들이 후배들에게 해줄 수 있는 조언이 많지 않다고 생각한다. 비슷한 고민과 과제를 붙들고 있을 또래 출판인들끼리 서로 교류하며 배우고 고민을 나누기를 권한다. 외로운 섬처럼 각자도생하지 말고.

인터뷰를 끝내고 근처에서 소박한 뒤풀이 시간을 가졌다. 그 자리에서 오늘날 출판 유통 환경의 문제점 등에 대해 많은 이야기를 들을 수 있었으나 너무 방대한 가지로 뻗어나가는 쟁점들이라 따로 정리하지는 않았다. 사회과학 출판의 본질과 출판인의 마음가짐에 대해 많은 조언을 해주신 장의덕 대표께 감사드리며, 좋은 자리를 마련해주신 〈기획회의〉에 다시 한 번 감사의 말씀을 드린다.

이지열 | 미지북스 대표

대학에서 철학과 서양사를 공부했고, 우연한 계기로 후배를 통해 출판에 입문했다. 2008년부터 출판사 미지북스를 운영하며, 인문 사회 분야의 좋은 책을 내고자 노력하고 있다. 경제사, 근대 초 유럽사, 외교 및 환경 등 다양한 글로벌 이슈에 관심이 많다. 삶의 모토는 자유주의, 세속주의, 합리주의.

사회의 흐름과 조화를 이루는 책

송영석 해냄 대표

이구용 | 케이엘매니지먼트 대표

누구라도 그럴 것이라 짐작한다, 조정래, 한수산, 이외수, 고원정, 김진명, 김한길, 그리고 이재운 등… 이 이름들을 한 호흡으로 거명하는 걸 누구로부터 듣게 된다면, 마치 바늘과 실처럼 한 치의 간극도 없이 당장에 떠오르는 또 다른 이름이 있을 것이다. 해냄출판사, 그리고 그 출판사 대표 송영석이다.

청마의 기상이 함께 하길 바라며, 갑오년 정월에 송영석 대표를 만났다. 송 대표는 그간 외부 언론과는 거의 인터뷰를 한 적이 없다. 여러 저자를 위해 마련한 출판기자회견석상에도 좀처럼 동석하지 않는다. 상황이 이렇다 보니, 통상의 인터뷰 분위기 자리를 불편해 하지 않을까 내심 염려하였다. 그래서 정형화된 인터뷰가 아닌, 출판계 선후배가 만나 편하게 대화 나누는 형식을 빌었다. 인터뷰 자체를 거절하진 않을까 하는 염려 외에, 사실 더 큰 염려는 편집자 출신도 아니고, 기자경험이 있는 것도 아닌 내가 송 대표와 출판사에 대한 내용을 제대로 된 글로 잘 담아낼 수 있을까, 하는 것이었다. 전자의 염려는 분명 기우였다. 인터뷰를 일단 수락해주었으니까. 그리고 출관계 후배를 남달리 잘 살핀다는 소문이 맞다는 것을 새삼 공감하는 자리라는 생각이 들게끔 반갑게 맞이해주었으니. 그래서 감사하다. 특히 그와 그의 출판사에 대해 좀 더 가까이 다가가 경험할 수 있는 기회를 갖게 되었으니 내겐 값진 시간이다. 그러나 아직도 남은 다른 염려 하나는 지금 이 순간도 그대로다. 이 글이 송 대표와 그가 30여 년을 이끌어온 해냄출판사의 권위와 영광을 가리진 않을까 하는 두려움으로. 모쪼록 그렇게 되지 않길 바라며…

인터뷰 내용을 글로 정리하면서 해냄출판사가 출간한 다양한 분야의 책들을 엄선하여 2013년도에 묶어 펴낸 도서목록을 참고자료 용도로 따로 받아서 일별했다. 출판사가 그간 함께해온 여러 작가와 각 작가들이 낸 책들이 함께 눈에 들어왔다. 한 작가 한 작가, 그리고 그들과 한 권 한 권을 세상 독자들에게 선보이기 위해 송 대표와 담당 편집자, 그리고 그 책을 홍보하며 한 명의 독자에게라도 더 다가가게 하기 위해 묵묵히 노력해오고 있는 해냄출판사 모든 관계자들의 모습이(비록 얼굴은 다 모르더라도) 머릿속으로 스쳐지나갔다. 바로 그들 모두가 오늘의 해냄출판사를 만들고 이끌어온 주역들이다.

'어떻게 살 것인가'라는 물음에 답하다

해냄출판사 최초 출판등록일은 1983년 6월 24이다. 그런데 출판등록을 하고 나서 송 대표는 출판 사업에 대한 세부 구상을 하느라 좀 더 시간을 보냈다. 본격적인 출판사 운영은 그로부터 3개월 정도 후인 9월로, 그는 1983년 9월이 해냄출판사의 실제 출발점이라 말한다. 그러고 보니 한 세대의 세월이 흘렀다. 새로운 세대를 맞이한 연륜이 되었으니 그간 얼마나 크고 작은 일들이 많았겠는가. 10년을 견디며 살아도 사연 많은 이 세상에서 30년을 넘겼으니. 그 사이 변화도 많았겠지, 변화무쌍함이 일상이고, 그 안에서 여러 독창적인 이슈를 연속으로 이끌어내는 한국 사회의 특징을 염두에 둔

송 대표는 분명 많은 신진작가를 발굴하여 독자와 만나게 함으로써 또 하나의 목소리를 세상에 들려준 공을 쌓은 인물임에 틀림없다. 우리 작가와 책을 해외에 소개하는 에이전트인 내가 꼭 본받아야 할 덕목이다.

이구용 케이엘매니지먼트 대표

다면 특히나. 해냄출판사는 어느 지점에서 출발했을까. 설렘, 기대, 그리고 경험이 기반이 되었다 하더라도 처음엔 누구나 어려움과 두려움이 있었을 텐데. 이런 상황에서 푸른 미래를 꿈꾸며 서로 손을 맞잡았던 동료들은 또 얼마나 됐을까. 두루 궁금했다.

아련한 추억을 떠올리듯 담담한 표정으로 송 대표는 "충무로3가 극동빌딩 부근 사무실에 직원 4명과 함께 첫 사무실을 꾸렸다. 출판사에서 기획편집 업무를 4년 정도 익힌 후 독립한 것이어서 나름대로 포부가 매우 컸다. 내가 운영하는 출판사를 통해 나 스스로 책을 낸다는 생각에 고무되어 있었고, 지금 돌이켜봐도 당시 매우 의욕적으로 일했던 것 같다."고 첫 답변의 문을 열었다. 내 소유의 그 무엇을 갖고 출발한다는 것은 걱정이나 염려보다는 우선 꿈과 희망이 더 크게 작용했을 것이다. 그리고 그것이 송 대표에겐 큰 동력이 됐을 것이다. 그러니 그 다음으로 이어지는 일과 사업에 대한 의욕은 당연한 수순일 터. 게다가 기획편집 실무를 4년 정도 익혔으니, 출판등록일 이후 3개월 동안엔 아마도 향후 어떤 작가의 어떤 책을 어느 시점에 낼 지에 대해서 두루 구상했을 것이다.

김한길 작가는 대학 때부터 지금까지 친구이자 뜻을 같이하는, 그리고 내가 존중하는 친구이고, 이외수 작가는 스스로 '내 멋대로 살고파' 라고 말하는 그 자유분방함을 배우고 싶은 인생 선배이며, 조정래 작가는 문학적으로나 사회적으로 존경하는 어른이다.

송영석 해냄출판사 대표

출판인들은 그 영역으로의 진입 이전에 각각의 전사前史가 있기 마련이다. 독립적으로 출판사를 차리기 이전에, 그리고 송 대표의 경우엔 기획편집일을 하기 이전에.

"학창시절에 책 읽는 것을 좋아했고, 대학 때 문화교양 동아리 활동을 하며 지식과 감성의 보고라 할 책의 가치를 더 중요하게 생각하게 되었다. 방학 때는 두문불출하고 칩거하다시피 하면서 책을 읽었다. 대학 졸업과 동시에 사회에 나오면서 인생의 고민이 컸다. 돈을 많이 벌겠다거나 개인적으로 출세하겠다기보다는 '어떻게 살 것인가'라는 인생의 물음이 나의 이십대를 가득 채웠다. 철학을 전공했기 때문인 듯도 한데, 난 그 해답을 출판에서 찾고자 했다."

'어떻게 살 것인가'라는 물음에 대한 답을 출판에서 찾고자 했다는 이 말이 내겐 큰 울림이었다. 인터뷰 내용의 글을 정리하는 지금 새삼 더. 송 대표는 지금도 그 해답을 계속 찾고 있을 것이다. '잊지 말아야 하는 것이 초심'이라고 강조하던 그에겐 그 물음이 지금도 30년 넘게 그를 지탱케 해준 큰 기둥이자 동력이 아니었을까 싶다. 그래서 나는 30여 년 전에 품었던 송 대표의 꿈이나 각오 등이 궁금했다. 그리고 그 꿈은 또 어느 정도 이루어져가고 있는지도.

송 대표는 쑥스런 표정으로 자세를 한 번 고쳐 앉으며 담담히 질문에 응했다. "해냄출판사의 캐치프레이즈는 '책으로 만드는 행복한 세상, 책으로 만드는 행복한 사람'이다. 사회에 도움이 되는 일로 책을 내고자 했고, 2013년을 보내면서 출판 나이로 서른이 되었지만, 아직도 부족한 점이 많고 출판에 대해서는 '여전히 배가 고프다.'" 이 말을 되짚어보더라도 그는 계속해서 꿈을 꾸고 있는 게 분명하다. 그의 초심이 바탕이 된 그 꿈을 서른 살이 지난 지금도 계속해서. 그러나 꿈을 이뤄나가는 과정이 그리 간단치는 않(았)을 것이다. "출간하고 싶은 책도 많고, 출판 현실도 녹록한 상황은 아니기에 더 정진하려고 한다."고 그가 덧붙인 말은 아직도 갈 길이 멀다는 표현으로 다가왔다. 그리고 '여전히 배가 고프다'는 말과 함께 그는 여전히 더 큰 그 어떤 꿈을 꿔가고 있다는 생각도 해본다.

이어서 해냄출판사에서는 첫 책으로 어느 작가의 어떤 책을 냈는지, 그리고 그 작가의 책을 지금도 계속 내고 있는지 궁금했다. "지금은 고인이 되신 이관용 작가의 소설 『열아홉 살의 가을』과 산문집 『사랑의 묵시록』 두 권을 처음 출간했다. 국내 문학에 대한 의욕이 높아 소설가들을 많이 찾아뵈었고, 신생출판사라 당장은 어려웠지만 천천히 발판을 다지면서 내실을 기하고자 했다." 처음으로 낸 책의 작가가 고인이 됐다는 답변을 들으며, '세월이 그렇게 흘렀구나. 그렇지… 한 세대를 걸어왔으니 그 사이 그렇게 이별한 작가가 왜 없었겠나' 하는 생각이 들자 나는 본능적으로 대입준비에 한창이던 과거 그 시절의 내 모습을 떠올리며 출판사의 연륜을 되짚었다. 그러면서 지금의 해냄출판사가 있기까지 그들이 일궈온 터전과 그 위에 한 장 한 장 쌓아온 공든 탑이 어렴풋이 보이는 기분이었다. 신생출판사가 한 작가에게 다가가 원고를 청탁하고 그에 대한 수락을 받아내기가 얼마나 어렵고 힘들었던지, 하는 음성을 송 대표의 발화되지 않는 숨겨진 말 속에서 함께 읽을 수 있었다. 그리고 처음부터 문학 출판에 큰 관심과 뜻이 있었다는 것과, 그때 그 의지가 지금도 변함없이 꾸준히 이어져오고 있기에 그만의 다양한 결실을 일궈오고 있다는 생각도 들었다.

작가와 함께 가는 출판

이번엔 지금의 해냄출판사에 이르기까지 그간 출간한 책의 종수를 비롯해서 지금까지 함께 한 작가는 대략 몇 분 정도 되는지에 대한 질문을 던졌다. "국내서와 번역서를 모두 합하여 지금까지 약 1,200종의 책을 출간했으니, 함께한 작가는 그에 비례할 것이다." 그의 이 답변을 듣고 우선 즉각적으로 든 생각은, 아 그동안 참 많은 책을 냈구나, 하는 것이었다. 그러고 나서 잠시 또 다른 생각. 지난 30년이란 시간에 비춰봤을 때, 1,200종이 꼭 많은 종수는 아니란 생각이다. 물론 종수가 중요한 것은 아닌데 말이다. 초창기엔 확보하고 있는 작가군도 취약하고, 편집 인력도 많지 않았으니 물리적으로 많은 책을 내기는 어려웠을 거라는 생각도 해보지만, 그것을 감안하더라도 평균적으로 10년에 400종이면 아주 많은 종수는 아니란 생각에서다. 이것은 송 대표의 출판 스타일이란 생각으로 이어졌다. 출판인이면 자신이 처음 품었던 의지와는 관계없이 가끔 사로잡힐 수 있는 충동출판, 혹은 자금회전을 위한 방편으로 시도되는 밀어내기식 출판은 거의 하지 않았던 것으로 보인다. 지난 2013년 한 해 동안 낸 종수가 24종이라 한다. 출판사 외형만 놓고 보면 분명 많지 않은 종수다. 송 대표로부터 직접 들은 얘긴 아니지만, 꼭 내고자 하는 책, 혹은 꼭 내고 싶은 작가의 책만을 나름 고집해오고 있는 것 같기도 하다.

이 지점에서 내가 분명 높이 인정하고 싶은 것은 송 대표가 그간 내온 종수에 비례할 정도의 작가와 함께 해왔다는 사실이다. 그중엔 출발 지점부터 유명한 작가도 있었겠지만, 무명에서 함께 출발한 작가가 더 많았을 거란 생각이다. 사실 출판사가 어디 유명작가의 책만 낼 수 있겠는가. 더구나 신생출판사라면. 그렇다면 해냄출판사 송 대표는 분명 많은 신진작가를 발굴하여 독자와 만나게 함으로써 또 하나의 목소리를 세상에 들려준 공을 쌓은 인물임에 틀림없다. 우리 작가와 책을 해외에 소개하는 일이 주 업무인 에이전트인 내가 꼭 본받아야 할 덕목이다.

생각이 이 지점에 이르자 오늘의 해냄출판사를 이루는 데 큰 힘이 된 작가를 꼽는다면 어떤 작가가 있을까? 그리고 그 작가의 책으로 어떤 것들이 있었나? 이런 내용들을 듣고 싶었다. "설립 후 지금까지 출판사를 운영해오는 데 있어 출간한 도서의 모든 작가들이 큰 힘이 되었다고 생각한다. 다만, 1993년 처음 『아리랑』을 계약하고 지금까지 책에 대한 신의와 성실로 20년을 함께해주신 조정래 작가께 감사드린다."고 말하는 그의 음성과 표정에서 송 대표가 그간 함께 해온 작가들에 대한, 그리고 특히나 조정래 작가에 대한 신뢰와 존경의 뜻을 자연스럽게 읽을 수 있었다. 그런 모습을 마주하는 순간이 새삼 아름답게 다가왔다. 말이 20년이지 저자와 출판사간에 서로 긴밀한 파트너십을 유지하는 가운데 함께 해온 그 기간은 결코 짧다 할 수 없는 세월이다. 그렇기에 더욱 그런 관계가 좋아 보였다. 쉬운 일이 아니기에 더더욱. 그리고 어느 한 쪽의 일방적인 신뢰만으로 유지되는 것은 더욱 아니니까. 그래서 출판사와 작가 모두에게 박수를 보낸다. 바로 그런 터전이기에 1백만 부를 돌파할 수 있는 또 하나의 역작 『정글만리』를 탄생시킬 수 있지 않았을까 싶다. 이것은 분명 작가와 출판사 모두의 저력이 함께 바탕된 공간에서 피는 꽃이다.

출판인이라면 함께 일해보고 싶은 작가, 혹은 꼭 내고 싶은 누군가의 책이 있기 마련이다. 출판사 재정 여건이 허락하지 못해 그것을 이루지 못하는 예가 있는가 하면, 그런 여건이 갖춰졌다 하더라도 다른 상황이 여의치 않아 그 바람을 이루지 못하는 예도 왕왕 있다. 그래서 해냄출판사에선 아직 내진 못했지만 꼭 내고 싶은 분야의 책이 있다던가, 혹은 꼭 함께 일해보고 싶은 작가가 있는지도 물었다. "지금은 세상을 떠나셔서 함께 일할 수 있는 기회가 없는 분들이 계신데, 최인호, 이청준 작가의 글을 꼭 출간해보고 싶었다. 현재 활동 중인 모든 작가의 책에 관심이 많지만, 특별히 밝히기 어렵다.” 송 대표는 함께 일해보고 싶은 작가의 이름을 조심스럽게 꺼냈다. 그런데 이미 작고하여 고인이 된 문인들이었다. 최인호, 이청준… 모두 한국을 대표하는 큰 나무로 우리 문단사와 독자들에게 앞으로도 영원히 남을 이름들이다. 그 이름들이 거명되는 순간, 내가 송 대표 당사자인양 자못 아쉬운 마음이 들었다. 이미 작고한 작가이기에 더 이상 함께 할 여지 자체가 없어진 상황이 더 아쉬워 그랬던 것 같다. 분명한 것은 송 대표가 문학에 관심 많은 출판인임에 틀림없다는 사실이다. 그 사실이 한편으로 든든한 후원군 같다. 다만 현재 활동하고 있는 작가에 대한 언급은 하지 않았다. 그로서는 누군가의 이름을 일일이 거명하기가 조심스러웠던 것 같다. 이름이 감춰져서 아쉽긴 했지만, 또 감춰진 그의 생각이 다른 한 편으로는 오히려 인간다운 솔직함으로 느껴졌다. 함께 일해보고 싶은 작가의 이름을 일일이 거론하는 것 자체가 송 대표 당사자에게는 부담일 수 있고, 작가 당사자에게도 본의 아니게 불편함을 줄 수 있는 여지를 남길 수 있기 때문이다. 내가 너무 원초적인 질문을 던졌나 싶기도 하다. 그러나 꼭 기원해주고 싶다, 송 대표가 마음속에 품고 있는 작가들의 책을 하나씩 낼 수 있게 되길.

해냄출판사에서는 노벨문학상 수상작가인 주제 사라마구, 부커상 수상작가인 존 버거 등의 문학을 출간했고, 『마이크로 트렌드』, 자녀교육서인 『최성애·조벽 교수의 청소년 감정코칭』, 역사인문교양서인 ‘이한우의 군주열전’ 시리즈(전6권), 어린이와 청소년을 위한 인문교양서인 ‘노마의 발견’ 시리즈 등 다양한 분야를 두루 오가며 좋은 책들을 꾸준히 내오고 있다. 그러나 그런 가운데에서도 해냄출판사, 하면 트레이드마크처럼 먼저 떠오르는 작가들이 있다.

조정래, 이외수, 김한길 등이 바로 그들이다. 그렇다면 이 작가들이 송 대표에겐, 혹은 해냄출판사에겐 어떤 의미일까? 평소 개인적으로도 한번쯤 그 답을 직접 들어보고 싶었다. “김한길 작가는 대학 때부터 지금까지 친구이자 뜻을 같이하는, 그리고 내가 존중하는 친구이고, 이외수 작가는 스스로 ‘내 멋대로 살고파’ 라고 말하는 그 자유분방함을 배우고 싶은 인생 선

90~95%에 이르는 출판사들의 흥망성쇠를 옆에서 묵묵히 지켜보면서 든 생각은
'어떻게든 계속 출판하겠다'였고, 지금도 그 생각에는 변함이 없다.
돈을 많이 벌고 사회적으로 명예를 높이기보다는,
좋은 책으로 사회에 보탬이 되는 출판사로 살아남겠다.

배이며, 조정래 작가는 문학적으로나 사회적으로 존경하는 어른이다." 예상보다 짧은, 그러나 함축적인 의미를 지닌 답변이었다. 송 대표 나름대로 각 작가에 대한 의미를 아주 적확하게 표현했다는 생각도 들어 그 정도 선에서 마무리했다.

출간 6개월 만에 1백만 부의 판매고를 올린 『여자의 남자』(전3권), 그리고 일기문학의 새로운 면을 제시하며 화제를 모았던 『눈뜨면 없어라』 등을 통해 일약 스타덤에 오른 김한길 작가. 해냄출판사 역시 그와 함께 출판계의 스타로 부상하는 발판을 마련했다. 대학친구에서 사업에서의 동반자 관계에 이르기까지 작가와 출판사는 그렇게 세상과 적극 소통하기 시작했다. 송 대표에겐 분명 남다른 작가일 수밖에 없다. 그리고 조정래 작가를 '문학적으로나 사회적으로 존경하는 어른'이라 칭하는 순간을 접하면서 느낀 바, 송 대표는 그를 늘 '섬기는' 마음으로 대하는 것 같다. 그런 마음이 늘 묻어난다. 모든 작가와 출판인의 사이가 이런 관계라면, 그리고 서로 섬기고 존중하는 관계라면 얼마나 좋을까, 하는 생각을 또 해본다. 조정래 작가는 대하소설 3부작으로 해냄출판사와 함께 한국문단사와 한국출판사에 남을 큰 기둥을 세웠다. 『태백산맥』, 『아리랑』, 『한강』을 비롯하여 『불놀이』, 『대장경』, 『정글만리』 등은 모두 해냄출판사가 출판계에 이룬 큰 업적 중 하나다. 그리고 자유분방하게 세상사는 것을 배우게 해주고 있는 이외수 작가 또한 송 대표의 말처럼 한 사람의 작가이기 이전에 그에겐 빼놓을 수 없는 인생 선배라는 사실이다. 『괴물』(전2권), 『장외인간』 등을 포함하여 산문집에 이르기까지 작품으로서도 두 사람은 꾸준히 긴 시간을 함께 호흡해오고 있다.

인터뷰가 종반으로 향해가면서 우리 책을 해외에 소개하는 일을 업으로 삼고 있는 에이전트인 내게 한 가지 궁금한 것이 생겼다. 해외독자들에게 꼭 소개하여 읽히고 싶은 작가와 작품이 있다면 그것을 추천해달라는 질문이었다. "욕심이긴 하지만 지금까지 훌륭한 작품이라 판단해 출간한 만큼 우리 출판사에서 출간한 책을 모두 세계의 독자들에게 읽히고 싶다." 그의 말처럼 '진짜 욕심도 많으셔라' 라는 생각이 들었다. 그러나 이내 '신중에 신중을 기하고, 한 권 한 권에 심혈을 기울여 만들어낸 책에 대한 자부심, 자신감, 그리고 애정이 남다르시군'이란 생각으로 이어졌다. 물론 그 어떤 저자도, 그리고 그 어떤 출판사도 자신, 혹은 자사의 모든 책을 해외로 진출시킬 수는 없다. 다만 나는 그런 송 대표의 자사 도서에 대한 자부심과 애정이 멋지게 들렸다. '이 참에 앞으로 꾸준히 기획 만들어 해외출판시장으로 좀 더 적극 소개를 해야겠군', 하고 겉으로 내뱉지 않고 나는 내 안의 나와 조용히 약속했다. 조정래 작가의 『정글만리』를, 쉽지 않을 것으로 예상했던 중국으로 2013년 가을에 수출한 게 그나마 체면치레를 하게 해줘서 다행이다. 이인화 작가의 『지옥설계도』, 김초혜 시인의 『어머니』, 김별아 작가의 여러 소설들, 최성애 박사와 조벽 교수의 책들, 그리고 『청소년을 위한 사회학 에세이』, 『청소년을 위한 정신의학 에세이』, 그리고 『청소년을 위한 철학 에세이』 등을 올 2014년엔 더욱 해외출판시장으로 적극 소개해볼 생각이란 얘기도 송 대표에겐 하지 않았다.

욕심내지 말고 묵묵히 책을 내면서 살아남으라

30년간 출판사를 운영하면서 나름의 크고 작은 난관과 위기가 있었을 텐데, 그런 때가 있었다면 언제였는지, 그리고 그런 어려운 시기는 또 어떻게 극복했는지 궁금했다. 누구나 어려운 고비의 시점을 관통하면서 드는 생각은, 내게 닥친 어려움이 가장 무겁고 가장 버겁게 체감되지 않던가. 내가 가장 힘든 군 생활을 겪었다고 너스레떠는 예비역 군인처럼 말이다. 그러나 송 대표의 대답은 내 예상과는 좀 달랐다.

"인생을 살아가는 데 있어 난관과 위기는 당연한 것이라 생각한다. 30년 동안 이런저런 어려움이 있었겠지만, 극복하고 지나온 일이라 그런지 잘 기억이 나지 않아 지금 생각해 보면 크게 고민하지 않은 것 같기도 하다. 어떤 일을 할 때 어려운 점이 생기는 것은 당연한 것이라 생각하는 편이어서 즉각적으로 '어떻게 해결할까'를 먼저 고민하는 성격이라 그런 것 같다."

이 답변을 듣고 나서, 속으로 아 그렇기도 하겠구나, 라는 생각을 하면서도, 일련의 어려움에 빠져 순간적이나마 좌표를 잃고 흔들리기보다는 차분하고 시기적절하게 고민하여 닥친 문제들을 신속히 다스리고 극복하는 나름의 방법이 연속적으로 다가올 수 있는 더 큰 어려움을 미리 걷어내는 최선의 위기대응전략이란 교훈으로 다가온다.

이 답변을 들은 후, 그가 난관을 극복해갈 때 주변의 의견을 무겁게 듣는 스타일인지, 혹은 신중히 숙고하여 스스로 판단하는 스타일인지, 아니면 그 두 가지를 겸하는 스타일인지도 아울러 듣고 싶었다. "먼저 스스로 깊이 생각하고, 내 생각이 과연 맞을지 아니면 그보다 더 나은 생각이 있을지를 주변의 의견을 두루 들은 후에 다시 숙고해 결정한다. 결정을 내릴 때까지를 전체적으로 보면 스스로 생각하는 비중이 높은 편인데, 그렇다고 타인의 의견을 도외시하거나 내 생각만 주장하는 편은 아니어서 직원들의 의견을 많이 듣고 함께 고민한 후 합리적인 결론을 내리려 노력한다." 결국 송 대표는 어떤 중대한 사안에 직면하게 되면 지체없이 신속하게 해당 사안에 대해 혼자 심도 있게 숙고한 후에 주위에 더 나은 의견을 있는지를 돌아봄으로써 중요한 타이밍을 놓치지 않고 신속히 판단하고 처리하는 주도면밀한 스타일인 것으로 보인다. 이런 태도는 자칫 일방적으로 자신의 판단이나 요구사항을 정해놓고 주변의 의견을 추후 형식적으로 듣고 반영하는 것 같은 자세를 보이는 표리부동 유형의 리더와는 차별화되는 스타일이다.

한편, 출판사가 4명으로 출발하여 지금에 이르기까지 지난 30년 여에 걸쳐 꾸준히 성장해오는 과정에서, 이를테면 멘토와 같은 조언자처럼 사업

적으로나 정서적으로 다각도에서 도움이 되어준 인물이 있는지를 물었다. "멘토나 조언자는 깊게 생각해보지 않았다. 사업적으로 도움이 되는 사람들이라면 출판을 함께하는 동료나 지인들을 들 수 있고, 정서적으로 도움이 되는 사람이라면 대학친구인 김한길 작가를 들 수 있다."고 답변했다. 이 대목에서 당시 김한길 작가와 정서적 교류를 통해 도움을 받았다는 것이 흥미롭다. 아마도 그것은 겉으로 많이 드러내고 표현하는 것을 송 대표가 삼가는 스타일 아닌가 하는 생각이다. 그리고 젊은 시절부터 서로를 잘 알고 견고한 우정을 유지해오고 있는 가까운 지인과의 사적인 영역에서(때로는 사업적인 내용도 포함이 됐겠지만) 도움을 받았다는 것은 출판사 대표와 작가라는 관계를 넘어, 한 번 좋은 인연을 맺은 사람과는 종사하고 있는 분야를 막론하고 지속적인 우호적 관계를 유지하는 송 대표 나름의 대인관계 유형을 보여주는 예로도 보인다.

비슷한 맥락에서, 출판계 혹은 출판계를 떠나 사업적으로나 개인적으로 누군가를 롤모델로 삼아오고 있는지도 덧붙여 물었다. 의외로 이에 대한 그의 대답은 간단했다. "타인의 삶을 모범으로 삼기보다는 다양한 책에서 삶을 배우며 사실상 '내 식대로 산다.'고 하는 게 맞을 것 같다. 인생에서 도움이 되는 것은 선인들의 발자취이며, 그 기록이 책이라고 생각하기 때문이다." 이 답변을 듣고 짧은 간극이었지만 나는 잠시 멈춰 '나는 어떤가.' 하는 생각을 떠올렸다. 송 대표는 크고 작은 일들을 추진해나갈 때, 주위 지인들의 의견이나 이야기를 꾸준히 겸허하게 경청하여 듣되 어떤 사안을 판단 할 경우엔 어느 누구 한 쪽의 입장이나 의견에 쏠리기보다는 자신이 숙고하여 판단한 부분을 주도적이면서 진취적으로 이끄는 스타일이란 생각이 다시금 들었다. 인상적인 것은 '내 식대로 산다.'는 그의 말이다. 스스로 숙고하고, 그 과정에서는 어떤 특정 인물이 아닌 다양한 책을 통해서 간접 경험하고 습득한 내용이 그가 살아가고 출판사를 운영해나가는 데 큰 동력이 되고 있다는 말로 이해된다.

앞서도 잠시 언급했듯이, 해냄출판사에서는 그간 다양한 분야의 책이 나왔다. 그렇다면 송 대표는 개인적으로 선호하는 출판 분야가 있는지 물었다. "문학, 철학 중심의 인문학 분야를 선호한다. 사업적으로는 어려운 분야라 안타깝지만 꾸준히 출간해나갈 것이다." 역시, 예상한 바다. 대학 시절부터 이 분야의 책을 두루 즐기고, 그것이 작은 단초가 되어 출판계에 입문했고, 또 그렇게 해서 이 영역에서 하나의 든든한 기둥을 세웠으니 그의 바람은 계속될 것이란 확신이 든다. 다만 그의 말처럼, 문학과 철학, 인문학 분야가 사업적으로도 크게 기여하여 소수 무리의 독자들도 두루 즐길 수 있는 또 다른 책들도 꾸준히 기획하고 출판하게 되길 바라는 마음이다. 이한우 기자가 쓴 『논어로 논어를 풀다』와 『논어로 중용을 풀다』 등은 만만치 않은 분량의 책으로, 바로 위와 같은 출판철학을 지닌 송 대표이기에 해냄출판사에서 연속으로 낼 수 있었던 건 아니었나 하는 생각도 해본다.

『태백산맥』, 『아리랑』, 『한강』이 지금까지 무려 1,300만 부 이상이 팔린 것으로 확인됐다. 여기에다, 출간 후 5~6개월 만에 1백만 부의 판매고를 올린 『정글만리』를 낸 송영석 대표는 출판인으로서 지금까지 지내오면서 가장 설레고 흥분됐던 때는 언제였을까? "30년 동안 많은 책을 출간했지만,

그중에 사회적인 흐름을 파악하고 출간함으로써 인구에 회자될 때 매우 기뻤다. 식당이든 찻집이든 사람이 모이는 곳에서 내가 발간한 책이 사람들의 입길에 오르내리는 것을 들으면 뿌듯하고 흥분된다. 양적으로는 밀리언셀러가 탄생되었을 때가 되긴 하겠지만, 단순히 판매량만으로 보기는 어렵다." 그가 가장 설레고 흥분하는 순간은 궁극적으로는 독자세계라 할 수 있는 우리 사회의 흐름을 읽고 그것과 조화를 이루는 책을 내서 좋은 반응을 얻었을 때라고 했다. 결과적으로 그것이 판매부수로 연결되겠지만, 사회의 흐름이나 현상을 바로 보고 그것에 어울리는 기획을 했을 때 큰 보람을 느낀다는 것은, 결론적으로 송영석 대표는 누구보다도 강한 기획마인드를 지닌 기획자였다는 사실을 최종적으로 확인케 해주었다. 결국 그는 현장과 끊임없이 소통하는 출판인이다.

한편, 출판인으로서 우리가 꼭 지켜야 할 덕목이 있다면 어떤 것을 꼽을 수 있는지에 대한 질문에 대해서는 "출판인이라면 누구나 사회적으로 보탬이 되는 책을 출간하려고 노력할 것이다. 그와 더불어 사회적으로 공정한 룰에 의해 사업을 이끌어나가야 한다고 생각한다. 좋은 책을 출간하는 것은 기본이며, 질서 있고 공정하게, 그러면서도 서로에 대한 배려가 있는 사회의 문화사업으로서 출판이 나아가야 한다."고 했다. 한 세대를 이끌어온 송 대표는 분명 우리 출판계 리더다. 그래서 한국 출판계의 리더로서, 우리 출판계(혹은 후배)에 해주고 싶은 조언이 있다면 어떤 것인지, 끝으로 물었다. "지금까지 한 번도 나 스스로 '한국 출판계의 리더'라 생각해본 적이 없다. 묵묵히 내 길을 갈 뿐이다. 출판계 선배로서 평소 후배들에게 이렇게 말하곤 한다. '인구 5천만인 우리나라의 문화적 역량을 두고 볼 때, 출판은 사업적으로 크게 성공하기 어려운 분야다. 그중에서 단행본은 더더군다나 사업을 크게 키우기 어려운 분야다. 그러니까 너무 욕심내지 말고 계속적으로 책을 내면서 살아남으라.' 내가 출판계에 입문할 당시에 설립된 출판사들 중에서 지금 남아 있는 출판사는 5% 정도밖에 되지 않는다. 90~95%에 이르는 출판사들의 흥망성쇠를 옆에서 묵묵히 지켜보면서 든 생각은 '어떻게든 계속 출판하겠다'였고, 지금도 그 생각에는 변함이 없다. 돈을 많이 벌고 사회적으로 명예를 높이기보다는, 좋은 책으로 사회에 보탬이 되는 출판사로 살아남겠다." 그의 답변을 들으면서 순간적으로 가슴이 먼저 먹먹해졌다.

끝으로, 흔쾌히 인터뷰에 응해주신 해냄출판사의 송영석 대표님께 다시 한번 감사드린다. 질문에 답변하는 내내 그는 차를 사이에 두고 마주 앉은 나의 대화 파트너였다. 그리고 그 공간에서 나는 내내 출판계 후배의 한 사람으로서 인터뷰를 하는 사람으로서의 입장을 넘어 개인적으로 큰 가르침을 받았다. 역시 그는 우리의 리더이고 선배였다. 앞으로도 그럴 것이다. 송영석 대표와 그의 동료들이 함께 이끌어가는 해냄출판사가 영원히 우리와, 그리고 세계 독자들과 함께하게 되길 기원한다. 그리고 이런 소중한 기회를 준 한국출판마케팅연구소에도 감사드린다.

이구용 | 케이엘매니지먼트 대표

영미문학을 전공했고, 1995년 3월에 에이전트로 입문, 한국문학 포함, 한국출판저작물을 해외에 소개하는 일을 하고 있다. 틈틈이 해외 어린이 그림책을 번역했는데, 그 책으로는 『철부지 아기 고양이』(2013),『태국에서 온 수박돌이』(2010), 『베트남 설날 장대 이야기』(2011), 『엄마를 찾아서』(이상 정인출판사, 2011) 등이 있다. 저서로, 한국문학을 해외로 수출하는 에이전트로서의 경험을 담은 『소설 파는 남자』(한국출판마케팅연구소, 2010)가 있다.

읽고 또 읽고 감동하라

강태형 문학동네 대표

한기호 | 한국출판마케팅연구소장

30년 이상 한 분야에서 일가를 이룬 사람의 이야기는 대하소설로 써도 무방할 것이다. 문학동네 강태형 사장도 마찬가지다. 강 사장을 처음 만난 게 언제인지는 기억나지 않는다. 그러나 그가 자유실천문인협의회 편집간사로 2년을 일한 다음 실천문학사 기획·편집부장을 역임한 후 푸른숲이라는 출판사를 새로 차릴 때 내가 거래할 서점의 명단을 작성해주었던 기억만은 뚜렷하다. 그로부터 따져도 30년 가까이 멀리서 지켜봤다.

2013년 12월 3일, 문학동네는 창립 20주년을 맞았다. 문인이 아닌 나는 15년 동안 일한 바 있는 창비의 행사 외에는 그런 자리에 거의 참석하지 않는다. 하지만 이 행사에는 기꺼이 참석했다. 문학동네 20년은 한국 문학출판 역사상 새로운 이정표를 찍었으니 그 현장을 지켜보고 싶었다. 대하소설로 써도 무방할 한 사람의 인생을 어찌 200자 원고지 70매로 정리할 수 있을 것인가. 2014년 1월 16일, 나는 강 사장과 장시간 만나 정말 많은 이야기를 나눴다. 인터뷰에서 나눈 원고만 풀어도 수백 매가 될 터이지만 이 글은 문학 편집자가 되겠다는 후배에게 들려주는 선배의 조언이라는 주제로 한정해서 정리했다.

문학 편집자는 감동을 기다리는 사람

지금은 베스트셀러 집계가 세분화되었지만 과거에는 소설(픽션)과 비소설(논픽션)로만 집계되었다. 비소설로 분류되던 시와 에세이를 제외하고도 소설은 늘 절반이었다. 그러니 문학 기획자는 '출판의 꽃'이나 다름없다. 그런데 날이 갈수록 문예물 기획자 노릇을 하기가 힘들어지고 있다.

문학은 창작물이니 기획자가 개입할 여지가 많지 않아, 자본의 논리로만 굴러가는 영역으로 치부하고 말 것인가? 작가가 쓴 작품 중에서 좋은 작품을 고르는 능력뿐만 아니라 좋은 작품을 쓰게 하는 능력도 필요하다. 문학 출판사는 재능 있는 작가가 편안하게 글을 쓸 수 있도록 지원하는 후원자 역할을 하기도 한다. 때로는 작가와 글자 한 자를 놓고 몇 달간 다투기도 한다. 요즘처럼 꽤나 이름이 알려진 신인작가의 신작소설이 3천 부를 넘기기 어렵고, 중견작가들마저 3~5만 부를 넘기기가 어려운 시절에는 안목 있는 문학 편집자가 더욱 절실하다.

일본의 문예물 편집자인 오시마 이치요大島一洋는 「문예 편집자가 알려주는 작가와 교류하는 법」(『편집자 학교』, 고단샤, 2001)에서 문예물 편집자의 스타일을 우정형, 대항형, 노예형 등 세 유형으로 나눴다. 우정형이란 작가와 편집자의 이상적인 관계를 말하고, 대항형은 작가에게 대항심을 갖고 대하는 편집자로 원고를 엄격하게 체크하고 잘못된 것을 찾아내는 데만 주력한다. 대항형은 대부분 작가 지망생이었다가 좌절한 사람들이란 말도 있다. 노예형이란 정말 노예처럼 혹사당하며 목적하는 일을 완수해내는 스타일이다. 작가가 부르면 바로 뛰어나갈 태세를 갖추고 작가가 부탁하는 것이라면 절대 거절하지 않는다.

노예형 편집자란 말에서 나는 한 유명작가를 떠올렸다. 지방에 머무르던 이 작가가 서울 나들이를 할 때면 반드시 출판사 직원이 내려가 모시고 와서 서울에서 온갖 수발을 하다가 다시 원래의 자리로 모셔드려야 했다는 이야기를 듣고 기가 막혔던 기억이 있다. 나는 오시마 이치요가 말한 문예물 편집자의 세 스타일 이야기를 하면서 강 사장에게 작가와의 우정을 오랜 세월 이어가는 노하우에 대해서 물었다.

"오시마 씨의 글을 읽지 못해서 '노예형 기획자'라는 말은 처음 듣는데, 그런 관계는 오래 지속되지 못해요. 인간 본성을 거스르는 일이니까. 거짓말이 탄로 나는 것은 그것이 애당초 제 속에 없었던 말이기 때문인 것처럼, 마음을 거스르는 일은 오래 지속하지 못하죠. 마음속에 있는 것은 언제든 마음 밖으로 흘러나오게 마련이니까. 제아무리 지독한 사람도 결국 스스로 들키고 말아요. 자기 자신을 숨기는 것만큼 어려운 일은 없습니다. 그러니 처음부터 시도할 일이 아니죠. 상대가 누구든 오래 가야 한다고 생각하는 관계라면 진심으로 대해야 합니다. 진심이 아니라면 애당초 관계 맺기를 시도하지 말아야죠.

일을 하다 보면 작가나 번역가와 갈등이 발생하기도 합니다. 그럴 때마다 해당 직원에게 '절대로 사실만을 말해야 한다'고 당부해요. 서로 불신해서 일어난 갈등의 와중에 거짓말 하나가 밝혀지는 순간, 전체가 거짓말이 되어버리니까. 그럴 때일수록 정직해야 하는 거죠. 그래야 나중에라도 신뢰가 회복될 수 있고 오히려 갈등 이후에 더 깊은 관계가 될 수 있어요."

나는 강 사장에게 한국의 대표적인 문학 기획자를 꼽아보라고 주문했다. 그는 김현, 김병익, 백낙청, 이시영 등을 가장 먼저 거론했다. 이어서 실천문학을 주도한 바 있는 송기원, 김사인 등 많은 사람들이 거론됐지만 그가 네 사람의 이름부터 꼽은 것은 충분히 이해가 되었다. 문학과지성사와 창작과비평사(현 창비)라는 한국문단 양대 산맥의 틈바구니에서 둥지를 틀고 독자적인 영역을 개척해온 사람이니 당연하지 않을까.

문학과지성사는 이른바 '문지 4K'라 불리던 김현, 김병익, 김치수, 김주

감동은 아무나 할 수 있는 게 아닙니다. 가슴이 화석화되어 어떤 책을 읽어도 감동할 줄 모르는 사람들 많아요. 그런 사람은 감동이 찾아와도, 대단한 문학적 재능이 찾아와도 알아보지 못하죠. 편집자가 감동할 줄 모른다면, 그건 편집자의 죽음입니다.

강태형 문학동네 대표

연 등이 1975년 출범시켰다. 그중 김현은 문학평론가나 학자로서만이 아니라 출판기획자로도 탁월한 감각을 지녔다는 것이 정평이다. 그의 문학적 도반이자 일생의 친구였던 김치수는 한 인터뷰에서 이렇게 말했다. "그(김현)는 출판기획자로서의 의식은 갖고 있지 않았지만 그의 기획력은 출판시장에서 효과를 발휘하는가와 상관없이 문학적으로 의미 있다거나, 지성사적으로 의미 있는 점을 끌어내는 데 모아졌다. 그의 초점은 좋은 작가와 작품을 찾아내는 데 있었으며, 좋은 작가와 작품만이 한국문학의 자산이 되고 거기서 한국문학의 이론이 나온다고 생각했다. 그 점이 바로 그가 평론가로서 활약한 것만큼이나 좋은 작가와 작품을 발굴하는 데 힘을 쏟은 이유일 것이다." (배문성, 「낡은 시대정신을 거부한 한글세대 기획자 김현」, 『출판기획』, 한국출판마케팅연구소, 2002)

김현에 대한 강 사장의 생각도 이와 크게 다르지 않았다. 강 사장은 "김현 선생은 당대 누구보다 많은 문학작품을 읽는 분이었다. 읽는 것이 바로 기획이었다"고 말했는데 그 말이 모든 것을 함축하고 있었다. "김현 선생은 작품을 많이 읽고, 누구보다 앞서 작가들을 알아보았고, 그 작가가 가진 문

문학 편집자는 좋은 작품을 고르는 능력뿐만 아니라 좋은 작품을 쓰게 하는 능력도 필요하다. 문학 출판사는 재능 있는 작가가 편안하게 글을 쓸 수 있도록 지원하는 후원자 역할을 하기도 한다. 때로는 작가와 글자 한 자를 놓고 몇 달간 다투기도 한다.

한기호 출판마케팅연구소장

학적 미덕과 강점을 평론으로 짚어주었습니다. 작가가 지닌 문학적 재능이 활달하게 발현될 수 있도록, 또 작가의 시선이 보다 깊은 곳에 이르도록 힘을 실어준 분입니다. 그분이 김병익 선생과 함께 문학과지성사를 만들고 이끈 것도 한국문학 발전을 위한 토대를 이루기 위한 작업의 일환이었다고 생각합니다. 궁극의 기획은 출판사를 만드는 겁니다. 어떤 출판사를 만드느냐는 곧 어떤 책들을 출판하느냐와 다르지 않은 말이기 때문입니다."

문학동네는 작가 중심이다. 20주년 기념식 때 축사는 작가 신경숙이 했다. 20년의 역사를 압축적으로 보여주는 영상에는 신경숙 외에도 황석영, 김훈, 은희경, 안도현, 김영하, 김연수 등 문학동네를 무대로 활동한 작가들이 주로 등장했다. 신생 출판사 문학동네는 신경숙의 『깊은 슬픔』과 『외딴방』이 연이어 베스트셀러가 되면서 자리를 잡아나갔다. 현재 문학동네는 가장 많은 작가들과 일하는 출판사일 것이다. 나는 강 사장이 그 많은 작가들과 어떻게 인연을 맺을 수 있었는지 궁금했다.

"제가 젊은 시절 자유실천문인협의회 편집간사로 일하면서 작가들을 많이 만났는데, 두 가지에 놀랐어요. 하나는, 제가 그동안 적잖은 책을 읽었구나 하는 것이었어요. 제가 전작주의로 독서를 한 것도 아닌데 이청준 선생님이나 박완서 선생님을 처음 만나 한참 이야기를 나누다 보니 제가 그분들의 책을 다 읽었더군요. 두 번째는, 제가 선생님들의 책을 다 읽은 것을 깨닫고 그 말을 했을 때 선생님들이 저를 대하는 태도가 확연히 달라지는 것에 놀랐어요. 자세를 바로하시더군요. 딱히 '내 책을 다 읽어줘서 고맙다'는 것이 아니라, 당신이 쓴 책을 다 읽은 사람에게 보여주는 약간의 존중 혹은 인정하는 마음이셨던 것 같아요.

아무렇지 않게 '당신의 책을 다 읽었다'고 말하는 사람 앞에서 작가들은 형식적이지 않은 어떤 모습을 보여주었어요. '제 손으로 선생님 책을 한번 편집하고 싶다'고 말하면 진정성을 갖고 대해주셨지요. 문학 편집자라면 원고를 받고 싶은 작가 앞에서 '선생님 책을 다 읽었다'고 말할 수 있는 것이 일차적 요건이라고 생각합니다. 어떤 작가의 원고를 받고 싶다면, 그래서 '작가와 편집자'로서 관계를 맺고 싶다면, 그게 만남의 첫 걸음이어야 합니다.

작가에게 작품은 아무리 줄여 말해도 한 해 농사입니다. 한 권의 책을 집필하는 데 최소 1, 2년은 걸리잖아요. 그 한 해 혹은 두어 해 농사를 통째로 맡기는 일이 출판계약입니다. 믿을 수 없으면 맡기지 못하는 거죠. 오래 함께 일해온 작가라면 이런저런 과정을 겪으며 신뢰를 쌓아왔겠지만, 처음 만나는 작가는 그런 게 없는 상태예요. 그럴 때 그 신뢰의 첫 얼굴을 보여주는 게 편집자입니다. 작가를 처음 찾아가 만나는 사람이 편집자인데, 그 편집자를 만나 대화하면서 작가는 마음을 정하는 경우가 많아요. '이 편집자는 정말 내 작품을 읽고 좋아하는구나' 하는 믿음을 줄 수 있어야 합니다. 그것만큼 중요한 것은 없어요. 출판사의 방침이나 비전, 홍보마케팅 비용 책정 등 그 어떤 약속보다도 '내가 평소 당신 작품을 어떻게 읽어왔고, 내가 당신 작품을 좋아하고, 내가 꼭 한번 당신 작품을 편집하고 싶다'는 꿈이 전달되어야 합니다. 그게 가장 기본적인 신뢰입니다."

문학 편집자는 책을 많이 읽어야 한다는 말은 알겠다. 그런데 그것 말고 편집자는 어떤 사람이어야 할까, 특히 문학 편집자는. 그게 궁금해서 물어보았다.

"감동을 기다리는 사람, '찾아나서는 사람'이라면 더욱 좋겠지만 문학 편집자는 여느 출판 부문의 기획자들과는 달리 응모되거나 투고된 원고 더미 혹은 문예지에 발표된 작품들 속에서 작가를 만나는 경우가 많으니까, '기다리는 사람'이라고 해야겠죠. 이 원고 더미들 속에 굉장한 작품이 숨어 있을 거야, 혹은 이 문예지에 엄청난 재능이 담겨 있을 거야, 하는 기대로 가슴 설레는 사람. 그런 설렘을 가지고 살아야 하는데, 저는 이제 늙어서 많이 잃어버린 덕목이죠. 사실 이제까지 편집자에 대해 제가 말한 것들이 제게도 부족한 게 많아요. 특히 가장 아쉬운 게 감동하는 능력이죠. 감동은 아무나 할 수 있는 게 아닙니다. 가슴이 화석화되어 어떤 책을 읽어도 감동할 줄 모르는 사람들 많아요. 그런 사람은 감동이 찾아와도, 대단한 문학적 재능이 찾아와도 알아보지 못하죠. 저 역시 젊은 시절 같지 않아요. 편집자가 감동할 줄 모른다면, 그건 편집자의 죽음입니다."

어떤 작가의 책을 내고 싶은데, 아니면 회사에서 그 작가의 원고를 받아오라고 하는데, 편집자가 개인적으로 그 작가의 작품을 좋아하지 않는다면 어떻게 해야 할까? 그게 궁금해서 강 사장에게 물어보았다.

"세상에 평가자는 많습니다. 자신의 문학 이론에 근거하거나 자신의 감각과 취향에 따라 어떤 작품을 좋아할 수도 있고 싫어할 수도 있어요. 비판할 수도, 옹호할 수도 있습니다. 다만 담당 편집자는 평가자여서는 안 된다고 생각합니다. 어떤 작가는 정말 나하고 맞지 않아서 그 작가의 작품은 처음부터 평가자의 눈으로 바라볼 수밖에 없다면, 그 작가의 작품을 편집해서는 안 됩니다. 출간된 이후에는 담당 편집자는 작가와 함께 세상의 평가자들 앞에 서 있어야 하기 때문입니다. 그 책에 대한 평가가 비판적이라면 더더욱 편집자는 작가와 함께여야 합니다. 편집자는 일차 독자로서 그 작품을 가장 먼저 읽은 사람이고, 그 비판적 평가가 동의할 수 있는 것이라면, 작가에게 문제점을 짚어줄 기회가 있었기 때문입니다. 그런데 나하고 맞지 않아서 처음부터 평가자의 눈으로 바라볼 수밖에 없는 작가라면 그 작가만의 미덕을 보지 못할 수 있어요. 그건 능력의 문제가 아니고 감각과 취향의 문제입니다. 좋아하는 작가의 작품을 편집하면서도 이런저런 부분에서 갈등을 빚을 수 있는데, 애당초 좋아할 수 없는 작가라면 편집 과정에서 관계가 파탄나거나 대충 일하게 되겠지요. 그건 작가에게도 편집자에게도 불행이죠."

강 사장은 책을 얼마나 읽었을까?

"제가 책을 많이 읽은 시기는 10대 시절부터 30대 중반까지였어요. 문학동네를 하면서는 일에 파묻혀서 독서량이 많이 줄었죠. 한창 책읽기에 몰두하던 시기에는 시집은 빼고서도 하루에 한 권씩 읽었어요. 시집은 그냥 주머니에 넣고 다니며 읽었으니까. 꽤 되는 양이었죠. 어떤 시기에는 열정으로 읽었고, 어떤 시기에는 책 속으로 피신하는 심정으로 몰입한 때도 있었죠. 그 독서가 내 몸을 이루고 있다고 생각합니다. 몸의 기억이라는 말이 있잖아요. 우리 몸을 이루는 세포의 대부분은 수명이 100일 정도밖에 안 된대요. 그 말이 맞다면, 매일 세포가 죽고 매일 새로운 세포가 태어나는데, 최소한 100일 동안 어떤 일에 관심을 가지면 그 이후 100일 정도는 그 일에 대한 관심을 기억하는 세포가 내 몸에 있다는 거죠. 100일 동안 책을 읽지 않았다면 내 몸은 책에 대한 기억이 별로 없는 거고요. 과학적 근거는 모르겠지만, 어쨌거나 끊임없이 읽어야 합니다. 책 만드는 일을 업으로 삼고자 하는 사람이라면 1년에 100권은 읽어야 해요. 편집자나 마케터는 적어도 1년에 100권 이상의 책을 읽은 세월이 4, 5년은 축적되어 있어야 한다는 거죠. 문학동네 편집자와 마케터 중 몇 명은 1년에 300권 이상의 책을 읽어온 사람들입니다.

나중에 현장에서 은퇴하면 '편집자 학교'를 하고 싶은 꿈을 가지고 있는데, 첫 6개월은 100권의 책을 함께 읽고 토론하는 시간만 가지고 싶어요. 책을 읽고, 읽은 책에 대해 말하기, 이게 편집자의 기본이기 때문입니다."

시대의 역할을 감당하는 큰 출판사로

강 사장이 창립한 푸른숲은 김혜경 사장이 인수한 다음에 연속으로 베스트셀러를 내면서 승승장구했다. 그래서 출판사를 넘긴 것이 후회되지 않느냐고 물어보았다.

"푸른숲을 넘긴 것은 제가 하기가 어려워서 넘긴 거지, 완전히 망해서 넘긴 것은 아니었습니다. 대기업에 재직하던 김혜경 사장이 출판사를 하고 싶다고 하기에 처음에는 말렸어요. 그래도 하고 싶다더군요. 그렇다면 푸른숲을 인수하라고 했지요. 출판사를 넘길 당시 제가 교정을 보고 있던 책이 류시화 첫 시집 『그대가 곁에 있어도 그대가 그립다』입니다. 당시 류시화 시인의 첫 시집과 첫 산문집 원고를 다 가지고 있었어요. 안도현 시인의 『그대에게 가고 싶다』는 편집이 끝나 제작에 들어간 상황이었고, 이경자 선생의 『혼자 눈뜨는 아침』은 계약만 된 상태였어요. 출판사를 넘긴 이후 출간되어 모두 성공한 책들이죠.

제가 푸른숲을 운영할 때 시인이자 문학평론가인 강형철 형이 주간이었는데, 제가 그만두고도 그대로 주간으로 일하고 있었어요. 어느 날 강형철 형이 술자리에서 '혹시 후회되지 않아?' 하고 묻더군요. 그런데 진심으로 후회가 안 되었어요. 약간 아쉽다거나, 그냥 좀더 버티고 있을걸 하는 생각이 조금도 없었죠. 그땐 정말 너무 하기 싫었으니까. 다행이라고 생각했어요. 푸른숲이 잘되면, 김혜경 사장에게 미안해하지 않아도 되었으니까."

강 사장은 푸른숲을 넘기고 약 2년 동안 '왔다갔다'하며 소설 습작을 했다. 그때 인연이 있던 많은 분들이 경제적으로 도움도 주고 집필할 수 있는 공간도 제공해주었다. 출판사를 넘긴 지 딱 2년이 지났을 때 소설가 박범신 선생의 소개로 만난 이가 포도원출판사 김경재 사장이다. 기획실장과 주간

문제는, 열망인지도 모르죠.
자신의 전 존재를 기울여 꿈꾸고 좋아하는 것을 만나고자 하는 열망,
그 열망을 품고 있는 사람의 눈에는 그 질문이나 정보가 보일 거라고 생각해요.
그러니 읽어야 합니다.

이 따로 있던 포도원에 편집부장으로 입사했다. 편집만큼은 자신이 있었기에 기획에 대한 부담이 없다는 점이 좋았다. 그러나 출판사 돌아가는 것이 마음에 들지 않아 보름 만에 사표를 냈다. 왜 사표를 내냐 물어서 집이 너무 멀어서 도저히 못 다니겠다는 핑계를 댔다. 김 사장은 한 달만 채워달라고 했다. 한 달이 되는 날 출근했는데 사무실에 아무도 없고, 모두들 사장실에서 회의를 하고 있었다. 회의를 마친 직원들이 모두 짐을 싸서 나갔다. 무슨 일인지 의아해하고 있는데 사장이 불렀다. 사장은 "주간을 맡아 처음부터 다시 출판사를 세팅해달라"고 했다. 하지만 사장의 요구를 거부했다. 기획에 대한 부담이 컸고 문학에 대한 꿈을 아직은 놓고 싶지 않아서였다. 편집부장은 퇴근시간이 있지만 주간은 퇴근시간이 없다.

그때 언론사에 근무하던 한 선배를 만났다. 그 선배가 조언했다. "강태형이 문학에 대한 꿈이 있잖아, 출판에 대한 꿈도 한때 있었잖아. 그 사장 돈이 많다며? 그 돈을 문학을 위해 쓰면 좋잖아." 듣고 보니 그랬다. 잘하면 돈도 벌어줄 수 있겠지만, 돈을 벌어주지 못한다 해도 최소한 문학을 위해 좋은 쪽으로 돈을 쓸 수는 있겠다 싶었다. 이틀 후 김 사장을 찾아갔다. 포도원 말고 새로운 출판사를 하고 싶다고 했다. 사장의 결재 없이 쓸 수 있도록 2억 원을 통장에 넣어달라고 했다. 그때가 1993년이었으니 2억 원이면 상당한 돈이었다. 상계동 아파트가 평당 100만 원 남짓하던 시절이었다. 사장은 그 요구를 단박에 들어주었다. 그 돈으로 문학동네를 시작했다. 돈을 벌 생각이 아니고 쓸 생각으로 시작하니 너무 즐거웠다. 1993년 12월 3일, 출범식과 함께 문학동네의 역사가 그렇게 시작되었다.

책 만드는 일을 업으로 삼은 사람이라면
'길은 책 속에 있다'는 주문呪文을 체화해야 하는 거죠.
그것이 열망의 첫 걸음이라고 생각합니다.
진부한 말이지만, 어떤 물음도 어떤 대답도 책 속에 있다고 믿는 게 출판기획자의 길이니까.

우여곡절 끝에 1995년 4월, 문학동네의 사장이 되었다. 그때 강 사장은 자신의 지난 출판 인생을 잠시 돌아보았다. 푸른숲 때는 분명 너무 힘들었고, 하기 싫었고, 살림이 어려웠다. 그런데 문학동네는 정말 재미있게 했고, 또 성공했다. 그 차이가 뭘까? 푸른숲 때는 돈을 생각하지 않고 일할 수가 없는 상황이었고 문학동네는 돈을 전혀 생각하지 않아도 되었다는 차이, 장부를 봐야 했고 보지 않아도 되었다는 차이, 경영상 여기서 얼마를 벌어야 한다는 것을 고민했고 그런 고민을 하지 않았다는 차이였다.

생각이 거기에 미치자, 그는 그것을 견지해야겠다고 마음먹었다. '나는 사장이 아니다. 나는 편집자다. 장부를 보지 말고 돈 생각을 하지 말자. 경영에 대해서 생각하지 말자. 그건 내가 할 수 있는 일이 아니다.' 그렇게 마음먹고 문학동네 주간으로 일했던 그때 그대로 일하자고 결심했다. 망하는 일이 있더라도 그 결심만큼은 바꾸지 않을 생각이었다. 그리고 그것을 지금까지 지켜왔다. 지금도 1년에 한 번 정리해주는 결산서만 보고 장부는 보지 않는다.

강 사장은 시인이다. 문학에 대한 꿈이 있었고 한때 소설 습작도 했다. 문학에 대한 회한이 없지 않을 것이다. 나는 문학인과 기획자 중에 본인이 어느 쪽에 더 어울리는 것 같냐고 물어보았다.

"문학에 대한 회한, 그거 조금 있지요. 제가 처음 책을 만들기 시작한 게 1985년 자유실천문인협의회 편집간사를 하면서였는데, 그때는 책 만드는 일이 밥벌이가 될 거라고는 전혀 생각지 않았어요. 그저 이 땅에 살기 위한 복무라고 생각했죠. 계속할 거라고 생각지 않았던 일이 업이 되었어요. 업이 되고 나서도 이게 오래 할 일이라거나 천직이라는 생각은 안 했습니다. 문학을 해야지, 근데 먹고 살기 위한 하나의 수단이 될 순 있어, 하는 정도로 생각했어요.

1995년 가을 무렵, 문학동네 사장을 6개월쯤 했을 때였어요. 한 후배 시인과 술을 마시다가 '나 사장 안 하고 싶은데 또 사장이 됐네. 조금만 하고 후배한테 물려주고 나 문학 해야지' 그런 얘기를 했어요. 피차 술이 거나해진 판인데, 그 후배가 대뜸 '형, 형은 그 길이 딱 맞아. 문학 하지 말고 그거나 해'라고 대꾸하는 거예요. 화가 치밀더군요. 못 들은 체하고 넘겼지만 기분은 안 좋았죠. 후배의 그 말이 몇 달 동안 떠나지 않았어요. 한동안 선방 화두처럼 들고 다녔는데, 결국 편집자가 나한테 맞는 길일지도 모른다는 생각을 그때 처음 했습니다. 내게 문학적 재능이 있었다면, 소설 쓰겠다고 방랑하던 2년 세월 동안에 괜찮은 작품이 나왔겠죠. 그러지 못했으니 나는 문학적 재능이 없다고 생각했어요."

작가들은 자신의 문학이 다른 이의 문학보다 못하다는 생각은 절대 하지 않는다. 모두가 산의 한 봉우리를 차지하고 있는 셈이다. 내 경험을 살펴보아도 작가들 중에는 '책이 팔리지 않더라도 혹은 널리 읽히지 않더라도 괜찮아'라는 생각을 갖고 있는 사람도 있고, '왜 내 책은 안 나가는 거야? 출판사에서 제대로 광고해주지 않아서 그래'라고 생각하는 사람도 있다. 궁극적으로는 홍보에 관한 문제로 불만이 쌓여 출판사와 작가의 관계가 나빠지는 경우도 있다. 이럴 때 문제를 어떻게 해결하느냐고 물었다.

"제가 문학을 꿈꾸었던 사람이니까 출판사에서 이렇게 해주었으면 좋겠다고 생각하던 것들이 있었어요. 그런 마음을 지니고 일했습니다. 편집자들에게 이렇게 얘기해요. '작가가 그 출판사에 내 편이 하나쯤 있다고 생각해야 한다. 그것을 누가 하느냐, 담당 편집자가 해야 한다. 작가의 입장에서 회사에 건의하고 주장하는 게 담당 편집자다.' 때로 작가가 어떤 요구나 부탁을 해올 때, 계산기를 두드려보면 들어줄 수 없는 때도 있어요. 계산이 안 나오니까… 그럴 때는 고민을 하죠. 하지만 결국은 대부분 들어줘요. 계산기가 모든 답을 말하는 것은 아니니까."

문학동네에서는 1년에 약 60여 권의 국내소설이 출간된다. 직원은 200명 정도 된다. 200명이 먹고살아야 하기 때문에 '이건 정말 우리 밥줄이다'라고 생각하는 책은 강 사장이 직접 나선다. 원고 검토에서부터 책이 나올 때까지 모든 과정에 참여한다. 무라카미 하루키의 『1Q84』를 출간했을 당시 통상적인 일정보다 빨리 출간되자, 오자가 많다느니 번역기를 돌렸다느니 하는 악성 루머가 떠돌았다. 그래서 오자 한 자 찾아내는 데 10만 원 상당의 책을 증정하겠다고 약속했다. 직접 편집했기 때문에 그런 자신감을 보여줄 수 있었다. 1권과 2권 합해서 1,200쪽 분량의 책에서 강 사장이 인정할 만한 오자가 두 개 나왔다. 하나는 명백한 오자이고, 또 하나는 단어 하나가 오역이었다. 그는 입고된 작품에 대해 작가에게 불편한 말을 해야 할 때는 밤 새워 원고를 다시 읽고 아침 일찍 전화를 한다고 했다.

원고가 맘에 안 들면 작가들에게 수정 요구도 하느냐고 묻자 그러지는 않는다고 대답했다. 대신 아주 가끔 "이 책은 내지 않는 게 당신을 위해서 좋겠다"는 이야기는 한다고 했다. 일본 겐토샤의 겐조 도루 사장이 "자기를 거쳐간 작가들의 원고는 새빨갛게 고쳐지지 않는 게 이상하다"고 쓴 글을 읽었다는 이야기를 하면서 강 사장의 의견을 물었다.

"저는 편집자들에게 '의견 제시는 해야 한다, 하지만 반드시 연필로 해야 한다'고 말합니다. 물론 명백한 오탈자는 빨간 펜으로 해야죠. 작가가 힘들게 쓴 글에 대해 먼저 존중하는 마음으로 대하라는 뜻입니다. 그 작품에 대해 무한 책임을 지는 사람은 결국 작가니까. 편집하면서 눈에 띄는 문제점이나 이상한 부분에 대해서는 작가와 적극적으로 대화하되 그게 편집자의 주장이 아닌 의견 제시여야 한다는 생각입니다. 소소한 예를 들자면 서답과 개짐이라는 단어가 있어요. 지금은 거의 사라진 단어지만 이것이 요즘 말로 생리대거든요. 두 단어 모두 생리대를 뜻하지만, 미세하게 분류하자면 서답은 빨래의 의미를 담고 있어요. 옛날 생리대는 모두 천으로 만든 것이니 빨아서 사용했죠. 사용 후 빨아야 할 생리대라면 서답이라 부르고, 빨래 후 사용할 수 있게 개어둔 것은 개짐이지요. 그런데 이것을 바꿔 쓰는 경우가 있습니다. '서답을 찼다'라고 하면 이상하게 읽힐 수 있거든요. 그 단어를 제대로 아는 사람 눈에는 빨아야 할 것을 다시 찼다는 소리가 되니까. 그런 경우도 빨간색으로 고치면 기분 나빠하는 작가도 있으니 연필로 의견 제시만 하라고 해요. 지역에 따라서는 개짐이라는 말이 천하다고 해서 아예 사용하지 않기도 한다니까."

20주년 기념식 때 강 사장은 인사말에서 "이제 큰 출판사를 해야 하지 않나 하는 생각을 하고 있다"고 말했다. 나는 그 의미를 물었다.

"단순히 매출액이 높고 직원수가 많다고 해서 큰 출판사라고 생각하지 않습니다. 큰 출판사가 감당해줘야 할 몫, 역할이 있을 텐데 그런 걸 하고 싶다는 뜻이었죠. 우리가 독일의 주어캄프나 프랑스의 갈리마르를 큰 출판사라고 인정하는 건 그 출판사들이 매출이 높아서 그런 건 아니잖아요. 그만한 역사와 전통도 있지만, 그보다는 그 출판사들이 감당해온 몫이 있다는 거죠. 작은 출판사에서는 엄두를 내기 어려운 장기적인 대형 프로젝트, 기획기간만 10년이나 20년의 시간이 필요하고 자금도 적잖이 투여되는 대형 기획을 해보고 싶어요. 예를 들어 '한국사상전집'이나 '한국문학사'를 제대로 정리해보고 싶다는 꿈이 있습니다. 그런 장기적 프로젝트 없이 단순히 매출액만으로 큰 출판사라고 생각하지 않습니다."

요즘 문학동네 계열사 중에는 독립해나가는 출판사들이 하나둘 늘어나고 있다. 북하우스가 독립했고 알마가 최근 독립했다. 문학동네 임프린트 제도는 어떻길래 그런 일이 가능할까?

"저는 개인 지분 51퍼센트를 빨리 확보해서 독립해 나가라고 독려합니다. 제가 월급쟁이 편집자로 일할 때 '출판사에서 내게 이렇게 해주면 좋을

텐데' 하고 내심 바라던 것이 있었어요. 기획과 편집은 내가 잘할 수 있을 것 같은데, 다른 것은 내가 하고 싶지도 않고 자신도 없고 그랬으니까. 내가 자율적으로 기획과 편집을 하고 그게 성공하면 '내 출판사'를 만들어 나갈 수 있는 제도. 그때 그 바람을 실천하고 있는 셈입니다. 조만간 독립이 가능한 곳 중에서 개인 지분 51퍼센트를 확보해도 경영은 하고 싶지 않다는 계열사도 있어요. 문학을 꿈꾸는 사람에게는 출판사 경영이 기질에 안 맞을 수 있으니까요."

문학 기획자를 꿈꾸고 싶은 후배들에게 해주고 싶은 이야기가 무엇이냐는 질문을 던졌다.

"다른 분야는 모르겠지만, 문학출판기획자는 '문학이란 무엇인가'라는 질문을 품고 살아야 한다고 생각합니다. 무엇보다 가장 중요한 전제는 문학을 정말 즐기고 좋아해야 하는 것이죠. 그건 다른 분야도 마찬가지겠지만, 자기가 좋아하고 즐기는 일이라면 그 길도 보인다고 생각해요. 좋아하고 즐기고, 그러면서도 이것이 무엇인가라는 근원적 질문을 놓지 않는다면 분명 어떤 길이 보일 거라고 생각합니다."

내가 창비에서 일하던 1980년대 후반에는 메일은 물론이고 팩스도 없던 시절이라 작가들이 원고지에 쓴 원고를 직접 들고 와서 원고료나 인세를 받고는 술자리로 연결되는 경우가 많았다. 그때 나는 영업자였기에 국외자일 뿐이었다. 그러나 술자리에서의 이야기가 기획에 반영되는 것을 자주 확인할 수 있었다. 나는 마지막으로 과거의 기획과 현재의 기획의 차이에 대한 강 사장의 생각을 물었다.

"예전에는 그런 자리가 많았죠. '누구 작품을 봤는데, 좋더라' 하는 얘기가 그런 자리에서 많이 오갔고 그게 상당한 정보가 되었어요. 제가 아직 읽지 못한 작품을 그런 자리에서 듣고 찾아서 읽을 수 있었지요. 지금은 그런 자리가 많이 사라졌죠. 하지만 다 사라진 것은 아닙니다. 파편처럼 트위터나 페이스북, 블로그 등에 있어요. 그런 정보를 접하고, 내가 찾아 읽어야 하는 거죠. 지금은 사실 더 좋은 환경일 수 있어요. 사람들이 블로그나 페이스북 등의 소셜미디어에 책 이야기를 많이 남기니까. 아주 짧은 글들이지만, 글을 쓴 사람의 가슴속에 뭔가 가득 차오르지 않으면 나올 수 없는 글들도 많아요. 환경이 달라졌을 뿐이지, 정보의 양과 질은 변함이 없다고 생각해요. 즐기고 좋아하면, 자신의 촉수가 그쪽으로 뻗어나가기 마련이죠. 내게 들어와 기획으로 자랄 수 있는 질문들, 혹은 정보를 어디에서든 만날 수 있다고 생각해요.

문제는, 열망인지도 모르죠. 자신의 전 존재를 기울여 꿈꾸고 좋아하는 것을 만나고자 하는 열망, 그걸 품고 있는 사람의 눈에는 그 질문이나 정보가 보일 거라고 생각해요. 책 만드는 일을 업으로 삼은 사람이라면 '길은 책 속에 있다'는 주문呪文을 체화해야 하는 거죠. 그것이 열망의 첫걸음이라고 생각합니다. 진부한 말이지만, 어떤 물음도 어떤 대답도 책 속에 있다고 믿는 게 출판기획자의 길이니까. 그러니 읽어야 합니다. 지금 읽고 있는 책 속에 분명 무언가 있다고 눈에 불을 밝히는 시간, 그게 마법의 시간이라고 저는 믿습니다. 어떤 일이나 분야에 대해 평소 독서량이 쌓여 있지 않으면, 그 일과 관련한 중요한 정보가 오가는 현장에 앉아 있다 해도 알아듣지 못합니다. 숟가락이 백날 국그릇 속에 있어도 국 맛을 알지 못하는 것과 다르지 않죠. 기획자는 민감한 혀가 되어야 합니다."

2000년대 초반에 나와 강 사장은 비행기 옆자리에 앉아 함께 프랑크푸르트 도서전에 가면서 12시간 동안 서로 한마디도 나누지 않은 적이 있다. 도중에 다른 친구가 좀 쉬라며 자리를 바꿔줬을 정도였다. 내가 쓴 글을 인용한 한 일간지 기자의 칼럼으로 인해 우리는 서로 감정이 상해 있었다. 그 일은 다소 시일이 지난 다음에 서로가 악수를 하고 해소했다. 그 뒤에 내가 이런저런 제안을 하면 강 사장은 흔쾌히 응해주는 편이다. 다소 격하게 다퉜지만 감정의 티끌은 서로 남기지 않았던 것이다.

강 사장은 주로 밤새도록 편집 일을 한다고 했다. 나도 늘 새벽에 일어나 일을 한다. 나도 한 열정 하는데 그의 열정도 대단하다는 것을 다시 한번 느꼈다. 역시 문학 기획은 아무나 하는 것이 아니다. 문학에 대한 열정을 갖고 많은 책을 읽은 사람만이 버틸 수가 있다. 강 사장의 30여 년 문학 편집자 생활이 그걸 말해주고 있다. 인터뷰가 끝나고 강 사장과 나는 술자리를 가졌다. 그는 파주출판도시와 서교동에 출판노동자를 위한 탁아소를 설치해야 한다는 내 블로그 글을 봤다며 탁아소를 설치하고 싶다고 했다. 그 자리에 문학동네 편집자 두 사람이 나중에 와서 합류했다. 강 사장은 파주에서 나와 일산으로 가는 차 안에서 내내 두 사람의 칭찬을 했다. 그야말로 '입보살'이었다. 그것은 내가 정말로 배워야 할 미덕이었다.

한기호 | 한국출판마케팅연구소장

1998년 한국출판마케팅연구소를 설립해 격주간 출판전문지 〈기획회의〉를 올해로 15년째 발간해오고 있다. 그 외에도 〈북페뎀〉 등 한국출판의 발전을 꾀하는 출판잡지와 단행본을 발행해왔고, 출판평론가로 활동하며 여러 매체에 글을 발표하고 있다. 『한기호의 다독다독』 『새로운 책의 시대』 『베스트셀러 30년』 등 다수의 저서가 있다.

3

분야별로 살펴보는 출판기획자

인문/역사 · **강성민**

문학 · **한기호**

사회과학 · **정윤수**

에세이 · **김도언**

경제경영/자기계발 · **한기호**

과학 · **김현숙**

예술 · **정민영**

그림책 · **이상희**

청소년(논픽션) · **서상일**

만화 · **박인하**

장르문학 · **임지호**

IT · **박주훈**

인문/역사

강성민
글항아리 대표

지난 15년간 한국 출판이 많이 성장했다는 것은 두말할 필요 없는 사실이다. 인문·역사 분야 출판에서도 국내외 기획물이 꾸준한 성장세 속에 종 다양성을 대폭 확대했다. 학자·문인 출신의 편집위원·동인체제의 몇몇 큰 출판사가 출판기획을 주도했던 1990년대까지와는 달리, 2000년대에는 출판 내부에서 길러진 기획 주체들이 급격하게 세포분열하면서 각개약진하거나 경쟁적 담론의 이너서클을 이루기도 했다. 인문·역사 분야에서는 1990년대부터 이어져온 거시담론과 유행사조들이 대부분 힘을 잃은 상황에서 '개인'이라는 화두(심리학), '다시 근본을 사유'한다는 흐름(고전과 생태), 생활세계를 미시적으로 챙겨보고자 하는 시도(다양한 읽을거리)들이 주류를 이뤘다. 무엇보다 독자들을 확보·유지하기 위한 소재와 서사적 고민(팩션)이나 콘텐츠의 시각화가 다양한 방식으로 실험되기도 했다. 그런가 하면 경제위기와 부의 집중, 중산층의 해체, 약탈국가와 자본의 결탁, 신자유주의 이데올로기의 총체적 붕괴 속에서 지난 몇 년 동안은 다시 사회와 계급문제, 자본주의 체제 등에 대한 대안적 고민이 급진적 철학이론을 중심으로 재가동되어 하나의 흐름을 이루고 있기도 하다. 지금 쓰고 있는 이 글의 기획의도가 "2000년대 이후 지난 15년간 의미 있는 궤적을 남긴 도서와 기획자들을 통해 인문·역사 분야 도서 기획의 변화를 짚어본다"는 것인데, 그 수많은 책과 기획자들을 어찌 이 짧은 공간에서 담을 수 있겠는가. 깜냥도 안 되는 견문으로 괴롭기 그지없지만 어설프게나마 기억을 되살려 간략하게만 묘사해 보기로 한다.

신흥 강자의 탄생과 뚝심 있는 기획들

1998년 IMF 이후 휘청거렸던 출판계는 2000년대에 들어서면서 다시 힘을 내서 항해하기 시작했다. 가장 큰 힘을 냈던 건 아마 책세상이라는 출판사가 아닐까? "우리 사회를 우리의 힘으로 사유"하는 것을 목표로 출간된 '책세상문고 - 우리시대'는 아마 지난 15년을 통틀어 가장 주목받은 기획일 것이다. 한국인의 정체성, 사이버 세계에 대한 성찰, 계급문제 등 국내 학자들을 시대적 화두를 중심으로 불러 모아 책으로 논쟁을 만들어냈고, 하나의 주제를 발 빠르게 파고들기에 적합한 문고판 시리즈라는 형식적 변화도 주목을 끌었다. 다른 출판사의 문고판 기획을 이끌기도 했다는 점도 기억할 수 있다.

'책세상문고 - 우리시대'의 무게중심은 곧 2002년 1월부터 내기 시작한 '책세상문고 - 고전의세계'로 옮겨갔다. 현실에서 고전으로의 중심 이동이었다. 이 시리즈는 그간 우리가 안 읽어온 고전, 20세기 서구의 사상혁명을 이끈 정치 팸플릿 속의 짧은 글들 등을 새롭게 고전으로 정의·규합하면서 '우리시대' 시리즈와의 연속성을 고민했고, 다양한 고전들을 읽고자 하는 독자들의 욕구와도 접속했다. 『민족이란 무엇인가』를 시작으로 2013년 6월까지 총 86권을 펴낸 대단한 지속성과 끈기를 보여주었다. 동서와 고금을 넘나들며 필독 고전 초역을 대량으로 포함하고 번역자의 해제를 강화함으로써 주목을 끈 이 기획의 뒤에는 김광식 주간이 존재했다. 조만간 100권을 돌파하여 그 의미가 다시 한 번 곱씹어졌으면 한다. 이러한 '고전에의 이끌림'은 책세상만의 일은 아니었다. 아카넷에서는 그보다 한발 앞선 2001년 8월부터 '대우고전총서' 시리즈를 펴내기 시작했다. 고대 그리스부터 칸트, 데카르트, 쇼펜하우어, 니체 등 서양철학사의 번역하기 힘든 텍스트들을 심혈을 기울여 학술번역해냄으로써 정통적 접근의 맥을 이어나갔다.

인문·역사 분야의 고전 출판이 '고도의 기획성'을 갖고 확실한 입체성을 띠기 시작한 것은 2003년 그린비의 '리라이팅 클래식' 시리즈가 등장하면서부터다. 전문 연구자들이 『열하일기』, 『자본론』 같은 고전들을 자기 식으로 해석해서 들려주는 원전 독해 시리즈였다. 이 시리즈는 고전의 독자를 넓게는 청소년층까지 끌어내리면서 '젊게' 만들었고, 고전의 생명성을 새롭게 개척했다는 의미도 있다. 유재건 대표와 김현경 당시 주간은 남다른 열정과 뚝심으로 '리라이팅 클래식'으로 출판계에 확고하게 그린비의 이미지를 박아넣었다.

2000년을 전후하여 인문·역사 분야에서 주목할 만한 출판사들이 속속 탄생했다. 푸른역사와 휴머니스트의 등장은 향후 인문·역사 출판계의 지각변동을 예고하는 사건이었다.

1997년 책을 내기 시작한 푸른역사의 박혜숙 대표는 학계와 긴밀하게 관계를 맺으면서 역사책의 틀과 이미지를 개량해나갔다. 삼국과 고려시대 인문교양서 시장의 개척, 신돌석·궁예·백동수 등 문제적 개인의 조명, 『그래도 역사의 힘을 믿는다』 등의 사론서, 학술지 〈역사와 문화〉와 『미시사란 무엇인가』 등의 이론서를 내면서 역사라는 대지에 여러 갈래의 물줄기를 신속하게 흘려보내며 독자라는 숲을 일궈내더니 『미쳐야 미친다』와 『조선의 뒷골목 풍경』이라는 전설적인 베스트셀러를 만들어냈다. 불광불급不狂不及 열풍을 일으킨 『미쳐야 미친다』는 판각한 듯한 캘리그라피가 매우 충격적이었고 콘셉트의 압승이었다. 『조선의 뒷골목 풍경』은 이른바 생활미시사 영역이 거둔 이론적·실천적 성과를 흡수·통일했다고 할 만했다. 최근 들어서는 푸른역사아카데미를 설립해 서평토론회, 다양한 대중 강연을 개최하는 등 자신만의 출판 연계시스템을 통해 푸른역사의 기획은 더욱 다이나믹하게 진화하는 중이다.

휴머니스트는 2001년 화려하게 등장했다. 2000년대 초반 5년은 '휴머니스트의 시대'라는 말을 써도 좋을 정도로 세간의 관심이 이 출판사에 집중되었다. 김학원 대표는 편집자의 이름에 '스타'라는 수식어가 붙을 수 있는 유일한 인물이 아닐까 싶다. 휴머니스트의 첫 책인 『서양과 동양이 127일간 e-mail을 주고받다』는 그 액티브함이나 섭외력이나 제목 등이 기존의 감각으로는 아주 참신하게 다가왔다. 연이어 낸 통섭적 대화 시리즈는 인문학 주제를 그 심층성을 잃지 않으면서 보다 상호적이고 부드러운 그릇에 담아냈고, 그 과정을 지면 중계하는 등 편집자 역할을 강화하며 큰 주목을 받았고 도정일·최재천의 『대담』으로 정점을 찍었다. 이후 전국교사모임과 연계한 '살아있는 휴머니스트 교과서' 시리즈, 박시백의 『조선왕조실록』(전20권), 진중권의 '미학오디세이' 연작 등 '지속가능한 출판'을 모색하는 인문·역사 분야의 한 모델을 성공적으로 안착시켰다. 그리고 『노마디즘』을 비롯해 최근 『식탁 위의 한국사』에 이르기까지 국내 중진 저자들의 전작 인문서들을 내놓으며 판매와 의미를 유기적으로 결합시켜 출판사의 육질을 더욱 쫀쫀하게 만든 느낌을 준다. 이런 휴머니스트의 기획을 이끈 이들은 김학원 대표와 선완규·이재민 편집자들이었다. 휴머니스트는 독서대중과 함께 호흡하면서 함께 미래를 향해 달려나가는 듯한 느낌의 출판을 했고, 기획의 힘을 보여줬다.

안타까운 상황을 맞긴 했지만 2000년대 인문·역사 출판을 얘기하면서 생각의나무를 빼놓을 수는 없을 것이다. 생각의나무는 2000년대 한국 출판의 몸통 중의 몸통이었다. 고급한 인문교양서와 편안한 서사를 양수겸장한다는 전략으로 한편에서는 〈비평〉, 〈당대비평〉 등의 계간지와 그 연관된 도서들을 펴냈고, 『김석철의 20세기 건축산책』, 『성완경의 세계만화탐사』 등 '탐사와 산책' 시리즈는 책의 절반을 차지하는 도판과 캡션 등 과감한 편집 스타일로 주목을 끌었다.

학자·문인 출신의 편집위원·동인체제의 몇몇 큰 출판사가 출판기획을 주도했던 1990년대까지와는 달리, 2000년대에는 출판 내부에서 길러진 기획 주체들이 급격하게 세포분열하면서 각개약진하거나 경쟁적 담론의 이너서클을 이루기도 했다.

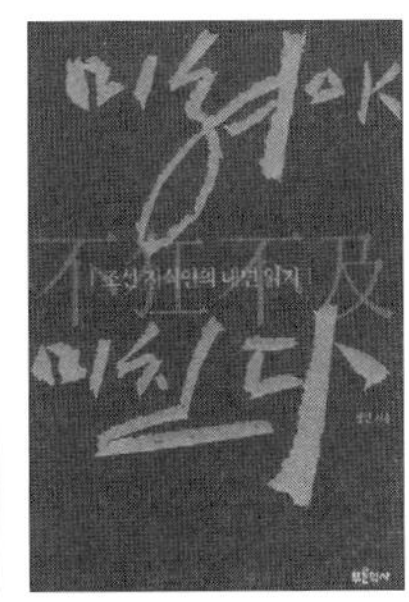

또 2003년부터 최고급교양서 시장을 겨냥한 고가본 도서를 연이어 출간해 대담하고 모험적인 기획의 실험실을 가동시켰다. 타블로이드판에 가까운 대형판형에 화려한 도판으로 가득한 '유네스코 세계문화' 시리즈는 9만원대의 가격임에도 잘 팔렸으며, 2006년 『조르주 뒤비의 지도로 보는 세계사』로 정점을 찍었다. 이러한 식의 '지도+역사' 콘셉트의 고가 인문서는 휴머니스트의 『르몽드 세계사』, 책과함께의 '아틀라스' 시리즈로 계속 변주되면서 출판계의 인기종목이 되었다.

생각의나무는 그야말로 '기획을 불태운' 출판사였다. 그 불꽃 기획을 진두지휘한 이는 박광성 당시 대표였으며 편집장 김수한은 그 파트너였다. 특히 김수한은 웅진 임프린트 산책자 대표를 거쳐 현재 현암사 주간으로 일하는 지난 15년 내내 '한국에서 양질의 책을 가장 많이 낸 편집기획자'라 불러도 손색없는 활동을 이어가고 있다. '나쓰메 소세키 전집', 『번역 예찬』 등 최근 눈길을 모으는 현암사의 기획들로 볼 때 김수한 주간체제에 출판인들과 독서계의 기대가 모아지고 있다.

2003년 새롭게 공식 출범한 도서출판 길은 '인문출판의 오래된 미래'를 자신의 길로 삼았다. 내가 기자로 일하던 시절 서교호텔 커피숍에서 길의 이승우 기획실장을 만나 향후 출판 방향을 듣던 기억이 지금도 또렷하다. 김중식 시인이 한기호 소장을 일컬었던 표현을 빌리자면, 이승우 실장은 '한길그레이트북스'의 산파답게 '학술출판의 확신범'이라 부를 만한 '문제적 기획'을 선보여왔다. 첫 책부터가 로버트 단턴의 『책과 혁명』이었다. 이 이중성의 절묘한 앙상블이라니. 이후 하이데거, 바흐친, 그람시, 아도르노가 연이어 나왔고, 진즈부르그를 위시해 『몽타이유』 같은 신비롭고도 달콤한 미시사의 걸작들이 눈을 사로잡았다. 2000년대 후반부터 최근까지 『거대한 전환』이나 『프로테스탄티즘의 윤리와 자본주의 정신』 등의 출간은 칼 폴라니나 베버 같은 사상의 선각자를 '다시 제대로' 읽고자 하는 집단지성의 투지를 되살려냈다.

대중과 시장의 불균질성과 파동을 견뎌야 하는 출판사는 본질적으로 야

누스적 이야기꾼일 수밖에 없다. 그렇기에 출판사가 특정 메시지를 품고 '설득의 주체'가 되기란 결코 쉬운 일이 아니다. 하지만 길은 '기초의 기초'를 지향하면서 독자들을 설득해오고 있다. 키케로, 아리스토텔레스 등 그리스·로마 고전들이 주석완결판으로 서서히 그 대륙을 드러내고 있으며, 벤야민·짐멜 등 근현대 독일의 뛰어난 지성들이 걸작 번역으로 나오고 있다. 동양적 표현을 가미하자면 평석評釋과 집교集校를 거친 『자본』의 완간이야말로 이 출판사의 DNA가 우성인자라는 점을 어느 정도 객관화시켰다고 할 것이다. 도서출판 길은 보통의 학술출판이 최소편집의 소극성과 가늘고 긴 생존을 모색하는 것과는 정반대로 7교, 8교까지 철두철미하게 텍스트를 뜯어보고, 과감하게 사막과도 같은 텍스트 위를 행려하는 책임편집의 정신이 뒷받침된 것이 특징이다.

뚝심과 저력이라면 이학사의 강동권 대표도 못지않다. 지금도 팔리고 있는 '쉽게 읽는 철학' 시리즈로 1990년대 후반에 출판을 시작한 이학사는 2000년대 초반 '신화 종교 상징 총서'를 내면서 본격 인문학 출판사로 이름을 알렸고 이는 미르치아 엘리아데의 『세계종교사상사』(전3권)라는 역작으로 귀결되었다. 2001년 나온 알랭 바디우의 『들뢰즈-존재의 함성』은 백의의 『철학을 위한 선언』(1995)에 이어 바디우의 존재를 우리 인문학계에 알린 첫 책이나 마찬가지였고, 수많은 담론을 불러일으켰다. 곧이어 2001년 11월 안토니오 네그리·마이클 하트의 『제국』을 내면서 이학사는 이른바 전성기를 맞았다. 『제국』이야말로 공론장이 사라진 한국 지식계에 '한 권의 책이 하나의 담론무대'가 될 수 있다는 놀라운 사실을 눈으로 확인시켜준 책이다. 그 후 몇 년간 지속된 『제국』의 담론네트워크는 실제 판매와도 연계되어 '인문학 출판의 행복'을 연상시키기도 했다. 『건국의 정치』, 『사람다움의 발견』 등 꾸준하게 이어지는 벽돌 두께의 국내 학자들의 단독 저술은 이학사 강동권 대표의 저자 발굴 안목을 확인시켜줬다. 현재 이학사는 책의 판매와는 상관없이 갈수록 철학과 이론 속으로 깊숙하게 파고드는 기획으로 그 흐름을 이어나가고 있다. 대단하다는 말 이외에 무엇이 필요하겠는가.

인문·역사 출판의 세포분열

2000년대 초중반에서 시작해 지금까지 한국 인문·역사 출판의 특징이라면 끝없는 세포분열일 것이다. 전통의 대형출판사에서 실력을 갈고닦은 편집기획자들이 새롭게 출판사를 차리면서 좀더 개성적이면서도 임팩트 있는 기획들을 선보였다. 앞서 언급한 휴머니스트, 푸른역사, 교양인이 푸른숲에서 갈라져 나왔다면, 길은 한길사에서, 너머북스, 천년의상상은 다시 휴머니스트에서 갈라져 나왔다. 2008년 『백범일지』로 과감한 출사표를 던진 너머북스는 역사 분야를 특화시켜 『나는 노비로소이다』, 『클래식 시대를 듣다』, 『광해군 그 위험한 거울』, 『해방일기』 등 비판정신과 내실을 함께 건사하면서 이미지를 만들어가는 중이다.

아참, 역사 분야에서 이산을 지나칠 뻔했다. 최근 출간이 주춤하지만 중국과 일본을 주요 대상으로 하여 흥미로운 역사번역물을 집중적으로 펴낸 이산은 출판사들이 좋아하는 출판사이기도 했다. 『리오리엔트』, 조너선 스펜스의 연작들, 강상중의 국내 첫 번역서인 『오리엔탈리즘을 넘어서』는 깊은 인상을 남겼고, 무엇보다 책의 장정이나 디자인이 연속성을 띠면서 한길그레이트북스, 까치신서, 문지의 현대의 지성, 솔의 입장 총서, 민음사의 이데아총서 등과는 또 다른 맛의 장서 구축 열망을 불러일으키기도 했다. 부부출판인 강인황 대표와 문현숙 기획실장은 이 모든 것을 이끈 장본인이다. 전문 북헌터와 장인의 기질을 동시에 갖춘 이 두 사람의 존재 덕분에 2000년대 이후 한국 인문·역사출판이 더 아름다울 수 있었다.

지면의 제한 때문에 더 이상 언급하지 못하는 수많은 출판사와 기획자들을 어찌겠는가. 『열하일기』(전3권) 완역을 위시하여 다종다양한 한국학 기획 출판으로 지난 10여 년 인문출판의 대표 격으로 떠오른 돌베개는 그 성과를 다 적기도 힘들 정도지만 그저 언급만 하는 것으로 양해를 구하고자 한다. 그 외에 2004년 김두식 교수의 『헌법의 풍경』, 정희진의 『페미니즘의 도전』으로 단숨에 인문출판의 중심에 선 교양인(한예원 대표)은 이후로도 로베스 피에르, 괴벨스, 스탈린으로 이어지는 '문제적 인간' 시리즈로 '완소'

출판사가 됐다. 『스페인 내전』과 『속삭이는 사회』(전2권)로 '완소스러움'이 더해지고 있다. 이외에도 산처럼의 윤양미 대표, 여전히 역사출판의 맏형격인 역사비평과 최근 그 키를 잡고 필진을 두텁게 하고 있는 정순구 대표, 한 방 있는 책들을 주로 기획하는 갈라파고스, 역사출판의 뉴페이스 책과함께, 천병희라는 전무후무한 그리스고전 번역가와 함께 그리스 원전 번역으로 이미 서가의 한 줄을 넘게 채운 숲의 강규순 대표, 지금은 아니지만 『생각의 탄생』 등 내놓는 책마다 판매왕에 등극해 내 개인적으로 '인문출판계의 마이다스의 손'이라고 애모한 적이 있었던 에코의서재의 조영희 대표 등도 내로라하는 기획자들이다.

지금은 활동이 뜸한 당대는 2000년대 초반까지만 해도 윤건차의 『현대한국의 사상흐름』, 하워드 진의 『오만한 제국』 등을 연달아 펴내며 지식담론 활성화에 크게 기여했다. 특히 저자의 프로필 사진을 책의 표지로 삼는 일관된 방식의 디자인을 실험했다는 점도 일정하게 평가되어야 할 것이다.

1990년대 '역사신문'과 '세계사신문' 시리즈로 역사 콘텐츠를 담는 그릇에 혁명에 가까운 변화를 이끌었던 사계절출판사는 2000년대 들어 박물관의 전시구조를 콘텐츠 내러티브 구조로 차용한 『한국 생활사 박물관』 연작으로 새로운 밀레니엄에 맞게 역사출판의 단계를 두세 단계 끌어올렸다. 독보적 스테디셀러와 해외 수출까지 염두에 둔 고비용 기획으로 충분한 성과를 냈고, 이때 쌓은 출판사 내부의 노하우를 '아틀라스 역사' 시리즈로 연결시켰다. 이 시리즈는 일러스트 도판 해설 콘셉트의 역사서 가운데 최고의 퀄리티를 성취했으며 한국 연구자들이 쓴 일본 역사를 일본에 수출하는 미션 임파서블을 수행했다. 그 외에 사계절출판사 인문학 분야의 큰 줄기는 '동아시아학'에 대한 선구적·지속적 토대 다지기라 할 것이다. 몽골어 원전을 번역한다든지, 관련 예술사, 문명사, 논픽션을 입체적으로 다져나가는 모습은 이미 출판계에 귀감으로 자리 잡은 지 오래다. 강맑실·김영종·류형식 등의 이름은 굳이 언급하지 않더라도 책 속에 짙게 배어 있으리라.

인문·역사의 춘추전국시대

이른바 지난 15년 인문·역사 분야 '첨단이론'의 춘추전국시대를 초간단으로 정리하는 신공을 발휘해보자. 이론은 '인문출판'의 영혼에 해당하지 않을까? 비록 그 영혼이 흐릿해지고 혼미해질 때도 있지만 사라지지 않는 것은 그러한 존재적 여건 때문일 것이다.

도서출판b가 처음 등장했을 때 이 출판사가 지금까지 이토록 펄펄 살아있을지 누가 알았을까. 서양 파트를 감당하는 듯한 이성민과 동양 파트를 감당하는 듯한 조영일의 기획을 통해 '가라타니 고진 컬렉션'과 '다자이 오사무 전집', '슬로베니아학파 총서' 및 '바리에테 신서'라는 도서목록을 기적적으로 쌓아오고 있다. 작금의 지젝 르네상스는 도서출판b의 작품이라고 봐도 무리는 아니다. 생소한 사상가들을 가장 많이 소개하기도 했다. 『칸트사전』, 『맑스사전』, 『헤겔사전』 등 '현대철학사전' 시리즈는 고가임에도 불구하고 향후 도서출판b의 경영에도 도움이 되는 스테디셀러가 되지 않을까 전망해본다.

도서출판b를 기점으로 규모와 시기 면에서 앞서는 축에 새물결과 인간사랑이 자리 잡고 있으며, 그 이후로는 난장, 마티 등의 출판사가 놓인다. 그린비와 앨피는 좀 떨어진 곳에 이론서 출판을 이어나갔다. 새물결은 앞물결이 흘러가면 뒷물결이 새물결이 되는 이치를 꾸준히 실천하며 지독한 '새로움'으로 출간목록을 갱신하고 있고, 인간사랑은 고집스럽게 자신의 위치를 고수하면서 일부 선구적 발굴을 후속 주자들에게 바통을 넘겨주면서 산파 역할을 하기도 했다. 난장은 그린비 출신의 기획자인 이재원 대표를 중심으로 진태원-양창렬-문강형준-최정우 등의 기획번역그룹을 멋지게 형성하며 위협적인 후속주자로 등장했고, 한길사 출신의 마티 정희경 대표는 간헐적으로 충격파가 있는 책들로 이론서 대열에 끼어들었다. 앨피는 철학적 담론을 원전 그대로의 느낌보다는 접근성을 높이기 위한 편집과 약간의 비판적 스탠스를 곁들여가며 자기 색깔을 구축해나가고 있다. 그리고 출판계에 충격파처럼 느닷없이 던져진 예외적 존재 이제이북스가 2003년경부터 '할'의 도미노를 펼쳐왔다. 서강대 철학박사 출신인 전응주 대표가 이제이북스의 모든 책을 기획했는데 16권까지 나온 정암학당과의 '플라톤전집' 출간은 지난 15년 동안 출간된 모든 출판물 가운데 다섯 손가락 안에 꼽을 업적이라고 할 수 있다. 한편 자음과모음의 '하이브리드 총서'는 도서목록이나 디자인 면에서 이론서 시장의 신선한 기획으로 기록해둘 만하다.

출판사에 소속되어 있지는 않지만 리쩌허우, 류짜이푸 등 중국 사상계의 거성들을 국내에 최초로 소개한 노승현, 일본통과 중국통을 동시에 자처하며 고전과 가벼운 교양서들을 두루두루 기획하고 번역한 노만수, 한울·뿌리와이파리·글항아리·책과함께 등을 오가며 『다윈 평전』, 『유럽문화사』(전5권) 등 출판계에 이른바 진중한 '굵은 책들'을 독보적으로 소개해온 최연희 등 독립군이자 노마디즘적 기획자들도 지난 10여 년 인문·역사 출판을 풍성하게 해준 1등 공신들이다.

그 외에 '동아시아의 비판적 지성' 시리즈 6권을 포함해 매년 사회의 맥을 틀어쥐는 기획으로 비판지성을 이어나가는 창비, 『증여의 수수께끼』, 『저자로서의 인문학자』 등 인문라이브러리를 통해 진주 같은 책들을 펴내는 문학동네를 비롯해 고급인문학의 여전한 수원지인 문학과지성사, 한길사, 번역인문학의 보물창고라 할 수 있는 까치 등은 너무나 그 역할이 이미 자명하기 때문에 과감하게 생략할 수밖에 없었다.

또한 1990년대 후반 쌍둥이처럼 나타나서 과학과 인문학에 골고루 비중을 두고 가벼운 인문서부터 묵직한 이론서까지 펴내는 책마다 산뜻하고 '교양의 혁신' 효과를 주었던 궁리의 이갑수 대표와 지호의 장인용 대표는 같은 시기 시대의 변화를 나누어서 그렸고, 사회과학적 지향 속에 인문·역사의 그림을 그리는 도서출판 삼인이나, 최신 가장 강력한 이데올로그를 내부에 품은 채 화두공세를 퍼붓고 있는 후마니타스, 이른바 '젊은 피와 상상력'으로 웅진지식하우스의 소프트하고 스마트한 인문·역사서로 '인문서 2만부 시대'를 열었던 김형보·김보경 등의 기획자들, 그리고 오월의봄·삼천리·따비·사월의책과 같은 신생 출판사의 움직임까지, 다루지 못하는 부분이 너무 많아 글을 쓸수록 툭툭 튀어나오는 존재들 때문에 점점 정신이 혼미해지는 느낌이다. 이제 스스로를 자책하고 장탄식하며 펜을 놓을 수밖에 없을 것 같다.

문학

한기호 한국출판마케팅연구소장

분야별 출판기획자를 조명하는 글의 필자를 끝까지 찾지 못한 분야는 문학, 아동(그림책 제외), 경제경영·자기계발 등 세 분야였다. 세 분야 모두 어쩔 수 없이 내게 최종 임무로 떨어졌다. 이 중 문학 분야의 어려움만 살펴보자.

문학 출판사는 주로 팀으로 움직인다. 민음사, 문학과지성사, 문학동네, 실천문학사, 창비(가나다 순) 등 계간지를 펴내고 있는 문학 출판사는 브랜드의 힘이 강한 데다 편집위원들이 주요한 역할을 한다. 창비의 경우, 시·소설·아동 등 분과별 기획위원이 따로 있지만 출판사는 기획위원의 명단 공개를 꺼린다. 그걸 억지로 알아내어 '특종'처럼 알릴 수도 있겠지만 그럴 수는 없는 일이다. 30년 이상 경력을 가진 문학 편집자와 이야기를 나눈 후 나는 글의 방향을 틀어야만 했다.

다행스럽게도 『한국의 출판기획자들』의 집중 인터뷰에 사람과 작품 보는 안목이 탁월한 민음사의 박맹호, 베르나르 베르베르를 비롯한 외국작가의 전작을 뚝심 있게 펴내 한국 작가처럼 만들어버리는 열린책들의 홍지웅,

신경숙·은희경·안도현·김영하·김연수 등 신진 작가들의 베스트셀러를 연속으로 펴낸 문학동네의 강태형 등의 '거물' 기획자가 등장한다. 이런 이유 때문인지 자신이 실력 있는 문학기획자라고 나서는 사람이 별로 없었던 것 같다. 신인의 소설이나 시 몇 편을 읽고 천부적인 재능을 파악하는 안목을 가진 사람이야말로 탁월한 문학 기획자일 것인데, 문단에서 회자되는 몇몇 인물들이 있다.

『시를 어루만지다』(도서출판b)는 김소월, 서정주 등 작고한 시인에서부터 황병승, 유홍준, 함기석, 조영석 등의 신예에 이르기까지 56명의 시인들의 시 한 편마다에 김사인만의 감각으로 읽은 해설이 수록되어 있는 시선집이다. 나는 김사인 시인의 죽비를 치는 듯한 명쾌한 설명에 수없이 무릎을 쳤다. 그가 발군의 기획자라는 것이 이해가 됐다.

1980년에 계간 〈창작과비평〉과 〈문학과지성〉 등이 강제 폐간된 다음에 잡지(Magazine)와 단행본(Book)의 성격을 합한 무크(Mook)가 속속 등장했다. 1980년대 중반은 문학, 르포, 노동, 사회비평, 여성운동, 예술, 환경, 실천불교 등 모든 장르에 무크가 출현하던 시절이었다. 문학무크만 보아도 〈지평〉, 〈전망〉(이상 부산), 〈우리문학〉(대구), 〈삶의 문학〉(대전), 〈마산문화〉 같은 지역거점의 무크와 〈오월시〉, 〈시와 경제〉, 〈자유시〉, 〈분단시대〉 등 시 전문 동인지 등이 계간지 부재 시대에 새로운 문인의 배출구가 되었다.

도종환은 '분단시대' 동인이었다. 그는 '분단시대' 동인들의 공동시집 『분단시대 판화시집』에 「접시꽃 당신」, 「병실에서」, 「암병동」, 「옥수수밭 옆에 당신을 묻고」, 「당신의 무덤가에」 등 다섯 편의 시를 발표했다. 시인은 옥천의 하숙방에서 홀로 기거하며 암으로 세상을 뜬 아내 구수경을 떠올리며 이 시들을 썼다.

이 시들의 가치를 알아본 이가 당시 실천문학사 편집책임자였던 김사인 시인이었다. 김 시인은 이 시들을 보고 도종환에게 시집을 내자고 종용했다. 숨 막히는 5공화국 치하의 엄혹한 현실에 사적인 삶을 노래한 시집을 펴내는 것을 꺼려하던 도종환 시인은 결국 김사인의 간절한 요구를 받아들일 수밖에 없었다. 덕분에 밀리언셀러의 반열에 오른 『접시꽃 당신』이 등장할 수 있었고, 이 시집은 영화, 연극, 드라마 등으로 만들어지며 한국을 대표하는 순애보가 되었다.

이처럼 대형 베스트셀러가 된 문학작품에는 어김없이 작품을 제대로 바라본 안목 있는 기획자가 존재했다. 그들은 주로 문인이었다. 과거 1980년대 문학출판사의 주변에서는 문인들의 술자리가 많았다. 그 술자리야말로 대단한 '기획회의'였다. 지금은 술자리가 그때만큼 활발하지 않아 문학시장이 침체된 것일까? 아무튼 무리를 해서라도 문학 기획자를 조명하는 꼭지를 마련한 이유는 문학 기획자가 갖춰야 할 미덕이 무엇인지를 밝혀내기 위함이다. 이 글에서는 다른 분야처럼 많은 사례를 예시하지 못하는 대신 문학 편집자가 작가(저자)와 교류하는 법에 대해 알아보기로 하자.

1943년생인 오시마 이치요는 와세다대학교 문학부미술전수과를 졸업하고 헤이본출판사에 입사해서 〈주간 헤이본〉, 〈헤이본 펀치〉, 〈다카포〉 편집부를 거쳐 1992년부터 1999년 9월까지 〈하토요!〉 편집장으로 일하는 등 34년간이나 편집자 생활을 했다. 그는 2001년에 출간된 『편집자 학교』에 「문학 편집자가 알려주는 작가와 교류하는 법」을 발표했다.

오시마는 문학 편집자는 '작가와 어떠한 관계를 맺는가'에 모든 것이 달려 있다고 말한다. 나는 평상시에 "나를 비롯한 글 쓰는 사람 모두는 모두 환자"라고 말해왔다. 나이가 많은 작가들은 저마다 산봉우리를 하나씩 차지하고 앉아 '내가 최고'라는 우쭐함에 사로잡혀 있는 사람이라고 보아야 한다는 뜻이다. 겸손한 이들이 없지 않지만 그들의 속마음까지 알기는 어렵다. 오시마의 지적처럼 "털털해 보이는 사람도 실은 굉장히 섬세하고 상처를 잘 받는 겁쟁이"일 경우도 적지 않다.

작가는 "몸과 마음을 도려내면서 원고를 쓰는" 사람이다. 문학 편집자는 그들과 어떤 관계를 맺어야 할까? 오시마는 문학 편집자를 노예형, 대항형, 우정형의 세 유형으로 나눈다. 노예형이란 말 그대로 노예처럼 작가에게 혹사당하면서 일을 해내는 타입이다. 작가가 휴일에도 부르면 쏜살같이 달려가 "이사 도우미, 정원 청소, 애인과의 여행 준비, 빚보증, 애 돌보기, 자식 아르바이트 알선, 생일 선물 등등"의 일을 마다하지 않고 하는 유형이다. 요즘은 과도한 선인세로 작가의 작품을 얻어내려고 애쓴다. 이 또한 노예형이라고 볼 수 있다.

대항형은 작가에게 반항심을 갖고 대하는 편집자다. 주로 작가의 꿈을 이루지 못한 사람들이기 십상인데 겉으로는 온화하고 상냥해 보이지만 속은 시니컬하다. 원고를 꼼꼼히 검토하고 흠 찾는 데는 도사다. 노련하게 신인을 키우는 사람도 있지만, 가끔씩 엉뚱한 말을 해서 미움을 받거나 싸움을 벌이는 사람도 있다. 대형 작가에게는 바른말을 잘하는 대항형의 편집자가 한둘 붙어 있을 확률이 높다.

우정형이야말로 작가와 편집자 사이의 이상적인 관계다. 겐토샤의 겐조 도루가 무라카미 류와 신인 때부터 수십 년간 친구로 만나면서 같은 식당에 두 번 이상 가본 적이 없다고 쓴 글을 읽은 적이 있다. 도루는 작가의 상상력을 위해서 그리했다고 말했다. 이 또한 노예형이라고 볼 수도 있을 것이다. 따라서 모든 편집자에게는 세 유형의 성격이 모두 공존할 것인데 어느 특성이 잘 드러나는가에 따라 신뢰의 폭이 달라질 것이다.

그렇다면 문학 편집자가 갖춰야 할 가장 큰 미덕은 무엇일까? 오시마는 "작가에게 받은 원고를 최대한 빨리 읽고, 감상을 전해주는 일"이라고 말한다. 밤을 새워서라도 읽고 24시간 이내에 연락해서 감상을 말해줘야 한다는 것이다. 예전에 출판 전문지 기자 중에 작가의 원고를 읽어야만 인터뷰를 하는 기자가 있었다. 그 기자는 12권의 대하소설을 완독하고서야 인터뷰를 했다 해서 화제가 됐다. 그런 자세를 갖춘 사람이라면 실패하지 않는 기획자가 될 것이다. 작가는 "자기가 쓴 글이 재밌는지 아닌지 불안해서 견딜 수 없을 테니 첫 독자로서 가능한 한 빨리 감상을 전해주는 것이 예의"란다.

작가와 교류할 때 갖춰야 할 다른 미덕은 무엇일가? 다음은 오시마가 제시하는 여섯 가지 미덕을 요약한 것이다.

(1) 우선 칭찬하라

원고를 받아서 읽고 감상을 전해줄 때는 칭찬으로 시작하는 것이 좋다. 원고의 완성도가 높고 재미있을 때는 칭찬하기가 수월하겠지만 그렇지 않을 때에도 최대한 재미있는 부분을 찾아서 그 부분을 칭찬한다. 칭찬을 잘하기로 유명한 영화평론가 요도가와 나가하루淀川長治는 이 묘사가 좋았다든지 주인공의 저 대사가 좋았다든지 특정부분을 칭찬한다. 작가는 자기가 쓴 글이 재미있을까 없을까를 불안해한다. 그러니 우선 칭찬해서 안심시킨 후에 궁금한 사항이나 요구사항을 조금씩 내밀어야 한다. 작가가 상처받지 않도록 "이렇게 하면 더 나아지지 않을까요?" 하는 식으로 얘기를 끌고 간다. 서로 의견을 주고받을 수 있는 분위기를 형성하는 것도 편집자의 중요한 임무다. 원고를 읽고 "음…" 하면서 고개를 갸웃거려서는 절대 안 된다.

(2) 다른 작가를 칭찬하지 마라

자신이 담당한 작가 앞에서 다른 작가의 작품이나 언행을 너무 칭찬하면 안 된다. 작가는 질투가 심하고 자기가 최고라고 여기는 사람이므로 눈앞에서 다른 작가를 칭찬했다간 기분이 상할 수 있다. 특히 그 작가의 라이벌로 불리는 작가를 칭찬하는 건 절대 금물이다. 작가 앞에서 칭찬하려면 번역물이 좋다. 외국 작가가 쓴 글은 마음껏 칭찬해도 괜찮다. 질투심이 일지 않기 때문이다. 오히려 새로운 정보라면서 좋아할지도 모른다.

(3) 대표작과 최신작은 반드시 읽어라

처음 작가를 만나러 간다면 대표작 둘, 최신작 셋 정도는 읽어놔야 한다. 신인작가라면 전 작품을 읽는 것이 예의다. 작가는 예민하므로 자기 작품을 읽었는지 아닌지 바로 알아챈다. 거짓말은 통하지 않는다. 만약 읽지 않았다면 그 사실을 꿰뚫어보고 편집자로서의 점수를 깎을 것이다. 담당 작가의 신간을 읽는 건 당연한 일로, 연재중인 작품도 훑어두어야 한다. 가능하다면 메일로 감상을 보내는 것도 좋다. 서평을 발견하면 전화로 알려주거나 복사해서 팩스나 메일로 보내준다. 이런 사소한 행동 하나하나가 작가와의 관계를 돈독하게 만들어준다.

(4) 술자리에서는 우쭐거리지 마라

작가와 술을 마실 기회가 많은데 술기운에 아무 말이나 떠벌리다가 좋은 관계가 무너져버리는 경우가 흔하다. 이는 작가뿐 아니라 인간관계 전반에 해당되는 얘기다. 특히 무명시절부터 알고 지낸 작가라면 옛날이야기는 되도록 하지 않는 게 좋다. 둘이서만 마실 때는 아련한 추억 얘기로 끝나지만, 다른 사람과 같이 마실 때 옛 이야기를 꺼냈다간 작가가 민망해지는 상황이 발행할 수도 있다. 작가가 동행한 사람에게 말을 많이 걸면 작가의 기분이 상할 수 있으니 이것도 조심해야 한다.

(5) 원고료는 작업 시작 전에 말하라

돈에 관해 이야기하는 것을 창피해하지 않아야 한다. 작가 쪽에서 먼저 말을 꺼내기는 쉽지 않을 테니 편집자 쪽에서 말을 꺼내는 게 좋다. 작가는 원고료가 높다고 쓰거나 낮다고 해서 쓰지 않는 경우는 거의 없다. 원고료가 낮아도 편집자와의 관계나 어떤 기획이냐에 따라 글을 쓰는 작가가 많다. 이 분야야말로 돈이 전부가 아니라는 믿음이 남아 있는 귀중한 세상이다. 문학도 비즈니스임에는 틀림이 없으니 원고료는 사전에 알려줘야 한다.

(6) 문학을 사랑하라

이게 결론이다. 문학을 사랑하고, 읽는 것을 좋아할 것. 그렇지 않으면 문학편집자로서 일을 해낼 수 없다. 그리고 또 하나, 작가를 사랑할 수 있을 것. 남녀관계와 마찬가지로 궁합이 있으니까 모든 작가를 사랑할 수는 없겠지만 글 쓰는 일에 대한 존경심은 필요하다. 새로운 작품을 탄생시키는 데 일조하는 기쁨을 남몰래 음미하는 것, 이것이 문학편집자의 묘미다.

어째 정리하고 나니 사족처럼 느껴진다. 기획자 인터뷰에 모두 등장하는 주요한 말들만 요약한 것 같으니 말이다. 이 글을 읽는 이가 그렇게 생각했다면 이 글은 성공한 셈이다. 인생만사에 통하는 원칙은 하나가 아니겠는가! 진정으로 사랑하면 불가능한 일은 없다.

사회과학

정윤수

1968년 경북 영주에서 태어났으며, 1995년 계간 〈리뷰〉 편집위원으로 활동하면서 현대 문화와 삶에 관한 다양한 글쓰기를 해왔다. 문화 · 예술, 일상 문화, 스포츠 문화 등 현대 문화와 삶의 거의 모든 분야에 대한 연구와 비평을 해오면서 『축구장을 보호하라』(사회평론, 2002), 『클래식, 시대를 듣다』(너머북스, 2010), 『인공 낙원』(궁리, 2011) 등의 책을 썼다.

옛 기사들을 살펴본다. '위기', '변신' 그리고 '모색'이란 단어가 뚜렷하다. 사회과학 출판사 얘기다. 「사회과학 출판사 불황 허덕」, 1990년 8월 2일자 〈한겨레〉의 기사 제목이다. 기사는 동구권의 몰락과 당시 노태우 정권의 공안 몰이 한파 그리고 대중의 변화된 관심 등에 따라 위기에 처한 사회과학 출판사들이 쉽게 풀어 쓴 이론서나 청소년 교양물로 돌파구를 찾고 있다고 보도한다. 그로부터 10여 년 흐른 후인 2001년 〈출판저널〉 310호는 '이념에서 현실로 변신해온 사회과학 출판사들'이라는 기사를 내보냈다. 다시 여기서 10년 남짓 흐른 후인 2010년 가을, 〈주간경향〉 896호는 '사회과학출판사의 변신은 무죄'라는 제목으로 출판평론가 한기호의 글을 게재한다. 이 기사에서 한기호 소장은 사회과학 출판사들의 암중모색의 흑역사를 전하면서 그러나 이러한 현상이 특정 분야에 한정된 것이 아니라 "양서로 세상을 변하게 만들려던 출판사들이 모두 심각한 위기"를 겪고 있는 것이며 "새로운 유통혁명이 이뤄지지 않는다면 이런 위기는 결코 극복되지 않을 것"

이라고 진단한다. 그러니까 출판계 바깥의 세상 변화와 출판계 내부의 유통 질서 등이 복합적으로 작용하여 사회과학 출판사들의 고난이 끝없이 연장되고 있다는 분석이다.

사회 운동으로서의 사회과학 출판

지난 30년간 굴지의 출판 그룹으로 성장한 곳도 있고 어렵사리 버티다가 '구간 절판'을 남기고 사라진 출판사도 있지만, 그래도 한국 출판문화의 큰 축을 담당해온 사회과학 출판사들의 '고난의 행군'은 '척박한' 지식 풍토를, 옥토는 못 되더라도 이듬해 농사는 가능하게끔 갈아엎고 다져온 값진 역사였다.

우리 출판문화의 한 축을 담당해온 사회과학 출판사의 연대기는 이 나라의 현대사를 압축하여 보여준다. 1970년대에 본격적인 단행본 출판문화가 형성되고 곧이어 사회과학 출판사들이 대거 등장하게 되는데, 이는 두말할 것도 없이 박정희-전두환으로 이어지는 군사 정권을 극복하는 데서 나아가 분단 구조라든지 식민지적인 상황의 타개와 맞물린 장대한 지적 투쟁의 일환이었다. 광민사, 한길사, 거름, 한울, 동녘, 풀빛, 일월서각, 돌베개 등 그 무렵의 첩혈쌍웅들이 인쇄소에서 나와 감옥으로 가면서도 머릿속에서는 다음 책을 기획했다.

안기부, 보안사, 검찰 공안부, 경찰 대공과, 문공부 심의실 등이 '협력'하여 그렇지 않아도 뜨거운 내용을 담은 책들을 더욱 뜨겁게 달궈주었던 80년대의 사회과학 책들은, 러시아 차르 체제를 비판한 라지시체프의 여행기 『길』에 대하여 어느 시인이 평가한 것처럼 "굶주린 자들이 먹이에 달려들듯이 팔려나갔고" 독자들은 "그 속에 씌어 있는 언어들에 전율"하였다.

그 무렵 나는 지금은 명맥이 끊긴 '공동체출판사'의 사환 노릇을 하며 고대 앞의 '장백'이니 연대 앞의 '오늘의책'이니 성대 앞의 '논장' 같은 곳에서 주문한 책을 몇 꾸러미씩 들고 배달을 다녔었는데, 그 속에 뭔가 다른 걸 넣어 이동하는 게 아닌가 하고 나를 미행하는 마포경찰서 형사도 있었다.

그러다가, 역시 지금은 명맥이 끊긴 아침출판사의 편집부에서 1년쯤 일했는데 출판사 일보다는 재야단체 일로 분주한 정동익 대표 때문에 방배경찰서의 주목도 자주 받았다.

하기야 잡혀가고 투옥 당하면서도 얼마나 많은 책들이 쏟아졌던가. 얼마 전에 타계한 사회과학 출판계의 거목 나병식 대표가 동대문 시장에서 운영하던 셔츠 가게 이름을 그대로 가져온, 풀빛의 조기환 영업부장 같은 이는 엄청난 주량으로 전국의 서점은 물론 인쇄소, 제본소, 라미네이팅사, 지업사 등의 '관계자 일동'과 동고동락하여 그 뜨거웠던 책들을 낼 수가 있었다. 『한국출판문화운동사』에 따르면 5·6공화국 시절에 구속된 출판인이 110명이요, 판금되고 압수된 서적이 1,300여 종에 무려 300만 권에 이른다.

새로운 사회과학 기획 도서들의 출현

그런 '호시절'을 뒤로 하고 90년대 들어서면서 과연 세상은 전혀 다른, 낯설고 혼탁한 지평으로 펼쳐졌다. 이른바 '이념 서적'이 퇴조하게 되는데, 그것은 그때까지 사회과학을 주도했던 그 '이념'이 퇴조한 것과 맞물린다. 사무엘 헌팅턴이나 프랜시스 후쿠야마 같은 판관들이 내놓은 섣부른 '역사의 종언'이 일정하게 탄력을 받던 때였으므로 일군의 학자들도, 독자들도, 그리하여 출판사들도 시정 거리 제로 상태에서 생존을 모색하지 않을 수 없었다.

90년대에 창비, 민음사, 한길사 같은 곳은 물론이고 사계절출판사, 동녘, 돌베개, 논장, 두레, 청년사, 미래사, 온누리, 보리, 산하 등은 어린이책을 중심으로 활로를 찾아나섰는데, 그때까지의 어린이책들이 '전집류'의 둔탁한 것들이라 이 기획 전문가들의 예리한 눈빛과 발 빠른 시장 개척은 금세 두드러진 성취를 일궈냈다. 이는 비단 생존 게임의 문제가 아니라 제대로 된 어린이책을 만들고자 하는 의지가 거둔 개가였으며 그 즈음 '학부모'가 되기 시작한 이른바 '386 세대'라는 두터운 소비자를 만나는 과정이었다. 이런 모색이 어린이책뿐만 아니라 미시사, 환경, 여행, 논술 등으로도 번져갔다.

그 무렵부터 '기획 출판'이나 '기획자'라는 말이 떠오르기 시작했다. 복

우리나라의 지식의 폭과 깊이를 이만큼이나 넓힌 일차 수훈갑을 꼽는다면,
나는 서슴없이 이 모든 사회과학 출판사들을 기억하고 싶다. 생존을 위해서든 좌표를 위해서든,
사회과학 출판사들의 '고난의 행군'에 의하여 우리는 더 새롭고 더 많은 것을 읽을 수 있었다.

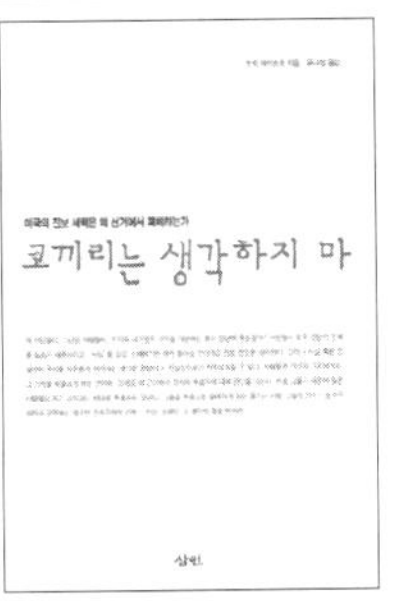

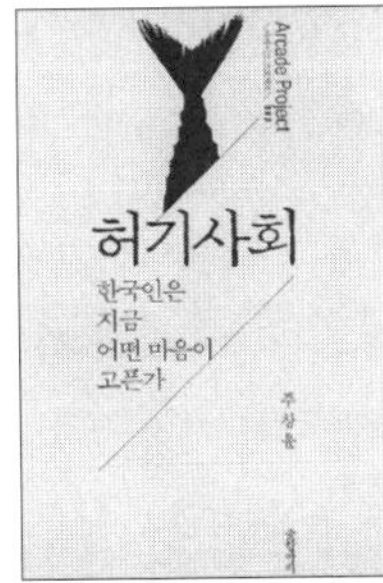

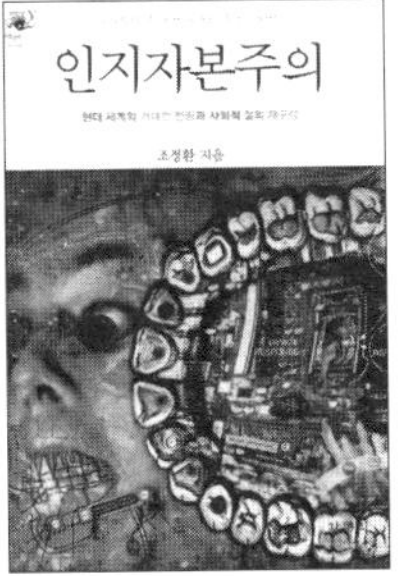

잡하게 변모해가는 다중의 기호와 관심이 부상했으며, 이를 빠르고도 정확하게 판단하여 한 권의 책으로 일궈내는 일이 기획자의 역할이었다. 디지털 출판 시스템과 인터넷이 발달하면서 '하드웨어'와 '소프트웨어' 양 측면에서 기존의 아날로그 생산 방식을 대체하게 된 것도 중요한 요인이 되었다. 따라서 굴지의 '종합 출판사'가 아닌 이상, 특화된 분야의 전문 기획 출판으로 활로를 찾아나서지 않으면 안 되었다.

이를테면 휴머니스트, 새물결, 후마니타스 등은 저마다의 독특한 '기획력'으로 새로운 시대의 사회과학 출판을 이끌어왔다. 휴머니스트의 기획 중심 시스템, 후마니타스의 정치사회 분야 책 그리고 새물결의 꼼꼼한 번역서들은 그 이전 시대에 창비, 민음사, 한길사 등이 규모와 저력으로 일궜던 성과들이 각각의 특장으로 분화하여 전개한 양상처럼 보인다.

휴머니스트의 책들은, 역사 분야의 경우 각각의 책들이 어떤 하나의 거대한 전집을 지향하는 듯한 인상을 준다. 표지에서 내용까지, 그러니까 외주 제작이나 전문 필자가 담당하게 되는 형식적 꾸밈새에 본문 내용까지, 출판사의 기획력이 관류하고 있음을 알 수 있다. 이런 경우, 독자들은 해당 출판사의 '브랜드 가치'만으로도 신간을 주목하게 된다. 이처럼 출판사의 브랜드가 돋보이는 곳으로는 돌베개, 푸른역사 등이 있다.

후마니타스는 어떤 점에서 사회과학 출판사들의 역사적 '전통', 그러니까 그 시대의 가장 첨예한 정치사회적 문제들을 거시적인 이론과 미시적인 분석으로 맞잡고 씨름해온 흐름을 뚜렷하게 보여준다. 위기의 민주주의, 불평등과 소외, 각종 사회적 사태 등이 후마니타스의 관심이다. 2002년 출간된 후마니타스의 첫 책『민주화 이후의 민주주의』가 이를 대변한다. 후마니타스를 비롯하여 삼인, 당대, 개마고원, 녹색평론사 등도 기억할 만한 출판사다.

새물결은 출판사 이름 그대로 '새물결'을 내고자 노력해왔다. 주로 외서 번역 중심이었지만, 그 또한 트렌드를 좇아가기보다는 일정한 이념적 좌표와 방향을 찾아내고자 하는 모색이었다. 2008년, 조르주 아감벤의 '호모 사케르'를 시작으로 'What's up' 시리즈를 기획·출판하면서 당시 조형준 주간은 "국내 출판계의 헤게모니를 잡고 있는 40대, 즉 386세대 기획자들은 이데올로기에 사로잡혀 있고 정체돼있다"고 말한 적 있다. 사회과학 분야에서 이러한 자성적 비판은 이후 30대 소장 학자들의 새로운 연구서들을 이끌어냈고, 사회의 좌표를 찾아 헤매는 독자들은 이를 주목하게 되었다. 이와 같은 지점에서 주목할 만한 출판사로는 새물결, 길, 그린비, 이후, 글항아리, 갈무리 등을 꼽을 수 있다.

사회 변화를 이끌어온 뜨거운 출판

감히 말하건대, 우리나라의 지식의 폭과 깊이를 이만큼이나 넓힌 일차 수훈갑을 꼽는다면, 나는 서슴없이 이 모든 사회과학 출판사들을 기억하고 싶다. 생존을 위해서든 좌표를 위해서든, 사회과학 출판사들의 '고난의 행군'에 의하여 우리는 더 새롭고 더 많은 것을 읽을 수 있었다.

서구의 지성사가 그 이름도 창대한 대학들과 산하의 각 분야 출판부를 중심으로 발전해왔다면, 그리고 각종 공공 제도와 기금이 튼실하게 받쳐주었다면, 우리의 상아탑은 두세 군데를 제외하고 출판부 노릇을 제대로 하는 곳도 전무하고 일종의 공공재인 지식을 확충하는 데 공공 재원이 제대로 기능한 예도 드물었다. 이런 조건에서 대표가 사환까지 겸하며 때로는 감옥살이도 마다하지 않았던 사회과학 출판사들이 공공 영역이 맡아야 할 '문화융성'을 대행해왔다.

'학문의 전당'이기보다는 '안정된 직장'이 되어버린 대학의 연구실에 안착한 학자들도 세상의 한복판에서 대중의 거친 숨결을 느끼며 뭔가를 쓰기보다는 '그들만의 리그'에 종신으로 버틸 수 있는 형식적 논문에 허덕이는 수가 많다. 그래도 그들 중 누군가를 선발하여 풍요로운 지식의 향연과 날카롭고 서늘한 비판의 힘을 드러내도록 타선에 세운 이들도 역시 사회과학 출판사들이었다.

〈기획회의〉 300호에서 너머북스 이재민 대표는 "서점이든 카페든 식료품가게든 크게 키우지 않아도 고통 받지 않고, 자기가 좋아하는 일을 하면서 평생 자리 지키며 주민들과 어울려 살 수 있는 사회가 정상"이라고 전제하면서 저자와 출판사가 "지적인 관심을 공유하는 깊은 우정"으로 맺어져야 한다고 역설했다. 그는 임프린트, 인센티브, 공세적 마케팅 등으로 급변한 '선진 출판 시스템'의 그늘을 지적하면서 "출판의 세계는 인간의 역사나 인구수만큼이나 넓고 깊다. 독점하기는 애초에 불가능"하다고 썼다. 냉정한 출판산업 현실에서 이런 관점이 매일 관철되기는 어려울 것이다. 그러나, 돌이켜보건대, 30여 년 세월의 사회과학 출판 역사는 일그러진 학문 공동체(과연 그러한 것이 존재하는지?)를 대신하여, 자주 비틀거리면서도, 이러한 기획의 힘으로 버텨왔다고 할 수 있다. 이 한반도가 금세 평화로운 땅이 되지 않는 이상, 사회과학 출판사들의 '고난의 행군'은 당분간 더 지속될 것이다. 그 행로에서 '지적인 관심을 공유하는 깊은 우정'의 풍경이 더 많이 보여지기를 기대한다.

에세이

김도언

1999년 한국일보 신춘문예 소설부문에 당선되어 소설가로 활동하고 있다. 바로 그해부터 출판사에서 편집자 생활을 시작해, 생각의나무, 출판저널, 샘터, 열림원 등에서 일했다. 현재는 웅진 임프린트 곰의 대표를 맡아 문학과 인문서를 주로 내고 있다. 저서로 소설집 『철제계단이 있는 천변풍경』(이룸), 『악취미들』(문학동네), 『랑의 사태』(문학과지성사), 장편소설로 『이토록 사소한 멜랑꼴리』(민음사) 『꺼져라, 비둘기』(문학과지성사), 경장편소설로 『미치지 않고서야』(문예중앙) 등이 있다.

한국출판에서 에세이 분야의 특수성

이 글은 2000년대 이후 단행본 출판시장에서 우리가 기억할 만한 의미를 지닌 에세이를 기획한 출판기획자들과 그들의 성과를 돌아보기 위해 쓰여진다. 본론에 앞서 잠깐 짚고 싶은 것이 있는데, 그것은 '에세이'라는 말이 지시하고 있는 단행본의 성격에 대해 그동안 우리에게 어떤 합의가 있었는가 하는 의문이다. 사실상 에세이는 그 의미가 분명하게 정의되어 있지 않은, 한국 출판시장에서 매우 특수한 위치를 점하는 분야로 받아들여져 왔다. 에세이라는 개념에 대한 합의된 기준이나 원칙 없이 자의적으로 쓰이면서 변개해온 과정이 바로 한국 출판시장의 진화의 양상을 보여준다.

1970년대까지만 해도 한국 출판시장에서 에세이는 비소설과 거의 같은 뜻으로 쓰였다. 다시 말해, 픽션이 아닌 글은 대체적으로 모두 에세이에 포함되었다는 것이다. 그러다가 1980년대 민주화운동 과정에서 시민사회의 각성과 계몽이 일어나고, 전문적인 학제를 연구한 이들이 지적 정보나 체계를 보다 쉽게 풀어 대중독자들과 공유하는 작업이 진행되는 과정에서 역사, 철학 등의 주제를 다루는 에세이들이 인문교양이라는 이름으로 에세이로부터 분리되어 나갔다. 1980년대 대학가의 필독서였던 『철학에세이』는 이 변화의 과정을 가장 극적으로 보여주는 사례라 할 것이다. 이후 에세이는 기행이나 영화·사진 같은 개인의 호사취미를 적극적으로 주제화하면서 다시 세분화된다. 1990년대 이후 지금까지 출판시장을 풍미하고 있는 '기행에세이류'와 '사진에세이류'는 1990년대 한국 단행본 출판이 개인의 문화적 욕구에 적극적으로 응전했음을 보여주는 명백한 증거물들이라고 할 수 있다. 이처럼 에세이에 대한 출판시장의 수용 양상, 그리고 에세이의 개념과 위상의 변화는 한국 출판시장의 변화를 여실히 보여준다.

사실상, 현재의 출판시장에서 '에세이'는 문학적인 글을 쓸 수 있는 필자들에 의해 쓰여지는, 문학적인 관점에서 일상에서 경험되고 감각되는 감성과 성찰, 사유 등을 담아내는 글로 받아들여진다. 따라서 이 글에서 쓰이는 '에세이'라는 개념 역시 '문학성을 지닌 저자에 의해 씌어진 사색적인 글쓰기' 정도로 좁혀서 다뤄질 것이다.

2000년대 주요 에세이스트와 기획자들

2000년대 이후 한국 출판시장은 스타급 에세이스트들을 많이 배출했다. 그중 첫 번째로 꼽을 수 있는 인물이 지금은 소설가로서 화려한 문명을 확보하고 있는 김훈이다. 오랫동안 언론 쪽에서 '밥벌이'를 한, 드라이하면서도 하드보일드한 기사체 문장을 쓰던 그에게 문장가, 산문가의 이름을 붙여준 것은 1990년대에 출간된 『내가 읽은 책과 세상』, 『풍경과 상처』 등이지만, 정통 에세이에 한정했을 때 그의 대표작은 『자전거 여행』이다. 『자전거 여행』의 초판이 나온 것은 공교롭게도 2000년 8월이다. 새천년의 시작과 함께 어떤 상징이라도 되는 것처럼 에세이의 교본이 될 만한 책이 출간된 것이다. 독자대중에게 어필할 수 있는 에세이스트로서의 김훈의 능력을 발견하고, 자전거 여행을 기획, 시장에 내놓은 이는 박광성 전 생각의나무 대표

(현 〈작가세계〉 주간)이다. 그는 생각의나무라는 인문적 코드가 강한 출판사를 설립한 뒤 문학출판을 통해 유연한 기획자로서의 역량을 보여줬는데, 그 발단이 된 책이 바로 『자전거 여행』이다. 이후 그는 김훈의 에세이들을 연속적으로 선보인다. 『자전거 여행』의 속편격인 『자전거 여행 2』, 『밥벌이의 지겨움』, 『너는 어느 쪽이냐고 묻는 말들에 대하여』 등이 그것이다. 기획자로서의 박광성 대표의 강점은 저자의 캐릭터를 정확하게 끄집어내 구상화하는 동시에, 그 캐릭터에 맞는 대중적 소구력을 창출한다는 데 있다. 김훈의 경우, 그의 아날로그적 물성에 대한 지독한 에고와 문文의 허위를 혐오하는 역설적 긴장을 '자전거'라는 가장 원시적인 하드웨어를 내세워 사색과 관조가 어우러진 에세이 위에 겹쳐놓음으로서 김훈을 당대 최고의 문장가로 만들 수 있었다. 또한 박광성 대표는 이어령, 문광훈, 김석철, 이수태 등 인문적인 색깔을 가진 저자들의 산문을 독자들의 요구에 맞게 재구성하는 데에도 남다른 열정을 기울였다. 논외인지는 모르지만, 지금은 한국독자들에게 익숙한 알랭 드 보통의 에세이들을 국내에 본격적으로 소개한 이도 바로 박광성 대표이다.

2000년대 독자들에게 널리 사랑을 받은 에세이스트 중에는 고종석이라는 1급의 에세이스트도 있다. 그는 특유의 정치하면서도 섬세한, 그리고 탐미적이면서도 구조적으로 완벽한 글을 써내는 1급의 산문가이다. 그의 책을 꾸준하게 펴낸 이는 장의덕 개마고원 대표다. 장의덕 대표와 고종석은 출판사와 저자가 보여줄 수 있는 최고 수준의 상호 신뢰를 바탕으로 수많은 책을 출간했는데 일별해보면 『말들의 풍경』, 『감염된 언어』, 『서얼단상』 등 10종을 훌쩍 뛰어넘는다. 장의덕 대표가 기획자로서 보여준 성과는, 고종석이라는 다양한 스펙트럼을 가진 저자의 글쓰기를 꾸준하게 살피면서 동기와 비전을 제공하고, 저자의 성장과 함께 출판사를 동반성장시키는 전략을 구사했다는 것에서 찾아질 수 있다. 개마고원과 고종석은 한국출판이 보여준 다소 불구적인 지형 안에서도 출판사와 저자의 건강한 파트너십이 지속가능하다는 것을 보여준 좋은 사례라고 할 수 있다. 장의덕 대표는 고종석

에세이를 읽는 독자들은 책에서 자신의 기호와 코드를 작가의 그것과 동일시할 때 독서의 쾌감을 느낀다. 이것을 포착하기 위해서 기획자에게 필요한 것은 섬세하면서도 과학적인 직관이다. 다시 말해 시적인 통찰이다.

이 보여준 천의무봉의 필력을 주제별로 갈무리하는 기획력과 편집력을 통해 탁월한 문장가 고종석의 진가를 세상에 유감없이 보여주었다.

마음산책 정은숙 대표도 2000년대 에세이 기획자를 이야기할 때 빼놓아서는 안 되는 탁월한 기획자다. 열림원과 푸른숲 등 문학출판사를 거치면서 발군의 기획력을 보여주었던 그는 마음산책을 창업하여 일관된 신념으로 산문과 에세이에 주력, 이 분야의 시장을 개척, 확장하는 데 노력했다. 작가들의 다양한 관심과 개성을 꿰뚫어보면서 정통 문학아이템을 변주하고 이를 통해 주관적인 취향이 강한 젊은 독자들에게 어필할 수 있는 콤팩트한 에세이를 출간하는 마음산책의 전략은 다른 출판사와 여실히 변별되는 색깔이라고 할 수 있다. 정 대표는 상기한 바 있는 고종석의 재능을 가장 일찍 발견한 기획자에 속하는데, 『언문세설』, 『코드 훔치기』, 『모국어의 속살』 등이 정은숙의 손을 거쳐 세상에 나왔다. 또한 정은숙 대표는 박완서, 김용택, 황인숙, 조은, 김영하, 김소연, 김연수, 정이현, 김중혁에 이르기까지, 저마다 자신만의 독특한 문체를 가진 작가와 시인들의 산문적 개성에 주목해 이를 단정하고 맛깔스러운 에세이로 가공하는 신선한 기획력을 보여주면서 2000년대 한국 에세이의 목록을 풍요롭게 하는 데 큰 기여를 했다.

오연조 전 샘터 단행본편집부장(현 상상스쿨 대표)도 굵직하면서도 의미 있는 에세이를 프로듀싱한 기획자로 손꼽을 만하다. 지금도 여전히 유효한, 산문과 에세이에 상대적 강점이 있는 출판사 샘터의 이미지와 전통은 대부분 오연조 전 부장이 재직하던 시기에 만들어진 것으로, 그는 법정스님, 이해인 수녀님, 장영희 교수 같은 스타급 저자들의 에세이를 고급스럽고 정갈하게 묶어내면서 2000년대 한국 에세이 시장에 뚜렷한 발자취를 남겼다. 그는 2004년 가장 많이 읽힌 에세이로 기록된 법정 스님의 『홀로 사는 즐거움』이나 이해인 수녀의 『꽃삽』, 장영희 교수의 『문학의 숲을 거닐다』 같은 빅셀러뿐만 아니라 사진작가 이지누, 닥종이작가 김영희 등 대중독자들에게 잘 알려져 있지 않은 숨어 있는 산문작가들을 발굴해 소개하는 데에도 남다른 관심을 기울였다. 또한 오연조 전 부장은 앤솔로지 형태의 기획을 자주 시도하면서 주제별로 원고와 작가들을 선별해 묶어내는, 다시 말해 저자의 필력에만 의존하지 않고 철저하게 콘셉트로 승부하는 에세이도 다수 선보여 주목을 받았다.

뛰어난 에세이의 저자이기도 한 달출판사 대표 이병률 시인도 2000년대 에세이 분야의 빼어난 기획자다. 그는 문학성과 젊은 감각을 겸비한 실험적이면서도 파격적인 형식의 에세이들을 다수 선보이면서 단행본으로서 에세이의 외연을 확장하고 심화시켰다는 평가를 받는다. 달출판사는 기행과 취향이라는 뚜렷한 코드를 키치적 취향으로 가공하면서 과감하게 신인급의 저자들을 발굴했다. 『너도 떠나보면 나를 알게 될 거야』, 『청춘이라는 여행』, 『너를 위해서라면 일요일엔 일을 하지 않겠어』 등 얼핏 보면 광고카피처럼 보이는 감각적이면서도 탐미적인 제목으로, 갈수록 단자화돼가는 젊은 독자들의 컬트적 감성에 어필하는 전략을 구사해 일정한 성취를 거두었다. 달은 최근 기행에세이 원고 공모라는 새로운 형태의 원고 모집을 시도해 신인작가 발굴에도 남다른 열정이 있음을 확인시켜주었다.

2000년대 한국출판의 에세이 분야의 기획자들을 짚으면서 언급하지 않을 수 없는 기획자는 쌤앤파커스 박시형 대표다. 쌤앤파커스는 비슷한 시기에 출발한 신생 출판사들이 방향 설정에 고심하는 사이, 실용, 자기계발, 에세이 쪽에 전사적 역량을 집중해 빠른 시간 안에 뚜렷한 시장적 성과를 거두는 데 성공한다. 그는 공전의 히트를 기록한 혜민스님의 책 『멈추면 비로소 보이는 것들』과 김난도 교수의 책 『아프니까 청춘이다』의 기획을 진두지휘했는데, 시대적 요구를 읽고 그것을 대중독자의 눈높이에 맞게 가공하는 탁월한 능력으로 기존 에세이 전문 출판사들을 제치고 2010년 이후 에세이 출판시장을 석권했다는 평가를 받는다. 그의 성취가 힐링이나 코칭 같은 메가트렌드에 철저하게 영합한 마케팅 전략에 빚지고 있다는 평가도 있지만, 마케팅을 상품 기획과 따로 떼어놓고 생각하기 힘든 지금의 출판시장의 환경을 생각할 때, 에세이 기획자로서 박시형 대표의 역량은 충분히 검증되었다고 봐야 할 것이다.

이밖에도 이레와 마음의숲 등에서 좋은 에세이를 다수 기획한 바 있는 권대웅 현 마음의숲 대표와 김영사의 박은주 대표도 2000년대 이후 에세이 분야에서 일정한 성취를 보여준 기획자들이지만, 지면 관계상 구체적인 설명을 생략해야 하는 게 아쉽다.

독자의 취향을 읽어내는 섬세한 시선

이상으로 거칠고 조악하게나마 2000년대 한국출판을 빛낸 에세이 분야의 기획자들을 일별하면서 살펴보았다. 그 과정에서 발견된 이들의 공통점을 두 가지 정도 밝히는 것으로 글을 마무리하려고 한다.

첫 번째로 들 수 있는 공통점은 탁월한 에세이 기획자들은 하나같이 좋은 문장을 가진 저자를 꾸준하게 관찰하면서 그와 인간적인 파트너십을 형성했다는 것이다. 그러한 관계는 저자에 대한 신뢰와 인내로부터 비롯된다. 에세이는 작가들의 절실한 내적 동기를 좀처럼 발생시키기 힘든 글쓰기 형식이다. 실용서나 인문서와는 달리 구체적인 독자를 상정하기 어렵기 때문이다. 따라서 회의하고 미심쩍어 하는 작가에게 (에세이적) 글쓰기의 당위와 동기를 부여하고 신뢰하면서 기다리는 것이 에세이 기획자에게는 필수적인 미덕으로 요구될 수밖에 없다.

두 번째로 발견한 공통점이라면 이들이 시대적 요구와 트렌드뿐만 아니라 세분화된 독자의 개별적 취향을 함께 읽어내는 직관을 가지고 있다는 것이다. 에세이를 읽는 독자들은 책에서 자신의 기호와 코드를 작가의 그것과 동일시할 때 독서의 쾌감을 느낀다. 이것을 포착하기 위해서 기획자에게 필요한 것은 섬세하면서도 과학적인 직관이다. 다시 말해 시적인 통찰이다. 이 글에서 언급한 여섯 사람의 에세이 기획자 중 두 사람이 시인이라는 사실은 중요한 것을 암시한다. 누구나 기획할 수 있을 것 같지만 아무나 기획할 수 없는, 잡힐 듯하지만 좀처럼 잡히지 않는 신기루 같은 것, 그게 바로 에세이가 아닐까.

경제경영/자기계발

한기호 한국출판마케팅연구소장

현실사회주의가 붕괴한 다음 1990년대에 들어서면서 이념 지향의 책들은 급격하게 퇴조했다. 그 빈자리를 채우기 시작한 것이 경제서와 교양과학서다. 1990년에는 경제문제를 쉽게 설명해놓은 『시민을 위한 경제이야기』, 『작은 밑천으로 돈 버는 이야기』, 『경제에세이』 등이 베스트셀러에 올랐다. 1990년대에 이 시장을 주도한 대표적인 출판사가 김영사다. 김영사는 스티븐 코비의 『성공하는 사람들의 7가지 습관』을 비롯해 경제경영 교양서 시장에서도 선두를 달렸다. 김영사에는 당시 활동했던 고세규, 최연순 등의 기획자들이 여전히 건재하다.

자기계발서의 만개

IMF 외환위기 이후에는 처세서가 '자기계발서'로 불리며 만개하기 시작했다. 2000년에 『부자 아빠 가난한 아빠』와 『누가 내 치즈를 옮겼을까』가 동반해서 밀리언셀러가 된 이후 해마다 밀리언셀러를 배출하는 산실이 되었다. 『살아있는 동안 꼭 해야 할 49가지』, 『화』, 『설득의 심리학』, 『아침형 인간』, 『선물』, 『마시멜로 이야기』, 『배려』, 『칭찬은 고래도 춤추게 한다』, 『그 남자 그 여자』, 『긍정의 힘』, 『시크릿』, 『꿈꾸는 다락방』, 『이기는 습관』 등이 2000년대가 낳은 자기계발 분야 밀리언셀러다.

경제경영서 시장은 보통 재테크, 경영이론이나 트렌드를 다루는 원론, 처세(자기계발) 등의 세 분야로 나뉜다. 이 중 부동산, 주식, 펀드 등에서 초과이윤을 얻는 분야가 모두 사라지면서 재테크 시장은 초토화되었다. 미국이 세계 위기의 근원지가 되면서 경제·경영 이론의 '글로벌 스탠다드'가 전 세계 출판시장에서 통하던 시대도 끝났다. 이제는 대기업들도 모두 자체 매뉴얼을 갖추고 있기 때문에 대중적인 담론이 잘 먹혀들지 않는다. 이러한 상황에서 유일하게 살아남은 것이 자기계발서다.

그러나 2008년 글로벌 금융위기 이후 자기계발서 분야는 '멜라민의 함정'에 빠졌다. 미국발 자기계발서의 근간을 이루었던 신자유주의가 실패한 것으로 드러나면서 실효성을 잃고 만 것이다. 미국에서 셋 중 하나가 빈곤층으로 전락하고 있는 마당에 무슨 이론이 통할 것인가? 그야말로 30년 세월의 영화에 불과했다.

그 빈자리를 채운 것은 한국형 자기계발서였다. 『아프니까 청춘이다』, 『멈추면 비로소 보이는 것들』 등이 대표적이다. 이 책들뿐만 아니라 『이기는 습관』 등 무수한 베스트셀러를 펴낸 쌤앤파커스의 박시형 대표는 수십 년 경력의 실력이 있었기에 최고의 성과를 낼 수 있었다.

경제경영 분야에서 신생출판사로 한때 주가가 최고가 올랐던 이로는 다산북스의 김선식 대표가 있다. 인문사회과학 출판사이던 거름의 하연수 대표는 처음으로 낸 경제경영서 『경제기사가 돈이다』를 베스트셀러에 올려놓은 바 있는데, 이후 거름에서 마케팅 업무를 맡고 있던 김 대표가 경제경영서 기획자로 돌아서서 최초로 낸 베스트셀러가 『총각네 야채가게』였다. 김 대표는 다산북스를 설립해 '홍대리' 시리즈, 『돈 걱정 없는 노후 30년』, 『4개의 통장』 등의 베스트셀러를 펴냈다. 하지만 김 대표는 'Who' 시리즈,

『덕혜옹주』 등 다른 분야에서 더 두각을 나타내기도 했다.

쌤앤파커스와 다산북스가 신흥 강자였다면 이 분야에서 성과를 낸 기획자들은 김영사, 청림출판, 홍익출판사, 21세기북스, 더난출판, 위즈덤하우스, 국일미디어, 명진출판, 랜덤하우스중앙(지금은 RHK), 리더스북 등 '명가'에서 일했던 사람들이 분화되어 나온 경우가 대부분이다.

21세기북스에서 기획책임자로 10년간 일하다가 2003년에 독립해 한즈미디어를 설립한 김기옥 대표는 첫 책 『아침형 인간』으로 대박을 냈다. 이후 『성공하는 한국인의 7가지 습관』, 『대한민국 20대, 재테크에 미쳐라』 등의 베스트셀러를 펴내면서 기획자로서의 능력을 인정받았다. 김기옥 대표에게 자기계발서 기획자가 갖춰야 할 미덕이 무엇이냐고 물었더니 "시대의 흐름을 민감하게 읽을 수 있는 능력과 시대 흐름과 무관한 경영이론이 갖는 진정성과 통찰력 사이의 균형감각을 갖추는 것"이라는 대답이 돌아왔다.

경제경영서 시장의 난점

두산 동아, 한국경제신문 출판국, 청림출판 등을 거쳐 2002년에 독립한 홍영태 비즈니스북스 대표는 『부의 미래』, 『끝없는 도전과 용기』, 『프로페셔널의 조건』, 『멘토』 등 10만 부가 넘는 책을 진두지휘해서 만들었다. 아마도 그는 이 분야에서 가장 많은 베스트셀러를 '만져본' 사람일 것이다. 그는 피터 드러커가 2005년에 세상을 뜬 후 "책으로서 경영학은 끝났다"고 말했다.

경제경영 분야의 실력 있는 기획자 몇 사람은 이제 이 분야에서 통하는 새로운 '사상가'를 찾기가 어렵다고 말했다. 전략 이름만 100가지가 넘는 시대에 전 세계에서 통할 전략을 찾아낸다는 것이 쉬운 일이 아니라는 것이다. 하나의 이론이 성립하려면 전제, 추론, 결론에서 일관성이 있어야 하고 저자 나름의 세계관이 있어야 하는데, 이제 하나의 키워드로 전체를 설명하려 하는 지식은 통하지 않는 세상이 되었다. 하물며 파편화된 지식을 적당히 짜깁기 한 책으로는 언감생심일 뿐이다.

과거에는 마케팅으로 제품(상품)을 팔았다. 하지만 지금은 제품에 담긴 이야기, 달리 말하면 인간의 감성을 파는 시대다. 그러기 위해서는 인간을 이해해야 한다. 인간의 머리뿐만 아니라 몸과 마음, 그리고 외부 환경(트렌드) 등을 꿰뚫고 있어야 한다. 문학, 역사, 철학 등 인문학적 지식뿐만 아니라 인지과학, 뇌과학, 행동과학 등 자연과학 지식도 알아야 한다. 하지만 인문사회과학과 자연과학의 '두 과학'을 통합할 수 있는 저자나 기획자는 많지 않다.

웅진지식하우스에서 근무하면서 『괴짜경제학』, 『경제학 콘서트』, 『전쟁의 기술』 등의 출간을 주도했던 김형보 어크로스 대표의 생각도 같았다. 그는 인문적 성찰과 자연과학적 성찰을 함께 보여줄 수 있는 저자로 『다윗과 골리앗』의 말콤 글래드웰, 『스위치』, 『스틱』, 『자신있게 결정하라』 등의 공동저자인 칩 히스와 댄 히스 형제, 『습관의 힘』의 찰스 두히그, 『파는 것이 인간이다』의 다니엘 핑크를 꼽았다. 어크로스에서는 『장사의 시대』, 『이상한 나라의 경제학』, 『쿨하게 사과하라』 등의 책을 펴냈는데, 대형 베스트셀러가 되지는 않았다. 이중 『장사의 시대』를 제외하고는 국내 저자의 책이다. 그가 추천한 저자들의 책들은 대부분 자본력이 있는 출판사가 아니면 접근조차 하기 어려운 경우가 많다. 따라서 김 대표는 국내 저자를 발굴해야만 했다. 하지만 노력에 비해 성과는 크지 않은 편이다. 경제경영서 시장에서 실력만으로는 살아남기가 어렵다는 것을 보여주는 게 아닐까.

2000년대 기억할 만한 경제경영서 기획자들

『사장으로 산다는 것』, 『깨진 유리창의 법칙』, 『마흔에 읽는 손자병법』 등의 유정연(흐름출판 대표), 『여덟 단어』, 『책은 도끼다』, 『그러니까 당신도 살아』 등의 김정순(북하우스 대표), 『아이는 99%의 노력으로 완성된다』, 『자기설득 파워』, 『나는 까칠하게 살기로 했다』 등의 송미진(센추리원 대표), 『유쾌하게 나이드는 법 58』 등의 한순(나무생각 대표), 『나는 이렇게 나이들고 싶다』의 김현정(리수 대표) 등은 자기계발서 분야에서 자타가 인정하는 여성 기획자들이다.

지금은 제품에 담긴 이야기, 달리 말하면 인간의 감성을 파는 시대다.
그러기 위해서는 인간을 이해해야 한다.
인간의 머리뿐만 아니라 몸과 마음, 그리고 외부 환경(트렌드) 등을 꿰뚫고 있어야 한다.

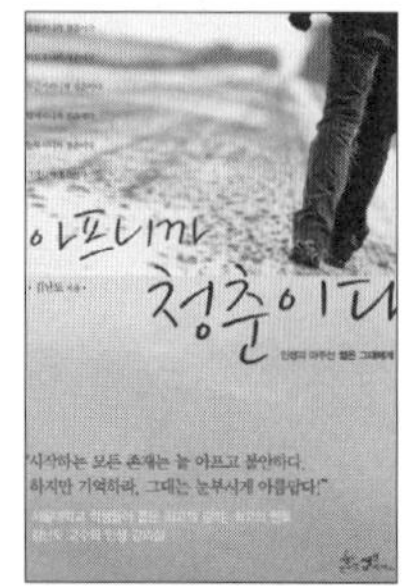

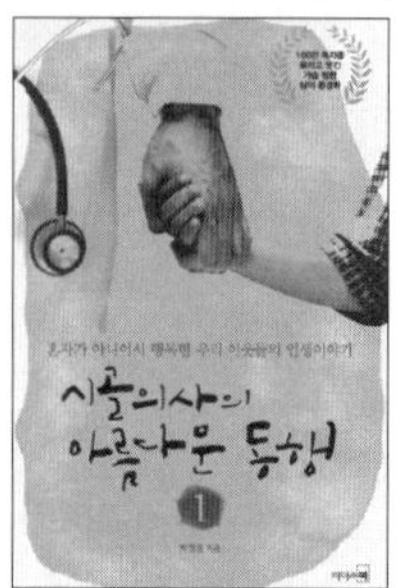

부키의 박윤우 대표는 장하준이라는 걸출한 저자를 발굴함으로써 최대의 성과를 올렸다. 『그들이 말하지 않는 23가지』, 『나쁜 사마리아인들』, 『사다리 걷어차기』 등 장하준의 저작들은 2011년에 이미 100만 부 이상 판매됐다. 미래의창의 성의현 대표는 김난도 교수와 함께 2009년부터 '트랜드 코리아' 시리즈를 해마다 펴내면서 이 분야의 강자로 올라섰다. 토네이도의 오영진, 더숲의 김기중, 물푸레의 우문식 등도 꾸준히 성과를 내는 기획자로 기록할 만하다.

출판사 대표가 아닌 월급쟁이 출판기획자로 이 분야에서 발군의 실력을 발휘하는 사람들은 누구일까? 대표적인 이는 이홍이다. 이홍은 『시골의사의 아름다운 동행』의 저자인 박경철의 저작들을 베스트셀러에 올림으로써 두각을 나타내고는 웅진씽크빅 단행본사업본부 본부장이 되었다. 역시 웅진에서 일하는 갤리온의 강수진 대표는 『그 남자 그 여자』, 『서른살이 심리학에게 묻다』, 『참 서툰 사람들』, 『현명한 부모는 아이를 느리게 키운다』, 『서른살엔 미처 몰랐던 것들』 등의 걸출한 베스트셀러를 펴냈다. 웅진씽크빅에는 이밖에도 『따뜻한 카리스마』, 『공부기술』 등을 기획한 이영은을 비롯해 박희연, 성기훈, 이영미, 한성수 등이 포진해 있다.

분사체제인 위즈덤하우스에는 『보이지 않는 차이』, 『단 하나의 습관』 등의 저자이면서 자녀교육서의 탁월한 기획자인 연준혁 대표와 박선영 부사장을 비롯해 박지수, 배민수, 오유미, 이진영, 정보배, 한수미 등의 기획자들이 포진해 있다. 웅진과 위즈덤하우스는 사장이 아닌 실무자들의 이름이 가장 많이 거론되는 회사들이다.

2000년대에 이 분야는 콘셉트 하나만 확실하게 잡아 괜찮은 스토리텔링의 책을 펴내면 성공한 기획자라는 평가를 듣기 쉬운 분야였다. 유혹, 협상, 대화, 메모, 칭찬, 화 등을 다룬 베스트셀러의 속사정을 파고들면 한때 성가를 누렸던 기획자들의 이름들을 접할 수 있다. 그러나 그중의 일부는 이미 역사 속의 인물이 되고 있다. 계몽주의 시대와 대중화 시대가 지나가고 전문화 시대가 왔다지만 이마저도 세분된 시장에서 확실하게 차별화되지 않으면 살아남기 힘든 시장이라는 것을 요즘의 시장 상황이 증명하고 있다.

자기계발서 분야는 베스트셀러 조작 논쟁이 자주 벌어지는 분야다. 특히 최근에는 교양서를 실용서로 등록하여 대폭 할인 판매를 하며 경쟁을 벌이기도 한다. 한마디로 이전투구의 시장이라 할 것이다. 실력이 아닌 다른 변수가 많이 작용해서인지 2000년대 이후 가장 뜨거웠던 시장임에도 생명력이 긴 기획자를 찾아보기가 어려웠다. 앞으로 이 분야가 어디로 튈지가 매우 궁금하다.

과학

김현숙
궁리출판 편집주간. 고려원과 해냄출판사를 거쳐 2001년부터 궁리출판사에서 근무하고 있다. 책을 만드는 작업은 무엇보다 인간과 세상에 대한 공부를 계속 할 수 있게 하는 촉매제 역할을 한다. 『하리하라의 생물학 카페』(이은희, 2002), 『관계의 재구성』(하지현, 2006) 등을 기획했으며, 부산 인디고서원과 함께 다양한 인문도서들을 출간해왔다. 과학 분야 도서들을 편집하면서 '과학'이라는 언어를 새롭게 배우고 있는 것은 큰 수확이라고 생각한다.

2001년부터 궁리에서 책을 만들어왔으니 올해로 14년째다. 궁리출판은 창립 초기에 과학 분야를 중심으로 책을 펴낸 과학 전문 출판사 이미지가 강한 곳이다. 그러나 현재는 출간 도서 중 자연과학 분야가 40%, 인문사회과학과 그 외 분야가 60% 정도를 차지해 거의 양분된 모습을 보여준다. 2000년대 이후 중요한 과학책과 이를 견인한 출판인, 출판사를 통해 과학 도서 기획의 변화를 정리해달라는 연락을 받았다. 크게 두 줄기로, 궁리에서 과학책을 만들어온 경험과 과학출판 분야에서 감지했던 움직임과 변화들을 중심으로 써내려가려 한다.

1999~2004 대중 과학서 출판의 기초를 닦다

내가 입사했을 당시 궁리에는 출판사 바깥에서 지원사격을 해주는 사람들이 꽤 많았다. 그중 80년대 대중적 과학출판 기획을 이끌어온 '과학세대' 멤버 몇 분과 인문과학·자연과학 전공자들이 주축이 된 궁리 편집위원들이 활발하게 기획 아이템들을 내놓았다. 제인 구달의 『희망의 이유』, 프랑수아 자콥의 『파리, 생쥐 그리고 인간』, 사이언티픽 아메리칸의 특집들, 『세상에서 가장 재미있는 유전학』 등 래리 고닉의 과학만화들까지.

궁리에 들어오기 전 몇몇 출판사에서 문학과 학술 분야를 다루기만 했지, 과학책을 만들어본 것은 손에 꼽을 정도여서 정기적으로 갖는 기획회의를 통해 과학 분야의 다양한 책들과 저자들, 과학출판의 흐름을 알아나가기 시작했다. 그전까지만 해도 전파과학사의 '블루백스' 시리즈와 '현대과학신서' 시리즈, 범양사의 과학도서 등이 주로 독자들이 찾는 책들이었으나, 나 같은 일반 독자들이 흥미를 가지고 접근하기에는 두껍고 좀 어려웠다. 이후 90년대 '과학세대'라는 기획집단의 활동이 본격화되면서 좀더 대중적인 책들을 만날 수 있었다. 이들은 과학의 대중화를 표방하며 과학과 사회의 관계를 파고드는 책들을 중점적으로 소개했다.

2000년대 초반부터 출판계에서 주목받기 시작한 국내 필자로는 『개미제국의 발견』, 『생명이 있는 것은 다 아름답다』를 쓴 최재천, 『물리학자는 영화에서 과학을 본다』, 『과학 콘서트』를 쓴 정재승, 『하리하라의 생물학 카페』를 비롯한 하리하라 시리즈를 쓴 이은희 등을 들 수 있다.

외국 필자들로는 『코스모스』를 쓴 칼 세이건, 『시간의 역사』를 쓴 스티븐 호킹, 『거의 모든 것의 역사』를 쓴 빌 브라이슨, 『풀하우스』 등을 쓴 스티븐 제이 굴드, 『인간 본성에 대하여』를 쓴 에드워드 윌슨, 『이기적 유전자』를 쓴 리처드 도킨스 등이 각광을 받아 10여 년이 지난 지금까지도 스테디셀러로 굳건히 자리매김하고 있다. 이 책들은 2000년 이전에 학원사나 두산동아 등에서 나온 적이 있으나 시선을 붙드는 장정과 가독성이 좋은 본문 편집으로 새롭게 태어나면서부터 본격적으로 독자들의 손길이 닿기 시작했다.

2005~2009 좀더 심화된 과학출판의 방향을 모색하다

궁리는 2005년부터 여러 곳에서 산발적으로 출간되었거나 절판 상태인 과학의 고전이라 할 만한 책들을 모으고 참신한 젊은 학자들에게 번역을 의뢰해 '궁리하는 과학' 시리즈를 내놓았다. 그 첫 책으로 제임스 왓슨의 『이중나선』을 출간했으며, 이후 에르빈 슈뢰딩거의 『생명이란 무엇인가』, 자크 모노의 『우연과 필연』 등을 선보였다.

이 시기에는 초창기 궁리의 출간 기획에 많은 힘을 보태준 편집위원들이 각자의 활동 영역이 넓어지면서 일종의 게릴라처럼 아이템들을 제안하기 시작했다. 그에 따라 자연스럽게 편집팀의 자생적인 기획 목록이 늘어갔다. 또한 자연과학 전공 학자들이 연구논문에서 벗어나 자신의 전공 분야에 숨어 있는 좋은 과학책들을 소개하는 등 다양한 경로로 뇌과학, 사회문제를 담은 과학 분야 도서를 펴낼 수 있었다. 그 예가 될 만한 것이 칼 짐머의 『기생충 제국』, 리즈 엘리엇의 『우리 아이 머리에선 무슨 일이 일어나고 있을까?』, 도로시 넬킨의 『인체 시장』 등이다.

당시 과학출판계를 돌아보면 뿌리와이파리가 『생명 최초의 30억 년』을 필두로 출간하기 시작한 '오파비니아' 시리즈, 승산에서 2004년부터 출간한 『리처드 파인만의 물리학 강의』(전3권), 사이언스북스의 '사이언스 마스터스' 시리즈 등이 눈에 띈다. 이 시기에 기억할 만한 것은 궁리, 김영사, 동아시아, 바다출판사, 사이언스북스, 양문, 한승, 현암사, 황소걸음 등 과학책을 펴내는 출판사들이 모여 2003년에 결성한 자연과학출판인회의의 활동이다. 이 시기에 좀더 활발하게 움직이며 과학출판을 하는 이들의 공생을 도모하려는 노력을 보여주었는데, 과학 분야 도서의 입지를 넓히기 위해 도서전이나 서점 이벤트 등을 함께 열고 정기적으로 회의를 가지기도 했다. 인문사회과학출판인협의회 등 다른 출판단체들에 비교하면 여전히 소규모이지만, 얼굴을 마주하며 서로의 관심사를 공유한다는 것은 중요한 경험이었다. 또 이 시기에 교양 과학서 출판을 주력으로 하는 출판사들 외에도 기존 규모가 어느 정도 되는 메이저 출판사들도 과학 분야에 관심을 가지고 뛰어들었다.

2010년 이후 또 다른 시대를 이끌 새로운 과학 분야 필자를 기다리며 혹은 찾아나서며

궁리 창립 이후 도서 출고 비율이나 매출 추이를 보건대 과학 분야의 비중

2000년대 이후 주목받은 국내외 과학 저자로는
최재천, 정재승, 이은희, 칼 세이건, 스티븐 제이 굴드, 에드워드 윌슨, 리처드 도킨스 등이 있다.
하지만 이때 등장한 필자들의 뒤를 이어 활약할 인물들을 찾지 못해
현재 여러 출판사가 소수의 필자에게 집필을 의뢰하는 쏠림 현상을 보인다.

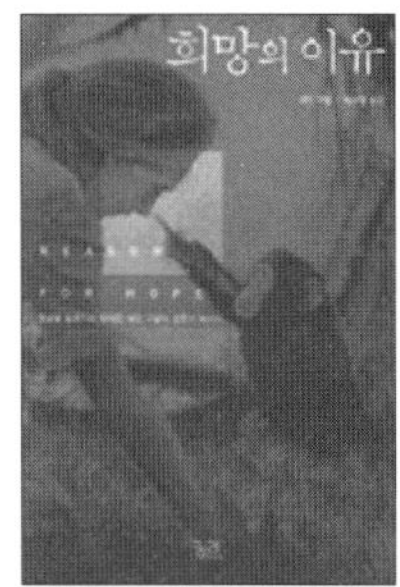

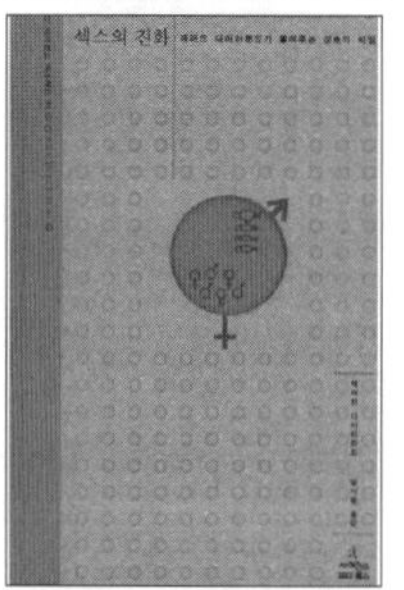

은 40~50% 정도를 차지한다. 매해 연말결산을 해보면 과학 분야 도서들이 수위를 달리며 매출에서 중요한 역할을 맡고 있다. 2000년대 초반에 출간한 『하리하라의 생물학 카페』는 여전히 출고부수 상위권이고 『세상에서 가장 재미있는 물리학』 등 '래리 고닉의 과학만화' 시리즈는 세트의 힘을 보여준다.

몇 년 전부터 특히 눈에 띄는 현상으로는, 과학 분야의 베스트셀러 및 스테디셀러가 일정 부분 청소년층이나 대학생 독자들의 구매로 만들어진 경우가 많다는 점이다. 어떤 책의 주문이 갑자기 눈에 띄게 늘어서 역추적을 해보면 학교나 기관 등에서 과제나 교재용 등으로 해당 도서를 선정한 경우가 많았다. 평소 자신이 관심 있는 주제나 내용을 중심으로 자연스럽게 책을 사서 읽어나가는 경우는 점점 줄어들고, 주어진 과제를 위해 해야 하는 반강제적인 독서가 더 많은 비중을 차지하게 된 것이다. 이렇게 추천된 도서는 쉽사리 바뀌지 않고 오랜 시간 독자들 사이에서 회자되는 경우가 많다.

하리하라 이은희 씨를 만난 지가 벌써 10여 년이 더 되어가고, 이후에도 과학 분야의 새로운 필자들을 찾아 집필을 격려하는 시도를 하고 있지만, 아직은 독자들에게 호소력 있고 매력적인 필자로 다가갈 만한 인물을 찾기가 어렵다. 이 현상은 과학출판계 전반의 문제인 듯하다. 정재승과 이은희, 『다윈의 식탁』을 쓴 장대익, 『오래된 연장통』을 쓴 전중환 등 2000년대 초중반에 등장한 필자들의 뒤를 이어 활약할 인물들이 거의 없어, 소수의 필자들에게 여러 출판사가 집필을 의뢰하는 쏠림 현상을 보인다. 그만큼 아직도 과학출판의 입지가 좁다는 뜻이기도 할 것이다. 이 쏠림 현상은 외국 필자들의 경우에도 마찬가지이다. 예를 들어 우리나라에서는 스티븐 호킹, 리처드 도킨스나 에드워드 윌슨의 책들이 여전히 인기가 많은 편이며, 최근 들어 뇌과학 쪽 도서들의 출간이 눈에 띈다.

책을 기획하고 검토할 때는 과학 분야 책장의 다양성을 위해 분야 안배에 신경 쓰면서 균형감 있게 다양한 시각을 보여주는 책들을 중심으로 하려 한다. 때로는 여러 과학 관련 학회나 단체들과 출간기획 단계에서부터 협업을 통해 결과물을 이끌어내기도 하는데, 그들과의 만남은 과학출판의 시야를 넓힐 수 있는 긍정적인 기회들이 되었다.

인문학도로 과학책을 만들면서 초기에는 그 언어를 제대로 이해하지 못해 시행착오도 많이 겪었고 지금도 계속 그렇기는 하다. 가끔 다른 출판사 친구들이 출간 준비 중인 과학 관련 원고를 건네며 살펴봐달라고 할 때는 여전히 식은땀이 흐르며 “내가 과연 이 분야 출판에 대해 무엇을 아는가?”라는 생각을 하게 된다. 그러면서도 『기생충 제국』, 『마이크로코즘』을 쓴 칼 짐머, 『도도의 노래』, 『신중한 다윈씨』를 쓴 데이비드 쾀멘 같은 멋진 저자가 우리나라에도 분명히 더 있을 거라며 눈을 크게 뜨고 그들과의 만남을 고대하는 것을 보면, 이것도 직업병인가 웃음이 나온다.

예술

정민영
아트북스 대표. 계명대학교 미술대학에서 서양화를 전공했다. 정신세계사와 문학동네, 세계사에서 편집 일을 했고, 잡지로 옮겨 월간 〈미술세계〉 편집장, 계간 〈이모션〉 편집인을 지냈다. 저서로는 『정민영의 미술책 기획노트』(한국출판마케팅연구소, 2010), 공저로는 『편집자로 산다는 것』(한국출판마케팅연구소, 2012) 외 다수가 있다.

국내 미술출판에서 대중 독자에게 어필하는 기획의 역사는 몽당연필처럼 짧다. 2000년을 기준으로 보면, 1990년대에 대중적인 베스트셀러가 드물었으나 2000년대에는 대중 지향의 기획물들이 출판사 단위로 두각을 나타내기 시작하면서 다수의 베스트셀러를 배출했다. 마음산책, 지금은 업종을 변경한 예담, 다빈치, 아트북스, 마로니에북스, 휴머니스트, 생각의나무 등이 독자 친화적인 미술출판의 주요 베이스캠프들이다.

전문서에서 대중서로, 미술전공자에서 일반 독자로. 지난 15년간 전개된 미술출판의 두드러진 특징은 미술 대중서의 약진이라 할 수 있다. 이 시기에 출간된 예술 분야의 대중서 가운데 베스트셀러들을 중심으로 기획자를 거론해보면, 정은숙(마음산책 대표), 정민영(아트북스 대표), 고미영(이봄 대표), 전우석(전 시공사 기획편집자) 등이다. 그리고 기획을 겸한 저자로는 이주헌, 김병종, 오주석, 진중권 등을 꼽을 수 있다.

본론에 들어가기에 앞서 2000년 이전의 베스트셀러를 보면, 시인 최영미의 『시대의 우울』(창작과비평사, 1997)과 한젬마의 『그림 읽어주는 여자』(명진출판, 1999) 등이 독자의 사랑을 받았다. 특히 명진출판의 기획물인 『그림 읽어주는 여자』는 주관적인 그림이야기로 베스트셀러에 등극하면서, 2000년에 들어서도 독자들의 관심권에서 한동안 벗어나지 않았다.

연도별 예술 분야 베스트셀러로 본 기획자들

2001년은 미술평론가 박영택의 『예술가로 산다는 것』이 히트한 해였다. 마음산책의 정은숙 대표가 기획한 이 책은 예술에 초점을 맞추기보다 예술가에게 초점을 맞춰, 미술책 기획의 방향을 사람 이야기로 바꿔놓았다. 더욱이 전작全作 출간이어서 이채를 띠었다. 일반적으로 미술책은 한동안 썼던 평론이나 연재물을 단행본으로 묶는 방식이 관행이다시피 했는데, 여기에 제동을 걸 듯이 완성도 높은 전작을 출간한 것이다. 이 책을 계기로 박영택은 미술현장 경험이 튼실한 미술책 저술가로서 이후 다수의 책을 마음산책에서 선보였다. 만약 이 책의 기획자가 미술 전공자였다면, 아마도 정 대표 같은 생각을 실천에 옮기지 못했을 것이다. 비전공자의 감각으로 미술계라는 우물 속의 미술을 우물 밖으로 끌어냈다는 점에서 의미 있는 기획이었다.

2002년에는 사진가 윤광중의 『잘 찍은 사진 한 장』(웅진지식하우스, 이수미 기획)이 사진 관련서로는 드물게 베스트셀러에 올랐다. 사적인 체험을 바탕으로 사진 이야기를 풀어낸 저자의 글 솜씨는 읽는 즐거움을 느끼게 하면서 자연스레 사진 정보를 습득하게 했다. 이 책의 성공에 힘입어 『아름다운 디카 세상』(2004)과 『찰칵, 짜릿한 순간』(2007)이 뒤를 이어 출간되었다.

2003년에는 작품 꼼꼼히 '읽기'의 진수를 보여준 오주석(1956~2005)의 『오주석의 한국의 미 특강』이 베스트셀러가 되었다. 우리 옛 그림의 아름다움을 알리기 위해 전국을 돌며 펼쳤던 강연 내용을 그대로 옮겨 놓은 이 책은 저자와 동갑내기인 솔 출판사의 임우기 대표가 의기투합한 작품으로, 강연 분위기를 그대로 살린 구수한 입말체 덕분에 현장감 있게 읽히는 장점이 있다. 무엇보다도 서양회화의 광채에 오랫동안 기가 죽어 있던 우리 옛 그림의 깊은 맛을 찾아줌으로써, 독자에게 우리 옛 그림도 얼마든지 즐겁게 감상할 수 있음을 깨우쳐주었다. 이 책은 예술 분야의 스테디셀러로서, 미술출판의 지형 변화뿐만 아니라 우리 옛 그림을 사랑하게 이끈 기념비적인 저작이다. 이후 솔에서는 『옛 그림 읽기의 즐거움 1』(2005)과 저자 사후에 『옛 그림 읽기의 즐거움 2』(2006), 『그림 속에 노닐다』(2008)를 냈다.

오주석처럼 우리 옛 그림을 알리기에 나선 저자로 미술사가 조정육이 있다. 옛 그림에 생활이야기를 더한 미술에세이 『그림이 내게 말을 걸어왔다』(아트북스) 역시 2003년에 독자와 만났다. 아트북스 정민영 대표의 제안(그림이야기+생활이야기=미술에세이)으로 저자와 이메일로 주고받은 원고를 전작으로 출간한 책이다. '동양미술 에세이' 시리즈로 선보인 이 책은 옛 그림의 아름다움을 전하기 위해 간접적인 방법을 사용한다. 오주석이 우리 옛 그림으로 직입해서 이해를 돕는 식이었다면, 조정육은 개인사를 버무린 스토리텔링으로 독자에게 다가갔다. 오주석이 학자다운 치밀한 그림 읽기로 우리 옛 그림에만 집중했다면, 조정육은 동양의 삼국(한국, 중국, 일본)의 그림을 넘나들면서 생활에세이의 감동을 입혀 옛 그림에 대한 마음의 장벽을 허물었다. 조정육은 이후 『거침없는 그리움』(2005), 『깊은 위로』(2006), 『그림공부 사람공부』(2009), 『좋은 그림 좋은 생각』(2012), 『그림공부 인생공부』(2013) 등을 내놓으며 저작 활동을 이어가고 있는 중이다.

우리 옛 그림을 대상으로 한 오주석과 조정육, 그리고 손철주의 책들이 사랑을 받는 데는 유홍준의 『나의 문화유산답사기』를 통해 다져진, 우리 문화유산의 아름다움에 눈뜬 다수의 독자가 존재하기 때문인 듯하다. 그런 연장선에서 우리 문화유산 중 옛 그림에 집중한 것이, 적중한 것으로 보인다.

2005년 역시 의미 있는 해였다. '글 쓰는 화가' 김병종의 『화첩기행 1』(전4권, 효형출판)이 출간되어, 미술 관련서로서는 오랜만에 종합 베스트셀러에 이름을 올렸다. 1998년 〈조선일보〉에 연재될 당시부터 독자들의 뜨거운 관심을 얻었던 이 시리즈의 기획은 저자가 한 것으로 알려져 있다. 이 책은 기존의 유물 유적 중심의 답사기에서 벗어나 우리 문화예술계를 수놓은

인터넷에 미술 정보가 폭주하고, 볼거리가 넘쳐나는 시대에 미술출판에서도 양질의 정보를 큐레이션하는 기획자의 중요성은 점차 커지고 있다. 더욱이 미술출판의 연성화에 따라, 대중서의 업그레이드 버전 격이자 전문서보다 힘을 뺀 '경전문서' 기획의 필요성이 증가하고 있다.

인물 중심의 답사기로서, 저자가 직접 그린 수많은 그림 도판이 책의 특징이다. 삽화는 유려한 글 솜씨 못지않게 '눈맛'과 감동의 극대화에 기여했다. 2014년에 문학동네에서 기존의 원고를 재편집한 개정판(전4권)에 신간을 더해서 전5권으로 완간되었다.

2005년에는 이명옥·김흥규의 『명화 속 신기한 수학이야기』(시공사)가 나왔다. 이 책은 '명화로 수학을 배운다'는 이질성과 그림도 보고 수학도 배울 수 있다는 일석이조의 전략을 구사하여 출간 10년차인 지금까지도 미술을 결합한 교육서로는 스테디셀러의 위치를 차지하고 있다. 이 책을 기획한 전우석은 미술 전공자로서 대중적인 미술책 기획에 감각과 열정을 보인 기획자이자 편집자다. 그는 이 책에 이어 2006년에는 이명옥·김제완·김학현·이상훈·이식의 『명화 속 흥미로운 과학이야기』(시공사)를 기획 출간했다.(이들 책 말미에는 흥미롭게도 편집·기획자의 변인 '편집후기'가 실려 있다.) 그 밖에도 다수의 대중서를 기획하여 그전까지 미술 전공자 대상의 책들로 도서목록을 채워온 시공사의 근엄한 미술출판을 부드럽게 체질 개선시켰다.

2006년은 미술사가 이주은의 『그림에, 마음을 놓다』(앨리스)가 베스트셀러에 오른 해다. '백 마디 말보다 따뜻한 그림 한 점의 위로'라는 카피를 앞세운 이 책은 미술에 심리치유 코드를 결합한 것으로, 현재 이봄의 대표로 있는 고미영의 편집자 시절 기획물이다. 대학원에서 미술을 전공한 고 대표는 이주은 저자의 전문성과 글 솜씨에 주목하고 그 역량을 대중적으로 끌어냈다는 점에서 기획자로서의 안목과 실천이 빛난다. 이 책에 이어, 같은 저자와 3년 뒤에는 속편격인 『당신도 그림처럼』(2009)으로 다시 홈런을 쳤다. 이로써 이주은은 미술 대중서 저술가로 확실히 자리매김하게 된다. 이후 이주은·손철주의 『다, 그림이다』(2012) 등을 기획 출간하여 독자를 즐겁게 만들었다.

2008년에는 '진중권표 서양미술사'인 『진중권의 서양미술사-고전예술 편』(휴머니스트)이 첫선을 보였다. 그 후 '모더니즘 편'(2011), '후기 모더니즘과 포스트모더니즘 편'(2013)이 나와서, 5년 만에 3권으로 완간되었다. 저자 기획인 이 책은 미술사조와 사회역사적인 배경 등을 연대별로 나열하는 일반적인 미술사와 달리 미학과 미술사를 접목시킨 점이 특징이다. 미술사를 서술하면서 그 안에서 벌어진 미학적 논쟁에 주목한다는 점에서 '미학자' 진중권의 저력이 유감없이 발휘되었다.

2009년에는 미술평론가이자 저술가인 이주헌의 『지식의 미술관』(아트북스)이 출간되었다. 저자 주도의 기획물로서, 미술책 기획에 열의를 보인 문학동네 기획자 서영희가 힘을 보탠 이 책은 미술과 관련된 다양한 종류의 지식과 정보를 서른 개의 키워드로 엄선하여, 인문학적인 미술 읽기의 재미를 안겨준다. 2011년에는 미술을 통해 역사를 보고 역사를 통해 미술을 보는 『역사의 미술관』(문학동네)을 출간하여 이주헌의 미술이야기 주머니는 '샘이 깊은 물'이라는 사실을 확인시켜 주었다.

15년간 미술출판 기획의 특징들

국내 미술출판은 오랫동안 대중을 타깃으로 한 기획에는 소극적이었다. 독자층을 미술계 바깥으로 넓히기보다 내부의 전공자를 타깃으로 했다. 그런만큼 일반 독자는 안중에 없었다 해도 과언이 아니다. 그래서 2000년 이전의 미술출판은 전문서 독자가 많고 대중서 독자는 미미한 역삼각형을 이룬다. 〔도표 (가) 참조〕 하지만 2000년대 들어 적극적인 기획으로 승부를 거는 미술출판이 늘어나면서 상황은 달라졌다. 좌뇌에서 우뇌로, 머리에서 가슴으로, 이성보다 감성에 호소하는 대중적인 기획물이 눈에 띄게 증가했다. 이에 따라 전문서 출간의 상대적인 저조 현상이 나타났다. 〔도표 (나) 참조〕

2000년 이후, 우뇌(감성)을 공략하는 대중적인 미술출판의 특징을 정리해보면 대강 다음과 같다.

첫째, 대중서 기획의 강세다. 반면에 미술사나 미술품에 대한 교양으로 무장한 전문서는 상대적인 퇴조 현상을 보였다. 미술을 매개로 독자들의 욕구에 응답하는 기획이 확산됨에 따라 개인의 감성을 드러낸 미술책이 독자의 관심을 모았다. 대중서의 저자도 황경신, 선동기, 이택광 등 미술전공자

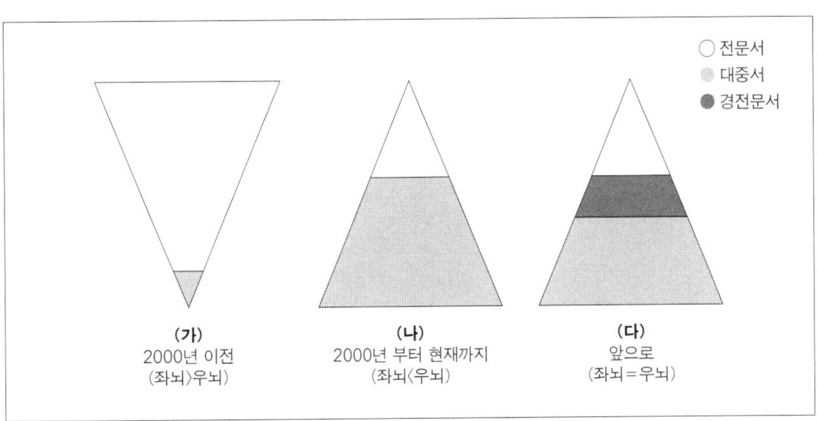

가 아닌 이들이 대거 등장했다. 이에 따라 스토리텔링이 중요해지고, 객관적인 정보로서의 미술이야기보다 주관적인 미술이야기가 힘을 얻고 있다.

둘째, 트렌드를 반영한 미술책 기획의 출현이다. 미술에 자기계발, 심리치유, 위로, 창의성 같은 트렌드를 접목한 책들이 일반 독자에게 크게 어필했다. 이와 관련하여 미술책을 '미술' 코드로만 분류하지 않고, '비소설', '자기계발', '인문' 코드로 분류하는 현상이 나타났다. 이는 잠재 독자 개발은 물론 미술이 미술인의 전유물이 아니라 우리 삶의 다양한 부분과 연계된 세계임을 알려준다.

셋째, 교양서로서의 미술출판 현상이다. 미술만을 전문으로 하지 않는 비미술전문출판사에서 간간히 미술서를 내면서 발생한 현상인데, 『그림 읽는 CEO』(21세기북스, 2008), 『미술관 옆 인문학』(서해문집, 2011) 같은 색다른 기획물들이 그 예다. 이는 전문서의 틀에 묶인 미술전문출판사와의 기획과는 다른 접근 방식 때문에 차별화된 기획, 타깃이 분명한 기획이 가능했던 것으로 풀이된다.

"우리 미술교양서 독자들은 아직 저자에게 많이 의존하는 편입니다. 음식에 비유하자면, 재료뿐만 아니라 바로 먹을 수 있도록 요리까지 다 해주길 바라지요. 또한 감성적인 접근에 민감합니다."(〈출판저널〉, 2000년 5·6월에서)

미술 대중서의 선두주자인 이주헌이 한 인터뷰에서 밝힌 지적이다. 이 같은 지적이 현재 많이 개선되기는 했지만 안타깝게도 여전히 유효하다. 인터넷에 미술 정보가 폭주하고, 볼거리가 넘쳐나는 시대에 미술출판에서도 양질의 정보를 큐레이션하는 기획자의 중요성은 점차 커지고 있다. 더욱이 미술출판의 연성화에 따라, 대중서의 업그레이드 버전 격이자 전문서보다 힘을 뺀 '경전문서'(예컨대 소설에서 장편소설보다 부담이 적은 '경장편' 같은) 기획의 필요성이 증가하고 있다. 〔도표 (다) 참조〕

현재 국내 미술출판의 동향을 거칠게 단순화하면 전문서와 대중서로 양분된다 하겠다. 이제 여기에 경전문서를 보완하여 독자의 높아진 욕구에 적극 부응할 필요가 있다. 편의상 조어인, '경전문서'란 이를테면 『옛 그림 읽기의 즐거움』(솔, 2005)이나 『그림, 문학에 취하다』(아트북스, 2011)처럼 사적인 이야기의 부축을 덜 받거나 받지 않으면서도 대중성을 유지한 채 전문성을 살린 책으로, 전문서는 부담스럽고 대중서는 가벼워서 외면하는 독자들을 고려한 책이 되겠다. 미술에 대한 애정을 바탕으로 남다른 생각을 실천한 이들이 미술출판에 새 기운을 불어넣었듯이, 앞으로 전문성과 대중성을 겸비한 기획자들의 의욕적인 기획물이 출간되기를 기대한다.

그림책

이상희
1960년 부산에서 태어났다. 1987년 「중앙일보」 신춘문예에 시가 당선되어 등단했으며, 시와 그림책 글을 쓰면서 외국 그림책을 우리말로 옮기는 일을 하고 있다. 또 그림책 전문 어린이 도서관 '패랭이꽃 그림책버스'와 '이상희의 그림책 워크숍'을 운영하고 있다. 지은 책으로는 그림책 『도솔산 선운사』(한태희 그림, 한림출판사, 2001) 『봄의 여신 수로부인』(이경국 그림, 웅진주니어, 2013) 등이 있고, 옮긴 책으로는 『네가 만약……』(존 버닝햄 글 · 그림, 비룡소, 2003) 『뭐라고 말해야 할까요?』(모리스 샌닥 글 · 세실 조슬린 그림, 시공주니어, 2013) 등이 있다.

우리 그림책 동네를 떠올리면 몇몇 기념비적인 시점을 손꼽게 된다. 『백두산 이야기』(류재수 글·그림)에 의해 우리 그림책 출간 원년으로 일컫는 1988년, 해외 그림책 시장에서 우리 그림책 수상작들이 활발하게 거명되기 시작한 2004년, 우리나라에서 세계그림책상이 제정된 2008년(2011년 폐지), 한중일 세 나라 작가들의 공동프로젝트에 의해 평화 그림책이 출간되기 시작한 2010년, 한국인이 처음으로 국제안데르센상 심사위원에 위촉된 2013년이 그렇다. 이제 막 시작된 2014년은 어떤 궤적을 남기게 될까.

'2000년 이후 15년간 의미 있는 궤적을 남긴 10권 내외 그림책과 그에 관련된 기획자 및 출판사를 살펴'봐달라는 기획에 따라 꽤나 무리한 글을 쓰는 필자에게는 다름 아닌 『부엉이와 보름달』(제인 욜런 글·존 쇤헤르 그림)의 어린 주인공이 춥고 험한 겨울숲을 향해 나서는 이유만큼이나 간절한 소망이 있을 뿐이다. 원컨대 2014년에는 도서관과 가정에 그림책 서가가 늘어나기를, 그 서가에 오래도록 꽂혀 대대세세 읽고 읽어줄 수 있는 우리 그림책이 늘어나기를, 그리하여 우리 그림책 세계가 좀더 충실히 도타워지길!

그림책 출판계라고 하지만, 아직 우리 그림책을 집중 연구하고 실험하는 전문 출판사는 많지 않다. 이것은 전 세대 독자 대상의 그림책을 아동서로 간주하는 문제와 함께 '그림이 많은 학습서'라는 애매한 결과물을 양산하는 사태를 빚고 있다. 그럭저럭 '그림책 전문'을 표방하는 출판사에다 그림책 전문 출판팀을 운영하는 출판사까지 논의 범주에 넣는다 하더라도, 과연 그림책의 특성을 명확히 구현할 수 있는 기획력을 겸비한 전문 편집자가 얼마나 될까. 좀처럼 양감 있는 대답이 떠오르지 않는다. 그래서 2000년을 기점으로 앞뒤 10년 이상 그림책을 출간하고 있는 출판사에서 뚜렷한 성과를 드러내었거나 의미 있는 기획물을 낸 기획·편집자 – 현재에도 그림책 출판 현장에서 활발히 활동하는 경우 – 를 대상으로 살펴본다.(편집자 이름순)

우리나라 아이들의 필독 그림책 『강아지똥』, 『오소리네집 꽃밭』(이상 권정생 글·정승각 그림)을 편집했던 길벗어린이의 고대영은 글 작가를 디렉팅했던 경험을 살려 직접 두 자녀의 생활 일화를 바탕으로 글을 썼는데, 그렇게 나온 '지원이와 병관이'(고대영 글·김영진 그림) 시리즈가 최근 아홉 번째 에피소드 『싸워도 돼요』를 낼 만큼 어린이 독자의 공감을 얻어, 작가로서 왕성한 강연 활동을 벌이고 있다.

그림책에 주력하는 달리 대표 고선아는 창작과비평사(창비)를 통해 『넉 점 반』(윤석중 시·이영경 그림), 『시리동동 거미동동』(권윤덕 글·그림), 『준치가시』(백석 시·김세현 그림), 『쨍아』(천정철 시·이광익 그림) 등 우리 시 그림책의 모범을 구현하고, 끊임없이 새로운 스타일을 실험하고 있다.

최근 '네버랜드 세계의 걸작 그림책' 시리즈 235번을 출간하기까지, 외국의 이름난 고전을 탐색하며 그림책 기획의 모범을 착실히 훈련해온 시공주니어 김문정 이사는 『거짓말 같은 이야기』(강경수 글·그림), 『아기 쥐가 잠자러 가요』(박정완 글·그림), 『내 친구 까까머리』(임정진 글·윤정주 그림)를 펴내고 계속 새로운 작가와 작품 발굴에 힘쓰고 있다.

사계절출판사에서 『사물놀이 이야기』를 시작으로 15권을 펴낸 '우리문

2004년에는 해외 그림책 시장에서 우리 그림책 수상작들이 활발하게 거명되기 시작했으며, 2010년에는 한중일 세 나라 작가들의 공동프로젝트에 의해 평화 그림책이 출간되기 시작했다. 이제 막 시작된 2014년은 어떤 궤적을 남기게 될까.

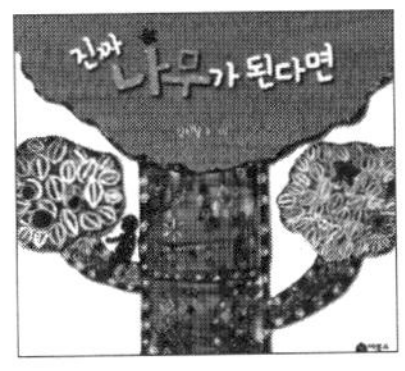

화그림책' 시리즈, '한중일 평화 그림책' 시리즈 『꽃 할머니』(권윤덕 글·그림)와 『비무장지대에 봄이 오면』(이억배 글·그림) 등 굵직하고도 지난한 작업을 끈기 있게 구현한 김장성은 최근 이야기꽃이라는 출판사를 차려 신예 작가들과 『돼지 이야기』(유리 글·그림), 『수영장』(이지현 글·그림)을 펴냈다.

한솔교육(한솔수북)에서 『구름빵』(백희나 글·그림, 김향수 빛그림)으로 빛그림 그림책을 기획하고 직접 제작에 참여했던 김향수는 신예 작가들과 함께 『먼지깨비』, 『잠잠깨비』(이상 이연실 글·김향수 빛그림), 『로켓보이』(조아라 글·그림)를 펴내고 있다.

한림출판사에서 『수호의 하얀 말』(오츠카 유우조 글·아카바 수에키치 그림)을 비롯해 수작 일본 그림책을 진행하며 역량을 쌓은 박은덕은 보림출판사로 자리를 옮겨 보림창작그림책공모전 수상작 출간을 진행하는 한편 『달려 토토』(조은영 글·그림/2011 BIB 대상), 『어느 날』(유주연 글·그림)과 아기 그림책 『하양까망』(류재수) 시리즈에 이어 최근 『엄마 마중』(이태준 시·김동성 그림) 재출간 작업을 진행했다.

우리나라 최초로 어린이 전문 서점 초방을 여는 한편 해외 그림책 시장 현장을 두루 섭렵하며 우리 창작 그림책의 개성을 구상하고 기획했던 초방책방 대표 신경숙은 초방워크숍 결과물로 『지하철은 달려온다』(신동준 글·그림), 『경복궁』(이승원 글·그림), 『새색시』(박현정 글·그림), 『수궁가』(이현순 글·이육남 그림), 『빨간꽃 초록잎』(탁혜정 글·그림) 등을 출간하며 꾸준히 신진 그림책 작가를 배출하고 있다.

우리 그림책 기획자 1세대로 일컫는 윤구병과 함께 보리출판사에서 '도토리 그림책' 시리즈를 만들며 여러 그림책에 직접 글을 쓴 정보 그림책 전문 기획자 심조원은 『투둑 떨어진다』(심조원 글·김시영 그림), 『어슬렁어슬렁 동네 관찰기』(이해정 글·그림), 『나의 엉뚱한 머리카락 연구』(이고은 글·그림), 『다 콩이야』(도토리 글·정지윤 그림)를 작업한 이후 새로운 그림책을 모색하고 있다.

『노란 우산』(류재수 글·그림)을 냈던 재미마주 출판사의 이호백은 『그동안 대체 무슨 일이 일어났을까』(이호백 글·그림), 『토끼의 소원』(윤열수·이호백 공저), 『마법에 걸린 병』(고경숙 글·그림)과 '홍성찬 할아버지와 떠나는 민속 풍물화 기행' 시리즈 등 그림책 전문 출판사 대표로서 기획자 겸 작가로 꾸준히 일하고 있다.

『씨앗은 무엇이 되고 싶을까』(김순한 글·김인경 그림), 『우리는 벌거숭이 화가』(문승연 글·이수지 그림)와 『우리 몸의 구멍』(허은미 글·이혜리 그림), 『뭐 하니』(유문조 글·최민오 그림) 등 뛰어난 아기 그림책을 기획하고 펴냈던 그림책 전문 출판사 천둥거인 대표 문승연은 회사를 닫고 작가로 돌아와 최근 『안녕, 달토끼야』, 『달토끼의 선물』 등 달토끼 시리즈를 내고 계속 새로운 작업에 몰두하고 있다.

'그림동화' 시리즈 출간을 통해 외국 명작 그림책을 직접 선정하고 원서 판형 단행본 출간에 힘써온 비룡소 대표 박상희는 황금도깨비상 공모를 통해 꾸준히 수상작 『진짜 나무가 된다면』(김진철 글·그림), 『비야, 안녕』(한자영 글·그림), 『행복한 두더지』(김명석 글·그림) 등을 펴내어 신인 작가와 기성 작가를 지원하는 한편 다양한 스타일을 실험하는 작가의 결과물을 출간하고 있다. 최근 신진 작가의 그래픽노블에 가까운 작품 『빅 피쉬』(이기훈)를 대형 판형으로 펴내어 눈길을 모으고 있다.

웅진(주니어)출판사에서 『나, 화가가 되고 싶어』(윤여림 글·정현지 그림), 『나를 찍고 싶었어』(신순재 글·김명진 그림) 등 새로운 개념의 인물 그림책시리즈와 『세탁소 아저씨의 꿈』(엄혜숙 글·이광익 그림)을 기획 진행한 허은미는 여러 그림책 전문 출판사와 함께 자유롭게 일하며 『진정한 일곱 살』(허은미 글·오정택 그림)을 비롯한 여러 그림책을 기획하여 글을 쓰고 있다.

웅진 임프린트 '웃는아이'에서 『돌로 지은 절 석굴암』, 『임금님의 집 창덕궁』, 『정조의 꿈을 품은 성곽 수원 화성』 등 '빛나는 유네스코 우리 유산' 그림책 시리즈를 기획·진행한 이원주 또한 독립해 출판기획사 '웃는아이'를 지속해가고 있다.

『아빠한테 찰딱』, 『엄마랑 뽀뽀』 등 '나비잠 아기 그림책' 시리즈, 창작 그림책 『나의 사직동』(김서정 글·한성옥 그림), 『학교 가는 날』(김동수 글·그림), 『꽃이 핀다』(한지혜 글·그림), 『뒷집 준범이』(이혜란 글·그림)를 기획한 보림출판사 기획위원 최정선은 『달리는 기계, 개화차, 자전거』(정하섭 글·조승연 그림), 『한양 1770년』(정승모 글·강영지 그림)의 정보 그림책 '작은 역사' 시리즈를 개발하고, 최근 『달밤』(이혜리 글·그림)을 펴냈다.

위에서 거론한 편집자 명단은 여러 그림책 출판 관계자들의 조언을 참고했으나 결이 다르거나 모자라는 점이 많을 것이다. 거론한 그림책들은 대체로 기획편집자들이 직접 추천한 것이다. 우리 자투리 문화를 처음으로 그림책에 담아낸 언어세상의 '국시꼬랭이동네'(사파리출판사로 이전) 시리즈 기획 편집자 송지헌은 연락이 닿지 않았다. 곳곳에서 역량을 다지고 있는 차세대 그림책 전문 편집자들을 응원하며, 급히 쓰는 글을 마친다.

청소년(논픽션)

서상일
대학교에서 전자공학을 공부하다가 그만두고 두리미디어에 들어가 당시 흔치 않던 청소년도서 편집자로 출판계 경력을 시작했다. 세상에 대한 배움이 부족하다는 생각에 다시 대학교에 들어가 공부했고, 사계절출판사에서 구인 공고가 난 덕분에 지금까지 청소년교양팀 편집자로 일하고 있다. 사계절출판사노동조합 위원장으로도 봉사했다.

청소년도서의 기획 흐름을 돌아보려면, 1990년대부터 시작해야 한다. 청소년도서의 시작은 시대의 질곡과 억압에서 좀더 자유로운 '체제 밖'에서 이루어졌다. 이 일에 앞장선 이들은 대부분 전교조 해직 교사들이었고, 이들과 함께한 출판사는 이른바 사회과학 출판사들이었다. 『보름간의 문학여행』, 『생물에세이』 등 동녘의 '청소년의 책 디딤돌' 시리즈, 『거꾸로 읽는 세계사』, 『스스로를 비둘기라고 믿는 까치에게』 등 푸른나무의 '거꾸로 읽는 책' 시리즈, 『교실밖 국사여행』, 『교실밖 지리여행』 등 사계절출판사의 '교실밖' 시리즈가 이때 나왔다. 이들 외에도 교육 운동의 성과를 담아내는 출판사인 내일을여는책의 '민들레문고' 등도 있었다.

이 시기의 책들은 대체로 진정한 교육을 고민하는 교사들이 교실 안에서 다할 수 없었던 가르침을 풀어내고자 하는 취지에서 시작했다. 사회과학 출판사들이 교사들과 함께 참교육 운동의 연장선 성격으로 시작했던 것이다. 동시에 청소년에게 맞춤한 지식 교양을 담으며 독자적인 청소년도서의 꼴도 갖추어나갔다. 이 책들은 "고교생이 알아야 할"이나 "성적을 올리는" 따위의 피상적인 요약서를 중복 출판, 짜깁기 출판하던 곳에서 비로소 청소년출판에 뿌린 소중한 씨앗이다.

태초에 교과서에 대한 불만이 있었다!

청소년도서가 커가는 바탕에는 '교과서에 대한 불만' 또는 '교과과정에 대한 불만'이 깔려 있었다. 교과서는 한 사회의 공식적인 지식 체계이며, 공교육의 교과과정은 국가를 이루는 시민의 기초 교양이 된다. 그러나 대한민국 국민이라면 누구나 고리타분한 교과서를 비판하는 일에 주저 없이 동의한다. 청소년도서는 이런 불만을 극복하고자 했다. 이렇게 보면, 참교육 운동에서 시작한 청소년도서가 이후 교과서를 대체할 수준의 교양서 또는 대안교과서로 결실을 맺는 흐름을 자연스럽게 따라갈 수 있다.

1999년에 나온 두리미디어의 『청소년을 위한 한국사』(백유선 외)는 국사교과서를 대체할 수준의 충실한 교양서였다. 이 책은 불친절한 교과서를 비판하며 새로운 서술을 시도했다. 청소년들이 별다른 사전 지식 없이도 읽을 수 있게 했고, 맥락을 납득할 수 있도록 짚어주며, 제도사를 줄이고 문화사 지면을 늘리는 시도를 담았다. 덕분에 청소년도서의 새로운 장을 열며, 대안교과서의 밑거름이 되었다. 이어 『청소년을 위한 세계사』도 나왔다. 이 역시 교과서처럼 단순한 사건 나열 방식이 아니라, 사건의 인과관계를 종합적으로 파악할 수 있도록 했으며, 다양한 해석을 담아 역사를 성찰하는 힘을 키울 수 있게 했다.

이렇게 교과서를 대체할 수준의 충실한 교양서가 쌓이는 동시에 본격적으로 대안교과서를 표방하는 시도도 이루어졌다. 2001년에는 나라말에서 『중학교 1학년을 위한 우리말 우리글』이 나와 교육 현장에 잔잔한 파문을 일으켰고, 2002년에는 휴머니스트에서 『살아 있는 한국사 교과서』가 출간되어 언론과 독자의 커다란 관심을 받았다. 당시 중앙 일간지의 거의 모든 책 소개 지면에 이 책이 으뜸으로 소개될 정도로 화제였다. 휴머니스트

청소년도서는 때로 비판과 대안으로 새로운 길을 개척해 교육과정에 영향을 주기도 했고, 때로는 교육과정 변화에 발 빠르게 적응하여 수혜자가 되기도 했다. 한편, 뚝심 있게 지식 교양의 본질을 추구하는 청소년도서는 시대의 유행에 휩쓸리지 않고 꾸준한 사랑을 받아왔다.

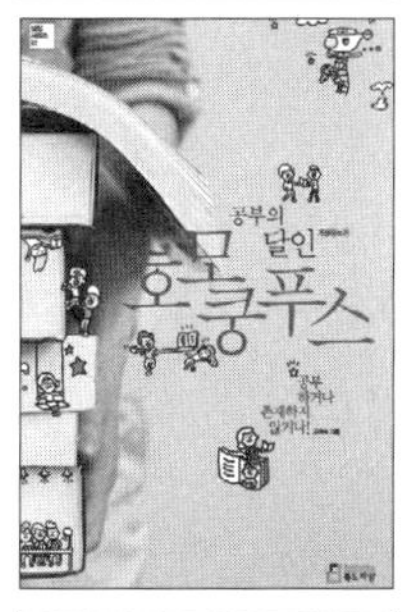

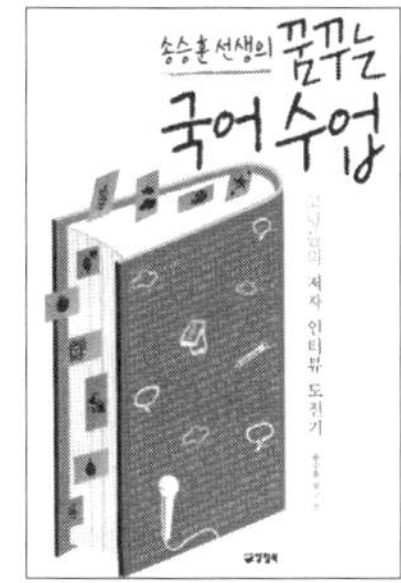

는 이후에도 『살아 있는 한자 교과서』, 『살아 있는 과학 교과서』 등 품격 있는 대안교과서를 내고 있다. 대안교과서는 청소년도서의 굵직한 도전 분야라 하겠다.

그렇지만 교과서나 교육과정에 대한 비판이 항상 대안교과서의 형태로 결실을 맺을 수 있는 것은 아니다. 교육 과정의 빈자리를 채우는 충실한 교양서가 다양하게 필요한 이유다. 관련해서 돋보이는 곳이 나라말 출판사다. 1998년부터 '국어시간에 소설 읽기', '국어시간에 시 읽기' 시리즈를 펴냈다. 국어 교과서의 문학작품은 참으로 '고귀해서' 우리의 현실과는 동떨어져 있다. 무엇보다 청소년의 눈높이를 한참 벗어나 있다. 이런 작품으로 문학을 배우면 문학을 즐기거나 작품에 비추어 자신의 삶을 돌아보는 것이 아니라, 배움과 현실은 다르다는 생각을 가지게 된다. 때문에 이 시리즈는 국어 교과서의 편향성을 비판하며, 청소년의 감수성과 눈높이에 맞는 작품을 골라 엮었다. 중학생 눈높이에 맞춘 최초의 소설집과 시집이 탄생한 것이었다. 덕분에 진정한 문학 교육을 하고자 하는 교사들과 청소년 독자들의 큰 사랑을 받았다. 비판과 대안으로 시작한 이 작업은 국어 교과서의 작품 선정에도 영향을 주었다.

나라말에서는 '국어시간에 고전 읽기' 시리즈도 펴냈다. 고전문학이 제대로 번역되어 있지 않아 수업 시간을 낱말풀이로 끝낼 수밖에 없는 안타까움에서 시작된 시리즈다. 일단 청소년들이 읽을 수 있게 잘 번역된 고전이 있어야, 작품에 담긴 정서나 사상을 공유할 수 있지 않겠는가! 『홍길동전, 춤추는 소매 바람을 따라 휘날리니』, 『구운몽, 무엇이 꿈이고 무엇이 꿈이 아니더냐』 등 이 시리즈는 지금도 '독립' 나라말 출판사에서 나와 여전히 독자의 사랑을 받고 있다.

한국 청소년출판의 역량이 쌓이면서 교육과정 변화에 더욱 적극적으로 대응하는 경우도 생겼다. 2000년대 후반 지식의 통합 바람이 불면서 교육 현장에도 영향을 주었다. 마침 2007년 웅진에서 나온 『국사 시간에 세계사 공부하기』는 이러한 지식 변화의 흐름과 독자의 요구를 잘 파악하고 앞서

나가는 기획을 보여주었다. 사실, 지식의 통합은 말이 좋지 실제로 그 일을 할 수 있는 저자는 흔치 않다. 그럼에도 웅진은 『과학 시간에 사회 공부하기』, 『체육 시간에 과학 공부하기』 등 '지식의 사슬' 시리즈를 채워나갔다. 또 2010년대 초반의 인상적인 사례로 창비의 '국어 교과서 작품 읽기' 시리즈를 꼽을 수 있다. 창비는 국어 교과서가 국정에서 검인정으로 바뀌면서 생기는 독자의 새로운 수요를 빠르고 정확하게 파악해서 '국어 교과서 작품 읽기' 시리즈를 펴냈다. 각 교과서마다 넘쳐나는 여러 문학 작품들을 한데 모아 공부할 수 있게 안내했다.

거슬러 올라가 따지고 보면, 1990년대 청소년도서의 이변이라 할 수 있는 사계절출판사의 대형 베스트셀러 『반갑다, 논리야』, 『논리야, 놀자』도 교육과정 변화의 수혜였다고 볼 수 있다. 단순 암기 위주의 학력고사가 사고력 테스트인 수능으로 바뀌면서 머리로 생각하는 논리가 필요해졌고, 이 덕분에 폭발적인 반응을 얻었던 것이다. 청소년도서는 때로 비판과 대안으로 새로운 길을 개척해 교육과정에 영향을 주기도 했고, 때로는 교육과정 변화에 발 빠르게 적응하여 수혜자가 되기도 했다.

청소년의 생활 속에서 지식 교양의 본질을 찾는다!

청소년도서에 대한 얘기는 아무래도 교과서와 교육과정에서부터 시작할 수밖에 없는 특성이 있다. 그래서 관련한 기획을 돌아봤다. 그렇지만 청소년도서가 항상 교육과정과 관련이 있어야 하는 것은 아니다. 오히려 뚝심 있게 지식 교양의 본질을 추구하는 청소년도서는 시대의 유행에 휩쓸리지 않고 꾸준한 사랑을 받는다.

사례로 고전 해설서 시리즈인 사계절출판사의 '주니어클래식'을 들 수 있겠다. 『종의 기원, 자연선택의 신비를 밝히다』, 『마르크스의 자본, 판도라의 상자를 열다』 등으로, 고전에서 얻을 수 있는 남다른 배움의 깊이와 친절한 해설을 동시에 담는 힘든 작업을 꾸준히 해왔다. 일반적인 청소년도서와는 달리, 청소년이 읽어도 만족스럽고 일반 성인이 읽어도 만족스러운 책이다. 주니어클래식은 최초의 고전 해설서 시리즈로, 고전 해설서 붐을 일으키며 이후 비슷한 시리즈에 영향을 주었다.

교과과정과 연관성이 없더라도 청소년들이 어떤 주제의 지식을 쉽고 흥미롭게 익힐 수 있는 충실한 교양서는 언제든 필요하다. 그린비에서 나온 『공부의 달인, 호모 쿵푸스』, 『책읽기의 달인, 호모 부커스』 등 '달인' 시리즈와 너머학교에서 나온 『생각한다는 것』, 『논다는 것』 등 '너머학교 열린교실' 시리즈도 특색 있는 기획이다. '영토 바깥으로 탈주하는' 필자들이기에 가능했던 기획으로, 깨우침을 갈구하는 영혼들에게 좋은 길잡이가 되어준다. 이 외에 『10대와 통하는 미디어』, 『10대와 통하는 노동 인권 이야기』 등 철수와영희의 '10대를 위한 책도둑' 시리즈도 청소년을 위한 든든한 교양서다.

쉽고 친절한 교양서를 넘어서 그 이상을 추구하는 시도도 있었다. '감동이 있는 지식'을 전하는 시도였다. 지식소설이라면 정서적 감동이 함께하는 지식 교양을 펼칠 수 있다.

관련해 먼저 언급해야 할 시리즈는 디딤돌의 '청소년 철학 소설' 시리즈다. 『공자, 지하철을 타다』, 『루소, 학교에 가다』 등이 있다. 어려울 수밖에 없는 철학 교양을 소설이라는 형식을 빌려 쉽고 재밌게 풀어내려고 했으며, 한국에서 흔치 않은 지식소설을 개척해 의미가 있다. 무엇보다 청소년출판계에 새로운 시도를 자극하고 청소년을 위한 지식소설은 어떠해야 하는지 진지한 과제를 던졌다.

'사계절 지식소설'은 단지 소설이라는 형식을 빌려 쉽고 재밌게 지식 교양을 담는 것을 넘어서, 오늘날 청소년의 삶과 지식 교양을 적극적으로 접목시켰다. 『수상한 화가들』, 『주먹을 꼭 써야 할까』, 『뭘 해도 괜찮아』 등이 있는데, 예술의 즐거움, 폭력과 평화, 진로 등 삶의 주제를 다룬다. 이 시리즈는 '지식 따로 삶 따로'가 아니라, 우리의 삶을 돌아보는 감동적인 지식 교양을 전한다. 특히 『뭘 해도 괜찮아』는 청소년들의 고민 1순위인 진로 문제를 청소년들의 현실 속에서 생생하게 풀어냈다. 기존 진로 안내서와는 전혀 다른 관점으로 접근한 이 책은 청소년을 주인공으로 설정하여 스스로 꿈을 찾아가는 과정을 그렸다.

한편 청소년이 정말 주인공인 '청소년 필자'의 책도 있다. 먼저 언급해야 할 책은 2001년 보리에서 나온 『아무에게도 하지 못한 말』과 『날고 싶지만』이다. 이오덕 선생의 교육 정신을 잇고자 하는 한국글쓰기연구회에서 중학생들이 쓴 수필과 고등학생들이 쓴 수필을 가려 뽑아 모았다. 청소년들의 진솔한 생각과 삶의 냄새를 맡을 수 있는 소중한 기획 작업이다. 2003년 창비에서 나온 『다영이의 이슬람 여행』은 청소년이 직접 그들의 눈높이로 써 또래들의 공감을 자아냈다. 9·11 테러 이후 이슬람 세계에 대한 관심이 높아진 상황에서 나온 고등학생의 이슬람 여행기라 관심도 많이 받았다.

소리 소문 없이 좋은 책을 많이 내는 양철북에서는 2008년에 『열다섯 살 하영이의 스웨덴 학교 이야기』를 냈다. 역시 청소년 필자의 책으로, 우리에게는 꿈의 세상과도 같은 북유럽 교육 현장을 학생의 입장에서 담아놓았다. 양철북에서는 국어 수업의 경계를 넓힌 『송승훈 선생의 꿈꾸는 국어 수업』도 냈다. '고딩들의 저자 인터뷰 도전기'라는 부제처럼, 학생들이 저자들을 인터뷰한 내용뿐만 아니라 그 과정에서 있었던 모험담까지 담겨 있다. 이 책은 단순한 인터뷰집이 아니라 학생들의 성장기이기도 하다.

청소년 필자의 책 가운데 특히 놀라운 것은 1998년 민들레에서 나온 『학교를 해체하라』(이한)다. 사상가 이반 일리히가 한국의 청소년으로 다시 태어난 것일까? 이 책은 교육의 본질에 대한 깊은 성찰을 담아 학교를 벗어난 배움을 제안한다. 탈학교 논쟁에 불을 붙인 책으로, 새로운 교육 운동의 초석을 놓았다. 2003년에 '학교를 넘어서'라는 제목으로 개정판이 나왔다.

최근 들어 청소년출판계의 가장 큰 변화로는 창비의 본격적인 진입을 꼽을 수 있다. 창비는 2010년부터 '창비청소년도서상'을 시작했다. 덕분에 새로운 저자를 발굴하고, 『식탁 위의 세계사』라는 근사한 책을 낼 수 있었다. 앞으로 창비가 청소년출판계에 큰 영향을 미칠 것으로 예상된다.

훌륭한 청소년도서란 무엇일까? 청소년만이 아니라 마흔이 넘어서 읽어도 가슴 벅차게 하는 책이라고 생각해보면 어떨까? 청소년도서의 대표 필자인 안광복의 『열일곱 살의 인생론』은 청소년만이 아니라 마흔이 읽어도 가슴 뛰게 하는 성찰이 담겨 있다. 이제껏 살펴본 것처럼 좋은 청소년도서가 계속 나올 수 있는 출판계가 되기를 기대한다. 특히 청소년출판을 전문으로 하는 출판사에서 소명의식을 지닌 편집자들의 활약을 기대하고 싶다. 곳곳에 숨어 있는 편집자들이 청소년도서의 역사를 만든 기획자들이다. 이들은 지금도 어디선가 교육과정의 문제나 교과서 사이의 연계성 문제 등을 다룬 논문을 찾아 읽거나 참신한 교양에의 접근법을 모색하고 있을 것이다.

만화

박인하

청강문화산업대학교 콘텐츠스쿨 교수, 만화평론가. 광운대 국어국문학과를 졸업하고 성균관대, 광운대 대학원을 졸업했다. 1995년 〈스포츠서울〉 신춘문예 만화평론부문에 당선된 이후 만화평론 활동을 시작했다. 만화 · 애니메이션 평론, 전시 기획, 만화스토리, 애니메이션 영화제 프로그래머 등 만화·애니메이션과 관련된 여러 일을 하고 있다. 저서로는 『아니메 미학 에세이』(바다출판사, 2003), 『장르만화의 세계』(살림, 2004), 『한국 현대 만화사 1945~2010』(공저, 두보북스, 2010), 『최호철, 박인하의 펜 끝 기행』(디자인하우스, 2010) 등이 있다.

한국 최초의 신문 연재 만화는 1909년 6월 2일 창간된 〈대한민보大韓民報〉에 실린 이도영의 「삽화揷畵」다. 1면에 연재된 관재貫齋 이도영의 만화는 창간호 이후 이듬해 8월 31일 〈대한민보〉가 폐간될 때까지 일 년 남짓한 시간 동안 목판화의 강력한 선으로 현실을 풍자하고, 민중을 계몽했다. 1910년 한일병합 이후 한국의 매체는 대부분 폐간되었고, 〈매일신보〉나 〈경성일보〉 같은 조선총독부의 관제매체만 살아남았고, 〈대한민보〉에서 보여준 풍자와 계몽의 만화도 더 이상 찾아볼 수 없었다.

한국만화의 시작과 함께한 만화 기획자

1920년 〈조선일보〉(3월 5일)와 〈동아일보〉(4월 1일)가 창간되며 한국만화에 새로운 변화가 불기 시작했다. 후발주자인 〈동아일보〉는 1919년 〈매일신보〉에 만화를 연재한 김동성을 기자로 임용했다. 창간호부터 김동성의 만화가 실린 것은 물론이고, 해외만화 「애란과 영수상」 게재(5월 31일자), 발전(田)자형 4칸 만화를 「그림이야기」라는 제목으로 소개했다(5월 31일자 3면). 또한, 1923년 5월 3일 독자를 대상으로 만화작품공모를 시행했으며, 9월 23일 일요판에 독자페이지를 신설했다. 이처럼 한 발 빠른 만화 관련 행보들 역시 김동성이 있었기 때문에 가능했을 것으로 추측된다. 김동성은 1923년 월간지 〈동명〉에 「만화 그리는 법」을 연재했고 노수현, 이상범, 이승만 등에게 만화를 가르치기도 했다.

1924년 10월 13일 〈조선일보〉에 노수현의 4칸 만화 「멍텅구리 헛물켜기」가 첫 선을 보였다. 김동성이 기획하고, 이상협이 이야기를, 노수현이 그림을 맡았다. 놀랍게도 한국의 첫 오락만화가 조직적인 분업에 의해 기획, 진행된 것이다. 「멍텅구리 헛물켜기」는 제목에서 연상할 수 있듯, 예고 기사의 표현을 빌자면 '우습고 재미있는 이야기'였다. 당대 미국 신문의 코미디 만화를 한국에 적용해 경성의 모던보이들이 보여주는 허세, 말썽 등을 우습게 풀어냈다. 주인공 최멍텅과 윤바람은 작명에서 유추할 수 있듯 '멍청'하거나 '바람' 피는 모던보이이며 여자 주인공 신옥매는 미모의 기생이다. 모던보이와 기생의 조합은 식민지 근대라는 서글픈 시대의 또 다른 모습이다.

「멍텅구리 헛물켜기」는 '헛물켜기'를 시작으로 '련애생활(연애생활)', '자작자급', '가뎡생활(가정생활)', '세계일주' 등으로 부제를 달리하며 10회나 시리즈를 이어 1927년 8월 18일까지 연재되었다. 1926년에는 반도키네마에서 영화로 제작되어 조선극장에서 상영될 정도로 대중적 인기를 누렸다. 이처럼 한국 최초의 인기 4칸 만화이며 당대의 미국 코믹스트립스와 비교해도 뒤지지 않았던 만화 '멍텅구리' 시리즈에는 김동성이라는 만화가 겸 기획자가 있었다.

만화 전문 편집자의 탄생

해방 이후 다양한 신문과 잡지가 창간된다. 이들 신문, 잡지에는 만화가 게재되었는데 주목할 만한 기획자는 없었다. 만화 신문이나 잡지는 1948년 만화가 김용환의 주도로 창간된 타블로이드판 만화주간지 〈만화행진〉처럼 만화가들이 편집자로 참여했다. 1956년 부산에서 해적판 『밀림의 왕자』를 펴내 큰돈을 번 김성옥의 주도로 창간된 월간 만화잡지 〈만화세계〉는 당시 인기 만화가인 최상권이 편집을 맡았다. 〈만화세계〉는 3호 판매부수가 10만부를 돌파하는 등 큰 인기를 얻는다. 초기 만화잡지에 만화가들이 편집자로 참여한 것은 만화를 아는 편집자가 부족했기 때문이다. 또한, 만화가 자체가 부족했던 당시 만화가들을 효과적으로 영입하려는 목적도 있었다.

1972년 어린이 종합잡지 〈새소년〉을 펴내던 새소년사는 통권 100권 발행기념으로 서점용 만화 시리즈 '클로버문고'를 기획, 출간한다. 『유리의 성』을 시작으로 1984년 『풍운아 초립동이』까지 모두 429권(만화 389권)을 출간한 서점용 만화 시리즈를 기획, 진행한 이는 바로 1972년 8월 100호 기념 특대호부터 편집을 맡은 박현재였다. 김동성이나 김용환, 최상권 등이 모두 만화가 출신 기획·편집자였다면, 박현재는 만화가가 아닌 만화 편집자였다.

1982년 〈만화 보물섬〉이 창간되며 만화잡지의 시대가 시작되었다. 〈만화 보물섬〉 이후 꾸준히 만화잡지의 창간과 발간이 이어지며 편집자를 중심으로 만화 기획자들도 성장하기 시작했다. 독자들에게 이름을 널리 알린 최초의 편집자인 강인선은 1993년 8월 1일 서울문화사의 격주간 순정만화잡지 〈윙크〉 창간을 주도하며 잡지 만화시대의 새로운 편집자로 떠오른다. 디자이너 출신답게 적극적으로 만화 기획과 창작 단계에 개입했던 그는 〈윙크〉에서 발굴한 신인 박무직이 선사한 '안드로이드 강'이란 별명으로 90년대 순정만화 독자들 사이에 유명했다. 강인선은 시공사를 거쳐 현재는 만화전문출판사 거북이북스의 대표로 재직 중이다. 강인선이 여성만화 편집·기획자로 이름을 날렸다면, 남성만화의 대표적 편집·기획자는 대원씨아이의 황민호다. 〈소년챔프〉, 〈영챔프〉, 〈투엔티세븐〉 등 남성만화잡지를 기획했으며 만화평론가로 활동하기도 했다.

디지털 플랫폼이 등장하면서 만화 시장은 급격히 변했다.
플랫폼 운영사가 만화 전문 출판사처럼 '편집, 프로듀싱' 역할을 수행해주지 않기 때문에
이를 대행할 회사가 필요해졌다.
그리고 에이전시의 등장으로 웹툰을 기반으로 한 시장이 확대되고,
영화 · 드라마 · 광고 같은 저작권 관리에 대한 필요성이 커졌다.

스토리 작가 기반의 학습만화 기획자

만화 역사에서 만화 기획자의 역할은 편집자에 국한된 것만은 아니었다. 스스로 자기 작품을 기획하는 만화가도 생겨났다. 2000년대 이후 학습만화가 백만, 천만 부를 판매하며 일약 출판계의 뜨거운 아이템이 되자, 편집자가 아닌 스토리 기반의 기획자들이 등장하기 시작했다. 2001년부터 학습만화 전성기를 연 '살아남기' 시리즈를 기획한 홍재철은 2002년 만화기획전문회사 코믹컴을 설립하고 아이세움과 협업해 '살아남기' 시리즈를 히트작으로 성장시켰다. 홍재철은 기획과 스토리를 담당하고, 장르만화에서 데뷔한 중견작가 이태호, 문정후 등과 협업해 작품의 질을 끌어올렸다. 예상대로 '살아남기' 시리즈는 학습만화의 대표적 베스트셀러로 자리 잡았다. 홍재철은 2009년 10월 아이세움과 결별하고 자신이 세운 출판사 코믹컴을 통해 『정글에서 살아남기』(코믹컴 글, 네모 그림) 1권을 출간하기 시작했다.

홍재철이 2000년대 초반 학습만화를 이끌었다면, 2010년 이후 가장 활발한 활동을 보인 기획자는 손영운이다. 손영운은 중·고등학교 과학교사 출신으로 과학 기반의 책을 집필했고, 김영사와 함께 '서울대 선정 고전 인문만화 50선' 시리즈를 기획해 2009년 완간했다. 이후 김영사만화연구소를 기반으로 유사한 스타일의 지식만화 작업을 계속 진행한다. 손영운 역시 홍재철처럼 스토리 기반의 기획자로 다양한 협업을 통해 동시다발적으로 일을 진행한다. '서울대 선정 고전 인문만화 50선'의 경우 각각 다른 원작을 각색하는 것이어서 그림이 달라도 큰 문제가 없었다. 이런 경우 여러 명의 작가와 동시 작업이 가능하다. 그런데 2010~2011년에 출간한 '마법천자문 과학원정대'의 경우 캐릭터도 동일하고, 속간되는 시리즈인데도 불구하고 각 권마다 과학 아이템을 달리해 여러 작가(팀)와 작업했다. 이렇게 손영운은 여러 스타일의 만화 시리즈가 아니라 같은 캐릭터를 활용한 시리즈도 여러 작가(팀)와 함께하는 협업 창작 환경을 완성했다.

2000년대 이후 정통 만화출판사가 아닌 새로운 출판사들이 만화시장에 참여하며 기획의 역할도 확대되었다. 애니북스, 세미콜론, 미메시스, 휴머니스트, 길찾기, AK는 각각 개성적인 출판 라인업을 통해 확고한 독자층을 확보하고 있다. 그중 가장 안정적으로 자리 잡은 애니북스는 천강원 편집장의 역할이 두드러진다. 애니북스는 2001년 마이클 터너의 『심연』을 시작으로 서구만화, 학습만화, 스포츠신문 연재만화 등을 출간했다. 2005년부터 다니구치 지로의 『아버지』를 출간하며, 보고 싶지만 정식 출간이 안 돼 못 보고 있던 일본만화 걸작을 꾸준히 출간하고 있다. 마츠모토 타이요, 오노 나츠메, 호시노 유키노부, 요시다 아키미, 모로호시 다이지로 등의 작품은 물론 100권이 넘는 방대한 분량으로 정식 출간이 불가능할 것으로 여겨지던 『죠죠의 기묘한 모험』도 2013년부터 출간하고 있다.

이렇듯 수많은 일본 만화들 중 좋은 작품을 골라 애니북스의 색을 유지하는 밑바탕에는 천강원 편집장이 있다. 어릴 적 일본에서 살았고, 시공사와 서울문화사에서 만화편집자로 일했던 천강원은 2004년 애니북스에 입사한 후 일본만화 수입을 진두지휘하며 오늘날 애니북스의 브랜드를 차곡차곡 만들고 있다. 2000년대 이후 출발한 여러 만화출판사 혹은 브랜드 중 가장 성공한 애니북스에는 좋은 만화기획자가 있었던 것이다.

웹툰 시대의 에이전시

2010년 이후 디지털 플랫폼이 확대되며 웹툰이 독자들에게 가장 친근한 엔터테인먼트로 자리 잡았다. 전통적인 출판 플랫폼에서는 출판사가 모든 역할을 수행했기 때문에 만화 에이전시에 대한 요구가 크지 않았다. 하지만 디지털 플랫폼이 등장하면서 시장은 급격히 변했다. 먼저 플랫폼 운영사가 만화 전문 출판사처럼 '편집, 프로듀싱' 역할을 수행해주지 않기 때문에 이를 대행할 회사가 필요해졌다. 그리고 에이전시의 등장으로 웹툰을 기반으로 한 시장이 확대되고, 영화·드라마·광고 같은 저작권 관리에 대한 필요성이 커졌다. 2009년 강풀, 윤태호, 양영순, 박철권 등을 중심으로 ㈜누룩미디어가 설립되었다. 같은 해에 웹툰 작가들이 작품의 저작권 관리 등을 위한 에이전시를 설립했으며, 스포츠신문 사이트에 만화를 주로 공급하는 투유엔터테인먼트, 그리고 〈은밀하게 위대하게〉의 HUN이나 와루 등의 작가를 매니지먼트하는 드림컴어스가 설립되었다. 이들 에이전시는 작가의 권리를 대행하는 회사이지만, 적극적으로 작품을 발굴하고 기획하는 역할을 수행하기도 한다. 누룩미디어는 2013년 KT올레마켓웹툰을 대행하면서 별도 법인 누룩코믹스로 독립했다. 누룩미디어 대표였던 박철권이 누룩코믹스 대표를 맡아 KT올레마켓웹툰의 작가 발굴, 작품 기획 등을 진행하고 있으며, 2013년 재담미디어를 설립한 황남용도 적극적으로 작품 기획에 참여하고 있다.

장르문학

임지호
인터넷 서점 알라딘의 창립 멤버로 출판계에 입문했다. 프로메테우스, 아웃사이더, 북스피어 편집장을 거쳐 현재 문학동네 장르문학 임프린트 엘릭시르 편집차장으로 일하고 있다.

2000년 전후는 한국에서 장르문학이 자리 잡기 시작한 시기였다. 그 전의 장르문학은 몇몇 베스트셀러 작가를 중심으로 독자의 사랑을 받았을 뿐, 특정 장르가 눈에 띄지는 않았다. 도화선이 된 것은 90년대 PC 통신을 기반으로 인기를 얻은 작가들이었을 것이다. 천만 독자를 사로잡았던 이우혁이나, 뒤이어 등장한 이영도 같은 국내 작가들은 무겁고 진지했던 한국 문학 시장에 새로운 바람을 불러일으켰다. 여기에 불을 붙인 것이 『반지의 제왕』과 『해리 포터』 시리즈였다. 두 작품의 공통점은 세계적인 베스트셀러인 동시에 영화로서도 대중의 사랑을 한껏 받은 판타지라는 것이다. 하나의 작품이 '독서'라는 행위를 넘어 다른 매체로 이어지면서 시장에서 엄청난 파괴력을 과시했다. 그것은 단순히 작품의 판매량을 의미하는 것만은 아니었다. 판타지라는 '장르'를 독자들의 뇌리에 각인시키는 방아쇠 역할을 한 것이다. 비로소 독자는 '장르'문학을 즐기기 시작했다.

황금가지라는 길고 거대한 뿌리

2000년대 초 장르문학 기획의 중심에는 황금가지가 있다. 민음사의 자회사로 출발한 황금가지는 이름부터 '마니아'들의 호기심을 건드렸다. 사실 황금가지가 처음 등장한 2000년 전후에는 독자들조차 이런 성격의 출판사가 오래 버틸 수 있을까 하는 걱정이 앞섰다. (출판사 내부에서도 이러한 우려가 있었던 것인지 아니면 다른 이유였는지는 모르겠으나 처음부터 황금가지가 장르문학만 다루었던 것은 아니다. 초기에는 실용서의 비중도 상당했다.) 그러나 『반지의 제왕』을 필두로 이영도나 김민영 같은 신진 국내 작가들이 힘이 되어주었다. 하지만 그것뿐이었다면 지금의 황금가지는 없었을 것이다. 황금가지가 지켜온 기획의 가장 큰 미덕은 바로 지속성이다. 몇몇 베스트셀러가 있었지만 초기의 모습은 매우 불안정했다. 하지만 다양한 종류의 타이틀과 기획을 꾸준히 밀고 나갔고, 그런 경험을 바탕으로 새로운 기획을 계속해서 선보였다. 그런 황금가지의 장르문학 기획을 가장 잘 보여주는 시리즈가 '밀리언셀러클럽'이다. 최근 한 인터뷰에서 김준혁 편집장은 이렇게 이야기했다.

> '밀리언셀러클럽'은 처음에 책이 안 나갔다. 그래서 민음사의 〈세계문학전집〉의 판매 추이 그래프를 확인해보니까 역시 책이 하나도 안 나가다 한 50권쯤 되니까 올라가기 시작했다. 물론 그게 『호밀밭의 파수꾼』의 영향도 있긴 했다. 그걸 보니 우리도 50권을 만들면 움직이기 시작하겠다고 판단해서 짧은 기간 동안에 책을 많이 냈다. 다행히 50권 정도 나왔을 때 『나는 전설이다』와 『13계단』 그리고 『살인자들의 섬』까지 동시에 3개가 뜨면서 순탄해졌다.
>
> —김준혁 황금가지 편집장 인터뷰, 〈ize〉, 2014년 2월 6일자

밀리언셀러클럽의 최대 무기는 '양'이다. 장르문학이 본격적으로 소개되지 않았던 2000년대 초 (그리고 어쩌면 지금까지도) 시장에서 가장 필요한 것은 다양한 종류의 장르문학들이었다. 좋은 소설을 선별하는 것도 기획의

중요한 점이지만, 그보다 우선되어야 할 것은 좋은 소설이 독자들에게 제대로 다가갈 수 있는 시장의 형성이다. 밀리언셀러클럽은 그것을 해냈고, 부분적으로 성공도 거두었다. 밀리언셀러클럽뿐만이 아니다. 환상소설전집, 애거사 크리스티 전집, 셜록 홈스 전집 등 다른 곳에서는 쉽게 손댈 수 없는 굵직한 기획들을 끊임없이 내놓고 있다. 황금가지의 장르문학 기획에서 인상적인 것은 이러한 번역서 기획과 함께 『한국 공포 문학 단편선』, 『한국 추리 스릴러 단편선』 등의 작품집을 통해 한국 작가들의 발굴에도 애쓰고 있다는 점이다. 국내 장르문학만을 대상으로 한 시리즈도 출간 예정이라고 하니 본격적인 국내 장르문학의 확대도 기대해볼 만하다.

일본 미스터리의 성장과 기획

2000년대 이후 장르문학 시장의 가장 큰 변화이자 흐름을 들자면 말할 것도 없이 일본 미스터리 붐일 것이다. 80년대만 하더라도 일본소설은 국내 시장에서 찬밥 신세였다. 기껏해야 성인 남자를 대상으로 한 자극적인 대중소설이 대부분이었는데, 90년대를 지나면서 무라카미 하루키가 크게 각광받기 시작하고, 2000년대 들어 하나둘씩 주목받는 작품이 생기다가 급기야 일본 미스터리로 폭발했다. 일본 미스터리가 독자들에게 사랑받기 시작하면서 시장이 커지는 기색을 보이자 본격적으로 장르문학을 전문으로 하는 출판사가 늘었고, 큰 출판사에서는 장르문학만을 대상으로 브랜드를 만들었다. 갑자기 커지기 시작한 시장에서 가장 부족한 것은 기획자였다. 이제까지 일본 미스터리를 제대로 기획해본 적 없는 출판사들에게 가장 난감한 문제였을 것이다.

이 과정에서 등장한 것이 기획 번역자이다. 사실 이런 말은 거의 쓰지 않지만 일본 미스터리 붐이 시작된 이후로 장르문학 기획의 상당수가 지금까지도 번역자들에게서 나오고 있다는 점을 생각한다면 아주 틀린 말은 아니리라. 당시만 해도 일본 미스터리를 향유하던 층이라고 하면 일본 문화에 관심이 많고 일본어를 할 줄 알던 팬이 대부분이었는데, 이들이 자연스럽게

2000년 이전 장르문학은 몇몇 베스트셀러 작가를 중심으로 독자의 사랑을 받았을 뿐, 특정 장르가 눈에 띄지는 않았다. 『반지의 제왕』『해리 포터』 시리즈를 통해 장르문학은 '독서'라는 행위를 넘어 다른 매체로 이어지면서 시장에서 엄청난 파괴력을 과시했다. 그것은 단순히 작품의 판매량을 의미하는 것만은 아니었다. 비로소 독자는 '장르'문학을 즐기기 시작했다.

번역자로 흡수되면서 기획자 역할을 하게 된 것이다. 대표적인 기획 번역자로 권일영을 들 수 있다. 권일영은 취미로 미스터리 문학을 읽다가 우연한 기회에 출판사 편집자와 인연이 닿아 전문 번역자 및 기획자로 활동하게 되었다. 네이버 카페 '일본 미스터리 문학 즐기기'의 운영자이기도 한 그는 지금까지 여러 타이틀을 기획, 번역했다.

일본 미스터리의 붐과 함께, 영화화되기 시작한 원작들이 많아지고, 대형 출판사의 '임프린트' 유행과 맞물려 크고 작은 전문 출판사가 탄생하면서 장르문학 전문 기획자도 모습을 드러내게 된다. 그 중심에 있었던 것이 웅진의 임프린트들이다. 웅진은 임프린트 사업을 가장 빠르고 공격적으로 시작했다. 당시에 생겼던 임프린트 가운데 상당수가 장르문학을 기반으로 했다는 점은 시장의 흐름과 무관하지 않을 것이다. 노블마인은 장르 전반을, 오멜라스는 SF를, 시작은 일본 미스터리를 주요 대상으로 삼아 전문성을 내세웠는데 현재는 모두 사라진 터라 황금가지의 뚝심과 비교해보면 아쉬움이 남는다.

영미권 장르문학의 경우

80~90년대에 비해 주춤한 것처럼 보이는 영미권 장르문학은 2000년대 이후로 분명한 특징을 보인다. 몇몇 대작의 성공 탓인지 '할리우드 영화화'를 지나치게 의식한 기획이 두드러졌다. 실제로 『반지의 제왕』과 『해리 포터』 이후로 눈에 띄는 영미권 장르문학 기획의 성공은 대부분 영화화에 힘입고 있다. '밀레니엄' 시리즈, '트와일라잇' 시리즈, '헝거 게임' 시리즈가 그렇다.

영상화를 기대한 기획의 홍수 속에서 RHK(랜덤하우스코리아)는 유난히 돋보이는 출판사다. 영미 스릴러에 초점을 맞추고 있는 RHK 기획의 중심에는 작가가 있다. 현지에서는 대형 작가라 할지라도 시장 규모 자체가 크지 않은 한국에서 작가 중심의 기획은 여러모로 위험이 따르게 마련이다. 그러나 RHK는 파편적인 소개가 아니라 한 작가의 작품을 집중하여 소개하는 방식으로 점차 독자층을 넓혀가고 있다.

SF의 경우

장르문학 기획에서 SF는 유별나다면 유별난 분야다. SF는 사실 장르문학 분야에서도 주류가 되어본 적이 없는 비운의(?) 장르인데, 지금까지 끊임없이 출간되고 있는 것은 팬들의 응집력과 걸출한 두 기획자 김상훈과 박상준 덕분일 것이다. 이들의 SF 기획은 90년대부터 시작되었는데 2000년대 들어 박상준은 웅진 임프린트인 오멜라스를 맡아 본격적인 기획 출판을, 김상훈도 여전히 다양한 출판사의 기획에 뛰어들어 SF 출판을 확장하는 데 기여했다. 두 사람은 누구나 인정하는 '전문가'이고 그들의 기획은 높이 평가받고 있지만 그래서 한계가 더욱 두드러져 보이기도 한다. 오멜라스 출간작들과 필립 K. 딕 걸작선을 보면 알 수 있다. 아무도 그들의 기획을 폄하할 수 없다. 하지만 성과를 놓고 본다면 긍정하기도 쉽지 않다.

장르문학 기획(자)의 미래

2014년 현재 장르문학 기획은 벽에 부딪혔다. 여전히 많은 작품들이 출간되고 있지만 독자의 반응은 예전 같지 않다. 예전만큼 좋은 작품이 없어서일까? 그럴 수도 있다. 하지만 생각해보자. 장르문학이 제대로 소개되어 독자층이 생기기 시작한 것은 얼마 되지 않았다. 그간 아무리 많은 작품이 쏟아져 나왔다고 해도 모두 소진했을 리 없다. 우리는 다른 이유를 생각해야 한다. 이쯤에서 '기획'이란 무엇인가를 고민해봐야 할 것 같다. 지난 15년은 부족했던 장르문학의 '양'을 채우는 시기였고, 그래서 좋은 타이틀을 골라 독자들 앞에 가져다두는 것이 기획의 목적이었다. 즉, '어떤' 타이틀을 출간할 것인가가 기획의 핵심이었다.

이것은 장르문학 기획자의 특징과도 연관이 있다. 그들은 모두 기획자가 되기 전에 장르문학의 팬이자 독자였다. 당연하다면 당연한 일이다. 갑자기 많은 출판사들이 장르문학에 뛰어들었지만 기획자가 갑자기 어디에서 튀어나올 리가 없다. 이 분야의 전문가는 관련 책을 많이 읽어 잘 알고 있는 사람, 즉 독자이기 쉽다는 말이다. 그들이 지금의 편집자, 번역자, 기획자가 되었다. 작품을 좋아하다 보니 좋은 작품을 선별하는 눈을 자연스레 확보할 수 있었던 것이다.

하지만 이런 방식의 기획도 한계에 봉착했다. 특히 번역서 시장은 '어떤' 타이틀을 출간할 것인지 고민하는 것만으로는 부족하다. 이제 '어떻게' 출간할 것인가를 고민해야 할 시점이 온 것이다. 같은 타이틀이라도 어떤 출판사에서 어떻게 내는지에 따라 타이틀의 운명이 갈린다. 기획은 단지 좋은 타이틀을 고르는 것이 아니라, 우리 독자에 맞게 어떤 식으로 포장하여 내놓을 것인가를 고민하는 행위가 되어야 한다. 좋은 타이틀을 내놓으면 언젠가 독자가 알아봐 주겠지 하는 안일한 생각은 더 이상 통하지 않는다. 그것이 향후 장르문학의 향방을 결정짓는 중요한 문제가 될 것이다.

IT

박주훈

서울북인스티튜트(SBI) 출판 웹마케팅 실무 책임교수로 재직자와 출판예비학교 마케팅반 학생들을 가르치고 있다. 현재 콘텐츠 매니지먼트 전문기업 스토리웍스 컴퍼니의 대표이자 일반인의 콘텐츠를 발굴하는 강연기획 브랜드 KUDO의 디렉터로 활동하고 있다. 도서출판 길벗과 중앙일보 출판법인 중앙북스, 한빛미디어에서 온라인 홍보 및 마케팅 담당자로 활동했다.

IT 출판은 아주 짧은 기간 안에 성장기를 보내고 성숙기에 진입한 분야이다. 1990년대 IT 출판의 시작을 이끌었던 영진출판사와 정보문화사를 비롯하여 2000년대 이후 IT 출판의 성장과 성숙을 주도한 도서출판 길벗, 한빛미디어 등의 창립이 모두 1987년~1993년 사이에 이뤄진 점만 봐도 IT 출판의 찰나와 같은 역사를 가늠해볼 수 있다. 아울러 IT 출판은 독자의 직접적인 필요가 시장을 만들어내는 대표적인 분야이기도 하다. 그만큼 독자의 실질적인 요구에 민감할 수밖에 없는 특성을 지닌다.

필자는 2000년 이후 IT 출판 분야의 전환점을 만들어온 기획들을 짚어보면서 IT 출판 시장에서 기획의 변화와 기획자의 역할을 가늠해보기로 했다. 보다 자세한 이해를 위해 이지스퍼블리싱 이지연 대표와 한빛미디어 송성근 팀장의 인터뷰를 병행했다. 필자 개인의 견해와 더불어 이 분야의 대표적인 기획자들의 통찰을 해석하는 일이 더욱 의미 있는 작업이라고 생각했기 때문이다.

IT 분야 도서의 두 축—IT 프로그래밍서과 IT 활용서

2000년대 초 대한민국 정보통신 분야는 절정을 구가하고 있었다. IT 관련 지식에 대한 수요는 급증했다. 프로그래머로서 전문성을 갖추려는 사람들은 물론, 일반인들도 책상에 본격적으로 등장한 컴퓨터라는 존재와 빨리 친해져야 했다. 기술의 가속도가 더해지면서 IT 영역은 매일 확장되었다. IT는 누구나 익혀야 할 필수 과목이었고, 변화를 따라잡기 위해 '빠르게 학습할 수 있는 책'이 필요했다.

이런 상황에서 2000년대 이후 지금까지 IT 출판의 궤적은 'IT 학습서'의 변천사라고 할 수 있다. 일반인을 위한 IT 활용서 분야에서는 도서출판 길벗의 '무작정 따라하기' 시리즈가 등장해 반향을 일으켰다. 프로그래밍 분야에서는 프리렉 출판사의 '열혈강의' 시리즈가 입문서 시장의 변화를 알렸고, 외국 프로그래밍 도서를 번역해 소개하면서도 꾸준히 국내 집필서 시장을 만들어온 한빛미디어가 주목을 받았다.

IT 출판의 변화는 기본적으로 IT 기술 발전 흐름을 따른다. 송성근 팀장은 '데스크탑에서 웹 그리고 모바일로의 이동이 가장 큰 변화의 줄기'라고 이야기했다. IT 프로그래밍 책의 독자는 현직 프로그래머이거나 프로그래머 지망생, 혹은 프로그래머였다가 지금은 프로젝트 관리자가 된 사람들이기 때문에 IT 기업의 흐름과도 밀접한 관계를 갖는다는 설명이다. 그 가운데 2007년의 웹 2.0과 2010년의 안드로이드 급부상이 가장 극적인 변화였다고 말했다.

또 한 가지 주목할 만한 변화는 IT 프로그래밍 책이 번역서 중심에서 국내 집필서로 비중이 옮겨가고 있다는 점이다. 최신 IT 기술을 다룬 책은 원서－번역서－집필서 순으로 출간이 되는데, 최근에는 번역서가 나올 시점에 집필서가 출간되는 경우가 늘었고, 번역서와 집필서 사이의 출간시기도 비약적으로 짧아졌다. 인터넷을 통해 정보 수집이 빨라지면서 해외 기술을 국내 프로그래머들이 받아들이는 데 필요한 시간 차이가 없어졌기 때문이다.

2000년대 이후 이정표가 될 만한 IT 프로그래밍 도서인 『열혈강의 C 프로그래밍』, 『뇌를 자극하는 ASP.NET 2.0 프로그래밍』, 『정유진의 웹 2.0 기획론』, 『안드로이드 프로그래밍 정복』, 『글로벌 소프트웨어를 꿈꾸다』 모두가 집필서인 점도 이런 흐름과 무관하지 않다.

'열혈강의' 시리즈는 프로그래밍 입문서 최초로 책과 동영상을 하나의 학습 패키지로 구성한 당시로서의 획기적인 기획이었다. 프로그래밍 입문자인 20대 대학생이 EBS 수능방송과 인터넷 강의에 익숙하던 시기였음을 생각할 때, 대상 독자의 학습 패턴 변화를 잘 읽은 기획이었다고 판단된다. 『안드로이드 프로그래밍 정복』의 경우에는 경쟁서보다 1년 정도 출간을 빨리 할 수 있었던 것이 시장을 선도하는 데 주요한 역할을 했다. 2010년 당시 국내 휴대폰 업체에서는 안드로이드 폰 개발에 사활을 걸고 있어서 프로그래머는 귀했고 몸값은 비쌌다. 이때 프로그래머로서 상당한 연봉을 포기하고 교재 집필을 결심했던 김상형 저자의 희생은 큰 기회가 되었다. 『정유진의 웹 2.0 기획론』은 웹 2.0 서비스에 대한 개념을 13가지 키워드로 명쾌하게 정리해 경제경영 독자들에게도 큰 관심을 받았다.

IT 활용서 분야의 경우, 일찍부터 번역서보다는 집필서 중심으로 발전되어왔다. 국내 독자의 사용 환경에 맞춘 국내 기획서가 외서보다 선호되었다. IT 기술을 보다 빠르게 이해할 수 있고 책을 보고 따라했을 때 그대로 되는 것이 무엇보다 중요했다. 이지연 대표는 '인터넷 무작정 따라하기'의 성공 요인을 '그 당시 따라했을 때 인터넷이 제대로 연결된 유일한 책'이었기 때문이라고 밝혔다.

이후 IT 활용서 분야 기획의 특징은 '하우투How to'에서 '노하우Know how' 그리고 '노우후Know who'로의 변화라고 정의할 수 있다. 그대로 따라하는 하우투How to 방식의 『인터넷 무작정 따라하기』의 성공 이후, IT 기술에 어느 정도 익숙해진 독자들에게 『회사에서 바로 통하는 엑셀』(한빛미디어)는 '실무 밀착형'이라는 콘셉트로 노하우Know how 익히기를 제시했고, 이후 IT 활용서는 질 좋은 예제를 제공하는 데 초점을 맞추게 된다. 이와 더불어 대형 커뮤니티 운영자와 파워블로거의 인지도를 앞세워 '누가 쓴 책

2000년대 이후 IT 출판 시장에서 독자의 선택을 받은 책들은 대부분 독자의 학습 방식과 학습 욕구에 대한 고민을 충실히 해온 책들이다. 그런 의미에서 IT 출판 기획은 'IT 관련 도서'에 대한 기획을 넘어 'IT 학습'에 대한 기획으로 재정의될 때 새로운 차원의 시장 형성이 가능하리라 생각한다.

인지(Know who)'가 기획과 마케팅의 포인트가 되었는데, '장미가족 태그교실' 시리즈(베스트북)가 시발점이라고 할 수 있다.

한편 최근 들어서는 IT 프로그래밍 분야에서 개발자들의 커리어를 다룬 『프로그래머로 사는 법』(한빛미디어) 등의 에세이류가 주목을 받고 있고, IT 활용서에서는 전통적인 오피스, 그래픽, 사진 외에 2011년 『구글 완전 활용법』(이지스퍼블리싱)의 베스트셀러 진입에서 확인할 수 있듯이 '구글', '프레지', '에버노트'와 같은 글로벌 서비스에 대한 독자들의 욕구가 시장에 반영되고 있다.

IT 출판기획자의 역할

IT 출판 분야의 책들은 독자의 목적 구매를 기반으로 한다. 어느 정도 시장 수요에 대한 예측이 가능하지만 반대로 초베스트셀러가 나오기는 힘든 분야이다. 따라서 '명확한 독자층'을 정의하고 '그 수준에 맞는 책'을 출간하는 것이 무엇보다 중요하다. 따라서 독자가 '이해하기 쉽게 체계적으로 지식을 구성하는 일'이 기획자의 역할이다. 송성근 팀장의 표현을 빌리자면 '상품성 있는 책'을 만드는 일이다. 최소한 초판 발행부수는 판매될 수 있는 책, 책으로 구매할 만큼 일목요연하고 체계적으로 정리된 책, 대상 독자층을 특정하고, 그에 맞는 수준의 책을 만드는 작업이다.

이지연 대표는 '기획자가 원고를 직접 따라하고 테스트 하는 것'을 원칙으로 삼는다고 했다. '독자가 겪을 불편을 미리 겪는 것'이 기획자의 가장 중요한 역할이라는 설명이다. 그리고 실용서의 구성은 3가지 원칙을 준수해야 한다고 강조했다. 배우는 사람을 고려한다면 ①사용빈도가 많은 순서에서 적은 순서로, ②쉬운 것에서 어려운 순서로, ③단순한 것에서 복잡한 순서로 배열해야 한다는 점이다. 매뉴얼을 그대로 나열하는 것은 인터넷에서 검색하는 결과와 차이가 없다는 생각이다.

독자의 학습방식과 순서에 대해 고민하다 보니, IT 출판기획자는 특정 직업군의 학습 커리큘럼을 짜는 '교육 설계자'와 같은 역할을 요구받는다. 입문-중급-고급으로 도서 라인업의 확장을 고려하게 되고 자연스럽게 '시리즈 브랜드'에 대해 고민하게 된다. 물론 시리즈 첫 책의 성공은 시리즈 기획에 있어 필수 조건이다. 레이아웃과 디자인, 로고를 통해 하나의 '학습 시스템'으로 독자에게 인지되었을 때, 제품의 질과 개발의 효율성은 물론 마케팅의 효과까지 모두 잡을 수 있기 때문이다.

IT 기술을 학습할 수 있는 방식의 변화는 다양해졌다. IT 출판 영역은 멀티미디어 콘텐츠와 가장 먼저 경쟁을 시작한 분야 중 하나이다. 더욱이 10~20대의 독서인구가 30~40대로 급격히 이동하고 있는 상황에서 IT 출판의 방향과 IT 출판기획자의 미래는 무엇일까?

송성근 팀장은 IT 프로그래밍 분야는 전자책과 종이책으로 양분되리라고 예측했다. 중고급 개발자를 대상으로 한 지식은 전자책의 형태로 독자와 빨리 만나는 것이 타당하다고 보지만, 프로그래밍을 시작하는 입문 분야에서는 체계적으로 진도를 밟아가는 종이책의 장점을 넘기 어렵다는 생각이다. 이지연 대표는 IT 활용 분야 기획은 2000년대 이후 정체되어 있다고 진단한다. 컴퓨터를 무서워하던 시대의 기획 문법을 아직도 버리지 못하고 있다는 지적이다. 버전이 바뀔 때마다 신기능을 알려주는 제품 중심적 관행에서 벗어나 소비자가 IT를 어떻게 응용할지에 대한 단초를 제공하는 – 이지연 대표는 이것을 '문고리를 잡아준다'고 표현했다 – 기획이 늘어난다면 IT 학습서에 대한 니즈는 계속 될 것이라고 말했다. 그들은 IT 출판기획자는 독자의 불편을 잘 관찰하고, 독자의 불편을 미리 경험하는 성실함을 가져야 한다고 강조했다. 또 대상 독자층의 사전 지식 수준을 잘 이해하고, 저자와 독자 사이의 간극을 메우는 지혜가 필요하다고 입을 모았다.

인터뷰를 통해 두 사람의 공통점을 하나 발견했다. 송성근 팀장은 처음부터 편집기획자가 되려고 출판을 시작한 게 아니었다. 프리렉에서 처음 일을 할 때, 주 사업은 온라인 교육 비즈니스였고 교육 교재를 만드는 일을 먼저 시작한 것이다. 한편 이지연 대표는 길벗 입사 전에 꽤 유명한 과외교사였다고 했다. 내가 어려운 부분은 학생도 어렵기 때문에 그 문제를 해결하는 과정에서 가르치는 일에 대한 나름의 노하우가 있었다고 했다.

필자는 IT 출판의 본질은 '학습'에 있다고 본다. 학습에서 중요한 것은 얼마나 뛰어난 지식인가가 아니라, 원하는 지식을 얼마나 쉽게 잘 이해시키는가에 있다. 2000년대 이후 IT 출판 시장에서 독자의 선택을 받은 책들은 대부분 독자의 학습 방식과 학습 욕구에 대한 고민을 충실히 해온 책들이다. 그런 의미에서 IT 출판 기획은 'IT 관련 도서'에 대한 기획을 넘어 'IT 학습'에 대한 기획으로 재정의될 때 새로운 차원의 시장 형성이 가능하리라 생각한다.

4

출판기획자를 바라보는 9가지 시선

저자가 바라본 출판기획자

아이디어보다, 예상 수익보다, 관계가 우선이다! · **안광복**

기획자는 필자를 기획하는 사람이다 · **조정육**

비서인가 파트너인가, 혹은 마름? · **하지현**

번역자가 바라본 출판기획자

원석을 보석으로 탈바꿈시키는 외서기획 · **노승영**

어린이책과 번역을 향한 일편단심이 열어준 기회 · **박선주**

외서기획은 항하의 모래에서 사금을 캐는 것 · **홍성민**

대중문화에 나타난 출판기획자

후남이는 반짝반짝 빛날 수 있을까? · **김성신**

에디터 3년차의 이름, 변두리 여자 · **이하영**

책으로 만든 배를 타고 낯선 바다를 떠도네 · **장동석**

아이디어보다, 예상 수익보다, 관계가 우선이다!

안광복

대한민국 1세대 철학 교사. 서강대학교 철학과에서 '소크라테스 대화법 연구'로 박사 학위를 받았다. 1996년부터 지금까지 중동고등학교에서 철학을 가르치며, 대중에게 철학을 소개하고 알리는 작업을 해오고 있다. 〈한겨레〉와 〈경향신문〉, 〈조선일보〉, 〈중앙일보〉, 네이버캐스트 등 다양한 지면과 매체에 책과 사상을 소개하는 글을 써왔다. 『소크라테스의 변명, 진리를 위해 죽다』(사계절출판사, 2004), 『철학, 역사를 만나다』(웅진지식하우스, 2005), 『열일곱 살의 인생론』(사계절출판사, 2010), 『철학에게 미래를 묻다』(휴머니스트, 2012), 『철학자의 설득법』(어크로스, 2012), 『성장을 위한 책 읽기』(학교도서관저널, 2013) 등의 저서가 있다.

기획안은 왜 필자를 불편하게 할까?

필자란 신경질 많은 임산부와 같다. 글을 '낳아야' 하는 절박한 상황, 신경은 날카롭고 배려심은 바닥까지 떨어지기 일쑤다. 출판기획자들은 이들을 '유혹(?)'해야 하는 처지다. 편집자들은 이들을 어르고 추스르며 원고를 거두어들여야 한다. 정말 쉽지 않은 일이다.

최근 베스트셀러를 잇달아 내며 스타로 급부상한 어느 인문 저자를 두고 말들이 많다. 사람이 변했다는 둥, 인문학 하는 사람다운 겸손함이 없다는 둥. 하지만 그이의 입장에서 생각해보라. 그 사람 주변에 접근하는 출판, 방송인들이 어디 한둘이겠는가. 그에 따른 감정노동도 적지 않을 테다. 마감 등에 쫓기는 상황에서 출간 제의를 거듭 받거나 하면 격하게 폭발할 수도 있다. 사람이 바뀐 것이 아니라 상황이 달라졌을 뿐이다.

출판기획자들은 불나비와 같다. 그들은 자신이 가진 좋은 아이디어를 실현시켜줄 검증된 필자를 간절히 원한다. 어느 분야건 대한민국에 검증된 필자는 많지 않다. 세상에 알려진 필자들에게는 하루에도 몇 개씩 새로운 제안이 들어온다.

제안받는 필자 입장에서는 출판기획들이 유쾌하지만은 않다. 일단은 가뜩이나 일이 밀려 있는 상황에서 잘 모르는 기획자를 만나야 한다는 사실 자체가 스트레스다.(거절 메일을 쓰거나 전화로 예의를 갖추어 거절하는 일도 적지 않은 시간을 잡아먹는다.)

게다가 출판기획자들의 꼼꼼하고 정교한 기획안이 되레 작가들에게는 '모욕(?)'으로 다가오기도 한다. 기획안이 좋으면 뭐하겠는가. 글은 결국 작가가 쓴다. 기획에 대한 확신과 열정에 사로잡힌 기획자들은 작가에게 엄청난 실례를 범하기도 한다. 작가들을 자기 아이디어를 실현시킬 '대필가'로 여기게 된다는 뜻이다. 반면, 너무 성긴 기획안 또한 작가들에게 '성의 없다'는 오해를 살 수 있다. '일단 만나서 이야기하자'는 식의 제안은 어이없기도 하다. 연애건 일이건, 유혹이 통할 때가 있고 그렇지 않을 때가 있다. 잘나가는 필자들이 뭐가 아쉬워서 기획자의 부름에 응하겠는가. 이래저래 출판기획이란 어려운 일이다.

그들은 도대체 무엇을 믿었을까?

2000년대 초반, 학교에서 나는 이권우라는 사람의 전화를 받았다. 사계절 출판사의 '출판기획위원'이라고 자신을 소개했다. 책을 내고 싶어서 연락을 했단다. 순간 나는 전화를 끊을까 고민했다. "이건 분명 사기꾼일 거야." 첫 느낌은 그랬다. 나는 당시 무명 필자였다. 〈독서평설〉 외에는 거의 글을 쓰는 곳이 없었고, 백방으로 지면을 찾아 뛰어다니던 때였다. 이런 나에게 사계절이라는 큰 출판사에서 책을 내자고 먼저 제안하다니, 가당키나 한 소리인가.

그래도 일단 만나는 보기로 했다. 사기를 당하더라도 나를 '필자'로 여겨줄 사람이 있다는 사실 자체가 고마웠다. 이권우 선생과의 첫 만남은 유쾌하고 즐거웠다. 대학 선배인 표정훈 선생이 나를 소개시켜주었다고 했다. 이 말에 나는 바로 경계를 풀었다. 책벌레인 그 이와 나는 한나절 가까이 열심히 수다를 떨었다. 본 책, 볼 책, 추천할 책과 버릴 책에 대해 얘기했다. 정작 출판 이야기는 별로 하지 않았던 듯싶다.

그렇게 몇 번을 거듭 만났고 어느새 그이와는 '절친'이 되었다. 『소크라테스의 변명, 진리를 위해 죽다』, 『Who am I?, 나는 내가 만든다』와 같은 책은 그이와 함께한 작업이다. 지금까지 두 책은 수만 부가 나갔고 현재도 꾸준히 팔리고 있다. 때로 궁금해진다. 이권우는 도대체 무명이던 나를 어떻게 믿고 출판계약까지 밀어붙였을까?

사계절출판사 강맑실 사장은 더 신비한 인물이다. 현재 가장 '핫hot'한 철학자 강신주가 별로 알려지지 않은 시절, 강 사장은 강신주 선생에게 매달 기획과 강연료 명목으로 일정한 액수를 지원한 것으로 안다. 그 사실을 이권우 선생에게 처음 들었을 때, 나는 강 사장을 '호구'라고 생각했다. 이권우 같은 천둥벌거숭이에게 출판기획자라는 타이틀을 주고 정기적으로 급여를 지급하고 있는데, 이번에는 별로 안 알려진 철학자에게 별 대가 없이 생계비 지원을 한다고?

하지만 강맑실 사장은 큰 출판인이다. 나 같은 자잘한 필자의 눈높이에서는 볼 수 없는 것을 그이는 보고 있었다. 수년이 흐른 후, 강신주 선생의 『철학이 필요한 시간』은 엄청난 '대박'을 터뜨렸다. 이권우 선생 또한 사계절 기획위원으로 윤소영, 배병삼 등 숱한 필자들을 발굴했다. 강신주, 이권우 뒤에는 그를 믿어준 강맑실 사장이 있었다. 그이의 안목은 도대체 어디서 나오는 걸까?

관계는 논리를 넘어선다

궁리의 이갑수 사장은 수더분한 분이었다. 낙성대 근처에 있던 궁리의 첫 사무실은 찾아가기도 힘들었다. 골목 안 연립주택에 들어가니 장석봉, 이한음 선생이 수다를 떨고 있었다. 대학가 자취방에 놀러간 느낌이었다. 내가 찾아간 명목은 '청소년 출판기획(?)' 회의였다. 하지만 내 눈에는 술자리가 벌어지기 전의 대학 MT 같은 분위기가 보였을 뿐이다.

이갑수 사장은 수더분하고 인상 좋은 얼굴로 듣기만 했다. 가끔 궁금한 것이 있으면 질문을 던지기도 했다. 자기 아들 이야기를 한참 하며 교육 문제에 대해 하소연했던 기억도 난다. 그로부터 한두 해 후에 나는 궁리와 계약을 했다. 『철학의 진리나무』가 그 책이다. 출판을 할지 말지에 대한 고민은 아예 없었다. 이갑수 사장에게 전화를 받았을 때, 그냥 책을 내야겠다고 생각했다. 친한 사람들, 친하고 싶은 사람들이 궁리와 많이 얽혀 있었기 때문이다. 물론 이갑수 사장도 나에게 큰 매력이었다.

지금은 어크로스를 꾸려나가고 있는 김형보 대표가 웅진지식하우스에 있던 시기의 일이다. '웅진출판사 편집장'인 김형보라는 사람이 학교 메일로 정중한 메일을 보내왔다. 내 홈페이지에 있는 글을 읽어보았다고 했다. 그러면서 나를 만나고 싶다고 했다.

첫 만남에서 나는 그에게 깊은 인상을 받았다. 그이는 홈페이지에 올라와 있던 그 많은 글을 꼼꼼하게 읽고 나의 성향과 특징까지 꿰뚫고 있었던 것이다. 그와 이야기를 나눌수록 신뢰가 갔다.

김형보 대표는 데이터에 강한 출판인이다. 출판동향, 시장 분석, 마케팅 전략, 예상 판매 부수, 추후 기획 등등, 김형보 편집장의 말들은 "출판도 과학이다!"라는 확신을 갖게 했다. 그를 믿어보고 싶었다. 책이 팔리건 안 팔리건, 그에게서 듣는 출판 분석은 재미있고 신기했다. 『철학, 역사를 만나다』, 『처음 읽는 서양 철학사』는 그 시절 김형보 편집장과 함께했던 책들이다.

'웅진지식하우스 대표'였던 그와의 마지막 만남이 기억에 남는다. 당시 웅진 계열 출판사들이 모여 있던 대학로 사옥 앞 음식점, 자리를 잡고 앉는 순간 나는 그가 무슨 이야기를 하려는지를 직감으로 느꼈다. 보통 김 대표와의 자리에는 담당 편집자들이 함께 왔었다. 하지만 이날 자리에는 그와 나, 둘 뿐이었다. 그가 힘든 상황이라는 것은 출판계의 여러 친구들로부터 전해 듣고 있었다.

그는 곧 자신이 독립한다고 했다. 막막한 상황이라, 새롭게 출판사를 열면 내 원고를 받아서 책을 냈으면 한다고 했다. 당장 그렇게 하라고 흔쾌히 답했다. 우리 사이에 그게 뭐 어려운 부탁이라고. 책을 내다 보면, 잘되는 것도 있고 망하는 것도 있다. 김형보 대표와의 작업에서 늘 성공만 있지는 않았다. 『인생 고수』 같은 책은 마케팅 도움을 적잖게 받고도 주저앉았던 문제작(?)이다. 그러나 나는 한번도 그가 원망스러웠던 적이 없다. 되레 내 글이 형편없어서 책이 안 나가는 듯해서 필자로서 많이 미안했다.

예나 지금이나, 그의 어법은 똑같다. “우리 출판사에서 내는 것이 가장 좋지만, 선생님의 책의 성격상 ○○ 출판사가 맞을 듯싶습니다.” 그는 필자 입장에서 가장 최선의 방안을 주려고 노력하는 기획자다. 어크로스에서 『철학자의 설득법』을 계약할 시절, 우리는 본의 아니게 서로 얼굴을 붉혔다. 출판사를 새롭게 여는 상황, 형편이 좋을 리는 없었다. 그래서 나는 김 대표가 제시한 인세에서 스스로 2%를 낮추어주었다. 10년 가까운 우정에 내가 해줄 수 있는 것은 그 정도밖에 없었기 때문이다. 김 대표는 되레 정색을 하며 내 몫을 다시 올려놓았다. 필자는 인세를 낮추려 하고 출판사 사장은 인세를 높이려 하는, 묘한 실랑이가 한동안 이어졌다. 나는 결국 김대표의 고집을 꺾지 못했다.

한국출판마케팅연구소 한기호 소장은 출판계에서는 좌충우돌하는 인물로 비친다. 현안이 있을 때면 그이의 목소리가 꼭 들리지 않던가. 그러나 출판기획자로서 그는 우직하고 조용한 인물이다. 담당 편집자를 거들 뿐, 좀처럼 나서지 않는다. 그와 함께 『성장을 위한 책 읽기』를 내며 따져보니, 〈기획회의〉에 서평을 연재한 지 10년이 넘어 있었다. 긴 연재 동안 그는 ‘약속'을 어긴 적이 전혀 없다. 원고료는 제 날짜에 정확히 들어왔고, 내가 맡은 지면을 다른 필자로 교체하겠다는 소리조차 없었다. 어느덧 〈기획회의〉의 원고 마감은 나에게 '자연법칙'처럼 굳어졌다.

그이가 〈기획회의〉에 연재하던 원고를 모아 학교도서관저널에서 책을 내자고 했을 때, 나는 차마 거절하지 못했다. 나는 서평을 모아 책을 내겠다는 생각을 해본 적이 없다. 나는 '철학 필자'이기 때문이다. 책에 대한 책을 낸다는 것은 필자로서의 정체성 문제로 다가왔다. 그러나 한기호 소장을 실망시킬 수는 없었다. 그가 오랜 세월 보여준 신뢰를 어찌 배반할 수 있겠는가. 관계는 모든 논리를 넘어선다. 이번에도 그랬다.

출판기획자는 카사노바다

몇 해 전, 나는 어느 대기업 사원 연수에서 인문학 강의를 했다. 얼마 후 통장에 찍힌 강연료 액수는 놀라웠다. 여느 학교 특강을 몇 번이나 해야 받을 만한 거액을 주었던 것이다! 그러나 이는 나에게 한동안 '재앙'이 되었다. 그 후로 강연들이 별로 즐겁지 않았다. 때로는 강연 주최 측과 언쟁을 벌이기도 했다.

나는 강연을 즐기는 편이다. 지방 강연을 갈 때면 새로운 사람을 만난다는 기대, 멋진 풍광을 본다는 설레임으로 신나기까지 하다. 그럼에도 대기업 연수 강연 이후로, 한동안 강연은 내게 지겨운 노동처럼 여겨졌다. 왜 그랬을까?

문제는 '돈'에 있었다. 돈은 즐거운 일에 저절로 따라오는 경우가 가장 바람직하다. 돈이 목적이 되는 순간, 놀이 같았던 글쓰기와 강연은 '노동'이 되어버린다. 자기 주제를 뛰어넘는 보상은 내 영혼에 헛바람과 물욕을 불렀다. 다시 정상(?)으로 돌아오는 데는 1년여의 세월이 걸렸다.

출판기획도 마찬가지 아닐까? 내가 접했던 숱하게 많은 기획자 가운데, 이권우, 강맑실, 이갑수, 김형보, 한기호 같은 분들과의 만남을 예로 든 까닭은 여기에 있다. 적어도 나의 관점에서, 이분들 가운데 출판을 돈으로 접근한 경우는 없었다. 사람과의 인연과 만남이 먼저였고 관계가 튼실해진 후에 책이라는 열매가 맺어졌다.

물론, 출판은 연애와 비슷한 점이 많다. 정말 좋은 출판사와 출판인인데도 뭔가 서걱거려 관계가 어그러지기도 하고, 엮여서는 안 될 출판사와 뭐에 씌운 듯 덜컥 계약을 해서 사단이 나기도 한다. 그러나 좋은 영혼을 갖춘 사람은 좋은 인연을 만날 가능성이 높다. 출판기획자도 다르지 않다. 시장 분석과 아이템을 구상하기 이전에 진정성을 갖고 사람을 만나는 작업을 꾸준히 해야 하지 않을까?

진흙 속에 있는 진주를 찾으려면 진흙 밭 속으로 들어가야 한다. 이미 드러난 진주를 보기는 쉽다. 더러움에 묻힌 진주를 찾으려면 진흙 밭에서 구르고 있는 다른 이들에게 의견도 묻고 도움도 받아야 할 테다. 좋은 출판기획자들은 대개 마당발들이다. '누구의 누구의 누구의 소개'를 받아서 누구를 만나게 되는 경우도 적지 않다.

출판기획은 카사노바의 사랑과 비슷하다. 많이 만나고 유혹하고 거절당하는 일의 연속이라는 뜻이다. 그러는 가운데 매력이 자라나는 기획자와, 점점 더 정 떨어지는 기획자의 차이는 어디 있을까? 돈과 관계 가운데 무엇이 우선하는지를 떠올려보면 답이 보일 듯싶다. 베스트셀러도 언젠가는 스러지지만, 관계는 영원히 남는다.

끝으로 서슴없이 '내 편집자'라 부르곤 하는 정은숙(사계절), 최윤경(옛 웅진지식하우스), 여린 마음이 아름다웠던 변효현(궁리), 휴머니스트의 배려심 깊은 황서현, 최윤영, 어디를 가건 먼 길을 마중 나오고 배웅해주는 등 깊은 정성으로 감동을 준 학교도서관저널의 정안나, 필자보다 더 소양이 뛰어난 서상일(사계절) 선생님 등, 내가 고생을 안겼던 숱한 편집자들께 감사를 드린다. 출판은 인연을 짓는 일이다. 아이디어보다는 관계가, 예상 수익보다는 책 만드는 재미가 앞설 때 책 만드는 즐거움이 있다. 이럴 경우에 성공도 자연스럽게 따라오지 않을까?

기획자는 필자를 기획하는 사람이다

조정육

대학에서 불문학을, 대학원에서 동양미술사를 전공했다. 『그림이 내게 말을 걸어왔다』에서 동양의 그림이 우리의 삶에 얼마나 잔잔하게 녹아 있는지 선보인 이래 『거침없는 그리움』 『그림공부 사람공부』 『좋은 그림 좋은 생각』으로 일상과 인생의 의미를 그림과 함께 음미했다. 또한 『꿈에 본 복숭아꽃 비바람에 떨어져』 『가을 풀잎에서 메뚜기가 떨고 있구나』 등의 책으로 조선시대 회화사를 이야기로 풀어 소개했고, 『조선의 글씨를 천하에 세운 김정희』 『어린이를 위한 우리나라 대표 그림』 등 어린이를 위한 우리 화가들의 이야기도 함께 펴냈다. 현재 서울과학기술대학교에서 학생들을 가르치고, 〈법보신문〉 〈주간조선〉 〈미술세계〉에 글을 연재하고 있다.

나는 동양화에 관련된 글을 쓴다. 우리가 동양인이면서 동양인의 정체성을 알 수 있는 옛 그림 대신 서양화만 꿰뚫고 있는 현실이 뭔가 잘못됐다는 생각에서 집필을 시작했다. 내가 쓴 글의 절반 이상이 어린이들을 위한 책인 것도 순전히 우리 그림을 알려야겠다는 사명감에서 나온 결과다. 어린이책은 가능한 한 재미있게 이야기 식으로 풀어쓰려고 노력했다. 어려운 한문은 최대한 한글로 풀었다. 그림에 대한 지식을 강제로 주입하기보다는 이야기를 따라 자연스럽게 우리 그림에 대해서도 알게 되도록 유도했다. 성인을 대상으로 한 조선시대 회화사를 소설 식으로 구성한 것도 같은 맥락이었다. 다행히 나와 함께 작업한 출판사 기획자들은 나의 뜻을 잘 이해해주었고 책에 그대로 반영했다. 처음 책을 출판하게 된 계기는 대충 여기까지였다. 만약 내가 좋은 기획자를 만나지 못했더라면 어쩌면 국수주의적인 시각에서 벗어나지 못한 천편일률적인 글만 되풀이하는 필자에 머물렀을지도 모른다.

저자마다 책을 출판하는 경로는 다양하다. 내가 책을 쓰게 된 과정은 조금 독특해서 지금 이 글이 기획자들에게 얼마나 큰 도움이 될지 잘 모르겠다. 다만 스무 권 넘게 책을 쓴 사람 입장에서 내가 선호하는 기획자에 대한 개인적인 생각을 적어보기로 하겠다.

저자도 모르는 가능성을 끄집어내주는 사람

아트북스의 정민영 대표를 만난 것은 행운이었다. 정민영 대표와 나는 책을 함께 작업하기 오래전부터 인연이 있었다. 정 대표가 미술잡지 편집장이었을 때 나는 그 잡지에 동양화에 대한 글을 연재했다. 정 대표는 잡지사 편집장이 아닌 출판사 기획자로 나온 첫 만남에서 내게 동양화의 대중화를 얘기했다. 사람들이 어렵게만 여기는 동양화를 일상과 버무려 써보라는 얘기였다. 당시까지만 하더라도 동양화는 학자들이 학술지에나 발표하는 어렵고 이해하기 힘든 전문적인 영역으로 인식돼 있었다. 처음에는 감이 잡히지 않았다. 모델이 될 만한 책도 없었을 뿐더러 과거의 그림을 현재 속에서 얘기한다는 것이 가능할 것 같지가 않았다. 안방에 품위 있게 앉아 있는 고상한 동양화를 저급한 시장 바닥으로 끌어내리는 듯한 느낌도 없지 않았다. 나는 정 대표의 이야기를 귀담아듣지 않았다. 정 대표는 만날 때마다 동양화의 대중화 작업에 대해 얘기했다. 취지는 공감했지만 역시 내가 쓰고 싶은 영역이 아니었다. 어떤 형식으로 풀어나가야 할 것인지 전적으로 내가 고민해야 하는 만큼 감히 엄두가 나지 않았다. 그냥 그림을 설명하는 식으로 진행하는 것은 기존 미술사 책과 별 차별성이 없었다. 소설식으로 써야 할지 혹은 제3의 대안이 있어야 하는지 골치가 아팠다. 그렇게 거의 일 년을 소득 없이 만나서 커피 마시는 것으로 흘러보냈다.

그러던 어느 날 내게 일이 생겼다. 건강하셨던 엄마가 갑자기 치매에 걸리셨다. 나와 함께 살고 계시던 엄마가 잠깐 동안 언니 집에 가셨는데 그곳에서 이상한 행동을 하시더니 급기야 아무도 못 알아보는 사태가 발생했다.

엄마는 꽃을 무척 좋아하셨다. 나도 엄마를 닮아서 꽃을 좋아했다. 그런 나를 보고 엄마는, 당신을 닮았다고 생각하셨던지 무척 흐뭇해하셨다. 엄마와 나는 아파트에 살면서 1층 공동 화단에 온갖 꽃을 다 심었다. 모란, 나팔꽃, 분꽃, 국화, 맨드라미 등등 마치 개인 화단인 것처럼 정성스레 가꾸었다. 해마다 봄이 되면 꽃시장에 가서 꽃을 사다 심었는데 두 해 전에는 수국을 사다 심었다. 수국은 오랫동안 피어있는 꽃이다. 일시에 피었다 순식간에 지는 모란을 보고 아쉬움을 느끼던 사람들은 수국을 볼 때마다 연신 감탄을 터트렸다. 그 모습을 보고 엄마는 또 흐뭇해하셨다. 그런데 이제 그 꽃의 주인이 꽃을 몰라보게 된 것이다. 수국은 황홀하게 피었는데 주인이 떠나간 정원은 슬프기만 했다. 화단에서 수국을 보고 집으로 들어와 우울한 마음을 달래려고 책을 뒤적거렸다. 모란 그림이 눈에 띄었다. 엄마는 모란꽃도 몰라보시겠지, 하는 생각이 드는 순간 울음이 터져 나왔다. 화려하고 장식적으로만 느꼈던 모란병풍 그림이 이렇게 슬픈 감정을 건드릴 것이라고는 생각도 하지 못했다. 그 감정을 메일로 써서 정민영 대표에게 보냈다. 그것이 『그림이 내게 말을 걸어왔다』의 첫 번째 원고였다.

거의 일기 같은 글이었다. 그림 설명에 대한 내용은 전혀 없었고 그림을 보는 필자의 감정만 담긴 글이었다. 메일을 받은 정 대표는 즉각 답 메일을 보내왔다. 역시 그림에 대한 얘기는 전혀 없었다. 그저 나의 슬픔과 아픔을 공감하고 위로하는 메일이었다. 나는 일이 있을 때마다 나의 감정을 그림에 빗대어 글을 썼다. 한 번 내지르기가 힘들지 그 다음부터는 이야기가 봇물 터지듯 술술 풀렸다. 나를 둘러싼 모든 환경이 전부 얘깃거리였다. 남편과 아이들 얘기부터 슈퍼마켓에서 장보고, 병원 치료받고, 미용실에서 머리 자른 얘기까지 글 소재가 아닌 것이 없었다. 거의 날마다 글에 취해 살았다. 글은 쓰자마자 곧바로 정 대표에게 메일로 보냈고, 그때마다 정 대표는 답장을 보내왔다. 얘기가 많은 때는 하루에 두 편도 보내고 얘기가 없을 때는 일주일 내내 한 편도 보내지 않았다.

나의 일상을 친구에게 얘기하듯 메일로 써서 보내는 동안 엄마가 돌아가셨고, 아이들이 컸고, 경제적인 어려움에 시달렸고, 간헐적으로 부부싸움

스스로가 하는 작업에 회의가 들기 시작했다.
그 다음부터는 한 줄도 더 쓸 수가 없었다.
써지지 않는 글을 억지로 끌고 갈 수는 없었다. 뭔가 새로운 변화가 필요했다.
그런 나의 심정을 가장 먼저 꿰뚫어본 사람 역시 정 대표였다.

을 했다. 그 모든 사건들이 그림과 버무려져 글이 됐다. 글을 쓰면서 깨달았다. 그림과 삶이 결코 분리되지 않는다는 사실을. 과거에 살았던 사람이나 현재를 살고 있는 사람이나 고민의 질감은 달라도 무게는 다르지 않다는 것을 알았다. 비로소 정 대표가 얘기한 동양화의 대중화 작업이 무엇인지를 깨닫게 된 것이다.

집필 과정에서 기획자는 끊임없이 작가와 소통해야 한다

『그림이 내게 말을 걸어왔다』는 출판된 후 많은 사랑과 관심을 받았다. 책에 대한 평가는 양극단으로 나뉘었다. 박제된 틀에 박힌 동양화에 생생한 숨결을 불어넣었다는 극찬과 함께, 동양화에 대한 정보를 얻기 위해 본 책인데 동양화에 대한 설명은 거의 없어서 실망했다는 혹평이었다. 그러나 원래의 집필의도가 동양화의 대중화에 있었던 만큼 소기의 성과에 만족했다. 동양화가 더 이상 전문가들만의 전유물이 아니라 누구라도 보고 감상하는 사람의 것이라는 진실을 알게 해준 것만으로도 『그림이 내게 말을 걸어왔다』는 의미가 있었다. 이 책은 동양화를 대중화시킨 첫 번째 책이라고 감히 자평할 수 있다.

책이 출판된 후 정 대표와 나는 다음 기획에 돌입했다. 책이 많이 팔려서 속편을 내겠다는 의도는 결코 아니었다. 대중들에게 편하게 다가가는 책이 아직은 더 필요하다는 판단에서였다. 단순히 동양화에 대한 소개의 차원을 넘어 한 시대를 살아가는 여성이 어떻게 삶의 여울을 타고 넘으며 나이 들어가는지를 진단해보자는 의도도 작용했다. 그래서 나온 얘기가 2년에 한 권씩 10년 동안 5권의 책을 내자는 것이었다. 나는 흔쾌히 동의했고 바로 집필에 돌입했다. 전문가들을 위한 책도 필요했지만 평범하게 살아가는 사람들의 이야기를 닮은 그림책도 필요했다.

구실은 그림을 소개한다는 것이었지만 나는 그림을 핑계 삼아 나의 얘기를 하고 싶었다. 경제개발 과정을 거치고 민주화 과정을 겪은 세대로서 얼마나 많은 사연이 담겨 있겠는가. 남성 위주의 사회에서 여성이 겪어야 할 억울함도 많았고 자신의 존재성을 확인하기 위해 처절하리만큼 고군분투한 시간도 많았다. 그것은 비단 나 혼자만의 얘기가 아니었다. 이 시대를 살아온 모든 여성들의 얘기나 다름없었다. 나는 그림 설명을 빗대어 내 안에 담긴 울분과 한과 억울함을 가감 없이 쏟아냈다. 이렇게까지 자신을 드러내도 되겠느냐는 기획자의 우려에도 불구하고 주저하지 않았다. 기획자는 그런 나의 글에 결코 간섭하지 않았다. 내가 쓰고 싶은 대로 충분히 쓸 수 있도록 그냥 내버려뒀다. 그렇게 나온 책이 『거침없는 그리움』, 『깊은 위로』였다. 2년에 한 권씩 쓰다 보니 3권이 나오기까지 6년이 걸렸다. 6년 동안 나는 많이 바뀌었다. 쓰지 않고서는 견딜 수가 없어 시작한 글인데 쓰는 동안 스스로가 치유되는 것을 느꼈다. 정말 소중한 체험이었다.

그런데 문제가 발생했다. 3권을 출판하고 4번째 책을 써야 하는데 더 이상 글을 쓸 수가 없었다. 6년 동안 글을 통해 내 안에 감춰둔 사연들을 전부 끄집어내고 나니 더 이상 쓸 것이 없었다. 아니, 그것은 핑계에 불과했다. 글을 쓸 수 없는 진짜 이유는 주변에서 내 책에 대해 이러쿵저러쿵하는 소리에 신경이 쓰였다. 하긴 세 권의 책에 그림 얘기는 거의 없었다. 때로는 그림에 대해 한마디도 언급하지 않고 넘어갈 때도 있었다. 그러다 보니 '이거 동양미술 에세이 맞아?'라는 소리가 들렸다. 이건 아니다, 싶었다. 내가 너무 내 얘기에 취해 독자들에게 불친절했다는 생각이 들었다. 6년을 같은 톤으로 쓰다 보니 매너리즘에 빠졌다는 생각도 없지 않았다. 스스로가 하는 작업에 회의가 들기 시작했다. 그 다음부터는 한 줄도 더 쓸 수가 없었다. 써지지 않는 글을 억지로 끌고 갈 수는 없었다. 뭔가 새로운 변화가 필요했다.

그런 나의 심정을 가장 먼저 꿰뚫어본 사람 역시 정 대표였다. 나는 지금까지 나온 책의 기본적인 색깔은 유지하되 그림 이야기가 좀 더 많이 들어간 책을 썼으면 좋겠다고 제안했다. 정 대표는 나의 의견을 즉각적으로 수용했다. 그렇게 나온 책이 『그림공부 사람공부』, 『그림공부 인생공부』였다. 『그림공부 사람공부』는 동양화를 읽는 기본적인 방법에서부터 한국, 중국, 일본 세 나라 그림의 비교분석까지 꽤나 심도 있게 다룬 책이었다. 덕분에 동양화를 처음 접하는 학생들과 젊은 독자들에게 많은 호응을 받았다. 이 책의 반응을 보고 후속 작업으로 기획한 책이 『그림공부 인생공부』였다. 『그림공부 사람공부』가 동양화 공부에 중점을 두었다면 『그림공부 인생공부』는 그림을 통해 우리 삶에서 어떤 교훈을 얻을 수 있는지 인생 공부에 중점을 둔 책이다. 때문에 『그림공부 인생공부』는 직장인들과 중장년층에서 깊은 관심을 보였다. '동양미술에세이' 시리즈의 변형된 형태라고 말할 수 있다. 비록 형식은 바뀌었지만 10년 전에 계획했던 5권의 책이 완결됐다. 긴 시간 동안 진행된 기획이 성공할 수 있었던 비결은 문제점이 발견됐을 때 기획자와 필자가 적극적으로 함께 고민한 데 있었다.

필자가 선호하는 최고의 기획자는

진짜 좋은 기획자의 조건은 무엇일까. 모든 기획자들이 가장 선호하는 기획은 '베스트셀러'를 만드는 것이리라. 그러나 그보다 더 훌륭한 기획이 있다. 필자의 잠재력을 끌어내주는 기획이다. 필자조차도 모르고 있던 가능성을 끌어내주는 것이야말로 출판계를 위해서도 필자를 위해서도 최고의 기획이 아닐까 생각한다. 필자가 집필하는 동안 기획자가 필자의 글을 읽고 자신의 의견을 적극적으로 얘기해주는 것도 중요하다. 필자가 글을 쓰면 그에 대해 객관적으로 평가해줄 사람이 필요하다. 오랫동안 글을 쓰다 보면 처음에 의도했던 기획은 모두 사라지고 당위성과 목적도 희미해지는 경우가 많다. 그럴 때 기획자는 다시 한 번 필자를 일으켜 세워 끝까지 걸어갈 수 있도록 격려와 충고를 해줘야 한다.

책은 저자 혼자 만드는 것이 아니다. 처음부터 끝까지 기획자와 필자가 함께 작업한다. 저자는 몇 년 동안 잡지에 연재한 글을 묶어서 책을 출판한다. 그런 경우 잡지에 연재하기 전부터 기획자와 만나 연재할 내용에 대해 의견을 나눈다. 새로 시작할 연재가 과연 사람들이 읽을 만한 가치가 있는지, 대상은 누구인지, 어떤 내용을 담아야 할지 등등을 여러 차례 의논하고 함께 고민한다. 기획자의 안목이 없이는 결코 진행할 수 없는 과정이다.

필자들이 싫어하는 기획자는 어떤 타입일까. 조급하게 재촉하는 사람이다. 물론 기획자도 출간 계획에 쫓길 것이다. 그런데 글이 써지지 않아 애가 타는 건 필자도 마찬가지다. 재촉한다고 해서 글이 나오는 것이 아니다. 때려죽인다고 해도 안 써지는 것이 글이다. 필자가 글을 쓸 때까지 기다려주는 것. 기획자에게 가장 필요한 덕목이다. 지나치게 자기 의견을 고집하는 기획자도 필자들은 부담스럽다. 기획안에 대해 필자와 의견 일치가 되지 않으면 완전히 이해될 때까지 거듭 대화를 하는 것이 중요하다. 샘플원고부터 지나치게 기획자의 고집만 내세우면 필자는 글 쓰고 싶은 생각이 사라진다. 어떤 기획자는 필자의 문투까지 뜯어고치려고 한다. 필자들은 저마다 독특한 자기 색깔이 있는데 이 색깔을 가능한 한 선명하게 살려주는 것이 기획자의 몫이다.

기획자들이 흔히 간과하기 쉬운 사항이 몇 개 있다. 이름이 알려진 출판사나 인세를 많이 주는 출판사일 경우 필자들이 무조건 집필에 응할 거라 생각한다. 반대 경우도 마찬가지다. 지명도가 낮거나 인세가 적을 경우 필자들이 무조건 기피할 거라 생각한다. 그러나 출판사의 지명도나 인세보다 더 중요한 것이 있다. 기획자와의 인간적인 유대감이다. 필자는 기획자가 자신이 기획한 책에 대해 얼마나 큰 애정과 열정을 가지고 있는지를 먼저 살핀다. 처음 책을 출판하는 사람이라면 모를까 여러 권의 책을 집필한 필자라면 그저 신간 서적을 한 권 더 추가하기 위해 글을 쓰는 사람은 없을 것이다.

필자는 자신의 능력을 최대한 발휘할 수 있으면서도 기존 자신의 책보다 더 깊어지는 책을 집필하고 싶어 한다. 조건이 좋다 하여 무조건 집필을 결정하지는 않는다. 기획자가 좋을 경우 설령 그 기획자가 대형출판사에서 이름 없는 소형출판사로 옮긴다 해도 필자는 기획자를 따라가기 쉽다. 만약 기획자가 출판사를 그만두고 새로운 사람이 자신의 책을 담당했을 때 계약을 파기하거나 집필이 늦어지는 이유도 기획자 때문이다. 새로 일을 맡은 사람이 기존 담당자가 기획한 책에 대한 애정 없이 그저 사무적으로 일을 진행한다는 느낌이 들기 때문이다. 중요한 것은 사람이다. 필자는 항상 좋은 기획자를 기다린다. 기획자만이 필자를 찾는 것이 아니다. 잠재력 있는 필자가 훌륭한 기획자를 만나는 것. 그것이야말로 좋은 책을 만들기 위한 알파와 오메가다.

비서인가 파트너인가, 혹은 마름?

하지현

서울의대를 졸업한 정신건강의학과 전문의다. 현재는 건국대학교 의학전문대학원에서 읽고, 쓰고, 가르치면서 살아가고 있다. 세상의 자잘한 일상의 이면에 관심이 많아 지금까지 『심야치유식당』(푸른숲, 2011), 『예능력』(민음사, 2013), 『청소년을 위한 정신의학 에세이』(해냄, 2012), 『소통과 공감』(궁리, 2011), 『도시 심리학』(해냄, 2009), 『관계의 재구성』(궁리, 2006) 등의 책을 낸 바 있다.

저자에게 기획자, 혹은 편집자는 어떤 존재일까?

눈 밝은 편집자의 간택을 받아 책을 내기 시작한 지 올해로 십 년이 되었다. 그 사이 십여 권의 책을 내면서 여러 명의 기획자를 만나 함께 일을 해보았다. 다른 저자들에 비해 상대적으로 많은 수의 출판사와 일을 했고, 또 기획자도 다양하게 만나보았다. 1인 출판사부터 대형 종합 출판사까지, 1년차 편집자부터 베테랑 편집장급 기획자까지 그 스펙트럼이 넓다. 속된 말로 산전수전 공중전을 다 겪었다. 이런 포트폴리오를 갖고 있다 보니, '출판사 옮겨 다니는 철새'라 비판도 받지만, 다른 한편으로는 아직 정착하지 않아 같이 일을 해볼 '기회가 열려 있는 저자'로 보고 유혹하는 분들까지 만나느라 인연을 맺어본 기획자는 훨씬 더 많다.

좋은 기획자를 만난다는 것은 경마에서 기수가 좋은 말을 만나는 것보다 더 중요한 일이다. (정반대의 상황인지도 모르지만) 여하튼 세심하게 살펴보고, 함께 몇 년 일을 하다 보니 어느덧 나름의 안목이 생겼고, 나 자신만의 호불호가 생겨버렸다. 그런 나의 경험에 입각해서 저자가 바라는 기획자는 어떤 모습이며, 또한 어떤 모습이어야 할지에 대해 이야기해보고자 한다.

선생님 이렇게 하시면 안 돼요. 시장을 몰라서 그래요.

처음 몇 권의 책을 기획하고 만들던 시기에 수없이 들은 이야기다. 물론 초짜 저자이기는 했지만 '지피지기는 백전백승'이라는 믿음으로 먼저 출판시장을 알아야겠다는 생각에 십여 년 전부터 〈기획회의〉, 〈북페뎀〉 같은 책을 읽으며 책 모양새에 대해 고민을 해놓고 있었다. 그렇지만 대부분의 기획자는 자기 주관을 가지고, 나를 일단 설득하려고 했다. 자기가 아는 대로 해야 한다는 것, 당신은 시장을 모르고, 출판을 모른다는 얘기로 내 취향이나 바람을 자기 방향으로 돌리려고 했다.

저자로서 내 원고가 어떤 모양새로 나왔으면 좋겠다는 욕심이나 소망이 없을 수 없다. 기획자와 만나, 원고의 스타일이나 일러스트를 넣는 것, 표지 디자인 등을 상의할 때였다. 그가 제시한 일러스트나 글의 수정 방향은 내가 처음 상상했던 책의 모양새와 많이 달라보였다. 내가 이의를 제기하자 그는 "선생님이 몰라서 그러는 거예요. 다들 두껍고 양장본을 원하세요. 하지만 이 책은 요렇게 가는 게 맞아요"라고 말을 하는 것이었다. 묘하게 '당신은 먹물이라 책을 자기 자아를 뽐내기 위한 업적으로만 바라보고 있어. 부끄러운 줄 알아'라는 맥락으로 들렸다. 가뜩이나 소심한 데다 아직 내 글쓰기에 대한 확신이 없던 시기라 기획자의 입장에 동의하지 않을 수 없었다. 역시 책은 썩 마음에 들지 않았다. 어느 정도 인지도가 생기고, 나를 잘 이해해주는 기획자가 생기기 전까지 이런 일은 몇 권에 걸쳐 반복되었다.

"선생님 제가 ○○이란 베스트셀러 낸 A를 발굴해서 유명 저자로 만들어드렸어요. 정말 글이 안 되는 분이었는데, 제가 다 뜯어고쳐서 책을 만들었거든요. 저를 믿고 함께 일하시죠."

한 기획자를 만났을 때 자신을 소개하는 멘트였다. 단행본에 익숙하지 않지만 학문적 역량은 충분한 한 교수를 발굴해서 그의 장점을 잘 뽑아냈고, 글도 번역체와 문어투로 가득했는데 기획자가 적극적으로 개입해 거의 새로 쓰다시피 해서 베스트셀러로 만들었다는 것이다. 솔깃하긴 했지만 한편으로는 이런 식으로 책을 내는 것이 진정 '저자의 책'인가 하는 의문이 들었다. 도대체 기획자에게 편집이란 본문의 어디까지 손을 대는 것을 의미하는 것일까.

기획자에게 성공한 책은 중요한 포트폴리오가 된다. 다음 저자와 만날 때 최고의 자산이 되는 것은 분명하다. 그런데 대형출판사에서 나온 책의 경우 실제로는 누가 만든 책인지 애매할 때가 많은 것 같다. 시내 중식당에 신라호텔 팔선 출신의 주방장 영입이라고 홍보를 하는데, 도대체 거기서 뭘 하다 왔는지는 아무도 모르는 것과도 같다. 여하튼 일부의 기획자는 베스트셀러의 경험을 무기로 저자를 공략하고, 나중에 나온 책이 내가 쓴 게 맞나 싶게 지나친 개입을 하는 경우도 있었다. 그렇지만 저자 입장에서는 솔깃한 제안임은 사실이었다. 이 역시 그의 성공 경험이 무기가 되기도 하지만, 동시에 그 기억과 경험에 얽매인 족쇄가 될 수 있다는 것을 유사한 기획자들을 만나면서 깨달았다.

직원으로서 기획자

저자 입장에서 큰 딜레마 중의 하나는 어떤 출판사와 일을 할 것인가의 문제다. 작은 출판사는 색깔이 뚜렷하고, 패기 있고 숙련된 기획자와 직접 작업을 하면서, 저자의 욕구와 스타일을 최대한 존중한다는 인상을 준다. 명품을 만드는 부티크와 일을 하는 기분이랄까? 기획자들도 자기가 하는 일에 대한 사랑이 느껴지고, 회사 차원에서 '우리 저자'라는 전사적(!) 애정을 작업하는 내내 준다. 그러나 책을 내놓은 다음의 홍보에는 뚜렷한 한계가 있는 것도 사실이다. 좋은 책이라는 인정은 받기 쉽지만, 경제적 반대급

많은 기획자가 몇 년 사이에 이직을 하기 일쑤다.
그렇게 되면 출판사의 누구와 연락을 해야 할지 난감해진다.
꽤 비싼 월 납입금을 내는 종신보험을 들었는데, 라이프 플래너가 이직을 해버려서 다른 사람이
"앞으로는 제가 관리합니다"라는 사무적인 전화를 받은 기분이다.

부나 대중적 인지도 면에서는 기대치를 양껏 높이기 어렵다. 반면 인지도가 있는 중량급 이상의 대형출판사는 체계적으로 스케줄에 따라 작업을 하고 풍부한 후원, 적극적인 마케팅, 출판사 명성의 후광을 얻을 수 있다.

기획자는 경력에 따라 사원, 대리, 팀장과 같은 직급을 달고 일을 한다. 예술적인 작업을 하는 기획자가 동시에 회사원으로서 정체성을 갖고 일을 하는 것이다. 그러다 보니 연간 작업량이 정해져 있어 스케줄에 쫓길 수밖에 없고, 아직 충분히 준비가 되어 있지 못한 상태인 듯한테 공장에서 물건 출하하듯이 책이 튀어나와야 하는 경우도 피할 수 없다. 거기다가 한 달에도 여러 권의 세칭 '빅타이틀'이 나오다 보면 회사 입장에서 선택적 집중을 하게 되고, 내부 경쟁에서 밀리거나, 초기 반응이 좋지 않은 경우 바로 책은 관심의 대상에서 사라져버릴 위험이 있다. 출판사는 다른 새로운 책을 미는 것이 매출에 낫고, 기획자는 나온 책에 매달려 이런저런 방법을 고민하기보다는 다음 작업에 들어가야 연간 일정을 맞출 수 있으니 말이다.

또 많은 기획자가 몇 년 사이에 이직을 하기 일쑤다. 그렇게 되면 출판사의 누구와 연락을 해야 할지 난감해진다. 꽤 비싼 월 납입금을 내는 종신보험을 들었는데, 라이프 플래너가 이직을 해버려서 다른 사람이 "앞으로는 제가 관리합니다"라는 사무적인 전화를 받은 기분이다. 결국 길바닥에 남겨진 것은 저자와 책뿐이다.

이렇게 다양한 경험과 일하는 환경을 가진 기획자들을 만나다 보니 내 나름의 소신이 조금씩 만들어지기 시작했다.

창조적이고 건강한 긴장 관계

첫째, 기획자는 영화의 프로듀서와 같은 역할을 해야 한다. 영화감독은 다른 곳에 신경 쓰지 않고 작품을 만들어낸다. 그리고 이 과정이 잘 굴러가고, 나중에 시장에서 보일 부분에 대해서 신경 쓰는 것은 프로듀서의 역할이다. 마찬가지로 저자는 기획자와 방향을 합의한 다음부터는 오직 자기가 쓰고 싶은 것에만 집중을 할 수 있어야 한다. 기획자는 그 과정이 무난하게 계획에 맞춰서 진행할 수 있게 함께 간다. 그리고 원고가 완성된 다음에 이 내용물이 세상에 보일 방식에 대해서는, 일차적 책임은 이제는 저자가 아니라 기획자에게 공이 넘어가야 한다고 믿는다. 그리고 글을 써나가는 과정에서도 책의 원칙적 내용이 아니라, 독자와의 접점이라는 부분에 대해서는 적극적으로 의견을 주고 피드백을 해야 하는 것이 기획자의 의무다. 저자는 자기가 하고 싶은 말을, 한 책에서 다 하고 싶어 한다. 이때 달려가는 글의 수위와 농도를 조절하는 것은 기획자가 해야 할 일이다. 나는 이것을 '창조적 긴장 관계'라 부른다. 저자는 기획자의 의견에 자존심 상할 필요 없다. 아주 소수의 예외적 경우를 제외하고는 독자와의 접점, 시장의 트렌드에 대한 식견은 기획자의 말이 옳았다는 것이 내 경험이다. 그냥 '웬만하면 기획자가 맞다'라고 여기는 것이 나중에 후회하지 않을 길이다. 그래야 나중에 반응이 안 좋으면 그 부담을 기획자에게 넘길 수 있다!

둘째, 좋은 기획자는 저자를 원래 자신보다 더 나은 저자로 만들 수 있는 사람이다. 그러기 위해서는 저자를 충분히 이해하는 과정이 필수적으로 선행되어야 한다. 저자는 '이런 이야기를 글로 써보고 싶다'는 막연한 아이디어만 갖고 있는 경우가 많다. 이럴 때 좋은 아이디어와 기획력을 갖고 있는 기획자가 필요하다. 그런데 자기 생각만 강한 기획자는 저자를 설득시키기 어렵다. 자기 생각도 확고하면서 지금 만나고 있는 저자에 대해 깊이 있는 이해를 하고 있어야 한다. 저자가 책을 통해 얻고자 하는 것, 어떤 이야기를 하고 싶은지, 작업 스타일은 어떤지 등을 파악해야 하는데, 이는 저자의 이전 작품을 읽는 것만으로는 부족하다. 그래서 함께 작업을 해본 경험이 있는 것이 제일 좋고, 그렇지 않다면 작업에 돌입하기 전에 최대한 오랜 시간 저자와 기획자가 서로를 이해하는 시간을 갖는 것이 필요하다고 생각한다. 막연했던 아이디어가 기획자와 토론을 하고 함께 생각을 성숙시켜나가면서 점차 멋진 그림이 되어나가는 것을 경험하는 것만큼 신나고 흥미로운 일은 없다. 저자라는 원석이 다이아몬드까지는 못 돼도, 루비 정도는 되는 존재라는 것을 스스로 깨닫게 하는 기획자. 그런 기획자를 떠날 저자는 없을 것이다.

셋째, 기획자는 작업 과정에 그 역할이 변화무쌍하다. 어떨 때에는 저자의 비서 같기도 하다가, 출판사의 입장을 대변하며 저자를 다그치며 한쪽 방향으로 몰아가는 마름 같기도 하다. 또, 어떨 때에는 저자를 제일 잘 이해해주고, 보호해주며 함께 성장해나가는 든든한 파트너가 된다. 좋은 기획자는 이 세 가지 역할 중 한 가지만 잘하는 것이 아니라, 세 가지 모두를 잘해나가는 사람이어야 한다. 자기 잘난 맛에 사는 저자의 비위를 잘 맞추며 충분히 잘 관리받고 있다는 우월감을 만족시켜주는 역할, 그러면서도 회사의 이익을 보호하며 최소한 손해나지 않을, 대박까지는 아니더라도 중박은 날 새 책을 뽑아내기 위해 노력해야 하는 역할, 더 나아가 기획자 본인의 욕구가 실현되는 좋은 책을 저자와 함께 이인삼각의 경주로 만들어내는 동반자 의식까지 함께 갖고 그때그때 적절한 면을 반영해 보여주는 사람이다. 마치 예쁘고, 착하고, 경제적 능력까지 있는 여성을 바라는 남자의 마음같이 허황된 얘기 같지만 말이다.

건강한 긴장관계여야 하는 두 사람의 작업 과정이 어땠는가는 책이 나온 이후의 반응을 평가하면서 분명해진다. 사회심리학적으로 '잘되면 자기 탓, 안되면 상황 탓'을 하는 것이 사람의 기본 심리라고 한다. 책의 반응이 좋으면 각자 자기가 잘해서 그런 것이라 속으로 생각하며, 서로를 칭찬하기에 바쁘다. 반응만 좋으면 나쁘던 관계도 좋아진다.

문제는 기대만큼 좋은 반응을 얻지 못했을 때다. 평단의 반응이건 시장의 반응이건 어느 한쪽도 만족스럽지 못할 때 관계의 실체가 드러난다. 그

동안 잠복해 있던 불만이 먼저 터져 나와 "그때 네 말을 듣지 않고 내가 하고 싶은 대로 했어야 했다"며 저자는 기획자를 공박하고, 기획자도 겉으로는 바로 반박은 못해도 '나라고 할 말이 없는 줄 알아'라며 저자의 미흡한 글빨과 인지도, 너무 원고를 늦게 줘서 타이밍을 놓친 것, 저자의 이해 못할 고집을 떠올리고 있다는 것이 머리 위 말풍선으로 떠있는 게 보인다. 이게 둘 사이가 좋지 않을 때의 상황이다. 반면 작업 과정의 관계가 좋았다면 일단 '단군 이래 최대 불황이라는 시장 상황'이란 외부로 돌린다. 우리가 되어서 외부의 상황 문제로 방향을 바꾼다. 그러고는 냉정하게 문제점을 분석하며 다음 책을 함께 계획할 것이다.

저자와 기획자가 동반자로 성장하길 꿈꾸며

난 두 가지 관계의 기획자들과 모두 일을 해보았다. 서로를 탓하면서 헤어진 적도 여러 번이고, 각자 반성하고 시장 상황을 탓하며 소주잔을 기울이고 난 다음 훌훌 털어버리고, 절치부심으로 새 책을 구상하는 작업으로 뒷풀이를 킥오프 미팅으로 만든 적도 있다. 두 길 중 어느 방향으로 틀었는가는 나와 기획자 개인의 역량보다는 둘이 작업을 해나가는 과정에서 관계를 어떻게 풀어갔는지가 더 중요한 요소로 작용했다. 책과 관련한 일을 넘어서 개인적인 면까지 포함해 서로를 이해하려고 노력하며, 자잘한 허물이나 불만 사항은 편하게 이야기할 수 있는 정도가 되는 수준의 신뢰는 하루 이틀에 만들어지기 어렵다. 그래서 나를 포함한 많은 저자들은 믿고 오랫동안 함께 일을 할 기획자를 만나기를 원한다.

하지만 출판계의 상황은 내가 한 출판사에서 그 사람을 만나서 몇 권의 일을 한다고 해서 안정적인 백년해로를 약속해주지 않는다. 우리나라에서 출판기획자가 경력이 쌓이면 자신의 직업 정체성과 관련한 고민과 더불어 출판사 내부의 여러 사정에 의해 자의 반 타의 반으로 출판사를 떠나게 되는 일이 비일비재하다. 어떤 저자는 그런 기획자를 따라 출판사를 떠나기도 하고, 출판사에 남아 새로운 기획자를 만나기도 한다. 개인적으로 기획자의 잦은 들고남이 매우 불편하고 힘들다. 그렇다고 이제 겨우 시작하는 기획자가 차린 작은 출판사를 무작정 따라 나가기도 망설여진다. 거기다 저자 입장에서는 포트폴리오 관리라는 측면에서 작업하는 출판사를 최소화하고 싶다. 그런데 매번 다른 기획자와 만나 호흡을 맞추는 것은 작업에 불필요한 낭비가 된다. 따라서 저자가 바라는 이상적 기획자를 만나려면 기획자가 한 자리에서 꾸준히 오랫동안 저자와 일을 할 수 있는 환경이 만들어지는 것도 함께 되어야 한다는 것이 나름 십 년간 저자 노릇을 한 결론이다.

건강한 긴장 관계 속에 서로의 역할을 잘 이해하며 저자가 몰랐던 자신의 역량을 발화시켜주며 저자의 저술 경력에 든든한 동반자로 함께 가는 기획자, 어디 그런 사람 없나요?

원석을 보석으로 탈바꿈시키는 외서기획

노승영

서울대학교 영어영문학과를 졸업하고, 서울대학교 대학원 인지과학 협동과정을 수료했다. 컴퓨터 회사에서 번역 프로그램을 만들었으며 환경 단체에서 일했다. 옮긴 책으로 『페이퍼 머니』(애덤 스미스, W미디어, 2007), 『일』(스터즈 터클, 이매진, 2007), 『이단의 경제학』(조지프 스티글리츠 외, 시대의창, 2010), 『통증 연대기』(멜러니 선스트럼, 에이도스, 2011), 『제로 성장 시대가 온다』(리처드 하인버그, 부키, 2013), 『이렇게 살아가도 괜찮은가』(피터 싱어, 시대의창, 2014) 등이 있다.

홈페이지: http://socoop.net

번역을 하다 보면 '이 책을 우리나라에 반드시 소개하고야 말겠어!' 하는 생각이 들 때가 있다. 전문 분야가 있거나 좋아하는 작가가 있다면 당연히 욕심나는 책이 많겠지만, 나같이 닥치는 대로 번역하는 전방위 번역가도 마음 가는 책이 생길 때가 있다. 그럴 때 어떻게 저작권을 확인하고 출판사에 소개해야 할까? 어떻게 해야 출판사에서 출간을 결정하고 나에게 번역을 맡길까?

2006년에 출판 번역을 시작해 이제 9년 차에 접어든다. 그동안 수십 권의 책을 출판사에 소개했고 그중에서 다섯 권이 출간되었으며 한 권이 저작권 계약을 눈앞에 두고 있다. 내가 번역해서 출간된 책이 스물여덟 권이니까 18퍼센트가량 되는 셈이다. 번역 경력이 쌓이면 내가 출판사에 책을 제안하는 것이 아니라 출판사에서 이미 저작권 계약을 끝내놓고 번역을 의뢰하는 경우가 많아지기 때문에 굳이 기획에 신경 쓰지 않아도 지장이 없을 수 있지만, 출판사 입장에서는 경력이 오래된 번역가의 추천과 조언이 더더욱 간절할 수밖에 없다. 무엇보다 내가 골라서 나의 번역으로 한국 독자에게 소개된 책은 마치 자식처럼 느껴지고 남달리 애정이 가게 마련이다.

번역에 갓 뛰어든 초보 번역가라면 출판사에 자신의 실력을 알릴 기회가 절실할 것이다. 기획은 출판사와 안면을 트는 좋은 방법이다. 직업 군인 출신의 동료 번역가 박수민 씨는 밀리터리 관련 서적을 기획해서 출판사에 투고했다. 기획서가 채택되지는 않았지만 출판사에서 다른 책의 번역을 맡겨서 번역에 입문했다. 그 뒤에도 이 분야의 책을 꾸준히 번역하다가 최근에 출판사를 창업해서 낸 첫 책이 좋은 반응을 얻고 있다.

그렇다면 책은 어떻게 발굴해야 할까?

가장 좋은 방법은 '꼬리에 꼬리 물기'다. 번역하는 책이든 그냥 읽는 책이든 그 책에 인용된 책들을 유심히 살펴본다. 저자는 해당 분야의 전문가이므로 그가 강조하거나 중요하게 다루는 책은 그 분야에서 인정받는 책일 가능성이 크다. 여건이 허락된다면 그런 책들도 읽으면서 나름의 책 목록을 만들어본다. 이렇게 하면 애초에 이 분야에 대해 잘 몰랐더라도 어느새 남부럽지 않은 전문가가 되어 있을 것이다. 또한 마음에 드는 책이 있으면, 그 저자가 쓴 다른 책을 찾아서 읽고 정기적으로 아마존에서 그 저자의 이름을 검색한다. 동료 번역가 한 명은 자신이 좋아하는 저자들의 목록을 만들어놓고 저자의 신간이 나올 때마다 출판사에 소개하는데 곧잘 출간으로 이어진다. 출판사 위주로 책을 찾을 수도 있다. 큰 출판사의 책은 이미 독점 에이전시를 통해 국내 출판사에 소개되었을 가능성이 크지만 작은 출판사 중에서도 독특한 색깔을 가지고 흥미로운 책을 출간하는 곳이 있다. 이런 출판사가 눈에 띄면 출판사 홈페이지에 들어가서 출간 목록과 출간 예정 목록을 훑어본다. (국내 에이전시와 친분이 있다면 외국 에이전시에서 보내오는 카탈로그를 참고할 수도 있다.)

출판사 중에는 번역가에게 주제를 제시하며 책을 찾아달라고 적극적으로 요청하는 곳도 있다. 내가 몸담고 있는 펍헙번역그룹도 이런 요청을 곧잘 받는다. 주제별로 책을 찾고 싶다거나 시리즈를 계획하고 있다면 초기 단계부터 번역가들과 협업하는 것이 효과적일 것이다.

꼬리에 꼬리를 무는 기획의 예를 들자면, 피터 싱어의 『동물과 인간이 공존해야 하는 합당한 이유들In Defense of Animals: The Second Wave』을 번역하다가 헨리 스피라의 '운동가를 위한 열 가지 지침'이 눈에 들어왔다. 그래서 아마존에서 검색했더니 피터 싱어가 쓴 헨리 스피라 평전(『Ethics into Action』)이 있었다. 일단 책을 주문하여 배송받은 뒤에 트위터에 책 소개를 올렸다. 하지만 이미 국내 출판사에서 저작권을 산 뒤였다. 그런데 그 출판사에서 이 책에 관심을 가진 번역가가 있다는 사실을 알고서 내게 번역을 의뢰했다. 일정이 맞지 않아서 번역을 맡지는 못했지만, 이렇게 생각지도 못한 곳에서 기회가 찾아오기도 한다. 그 책은 얼마 전에 『모든 동물은 평등하다』(오월의봄, 2013)라는 제목으로 출간되었다.

이따금 생각지도 않은 경로로 보석 같은 책을 발견하기도 한다. 일전에 트위터 지인 한 분이 리처드 하인버그의 신작이 나왔다며 쪽지를 보냈다. 하인버그는 『파티는 끝났다』(시공사, 2006), 『미래에서 온 편지』(부키, 2010) 등으로 이미 국내에 알려진 저자인데 이번에 경제 성장이 이미 종말을 맞았다는 내용의 책이 출간된 것이었다. 『미래에서 온 편지』를 출간한 부키에 연락했더니 책에 관심이 있다며 자세한 검토서를 보내달라고 했다. 마침 출판사에서 기존 저자들의 신작을 찾고 있던 차에 내가 연락을 한 것이다. 출판사에서 애정을 갖고 있는 저자였고 주제도 시의적절하여 계약이 성사되었다. 이렇게 해서 나온 책이 『제로 성장 시대가 온다』(부키, 2013)다.

맘에 드는 책을 찾았으면, 다음 순서는 책의 저작권을 확인하는 것이다. 이 책이 우리나라의 현실에 시사하는 바가 있는지, 논쟁을 일으킬 수 있는지, 잘 팔릴지 등의 여부는 저작권이 이미 팔렸다면 나와 상관없는 얘기다. 기획 경험이 없는 사람이 가장 저지르기 쉬운 실수는 저작권을 알아보지 않고 검토서까지 썼다가 뒤늦게 자신이 헛물켰다는 사실을 깨닫는 것이다. 저작권을 확인하는 가장 간편한 방법은 국내 에이전시에 문의하는 것이지만 에이전시는 대체로 번역가를 상대하지 않으므로 답을 얻기 힘들 것이다(이 글을 쓴 뒤에 국내 유명 에이전시로부터 저작권 문의에 대한 답변을 받았다. 지레 포기하지 말고 일단은 도전해보시길 권한다). 이런 경우는 책을 출간한 출판사의 홈페이지에서 저작권 담당자 연락처를 찾아 메일을 보낸다. 경험상 외국 출판사에서는 문의에 적극적으로 답해준다. 한국에 저작권이 팔렸는지, 독점 에이전시가 있다면 어느 곳인지 알아둔다. 나머지 절차는 출판사와 에이전시 사이에 이루어지는 문제이니 번역가가 굳이 관여할 필요는 없다.

이와 관련하여 국내 에이전시에서 번역가를 대상으로 저작권 확인 서비스를 제공해주면 좋겠다. 이 서비스만으로 수익을 내기는 힘들겠지만, 번역가가 예리하게 엄선한 책이 실제 계약으로 이어지면 에이전시에도 도움이 될 것이다. 검토용 책을 받아다 주는 것까지는 바라지 않지만, 적어도 이 책의 저작권이 계약되었는지의 여부와 어느 곳에서 독점하고 있는지 정도만이라도 번역가가 쉽게 알 수 있었으면 한다.

책이 아무리 맘에 들더라도 한국에서 출간할 만한 가치가 있는가(또는 수지가 맞는가)는 별개 문제다. 물론 우리가 당면한 현실과 맞아떨어지지 않더라도 가치가 있는 책이 있긴 하지만(이를테면 고전), 대개는 이 책이 현재의 담론에 기여하는가, 새로운 담론을 이끌어낼 수 있는가, 사람들의 가려운 곳을 긁어주는가를 고민해야 한다. 예전에 『동물에게 배우는 노년의 삶 The Social Behavior of Older Animals』라는 책을 읽고 재미있어서 기억해두었다가, 〈한겨레〉의 「늙는다는 건, 자연의 오류 아닌 다양한 삶의 전략」이라는 기사에서 "야생의 노화는 최근 학계의 관심사 중 하나가 됐다"라는 문구를 접하고는 이 문구와 더불어 검토서를 출판사에 보냈더니 여러 곳에서 관심을 보였다. 한 출판사는 나름의 콘셉트를 잡고 이 책이 그 콘셉트에 적절한지 문의하기도 했다. 평소에 원서를 많이 읽고 자기만의 목록을 만들어두면 그때그때 적절한 책을 찾아낼 수 있을 것이다.

출판사에서 번역가에게 검토서를 의뢰하는 경우, 대개는 책만 달랑 보내는 것이 보통이다. 어떤 이유에서 그 책을 골랐는지, 어떤 점을 중점적으로 읽기를 바라는지 소통하는 경우는 거의 없다. 기껏해야 에이전시의 소개 자료를 첨부하는 정도다. 요구 사항을 미리 알려주면 그 부분만 읽을까봐 그러는 걸까? 하지만 경험상 출판사에서 무언가 요청하는 것이 있으면 더 정신 차려서 책을 읽게 된다. 검토서를 요식 행위로 생각하는 게 아니라면 의뢰할 때부터 적극적으로 번역가와 의견을 교환하고 소통하는 것이 좋겠다.

책 자체가 한국 현실에 적절한가와 별개로 책 속에서 그런 주제를 뽑아낼 수 있는가도 생각해보아야 한다. 이를테면 『Thinker, facer, spinner, spy』라는 책은 정치권과 기업의 언론 조작 실태를 파헤친 책인데, 당시 대선을 거치며 입에 오르기 시작한 '스핀닥터'라는 용어가 본문에서 눈에 띄었다. 언론에서는 '스핀닥터'라는 말을 종종 볼 수 있었지만 국내에서는 이 문제를 중점적으로 다룬 책이 아직 출간되지 않은 터였다. 그래서 『스핀: 언론 조작과 민주주의의 위기』라는 제목을 달고 책을 소개했다. 다행히 책에 관심을 보이는 출판사가 있어서 번역과 출간으로 이어졌다. 출간 시 제목은 『스핀닥터: 민주주의를 전복하는 기업 권력의 언론 플레이』(시대의창, 2011)로 정해졌다. 애초의 기획 콘셉트가 제목 선정에까지 반영되어 좋은 결과를 낳은 사례라고 할 수 있겠다.

시사적이지는 않지만 주제 자체가 흥미로워서 선택한 책도 있다. 『5000 Years of Popular Culture』라는 책은 우리가 흔히 알고 있는 대중문화의 정의를 확장하여, 인쇄술이 발명되기 전에도 대중문화가 엄연히 존재했다고 주장하는 책이다. '대중문화' 하면 대중매체와 떼려야 뗄 수 없는 관계일 텐데 어떻게 근대 이전에 대중문화가 있었다고 주장하는지 궁금했다. 그래서 책을 들여다보게 되었고 저자의 주장에 타당성이 있다고 판단되어 출판사에 책을 소개했다. 이 책은 『대중문화 5000년의 역사』(시대의창, 2014)라는 제목으로 출간되었다.

어떤 책은 출판사가 바뀌는 우여곡절을 겪기도 한다. 짝퉁, 표절, 모방 등을 두루 일컫는 복제 행위를 문화적, 철학적으로 조명한 『In Praise of Copying』은 에이전시 담당자가 추천해준 책인데 동서고금을 종횡무진하는 책이어서 결코 만만하지는 않았지만 그만큼 흥미진진했기에 검토서를 써서 출판사에 소개했다. 모 출판사에서 책에 관심을 보여 저작권 계약까지 성사되었는데 해가 바뀌도록 소식이 없다가 시장성이 작다고 판단하여 출간을 포기하겠다고 연락이 왔다. 번역하기가 무척 까다로울 것이 틀림없었기에 내심 잘됐다는 생각도 있었는데, 딴 출판사에서 책을 출간하기로 했다. 저작권과 관련된 책을 찾다가 이 책을 알게 된 것이었다. 이렇게 해서 출간된 책이 『복제 예찬』(홍시, 2013)이다.

나는 펍헙 에이전시와 교류하고 있어서 주로 〈펍헙 뉴스레터〉라는 소식지를 통해 책을 소개한다. 하지만 거래하는 출판사가 점차 늘면서 출판사의 성격에 맞는 책을 소개하려고 하는 편이다. 평소에 출판사 기획 담당자나 편집자와 소통하면서 출판사에서 어떤 책을 찾고 있는지 알아두면 기획 성공률을 부쩍 높일 수 있다. 물론 에이전시에서 정기적으로 수많은 책을 소개하고 있기는 하지만, 번역가는 좀 더 객관적인 시각으로 꼼꼼하게 책을 분석할 수 있다는 장점이 있다. 이와 관련하여, 꼭 대학에서 전공하지 않았더라도 자신의 전문 분야를 구축하는 것이 유리하다. 한 권의 책을 소개하는 것에 그치지 않고 이 책의 공시적·통시적 맥락과 가치, 해당 분야 전문가와 대중의 평가를 함께 소개하면 훨씬 신뢰감을 줄 수 있을 것이다. 편집자가 책과 저자에 대해 물었을 때 답해줄 수 있는 지식을 쌓아두기 바란다.

번역에 입문하는 동기는 여러 가지가 있겠지만, 자기가 좋아하는 책을 자기 손으로 소개하고 싶다는 바람도 한몫했을 것이다. 이런 번역가에게 기획이란 번역을 시작할 당시의 꿈을 실현하는 행복한 경험일 것이다. 내가 처음으로 기획하여 출간된 책은 〈뉴요커〉의 만평가 재커리 캐닌의 『숏북The Short Book』(양문, 2010)으로, 키 작은 사람들의 애환을 다루면서도 용기를 심어주는 책이다(저자도 160센티미터의 단신이다). 책을 읽으면서 저자의 재치와 유머에 감탄했고 꼭 번역하고 싶었다.

미국식 유머를 가지고 한국 독자를 웃기는 것이 결코 수월하지는 않았지만 내가 고른 책이니만큼 열심히 재미있게 번역했다. 지금도 여전히 애착이 가는 책이다.

마지막으로, 출판사가 번역가와의 관계를 돈독하게 유지하는 것도 중요하다고 생각한다. 번역가 입장에서는 좋은 책을 발견했을 때 먼저 생각나는 출판사가 있게 마련이다. 단지 친분이 있어서가 아니라 자기 색깔을 유지하면서 평소에 번역가의 의견에 귀를 기울여주는 출판사에 먼저 책을 소개하고 싶은 것이 인지상정이다. 이런 점에서 출판사와 번역가는 번역 작업이 시작되기 전부터 협력 관계를 유지하는 것이 바람직하다고 생각한다. 물론 번역가도 자신이 고른 책을 소개할 만한 출판사가 있다면 행복할 것이다. 지금 눈에 들어온 이 책은 어느 출판사에 소개해볼까?

어린이책과 번역을 향한 일편단심이 열어준 기회

박선주

세종대 국어국문학과, 이화여자대학교 한불번역과 졸업. 기독교출판사와 아동문학 출판사에서 잠시 책을 만드는 일을 했고, 지금은 주로 프랑스어와 영어로 된 어린이책을 기획 번역하고 있다. 옮긴 책으로 『소피는 못 말려』『착한 소녀 못된 소녀』(이상 세귀르 백작부인 지음, 넥서스주니어, 2013), 『날아가는 집』(클로드 루아 지음, 해와나무, 2010), 『난 키가 작아, 그래서 뭐가 문제야?』(야엘 아쌍 지음, 해와나무, 2008), 『나에겐 네 명의 부모가 있어』(시그리드 바페르 지음, 해와나무, 2008), 『사물들과 철학하기』(로제 폴 드르와 지음, 동문선, 2005), 『영화의 목소리』(미셸 시옹 지음, 동문선, 2005) 등이 있다.

스스로 번역기획자라며 내 얘기를 쓰기가 쑥스럽다. 잘했다고 자신 있게 내놓을 만한 번역서도 많지 않고, 지금까지 기획해서 번역까지 한 책들도 순전히 나 혼자 기획한 책이라 할 수 없어서다. 더욱이 번역에만 투자한 시간이 길지 않다. 대학원을 다니면서부터 책 번역을 시작했으므로 햇수를 따지면 10년이 훌쩍 넘지만, 실제로 번역에만 매진한 시간은 그 반도 못 될 듯싶다. 그러나 얼마 전부터는 번역이 진짜 내 일이구나 하는 확신을 갖게 되었고, 그런 만큼 더욱 열심히 기쁘게 하고 있다. 물론 사이사이 했던 일들도 글다듬기 등 책과 관련된 일이었기 때문에 번역이라는 길에서 영 벗어나지는 않았다. 하지만 내게 번역은, 틈날 때 짬짬이 할 수 있는 일이 아니라, 온 마음과 힘과 시간을 들여 해야 하는 일이었기에, 다른 일들을 접고 다시 전업 번역가로 돌아온 2년 전부터 너무나 행복하다.

외국문학 번역가로서 다채롭고 좋은 책들을 맘껏 읽고 소화한 다음에 우리말로 다시 꺼내놓으며 느끼는 기쁨이 꽤 크다. 뛰어난 번역가 선배님들, 교수님들의 글들을 읽으며 감탄하고 배우기도 하면서, 나도 언젠가는 그분들처럼 전문번역가라 할 만하고 번역에 대한 글을 쓸 날도 있겠지 하고 속으로 생각하기도 했다. 하지만 아직은 멀었구나 하는 자각에 더욱 분발하려고 한다. 한국출판마케팅연구소에서 번역기획, 더 나아가 출판기획을 논하는 귀한 지면을 내게도 할애한 것은, 전문번역가 또는 번역기획자의 전문가다운 한마디를 듣기 위해서라기보다, 이제 막 번역에 마음을 쏟기로 한 전문번역가 지망생을 격려하기 위함이라 생각하고 용기를 내어 짧은 경험과 생각을 나누려 한다.

안목 있는 출판기획자를 만나는 행운

1997년, 나는 번역을 몹시 하고 싶어서 안정적인 직장을 그만두었다. 그러나 집에 들어앉은 지 몇 달이 지나도록 검토나 전혀 관심 없는 분야의 책 번역 의뢰만 가끔 들어올 따름이었다. 내가 정말 번역하고 싶은 소설이나 아동서는 검토를 열심히 해도, 번역할 수 있는 기회는 얻기가 힘들었다. 검토하는 일도 재미있지만, 검토가 최종 목적은 아니었는데 말이다. 그래서 전략을 바꿨다.

직접 번역하고 싶은 원서를 찾아 몇 날 며칠 인터넷을 뒤졌고, 원서 수십 권을 주문해 읽었다. 예전에 프랑스어를 배우느라 열심히 다녔던 알리앙스 프랑스어 학원과, 주변에서 들려오는 프랑스인들의 발음과 분위기가 좋아 주말마다 도장을 찍곤 했던 프랑스 문화원에서 빌려 제본을 떠 두었던 책들도 살폈다. 그중에서 10권 정도, 내 취향에 맞고(요즘 독자 취향에 맞는 것을 택해야 하는데 그게 잘 안 되었다. 책이란 워낙 역사가 오래된 물건이라, 유행하고 있는 게 좋기도 하지만, 독특하거나 오래 묵은 스타일도 좋다고 생각했기 때문이고, 기왕 힘들게 번역할 거 내 맘에 드는 것으로 하자는 생각이 강했기 때문이다), 요즘 출판 시장에도 어느 정도 맞을 듯한 것으로 추려서 번역기획서를 썼다. 그다음에 그 책들과 취향이 비슷한 책들을 출간한 국내 출판사들을 찾아서 편집

어릴 때 그토록 읽고 싶어 했던 동화들의 특성을 생각해보니, 사람들의 보편적인 양심과 선한 마음, 훈훈한 정, 그러면서도 독특하고 다양한 주인공들의 개성과 상상력이 있었다. 프랑스 옛날 어린이책들에는 이런 면을 골고루 갖춘 이야기들이 많았다.

부 메일로 무작정 검토서들을 보냈다.

보내고 나서 한 달, 두 달, 세 달이 지났지만 아무 데서도 연락이 오질 않았다. 그때의 심정이란…. 자세히 기억나지는 않지만 또다시 기억해내고 싶지도 않다. 아무튼 기적을 바라는 마음으로, 출간 콘셉트가 비슷하지도 않고 원고 투고를 바라지도 않으며 그저 편집자를 구한다고 구인공고를 낸 출판사 메일에, 이 책을 번역 출간해 달라고 그것도 안 되면 다른 책이라도 번역하게 해달라고 메일을 보냈다. 바쁜 일정을 쪼개 내 메일을 읽은 담당 편집자가 얼마나 황당했을지…. 그분에게 죄송한 마음이 들고, 한편 내 기획안을 버리지 않고 문학을 담당하는 동료 편집자에게 보여준 사려 깊은 마음이 너무나 고맙다.

드디어 그 동료 문학 담당 편집자가 내게 연락을 해서, 그때 내 기획안이 출판사의 출간 방향과는 맞지 않지만 혹시 다른 책들을 봐둔 게 있는지 물었다. 나는 그동안 봐뒀던 어린이책 몇 권을 가지고 가서, 어리어리하게 몇 마디 했던 것 같다. 다음을 기약하고 헤어지려고 할 때쯤, 내가 가지고만 갔지 용기 내어 소개하지는 못했던 책을 편집자가 눈여겨보고는 무슨 내용이냐고 물었다. 그제야 나는 이런 책이 나 말고도 다른 사람들의 관심을 끌 수도 있겠구나 하는 생각에 용기를 내어 설명했다.

프랑스에서는 꽤 알려진 중견작가들이 자신들이 실제로 아동, 청소년기에 겪고 고민했던 사실에 바탕을 두고 쓴 자전적인 에세이들인데, 역시 다양성의 나라라고, 작가마다 고민했던 주제들이 다 다르고 풀어낸 방식과 내용도 각각 독특하고 재미있었다. 무엇보다도 그 시기를 잘 극복하고서 '인정받는' 작가가 된 사람들의 이야기라서, 힘겹게 사춘기를 보내고 있을 아이들에게 감동과 재미, 더불어 용기를 줄 수 있을 듯했다. 그들의 고민이나 콤플렉스도 외모, 학교 과제, 진로, 성, 가정문제 등 지금의 우리 어린이, 청소년들이 충분히 공감할 수 있는 주제들이었으니 말이다. 다만 프랑스에서는 성에 대해서 우리보다 상당히 일찍부터 가르치고 훨씬 개방적이었기 때문에, 상세 검토 단계에서 3분의 2 이상의 작품들을 제외해야 했다. '사춘기, 은밀한 고백' 시리즈 네 권(이 중에서 내가 번역한 책은 『난 키가 작아, 그래서 뭐가 문제야?』『나에겐 네 명의 부모가 있어』 2권이다)이 이렇게 해서 나왔다.

'세귀르 백작부인의 명작동화' 시리즈 또한 안목 있는 편집자가 끄집어내주지 않았다면 세상에 나오지 못했을 책이다. 몇 년 전에 한글학회를 통해 아르바이트를 하다가 만나게 된 친구였는데, 그때 이후로 친구는 편집자가 되어 있었다. 워낙 재주가 많았고 디자인 쪽의 안목도 있는 친구여서, 나는 속마음을 털어놓았다. 꽤 괜찮은 책을 나 혼자만 알고 넘어가기가 너무나 아까웠기 때문이다. "오래전에 사둔 프랑스 어린이책이 몇 권 있는데, 내용뿐만 아니라 표지가 너무 예쁘고 가벼워 아이들이 정말 갖고 싶게 만든 책이다. 우리도 이렇게 재밌고 예쁜 책들을 만들면 좋겠다…."

편집자는 단번에 관심을 보이며 적극적으로 검토해볼 것을 권했다. 그날로 나는 그 작가에 대해 더 조사했고, 그 작가가 어린이 대상으로 쓴 모든 책을 구입해 읽었다. 역시, 괜찮은 책들이 많았지만 2세기 전에 살았던 사람인 데다 작가 개인의 배경과 성향 때문에 특정 국가의 국민에 대한 편견이 꽤 있었다. 반 이상의 책들을 제외해야 했다. 나머지 동화들에서는 저자의 지식과 맑고 깨끗한 마음과 유머 감각, 어린이를 향한 애정이 돋보였다. 아, 이래서 프랑스인들이 여전히 좋아하는 작가구나! 하고 공감이 갔다. 이렇게 세귀르 백작부인의 명작동화 열 권을 기획·번역하게 되었다.

두 경우 모두, 오랜 시간 품고만 있던 생각을 다른 사람이 끄집어내준 것이다. 몇 년을 책장에만 모셔두었던 책들이 안목 있는 편집자의 눈에 띄자, 단 몇 달 만에 멋진 새 옷을 입고 세상으로 나왔다. 이 과정은 하나님의 은혜 아니면 달리 설명할 길이 없다. 평소 내가 관심을 갖고 있는 분야를 꾸준히 밀고 나갈 수 있고, 안목 있고 고마운 사람들을 곳곳에서 만나게 된 것은 결코 운이 좋아서라거나 단순한 우연이라고 할 수 없다.

프랑스 어린이책의 매력

내가 기획하고 번역해서 나온 책들이 어느덧 10여 권이 되었다. 처음 어린이책을 기획하던 때를 이야기하다 보니 내가 주로 어린이책을 번역하게 된, 아니 좋아하게 된 계기를 더듬어보게 된다.

초등학교 3학년인가 4학년 때쯤, 춥고 긴 겨울방학이었던 것 같다. 어린 동생들과 나는 집안에서만 긴긴 시간을 보내느라 심심했던지, 이러저러한 이야기를 담은 책들이 없을까 하고 아쉬워했던 기억이 난다. 엉뚱하고 발랄해서 재미나고, 착하고 똑똑해서 행복하게 끝나는, 따뜻하고 신나는 이야기들 말이다. 학교에서 읽어오라고 과제로 내주었던 책들은 왜 그런지 이유는 몰랐지만 재미가 없고 아름답지 않았다. 지금 와 돌아보니 반공정신과 애국심, 사회규칙 들을 심어주기 위해서 억지로 이야기 형식에 짜 맞춘 재미없는 '가짜' 동화책들이기 때문이었던 것 같다. 그런데 그로부터 며칠이 지난 어느 날 저녁에, 고등학생이던 큰언니가 우리와 마음이 통했던지 아니면 우리가 소곤대던 소리를 들었던지 자그마하고 예쁜 동화책들을 한 박스나 사왔다. 그 가운데서 내게는 새하얀 양장 표지에 예쁜 여자아이가 그려져 있던 '빨간 머리 앤' 시리즈가 유독 눈에 들어왔다. 표지가 얼마나 예뻤고, 환하게 웃는 주인공 소녀의 모습에 속 내용이 얼마나 기대되었으며, 그날 밤 세상을 다 가진 듯 얼마나 행복했었는지 모른다. 비록 다음 날 아침에 바로, 엄마가 책들을 박스 채로 가지고 나가 반품해버리셨지만 말이다.

그때의 감동과 아쉬움이 남아서인지, 나는 그때 못 봤던 이른바 고전 명작 동화들을 읽을 때면 지금도 마음이 설레고 기쁘다. 그리고 귀여운 아이들이 나오는 이야기라면 아무리 오래 컴퓨터 앞에 앉아 번역을 해도 힘들지 않으며 더없이 행복하다. 그래서인지 외국 책을 찾을 때도 저절로 동화 쪽으로 눈이 간다.

어릴 때 그토록 읽고 싶어 했던 동화들의 특성을 곰곰이 생각해보니, 일상생활에서 드러나는 사람들의 보편적인 양심과 선한 마음, 훈훈한 정, 그러면서도 독특하고 다양한 주인공들의 개성과 상상력이었다. 특히 내가 좋아하는 프랑스의 옛날 어린이책들에는 이런 면을 골고루 갖춘 이야기들이 많고, 정의 역시 중요하게 다룬다. '정의'라는 가치를 가르치기 위해 억지로 이야기의 틀을 입히기보다는, 삶과 정신을 통해 자연스럽게 드러내는 점도 매력적이다. (반면에 모든 외국책이 다 그렇지만 특히 현대 어린이책 중에는 우리의 가치관, 정서와 맞지 않는 내용이 들어가 있거나 어린이가 읽기에 다소 어려운 책들도 많다. 그래서 내용을 꼼꼼히 살펴야 한다.) 그래서 사람 사이의 정 하면 우리나라가 제일이지만, 사랑 못지않게 정의도 중시하는 프랑스의 어린이책을 소개하는 것이 의미가 있겠다고 생각했다.

이러한 맥락에서 『날아가는 집』과 세귀르 백작부인의 동화가 눈에 들어왔던 것이다. 우선 독특하고 재미있었고 일상생활의 에피소드들을 통해서 인간이 가져야 할 기본적인 마음, 태도에 대한 바른 생각을 자연스럽게 드러내고 있었기 때문이다. 어린 시절, 가정에서 부모, 형제자매 또 이웃과의 관계에서 배우는 기본적인 생활태도와 윤리의식이 바르고 정의로운 인간사회의 기본 바탕이 되지 않는가. 그래서 나는 참된 진리와 가치를 가지고서 바르게 살아가는 모습들을 아름답게 그려낸 동화들을 찾아내고, 번역하는 게 즐겁다.

외서기획은 항하의 모래(恒河沙)에서 사금을 캐는 것

홍성민

성균관대학교를 졸업하고 교토국제외국어센터 일본어과를 수료했다. 현재 일본어 전문 번역가로 활동하면서 외서기획도 하고 있다. 옮긴 책으로 『당신이 선 자리에서 꽃을 피우세요』(와타나베 가즈코 지음, 작은씨앗, 2012), 『인생이 빛나는 정리의 마법』(곤도 마리에 지음, 더난출판사, 2012), 『잠자기 전 30분』(다카시마 데쓰지 지음, 티즈맵, 2008), 『물은 답을 알고 있다』(에모토 마사루 지음, 더난출판사, 2008), 『삶의 보람에 대하여』(가미야 미에코 지음, 필로소픽, 2011), 『차이와 사이』(요네하라 마리 지음, 마음산책, 2011), 등이 있다.

믿음으로 기획자와 호흡을 맞추다

"『너는 착한 아이야』가 책따세에 선정되었어요."

작년 12월 초, 반가운 소식을 들었다. 2013년도 책따세(책으로 따뜻한 세상을 만드는 교사들)추천 도서에 내가 기획번역한 책이 선정된 것이다. 외서기획자로서 자신이 소개한 책이 누군가의 인정을 받는 것만큼 기쁜 일은 없다.

『너는 착한 아이야』는 아동학대를 그린 5편의 단편으로, 2013년 7월 작은씨앗출판사에서 출간되었다. 일본에서는 2012년 5월에 소개된 책인데, 국내에서도 아동학대 건수가 증가하고 있던 터라 관심이 갔다. 무거운 주제를 스토리를 가진 '소설'로 풀었다는 것과 장편보다는 여러 사례를 볼 수 있는 단편으로 담아낸 것이 마음에 들었다.

외서를 기획할 때 나름의 규칙을 몇 가지 갖고 있다. 베스트셀러나 출판사 간에 경쟁이 붙을 책은 걸러낸다(소개를 하고 나서 그 책이 베스트셀러가 됐을 때는 어쩔 수 없지만). 또, 소개는 하되 강요는 않는다. 책과 사람 사이에도

'인연'이 있기 때문이다. 아무리 의미 있는 책을 소개해도 인연이 아니면 절대 연결되지 않는다. 반대로 인연이 있으면 시간이 걸려도 이어진다.

어쨌든 이 책도 일본에서 발매되기 전, 서둘러 짧게 자료를 정리해 작은씨앗출판사에 보냈는데 사실 먼저 검토를 의뢰한 곳은 D출판사였다. 작은씨앗은 내부 사정으로 자료 확인이 늦어졌던 모양이다. 두 곳 모두 잘 아는 출판사라서 '경쟁이 붙을 수도 있다'는 생각에 마음이 무거웠지만 그만큼 좋은 책이라는 확신이 들었다. D출판사 편집장에게는 미안함과 함께 고마움도 크다. 국내에서 외서기획을 하자면 어쩔 수 없이 인터넷으로 일본 서점의 웹사이트를 이용하게 된다. 직접 매장에 가서 책을 확인할 수 없는 만큼 짧은 정보에 민감해지고, 순간적으로 머릿속에서 번득이는 것이라도 있을 때는 얼른 책이 읽고 싶어 마음이 급해진다. 급함을 참지 못해 인터넷으로 직접 구매한 적도 있는데, 『너는 착한 아이야』도 아무튼 너무 읽고 싶었다. 그런 욕구를 적시에 채워준 것이 D출판사의 편집장이었다. 연말에는 예쁜 카드와 함께 책따세 추천도서에 책이 선정된 것을 축하해주었다. 같이 작업한 적은 없지만 좋은 책으로 인연을 맺고 싶은 분이다.

작은씨앗출판사의 L팀장과는 오래전부터 호흡을 맞춰온 사이다. 지금은 출판사를 그만두었는데, 그분이라면 좋은 책을 만들어줄 거라는 믿음이 있다. 성실하고 열정이 있다. 어떤 생각에서 책을 소개하게 됐고, 이런 이유로 좋은 책이 될 수 있다고 말하면 금방 핵심을 파악한다. 시작 단계에서는 굳이 긴 말이 필요 없다. 실제로 책을 읽고 확인하지 않는 한 소개한 책이 처음 생각했던 그대로인지 어떤지 알 수 없기 때문이다.

책을 읽고 내용이 괜찮으면 즉시 검토서를 작성한다. 정보를 교환하고 소통이 필요한 단계는 지금부터다. 이쪽은 독후감과 일본 독자의 반응을 전달하고, L팀장은 국내 유사도서와 국내 출판시장의 현상現狀을 설명해준다. 그렇게 몇 번의 의견이 오가는 동안 이쪽의 생각을 최대한 전달한다.

출간이 결정되고 번역까지 끝내면 이번에는 L팀장이 번역물에 대한 독후감을 말해준다. 독자에게 어필해야 할 부분이 무엇인지에 대해서도 의견을 나눈다. 이후는 편집자의 배려인데, 표지 디자인부터 표지와 띠지에 들어갈 문구를 메일로 보내 생각을 묻는다. 귀찮을 만도 한데 같이 호흡을 맞춘 책에 대해서는 한번도 거른 적이 없다.

뜨인돌출판사에서 『세계사를 움직이는 다섯 가지 힘』을 낼 때도 그랬다. 이 책은 메이지대학 문학부의 사이토 다카시 교수가 욕망, 모더니즘, 제국주의, 몬스터, 종교라는 5가지 키워드로 세계사의 흐름을 읽은 것인데, 2009년 10월 뜨인돌에서 출간되어 2010년에는 삼성경제연구소 추천도서로 선정되었다.

사이토 다카시 교수의 책은 이전에도 번역한 적이 있어서 친근하게 느껴지는데, 거의 한 달에 한 권꼴로 책을 낼 만큼 활발하게 집필 활동을 한다. 다작으로 인한 부작용이 있는 것도 사실이지만 '발상력'만큼은 인정한다. 그가 2007년 11월에 '일본사'에 대한 책을 냈는데, 무미건조한 역사의 흐름을 8가지 키워드로 읽어내는 독특한 형식이다. 일본사였지만 관심이 가서 독자들의 독후감을 수집하던 중에 시리즈로 '세계사'도 출간된다는 정보를 얻었다. '세계사'는 수요가 있는 장르인데 그만큼 '신선함'이 필요하다. 8가지 키워드로 일본사를 풀어냈다면 세계사도 같은 구성일 것이 분명했다. 그 키워드가 신선하다면 기대해볼 만하다고 생각했다.

일단 책이 출간되기를 기다렸다가 자료를 정리해 출판사에 보냈다. 신선한 구성 때문인지 관심을 보였다. 책의 검토가 끝나고 검토서를 건넸을 때 L팀장은 "느낌이 좋다"고 짧게 말했다. 그도 자료를 보았을 때 이미 꿰뚫고 있었던 것 같다. 출간이 결정되자 빠르게 작업이 진행됐다. 이 책이 독자에게 어필할 수 있었던 것은 순전히 출판사와 편집자의 배려와 노력 덕분이다.

'도서자료'를 출판사에 건네면 대개는 고맙다는 말로 끝내거나 '번역거리'를 얻기 위한 일종의 서비스라고 생각하는 경우가 적지 않은데 뜨인돌출판사는 달랐다. 나의 외서기획 능력을 인정해주었고 자료도 적극적으로 활용해주었다. 대표님과 L팀장에게는 항상 감사한 마음을 갖고 있다.

작은 반짝거림에 기꺼이 함께 기뻐하다

어떤 일이든 어깨에 힘을 빼고 마음을 가볍게 하면 좋은 결과로 이어지고 의외의 아이디어를 얻기도 하는데, 기획에서도 마찬가지다. 나는 '잡담'이 갖는 그런 긍정적인 면을 자주 활용한다. 공명출판사의 『행복한 나라 부탄의 지혜』(2012)도 즐거운 '잡담'으로부터 만들어졌다.

이 책은 국민행복지수(GNH)라는 개념을 창안한, 히말라야의 작은 나라 부탄에 대한 일종의 입문서다. 공명의 대표는 책 기획에 대한 아이디어가 많은 분이다. 책에 있어서는 소통에 막힘이 없다. 그래서 일부러 잡담을 하기 위해 출판사를 찾곤 한다.

한번은 이런저런 잡담을 나누다가 부탄이라는 나라의 이야기로 화제가 바뀌었다. 그때 공명 대표가 "부탄에 대한 책, 없을까요?" 하고 물었다. 사실은, 이쪽에서 책을 소개할 때보다 주문(?)받은 책을 찾는 것이 더 힘들다. 책을 소개할 때는 나의 생각과 책의 내용이 일치하는지만 확인하면 되는데, 주문을 받았을 때는 상대의 생각을 정확히 파악해야 하고, 책도 여러 권 골라서 걸러내는 작업을 해야 하기 때문이다. 공명 대표의 경우는 예외지만 대개는 주문 자체가 상당히 포괄적이다. '좋은 책 없나요?' '재미있는 책 있어요?' 하는 식이다.

일단, '부탄에 대한 책'으로 무엇을 말하고 싶은지 나름대로 정리를 하고 적합해보이는 책을 서너 권으로 압축했다. 부탄이라는 국가의 인지도가 높지 않은 만큼 정치, 사회, 경제 부분의 소개와 '국민행복지수'라는 것이 어떻게 생겨났는지, 신뢰할 만한 기관이나 인물의 설명이 필요하다고 생각했다. '행복'이라는 추상적인 주제를 '국가'라는 형태로 보여주어 독자 스스로 '행복'에 대해 돌아보도록 한 것이다.

책들이 도착하는 대로 검토해 적합하지 않은 것은 그 자리에서 직접 대표와 상의하며 걸러냈다. 최종적으로 남은 한 권에 대해서는 검토서를 작성해 건넸고, 출판사의 내부 회의를 거쳐 출간이 결정되었다.

공명출판사에서는 '두근두근 인문학' 시리즈의 첫 책으로 『해저 보물선에 숨겨진 놀라운 세계사』라는 책도 곧 출간될 예정이다. 일본의 수중고고학자가 세계의 해저 보물선을 통해 수중고고학의 매력과 중요성을 소개하는 책이다. 아마 모르는 사람이 많을 텐데, 우리나라는 세계적으로 알려진 수중고고학 강국이다. 처음 이 책을 봤을 때 세계사를 수중고고학(해저 보물선)으로 읽는 것도 흥미로울 거라고 생각했다. 이 책의 콘셉트는 국내서 제작에 활용해, 국립해양유물연구소의 도움을 받아 '한국사'도 출간할 계획을 갖고 있다. 대표가 기획력을 갖고 있는 만큼 공명출판사의 인문학 시리즈는 독자의 한 사람으로 기대가 된다.

책을 기획하다 보면 예상과 달리 출판사의 반응이 시큰둥한 경우가 있다. 그래서 안타까운 책도 많은데, 그중 하나가 『비블리오 배틀Biblio battle』이다. 책은 '비블리오 배틀'이 생겨난 유래와 규칙을 설명하는 일종의 설명서인데 이해를 돕기 위해 짧은 소설이 더해진다. 배틀의 규칙을 간단히 설명하면, 먼저 발표 참가자가 직접 읽고 재미있다고 느낀 책을 갖고 모인다. 한 사람당 5분 동안 책을 소개한다. 모든 발표가 끝난 후 '어느 책이 가장 읽고 싶은지'를 기준으로 참가자 전원이 투표해 '챔피언 책'을 정한다.

일본에서는 일부 초등학교뿐 아니라 도서관에서 독서 모임 형태로 배틀이 이루어지고 있고, 기노쿠니야 서점이 합세해 매장에서 배틀을 연다. 오프라인 서점으로 독자를 불러모으는 효과도 있는 것이다. 책을 많이 읽지 않는 젊은 층에 어필할 수 있는 새로운 독서운동이 될 거라고 생각했다. 배틀을 통해 선서選書 감각과 발표력, 전달력 등을 키울 수 있고, 무엇보다 다양한 사람을 통해 책을 소개받는 자리가 된다는 장점이 있다. 이 책이 국내에 소개되지는 못했지만(원서는 어느 에이전시의 책꽂이에서 잠자고 있을지 모른다), 이 책이 아니라도 책읽기 바람을 일으킬 수 있는 새로운 시도들이 많이 이루어졌으면 하는 바람이다.

돌아보니 꽤 많은 책과 인연을 맺었다. 경력이 남다르거나 실력이 뛰어나서가 아니다. 모든 것은 '호기심'에서 시작됐다.

출판사에서 번역을 의뢰한 책을 받았을 때 문득 '이런 책은 어떻게 찾을까?' 궁금했다. 그래서 일본의 서점 웹사이트에 생각나는 단어를 입력해 무조건 책을 검색해봤다. 물어볼 곳이 없으니 스스로 길을 찾는 수밖에 없었다. 시간이 나는 대로 6개월 동안 하루도 거르지 않고 인터넷 서점에서 방법을 바꿔가며 책을 찾다 보니 조금씩 요령이 생겼다.

어떤 책이 소개되고 팔리는지 출판사나 장르별로 비교하고, 일정한 기간을 정해 찾은 책에 번호를 매겨 정리해서 그 가운데 몇 권이 국내에 번역되어 출간되었는지 확인해보기도 했다.

그렇게 10년 넘게 습관처럼 책 찾기를 한 덕에 책에 대해 어느 정도 말할 수 있는 여유도 생겼다. 호기심에서 시작한 책 찾기에 외서기획이라는 화려한 이름이 더해질 수 있었던 것은 전부 주위 분들의 배려 덕분이다.

나의 외서기획은 수많은 모래에서 사금을 채취하는 작업과 같다. 꽃삽과 패닝접시로 반짝이는 사금을 찾는다. 거창한 장비가 없으니 부지런히 삽으로 파고 패닝접시를 움직여야 한다. 힘이 든 만큼 그렇게 해서 찾은 작은 빛이 더욱 값지게 느껴진다. 그 작은 반짝거림에 기꺼이 함께 기뻐해주는 사람도 있다. 오늘도 그랬듯이 아마 코에 돋보기를 걸치고 등이 구부정하게 굽어도 강에 나가 부지런히 삽으로 파고 패닝접시를 움직일 것이다.

후남이는 반짝반짝 빛날 수 있을까

김성신

대학에서 영문학을 전공했다. 졸업 후 집현전, 창작시대사 등의 출판사에서 일을 시작했다. 1997년 작가에이전시를 표방하며 서울출판정보를 창립해서 몇 년간 운영했다. 2000년부터 지금까지 출판평론가라는 직업으로 방송, 기고, 강연 등의 활동을 하고 있다. KBS 1라디오 〈생방송일요일입니다〉 '책읽는 일요일' 코너에 11년째 고정 출연하고 있고, 주간지 〈M25〉와 〈스포츠경향〉에 고정 기고하고 있으며, 광운대학교 국문과에서 강의하며 유능한 출판 인재들을 발굴하고 있다.

〈아들과 딸〉은 MBC에서 1992년 10월부터 1993년 5월까지 매 주말 밤 8시에 방영되었던 TV드라마다. 이 드라마는 남아선호사상이 팽배했던 70~80년대 사회상을 '후남'이라는 여성 캐릭터 중심으로 현실감 있게 다루어, 폭발적인 인기를 얻었다. 특히 여성 시청자들의 지지가 절대적이었다. 처음엔 50부작으로 기획됐지만 인기에 힘입어 64부작으로 연장됐다. 연장 이후 스토리의 긴장감이 떨어지며 잠시 시청률이 주춤하기는 했지만, 평균 시청률이 무려 50%가 넘었다. 채널의 수가 거의 1백배 가까이 늘어난 지금으로선 상상도 할 수 없는 시청률이다. 여기서 한 가지 흥미로운 것은 당시 시청률이 여주인공 후남(김희애)의 인생 굴곡을 그대로 따라갔다는 점이다. 극의 초반 후남의 시련기에는 30~40%대 시청률을 기록했지만, 극이 진행되며 후남이가 독립해서 비록 영세한 출판사에서의 열악한 근무조건이었지만 차근차근 꿈을 찾아가는 과정에서 시청률은 50%대로 치솟았다. 후남이가 석호(한석규)를 만나 연인이 되고, 그렇게 인생의 꽃을 피우며 행복해져가는 과정에서 시청률은 무려 61.1%까지 치솟는다. 역대 드라마 시청률 7위에 해당하는 기록이라고 한다. 〈아들과 딸〉의 시청률은 단순한 수치라기보다는, 그 자체로서 하나의 서사를 보여준다. 후남이가 쌍둥이 남매인 귀남의 뒷바라지를 위해 자신의 꿈을 포기했을 때, 중·장년 여성 시청자들은 자신들이 걸어온 지난 모습을 떠올리며 가슴 아파했고 함께 눈물을 흘렸다. 그러다 후남이가 집으로부터 독립해 출판사에 취업을 하고, 이후 소설가가 되며 차근차근 자신의 꿈을 이뤄갈 때 여성 시청자들은 열심히 그녀를 응원했다. 그리고 석호라는 인생의 동반자를 만나 마침내 꿈을 이룬 순간엔 마치 자신의 일인 것처럼 환호했던 것이다. 마치 무대 앞의 관객처럼 시청자들은 격려와 환호와 갈채로 추임새를 넣었고 결국 14회 연장방영이라는 앙코르까지 이끌어낸다.

후남이 효과의 빛과 그림자

한국드라마에서 주인공이 출판편집자로 등장한 것은 아마도 〈아들과 딸〉이 처음이 아니었을까 싶다. 이전 모든 드라마를 낱낱이 검토한 것은 아니라서 정확치는 않다. 하지만 드라마를 통해 각인된 출판편집자의 이미지로는 후남이 캐릭터가 분명 처음이다. 한국 출판가에선 아직도 후남이가 유명하다. 이 드라마가 방영되던 시기에 유치원에도 들어가지 못했던 나이의 친구들이 이제 출판사에서 일을 한다. 〈아들과 딸〉을 기억할 턱이 없는 세대이다. 하지만 요즘도 편집자들 사이에선 '후남이 출판사'라고 하면 그것이 무슨 뜻인지 대충 안다. 드라마 속 후남이가 추운 겨울날 난방도 제대로 되지 않는 어두컴컴한 출판사 사무실 난로 앞에서 손을 호호 불어가며 원고를 보던 열악한 이미지가 그대로 차용된 것이다. 석탄 난로를 때는 출판사는 이제 찾을 수 없겠지만, 근무환경이 열악하고 경영마인드가 후진 출판사를 지칭하는 '후남이 출판사'는 출판계에서 일종의 업계용어가 되어 '무능하거나 나쁜 출판사'를 지칭하는 말로 여전히 쓰이고 있다.

〈아들과 딸〉이라는 드라마가 출판사의 낙후된 이미지를 대중에게 워낙 깊게 각인시켜놓았던 탓에 그 후로도 오랫동안 출판사는 그야말로 낙후의 대명사처럼 여겨졌다. 이러한 출판사의 대중적 이미지는 긍정적이든 부정적이든 이후 출판산업 자체에도 다양한 영향을 미쳤다. 우선 젊은 인재들이 선뜻 진출하고 싶어 하는 업종으로서 오랫동안 자리 잡지 못했다. 그러다 보니 성격상 소심하고 낯을 가려 대인관계에 자신이 없거나, 어떤 이유에서든 자신이 활발하고 역동적인 비즈니스에는 잘 어울리지 않는다고 판단하는 사람들이 주로 출판계를 지망하는 경향이 있었다. 이를 설명해주는 사례가 있다.

90년대 후반 출판업계에서는 업무 영역이 세분화되고 전문화되면서 이른바 기획자의 전성시대가 열렸다. 그런데 한 가지 흥미로운 사실은 편집자 중에서 스스로를 기획자로서 다시 자리매김하는 일에 적극적인 이는 놀라울 만큼 적었다는 것이다. 당시 기획자에게는 편집, 디자인, 저자 및 독자 관리, 홍보 마케팅 능력과 다년간에 걸친 업무 경험 등 통합적인 출판업무 능력이 요구되었다. 그러나 출판기획자가 되는 데 자격시험이나 능력인증 같은 특별한 진입장벽이 있었던 것도 아니었고, 이미 이러한 능력을 갖춘 편집자들이 많았음에도 불구하고 편집자들은 변신에 적극적이지 않았다. 아마도 출판이 아니라 다른 산업계였다면 전혀 다른 양상이지 않았을까 싶다. 별다른 기준도 쓸모도 없는 자격증 제도라도 일단 만들어놓고, 기를 쓰고 도전해서 자격을 획득한 이후에는 곧바로 배타적 권리를 주장하지 않았을까? 모두가 새로운 가능성에 한꺼번에 덤벼들었을 테니 말이다. 다행인지 불행인지 출판계에서 그런 일은 벌어지지 않았다. 당시 출판인들의 대체적인 성향이 잘 드러나는 한 장면이다.

후남이도 그랬다. 후일 소설가의 꿈을 결국 이루어낼 만큼 당찬 여성이기는 했지만, 출판사에 근무할 때는 열악한 환경을 고스란히 감내했다. 출판사가 그런 모습으로 그려진 것은 주인공의 시련을 극적으로 표현하기 위한 작가의 의도이기도 하지만, 한편으론 드라마의 리얼리티를 위해 작가가 출판편집자의 보편적인 이미지를 차용한 것이라고도 볼 수 있다.

한편 〈아들과 딸〉은 소규모 출판창업자들에겐 자신들이 피고용자들에게 제공할 수 있는 출판사 근무환경의 하한선을 제공했다. '출판사는 본래 근무환경이 열악한 곳'이라는 관념은 고용주나 피고용자인 출판편집인들 양방향으로 수용되었는데, 그 수용의 과정에서 이 드라마의 역할이 지대했다고 볼 수 있다. 문화와 풍토가 바뀌고 발전하는 것은 대개 인식의 하한선이 중요한 역할을 한다. 우리나라 출판사들의 근무환경이나 조건의 발전이 다른 산업계에 비해 비교적 뒤늦었던 요인 중에는 〈아들과 딸〉을 통해 형성된 근무환경에 대한 인식의 하한선, 즉 '후남이 출판사'라는 이미지의 지대한 역할이 있었다.

그러나 이른바 '후남이 효과'의 긍정적인 측면도 있었다. 출판은 세련되지 못한 산업계라는 대중들의 고정관념을 극복하기 위해 출판인들은 부단히 애썼다. 이후 파주의 출판단지가 한국의 건축디자인과 집단산업 시설의 미적 수준에 일정한 영향을 미칠 만큼 세련되게 조성될 수 있었던 배경에도 '후남이'로 인해 만들어진, 그 낙후된 이미지를 벗어버리고자 했던 출판인들의 자의식이 있었다고 할 수 있다.

드라마 속 이미지가 인재를 불러온다면?

2000년대로 들어오며 드라마 속의 출판인들의 이미지는 크게 변모한다. 〈실낙원〉(1997), 〈브리짓 존스의 일기〉(2001), 〈악마는 프라다를 입는다〉(2006) 등 대중적으로 크게 인기를 끈 영화 속 매력적인 주인공들의 직업이 출판인이었다. 한국의 드라마들은 세련되게 변모한 출판인 캐릭터를 재빠르게 가져왔다.

〈9회말 2아웃〉은 2007년 MBC에서 방영된 16부작 주말 드라마다. 어린 시절 소꿉친구인 난희(수애 분)와 형태(이정진)가 서른 살을 나란히 싱글로 맞이하며 겪는 이야기를 경쾌한 터치로 그렸다. 이 드라마에서 주인공 난희

드라마 속 세련된 출판인의 이미지 때문인지
최근 들어 출판업에 종사하고자 하는 취업준비생들도 크게 늘어났다.
후남이가 현실의 출판인들에게 세련에 대한 자의식을 만들어주었다면,
이제 한껏 세련되어진 드라마 속 출판인들은 현실의 출판인들에게 또 무엇을 주게 될까.

의 직업이 출판기획자다. 하지만 여기에서도 여전히 출판사는 그리 세련되지 않다. 주인공이 근무하는 출판사의 분위기는 그럭저럭 아기자기하고 밝은 분위기지만, 실상은 경영난으로 다 쓰러져가는 영세출판사다. 하이틴 로맨스 책을 주로 출간하는 드라마 속 출판사의 성격 설정도 극중에서 일정한 역할을 부여받는다. 이 출판사에서 월급도 제대로 받지 못하는 직원인 난희는 꿈을 좇느라 20대를 허비해 경제력이 없는 것으로 설정된다. 내숭과 호들갑을 고루 갖춘 한국판 브리짓 존스 같은 캐릭터이다. 난희는 가난하지만 후남이처럼 구질구질한 출판인 캐릭터는 결코 아니다. 8살 연하의 대학생 야구선수 정주(이태성)를 애인으로 두고 있는 나름 상큼 발랄하고 세련된 도시 여성이다. 한편 이듬해인 2008년에는 SBS에서 〈달콤한 나의 도시〉가 16부작으로 방영되었다. 여기서 주인공 오은수(최강희)의 직업은 편집대행사 대리다.

〈9회말 2아웃〉과 〈달콤한 나의 도시〉 속 출판편집자의 모습은 이전보다 많이 세련돼졌지만 그들의 근무여건까지 세련되게 묘사되지는 않는다. 하지만 그로부터 2년 후 드라마 속 출판인의 이미지는 매우 극적으로 업그레이드된다. 2009년 8월부터 SBS에서 방영된 16부작 〈스타일〉의 여주인공 때문이다. 이 드라마에서는 세련미의 상징적 존재라고도 할 수 있는 김혜수가 패션잡지 '스타일'의 편집장 역으로 등장했다. 말끝마다 '엣지 있게'를 연발하며 세련미 최상급의 커리어우먼 캐릭터를 창조한 것이다. 당시 '엣지 있게'라는 말이 장안의 유행어가 된 것은 물론이고, 극중 김혜수가 입고 나오는 의상이나 액세서리 들은 날개 돋친 듯 팔렸다. 드라마 〈스타일〉은 비록 패션잡지사이긴 했지만, 대중에게 출판사는 멋지고 세련된 직장이라는 이미지를 강력하게 심어주었다. 〈스타일〉은 1992년의 후남이 이후 한국 출판인에게 오랫동안 덧입혀졌던 초라함의 이미지를 완전히 벗겨주는 역할을 했다. 〈9회말 2아웃〉과 〈달콤한 나의 도시〉와 〈스타일〉 이후 드라마 속의 출판인은 대개 이렇게 세련된 모습으로 등장한다.

〈커피하우스〉는 2010년 5월부터 SBS에서 방영된 18부작 드라마다. 배우 박시연이 고급스러운 인테리어로 장식된 출판사와 북카페 대표로 나오면서 화려한 의상을 선보였다. 실제 출판인들의 현실과는 한참 동떨어진 과장된 모습이었다. 〈브리짓 존스의 일기〉나 〈악마는 프라다를 입는다〉 같은 영화에서 만들어진 외국의 출판인 캐릭터를 그대로 차용한 탓이다. 그러나 이듬해인 2011년엔 출판편집자가 주인공으로 등장하는 드라마 두 편이 한꺼번에 등장하는데, 여기에선 이전보다 훨씬 현실적인 한국 출판편집자의 모습이 그려진다. 〈반짝반짝 빛나는〉과 〈천일의 약속〉이다.

〈반짝반짝 빛나는〉은 2011년 2월부터 총 54부작으로 MBC에서 방영되었고, 〈천일의 약속〉은 같은 해 10월부터 20부작으로 SBS에서 방영되었다. 각각 시청률 22.5%, 19.8%를 기록하며 큰 인기를 얻었다. 드라마의 인기만큼 주인공들의 일거수일투족이 시청자들에게 화제가 되었고 영향을 미쳤다. 두 드라마 속 출판사는 예쁘고 잘생기고 야심만만한 편집자들이 열정적으로 일하는 그야말로 쿨한 직장이다. 〈천일의 약속〉의 주인공 이서연(수애)은 유능한 출판사 팀장이다. 그녀가 일하는 사무실의 인테리어와 건물의 외관은 매우 아름답고 고급스럽다. 〈반짝반짝 빛나는〉에서는 주인공 손승준(김석훈)과 한정원(김현주)이 출판사 편집장과 팀장으로 나오는데, 이들이 근무하는 출판사 역시 무척 세련된 공간으로 표현된다. 그리고 두 드라마에서는 주인공의 성격을 간단하게 설명하는 수준에서 직업이 설정된 것이 아니라 극중에서 실제 출판사의 업무가 현실감 있게 묘사된다. 주인공들은 패셔너블한 복장에, 고상하고 교양 있는 모습으로 등장한다.

이후에도 출판인들은 드라마 캐릭터로 종종 등장하고 있다. 저조한 시청률 속에 소리 소문 없이 막을 내렸지만 2012년에 방영된 MBC드라마 〈아들 녀석들〉에도 강희(허영란)라는 인물이 유능한 출판편집자로 묘사된다.

또 2013년 말부터 방영된 SBS의 40부작 〈세 번 결혼하는 여자〉에서는 주인공 정태원(송창의)이 아웃도어 잡지의 대표로 나오는데, 역시 지적이고 세련된 캐릭터로 그려진다.

오늘날 가장 대중적 영향력이 큰 매체라고 할 수 있는 TV드라마에서 묘사한 출판인의 모습이 어떻게 변모해왔는지 살펴보았다. 드라마 속 세련된 출판인의 이미지 때문인지 최근 들어 출판업에 종사하고자 하는 취업준비생들도 크게 늘어났다. 후남이가 현실의 출판인들에게 세련에 대한 자의식을 만들어주었다면, 이제 한껏 세련되어진 드라마 속 출판인들은 현실의 출판인들에게 또 무엇을 주게 될까. 우선은 출판이라는 직업을 통해 크고 아름다운 꿈을 펼쳐보고자 하는 우수한 인재들이 아닐까 싶다. 그들이 만들어갈 한국 출판의 미래가 궁금하다.

에디터 3년차의 이름, 변두리 여자

이하영
부산에서 태어나 진주와 밀양에서 유년시절을 보냈다. 93학번으로 대학에 입학해 국문학을 전공했다. 부산 MBC 라디오로 방송작가 생활을 시작했다. KBS 1FM의 〈KBS음악실〉과 〈당신의 밤과 음악〉의 작가로 활동했으며, 현재 OBS 〈전기현의 씨네뮤직〉의 구성을 맡아 영화 속의 음악에 빠져 산다. 출판전문잡지 〈기획회의〉에 '영화가 캐스팅한 책', '예술가의 서재', '기획회의가 만난 사람'을 연재한 바 있다. 저서로 『조제는 언제나 그 책을 읽었다』(웅진지식하우스, 2008) 등이 있다.

> 칙릿; 런던이나 뉴욕, 맨해튼 등 대도시에 살며 주로 방송·출판·광고·패션업계에서 일하는 20~30대의 미혼여성을 주인공으로 그들의 애정 생활과 능력을 인정받기 위하여 벌이는 고투 등을 주제로 삼고 있다. 대체로 가볍고 통속적인 톤으로 스토리가 전개되며, 세속적인 욕망과 성性에 대한 솔직한 이야기도 거침없이 드러낸다.

칙릿Chick Lit에 대한 두산백과의 설명이다. 이 사전이 대표적인 칙릿으로 꼽는 〈브리짓 존스의 일기〉, 〈섹스 앤 더 시티〉, 〈악마는 프라다를 입는다〉는 설명이 필요 없는 베스트셀러이자 세계적인 흥행 영화. 칙릿에 등장하는 여성의 직업으로 자주 등장하는 것이 바로 '출판'이다. 브리짓 존스는 출판사 편집자이고 〈섹스 앤 더 시티〉의 캐리는 칼럼니스트이며 〈악마는 프라다를 입는다〉의 미란다는 패션지 편집장이다. 늘 새로운 아이디어를 찾아 헤매며, 고도의 감정 노동에 시달리고, 활자와 함께 부대끼는 이 직업의 빛과 그늘에 대해서는 더 말하지 않겠다. 어쨌든 이 직업 세계는 대중문화의 주인공이 될 만큼 매력이 있다. 매일 새로운 상황이 펼쳐지는 다양한 관계와 현란하도록 복잡한 업무 속에서 개인의 성장과 삶에 대한 성찰을 드러내기에 이 직업을 둘러싼 세상은 매우 훌륭한 배경이 되어주기 때문일 것이다.

칙릿을 대표한다고 하기에는 국내에서의 명성이 부족할지도 모르겠다. 〈내 남자는 바람둥이Suburban Girl〉(마크 클라인 감독, 2009)라는 상투적인 제목의 영화. 이 작품은 젊은 여성의 직업 세계를 다룬 영화들 중에서 20대 출판 에디터의 고민을 가장 밀도 있게 다루고 있어 흥미롭다. 원작은 세계적인 칙릿 붐의 시초로 거론되는 작품인 멜리사 뱅크의 단편집 『서툰 서른 살The Girls' Guide to Hunting and Fishing』(예문, 2010)이고 여기 수록된 에피소드들 가운데 두 편 「M Old Man」과 「The Worst Thing a Suburban Girl Could Imagine」를 마크 클라인이라는 천재적인 시나리오 작가가 각색해 직접 연출했다(그는 〈세렌디피티〉와 〈어느 멋진 순간〉의 시나리오 작가다). 영화의 원제 'Suburban Girl'을 직역하면 '변두리 여자' 정도 되려나? '변두리 여자'라니 어쩐지 고개를 갸웃하게 되는 제목이지만, '편집자'라는 직업을 설명하기에 이보다 더 의미심장한 표현도 드물지 않을까 싶어 이내 고개를 끄덕이게 된다.

배고픔의 나날

사라 미셸 겔러가 연기한 주인공 브렛은 결코 낯설지 않은, 출판동네에서 흔하게 볼 수 있는 캐릭터다. 부스스한 머리에 엉덩이를 푹 덮는 칙칙한 색깔의 자켓을 걸치고 책상 하나쯤 통째로 쓸어 담을 수 있을 만큼 커다란 가방을 맸다. 편안한 팬츠에 앞굽이 동그란 구두를 신고, 어딜 가든 원고뭉치와 함께이며 연필과 지우개를 손에서 놓지 못한다. 택시비를 과하게 쓰지만 약속시간에는 늘 늦는다. 그녀가 속옷 디자인을 하는 유일한 절친(그녀는 "책 따위는 읽지 않는다!"고 말한다)과의 약속장소를 도서관 앞으로 잡는다거나 동네 단골 서점에서 서점 직원 몰래 경쟁사 책으로 도배된 진열장을 자기가 편집한 책으로 몰래 바꾸어놓으려다 들키는 장면에서는 편집자라면 누구나 자기 모습을 들킨 듯 민망해하거나 '나도 저런 시절이 있었지'하고 미소를 지을 것이다. 그렇다. 맨하탄 한복판에서 시도 때도 없이 교정지와 씨름하는 브렛의 모습은 서교동과 파주출판단지에서 만날 수 있는 전형적인 편집자의 모습 그 자체다.

지방에서 대도시로 청운의 꿈을 품고 올라와, 출판사에서 일한 지 3년차쯤 된 편집자 브렛. 상사에게 잘 보여 '보조' 딱지를 떼고, 기획자로서 본격적인 커리어를 시작해야 하는 입장인데, 하루아침에 상사가 바뀌자 기댈 데가 없어져버린 처지다. 게다가 새로운 상사는 군살 하나 없는 매끈한 몸매를 도발적인 패션으로 드러낸 자신만만한 여성으로 프랑스어에 중국어까지 유창하다. 이번 생에서는 도저히 따라잡을 수 없을 것 같은 압도적인 실력자다. 그러나 하나의 문이 닫히면 다른 문이 열린다고 했던가. 지난 주말, 경쟁사에서 펴낸 퓰리처상 후보 작가의 작품 출간회에서 인사를 나눈 아치 녹스라는 거물로부터 메시지가 도착한다.

노련한 아치에게 의욕 넘치는 여자 후배, 특히 그의 도움을 필요로 하는 브렛 같은 업계 후배는 그야말로 밥이다. 그는 어떻게 해야 그녀들이 제발로 호랑이굴에 들어올지를 안다. "배고프면 들러, 맛있는 거 만들어줄게."

그가 남긴 음성메시지 한 통에 브렛은 홀린 듯이 정성껏 치장하고 아치에게 간다. 젊은 여성은 늘 배가 고픈 법이다. 더구나 에디터라면 말해 무엇하겠는가. 좋은 원고가, 쨍한 아이디어가, 완벽한 기획안이, 넉넉한 예산이, 주변 사람들의 응원과 지지가, 친절한 동료가 늘 고프다. 무엇보다 자신의 재능과 열정에 고프고, 그녀를 잘 이끌어줄 멘토 같은 존재에 대한 갈망은 아사에 이르기 직전이다. 그랬다. 전설적인 편집장 아치 녹스라면 브렛을 얼마든지 도와줄 수 있을 것이다. 그 사람만큼 믿고 의지할 만한 언덕은 없다는 걸 브렛은 본능적으로 알았다.

원고를 읽고 출간 여부를 판단하기, 보고서 쓰기, 원고 수정 아이디어까

에디터라면 말해 무엇하겠는가. 좋은 원고가, 쨍한 아이디어가, 완벽한 기획안이, 넉넉한 예산이, 주변 사람들의 응원과 지지가, 친절한 동료가 늘 고프다. 무엇보다 자신의 재능과 열정에 고프고, 그녀를 잘 이끌어줄 멘토 같은 존재에 대한 갈망은 아사에 이르기 직전이다.

지, 편집 업무에 관한 한 아치는 그녀에게 완벽한 스승이었다. 심지어 그는 중요한 작가와의 계약이 어그러질 위기의 순간에 짠하고 나타나 그녀를 구해주기도 한다. "브렛은 맨하탄 최고의 편집자야, 어서 계약하라고." 애송이 편집자의 어설픈 알은체에 분노 게이지가 솟구치던 작가도 아치의 이 한마디에 바로 진정하고 미소를 짓는다.

3년차 에디터, 익숙하지만 서툰

그렇다. 브렛은 애송이 티를 벗지 못했다. 브렛이 상사를 대신해 계약을 따러갔을 때 작가는 계약 조건으로 자신이 정한 책의 정가와 펌 세일firm sale 보장을 내걸었다. 이에 대한 브렛의 답변이 가관이다. "그건 우리 회사 전문이죠. 헐리우드와 판권 계약이 활발하죠." 그녀는 작가가 요구한 '펌 세일'을 '필름 세일'이라고 넘겨짚은 것이다. 브렛은 아직 편집 보조일 뿐 책을 시장에서 어떻게 유통할 것인지까지 내다보는 기획자의 거시적인 안목을 갖고 있지 못하다. 작가가 '펌 세일'이 뭔지도 모르는 애송이와 시간낭비를 했다며 화를 내면서 자리에서 벌떡 일어서려는 찰나, 아치가 나타나 모든 상황을 수습해준다. 브렛은 아치가 권해주는 닭고기 수프를 먹으며 착하게 앉아 있다가 돌아오는 택시 안에서 그의 어깨에 기대어 쉰다. 그러나 언제까지 그럴 수 있을 것인가? 아치는 당뇨에 알콜중독까지 있는데?

아치가 브렛에게 해주는 충고는 뭐든 옳았다. 브렛이 고집을 부려봤자 어차피 아치의 안목을 인정하지 않을 수 없다. 하다못해 파티에 입고 갈 의상까지도. 단언컨대 무언가에 바쳐진 시간의 축적이 만들어낸 총체적인 안목을 이길 수 있는 건 없다. 기획자 마인드를 탑재하고 자신감 있게 일을 해내기엔 브렛은 아직 갈 길이 멀다.

브렛은 불과 얼마 전 서점에 진열해보려고 애를 썼던 신간이 야드세일에 나와 있는 걸 보게 되는데 신간 딱지도 안 떨어진 책이 거리에 나와 있는 기막힌 현실에 대해서는 아무 감각이 없다. 누군가 길거리에서 그녀가 편집한 책을 읽고 있다는 사실이 그녀의 가슴을 벅차게 할 뿐이다. "저 사람이 네 책을 읽고 있어!" 속옷디자이너 친구는 여전히 책 따위는 읽지 않지만 친구가 만든 책 표지 정도는 알아봐주고 서슴없이 '네 책'이라고 말해준다. 이 정도면 편집자의 친구로서 자격이 충분하다고 할 수 있을지도 모르겠다. 자신이 몇 달간 애써 다듬은 문장을 읽고 있는 낯선 이의 모습이 얼마나 아름다웠던지 브렛은 이 순간을 축하하고 기념하는 파티를 갖고 싶었다. 당연히 아치와 함께! 잔뜩 장을 봐가지고 아치의 집으로 향한 브렛은 그의 집에서 낯선 여인과 마주친다. 아치가 다른 여자를 만나고 있었다는 것에 분기탱천한 브렛. 그녀가 아치를 향해 원망을 쏟아내는 동안 카메라는 서재에서 음악을 듣고 있던 아치의 옆얼굴에 흘러내리는 눈물을 보여주고, 곁에 놓인 술병이 반 넘게 비어 있는 걸 비춰주지만 브렛의 눈에는 이런 것들이 하나도 들어오지 않는다. 그녀는 자신의 감정만으로도 벅찬 이십대 젊은이니까. 브렛에겐 아치가 온 세상이지만, 아치에겐 그렇지가 않다는 걸, 아치에겐 브렛이 이해할 수 없는 세계가 있다는 걸 브렛이 알 리 만무하다.

브렛은 상대방의 입장에서 상황을 보는 시각이 전혀 형성되어 있지 않다. 책 전체를 머릿속에 그리지 못한 채, 교정지의 잘못되거나 어색한 곳을 수정하는 초보 편집자의 모습이 그녀의 삶에 고스란히 투영되어 있다. 아버지가 암에 걸렸다는 소식을 들었을 때, 아버지를 걱정하기보다는 그 중요한 일을 자기보다 남동생이 먼저 알았다는 것에 화를 낸다. 아버지가 암에 걸린 마당에 새로 한 페인트칠을 자랑하고 멀쩡하게 게 요리를 해서 식탁에 내놓는 어머니의 모습도 불만이다. 아버지의 발병소식을 만약 남동생이 아니라 자신이 먼저 알았다면 어땠을까. 분명 하나뿐인 형제에게 그 소식을 그녀가 전했을 거다. 아버지가 암에 걸렸다고 해서 어머니가 평소에 잘하던 음식조차 못 만들 지경으로 몸져누웠다면 좋았을까. 자기 나이의 두 배인 남자를 집에 데려왔을 때 가족들은 그를 어떻게 맞이해야 정답인 걸까. 의사였던 아버지도 처음 암에 걸려보고, 어머니도 자기와 비슷한 연배의 사윗감을 처음 본다. 원안을 쓸 재능은 부족하고 할 줄 아는 건 주어진 원고에 붉은 줄을 그어대는 것. 결국 'stet'(없애려 했던 구절을 되살린다는 뜻의 교정 용어)를 남발하며 한숨지을 거면서… 브렛은 자신의 일에서도 삶에서도 아직 학생티를 못 벗은 '초짜'다.

인식은 우리가 도달한 지식의 수준과 경험 치에 바탕하므로, 우리가 하는 말과 행동이 곧 나의 세계 그 자체를 드러낸다는 걸 부정할 수 없을 것이다. 자신이 처한 상황을 언제나 입체적으로 파악한다는 것은 언제나 어려운 일이지만 시간과 경험은 우리에게 상황을 둘러싼 겹겹의 인과관계를 보는 시야를 넓혀준다. 어쨌든 분명한 건 브렛이 편집보조를 벗어나 기획자로 일어서려면 그녀가 지금까지 해왔던 교정지 위의 2차원적인 고민을 뛰어넘어야만 한다는 것이다. 그녀가 만들어내는 책이라는 것이 거대한 지식 생태계에서 어느 지점에 위치하는지 그것이 얼마만큼 운동할 것인지를 3차원적으로 파악하는 훈련이 필요하다. 또한 그 일이 그녀의 커리어나 삶의 방향성에 어떤 의미를 갖는지 브렛은 깊이 사고할 수 있어야 한다. 그래야 브렛은 출판업계에서 제대로 된 명함을 갖고 그녀만의 비즈니스를 펼쳐갈 수 있을 것이다.

변두리에서 중심으로

브렛은 아치를 떠난다. 당연한 수순이다. 학교를 다니는 학생이 졸업하듯이… 그녀는 자신 또한 아치가 옷장 속에 간직하고 있는 여자친구 스크랩북에 한 자리를 장식하게 될 거라는 걸 안다. 그 많은 여자들 중 그녀도 한 사람일 뿐이란 걸, 아치의 삶 속에 그녀의 존재는 딱 그 정도의 무게일 뿐이란 걸 알 만한 때가 되었다. 브렛은 눈물을 흘리며 아쉬워하는 아치에게 말한다. "알잖아요, 제 빈자리는 곧 채워질 거라는 걸." 아치가 살아온 날들이, 그가 쌓아온 경력이 브렛을 만나기 위함이 아니었음을 알고, 브렛의 삶이 아치를 만나기 위해 걸어온 길이 아니었다는 걸 알 듯, '천겁의 세월을 건너온 운명 같은 만남' 같은 수식어가 소용없다는 걸 인정해야 한다. 우리는 모두가 스쳐지나가는 순간의 인연일 뿐. 위안이라면 편집자라는 역할을 하고 있는 사람들에겐 그 시간을 함께 통과하며 탄생한 책이 남고, 그 시간의 숨결을 책갈피마다에 간직할 수 있는 특권을 갖고 있다는 것이다. 브렛의 책꽂이는 채워진 자리보다 채워질 자리가 훨씬 더 넓다.

그렇다면 아치는 브렛과의 시간을 통해 무엇을 얻었는가? 당뇨와 고혈압, 알콜중독까지 온갖 성인병에 시달리는 아치에게 브렛처럼 의욕 넘치는 젊은 여인의 싱그러움은 그 자체로 생의 활력이고 위안이 되어준다. 브렛과 함께하는 시간은 아치에게도 가치가 있다. 브렛에게 아무리 퍼주어도, 그녀를 아무리 도와도, 그로서는 잃는 것이 아무것도 없다. 그가 쌓아온 사회적 지위와 확고한 인맥, 지적인 역량과 업무의 노하우 이 모든 것은 사랑하는 여자 혹은 아끼는 후배를 위해 아낌없이 내어준다고 해서 사라지는 것은 아니므로. 그러나 그런 것들은 브렛 같은 초보 편집자가 선배로부터 잠시 빌려올 수 있을지는 몰라도, 잠시 기댈 어깨가 되어줄 수 있을지는 몰라도, 릴레이 주자가 바통을 넘기듯 단번에 건네질 수 있는 게 아니라는 걸 모른다고 하지는 않겠지? 그리하여 아치에게서 받은 것에 상응하는 보답을 하려는 건 난센스가 된다. 그녀도 아치의 시간에 이르면 알게 될 것이다. 하염없이 베풀어도 더 줄 것이 없어 안타까워지는 누군가를 만나게 될 것이다. 부모에게 받은 사랑을 부모에게 돌려줄 수 없듯이, 선배에게 받은 사랑도 마찬가지다. 우리는 우리보다 더 많은 시간을 산 사람들이 이루어놓은 세상과 그들이 갖고 있는 지혜를 빌려 오늘을 살고, 내일이면 그것을 우리보다 더 적은 시간의 눈금을 갖고 있는 사람들에게 모두 물려주게 될 것이다.

책의 표지에 이름을 새기는 저자의 주변에서, 아치 같은 업계 거물의 주변을 맴돌며 원고의 가장자리에 끊임없이 무언가를 쓰고 지우는 '변두리 여자' 브렛의 시대를 하루 빨리 졸업하자. "ℙ."(새로운 문단을 시작한다는 뜻의 교정 용어) 언제나, 어디에서나, 다시 시작하자. 항상 첫 문단의 첫 문장을 생각하자. 일과 삶의 변두리가 아닌 중심을 향해 각자의 좌표를 끊임없이 에디팅하자. 그래야 삶에서나 일에서나 기획자로 설 수 있다.

책으로 만든 배를 타고 낯선 바다를 떠도네

장동석

책을 읽고 글을 쓴다. 그래서 사람들은 북칼럼니스트 혹은 출판평론가로 부르기도 한다. 금서와 시민사회의 상관관계를 밝히는 데 힘을 쏟고 있다. 저서로 『살아 있는 도서관』(현암사, 2012), 『금서의 재탄생』(북바이북, 2012)이 있다.

스티븐 킹이 말했다. "저술은 인간이, 편집은 신이 한다."

대가大家인 그의 말을 신뢰한다면, 세상 모든 편집자는 신의 영역에 도전하는 (미친) 사람들이다. 그만큼 완벽할 수 없는 것이 편집이고, 결국 실수는 편집자의 숙명과도 같은 일이다. 흥미로운 건 하루에도 수십·수백 종의 책이 쏟아지는, 그만큼 신의 영역에 도전하는 사람들이 많음에도, 책 만드는 사람들은 묵묵히 책을 만들 뿐 스스로 책의 주인공으로 좀처럼 등장하지 않는다는 사실이다. 몇몇 소설에 등장하는 편집자는 직업이 편집자일 뿐 편집자로서의 삶이 오롯이 드러나지 않는다. 알다시피 최근 TV드라마와 영화에도 편집자가 얼굴을 내밀었지만 사랑놀음과 트렌디한 삶을 좇을 뿐 편집에는 도통 관심이 없다.

편집자의 미덕, 계몽과 도발의 정신

2013년 5월 한 출판사의 대표와 편집장, 전자책 담당자, 마케터, 신인작가 등이 출판 현장의 적나라한 현실을 담은 연작 소설 『출판 24시』(김화영 외, 새움, 2013)를 출간해 작게나마 화제가 된 적이 있다. 편집자를 거쳐 출판사를 차린 사장은 깐깐하고, 기획실장은 저자 만나랴, 외서 계약하랴 눈코 뜰 새 없다. 편집장은 책을 좋아하지만 서점이라면 질색이다. 새내기 편집자는 말 그대로 맨 땅에 헤딩하며 일을 배운다. 서점을 싫어하는 편집장의 행태만 예외일 뿐, 어디서 많이 봐온 익숙한 풍경 아닌가.

아이러니하게도 그간 몇몇 소설이나 TV 드라마에 등장한 편집자의 모습이 이상적(?)이었다면 『출판 24시』에 등장하는 편집자들의 모습은 루저는 아니지만 살짝 찌질(?)해보일 정도로 안쓰럽다. 그렇다고 편집자가 고민하는 내용마저 찌질한 건 아니다. 편집자에게 가장 큰 고민거리라면 저자와 어떤 관계를 유지하는가 아니겠는가. 저자와 한창 기싸움 중인 편집장 해윤의 고백을 들어보자.

> 저자와 편집자의 싸움에서 승자는 누구일까. 저자의 의견이 이길까, 편집자의 의견이 이길까. 어느 순간 해윤은 그 어리석은 질문의 답은 '더 훌륭한 의견'이라는 사실을 깨달았다. 그리고 그 '더 훌륭한 의견'은 언제나 '더 좋은 책'을 향한 '원고'가 내려준다는 것도. 저자가 항상 완벽한 것은 아니고, 편집자의 수정 방향이 언제나 옳은 것도 아니다. 저자가 길을 잃고 헤맬 때 제자리를 찾을 수 있게 도와주는 게 편집자의 역할이라면, 편집자가 방향을 잃으려 하면 그걸 잡아주는 저자가 또 좋은 책을 만들게 한다.

물론 편집자의 역할이 저자와의 원활한 소통, 그것을 통해 좋은 책을 만드는 것에만 있지 않다. 최근 들어 (출판사 사장들의) 편집자에 대한 기대치가 높아졌다. 기획은 물론 디자인도 알아야 하고, 마케팅과 전자책도 섭렵

해야 한다. 이처럼 편집자의 역할은 실로 다양한데, 일본 굴지의 출판사 이와나미쇼텐 사장을 지낸 오쓰카 노부카즈는 이 모든 것보다 먼저 추구해야 할 것이 있다고 강조한다. 그는 『책으로 찾아가는 유토피아』(한길사, 2007)에서 '편집자의 자격'에 대해 다음과 같이 말한다.

> 편집자의 일은 새로운 사고방법을 산출하는 것이다. 어떤 의미에서 그러기 위해서는 인류가 지금까지 축적해온 것의 총체를 알아야 한다. 그렇지 않으면 무엇이 진짜 새로운 것인지 판단할 수 없다.

'진짜' 편집자가 되기 위해서는 인류가 축적한 모든 지식과 지혜를 알아야 한다. 끝내 도달할 수 없는 일임에도 편집자는 이 목표를 항상 상기하고 있어야 한다. 그러기 위해서는 "끊임없이 커다란 기준으로 사물을 판단해야" 하고 "계몽과 도발의 정신, 적어도 도발의 정신만은 편집자에게 필수적"이다. "편집자로서 인류의 유산을 전체적으로 받아들이면서 다른 한편으로는 끊임없이 아마추어로서 경쾌한 발놀림을 유지하고 싶어 하는 것"이야말로 편집자가 취할 미덕이다.

오래 안심하고 읽을 수 있는 책을 만드는 사람, 편집자

가끔 편집자를 작가가 되고 싶었으나 역량 부족으로 소원을 이루지 못한 사람 정도로 생각하는 이들이 있다. 문학을 모르는, 출판과 편집은 더더욱 모르는 사람들의 뒷담화지만, 비록 소수일망정 세간의 인식은 충분히 그럴 수 있다. 『베스트셀러』(예음, 1997)의 작가 올리비아 골드스미스도 그런 사람 중 하나였다. 그는 『베스트셀러』에서 작가가 되고 싶은 편집자의 바람을 이렇게 표현한다.

> 출판일을 시작한 초기, 편집자가 되고, 편집장이 되고, 그리고 마침내

**엄마(작가)와 아기(책)에게 비춰질 스포트라이트를 탐하는 산파(편집자)는 없다.
때론 엄마와 아기가 되고 싶다는 강렬한 열망이 전혀 없다고는 할 수 없지만,
어쩌면 그 열망이 새로운 책을 만드는 편집자로서의 삶을 추동하는 엔진은 아닐까.**

> 발행인이 되는 동안 그는 왠지 모르게 불행했다. 말로 나타낼 수 없는 뭔가가 부족한 것 같았다. 중요한 책이 탄생하는 데 산파 역할을 한다는 것은 신나는 일이었지만 십수 년 그 일을 하고 나자 제럴드는 스포트라이트는 언제나 엄마와 아기에게 비춰지는 것이지 산파에게 비춰지는 것은 아니란 사실을 깨달았다.

하긴 그렇다. 신경숙의 『엄마를 부탁해』와 혜민스님의 『멈추면 비로소 보이는 것들』이 200만 부 넘게 팔렸어도, 김난도 교수의 『아프니까 청춘이다』가 무려 300만 부 이상 독자들의 손에 들려졌지만, 사람들이 기억하는 것은 저자의 이름일 뿐 편집자의 이름은 항상 독자들의 관심 밖이다. 산파, 편집자에 대한 이보다 더 적절한 비유는 없을 것이다. 엄마(작가)와 아기(책)에게 비춰질 스포트라이트를 탐하는 산파(편집자)는 없다. 때론 엄마와 아기가 되고 싶다는 강렬한 열망이 전혀 없다고는 할 수 없지만, 어쩌면 그 열망이 새로운 책을 만드는 편집자로서의 삶을 추동하는 엔진은 아닐까.

> 한정된 시간밖에 갖지 못한 인간이 힘을 다해 넓고 깊은 말의 바다로 저어 나간다. 무섭지만 즐겁다. 그만두고 싶지 않다. 진리에 다가서기 위해 언제까지 이 배를 계속 타고 싶다.

사전 『다도해』 편찬을 위해 고군분투하는 일본 출판사 겐부쇼보의 사전 편집자들의 이야기를 담은 미우라 시온의 소설 『배를 엮다』(은행나무, 2013) 중 한 대목이다. 온 삶을 사전 만드는 데 바친 주인공 아라키를 중심으로 감수자 마쓰모토 선생, 활달한 성격의 니시오카, 여성 편집자 사사키, 패션잡

지 출신 기시베 등이 이야기를 엮어간다. 여기에 보통 사람들과는 견줄 수 없는 언어적 감각을 지닌 마지메가 작품의 활력을 더한다.

이들의 삶은 오로지 '편집'이라는 숭고한 일에 집중되어 있다. 작가가 되고자 하지도 않을뿐더러, 젊은 편집자는 연애도 편집의 일부인 양 산다. 사람들은 사전(책)이라는 배를 타고 어두운 바다를 건넌다. 결국 편집자는 책이라는 "좋은 배"를 만드는 사람들이다. 사전으로 대표되는 책의 가치를 미우라 시온은 이렇게 묘사한다.

> 사람은 사전이라는 배를 타고 어두운 바다 위에 떠오르는 작은 빛을 모으지, 더 어울리는 말로 누군가에게 정확히 생각을 전달하기 위해. 만약 사전이 없었더라면 우리는 드넓고 망막한 바다를 앞에 두고 우두커니 서 있을 수밖에 없을 거야.

좋은 배는 "많은 사람이 오래 안심하고 탈 수" 있고 "외로움에 사무칠 것 같은 여행의 날들에도 든든한 동반자가 될 수" 있다. 책도 이와 같다. 우리는 그런 책들을 스테디셀러, 나아가 고전이라고 부른다. 편집자의 진정한 역할은 결국 많은 사람들이 오래 안심하고 읽을 수 있는 스테디셀러 혹은 고전을 만들어내는 것이다.

편집자, 강단 있는 사람이 되어야 한다

많은 사람들이 오래 안심하고 탈 수 있는 배(책)를 만들기 위해서는 편집자의 강단剛斷이 필요하다. 교정·교열만 보는 것이 아니라 책의 책다운 꼴을 만들어가는 것은 결국 편집자이기 때문이다. 제임스 미치너의 『소설』(열린책들, 2006)에 등장하는 편집자 이본느 마르멜르는 편집자의 강단을 보여주는 적격의 인물이다. 그는 스승과도 같은 작가 루카스 요더에게 "선생님이 등장인물들에 초점을 맞추지 않고 너무 추상적인 개념만 좇으신 것이 아닌가 해요. 소설이란 독자들이 푹 빠질 수 있는 서브플롯도 있어야 한다는 게 제 생각이에요"라며 직격탄을 날린다.

작가는 속으로 "작가인 나의 영역을 침해한 것이나 다를 바 없었다"고 생각하지만, "비슷한 논의를 수없이 많이 해왔고 또 대개는 그녀의 말이 옳았기 때문에" 그녀의 말에 계속해서 귀를 기울인다. 나중에는 "그래, 내가 어떻게 했으면 좋겠소?"라고 대안까지 제시해줄 것을 요구한다. 역으로 생각하면 강단 있는 편집자는 실력 있는 저자와 작가가 만드는 것이다. 자신의 글이라면 금과옥조처럼 여기며 "조사 하나 바꾸지 말라"고 하는 못난 작가들은 언감생심 좋은 편집자를 만날 수 없다.

마지막으로 『카사노바는 책을 더 사랑했다』(열린책들, 2005) 중 '편집 실수에 대한 네 가지 오해'를 소개하고자 한다. 편집에 대한 사람들의 오해는 다음과 같다. "가장 큰 오해 : 책 편집은 최근 들어 나빠졌다, 두 번째로 큰 오해 : 대부분의 실수는 편집을 잘못한 탓이다, 세 번째로 큰 오해 : 편집 실수 탓에 책이 더 나빠진다, 네 번째로 큰 오해 : 사람들은 책 실수를 눈여겨 본다."

서두에 말한 것처럼 편집은 신의 영역에서 벌어지는 일이기에, 자신이 편집한 책을 완벽하다고 말하는 건 신을 능멸하는 처사다. 하긴 세상 모든 편집자는 겸손하여, 스스로 완벽하다고 말하지는 않는다. 『카사노바는 책을 더 사랑했다』의 저자 존 맥스웰 해밀턴은 "(실수를) 효과적으로 피하려면 실수에 대해 더 많은 것을 알 필요가 있다"고 말한다. 결국 편집 실수에 대한 세간의 오해를 뛰어넘어야만 진정한 편집자가 될 수 있다는 말로 치환할 수 있다. 편집 실수에 대처하는, 아니 편집자가 신이 아닌 인간임을 증명하는 길을 존 맥스웰 해밀턴은 이렇게 말한다. 책을 대하는 편집자와 독자의 자세는 늘 이와 같아야 한다.

> 신성한 지혜처럼, 책 실수라는 것도 첫 보기와는 다르다는 것을, 실수는 차츰 우리에게 진면목을 드러낸다. 실수에 대해 깊이 생각하면 더

욱 확실히 알 수 있다. 지금 내가 책 실수를 환영하자고 말하려는 것은 아니다. 그건 피해야 한다. 그러나 효과적으로 피하려면 실수에 대해 좀 더 많은 것을 알 필요가 있다. 이것이 바로 이번 부록의 요지이다. 새 책을 턱 펼치자마자 진주를 찾으려고 하는 것은 실수라는 것을.

5

한국 출판기획자 열전

한국출판을 빛낸 기획자들 · **최성일**

간추린 1980년대 이후 기획자 · **최성일**

⊙ 5부 '한국 출판기획자 열전'은 『북페뎀 2 – 출판기획』(한국출판마케팅연구소, 2002)에
수록된 글을 재수록한 것입니다.

한국출판을 빛낸 기획자들

최성일 | 출판칼럼니스트

1967년 인천 부평에서 태어나 인하대학교 국어국문학과를 나왔다. 〈출판저널〉 기자로 출판계에 입문하여 한때 〈도서신문〉 기자로도 일했으며, 여러 지면에 출판 시평과 북 리뷰를 기고하였다. 2011년 7월 뇌종양으로 세상을 떠났다. 저서로 『책으로 만나는 사상가들』(한국출판마케팅연구소, 2011), 『어느 인문주의자의 과학책 읽기』(연암서가, 2011), 『전집 디자인』(공저, 북노마드, 2011), 『베스트셀러 죽이기』(한국출판마케팅연구소, 2001) 등이 있다.

한국출판을 빛낸 기획자를 살펴보는 데에는 어려움이 적지 않다. 우선, 자료가 크게 부족하다. '한국의 출판기획자' 시리즈를 연재한 문화일보 기자들의 지적대로 "출판사의 약사는 물론 출간도서조차 제대로 정리되어 있는 경우가 드물"다. 1960년대 이후의 사정이 이럴진대 그 이전 시기는 더 무슨 말을 하랴.

사실 자료의 부족은 별 문제가 아닐 수도 있다. 출판기획자 열전의 성립을 불가능하게 하는 조건이 더 큰 난관이라고 할 수 있다. 한국 근대출판의 태동기에서 1970년대에 이르는 반세기 동안 실질적 의미의 출판기획자가 존재했다고 보기는 어렵기 때문이다. 이 시기 그 직함에 걸맞은 활동을 펼친 출판기획자는 문화일보 기획의 지적대로 신동문이 유일하다.

요즘도 곧잘 쓰이는 '출판인'이라는 용어는 아직까지 출판사 대표를 일컫는 측면이 강한데 예전에는 더 말할 것도 없었다. 어떤 책을 펴낼지 아이디어를 내고, 그것을 실행에 옮기는 일을 출판사 대표가 도맡았다고 해도 과언은 아니다. 물론 편집자가 그런 작업을 병행하기는 했다.

지난 시기 기획 활동이 따로 독립되지 못한 정황은 최근 기획자의 활동이 왕성한 영화계의 사정도 마찬가지였다. 감독과 제작자의 역할은 나눠져 있었지만 기획자는 미분화한 상태였다. 하지만 이제는 영화기획자가 감독·스태프·배우·제작자 등과 더불어 '영화인'의 범주에 당당히 포함된다.

물론 출판기획과 영화기획 사이에는 차이점이 있다. 영화기획자가 프로듀서에 가깝다면, 출판기획자는 디렉터에 가깝다. 또한 이것은 책과 영화의 본질적인 차이에서 기인하는 것이기도 하다. 1인 출판이 가능한 것처럼 1인 영화도 가능하다. 혼자 감독·제작·각본·주연을 맡으면 된다. 하지만 1인 출판은 얼마든지 가능하지만 1인 영화는 드문 게 사실이다. 출판과 영화에서 '원맨쇼'는 그 성격이 확연히 다르기 때문이다.

한 사람이 기획과 감독, 주연을 맡을 수는 있지만 나 홀로 영화를 찍는 것은 현실적으로 불가능하다. 반면, 책은 얼마든지 가능하다. 1인 출판은 책의 기획과 제작의 진행을 혼자 한다는 의미다. 최근 개인적으로 책을 쓰는 일과 책을 만드는 일이 별개라는 점을 절감하기도 했지만, 저자는 출판인의 범주에 포함되지 않는다. 게다가 책을 만드는 공정에서 인쇄와 제본은 독립돼 있다.

현대적 의미의 1인 출판이 기획을 포함한 책 만드는 모든 과정을 통솔한다는 의미를 지닌다면, 발행인이 중심이 된 예전의 출판방식을 근대적 의미의 1인 출판이라 해도 무리는 없을 듯 싶다. 따라서 한국출판의 태동기부터 1970년대까지 반세기에 걸쳐 책 만들기를 꾀한 인물들을 짚어보는 작업은 뚜렷한 족적을 남긴 출판사 대표들의 면면을 살펴보는 일이 될 수밖에 없는 것이다. 그리고 그 첫 테이프는 육당六堂 최남선崔南善이 끊을 수밖에 없다.

한국 근대출판의 선각자, 최남선

"신문화 수입 보급을 위해 출판사 신문관新文館과 고문헌의 보존을 목적으로 조선광문회朝鮮光文會를 설립. 1919년 독립선언서를 기초하여 2년 6개월간 투옥, 뒤에 동명사東明社를 발족하고, 1924년 시대일보時代日報를 발간, 사장을 역임했다.

그는 우리 나라 신문화 운동의 선구자이며 개화기의 대표적 시조 작가이다. 그는 첫째 출판을 통해 자주 독립과 신교육 등을 주창·계몽하였는데, 1908년에는 우리 나라 최초의 종합잡지 〈소년少年〉을 창간하고, 여기에 또한 우리 나라 최초의 신시新詩인 「해에게서 소년에게」를 발표하였다. 이어서 소위 육전 소설六錢小說이라고 하는 『춘향전』 등 고전을 정리 출간하고, 아동 잡지 〈붉은저고리〉, 〈아이들보이〉, 〈새별〉 등을 간행, 1914년에는 종합지 〈청춘靑春〉을 발간하였다.

또한 광문회光文會를 중심으로 박지원의 『열하일기熱河日記』를 비롯하여 우리의 고전을 중간하였고, 『단군론檀君論』을 비롯 『국민조선사國民朝鮮史』 등 평이한 역사책을 써서 국사의 대중화에 공헌하였다."

『국어국문학사전』(신구문화사, 1973)의 '최남선' 항목에서 발췌한 출판 관련 내용이다. 육당 최남선(1890-1957)이 우리 나라 최초의 잡지를 만들고, 신시를 처음으로 썼다는 사실은 널리 알려져 있으나, 출판 활동을 통해서 발휘된 선각자의 면모는 적잖이 가려져 있는 편이다. 이는 친일문제로 인해 육당에 대한 온전한 연구와 평가가 제대로 이뤄지지 못하는 탓도 있지만 한국 근현대사에서 출판이 차지하는 미약한 위상을 드러내주는 것이기도 하다.

육당이 출판업에 뛰어든 것은 일본 유학이 계기가 된 것으로 보인다. 1904년 조선 황실 유학생으로 뽑혀 일본으로 건너가 머물다가 이듬해 귀국한다. 그리고 1906년 재차 도일해 와세다 대학 지리역사과에 들어가는데 와세다 유학시절 육당은 조선 유학생 회보의 편집을 맡기도 한다. 하지만 그해 겨울, 유학생활을 중단하고 귀국길에 오른다. 그때는 이미 일본 학생들이 개최한 조선 국왕을 모독하는 내용의 모의국회에 항의해 학교를 그만둔 상태였다.

그런데 육당의 귀국 보따리는 자퇴생의 것이라고 하기에는 꽤나 풍성했다. 도쿄의 슈에이사(秀英社)에서 사들인 인쇄기구가 포함됐기 때문이다. 그것들은 인쇄기·주조기·자모기 등속으로 값이 많이 나가는 인쇄장비였다. 또한 육당은 귀국길에 다섯 명의 일본인 인쇄기술자를 대동하기도 했다.

1907년 여름 일본에서 들여온 인쇄장비를 바탕으로 육당은 서울 상리동(上犁洞, 현재의 을지로 2가) 자택을 개조해 출판사와 인쇄소를 겸하는 사업체를 차린다. 이것이 바로 신문관의 시작인데 육당의 나이 18세 때의 일이다. 신문관의 인쇄설비는 당시로서는 엄청난 규모였다고 전한다. 서너 대의 활자주조기와 2대의 자모인각기가 있었고, 활자도 자체별로 여러 종을 갖췄을 정도다. 인쇄기와 문선대뿐만 아니라 석판제판기까지 보유한 신문관은 당대 최고의 시설을 자랑하는 인쇄소였다.

그런데 신문관에 설치된 인쇄기의 자세한 성능에 대한 기록은 남아 있지 않다. 또 일본 인쇄기술자들의 행적과 역할에 관한 기록도 존재하지 않는다. 다만 그 인쇄기계들로 만든 책과 잡지를 통해서 인쇄기의 성능과 기술 수준을 가늠할 수 있을 따름이다. 신문관의 인쇄물들은 오늘날의 기준을 적용해도 손색이 없다. 한국 근대 인쇄기술은 신문관을 매개로 발전했다 해도 지나친 말은 아니다. 더구나 육당이 출판에 뛰어든 까닭이 민족정신을 고취할 목적이었다는 점 또한 되새겨봐야 할 대목이다.

당시로서는 최첨단인 인쇄기계들을 도입하기 위해서는 적지 않은 자금이 필요했다. 육당의 부친 최헌규는 최남선이 출판을 하겠다고 하자, 자본금 7만 원을 선뜻 내놓았다. 육당이 부친에게 "우리의 망국의 한을 풀기 위하여는 미래의 동량인 청년을 계몽하고 민족정신을 고양시켜야 하는데, 이를 구현하려면 출판사업을 일으켜야 한다는 그의 결심을 간곡히 사"(정진숙 「출판의 길 40년」, 중앙일보 1985. 4. 15)된 결과다.

육당은 신문관을 통해 잡지와 단행본을 펴냈다. 〈소년〉(1908)을 신호탄으로 〈붉은저고리〉(1912), 〈청춘〉(1914), 〈새별〉(1916) 등을 잇따라 창간해 신문물을 소개하는 그릇으로 삼았다. 이 중에서 가장 유명한 것은 한국 최초의 근대적 잡지라 일컬어지는 〈소년〉이다. 하지만 창간 초기 〈소년〉에 대한 독자의 반응은 막중한 역사적 의미가 무색할 지경이다. 〈소년〉 창간호의 독자는 고작 여섯 명이었고, 제2호 독자 역시 14명에 불과했다. 창간 1주년을 맞이할 때까지 독자는 200명 안쪽에 머물렀으나 일제강점기 조선의 3대 천재로 통하는 최남선·이광수·홍명희가 발행인과 필자로 지면을 빛냈다.

신문관이 펴낸 단행본은 모두 63종이다. 이 가운데 '십전총서'와 '육전소설문고'는 우리 나라 '페이퍼백' 출판물의 효시라고 할 수 있다. 1909년부터 간행된 '십전총서'는 외국 문예물을 번역한 것이다. 1913년부터 펴낸 '육전소설문고'는 고대소설을 모아놓은 문고시리즈로 목록에 『사씨남정기』, 『전우치전』, 『남훈태평가』, 『심청전』 등을 거느렸다. 문고시리즈의 서막을 올린 이정표라고 할 수 있는 '육전소설문고'는 책값이 6전이어서 그런 이름을 붙였다.

육당은 뛰어난 기획자였을 뿐만 아니라 베스트셀러 저자이면서 장서가이기도 했다. 1943년 육당이 삼중당을 통해 간행한 『고사통故事通』은 출간한 달 만에 3만 부가 팔렸다. 역사책인 『고사통』의 예상 밖의 호조로 말미암아 육당은 해방 후 동명사가 재기하는 발판을 마련할 수 있었다. 동명사는 1922년 7월 신문관의 간판을 내리고, 1922년 9월 설립한 출판사로 육당은 이곳을 통해 국내 최초의 시사주간지 〈동명東明〉을 펴낸 바 있다.

육당이 타계한 후, 유족들은 육당의 장서를 고려대 아시아문제연구소에 기증하는데 그 숫자는 2만3천4백 권을 헤아렸다. 그나마 이 책들은 육당이 평생 동안 보았던 장서의 일부에 지나지 않았다. 육당은 웬만한 대학도서관의 소장도서에 필적하는 17만 권 책을 평생에 걸쳐 모았으나 한국전쟁의 와중에 모조리 불타고 말았다. 고려대 아시아문제연구소에 기증한 책들은 육당이 말년에 다시 모은 책들이다.

박문서관과 한성도서의 간행도서를 실물로 접하기는 어려운 요즘이다. 하지만 이 두 출판사의 이름은 낯설지 않다. 적어도 고등학교 국어참고서를 주의깊게 훑어본 독자라면 이들의 이름이 눈에 익을 것이다. 박문서관과 한성도서는 한국 근대문학의 대표작들의 초간본을 다수 펴낸 출판사다. 문학사적 의의를 지닌 출판사라는 점은 공유하지만 박문서관과 한성도서의 출판기획은 약간 차이가 난다. 박문서관이 창업주 노익형의 가계家繼에 의해 출판활동이 이뤄졌다면, 동인체제로 출범한 한성도서는 전문 편집자에 의해 책이 만들어졌다.

심지가 굳은 출판인, 박문서관의 노익형

1907년 문을 연 박문서관博文書館은 처음에는 서점으로 출발했다. 〈조광〉 1938년 12월호에 실린 「출판업으로 대성한 제가의 포부」는 서울 종로통에 위치한 세 서점, 박문서관·영창서관·덕흥서림에 대한 탐방기사다. 이 기사는 종로통의 서점들이 성업 중이라는 소식을 전하고 있는데 그 중에서도 박문서관에 초점을 맞추고 있다. 박문서관이 "출판업으로 누만금을 모았다는 풍설"을 언급하고 있다.

노익형盧益亨은 성실하고 심지가 굳은 사람이었던 것으로 전해진다. 출판을 하게 된 동기부터 그런 점을 잘 말해주는데 〈조광〉의 기사에서 출판업에 뛰어든 동기를 묻는 질문에 이렇게 답한다. "동기요? 동기는 그때 우리 조선에도 신문화가 수입되기 시작하는데 역시 책전 같은 것도 필요할 것 같아 시작했던 것입니다." 이 말에는 소박하나마 시대적 소명의식이 담겨 있다.

초창기 박문서관은 '얘기책'을 주로 팔았다. 박문서관이 처음 펴낸 책에 관한 기록은 불분명하다. 하지만 〈조광〉 기자의 물음에 대한 답변을 미뤄볼 때 짐작이 가능하다. "지금은 뭐 이야기할 자유들이 없는 서적"이라는 점을 감안하면, 애국계몽의식을 고무하는 책으로 추측된다.

1920년대로 접어들면서 박문서관의 도서목록은 '얘기책'에서 근대적 출판물로 면모를 일신한다. 물론 "춘향전·심청전·유충렬전 이 셋은 농촌의 교과서"라는 노익형의 말에서 알 수 있듯이 '얘기책'의 인기는 여전했다. 하지만 신문학 작품을 대거 펴냄으로써 고대소설 출판에서 근대문학 출판으로의 질적 도약을 꾀한다.

박문서관의 신문학은 소설 중심이었는데 훗날 한국 근대문학의 토대를 다진 것으로 평가받는 소설가들의 작품을 출간했다. 현진건의 『지새는 안개』, 염상섭의 『견우화牽牛花』, 이상협의 『정부원貞婦怨』, 민태원의 『부평초浮萍草』, 유광열의 『여장부女丈夫』, 홍영후의 『향일초向日草』, 노자영의 『영원의 몽상』, 진학문의 『홍루紅淚』, 이광수의 『허생전許生傳』과 『젊은 꿈』이 그것들로 여기에는 창작품과 번안물이 뒤섞여 있다.

교양도서와 자전·사전류 또한 1920년대 박문서관의 도서목록을 풍성하게 했다. 현병주의 『청년신수양독본青年新修養讀本』, 홍병선의 『심리학心理學』, 김익두의 『신앙信仰의 로路』, 전덕기의 『일일日日의 력力』 등은 교양도서에 속하고, 이 시기 출간된 자전으로는 『한일선대자전漢日鮮大字典』, 『한선신옥편漢鮮新玉篇』, 『한일선신옥편漢日鮮新玉篇』 등이 있다.

이렇듯 박문서관이 출판문화사적 업적을 두드러지게 산출하기 시작한 것은 1920년대에 들어서다. 하지만 문화사적으로 높은 평가를 받는 책이 반드시 독자의 호응을 얻는 것은 아니다. 출판에서 실패를 본 적은 없느냐는 〈조광〉 기자의 질문에 노익형은 다음과 같이 대답한다. "왜 없어요, 순수문예서적을 출판했다 손해 보았지요. 염상섭 씨라면 문단에 이름도 높으시고 해서 팔리리라고 추측했는데 결과는 그렇지 않았습니다." 이는 박문서관이 공들여 만든 '현대걸작장편소설전집'에 대한 독자의 반응이 시원치 않았던 것을 가리키는 것이다.

'현대걸작장편소설전집'은 이광수의 『사랑』을 비롯해 김동인, 염상섭, 현진건, 박종화, 김기진, 나빈, 한용운 등 지금 봐도 쟁쟁한 작가들의 장편소설을 10권으로 엮은 것이다. 이 전집에 기대를 걸었던 노익형은 다음과 같은 문구가 들어간 광고를 내기도 했다. "일찌기 이렇듯 자미스런 소설이 있었던가. 이렇듯 豪裝한 전집이 또 있었던가. 과거 30星霜의 역사를 가진 박문서관이 비로소 江湖에 바치는 名作家와 名小說만을 추려낸 大全集이다."

하지만 이런 광고공세 역시 얘기책의 재미에 푹 빠져 있던 독자들의 마음을 움직이기에는 역부족이었다. 그럼에도 박문서관은 새로 다섯 권을 기획해 전집에 추가했다. 현진건의 『무영탑無影塔』, 박종화의 『시춘부侍春賦』, 김동인의 『견훤甄萱』, 이광수의 『세조대왕世祖大王』이 '현대걸작장편소설전집'에 보태졌다.

이외에도 노익형의 박문서관이 남긴 업적으로는 『조선어사전朝鮮語辭典』과 '박문문고'가 있다. 문세영이 편찬한 『조선어사전』은 수록 어휘가 10만개를 넘었다. 학예사 기획의 '조선문고'와 쌍벽을 이루는 '박문문고'는 일제강점기 문고판 시대를 개척한 기념비적인 출판물이다. '박문문고'는 모두 22권이 간행됐는데 권말에는 '박문문고'의 발간취지를 담은 '간행요지'가 실려 있다. 그 일부를 인용한다.

- 박문문고는 동서고금의 모든 고전과 광휘 있는 양서를 총總히 망라하여 간행합니다.
- 박문문고는 보급을 제일의로 삼고서 간행하는 염가판입니다.
- 그러나 내용은 엄선하고 교정·번역·주석에 최선을 다하여 간행합니다.
- 박문문고는 희망하시는 책을 손쉽게 사시도록 하려고 될 수 있는 대로 적은 책 속에 많은 내용을 싣도록 힘을 씁니다.
- 박문문고는 인쇄의 선명, 교정의 정확, 제본의 견뢰堅牢를 자랑삼고자 최선을 다합니다.

최초의 주식회사 체제 출판사, 한성도서의 편집인들

3·1운동의 결실이면서 기업화한 최초의 출판사인 한성도서주식회사漢城圖書株式會社는 장도빈, 이종준, 이창익, 한규상 등이 힘을 모아 만들었다. 이들은 서로 처남·매부 사이였고, 일본 유학을 다녀온 인텔리들이었다. 네 사람

가운데 리더격인 장도빈張道斌은 구한말 신문기자로 필명을 드높인 인물이다. 장도빈은 국권을 침탈당했으되 문화를 통해 조국의 발전을 도모해보겠다는 큰 뜻을 품고 황해도의 대지주였던 친지들을 설득해 문화사업에 뛰어든 것이다. 애초에 장도빈은 신문사를 차릴 생각이었다. 『산운 장도빈의 생애와 사상』(산운학술문화재단, 1988)에 수록된 약전에는 이런 정황을 다음과 같이 서술하고 있다.

> 1919년 8월 장도빈은 일제가 문화정책의 일환으로 민족지 발행을 허가해준 기회를 이용하여 동아일보의 발행을 결심하고 그 내락을 얻는 데 성공하였다. 그러나 다른 사람들로부터 양도하라는 교섭을 받자 "목적이 같으니 누가 경영해도 상관 없다" 하면서 서슴지 않고 양도해 주었다고 한다. 그리하여 장도빈은 같은 해 한성도서주식회사를 설립하여 1926년에 이르기까지 국사를 위주로 하는 많은 저서를 출판하는 한편, 잡지 〈서울〉 〈학생계學生界〉 〈조선지광朝鮮之光〉 등을 발행하여 민족 및 청소년에 대한 계몽에 진력하였다.

한성도서에는 당대의 내로라하는 인물들이 힘을 실어주었다. 인촌 김성수는 한성도서의 전국적인 주식공모에 응해 주주가 되었고, 정치가 김윤식과 언론인 양기탁은 고문을 맡았다. 한성도서의 편집진용 또한 후견인의 면면 못지않게 화려했다. 출판부장 장도빈, 잡지주간 오천석, 여기에 김환·전영택·김성룡·노자영·김억·유현숙·김동인·최팔용 등이 편집실무를 책임졌다. 특히 오천석은 18세에 〈학생계〉의 편집장으로 발탁되어 한성도서 편집부에 발을 들여놓았다. 다음은 오천석의 회고다.

"한도 시절의 1년간은 실로 잊을 수 없이 유쾌하고 유익한 기간이었다. 청진동 시절은 사원의 수가 적어 한집안 식구처럼 다정하게 지냈다. 중역들은 인격적으로 한결같이 훌륭한 분들이었고, 민족을 위하여 좋은 일을 해보려는 패기와 정열이 넘쳐흘렀다. 점심시간에는 중역도, 평사원도 다같이 설

렁탕을 한자리에서 먹는 민주사회였다."

한성도서의 1920년대 출간도서는 편집 실무진에 의해 기획되었다. 주로 서구 문학 작품의 소개에 주력했는데 '세계걸작작품집'은 서구문학을 우리말로 접하게 만든 획기적인 출판물이다. 이 책에는 호메로스, 보카치오, 괴테, 위고 등의 작품이 실려 있다. 또 『세계명부전世界名婦傳』을 엮어 다양한 분야에서 역량을 발휘한 여성들을 소개하기도 했다. 편집부 편역의 '전기총서'는 실의에 빠진 식민지 젊은이들에게 꿈과 용기를 불어넣기 위한 기획물이다. 한니발·데모스테네스·잔 다르크·크롬웰·프랭클린 등의 생애를 12권에 담았다.

1930년대 후반 한성도서는 출판사로서 절정기를 구가한다. 이 시기는 한국 근대문학의 황금기로도 일컬어지는데 그런 점에서 한성도서를 대표하는 책들이 문학서적이라는 점은 결코 우연이 아니다. 이광수의 『흙』(1933), 심훈의 『상록수』(1936) 같은 당대의 베스트셀러 소설과 김소월의 『진달래꽃』, 한용운의 『님의 침묵』 같은 문학사적으로 중요한 시집들이 한성도서를 통해 출간되었다.

정음사의 최현배·최영해 부자

어찌된 영문인지 『국어국문학사전』(신구문화사, 1973)의 '최현배崔鉉培' 항목에는 외솔의 출판활동에 관한 언급이 보이지 않는다. 한글학자로서의 위상과 영향력이 워낙 지대한 탓일까? 어쨌든 외솔이 세운 정음사는 3대에 걸쳐 우리 출판문화에 뚜렷한 족적을 남겼다. 하지만 1926년 외솔이 정음사의 주춧돌을 세울 때만 해도 사업체로서의 골격은 제대로 갖추지 못한 형편이었다.

연희전문학교 교수로 재직 중이던 외솔의 연구업적을 직접 간행하는 '사랑방 출판'의 성격이 짙었다. 또한 사원을 따로 두지 않으면서 온 가족이 출판 일을 거드는 '가족 출판'의 형태를 띠었다. 그럼에도 정음사는 첫 번째 책부터 '바른 소리'를 세상에 널리 퍼뜨린다는 출판사의 취지에 그대로 들어맞았다. 여기서 바른소리는 한글과 우리말을 가리킨다.

1928년 외솔의 『우리말본』을 시작으로 정음사는 1930년대 『조선중등말본』, 『조선어표준어』, 『한글의 바른 길』 등의 한글 관련서적을 잇달아 펴내며 국어학 전문 출판사의 입지를 굳힌다. 그러나 1942년 『한글갈』을 끝으로 해방이 될 때까지 잠정적으로 출판활동을 중단하게 된다. 말할 것도 없이 일제의 우리 문화 말살 정책에 따른 결과다.

정음사는 해방을 맞아 다시 문을 여는데 묵은 지형을 다시 찍어내는 것으로 출판을 재개한다. 권덕규의 『조선사朝鮮史』를 필두로 최현배·이극로·정인승·장지영 같은 국어학자들의 책을 펴내며 되찾은 우리말과 글의 체계를 바로잡고 널리 알리는 데 힘쓴다. 이 시기 정음사는 민족문화의 우수성을 곧추 세우는 일에도 크게 기여한다.

방종현의 『조선민요집』, 홍이섭의 『조선과학사』, 김재원의 『단군신화의 신연구』 등과 조선왕조실록을 영인한 『이조실록』은 민족문화를 앙양할 목적으로 기획된 출판물이다. 특히 『이조실록』은 당시의 여건으로는 실행하기 어려웠던 야심찬 기획물이다. 또한 윤동주 시인의 유고시집 『하늘과 바람과 별과 시』는 해방기 정음사 간행목록 가운데 간과해서는 안 될 책이다.

정음사는 외솔의 장남 최영해崔暎海가 사장으로 취임하며 출판사의 역량을 더욱 발휘하기에 이른다. 최영해는 대한출판문화협회의 전신인 조선출판문화협회의 기틀을 다지는 데 적극 참여했거니와 일찍이 경영 마인드를 출판에 도입한 출판인으로 꼽힌다. 최영해의 출판경영인로서의 탁월한 자질은 착실한 경영 수업과 활달하고 사교적인 성격이 밑바탕이 되었다.

최영해가 부친인 외솔에게서 정음사의 경영권을 물려받은 것은 해방과 때를 같이하지만 그 이전부터 차근차근 출판실무를 익혔다. 1930년대 후반부터 부친의 뜻을 받들어 정음사의 업무를 처리했고, 연희전문 재학시절에는 조선어학회가 발행하는 〈한글〉의 제작에 관여했으며, 연희전문 졸업 후에는 동광당·조광당·신세대사 등에서 경험을 쌓았다.

또한 최영해는 화통한 성격과 속 깊은 인정미로 말미암아 학계와 문화계에 많은 지인이 있었다. 당시 서울 명동을 드나드는 문인 중에서 최영해와 술자리 같이하지 않은 사람을 찾기 어려울 정도였는데 이런 폭넓은 교분은 정음사의 목록에 그대로 반영된다. 예컨대 홍이섭의 『조선과학사』가 대표적인 사례라고 할 수 있다. 최영해는 학교 동창인 홍이섭으로 하여금 일본어로 썼던 책을 해방을 맞아 한글로 다시 쓰게 했다.

최영해의 경영철학은 '저자 제일주의'로 집약된다. '좋은 저자가 마음이 내켜야 좋은 글이 나오고, 저자는 나타나기도 하지만 길러야 하며, 저자가 커야 출판사도 성장한다'는 것이 그 요지다. 또 웬만한 일은 직원들에게 일임하는 태도를 취했다. 그렇지만 책 만드는 일에서는 실수를 용납하지 않았다. 다음은 한국출판협동조합 이사장을 지낸 윤재영의 회고다. 윤재영 이사장은 해방기 정음사 편집부에서 일한 바 있다.

> (최영해 사장은) 제게는 편집의 스승이나 다름없는 분입니다. 그 분을 알게 해주는 두 가지 기억나는 일이 있지요. 하나는 "교정은 앉아서 볼 때 다르고 누워서 봐서 다르다"는 말입니다. 원문과 착오 없이 완전하게 교정본다는 것은 어려운 일이고 다만 조금 더 정성들여 봐야 한다는 말이겠지요. 또 하나는 어느 신문 기사에서 "지난 밤 화재로 집이 완전히 타버렸다"는 대목을 보고 '완전하다'는 온전하다는 뜻인데 의미상 잘못 쓰였다는 점을 지적하더군요. 언어의 쓰임새에 대한 올바른 지식을 갖춘 편집자의 자질을 일깨웠다고나 할까요. 제게는 값진 교훈이 되었지요.

출판계의 입지전적 인물, 삼중당의 서재수

삼중당三中堂을 창업한 서재수徐載壽는 입지전적인 인물이 많기로 소문난 출판계에서도 보기 드문 입지전적인 인물이다. 경기도 양평에서 태어난 그는 아홉 살에 상경해 서울에서 보통학교와 상업전수학교를 나왔다. 서재수가 책에 대해 눈을 뜬 것은 상업전수학교를 졸업하고 동양서원 등의 서점에서 일하면서부터다.

서점 종업원 경험을 토대로 서재수는 종로구 관훈동의 네 평짜리 헌책방 지신당知新堂을 인수해 간판을 바꿔달면서 삼중당의 문을 연다. 이때가 1931년 6월로 서재수의 나이는 스물 다섯이었다. 서재수가 생전에 삼중당 직원들에게 한 설명에 따르면, 삼중당이 품은 뜻은 이렇다. "첫째, 나에게 맞아야 하고, 둘째, 내 동족에게 맞아야 하며, 셋째, 전 인류에게 맞아야 한다"는 것이다.

삼중당이 처음으로 펴낸 책은 『합이빈역두哈爾賓驛頭의 총성銃聲』이다. 이 책은 일본 잡지 〈중앙공론中央公論〉에 실린 「伊藤博文과 安重根」을 번역한 것이다. 안중근 의사의 이토오 히로부미 암살 사건을 다룬 이 책이 잘 팔림으로써 서재수는 출판업의 가능성을 확인하게 된다. 이를 계기로 삼중당은 헌책과 새책을 판매하는 한편, 책을 꾸준히 발간하게 된다.

서재수는 1978년 세상을 떠날 때까지 출판업에 종사했는데 그 기간 동안 활자로 만드는 것은 안 만들어본 것이 없다 할 정도로 활발한 활동을 했다. 삼중당의 목록은 단행본부터 문고와 전집류, 그리고 교과서에 이르기까지 실로 다양하다. 여기에는 자수성가한 사람 특유의 근면성과 절약정신이 밑바탕이 되었음은 물론이다. 그렇다고 서재수가 무조건 아끼기만 했던 자린고비는 아니었다.

대낮에 복도나 화장실에 불필요한 전등이 켜져 있으면 직원들에게 불호령이 떨어졌지만 늦은 오후의 어스름한 무렵 전등을 켜지 않고 일을 해도 역시 불호령이 떨어졌다. "실내가 밝아야 업무의 능률이 오를 텐데, 전깃불을 켜야 할 때 켜지 않는 것은 또 다른 낭비"라는 것이 서재수의 생각이었다. 또한 그는 '필자 제일주의'를 표방했는데 인세는 언제나 제때에 현금으로 지불했다.

초창기 삼중당의 대표작으로는 김동환의 기행문집 『반도산하半島山河』,

이기영의 장편소설 『처녀지處女地』, 이광수의 『춘원서간문법春園書簡文法』 등이 있고, 최남선의 『고사통』은 삼중당의 해방 이전 최고의 히트작이다.

1950년대 후반에서 1970년대 후반까지 20여 년 간은 삼중당의 전성기라 할 수 있다. 1950년대와 1960년대의 삼중당은 '잡지 왕국'이었다. 1950년대는 월간 〈수험생활受驗生活〉(1953)을 시작으로 〈아리랑〉(1955), 어린이 잡지 〈만세〉(1956), 월간 〈화제話題〉(1958), 종합주간지 〈주간춘추週刊春秋〉(1959)를 간행했다. 이 가운데 〈아리랑〉은 매달 8만 부의 발행부수를 기록했다.

또 1950년대의 주목할 만한 삼중당의 발간도서로는 『마음의 샘터』(1959)가 있다. 방송작가 최요안의 라디오 방송 원고를 엮은 일종의 명언집인 이 책은 15만 부가 팔렸는데 방송매체의 덕을 본 최초의 베스트셀러라는 기록을 갖고 있다. 1960년대 삼중당은 〈지성知性〉(1962)과 〈문학춘추文學春秋〉(1963) 등의 창간을 통해 잡지왕국의 영토를 넓혔다.

삼중당의 전집물 또한 알차다. 20권짜리 '이광수 전집'은 개인 전집의 본보기라는 평을 들었고, 5권으로 된 '나의 사상적 자서전'에는 함석헌·안병욱 등이 필자로 참여했다. '펄 벅 전집'(전12권)과 '안도산安島山 전서全書'도 펴냈다. 삼중당의 대명사는 누가 뭐래도 1975년부터 간행되기 시작한 '삼중당 문고'다. 1980년판 『삼중당 문고 목록』은 삼중당 문고의 특장을 밝히고 있는데 그중 몇 가지를 간추린다.

① 작품의 엄선-중·고등학생 및 청년층의 독서수준을 감안, 각계의 석학 3백 명으로부터 추천을 받아 본 문고의 간행위원회가 엄격한 선정을 하였다.

② 내용의 확대-양(洋)의 동서와 시대의 고금을 막론, 문학·과학·전기·예술·사상 등 전반에 걸쳐 수록하였다.

③ 판형의 축소-종래의 전집류나 장서본의 대형판형을 지양, 소지하기에 간편하여 아무데서나 독파할 수 있는 소형 판형(A6판)을 선택하였다.

동광당의 이정래

예나 지금이나 출판인의 삶은 화려함보다는 궁벽함 쪽에 가깝다. 더구나 일제 식민지 시절은 더 말할 것도 없다. 남부러울 것 없는 제국대학 졸업생이 출판업에 뛰어든 것은 좀 의아하게 여겨질 수도 있다. 그런데 그런 모험을 감행한 이들이 있으니 동광당의 이정래와 민중서관의 방종현이 그 주인공이다. 또한 이 두 사람은 서점을 먼저 시작한 것도 공통점이다.

교토 제대 경제학부를 나온 이정래李晶來가 출판과 인연을 맺은 것은 일본 유학이 계기가 되었다. 이정래는 교토 제대에서 공부하기 전에 와세다대학을 다녔다. 와세다 시절 일본에서 이름난 출판사인 가이죠샤改造社의 야마모토山本 사장을 알게 된다. 조선으로 가거든 출판업을 해보라는 야마모토의 권고를 받아들여 시작한 것이 바로 동광당東光堂이다.

동광당은 서울 인사동에서 문을 열었는데 정확한 위치는 지금도 남아 있는 통문관 서점 건너편이었다. 주로 일본에서 발간된 신간서적을 취급했는데 도쿄에 있는 도매상(東京堂)에서 책을 공급받았다. 야마모토의 가이죠샤를 비롯한 몇몇 출판사들과는 직거래를 하기도 했다.

이정래는 일찍이 도서정가제를 잘 지킨 출판인이었다. 진고개에 위치한 일본인 서점들은 일본에서 책을 가져다 팔면서 정가의 10%를 올린 가격으로 팔았다. 도쿄와 서울의 거리를 감안하면 그 정도의 가격 상승은 당연하다는 것이 일본인 서점주인들의 논리였다. 하지만 이정래는 꼬박꼬박 정가대로만 팔았다. 이윽고 서점조합에서 규정위반이라며 항의가 왔다.

그러자 이정래는 10% 가산제의 부당성을 조목조목 따지며 반박했다. "허면 북해도나 사할린에서는 왜 정가대로 파는 것이냐? 책장사는 물장사와는 달리 문화사업이 아니냐?" 결국 이정래의 논리가 받아들여져 10% 가산제는 폐지된다. 한편, 일본에서 잘 팔리는 책이 동광당의 진열대에 놓이자마자 당국에 의해 압수되는 상황이 종종 발생했다. 이에 이정래는 일본에서는 공공연히 판매되는 책을 왜 걷어가느냐고 따졌지만 그런 항의는 아무 소용이 없었다.

식민 지배 아래서 서점을 운영하는 것의 한계를 절감한 이정래는 서점 경영에 회의를 품는다. 그래서 뛰어든 것이 문방구 사업이다. 이것은 생계 유지를 위한 일종의 고육책이기도 했는데 다행히 문방구 도매업이 짭짤한 재미를 보게 돼, 다시 마음을 가다듬고 청운의 꿈이었던 출판을 시작한다.

그러나 정가의 10%를 인세로 선불한 최현배의 『조선민족갱생의 도』는 출간 3~4개월 만에 판매금지처분을 받는다. 게다가 초판 1천 부를 찍었지만 겨우 7권이 팔린 상태에서 남아 있는 책은 모조리 압수된다. 이정래는 총독부를 찾아가 사전 원고검열을 마친 책을 이러면 어떡하냐고 항의도 해봤으나 아무 소용이 없었다. 출판허가를 내준 때와 상황이 바뀌었다는 해명 아닌 해명을 들을 뿐이었다.

이정래는 이에 굴하지 않고 책을 계속 펴낸다. 송홍의 『실용서간문』, 이기영의 『서화鼠火』, 이태준의 『황진이黃眞伊』, 김두헌의 『윤리학개론』 등을 내놓는다. 이 책들은 모두 저자에게 10%의 인세를 주고 펴낸 책들이지만 판매가 순탄치 않아 손해를 보았다. 이정래는 해방 직후 한국민주당의 발기인으로 정치에 뛰어든다. 1948년 제헌의회 선거에 출마해 국회의원이 되었는데 동광당은 야당 정치인의 출판사라는 이유로 불이익을 받았다고도 한다.

민중서관의 방종현과 이병준

1942년 관훈동에 문을 연 민중서관民衆書館은 우리 나라의 옛 책을 취급하는 고서점이었다. 민중서관을 설립한 일사一蓑 방종현方鍾鉉은 경성제대 조선어문학과에서 공부한 국어학자로 서울대 문리대 학장을 역임했다. 방종현은 대학 졸업후 〈조광〉의 편집기자로 일했는데 1942년 잡지가 폐간되면서 서점을 하게 되었다.

방종현은 '대인大人'이라는 별명으로 불리곤 했다. 그런데 스스로는 '삼장三長'이라 부르길 즐겼다고 한다. 키가 크니 '신장身長'이고, 집에서는 '가장家長'이며, 어느 모임에서나 좌중을 이끄는 '좌장座長'이니, 삼장이 아니냐는 것이다.

방종현은 국어학 분야의 방언조사 연구와 고어·서지 연구가로서 기여한 공로가 크다. 그가 자비출판한 『고어재료사전古語材料辭典』은 50쪽 안팎의 등사판 출판물이지만 한글사전 편찬에 요긴한 자료로 쓰였다. 대표 저서로는 『훈민정음통사』와 『훈민정음해제』가 있다. 방종현은 서울대 문리대 학장으로 재직 중이던 1952년 세상을 떠났다.

민중서관의 본격적인 출판활동을 이끈 사람은 이병준李炳俊이다. 민중서관이 한 시대를 풍미한 요인으로는 시대의 흐름을 잘 읽은 것과 넘치는 기업적 패기가 꼽힌다. 하지만 무엇보다 이병준의 두둑한 배짱과 기업가적 자질이 밑바탕이 되었다. 다음은 민중서관 편집부에서 근무한 남원우의 회고다.

> 이병준 회장은 제가 시험을 치르고 입사해서 처음 만났는데 뚱뚱하고 거머툭툭한 분이 영락없는 사업가다 싶더군요. 배포가 크고 무슨 일을 시작하는 데 있어 결단력 있게 하시고 일단 결정된 후에는 그대로 밀고 나가는 타입이었습니다. 사전이라는 것이 워낙 오랜 시간을 요구하는 것이어서 당시로서는 상당히 모험적인 것이었음에도 불구하고 그분은 기획회의에서 어떤 것이 결정되고 나면 그 이후로 일절 간섭도 독촉도 않으시더군요. 빨라야 2년에서 4년, 늦으면 7년도 족히 걸리는 사전 출판 작업을 그렇게 지켜볼 수 있다는 것이 쉬운 일은 아니지요. 언젠가는 내가 "가끔씩 편집국에 들러보십시오"라고 말씀드렸더니 "맡겼으니 믿어야지요" 하시더군요.

『Living』이라는 영어독본으로 출판을 시작한 민중서관의 도서목록은 중·고교 교과서와 사전으로 채워졌다. 부산 피란 시절 만들어진 『포켓 英韓사전』은 이양하 씨와 권중휘 씨가 편자로 참여했다. 1954년 출간된 이 사전에 대한 독자들의 반응은 가히 폭발적이었고, 이에 힘입어 『포켓 韓英사전』과 독어·불어·중국어 사전이 잇달아 나왔다.

이밖에도 일제하에서 출판 활동을 통해 민족문화의 보존에 기여하고 한국 출판문화사에 한 획을 그은 출판인으로는 덕흥서림德興書林의 김동진金東縉, 영창서관永昌書館의 강의영姜義永, 대동출판사大同出版社의 이종만李鍾萬 등이 있다. 이제는 해방 이후 생겨난 출판사들을 이끈 기획자들의 면면을 살피기로 하자.

을유문화사의 출판동인들

1945년 12월 1일 출범한 을유문화사乙酉文化社는 의기투합한 출판동인들의 역할분담이 뚜렷했다. 출판동인 네 사람이 각자의 장점을 살려 역할을 나눴는데 민병도閔丙燾는 재정 부문을 책임지며 7년간 발행인을 맡았다. 조풍연趙豊衍과 윤석중尹石重은 풍부한 편집경험을 살려 기획과 편집을, 은행원 경력의 정진숙鄭鎭肅은 출판사의 살림살이를 담당했다.

당시로서는 이례적으로 출판사의 업무를 나눠 책임경영을 시도한 것은 기왕 시작했으니 "출판다운 고급출판을 하자"는 공감대가 동인 사이에 형성됐기 때문이다. 이런 점은 을유문화사가 내세운 출판의 지향에도 반영돼 있다. 동인들이 출판에 임하는 자세를 정리한 기본 수칙 네 가지는 다음과 같다.

> 첫째, 원고를 엄선하여 민족문화 향상에 기여하자.
> 둘째, 교정을 엄밀히 하여 오식이 없도록 하자.
> 셋째, 제품을 지성으로 하여 독자의 애호를 받자.
> 넷째, 가격을 저렴히 하여 독자에게 봉사하자.

1946년 2월 1일 세상에 선을 보인 을유문화사의 첫 번째 책은 이각경의 『가정 글씨체첩』이다. 이 책은 B5판 26면의 얇은 책자였으나, 한글 글씨본으로는 손색이 없었다. 서두에 붓대 잡는 법, 글씨 쓰는 법 등을 간략하게 설명하고 나서 본문에는 우리 나라 전래 고전의 명문장에서 가려 뽑은 구절을 궁체로 써 놓았다.

이어 '조선아동문화협회'(줄여 '아협')이름으로 이각경의 『어린이 글씨체첩』이 나왔다. 을유문화사의 초창기 목록 중에는 '아협' 명의의 출판물이 적지 않은데 '아협'은 윤석중의 제의로 만든 것이다. 을유문화사의 세 번째 책은 '그림동산'제1집으로 펴낸 『어린이 한글책』이다. 윤석중이 편집을 맡은 이 책은 우리말을 모르는 어린이를 위해 그림 위주로 엮은 일종의 한글사전이다. 을유문화사 마크를 도안한 홍우백 화백이 삽화를 맡았는데 책에 대한 독자의 반응이 아주 좋았다. 초판 5만 부를 순식간에 소화해 2쇄 2만 부를 찍기도 했다.

을유문화사는 1946년 상반기에만 10종을 연달아 펴냈다. 그런데 이채로운 것은 10종 중에서 100쪽이 넘는 책은 한 권뿐이었다는 사실이다. 팸플릿 형태의 경량 도서로 출판사의 초창기 목록을 늘려 나간 것은 당장에 좋은 원고를 구하기 어려웠던 당시의 여건을 감안하면 불가피한 선택이었다.

1946년 출간된 일석一石 이희승李熙昇의 『조선문학연구초』는 을유문화사 최초의 학술서적이다. 우리 문학에 대한 근원적 이해와 인식을 새롭게 하려는 취지로 출간된 이 책은 나중에 『국문학연구초』로 제목을 바꿔 판을 거듭했다. 이 책의 발문을 빌려 이희승은 책이 출간된 경위를 다음과 같이 피력하고 있다.

> 을유문화사의 석중, 우호(愚虎: 조풍연)의 두 벗님으로부터 이것을 '팜플렛'에 담자는 간곡한 권유가 있었고, 진작부터 이 소론의 일부가 실려 있는 〈문장〉지를 가지고 원고지에 옮겨 놓는 등 여러 가지의 호의를 베풀어 주시므로 그 큰 호의를 저버릴 수 없어, 나는 일차의 교고校考를 지내었을 뿐이다.

창립동인은 아니지만 이상백李相佰은 을유문화사의 초창기 목록을 풍성하게 하는 데 일조했다. 특히 1947년 4월 손진태의 『조선민족설화의 연구』로 대장정을 시작한 '조선문화총서'의 발간에 큰 기여를 했다. 이상백은 '조선문화총서'의 실질적인 산파로서 '조선문화총서 간행에 즈음하여'라는 제목의 간행사를 직접 쓰기도 했다.

현암사의 조상원

현암사玄岩社의 출판등록일은 1951년 12월 24일로 돼 있으나 현암玄岩 조상원趙相元이 출판계에 투신한 것은 그로부터 6년을 거슬러 오른다. 조상원이 1945년 12월 25일 창간한 〈건국공론建國公論〉은 현암사의 맹아라고 할 수 있다. 해방된 조국에서 진정으로 해야 할 일이 무엇인가를 곰곰이 생각하던 현암은 민족의 정론을 바로 세우는 일이 시급함을 깨닫고 시사종합지를 창간하게 된다. 이렇게 태어난 〈건국공론〉 창간호는 초판 3만 부가 매진되는 호응을 얻었다.

현암사의 첫 번째 책은 세계의 명언을 주제별로 모아 엮은 『처세철언處世哲言』으로 이 책은 쇄를 거듭했다. 이 책은 조상원이 직접 엮은 것이기도 하다. 1959년 조상원은 자신이 편저한 『법전法典』을 출간한다. 이 책은 몇 가지의 출판사적 의미를 지니는데, 우선 일본식 '육법전서'라는 이름을 탈피한 대한민국 법령집이라는 점이다. 또한 '법전'이라는 명칭이 처음으로 사용된 책이다. 제목의 신선함과 관련 조문참조를 끼워넣은 편찬방법의 독창성으로 말미암아 『법전』의 초판 3천 부는 발매 즉시 매진되었다.

1960년대 현암사 목록에는 세 권의 문예물이 눈에 띈다. 이어령의 에세이 『흙 속에 저 바람 속에』(1964)는 표지와 본문 인쇄에 하이델 동판 인쇄기법을 도입해 입체감을 살렸다. 박경리의 장편소설 『시장과 전장』은 당시로는 드물게 연재과정을 생략한 전작출판물이었다. 1966년 봄에는 〈한국문학〉을 계간지로 창간했다.

1970년을 전후로 출간된 『한국의 명저』와 '현암신서' 시리즈는 현암사의 대표작이라고 할 수 있다. 우리 고전의 명저 가운데 100권을 골라 전문 학자들이 해제를 붙인 『한국의 명저』(1969)에는 박종홍·홍이섭·전광용·이기영·전상운·박창해·신일철·안동림 등이 기획위원으로 참여했다.

'현암신서'는 동서양의 고전과 현대학문의 성과를 아우른 기획으로 1970년대 출판계에 단행본 붐을 몰고 오기도 했다. '현암신서'는 판권란을 속표지 뒷면에 배치했는데 저자와 협의를 통해 인지첩부를 하는 대신 검인 생략 표시를 했다. 아울러 책을 만든 사람들의 이름을 일일이 적어 놓았는데 이는 국내 최초의 시도였다. 완벽주의를 추구한 조상원은 출판인은 단순한 장사꾼이 아니라고 강조했다. 다음은 현암의 유작 『그래도 길은 있었다』(현암사, 2000)의 일절이다.

> 우리 회사의 편집실 입구에는 '완벽주의完璧主義'라는 문구가 쓰인 큰 액자가 걸려 있다. 안전 불감증에 걸린 우리 사회를 생각하면 우리에게는 참으로 낯선 말 같다. 출판인은 단순한 장사꾼만은 아니다. 이 나라의 교육과 문화의 일단을 맡은 사람이다. 출판인은 대학 총장에 못지않은 사명을 지닌 사람이다.

의사들이 주축이 돼 만든 출판사, 수선사의 편집자

1947년 설립돼 1950년까지 책을 만든 수선사首善社는, 비록 그 활동기간은 짧았어도 화제작을 다수 펴낸 출판사였다. 더구나 출판사의 인적구성과 조직형태, 그리고 창설의 뜻이 독특한 점도 눈여겨볼 대목이다. 수선사의 창립 멤버 아홉 명 가운데 일곱 명은 의사였다.

사장은 백병원 원장이었던 백인제가 맡았다. 수선사에 참여한 의사들은 인술로 번 돈을 해방된 조국의 문화사업에 투자한다는 큰 뜻이 있었다. 이들의 뜻이 더욱 고귀한 것은 백인제가 사장에 취임한 것을 제외하고는 경영에는 전혀 간섭하지 않았다는 점에 있다. 지원은 하되 간섭은 하지 않는 미덕을 발휘한 셈이다.

수선사의 편집진은 문화계의 이목을 끌 정도로 화려했다. 김억·김도태·김홍제가 편집고문을 맡았고, 계용묵과 허윤석이 편집주간을 맡았다. 수선사는 3년 남짓 동안 20여 권을 펴냈는데 여기에는 한국 문학사의 문제작이 다수 들어 있다. 이는 아마도 수선사 구성원들의 인맥이 적잖이 작용한 결과로 보인다. 수선사에는 서북 지방 출신이 많았는데 이 고장에서는 한국 신문학의 개척자를 많이 배출하기도 했다.

계용묵의 『별을 헨다』를 1947년에 냈고, 1948년에는 염상섭의 『만세전』, 김동인의 『발가락이 닮았다』, 정비석의 『제신제諸申祭』 등을 펴냈다. 1949년에는 박종화의 『청춘승리』, 주요섭의 『사랑방 손님과 어머니』, 김동리의 『황토기』를 찍었다. 1950년에는 최정희의 『천맥天脈』을 간행했다.

그런데 수선사의 첫 번째 책은 문학서적이 아니다. 『서재필 박사 자서전』이 처음 펴낸 책인데 이 책은 사학자 김도태가 서재필 박사의 구술을 토대로 엮은 것이다. 수선사는 광고문구를 통해 이 책의 의의를 다음과 같이 밝히고 있다.

> 자유주의 교과서! 조선 혁명운동의 선구자요 진정한 자유주의 투사인 서박사가 혁명운동에 몸을 바친 80생애의 투쟁사를 한달 남짓에 걸쳐 구술한 산 기록이다. 한말 풍운의 거짓 없는 사실을 알려거든, 또 자유주의의 이상이 무엇인지를 알려거든 모름지기 박사의 이 구술을 읽으시라. 더구나 역사가 김도태 씨가 해박한 지식으로 문답을 해가면서 박사의 구술을 받아쓴 것이니 문자의 그대로 금상첨화를 이룬 명저이다.

발행인 백인제와 기록자 김도태, 그리고 구술자 서재필 사이에는 각별한 인연이 있다. 김도태와 백인제는 같은 고향 사람이면서 오산고보 선후배 간이다. 서재필 박사는 백인제의 의학계 대선배이기도 하다.

출판계의 풍운아, 동아출판사의 김상문

동아출판사의 전신이랄 수 있는 동아프린트사는 일제 말기 대구에서 손꼽히는 등사판 인쇄물업체였다. 1942년 4월 15일 김상문金相文은 동아프린트사를 개점하면서 세 가지의 영업방침을 정한다. 첫째, 미려한 서체를 쓸 것. 둘째, 오류가 없을 것. 셋째, 납기를 엄수할 것 등이 그것이다. 이러한 원칙은 동아출판사에서도 그대로 실행되었다.

해방을 맞아 경상북도청 학무과의 의뢰를 받아 초등학교용 『신생국어독본』을 제작하면서 동아프린트사는 동아출판사로 거듭난다. 이윽고 동아출판사의 향후 진로를 결정해주는 일대 사건이 발생한다. 김상문이 경상북도 도내의 중학교 입시문제를 모아 국어·산수·사회·자연 등의 과목별로 해설과 응용문제를 곁들여 『중학입시문제』라는 제목으로 출판한 것이 대박을 터뜨린다.

김상문은 대구에서 서울로 터전을 옮기고 동아출판사를 재출범하기에 앞서 새로운 출판방향을 모색한다. 고심 끝에 학생용 학습참고서와 사전류 출판에 주력하기로 결론을 내린다. 이 시기 한국 출판은 학생을 상대로 하는 참고서 시장이 주류를 이뤘기 때문이다. 참고서 시장을 손아귀에 넣는 출판사가 곧바로 출판시장 전체를 장악하는 형국이었다.

그러나 참고서 만들기가 쉬운 것은 결코 아니다. 회고록 『빈손으로 와서 빈손으로 간다』(상문각, 1992)에서 김상문은 참고서 출판의 어려움을 다음과 같이 토로한다.

> 출판물 중에서 쉽고도 어려운 출판이 학습참고서 분야이며, 그중에서도 국민학교 중학교 학습참고서가 그러하다. 왜냐하면 고등학교 학습참고서는 대부분 유능한 저자가 인세제로 집필하지만, 국민학교와 중학교 학습참고서는 창출한 출판 아이디어에 따라 편집부 직원이 집필하게 되며, 이리함으로써 그때그때 수집한 정보를 바탕으로 출판감각과 영업감각이 일치한 학습참고서를 스피디하게 제작하게 된다.

김상문은 학습참고서 출판의 3대 요건으로 1. 속도전에서 앞설 것, 2. 새로운 학습 정보에 맞는 참신한 내용이어야 할 것, 3. 반품을 최소한으로 줄이기 위해 물량 계산과 속도 공정에 차질이 없어야 할 것 등을 꼽았다.

김상문은 불굴의 기획자다. 곤경에서도 아이디어가 샘솟는다. 동아출판사의 대명사였던 '완전정복' 시리즈의 기획은 그 단적인 예라고 하겠다. 1950년대 중반, 슬럼프에 빠진 동아출판사는 부도를 맞는다. 이리저리 숨어다니던 중에 김상문은 중·고등학생을 위한 학습참고서의 밑그림을 그린다.

"참고서를 국판에서 4·6판으로 만들고 거기에다 교과서 전문을 넣으면…. 문제와 풀이, 교과서 전문이 들어 있는 참고서! 교과서가 없이도 한 권의 참고서로 학습을 필할 수 있다면? 절묘한 아이디어가 아닌가."

이 아이디어는 그대로 맞아떨어져 '완전정복' 시리즈는 『동아전과』, 『동아수련장』 등과 함께 동아출판사의 간판 브랜드가 된다. 하지만 야심작 『동아원색세계대백과사전』의 실패로 김상문은 눈물을 머금고 40년의 삶을 바친 동아출판사를 두산그룹에 넘긴다. 그 아픔이야 이루 말할 수 없었겠지만 김상문은 모든 책임을 자신에게 지운다. 그러면서 자신이 죽거든 『동아원색세계대백과사전』 제1권과 제30권, 그리고 『동아전과』를 함께 관에 넣어달라는 유언을 가족들에게 미리 해두었다.

'한국학 도서 개발의 선두주자' 일지사의 김성재

일지사一志社와 일조각一潮閣은 50성상을, 출판사 옥호의 첫 글자대로, 한길을 걸어온 출판사다. 1950년대 중반 창업해 한눈 파는 일 없이 학술출판, 그것도 한국학 출판의 외길을 꾸준히 걸어왔다. 게다가 한국학 출판의 산실인 두 출판사의 산파인 김성재金聖哉와 한만년韓萬年은 칠순에 이른 지금도 여전히 '현역'으로 남아 있다.

문예출판사 전병석 대표는 경향신문 출판면의 '칭찬릴레이'를 통해 김성재를 '선비 출판인'이라 표현한 바 있다. "지금까지 일지사에서 펴낸 책의 목록을 보면 곧 그분의 출판정신과 출판인으로서의 높은 인품을 읽을 수 있다. 그분은 후배 출판인들이 사표로 삼아 부족함이 없는, 언제나 출판의 정도를 걷고 있는 선비 출판인이다."(2000년 4월 27일자)

또한 김성재 본인은 출판인이라는 부름보다는 편집자라는 이름을 더 달갑게 여긴다고 덧붙인다. "나는 출판자이기 전에 편집자였고, 지금도 편집자임을 자랑스럽게 생각한다. 편집자는 인간의 정신적 활동의 소산인 저작물에 대한 최초의 비판적 독자이기도 하거니와 저작된 원고에 생명을 불어넣을 수도, 바람이 부는 방향을 확실하게 할 수도 있는 존재인 까닭이다."

이외에도 김성재는 저서 『출판현장의 이모저모』(일지사, 1999) 곳곳에다 자신의 편집자론을 개진해 놓았는데, "오거나이저organizer 내지 프로듀서"로도 표현되는 편집자는 출판사의 운명을 좌우하는 기획을 직접 하거나, 이에 관여하기도 한다고 말한다.

이 책의 말미에 실린 「나의 길」에 따르면, 김성재는 학원사學園社의 전신인 대양大洋출판사의 편집사원 모집에 대학 재학 중인 것을 숨기고 응시한 것이 출판계 입문의 계기가 되었다. 1956년 일지사를 창업하지만 처음에는 일감이 별로 없어 외부 원고 교정일을 더러 하기도 했다. 일지사가 "처음으로 펴낸 책은 대학입시를 위한 국어참고서였고, 이어서 중학생을 위한 세계사 학습참고서를 냈다." 이 두 책의 원고는 출판사를 차리기로 마음먹은 김성재가 미리 써놓은 것이었다. 두 과목의 학습참고서는 판매가 잘 되었으나 수금해서 이자를 갚기에는 빠듯한 형편이었다.

학습참고서를 펴내면서 학술서도 출간했던 김성재는 1970년대로 접어들면서 학습참고서 출판에서는 완전히 손을 떼고 학술서 출판에만 전념하기에 이른다. 『출판현장의 이모저모』 262, 263페이지에 실린 일지사의 1975년도 출간도서목록은 '한국학 도서 개발의 선두주자'라는 호칭에 값한다. 몇 개의 제목을 들어보자.

『韓國農村社會硏究』(崔在石), 『프랑스文學史』(宋勉), 『질마재神話』(徐

廷柱), 『航空·宇宙의 世界』(洪聖杓), 『韓國家族의 構造分析』(李光奎), 『韓國現代詩論批判』(金允植), 『美術이란 무엇인가』(李慶成), 『抗日學生民族運動史硏究』(鄭世鉉), 『假面의 꿈』(李淸俊), 『新羅佛敎說話硏究』(黃浿江)

일지사의 책은 오자와 오류가 없기로 정평이 나 있다. 책 한 권 펴내는 데 원고의 교열에서 제작에 이르기까지 남다른 공을 들이기 때문이다. 편집자의 덕목으로 교정 보는 능력을 첫손 꼽는 김성재는 정확한 용어의 사용을 강조한다. 기회 있을 때마다 잘못된 관행을 바로잡고자 한다.

예컨대 '판권면'은 '간기면刊記面'으로, '집중력'은 '집주력集注力'으로 바꿔 써야 한다는 것이다. 요즘 널리 쓰이는 '간추리다'라는 우리말은 1958년 김성재가 국어사전 교정을 보면서 슬쩍 집어넣은 것이 광범위하게 사용되는 계기가 됐다는 일화가 있다. 또한 김성재는 도서정가제 논란 같은 출판계의 쟁점에 대한 자신의 의견을 적극적으로 개진하곤 한다.

『출판현장의 이모저모』외의 저서로는 『출판의 이론과 실제(제6판)』(일지사, 2001) 등이 있고, 명편집자인 삭스 카민스 평전인 『편집자란 무엇인가』(일지사, 1993)를 번역했다. 출판기획자라면 호신부로 삼아야 할 책들이다.

한국학의 산실 · 한국사학의 요람, 일조각의 한만년

한국학이라는 낱말의 개념조차 정립되지 않은 1960년대 후반부터 한 선생은 영리를 초월하여 한국학 관련 전문도서와 학술논문집을 간행함으로써 출판을 통한 한국학의 개척과 정립에 향도적 역할을 자임했다. 그의 이 같은 의지는 구체적으로 『한국사신론』, 『한국사학의 방향』, 『한국토지제도 연구』 등 한국사학 관련도서 40여 종과 『한국사강좌』(전7권), 『한국사자료전집』(전5권), 『한국사논문선집』(전6권) 등을 비롯하여 지금까지 한국학 관련 도서 860여 종을 발행하는 빛나는 자취를 남겼다.

1993년 제7회 인촌상 언론출판 부문 수상자인 한만년韓萬年의 업적을 기술한 수상자 선정 이유의 한 대목이다(〈책과 인생〉 2002년 7월호 107면에서 재인용). 이와 아울러 선정 이유는 한만년이 초창기 〈창작과비평〉과 〈문학과지성〉의 든든한 버팀목이 되어 주었다는 점을 적시하고 있다. "1960년대 중반에는 계간 〈창작과비평〉의 간행을 도와 독자적인 경영력이 생길 때까지 지원을 계속했으며, 1970년대에는 〈문학과지성〉의 창간과 속간에 재정적 후견인으로 자생력이 생길 때까지 꾸준한 지원을 아끼지 않았다."

동서문화사 고정일 대표가 〈책과 인생〉(2002년 7월호)에 기고한 글(「한국학 출판의 한 길 '일조각'의 한만년」)에 따르면, 일조각이 문을 연 것은 1953년 9월의 일이다. 탐구당에서 4-5년간 일하면서 출판이 자신의 적성에 맞고, 열심히 하기만 하면 생계는 그러저럭 꾸려나가리라는 판단에 따른 창업이었다.

개인 문집 『一業一生(증보판)』(일조각, 1994)에 실린 자전에세이에는 출판계 입문 당시를 되돌아 보는 대목이 있다. 해방 직후의 취직 자리로는 공무원·은행원·교사가 대종을 이뤘으나 셋 다 자신의 적성과는 맞지 않아 보였다. "따라서 출판업은 먹고 살기 위한 방편으로 나에게는 자신있고 손쉬운 직업이었던 것이다."

하지만 출판업에 뛰어든 데에는 집안의 분위기도 적잖이 작용한 것이 사실이다. 한만년의 부친 월봉月峰 한기악韓基岳은 동아일보와 조선일보의 편집국장을 역임한 언론인이다. 일조각의 첫 번째 출판물은 현민玄民 유진오兪鎭吾의 『헌법해의憲法解意』였는데 유진오는 한만년의 보성전문 시절 은사이자 장인이기도 했다. 일조각이라는 이름도 유진오가 지은 것이다.

일조각도 처음에는 교과서에 주력했다. "출판에서 제일 확실한 것은 교과서다. 교과서는 예나 지금이나 격렬한 경쟁을 치러야 하는 것이지만, 좋은 저자를 만나고 열심히 일하면 규모는 작지만 창업의 터전과 자수성가의 길은 마련된다고 믿었다." 그러나 나중에는 중·고등학교 교과서 출판에서는 손을 떼고 대학교재와 학술도서 출판으로 눈을 돌렸다.

1천여 종에 이르는 일조각의 간행도서 중에서 대표작을 꼽는 것은 무리가 따르지만 그래도 이기백의 『한국사신론』이 가장 널리 알려진 책이 아닌가 한다. 1980년대 중반 필자의 대학 신입생 시절 교양 국사 강좌의 교재도 바로 이 책이었다. 한만년도 김성재와 마찬가지로 요즘도 날마다 출판사에 나와 교정과 집필에 몰두한다고 한다.

최초의 전문 기획자 신동문

2001년 상반기 문화일보 북리뷰를 통해 연재된 '한국의 출판기획자' 시리즈에서 신동문辛東門을 한국 출판의 순수 기획자 1호로 호명한 이유는 그의 탁월한 기획자적 역량뿐만 아니라 그의 삶 자체가 기획자의 길을 상징적으로 드러냈기 때문이다. 곧 "아무리 뛰어난 기획자로 활약해도 개인에게는 특별한 보상이 없는 한국 기획자의 삶을 이미 40년 전 신동문이 보여주고 있다는 것이다." 부연하면 사장으로 변신하지 않는 한 기획자의 운명은 그럴 수밖에 없다는 말이다.

신동문은 1969년에서 1976년까지 창작과비평사의 대표를 맡기도 했지만 그의 대표적인 기획물들은 사장이라는 직책과는 무관하다. 현대의 고전의 반열에 오른 최인훈의 『광장』을 발굴했을 때, 신동문은 진보적 잡지 〈새벽〉의 편집장이었다. 자유당 정권보다는 비교적 자유로운 4·19 직후였지만 신동문은 소설의 게재 여부를 놓고 적잖은 고민을 하게 된다. 하지만 무슨 일이 있더라도 작품을 싣겠다는 결정을 내리고 실행에 옮겼다.

신동문은 민음사의 첫 번째 책인 『요가』의 기획에 참여하기도 했지만 그의 기획력이 활짝 꽃핀 것은 신구문화사 시절이다. 『세계전후문학전집』(1960)과 『현대세계문학전집』(1966)은 당시 잘 알려지지 않은 외국 작가와 작품에 대한 충실한 평가와 해설을 통해 기존의 출판 통념을 뒤바꿨다는 평가를 받는 출판물이다. 신동문은 번역자 겸 기획위원으로 이 두 전집의 발간 작업에 참여해 뛰어난 능력을 발휘했다.

『일본전후 문제작품집』에서는 다자이 오사무의 「사양斜陽」을 번역했으며, 『현대세계문학전집』 12번 '일본문학' 편에 실린 미시마 유키오 「금각사金閣寺」를 우리말로 옮기고 작품해설도 썼다. 신동문은 1956년 〈조선일보〉 신춘문예를 통해 등단했고, 등단연도에 펴낸 『풍선과 제3포복』은 그의 유일한 시집이다.

한국출판역사에서 1966년은 뜻깊은 해로 기록될 만하다. 한 시대를 풍미한 출판사들이 이 해에 첫발을 내디뎠기 때문이다. 문예출판사·범우사·민음사가 그들이다. 이들은 여전히 건재함을 과시하며 우리 출판문화를 살찌우는 데 크게 기여하고 있다. 그것은 창업자들의 출판에 대한 안목과 탁월한 기획력, 그리고 불굴의 의지가 없이는 불가능한 일이었다.

새로운 세대에게는 새로운 번역으로, 문예출판사의 전병석

저작권의 무풍지대나 다름없던 지난 시절, 중복출판은 한국 출판의 심각한 병폐 가운데 하나였다. 문학의 명작은 국내외 작품 가릴 것 없이 중복출판이 행해졌는데 번역물은 그 정도가 더욱 심했다. 한 작품이 뜬다 싶으면 여기저기서 같은 책을 찍어냈다. 이런 상황에서도 출판의 정도를 지키면서 타의 추종을 불허하는 출판사가 있었으니, 문예출판사가 그 주인공이다.

문예출판사는 1960년대 중반, 청소년이 읽을 만한 문학 교양서적이 변변하지 않을 당시 교양도서 출판에 앞장섰다.

『데미안』, 『어린왕자』, 『갈매기 꿈』 등은 이본異本이 수십 종에 달하지만 문예출판사에서 펴낸 것이 정본定本으로 인정받아 오고 있다. 이것은 전병석의 작품을 고르는 안목과 새로운 세대에게는 새로운 번역으로 다가서는 일신우일신日新又日新의 자세가 맞아 떨어진 결과다.

양평 기자의 『베스트셀러 이야기』(우석, 1985)에 따르면, 『데미안』의 첫 출간은 1955년 대구 소재의 영웅출판사를 통해서였다. 『젊은 날의 고뇌』라는 제목으로 나왔는데 이듬해 2쇄를 찍기는 했지만 별다른 반응은 없었다. 10년 후, 전병석은 번역자인 아동문학가 김요섭에게서 출판권을 사들여 원래 제목대로 『데미안』으로 붙여 서점에 내놓아 1년 만에 5만 부의 판매고를 올린다.

특히 여학생들에게 폭발적인 인기를 끌었는데 『베스트셀러 이야기』는 이를 공격적 마케팅의 결과로 설명한다. "출판사는 여학교의 문예반 학생들에게 이 책을 무료로 기증하는가 하면 출판사 직원과 친지들을 동원, 서점에서 떠들썩하게 이 책을 사들였다. 이런 선전 방식은 지금도 통용되고 있어 『데미안』은 여러 가지로 신기록을 남긴 셈이다."

문예출판사는 독자들에게 오래 읽혀야 한다고 생각되는 외국문학은 10여 년이 지나면 재번역을 했다. 『데미안』, 『어린왕자』, 『갈매기 꿈』 등 많은 작품들을 새로운 시대감각에 맞는 번역으로 새롭게 출간하여 독자의 호응을 받고 있다.

지금은 학술출판으로까지 영역을 넓혔지만 한동안 문예출판사는 외국문학 출판사의 이미지가 강했다. 그런데 여기에는 피치 못할 사연이 있다. 1967년 당대의 내로라하는 국내 작가들과 신작 출판 계약을 성사시켰지만 약속을 지킨 작가가 한 사람도 없었던 것. 하는 수 없이 외국문학의 번역 출판에만 전력하기로 결심한 전병석은 1971년 에릭 시걸의 『러브 스토리』를 내놓는다. 이 책은 출간 1년 남짓에 10만 부가 팔렸다.

고난 끝에 일군 '종합출판'의 효시, 범우사의 윤형두

범우사는 종합출판의 효시로 통한다. '종합출판'을 슬로건으로 내세우며, 1966년 이래 펴낸 모든 책들의 기본서지사항과 해제를 수록한 목록의 제목도 『범우종합도서목록』이다. 이제 이 목록의 부피가 웬만한 단행본을 방불한다. 하지만 『범우종합도서목록』이 그저 두껍기만 한 것은 아니다. 기록정신이 돋보인다. 대장간에 망치가 없는 것처럼 우리 출판사들은 대체로 기록에 둔감하다. 서지사항의 정확성과 충실한 해제가 돋보이는 『범우종합도서목록』은 도서목록의 모범이라 부를 만하다. 또한 목록에 실린 수천 권의 다양한 책들은 종합출판의 진면목을 보여준다.

그런데 이 종합출판의 산실이 고난 끝에 일군 열매라는 사실은 차츰 잊혀지고 있다. 윤형두는 1980년대 사회과학출판사보다 한발 앞서 투옥을 경험한 출판인이다. 〈다리〉지 필화사건으로 겪은 감옥살이의 단면을 다음과 같이 적고 있다.

> 1971년 2월 12일 밤, 서대문 구치소에 수감되었다. 15촉짜리 전등이 아홉 자 높은 곳에서 희미한 빛을 발하며 매달려 있었다. 나는 그 어두운 빛 속에서 무엇인가를 찾았다. 읽지 않으면 미쳐버릴 것 같은 충동 때문에 바람막이로 발라놓은 잡지의 8포인트 활자를 열심히 읽었다. 내가 활자 때문에 이 고생을 하는데 하면서도 활자에 대한 미움보다는 친근감이 독방에 있는 나를 위로해주었다.

범우사의 단행본들도 꽤 수난을 겪었다. 김대중 대통령의 첫 번째 저서인 『내가 걷는 70년대』는 1970년대 초반 출간된 이후 여러 번 판매금지를 당했다. 김동길 교수의 에세이집 『길은 우리 앞에 있다』와 한승헌 변호사의 수필집 『위장시대의 증언』, 그리고 미테랑 프랑스 대통령의 전기와 E. H. 카의 『역사란 무엇인가』 역시 마찬가지 신세였다. 윤형두는 범우사의 책들이 당국의 눈밖에 날 적마다 중앙정보부에 끌려가거나 문공부 심의실에서 시말서를 쓰는 고초를 감내해야 했다.

최고의 문학 에디터 민음사의 박맹호

민음사 창립 30주년을 즈음해 신문지상에 게재된 박맹호의 회고에 따르면, 박맹호가 초창기 민음사 책들의 기획에서 두 사람의 '어시스트'를 받았다는 것을 알 수 있다. 시인 고은과 평론가 김현이 그들이다. 정식 직원이 네 명에 불과하던 민음사의 청진동 시절, 고은은 출판사 사무실에 자주 들러 번

뜨이는 아이디어와 기획거리를 쏟아내곤 했다.

"당시 막 상경해 일정한 거처나 직업도 없이 허무와 광기로 들끓던 고은은 나에게 문단 내부의 여러 계보와 시인 소설가들의 능력과 가능성에 대하여 명석하게 분석해 얘기해 줬다."

1969년 무렵 민음사를 드나들기 시작한 김현과 박맹호는 새로운 시문화를 일으키자는 데 의견을 같이한다. 문학의 본령은 시에서 출발한다는 두 사람의 일치된 견해는 '세계시인선'의 출간으로 이어진다.

박맹호는 1970년대 전반의 기획은 두 사람의 어시스트에게 그 공을 돌리고, 그 이후로는 유종호 교수나 김우창 교수의 도움에 큰 힘을 입었다고 말한다. 하지만 이를 그대로 받아들여선 곤란하다. 단연코 박맹호가 없었으면 민음사의 책들은 존재하기 어려웠다. 축구에 비유하자면, 미들필더들이 아무리 좋은 공을 연결해줘도 골을 넣는 것은 스트라이커의 몫이기 때문이다. 1966년 민음사 창업 이후 출간된 2천여 종이 넘는 책들은 오롯이 박맹호의 손을 거친 것이다.

박맹호는 자타가 공인하는 문학 전문 에디터다. 그는 1976년 〈세계의 문학〉을 창간하고, 이듬해 '오늘의 작가상'을 제정해 이문열, 한수산 같은 작가를 배출해냈다. 또 '오늘의 시인총서'를 통해 김수영 시인을 재발견하고, 시집의 대중화에 크게 기여했다. 무엇보다 박맹호의 출판을 향한 열정은 여전하다. 고은 시인에게 보내는 것으로 보이는 공개편지에는 그런 점이 잘 나타나 있다.

> "출판은 '한 시대의 지적 자장磁場이어야 한다'고 했던 계간 〈세계의 문학〉 창간사가 생각나네. 출판은 그런 자장을 통해 지식과 지혜가 결집되는 곳이며, 그리하여 한 시대의 좌표를 마련하는 곳이지."

〈창작과비평〉과 〈문학과지성〉이 1970년대 한국문학을 지탱한 양대산맥이라면, '창작과비평사'와 '문학과지성사'는 민음사와 함께 지난 30여 년 간문학출판의 트로이카 체제를 형성했다. 백낙청과 김현은 문학평론가로서뿐만 아니라 출판기획자로서도 한 시대를 이끌었다.

'창비아동문고'의 '산파' 백낙청

문학평론가 백낙청은 비평활동과 출판활동을 통해 1960년대 후반부터 지금까지 한국 사회에 지대한 영향을 끼쳤다. 백낙청이 미국 유학에서 돌아와 〈파르티잔 리뷰〉를 닮은 계간지 〈창작과비평〉 창간호를 세상에 내놓은 것은 1966년 1월의 일이다. 1969년 백낙청이 다시 유학길을 떠나면서 잡지사를 따로 등록할 때까지 〈창작과비평〉은 문우출판사, 일조각 등지에서 독립채산제 방식으로 발간되었다. 잡지사 등록을 마쳤어도 한동안은 신구문화사를 통해 잡지가 만들어졌다.

'창작과비평사'는 1969년부터 존재했지만 그 곳에서 단행본을 펴내기 시작한 것은 1974년에 들어서부터다. 백낙청의 표현을 빌면 "일종의 부대사업으로 시작한 출판사업이 지금은 이렇게 커졌"다. 초창기 창작과비평사의 출판목록을 살펴보면 '부대사업'이라는 표현이 무색할 지경이다. 아놀드 하우저의 『문학과 예술의 사회사』, 황석영의 『객지』, 『신동엽전집』, 리영희 교수의 『전환시대의 논리』 같은 '창비신서'의 대표작들은 1970년대 중반에 출간되었다. 이 책들은 하나같이 백낙청의 손길을 거쳐 세상에 나왔지만 그의 기획자적 역량을 보여주는 사례는 따로 있다. '창비아동문고'의 기획이 그것이다.

〈창비문화〉(1996년 11-12월호)와 가진 인터뷰에서 기획의 사실관계를 분명히 언급할 정도로 '창비아동문고'에 대한 그의 애정 또한 남다르다. "'창비아동문고'는 내가 시작했고 한동안은 내가 쓴 발간사가 권말에 실렸어요." 그래서 한때 '창비아동문고'에는 백낙청 교수의 간행사가 실리기도 했다.

그 동안 저희 '창비'를 아껴 주신 여러분들이 사랑하는 아들·딸·동생들에게 마음놓고 권할 수 있고 큰 부담 없이 사 줄 수 있으며 어른들 스스로가 즐겁게 읽을 수 있는 책들을 만들어 보자는 것입니다. 우선 국내 작가의 동화집 세 권으로써 문고의 첫걸음을 내디딥니다만, 장차 나라 안팎의 좋은 글들을 많이 모아 볼 계획입니다.

처음 나온 세 권의 동화집은 이원수의 『꼬마 옥이』, 이주홍의 『못나도 울 엄마』, 마해송의 『사슴과 사냥개』이다. 백낙청은 번역서(『문학과 예술의 사회사』 현대편)가 '창비신서'의 첫 권을 장식한 것을 두고 "지금 생각하면 자랑스러운 일은 아닌 것 같"다는 말을 했는데 '창비아동문고'는 시작부터 나무랄 데가 없다. 아무튼 '창비아동문고'는 백낙청이 시대를 앞서가는 혜안을 지닌 기획자라는 점을 입증한다. '창비아동문고'가 첫걸음을 떼고 4반세기가 흐른 오늘, 창작과비평사의 전체 매출에서 어린이책이 차지하는 비중은 절반을 훨씬 웃돈다. 따지고 보면 『괭이부리말 아이들』도 백낙청이 뿌린 씨앗의 결실인 셈이다.

문학과지성사의 김현

김현에게 출판기획자로서의 자의식은 없었던 것으로 보인다. '문지 4K'의 한 사람인 김치수 교수의 증언에 의하면 그렇다.

"그의 기획력은 출판시장에서 효과를 발휘하는가와 상관없이 문학적으로 의미있다거나, 지성사적으로 의미있는 점을 끌어내는 데 모아졌다. 그의 초점은 좋은 작가와 작품을 찾아내는 데 있었으며, 좋은 작가와 작품만이 한국문학의 자산이 되고 거기서 한국문학 이론이 나온다고 생각했다. 그 점이 바로 그가 평론가로서 활약한 것 만큼이나 좋은 작가와 작품을 발굴하는 데 힘을 쏟은 이유일 것이다."

이런 점은 김현이 작성한 '오늘의 시인총서'(민음사) 발간사에도 잘 나타나 있다. "문학이 그것을 산출케 한 사회의 정신적 모습을 가장 날카롭게 보고 있다면 시는 그 문학의 가장 예민한 성감대를 이룬다."

1970년 창간된 〈문학과지성〉은 동인지로 출발했다고 할 수 있으나, 중심에는 김현이 있었다. 잡지의 제호도 그가 정하고, 잡지의 대표적 기획이랄 수 있는 재수록 아이디어를 낸 사람도 바로 김현이다. 창간호가 종간호가 된 〈68문학〉을 잇는 잡지의 제목은 원래 〈현대비평〉이었다. 그러나 잡지의 제목에 '비평'이나 '비판'이 들어가는 것을 꺼리는 당국이 잡지의 제호 수정을 요구했는데, 김현이 대뜸 '문학과지성'이라는 제안을 내놨고 동인들은 이에 동의했다.

이미 발표된 작품 중에서 좋은 작품을 선별해 재수록하는 기획은 문인과 독자에게 좋은 반응을 얻었다. 오정희의 「적요」와 조세희의 「난장이가 쏘아올린 작은 공」 등이 재수록을 통해 작가와 작품이 더불어 재평가를 받았다. 재수록은 문학작품에 국한하지 않았다. 사회과학 논문들도 재수록해 조명했다.

김현의 유작이 된 『행복한 책읽기』(문학과지성사, 1992)는 그의 엄청난 독서량을 잘 보여준다. 동료 평론가조차 절레절레 고개를 흔들 정도의 독서량과 텍스트에 대한 엄밀한 분석은 기획자들에게도 시사하는 바가 크다. 기획자가 갖춰야 할 덕목이 무엇인지 넌지시 알려주기 때문이다.

최근의 활발한 출판양상에 대해 '르네상스'라는 부름이 가능하다면, 그 재생의 가장 가까운 시기는 1980년대가 아닐까 한다. 몇 년 전 유능한 젊은 기획자 두 사람과 한가롭게 이야기를 나누다 그들에게서 1980년대의 사회과학출판과 의식적으로 단절하고자 하는 사고를 확인하고 적이 놀란 일이 있다. 필자는 1980년대의 사회과학출판이 그런 대접을 받는 것은 일종의 업보라고 생각한다. 80년대 사회과학출판 역시 이전 세대와 의식적인 단절을 꾀했으니 말이다.

1980년대의 출판이 사회과학 일색이었던 것은 아니다. 어느 시대보다 다양한 장르의 책들이 쏟아져 나왔다. 그런데 1980년대 출판르네상스 또한 프리히스토리 없이는 불가능했다. 1970년대 중·후반의 다양한 모색이야말로 80년대 출판르네상스를 가능케 한 밑거름이다. 상징적인 기획들에 대한 간략한 언급을 통해 1980년대 출판의 전사前史를 짚어보기로 하자.

'오늘의 사상신서'(한길사)의 김언호

'오늘의 사상신서'는 1970년대 한국사회의 지적 성찰을 오롯이 담아낸 기획이다. 기획자인 김언호의 표현을 빌면, "'오늘의 사상신서'는 이 가파른 민족적 상황 그리고 이 민족의 주체적 성원으로서의 민중의 삶과 조건을 외면하지 않고 가슴으로 호흡하는, 개인적 고통을 마다하지 않고 사회적 고통에 동참하는 민족주의적이고 민주주의적인 지성의 지적 연찬의 소산이다."

동아일보 해직기자 출신인 김언호는 1977년 추석 전날 '오늘의 사상신서' 두 권을 세상에 내놓는다. 송건호의 『한국민족주의의 탐구』(제1권)와 고은의 『역사와 더불어 비애와 더불어』(제3권)가 그것이다. '오늘의 사상신서' 제2권인 리영희 교수의 『우상과 이성』은 이 책들보다 두 달 늦게 선보이는데 리영희는 「『우상과 이성』 일대기」를 통해 책이 나오게 된 계기를 다음과 같이 밝히고 있다.

> 그해(1977년) 초여름 어느 날, 동아일보 언론자유투쟁의 일원으로 '쫓겨난' 과거의 김언호 기자가 나의 집을 찾아왔다. 이야긴즉 출판사를 하나 차렸다는 것이다. 출판사를 '차렸다'면 그럴듯하게 들리지만 사실은 자기집 안방 책상 위에 차렸다는 말이었다. 나는 거짓말을 못하는 사람이니까 정직하게 말하면, 그때 나는 속으로 이렇게 중얼거렸다.

김언호는 리영희 교수의 중얼거림('이 친구가 남이 출판사를 한다니까 아무나 다 할 수 있다고 생각하는 모양이군')에는 아랑곳없이 한길사를 굴지의 출판사로 키워낸다. 김언호는 일련의 저서를 통해 출판운동의 논리를 갈고 다

듣기도 했다. 모두 한길사를 통해 출간된 『출판운동의 상황과 논리』(1987), 『우리 시대 출판운동과 오늘의 사상신서 101권 1977-1986』(1986), 『책의 탄생』(전2권, 1997)은 출판기획자에게 나침반 구실을 하기에 충분하다.

'신과학총서'(범양사출판부)의 이성범

범양사출판부를 설립한 이성범의 이력은 독특하다. 그가 생전에 동아일보에 기고한 글에 따르면, 1916년 전북 고창에서 태어난 이성범은 줄포초등학교에서 서정주 시인과 함께 공부했다. 젊은 시절 그는 일본의 철학자 니시다 키타로(西田幾太郎)의 논문에 인용된 하이젠베르크의 글을 읽고 큰 감명을 받기도 한다. 하지만 생업에 쫓겨 물리학의 꿈은 한참 동안 접어두게 된다.

1958년 범양사를 창설해 오퍼상으로 일가를 이룬 이성범은 1970년대 후반 사업을 동생에게 넘겨주고 범양사출판부를 창설하기에 이른다. 환갑의 나이에 내린 결단이었다. 여기에는 '신과학총서' 1번으로 출간된 프리초프 카프라의 『새로운 과학과 문명의 전환』이 계기가 되었다. 미국의 서점에서 카프라의 책을 발견한 이성범은, 김용정 교수와 번역부터 시작했다. 출판사 이곳 저곳에 책의 출간을 타진했으나 상업성이 없다는 이유로 하나같이 난색을 표했다. 결국 범양사에 출판부를 만들고 직접 책을 펴낸다.

출판사업의 목적을 '과학의 진흥'에 둔 이성범은 "과학관련 책을 집중적으로 보급하되 가급적 혁신적인 새 이론을 담은 책을" 고른다는 방침을 세운다. 전문적인 분야를 깊게 파고드는 것보다는 종합지향의 넓은 안목과 현대문명의 허점을 보완하기 위한 인간 중심의 윤리를 더 높이 샀기 때문이다.

'출판·편집총서'(보성사)의 이경훈

책에 관한 책의 출간이 활발한 요즘이다. 그런 책들이 그만큼 잘 팔린다는 얘기다. 그런데 판로가 시원찮은 20여 년 전에 그것도 '시리즈'로 기획한 사람이 있다면 어떻게 받아들여야 할까? 필자는 '출판·편집총서'를 시대를 앞서간 기획으로, 그런 아이디어를 실행에 옮긴 이경훈을 탁월한 기획자로 본다.

게다가 1961년 보성사를 설립하고 나서 긴 휴지기를 가진 끝에 맺은 결실이라 그 의미는 더욱 각별하다. 이경훈은 '출판·편집 총서'의 머리글에서 다음과 같은 포부를 피력했다. "이 총서가 우리 나라 출판 현장에서는 자기를 비추어 볼 수 있는 하나의 거울의 구실로서 좋은 반려가 되고, 또 한편으로는 새로이 이 방면에서 일할 뜻을 둔 모든 이에게 배움의 지침서로서 기여하기를 바란다."

스탠리 언윈의 『출판의 진실』과 로베르 에스카르피의 『책의 혁명』은 지금 봐도 기획자의 거울로 손색이 없다. 이경훈은 〈출판저널〉 창간에 참여해 1990년까지 편집위원 겸 관리역으로 출판저널리즘의 활성화에 기여했으며, 저서로는 『책은 만인의 것』과 『속·책은 만인의 것』이 있다.

이밖에 정병규 기획의 '홍성신서', 이기웅의 '열화당 미술문고', 박종만의 '까치글방', 조상호의 '나남신서', 그리고 전망사에서 펴낸 '전망신서' 등이 다음 세대를 위한 밑거름이 되었다. 나중 세대는 앞의 세대에게 빚을 질 수밖에 없다. 하지만 우리는 앞선 세대를 창조적으로 계승하려하기보다는 단절하고자 하는 움직임이 강했다. 이제는 그런 악순환의 고리를 끊어야 할 시점이다. 이전 세대의 오류마저 소중히 보듬는 지혜가 아쉽다. 더구나 출판에서 앞선 세대의 빚을 갚는 방법은 참 쉽지 않은가. 선배들이 만든 것보다 더 좋은 책을 만들기만 하면 되니까 말이다.

1970년대와 그 이전의 한국출판에서 출판기획이라는 영역은 따로 존재하지 않았다. 그렇다고 출판기획 자체가 전무했다고 할 수는 없다. 기획 분야의 전문성이 아직 인정받지 못했을 따름이지 부지불식간 기획활동이 이뤄졌다. 또한 '무기획의 기획'이라는 표현도 가능하다.

그런데 흥미로운 것은 이러한 의식하지 않은 기획활동을 통해서 알찬 출판물을 수확했다는 사실이다. 『소설처럼』(산호, 1995)에서 다니엘 페낙은 "교육에 대해 별다른 신경을 쓰지 않았던 시절에 차라리 우리는 훌륭한 교육자였다!"고 말한 바 있지만, 지금까지 살펴본 출판인들의 활약상은 '기획에 대해 별다른 신경을 쓰지 않았던 시절의 그들이 훌륭한 기획자였다'는 사실을 잘 보여준다.

간추린 1980년대 이후 기획자

최성일 | 출판칼럼니스트

1980년대 초반부터 현재까지 주목되는 출판기획자의 면면은 언론매체의 관련기획에 소개된 인물과 현재 현장에서 활동하고 있는 사람들을 중심으로 간략하게 살펴보기로 하자. 이 글을 쓰는데 참고한 관련기획물들로는 '한국의 출판기획자'(문화일보), '책을 만드는 사람들'(한겨레), '출판사 탐방'(출판저널), '내가 펴낸 한 권의 책'(도서신문) 등이 있다.

사회과학출판

누가 뭐래도 1980년대는 사회과학출판의 시대다. 하지만 이 시기 사회과학도서를 기획한 사람들의 전모는 여전히 베일에 가려져 있다. 신분이 노출되면 곧장 구속되는 당시로서는 기획자가 숨어다니거나 가명을 사용한 것은 스스로를 지키기 위한 자구책이었다. 최근 들어 1980년대를 사회과학출판의 시대로 만든 기획자들의 실체가 조금씩 드러나고 있는 것은 그나마 다행스런 일이다.

정철영은 베일을 벗은 대표적인 숨은 기획자다. 그의 본명은 낯설지만 조진경·정민·조민 같은 그의 가명은 80년대 대학생활을 한 사람에게는 어딘지 귀에 익은 이름이다. 정철영은 한울·백산서당·한길사 등에서 200여 종의 책을 기획했다. 한울에서는 무크지 『현단계』의 발간에 참여했고, 한길사에서는 '해방전후사의 인식' 시리즈가 셋째 권부터 그의 손을 거쳐 나왔다. 또 '한길그레이트북스'의 기획에도 관여한 바 있다.

김정남 전 청와대 교육문화사회 수석비서관이 기획한 책은 손에 꼽을 정도지만, 하나같이 독자의 심금을 울렸다. 이태의 『남부군』(두레)과 신영복의 『감옥으로부터의 사색』(햇빛출판사/돌베개)은 김정남이 1988년 평화신문에 편집국장으로 재직하지 않았다면 좀더 늦게 햇빛을 봤을 작품이다. '학민글밭'을 꾸준히 펴낸 김학민도 1980년대 사회과학출판의 토양을 비옥하게 하는 데 일조했다. 그런데 학민사의 대표작은 별개의 단행본으로 출간된 유시민의 『아침으로 가는 길』이라고 할 수 있다.

1980년대 이른바 PD(민중민주) 진영의 대표적 이론가였던 이진경은 『사회구성체론과 사회과학방법론』(새길)을 비롯해 여러 권의 이론서를 저술하고 기획했다. 또한 이진경을 포함한 서울사회과학연구소의 연구원들은 신식민주의국가독점자본주의론을 전파했는데 '서사연'의 '신식국독자론'에 관한 책들은 주로 새길을 통해 출간되었다.

정인이라는 필명으로 활동한 황광우 역시 80년대의 뛰어난 기획자 가운데 한 사람이다. 황지우 시인의 동생이기도 한 그는 『소외된 삶의 뿌리를 찾아서』, 『들어라 역사의 외침을』, 『뗏목을 이고 가는 사람들』(거름) 등을 펴냈다. 80년대를 대표하는 스테디셀러 『철학에세이』(동녘)는 조성오·조성두 형제의 합작품으로 동생 성오씨가 집필을, 형 성두씨는 기획과 편집을 맡았다.

전문기획자들

80년 '서울의 봄'에 숙명여대 총학생회장을 지낸 형난옥과 서강대 운동권 출신의 김학원, 그리고 서울대 운동권 출신 최봉수는 사회운동의 '세례자'들이지만, 사회과학 분야의 출판기획자라기보다는 본격 기획자 시대의 개막을 알린 장본인들이다. 현암사의 '우리가 정말 알아야 할 백가지' 시리즈가 형난옥 주간의 대표작. 전우익의 『혼자만 잘 살면 무슨 재민겨』 또한 형난옥의 손발이 빚어낸 작품이다.

김학원의 대표 기획물로는 『철학과 굴뚝 청소부』, 『미학 오디세이』(새길), 『시간박물관』(푸른숲) 등이 꼽힌다. 새길과 푸른숲에서 기획자로서의 역량을 발휘한 김학원은 2001년 휴머니스트를 창업해 참신한 기획으로 출판계에 새바람을 불어넣고 있다. 김영사에서 편집장을 지내고 중앙M&B에서 일하고 있는 최봉수는 기획자를 위한 매뉴얼인 『출판기획의 테크닉』(살림)을 직접 펴내기도 했다.

이들과 함께 김광식·정은숙·김미숙·장의덕 등이 출판기획자 전성시대를 구가하고 있다 해도 지나친 말은 아니다. 책세상 김광식 주간 하면 으레 '책세상문고·우리시대'를 떠올리지만 그는 고전적 작가의 전집 기획자로도 정평이 나 있다. 그는 '릴케 전집', '카뮈 전집', '니체 전집'과 해외 문학가의 전기 시리즈인 '위대한 작가들'의 산파다. 또 김광식의 기획은 전쟁에 관한 고전을 집대성한 '밀리터리 클래식'을 낳았고, '책세상문고·고전의 세계'로 이어지고 있다.

열림원의 주간으로 있다가 마음산책을 연 정은숙은 시인의 자질보다는 출판기획자의 자질을 더 많이 발산하고 있다. 작가정신에서 '소설향' 시리즈로 문학 출판의 기반을 다진 다음 이마고를 연 김미숙은 『유혹의 기술』로 다시 한 번 자신의 성가를 올렸으며, 개마고원의 장의덕은 『김대중 죽이기』 기획을 통해 강준만의 필력에 불을 지폈다.

베스트셀러 제조기라고 부를 수 있는 기획자들도 여럿 출현했다. 박은주는 『세계는 넓고 할 일은 많다』(김영사)로 밀리언셀러 시대가 가까이 와 있음을 알렸고, 『반갑다 논리야』로 일약 출판의 규모를 키운 사계절출판사의 강맑실은 '역사신문', '세계사신문', '한국생활사박물관' 등으로 의미 있는 대형기획시리즈를 연속해서 내놓고 있다. 박광성은 『무궁화꽃이 피었습니다』(해냄)로 밀리언셀러 시대를 활짝 열어제꼈으며 한발 앞서가는 기획으로 유명한 류시화에게는 '출판계의 미다스의 손'이라는 칭호가 전혀 아깝지 않은데 최근에는 틱낫한 스님의 『마음에는 평화 얼굴에는 미소』(김영사)로 건재함을 과시하고 있다.

저(역)자 겸 기획자

대중음악계에 '싱어 송 라이터singer song writer'가 있다면 출판계에는 기획과 집필을 아우르는 필자군이 있다. 기획력 있는 저자의 대표 주자로는 유홍준과 이윤기가 꼽힌다. 『나의 문화유산답사기』(창작과비평사)로 장안의 종잇값을 한껏 올린 유홍준은 『나의 북한문화유산답사기』, 『화인 열전』(역사비평사), 『완당 평전』(학고재) 등을 펴내면서 필력과 기획력을 동시에 과시해왔는데 그는 자신이 내는 책의 편집과 교정까지 꼼꼼하게 챙기는 스타일이다.

번역자로도 잘 알려진 이윤기는 『이윤기의 그리스로마 신화』(웅진닷컴)를 비롯한 일련의 그리스로마 신화 관련 저작과 번역으로 근자의 신화 붐을 주도하고 있다. 노성두·이주헌·강응천 등도 집필과 번역을 병행하고 있는데 미술사가인 노성두는 『천국을 훔친 화가들』(사계절)과 『보티첼리가 만난 호메로스』(한길사)를 썼다.

일간지 미술담당 기자를 역임한 이주헌은 그림을 알기 쉽게 설명하는 것이 장점이다. 학고재에서 펴낸 『내 마음속의 그림』과 『신화, 그림으로 읽기』가 좋은 반응을 얻었다. 『문명 속으로 뛰어든 그리스신들』(사계절)을 지은 강응천은 '한국생활사박물관' 시리즈의 기획을 총괄하고 있기도 하다.

김용옥·주강현·박영규·최준식·곽동수 등도 필력과 기획력을 겸비한 독보적인 저자들이다. 노자와 공자에 대한 새로운 해석으로 한국 사회에 적잖은 파장을 몰고온 도올 김용옥은 『달라이 라마와 도올의 만남』(통나무)으로 이번에는 불교를 새롭게 해석한다. 『우리 문화의 수수께끼』로 유명한 민속학자 주강현은 중앙M&B에서 펴낸 두 권의 저서 『개고기와 문화제국주의』, 『레드 신드롬과 히딩크 신화』를 통해 시사성 있는 현안에 발빠르게 대응하고 있다.

『한권으로 읽는 조선왕조실록』(들녘)을 필두로 한 '한권으로 읽는' 시리즈의 박영규는 폭넓은 인지도에 힘입어 『특별한 한국인』(웅진닷컴) 같은 책에서 제 목소리를 내고 있으며, 최준식은 『한국인에게 문화는 있는가』(사계절), 『한국미, 그 자유분방함의 미학』(효형출판) 등을 통해 한국문화에 대한 성찰을 계속하고 있다. 컴퓨터 칼럼니스트로 활동중인 곽동수는 우리 나라에 SOHO를 처음으로 소개했고, 인터넷 음악 사이트인 소리바다 폐쇄를 둘러싼 논쟁에도 적극 참여하고 있다.

번역출판

번역물의 기획에서 번역자가 차지하는 비중은 결코 작지 않다. 이들을 언어권별로 살펴보면, 우선 영어권에는 안정효·정영목·강주헌·김석희(일본어 번역 병행)·이경덕·윤희기·이희재 등이 있다. 일본어 번역자로는 무라카미 하루키를 많이 번역한 김난주, 가라타니 고진을 처음 소개한 박유하, 그리고 양억관, 서은혜, 박이엽 등을 꼽을 수 있다.

독어권은 슈테판 츠바이크를 처음으로 번역한 박찬기, 루카치의 『소설의 이론』을 우리말로 옮긴 반성완, 그리고 두행숙, 안인희, 유혜자가 출판기획에도 이바지한 번역자라고 할 수 있다. 그밖의 언어권에서 이런 사람들은 꼽는다면 불어권에는 김화영, 김정란, 이세욱, 이재룡 등이 있고, 러시아어권에는 동완, 이철, 박형규, 조주관 등이 있으며 스페인어권에는 김현창, 송병선, 황병하, 김춘진 등이 있다.

번역출판에서 번역보다 출판에 더 가까운 기획자 가운데 기억해야 인물로는 러시아문학에서 출발해 프랑스 현대문학으로까지 자장을 넓힌 열린책들의 홍지웅, 프랑스 현대철학을 꾸준히 소개한 박재환, 『모리와 함께 한 화요일』(세종서적)의 강경혜, '셜록 홈즈 전집'으로 때아닌 추리소설 붐을 몰고 온 황금가지의 장은수가 있다. 장은수는 『드래곤 라자』의 이영도를 발굴해 내 독서계에 판타지 붐을 촉발시키도 했다.

담론의 활성화 꾀한 기획자들

1980년 신구분에 의한 사상유례가 없는 잡지 폐간으로 말미암아 한국의 지성계는 한동안 담론 공백 사태가 초래된다. 하지만 비어 있는 것은 채워지게 마련. 〈실천문학〉이 창간되면서 비판적 담론의 장이 조성된다. 1984년 〈실천문학〉 주필을 맡은 송기원은 이 잡지의 내포와 외연을 두루 확장하고, 〈민중교육〉을 창간해 사회와 교육계에 파문을 일으키며 옥고를 치르기도 한다.

1990년대 들어 잡지를 통한 담론의 활성화는 더욱 다양한 양상으로 전개된다. 김종철은 〈녹색평론〉을 통해 생태잡지의 전범을 제시하고 있고, 현병호는 〈민들레〉를 영토 삼아 대안 교육운동에 힘쓰고 있다. 강내희는 심광현, 고길섶, 이동연, 이득재, 이성욱, 태혜숙, 홍성태 등과 함께 〈문화과학〉을 매개로 문화를 통한 사회분석에 골몰해 왔으며, 주인석은 〈리뷰〉에서 고급문화와 대중문화의 접점 모색을 시도했다. 〈인물과사상〉을 통한 강준만의 인물비평작업과 〈당대비평〉을 통한 문부식·임지현의 일상적 파시즘론도 담론의 활성화에 크게 기여하고 있다. 이와 아울러 김진석과 김명인이 각기 편집주간으로 있는 〈사회비평〉과 〈황해문화〉 또한 한국 지식·독서계에서 만만찮은 토론의 장으로서 손색이 없다.

〈역사비평〉을 맡고 있는 임대식과 〈전통과 현대〉를 책임지고 있는 함재봉도 우리 사회를 움직이는 담론의 키잡이 임무를 충실히 수행하고 있다. 김우창이 편집인으로 있는 〈비평〉(생각의나무)은 편집위원의 진용도 화려하다. 김동윤, 김동춘, 여건종, 윤평중, 이남호, 정재서, 정정호 등이 〈비평〉의 편집위원이다.

오랫동안 한국의 독서계와 지식계에 담론의 젖줄 구실을 했던 문예 계간지의 편집진용은 세월의 흐름에 따라 많이 바뀌었다. 2002년 가을호에 등재된 이들을 살펴보기로 하자. 최원식 주간 체제의 〈창작과비평〉은 김영희, 박명규, 백영서, 유재건, 임규찬, 한기욱 등이 편집위원으로 참여해 중지를 모으고 있고, 〈문학과사회〉는 따로 주간이나 편집인을 두지 않고서 편집위원 체제로 운영되고 있다. 김동식, 김태환, 박혜경, 우찬제, 이광호, 정과리, 최성실 등이 〈문학과사회〉의 편집위원이다.

〈실천문학〉은 황광수를 주간으로 김재용, 방현석, 서강목, 양진오, 이선옥 등이 편집위원의 중책을 수행하고 있다. 〈문학동네〉는 남진우, 류보선, 신수정, 이문재, 황종연, 서영채 등이 편집위원으로 문학동네를 지키고 있다. 편집체재를 일신하면서 문학과 사상을 비슷하게 다루는 〈세계의문학〉은 박상준, 박성창, 조형준 세 사람이 만들고 있다.

젊은 문학인들도 담론의 활성화에 동참하고 있는데 이명원, 고명철, 홍기돈, 하상일 등으로 구성된 〈비평과전망〉 그룹은 문학과 현실에 대한 비판적 인식이 돋보인다. 〈문학·판〉은 이인성을 정점으로 김예림, 박철화, 성기완, 함성호 등이 판을 짰다. 이밖에 김성기와 최성균이 함께 만들었던 〈현대사상〉은 독서계와 지식계를 풍요롭게 했다.

다양한 개성 발산하는 기획자들

다양한 기획은 1990년대의 단행본 출판에서 유독 눈에 띄는 요소다. 탁월한 편집자인 정해렴은 기획자로서도 뛰어난 역량을 보여주고 있는데 '현실총서'는 그 증거물이다. 정해렴은 '조술祖述'의 방식으로 정약용·이익·신채호·한용운의 사상에 생기를 불어넣었다. 김동광, 이갑수(궁리), 진성민(다른세상), 이원중(지성사) 등은 과학출판의 척박한 토양에 거름을 주고 있고, 문순홍은 '생명총서'(솔출판사) 등을 통해 생태 전문 기획자로서의 역량을 과시한 바 있다.

관습적인 문학출판에도 새로운 개성이 움텄는데 그것은 청신한 기획자가 있었기에 가능했다. 이영준은 『경마장 가는 길』을 문단에 편입시켰고, 문학동네의 강태형은 신인 발굴에 주력하고 있다. 김영현의 실천문학사는 전기 문학에 역점을 두는 추세고, 독자들의 시원찮은 반응에도 아랑곳없이 '문이당 장편소설'을 꾸준히 펴낸 임성규의 고집스러움은 끝내 『아버지』의 대성공을 일궜다. 열음사의 김수경과 노혜경은 파격적인 실험정신으로 문학출판을 풍부하게 했다.

깊은샘의 박현숙은 납·월북 문인에 대한 해금 조치가 있기 전부터 영인본을 통해 한국문학사의 복원을 위해 노력했고, 해금조치 이후에는 '이태준 전집'과 '박태원 전집'을 간행했다. 소명출판의 박성모는 국문학 출판에 새 기운을 북돋우고 있다.

일군의 기획자들이 인문사회과학출판의 권토중래를 꾀하고 있어 주목된다. 이후의 이일규와 장철수는 대학 운동권 대상도서에서 출발해 본격적인 인문사회과학 분야으로 영역을 넓혀가고 있고, 삼인은 기획과 편집에서 홍승권, 이홍용, 문부식 세 사람의 3인 합의체제를 취하고 있다. 헨리 페트로스키를 국내에 처음으로 소개한 장인용과 오지연이 만든 지호의 독특한 출판 컬러는 다른 출판사로 전염돼 하나의 장르를 이뤘고, 강인황과 문현숙이 함께 걷는 이산의 행보는 느리지만 꾸준하다. 돌베개의 한철희는 사회과학에서 우리 것 찾기로의 방향전환을 순조롭게 진행시키고 있다.

효형출판의 송영만, 푸른역사의 박혜숙, 바다출판사의 김인호, 솔출판사의 임양묵, 일빛의 이성우, 새물결의 조형준, 한길사의 이승우, 산처럼의 윤양미, 예문서원의 홍영식, 백의의 유환옥, 새물결의 홍미옥 등도 눈여겨봐야 할 인문사회 분야의 기획자들이다.

실용서 분야 기획자의 활약상도 빼놓을 수 없다. 사회평론의 윤철호, 길벗의 이종원은 영어책과 컴퓨터책에서 발군의 실력을 내보인 바 있다. 대중출판기획에서 가능성을 보여준 은행나무의 주연선은 홍명보 선수의 자서전 『영원한 리베로』를 통해 시대의 징후를 내다보는 혜안을 드러냈다. 가능성 있는 저자를 오피니언 리더로 키워내는 데 일가견이 있는 명진출판의 안소연은 틱낫한을 확실한 인기저자로 키워냈다. 김상옥 등을 발굴한 열매의 황인원 또한 대중출판의 기획자로 두각을 보이고 있다. 정보문화사의 이상만은 컴퓨터 서적 출판에서 능력을 발휘했다. 김영곤(21세기북스), 이종문(국일출판사), 신경렬(더난), 김혜숙(참솔), 홍영태(전 청림출판), 강경혜(세종서적), 장익순(씨앗을뿌리는사람), 이종록(청년정신), 하연수(거름) 등은 90년대 말 이후 크게 성장한 경제·경영시장의 파이를 키운 기획자들로 손꼽힌다.

이오덕, 윤구병, 김태진(다섯수레), 권종택(보림), 김중철, 김진경, 이호백(재미마주), 박상희(비룡소), 위정현(계수나무), 이호균(길벗어린이), 엄혜숙, 서애경(소년한길), 김수진(푸른숲), 이광자(시공주니어), 신형건(푸른책들), 문승연(돌베개어린이), 최옥미(사계절), 김공희(웅진닷컴), 정광호(낮은산), 신수진(창작과비평사) 등은 청소년과 어린이책의 수준을 끌어올리는 데 크게 기여하고 있는데 햇살과나무꾼, 도토리(심조원), 우리누리, 동심여선, 장수하늘소 같은 전문기획집단이 어린이책 기획에서 보여준 활약상 또한 눈부시다. '노빈손' 시리즈(뜨인돌)의 박철준도 청소년물로 강점을 보인다. 예술 쪽에서는 심용섭(해뜸), 이규상(눈빛), 김장호(다빈치) 등이 전문출판을 표방했고, 미진사의 김현표는 디자인 전문 출판을 고집한다.

명멸하는 기획자들

차면 기울고 태어나면 죽는 것이 세상의 정한 이치다. 기획자들의 운명도 이와 마찬가지. 원대한 포부를 갖고 출판계에 뛰어 들었지만 뜻을 제대로 펼치지 못하고 본인의 의지와 무관하게 날개가 꺾이는 경우가 적지 않다. 하지만 출판사는 사라졌어도 책의 흔적은 남는 법이다. 비록 출판의 수명은 짧았지만 남다른 기획력을 발휘한 기획자를 짚어본다.

1980년대 중반 '동서문화시리즈'의 발간을 통해 신화 읽기 붐의 토대를 다진 평단문화사의 이성기는 지금 캐나다 몬트리올에 살고 있다. 여성사의 온현정 역시 시대를 앞서간 기획자다. 페미니즘 출판을 표방했던 기획자는 감독에서 다시 선수가 되어 다른 출판사에서 일하며 때를 기다리고 있다. 자작나무의 최청수는 뜻하지 않은 사건으로 결국 출판사 간판을 내렸지만 독서 대중의 눈높이에 맞는 문화 탐구서를 시의적절하게 번역해 한 시기를 풍미했다. 한뜻의 임명욱은 첫 번째 펴낸 책인 『공포특급』이 밀리언셀러가 되는 당혹스런 경험을 하기도 했다. 박인홍, 조병준, 김범수, 박상일, 박명욱 등으로 이뤄진 이색적인 출판동인인 박가서장의 기획실험이 언젠가는 재개돼야 한다.

사라지는 출판사보다 새로 생기는 출판사가 더 많은 것이 현실이다. 이런 현상을 어떻게 봐야 할까? 그것이 불행한 일인지 다행스런 일인지는 퍼뜩 판단을 내리기 어렵지만 출판사 폐업보다 창업이 많은 것에 한 가지 장점은 분명히 있다. 그럼으로써 젊은 기획자가 수혈되는 것은 바람직한 일이다. 끝으로 늦깎이 신인 기획자 몇 사람을 거명할까 한다.

수학강사 출신인 승산의 황승기는 『우리 수학자 모두는 약간 미친 겁니다』와 『뷰티풀 마인드』로 이미 수학 교양서 전문출판사의 입지를 굳힌 상태다. '과천연구실 세미나'를 펴내온 공감의 김상영은 좀더 폭넓은 독서 대중의 공감을 사기 위해 진로를 모색중이다. 10여 년의 직장생활을 접고 잇달아 펴낸 세 권의 책을 통해 비판적 과학교양서 출판사의 이미지를 얻은 잉걸의 김진수도 후속작을 준비하고 있다.

부록

출판기획에 대한 생각들

출판기획에 대한 생각들
(가나다순)

이 코너는 한국의 출판기획자 인명사전을 만들자는 의도로 출발했습니다. 애초에 의도했던 것보다는 많은 분들께 답변을 받지 못했지만, 여러 분들의 출판기획에 대한 생각을 엿보는 것으로도 충분히 의미 있다고 판단하여 싣게 되었습니다. '출판기획에 대한 생각을 원고지 1매'에 담아 달라는 무모한 질문에 현명하게 대답해주신 분들께 감사드립니다. 그리고 책에 실리지는 않았지만, 연락을 주고받은 모든 분들께 감사의 말씀을 전합니다.

강경미 꾸리에/일곱번째숲 대표
courrierbook@naver.com

〈말과활〉, 2013년 7월 창간
『기업은 누구의 것인가』, 김상봉 지음, 꾸리에, 2012
『도래하는 공동체』, 조르조 아감벤 지음, 이경진 옮김, 꾸리에, 2014
『나는 복지국가에 산다』, 박노자 외 지음, 꾸리에, 2013
『잠들면 안 돼, 거기 뱀이 있어』, 다니엘 에버렛 지음, 윤영삼 옮김, 꾸리에, 2010

⊙ '사회 속의 인간'에서 '사회를 변화시키는 인간'으로 가는 가교를 설치하는 일. 책은, 천장을 올려다보며 '이렇게 사는 것이 맞나?' 하고 질문하는 사람들의 밤을 위한 것이자 주어진 현재를 운명으로 수락하지 않으려는 사람들의 고민하는 낮을 위한 것. 그 질문과 고민에 다가가고 그것들을 사유의 양식으로 재구성해보는 것, 그것이 출판기획 아닐까? 그리하여 헛된 위안이나 처세가 아니라 또 다른 질문이 되어 동시대에 던져지는 것.

강희일 다산출판사 대표
dasanpub@hanmail.net

『한국출판의 이해』(제3판), 강희일 지음, 다산출판사, 2012
『중국경제 어디로 갈 것인가』, 위안젠 지음, 남종진 옮김, 다산출판사, 2013
『세대 갈등의 소용돌이』, 박경숙 외 지음, 다산출판사, 2013
『행복한 나라 만들기』, 조연상 지음, 다산출판사, 2013
『현대사회학이론』, 강정한 외 지음, 다산출판사, 2013

⊙ 현실에서의 적응과 미래의 희망

강동권 이학사 대표
ergolego@gmail.com

『제국』, 안토니오 네그리 · 마이클 하트 지음, 윤수종 옮김, 이학사, 2001
『세계종교사상사』(전3권), 미르치아 엘리아데 지음, 이용주 외 옮김, 이학사, 2005
『건국의 정치』, 김영수 지음, 이학사, 2006
『철학, 삶을 만나다』, 강신주 지음, 이학사, 2006

		『들뢰즈가 만든 철학사』, 질 들뢰즈 지음, 박정태 옮김, 이학사, 2007
		⊙ 아무도 가지 않은 길을 가는 일, 새로운 지식을 탐구하고 학문의 지평을 넓히는 일, 미래가 정해지지 않은 사람이 열린 세상을 꿈꾸는 일, 앎을 반성하고 세계 존재를 이해하는 일, 아나키스트 사회를 만드는 일
강명효	문학동네 기획실장 lowrider1215@naver.com	『십자군 이야기』(전3권), 시오노 나나미 지음, 송태욱 옮김, 문학동네, 2011 '우리 시대의 명강의' 시리즈, 강대진 외 지음, 문학동네, 2013~ 『삶을 바꾼 만남』, 정민 지음, 문학동네, 2013 『권력과 인간』, 정병설 지음, 문학동네, 2013 『삶을 위한 철학수업』, 이진경 지음, 문학동네, 2013
		⊙ 출판기획은 기획자인 자신으로부터 시작해 끝까지 자신을 버리지 않는 행위이다.
강무성	열린책들 문학주간 papafish@openbooks.co.kr	『털 없는 원숭이』, 데스먼드 모리스 지음, 김석희 옮김, 정신세계사, 1990 『자유를 위한 변명』, 홍신자 지음, 정신세계사, 1993 '팜플렛' 시리즈, 박노해 지음, 느린걸음, 2004 '베르베르의 만화 상상력 사전' 시리즈, 김수박 그림, 열린책들, 2010 열린책들 세계문학 앱, 2012
		⊙ 메시지를 맥락 속에 놓기
강성민	글항아리 대표 paperface@naver.com	『이중톈 중국사』, 이중톈 지음, 김택규 옮김, 글항아리, 2013 『나무열전』, 강판권 지음, 글항아리, 2007 『수월관음의 탄생』, 강우방 지음, 글항아리, 2013 『집 잃은 개』(전2권), 리링 지음, 김갑수 옮김, 글항아리, 2012 『서태후와 궁녀들』, 진이 · 선이링 지음, 주수련 옮김, 글항아리, 2012
		⊙ 단발성 기획보다는 우리 사회가 필요로 하는 지식을 머릿속에 계열화하여 지닌 채 긴 호흡으로 한 권 한 권 채워나가는 게 좋다고 봅니다. 지속성 있고 끈질기게 할 필요가 있습니다. 트렌드에 올라타기보다는 트렌드의 물꼬를 트는 기획을 해야 한다고 생각합니다.
강수걸	산지니 대표 skk7792@naver.com	『밤의 눈』, 조갑상 지음, 산지니, 2012 『동백꽃, 붉고 시린 눈물』, 최영철 지음, 박경효 그림, 산지니, 2008 『부산을 맛보다』, 박종호 지음, 산지니, 2011 『한산수첩』, 유익서 지음, 산지니, 2012 『무중풍경』, 다이진화 지음, 성옥례 · 이현복 옮김, 산지니, 2007
		⊙ 이 땅에 살아가는 사람들에게 필요한 책은 무엇인가, 내가 좋아하는 책과 꼭 출판해야만 하는 책은 어떤 차이가 있는지 그 간극을 고민하는 것이 기획이 아닐까 생각한다.
강수진	웅진씽크빅 단행본사업본부	『그 남자 그 여자』, 이미나 지음, 중앙M&B, 2003

갤리온 임프린트 대표
swg21@wjbooks.co.kr

『서른살이 심리학에게 묻다』, 김혜남 지음, 갤리온, 2008
『참 서툰 사람들』, 박광수 지음, 갤리온, 2009
『현명한 부모는 아이를 느리게 키운다』, 신의진 지음, 걷는나무, 2000
『서른살엔 미처 몰랐던 것들』, 김선경 지음, 걷는나무, 2010

⊙ 나에게 출판기획은 저자와 불특정 다수의 독자를 잇는 다리 역할을 하는 것이다. 즉 저자가 세상에 말하고 싶은 메시지를 더 많은 독자들에게 전달하기 위해 중간에서 콘텐츠를 가공하고, 메시지를 조율하고, 저자의 캐릭터를 만드는 역할을 하는 것이다. 이때 기획자의 주된 역할은 결국 '얼마나 많은 독자들을 끌어당길 수 있느냐'이다. 그러므로 기획자는 독자들이 원하는 메시지를 찾아내고, 수많은 잠재 저자 중 그 메시지에 어울리는 사람을 찾아내 둘을 연결시키고 그 결과물인 콘텐츠를 세상에 던지는 사람이라고 볼 수 있다.

강인선 ㈜거북이북스 대표
androidkang@naver.com

『윙크』, 신일숙 지음, 서울문화사, 1993
『씨에스타』, 박희정 지음, 시공사, 2001
『습지생태보고서』, 최규석 지음, 거북이북스, 2005
『을지로 순환선』, 최호철 지음, 거북이북스, 2008
'테일즈런너 킹왕짱' 시리즈, 채정택 외 지음, 거북이북스, 2007~2013

⊙ 책을 기획하는 일은 즐거운 고통이다. 기획의 출발은 상상이다. 상상은 가슴을 설레게 하는 그 무엇, 내 삶을 추진하는 원동력. 만화책 기획자인 나는 상상을 이미지화하는 습관이 있다. 그 과정이 힘들어도 즐겁다. 머릿속 이미지 퍼즐들은 점점 구체화되고 결국 책이라는 멋진 형상을 갖는다. 그 책을 수많은 사람들이 공감하고 함께 즐겨만 준다면! 참 보람 있는 일이로다.

고미영 이봄 대표
byeufo@hanmail.net

『아큐와 건달 예술을 말하다』, 인지난 지음, 임대근 옮김, 한길아트, 2004
『그림에, 마음을 놓다』, 이주은 지음, 앨리스, 2008
『나를 더 사랑하는 법』, 미란다 줄라이 지음, 김지은 옮김, 앨리스, 2009
『다, 그림이다』, 손철주 · 이주은 지음, 이봄, 2011
'마스다 미리 여자만화' 시리즈, 마스다 미리 지음, 박정임 외 옮김, 이봄, 2012~2013

⊙ 타인과 잘 지내는 법 고민하기. 모든 책은 개인들 각자의 이야기이다. 타인을 100퍼센트 이해하기란 불가능하다. 그러나 또한 각자의 생존을 위해 소통해야 한다. 우리 이렇게 기왕 태어났으니 잘 살아봐야 하지 않겠느냐고 묻고, 또 다양한 답을 얻기 위해 책을 만든다. 답은 언제나 독자들이 준다. 독자, 즉 타인과 공감함으로써 생존한다. 책만큼 개인의 외면과 내면을 잘 버무려 드러낼 수 있는 매체가 아직은 없는 것 같다.

고선아 달리크리에이티브 대표

『넉 점 반』, 이영경 글, 윤석중 그림, 창비, 2004

	mattung@hanmail.net	『시리동동 거미동동』, 권윤덕 그림, 창비, 2003 『준치가시』, 백석 지음, 김세현 그림, 창비, 2006 『새는 새는 나무 자고』, 정순희 그림, 창비, 2006 『쨍아』, 천정철 지음, 이광익 그림, 창비, 2008
		⊙ 책이라는 매체의 특성, 책의 기능과 내용을 고민하고 만들어가는 과정이다.
고영은	뜨인돌출판㈜ 대표이사 goh@ddstone.com	『아버지 자리찾기』, 자녀사랑을 실천하는 아버지모임 지음, 뜨인돌, 2005 『성공하는 리더를 위한 유머기법 7가지』, 김진배 지음, 엘맨, 1997 『흑설공주 이야기』, 바바라 G. 워커 지음, 박혜란 옮김, 뜨인돌, 2002 『로빈슨 크루소 따라잡기』, 박경수 · 박상준 글 · 이우일 그림, 뜨인돌, 1999 『섀클턴의 위대한 항해』, 앨프리드 랜싱 지음, 유혜경 옮김, 뜨인돌, 2001
		⊙ 내 경우 전통적인 책 기획은 다 잊어버리려고 한다. 정보를 모아 짜깁기한 책으로는 도저히 스마트폰을 이길 수 없으니 오히려 철저하게 아날로그적인 책을 만들고 싶다. 이를테면 서사 구조에 감성을 더한 책이랄까? 앞으로는 더욱 책다운 책만이 살아남을 듯하다.
고원효	문학동네 인문팀 부장 dictee@munhak.com	『이반 일리치와 나눈 대화』, 데이비드 케일리 지음, 권루시안 옮김, 물레, 2010 『모든 정부는 거짓말을 한다』, 마이라 맥피어슨 지음, 이광일 옮김, 문학동네, 2012 『역사 : 끝에서 두번째 세계』, 지그프리트 크라카우어 지음, 김정아 옮김, 문학동네, 2012 『루됭의 마귀들림』, 미셸 드 세르토 지음, 이충민 옮김, 문학동네, 2013 『저자로서의 인류학자』, 클리포드 기어츠 지음, 김병화 옮김, 문학동네, 2014
		⊙ 같이 하는 일. 지금을 생각하는 것. 이 땅에 없는 생각을 있게 하는 것. 버려진 생각을 한 번 더 들춰보는 것. 간직해야 할 생각에 힘을 보태는 것. 서로 다른 두 생각이 부딪치게 하는 것. 또렷한 생각이 뿌리내리게 하는 것. 언어의 생로병사를 겪는 것, 판잣집처럼 다닥다닥 붙어 구중궁궐이 된 우리말의 골목을 끝없이 헤매고 다니는 것.
김광철	프로파간다 대표 graphicmag@naver.com	『70년대 잡지광고』, 프로파간다 편집부 지음, 프로파간다, 2013 『젊은 목수들』, 프로파간다 편집부 지음, 프로파간다, 2012 『매거진 컬처』, 프로파간다 편집부 지음, 프로파간다, 2012 『지금, 한국의 북디자이너 41인』, 프로파간다 편집부 지음, 프로파간다, 2009 계간 〈GRAPHIC〉, 프로파간다, 2007~
		⊙ 한국 출판계에서 그동안 책이 되기 힘들었던 주제와 내용을 찾아 책으로 만들어내는 일.
김남중	한권의책 대표	『아름다운 가치사전』, 채인선 지음, 한울림, 2005

	knamjung@hanmail.net	『우리 엄마 어디 있어요?』, 귀도 반 게네흐텐 지음, 서남희 옮김, 한울림, 2004 『훨훨 간다』, 권정생 지음, 국민서관, 2003 『생각의 경계』, 김성호 지음, 한권의책, 2014 『다문화백과사전』, 채인선 지음, 한권의책, 2012 ⊙ 나에게 출판은 매 순간 떠났다 다시 돌아오는 여행입니다. 때론 험난한 여정에 돌아오고 싶기도 하고, 때론 뜻하지 않게 만난 소중한 인연에 들뜨기도 합니다. 분명한 건 내일 또다시 새로운 여행을 떠나게 된다는 겁니다. 언제나 설레지만 담담하게 지나는 길에서 보고 느끼고 사랑할 수 있기를 스스로에게 부탁합니다.
김문정	㈜시공사 주니어사업본부 (시공주니어) 본부장 kmoon@sigongsa.com	『거짓말 같은 이야기』, 강경수 글 · 그림, 시공주니어, 2011 『그림책, 세계의 작가들』, 시공주니어 편집부 엮음, 시공주니어, 2012 『그림책, 한국의 작가들』, 김지은 외 지음, 시공주니어, 2012 『똥 싼 할머니』, 이옥수 글 · 김병호 그림, 시공주니어, 2004 '빨간 머리 앤' 시리즈, 루시 모드 몽고메리 지음, 김경미 옮김, 시공주니어, 2002 ⊙ 하나. 돌이켜 보면 유년기에 내내 지니고 있었던 책들이 편집자로 살아가는 나를 만든 것 같다. 10권짜리 백과사전, 50권짜리 세계 명작 동화책, 40권짜리 위인전. 지금 들여다보면 해상도가 들쭉날쭉한 사진 자료들, 일본어본을 번역한 중역판 고전들, 그리고 한결같이 출생에서부터 사망에 이르기까지 일관된 형식의 위인들의 일생. 그럼에도 어떤 것을 꺼내 읽어도 질리지 않았던 책들. 글을 쓰고 싶고, 책을 읽고 싶고, 책을 만들고 싶고, 작가를 만나고 싶고… 그런 꿈을 키워준 책들. 하나. 부모님이나 선배들이 해라, 하지 마라 하는 것들은 당신들이 겪었던 시행착오를 최소화해주고 싶은 마음이다. 그리고 내가 걸어가는 길 외에 수많은 길이 있음을 알려주고 싶은 마음이라는 걸 나이 들어가면서 헤아리게 되었다. 좀 늦었지만 아우에게, 후배에게, 미지의 어린이 독자들에게, 나의 부모와 선배들이 했듯이 알려주고, 일러주고, 가르쳐주고, 말해주고 싶다. 하나와 하나를 합친 둘. 수많은 미래의 가능성에 대해 '동기부여'가 되는 책을 만들고 싶다. 직업이 될 수도 있고, 가치가 될 수도 있는데, 그런 것을 품을 수 있도록 해주는 책을 만들고 싶다. 내가 가는 길에는 이정표가 되고, 내가 가지 못한 혹은 가지 않은 길에 대해서는 이해할 수 있는 책을 만들고 싶다.
김미성	율리시즈 편집장 kent8805@hanmail.net	『생각의 오류』, 토머스 키다 지음, 박윤정 옮김, 열음사, 2007 『우리 시대의 마음공부』, 권도갑 지음, 열음사, 2007 『육명심의 문인의 초상』, 육명심 지음, 열음사, 2007 『암환자는 암으로 죽지 않는다』, 최일봉 지음, 열음사, 2008

		『천국과 지상』, 프란치스코 교황 · 아브라함 스코르카 지음, 강신규 옮김, 율리시즈, 2013 ⊙ 솔직히 내게 붙여지는 명칭 중에 기획자만큼 곤혹스러운 게 없다. 기획자라기보다는 선별자, 편집자쯤이 맞다고 생각한다. 운 좋게도, 출판계에 입문한 이래 위에서 떨어지는 책보다는 내가 고르고 구상한 책들을 만들 수 있는 역할이 주어졌다. 그것을 기획 작업이라고 부를 수 있다면 내게 출판기획은 순전히 내가 읽고 싶은 이야기, 사람들에게 들려주고 싶은 이야기를 찾아내 그것에 맞는 옷을 입히는 일이다. 다만 그 과정에서 가짜가 아닌 진실을 찾아야 하는 것, 그것을 필요로 하는 독자에게 가장 적합한 형식을 취해줄 것. 그것이야말로 이 일을 업으로 삼은 사람으로서 평생 놓지 말아야 할 숙제가 아닐까 싶다.
김보경	웅진씽크빅 단행본사업본부 웅진지식하우스 임프린트 대표 kyrie@wjbooks.co.kr	『사신 치바』, 이사카 코타로 지음, 김소영 옮김, 웅진지식하우스, 2006 『프로이트의 의자』, 정도언 지음, 웅진지식하우스, 2009 『다음 국가를 말하다』, 김상봉 · 박명림 지음, 웅진지식하우스, 2011 『서른에서 멈추는 여자, 서른부터 성장하는 여자』, 아리카와 마유미 지음, 도현정 옮김, 웅진지식하우스, 2011 『조르바를 춤추게 하는 글쓰기』, 이윤기 지음, 웅진지식하우스, 2013 ⊙ 사람들이 욕망하나 아직 말을 찾지 못한 것, 사람들이 필요로 하나 아직 나오지 않은 것을 책의 형태로 담는 것.
김보경	책공장더불어 대표 animalbook@naver.com	『후쿠시마에 남겨진 동물들』, 오오타 야스스케 지음, 하상련 옮김, 책공장더불어, 2013 『임신하면 왜 개, 고양이를 버릴까?』, 권지형 · 김보경 지음, 책공장더불어, 2010 『유기동물에 관한 슬픈 보고서』, 고다마 사에 지음, 박소영 옮김, 책공장더불어, 2009 『인간과 동물, 유대와 배신의 탄생』, 웨인 파셀 지음, 전진경 옮김, 책공장더불어, 2013 『동물원 동물은 행복할까?』, 로브 레이들로 지음, 박성실 옮김, 책공장더불어, 2012 ⊙ 여성지 기자 일을 하다가 출판 관련 강의를 한 번도 듣지 않고 출판사를 시작한 내게 출판기획이란 내가 읽고 싶은 동물 책을 만드는 일이었다. 당시에는 읽을 만한 동물 책이 거의 없었다. 그런 책을 만들면 나와 같은 성향의 사람들이 찾아줄 거라 믿었으니 독자 대상도 명확했다. 그래서 나에게 출판기획이란 나와 비슷한 생각을 가진 사람들과 공감할 책을 만들어가는 과정이다.
김상미	너머학교(너머북스) 대표	『두 얼굴의 나라 미국 이야기』, 정범진 · 허용우 글, 정수연 그림, 아이세움, 2004

ksangmi11@daum.net

『등잔, 얼음 그리고 물고기호』, 재클린 브룩스 마틴 지음, 햇살과나무꾼 옮김, 아이세움, 2002
『대동여지도』, 이차원 글 · 강경선 그림, 웅진주니어, 2006
『생각한다는 것』, 고병권 지음, 너머학교, 2010
『아마존에서 조선까지 고무 따라 역사 여행』, 최재인 글 · 이광익 그림, 너머학교, 2012

⊙ 내가 궁금하고 알고 싶은 이야기, 내 삶을 풍요롭게 하는 이야기, 세상에 대해 이야기하고 나누고 싶은 메시지들을 책이라는 물성과 질감을 가진 것으로 태어나게 하는 작업. 감성적으로는 어린이, 청소년을 한 인격체로 이해하고 앎의 즐거움을 나누고자 하는 진지한 저자와 함께 하는 즐거운(물론 쉽지만은 않은) 여정.

김선기 ㈜푸른길 대표이사
pur789@kornet.net

『공주, 멀리서도 보이는 풍경』, 나태주 지음, 푸른길, 2008
『세계의 분쟁』, 이정록 외 지음, 푸른길, 2010
『앵글 속 지리학』, 손일 지음, 푸른길, 2011
『이야기가 있는 시집』, 나태주 지음, 푸른길, 2006
『한국의 기후&문화 산책』, 이승호 지음, 푸른길, 2009

⊙ "알면 곧 참으로 사랑하게 되고, 사랑하면 참으로 보게 되고, 볼 줄 알게 되면 모으게 되니, 그것은 한갓 모으는 것은 아니다."라고 했던가? 뒤집으면 제대로 사랑하고 알아야 보인다고 했던가? 세월을 앞장세우고 시절을 담보로 해도 도대체 보이는 것이 없음이 그저 한스러울 뿐이다. 나에게 출판기획이란, 제대로 한번 보게 될 때까지 정진하는 것, 그 이상도 이하도 아니다.

김선식 다산북스 대표
sunnet21@dasanbooks.com

『총각네 야채가게』, 이영석 지음, 거름출판사, 2003
『돈 걱정 없는 노후 30년』, 고득성 외 지음, 다산북스, 2006
『조선왕 독살사건』, 이덕일 지음, 다산초당, 2006
'홍대리' 시리즈, 손봉석 외 지음, 다산북스, 2004~
'Who' 시리즈 , 김성욱 외 글, 이종원 외 그림, 다산어린이, 2010~

⊙ 나에게 있어 책을 기획하는 일은 한 편의 시를 쓰는 것과 같다. 나는 언제나 '좋은 시'를 쓰려고 가슴앓이를 많이 한다. 무슨 책을 만들더라도 독자의 마음 한 켠을 강하게 울리는 '울림이 있는 책'을 만들려고 한다. 나의 책 만들기 화두는 과학적으로 사유하되, 시적으로 책을 만드는 것이다. 책을 기획해놓고 그 기획이 다시 나에게 말을 걸어올 때 나는 그 기획을 좋은 기획으로 생각한다. 좋은 시도 쓰고 나면 언제나 나에게 말을 걸어올 뿐만 아니라, 독자의 심장에 말을 건다. 그 정도쯤 되면 기획하는 책도 자식이나 애인처럼 예뻐 보이고, 계속 만지고 싶어진다. 그런 것을 조용히 즐기다보면 콘셉트, 제목, 홍보, 마케팅도 스스로 말을 걸어오는 것 같다. 출판기획이란 오늘도 책을 구성하는 분신들이 걸어오는 그 이야기에

귀를 쫑긋 세우고 마음을 다해 듣고 그것을 추진하는 일이다.

김성실 시대의창 대표
sskim650@hanmail.net

『강신주의 맨얼굴의 철학 당당한 인문학』, 강신주 · 지승호 지음, 시대의창, 2013
'근현대 인물 평전' 시리즈 , 김삼웅 외 지음, 시대의창, 2003~
『김하경의 아라비안 나이트 1~5』, 김하경 지음, 시대의창, 2006
『원숭이도 이해하는 마르크스 철학』, 임승수 지음, 시대의창, 2010
『김수행, 자본론으로 한국경제를 말하다』, 김수행 지음, 시대의창, 2008

⦿ 더미 뒤지기
'더미'란 많은 물건이 한데 모여 쌓인 큰 덩어리를 뜻한다. 이 말 앞에 '시대', '희망', '사람', '사상', '정치', '사회', '문화', '역사' 등의 말을 놓는 순간 기획이 시작된다. 이 더미를 뒤지다 보면 흡사 '쓰레기'처럼 그냥 버려야 할 것, '와인'처럼 숙성시켜야 할 것, '목각인형'처럼 깎아내야 할 것 등이 있다. 기획은 더미를 뒤지는 것이다. 그리고 그 더미는 각자 견뎌내야 할 삶의 누적이다.

김수영 로도스 대표
ksypb@naver.com

'한국문학전집' 시리즈, 염상섭 외 지음, 문학과지성사, 2004~
『슬로우』, 플로리안 오피츠 지음, 박병화 옮김, 로도스, 2012
『생명의 정치』, 강금실 지음, 로도스, 2012
『라면이 없었더라면』, 정이현 외 지음, 로도스, 2013

⦿ 출판은 저자와 독자가 서로 역동적으로 만날 수 있는 공간을 창조하는 문화적 행위이다. 따라서 출판에서의 기획은 저자에 대한 고민, 그리고 독자에 대한 고민, 그리고 그 둘이 조화롭게 만날 수 있는 장소에 대한 고민을 포함한다. 이 중 어느 하나를 살리기 위해서 다른 하나를 죽이려 하는 것은 기획의 올바른 방향일 수 없다. 성공적으로 기획된 책을 펼치면 그 안에서 저자와 독자는 모두 생생하게 살아 움직인다.

김수정 수정에디션 대표
knulpia@gmail.com

〈그림책상상〉, 상그라픽아트, 2008~2012
『세계 문화가 담긴 다른 그림 찾기』, 김수정 글 · 박양수 그림, 상그라픽아트, 2004
『내가 보이니? 나는 누구일까?』, 한지혜 글 · 그림, 한울림어린이, 2011
『빨간 지구 만들기 초록 지구 만들기』, 한성민 글 · 그림, 파란자전거, 2011
'숲소리 그림책' 시리즈, 우종영 글 · 하영 외 그림, 파란자전거, 2013~2014

⦿ 이 질문의 답을 구하는 것이 그림책 기획을 하는 목표일지도 모르겠습니다. 책을 만드는 일은 늘 즐겁기도 하고 두렵기도 하지만 결국 많은 사람들과 소통하고 나누려는 의지의 표현이 아닐까 라고 늘 깨달아가고 있습니다.

김수한 현암사 편집주간
popnamu@hyeonmasa.com

산책자 '에쎄' 시리즈, 엘리자베스 영-브루엘 외 지음, 서유경 옮김, 산책자, 2011
『로쟈의 인문학 서재』, 이현우 지음, 산책자, 2009

'스티븐 제이 굴드 자연학 에세이' 선집, 스티븐 제이 굴드 지음, 김명남 외 옮김, 현암사, 2012~

『나쓰메 소세키 소설 전집』(전4권), 나쓰메 소세키 지음, 노재명 외 옮김, 현암사, 2013

'HN신서' 시리즈, 석지현 외 지음, 현암사, 1990~

⊙ 얼핏 생각해보면 연서를 쓰는 일과 출판기획은 비슷한 점이 많다. 그/그녀에게 편지를 써 보내자고 결심한 그/그녀는 우선 자신의 감정의 정체를 묻고 시간을 돌아본다. 글의 내용과 스타일과 구성을 자꾸 고쳐가며 밀고나간다. 이런 발신인의 마음과 기대에 수신인이 과연 응답할까? 출판기획은 점차 사라져가는 기술인 연서처럼 주고받는 이에게 '가장 진지한 한때'의 기억으로 남을 것이다. 그런데 그 편지는 누구의 것인가.

김영희 출판컨설턴트
unichanee@naver.com

『나는 사진이다』, 김홍희 지음, 다빈치, 2005

『정당한 분노』, 조병준 지음, 매그넘 사진, 가야북스, 2008

『마크로비오틱 밥상』, 이와사키 유카 지음, 비타북스, 2009

『파자마 다이어트』, 에이미 지음, 비타북스, 2010

『채소의 진실』, 가와나 히데오 지음, 슈 옮김, 청림Life, 2011

⊙ 산책과 발견. 저벅저벅 걸어가는 동안 만나는 모든 것에서 발견되는 것들. 냇가를 만나면 징검다리가 필요함을 발견하고, 황량한 길가에서는 꽃도 심어보고, 같은 길을 걸어가는 친구를 만나 이야기도 들어보는 것. 길을 가다 재미가 없다면 그때 다른 길을 찾아 떠나는 것.

김우종 정신세계사 편집부장
kwjinsight@hanmail.net

『왓칭』, 김상운 지음, 정신세계사, 2011

『리얼리티 트랜서핑』, 바딤 젤란드 지음, 박인수 옮김, 정신세계사, 2009

『5분의 기적 EFT』, 최인원 외 지음, EFT Korea 감수, 정신세계사, 2008

『우주가 사라지다』, 개리 R. 레너드 지음, 이균형 옮김, 정신세계사, 2010

『감응력』, 페니 피어스 지음, 김우종 옮김, 정신세계사, 2010

⊙ 1. 시의성, 통찰력, 개성, 명료성의 네 측면에서 원고 또는 기획의 완성도를 검토하여 부족한 점을 보완해가는 작업이다. 2. 좁게는 독자, 저자, 출판사, 제작/유통업체의 상호관계를 동시에 배려한 최적의 균형점을 찾기 위해서, 넓게는 그 모든 노력의 총합이 결국 현시대에 긍정적으로 작용케 하기 위해서 노력한다. 3. 출간리스트를 통해 마땅히 자신의 정체성을 표현할 수 있어야 한다고 믿는다.

김은석 도서출판 네시간 대표
whathagy@hanmail.net

『도서관 여행』, 권희린 지음, 네시간, 2011

『책 아빠』, 서창현 지음, 네시간, 2011

『교사, 가르고 치다』, 김준산 지음, 네시간, 2012

『B끕 언어』, 권희린 지음, 네시간, 2013

『책과 연애』, 문아름 지음, 네시간, 2013

⊙ 현재의 출판은 어떤 것에 대한 대중화의 작업이며, 독자를 가르치는 것이 아니라 생각을 나누는 하나의 '만남'이라고 봅니다. 기획은 그 어떤 것을 찾는 과정인 것이죠. 같은 장면이라도 어느 각도, 어느 위치에서 보느냐에 따라 달라지는 것처럼 책도 새로운 것은 찾기 힘듭니다. 어쩌면 새로운 것은 없는 것일지도 모릅니다. 우리의 생각이 달라진 것 뿐.

김인숙 프리랜스
kong2484@naver.com

『액팅 원』, 로버트 코헨 지음, 박지홍 옮김, 경당, 2006
『일본문화사』, 폴 발리 지음, 박규태 옮김, 경당, 2011
『세계의 오케스트라』, 헤르베르트 하프너 지음, 홍은정 옮김, 경당, 2011
『현대미술에 관한 101가지 질문』, 주자나 파르치 지음, 홍은정 옮김, 경당, 2012
『색채의 상호작용』, 요제프 알버스 지음, 변의숙·진교진 옮김, 경당, 2013

⊙ 세상 돌아가는 일에 날마다 예민한 촉을 세우면서, 오래되었지만 묻혀 있거나 알려지지 않은 것들을 세상 밖으로 끄집어내어 독자들에게 소개하는 작업을 통해 기쁨을 느낀다. 한 권의 책이 여러 사람들과의 협업으로 완성되는 만큼 그 과정에서 무엇보다 소통이 중요하다고 생각한다.

김장성 이야기꽃 출판사 편집주간/대표
moowee1@naver.com

『똥벼락』, 김회경 글·조혜란 그림, 사계절출판사, 2001
'우리문화 그림책' 시리즈, 최미란 외 지음, 사계절출판사, 2001~
'초등학생이 보는 그림책' 시리즈, 숀탠 지음, 엄혜숙 옮김, 사계절출판사, 2002~
『수영장』, 이지현 글·그림, 이야기꽃, 2013
『돼지 이야기』, 유리 글·그림, 이야기꽃, 2013

⊙ 출판은 책을 통해 사람들 사이의 소통과 공감을 시도하는 마당이다. 그러므로 출판기획은 소통과 공감을 기획하는 일일 텐데, 그 지점에서 무엇을 어떻게 소통하고 공감할 것이냐 하는 문제가 대두된다. 그것은 기획자가 어떤 시각으로 세상을 바라보고 어떤 세상을 꿈꾸며 어떤 사람들과 연대하고자 하는가와 직결되는 문제이기도 하다.

김재범 도서출판 써네스트 주간
woomulhouse@hanmail.net

『국경 없는 의사회』, 엘리어트 레이턴 지음, 박은영 옮김, 우물이있는집, 2003
『빵의 역사』, 하인리히 E. 야콥 지음, 곽명단·임지원 옮김, 우물이있는집, 2005
『나는 내가 아니다』, 패트릭 엘렌 지음, 곽명단 옮김, 2001
『저주받은 아나키즘』, 에마 골드만 지음, 김시완 옮김, 우물이있는집, 2001
『꽃으로도 아이를 때리지 말라』, 박홍규 지음, 우물이있는집, 2002

⊙ 세상의 빈 자리를 메우는 고되지만 행복한 작업. 한 곳에 머무르지 않고, 한 곳만 쳐다보지 않도록 항상 등을 밀어주는, 세상을 향해 열려 있는 창….

김종길 글담출판사 대표

『포토 마미북』, 밤삼킨별 지음, 인디고, 2008

	guldam4u@naver.com	『존 아저씨의 꿈의 목록』, 존 고다드 글 · 이종옥 그림, 임경현 옮김, 글담어린이, 2008 『초등 고전읽기 혁명』, 송재환 지음, 글담출판사, 2011 『아들은 아빠가 키워라』, 이충헌 지음, 글담출판사, 2010 '아름다운 고전' 시리즈, 위더 외 지음, 천은실 외 그림, 김양미 외 옮김, 인디고, 2006
		⊙ 기획은 내용(콘텐츠)이다. 독자가 읽고 싶은 것, 보고 싶은 것, 느끼고 싶은 것을 담아내야 한다. 신문, 인터넷, 스마트폰 등에서 다루기 힘든 구체적이고 깊이 있는 이야기들을 만들어내야 한다. 이들 미디어와는 다른 방식으로 유익하고 의미 있는 콘텐츠를 통해 사람들이 삶의 방식을 변화시킨다면 좋은 기획이 아니겠는가?
김준연	도서출판 단비 대표 kjy42195@nate.com	『내 삶에 들어온 권정생』, 똘배어린이문학회 지음, 단비, 2012 『구럼비를 사랑한 별이의 노래』, 김선우 외 글 · 나미나 그림, 단비, 2012 『지금도 나를 가르치는 아이』, 황금성 글 · 황해뜨리 그림, 단비, 2013 『어느 하루 구름극장에서』, 조광희 외 그림, 김선우 엮음, 단비, 2013 『이것이 제주다』, 고희범 지음, 단비, 2013
		⊙ 나에게 책을 만드는 일은 늘 고맙고 행복한 일이다. 또한 내 가슴과 머리가 소통하는 일이기도하며 좋은 인연들을 하나 둘 쌓아가는 작은 발걸음이다. 출판기획? 지금껏 내가 기획한 책은 하나도 없는 것 같다. 다만 좋은 저자를 만나 함께 고민하고 토론하며 만든 책이 있을 뿐…
김한청	도서출판 다른 대표 khc15968@hanmail.net	『분홍벽돌집』, 박경희 지음, 다른, 2009 『세상을 바꾼 수레』, 김용만 지음, 다른, 2011 『학교에서 연극하자』, 구민정 · 권재원 지음, 다른, 2012 '소설쓰기의 모든 것' 시리즈, 제임스 스콧 벨 지음, 김진아 외 옮김, 다른, 2010 『프란시스코의 나비』, 하정임 지음, 다른, 2004
		⊙ 다른 나를 발견해 가는 모험
김현정	도서출판 리수 대표 risubook@hanmail.net	'타산지석' 시리즈, 전원경 외 지음, 리수, 2000~2013 『나는 이렇게 나이들고 싶다』, 소노 아야코 지음, 오경순 옮김, 리수, 2004 『수학 100점 엄마가 만든다』, 송재환 지음, 도토리창고, 2007 『이원복 교수의 진짜 유럽 이야기』, 이원복 지음, 두산동아, 1998 '사이언스 마스터스' 시리즈, 리처드 리키 외 지음, 이한음 외 옮김, 두산동아, 1996
		⊙ 사람을 바꾸는 책의 힘. 내가 만든 책이 단 한 사람을 긍정적으로 변화하게 하거나 고통에서 구원한다면 나는 소임을 다하는 것입니다.

김형보	도서출판 어크로스 대표 across012@naver.com	『사진과 그림으로 보는 한국현대사』, 서중석 지음, 웅진지식하우스, 2005 『경제학 콘서트』, 팀 하포드 지음, 김명철 옮김, 웅진지식하우스, 2006 『크로스: 진중권+정재승』, 진중권·정재승 지음, 웅진지식하우스, 2009 『이상한 나라의 경제학』, 이원재 지음, 어크로스, 2012 『쿨하게 사과하라』, 김호·정재승 지음, 어크로스, 2011
		⊙ 제가 다루는 교양서에 있어 기획이란 '징검다리'를 놓는 일입니다. 전문가의 공부가 독자의 공부가 될 수 있도록 저자에게는 독자를 향한 다리를 놓도록 하고, 독자에게는 어려워 보이는 새로운 지식을 향해 신나게 첫발을 내딛을 수 있도록 돕는 일입니다. 그리고 새로운 미래가 독자의 현재로 다가올 수 있도록 다리를 놓는 일이며, 지식과 지식이 융합되고 연결될 수 있는 새로운 다리를 짓는 일이 기획이라고 생각합니다.
김홍민	북스피어 출판사 대표 reader76@booksfear.com	'미야베 월드' 시리즈(『외딴집』, 미야베 미유키 지음, 김소연 옮김, 북스피어, 2007 외) '세이초 월드' 시리즈(『미스터리의 계보』, 마쓰모토 세이초 지음, 김욱 옮김, 북스피어, 2012 외) 『십만 분의 일의 우연』, 마쓰모토 세이초 지음, 이규원 옮김, 북스피어, 2013 '박람강기' 시리즈(『게으른 작가들의 유유자적 여행기』, 찰스 디킨스·윌리엄 윌키 콜린스 지음, 김보은 옮김, 북스피어, 2013 외)
		⊙ 출판 주제를 좁고 독특하게 설정하고 전략 수준에서 일정한 주제를 중심으로 신간을 꾸준히 발간하면 그 주제에 관심이 있는 독자들은 그 출판사의 이름을 기억하게 된다는 말을 늘 가슴에 품고 책을 만든다. 『미스 김 10억 만들기』와 『아빠가 출근할 때 뽀뽀뽀』를 산 독자가 겹칠 확률은 아무래도 적지만, 접점이 분명하면 어떤 시리즈의 뒷 권이 나왔을 때 자연스럽게 앞 권이 덩달아 '다시' 팔리기 시작한다. 달리 앞 권의 판매를 위한 마케팅을 한 것도 아닌데. 이것은 매우 단순하지만 나에게는 여전히 신기한 일이다.
김흥식	서해문집 대표 keenme@hanmail.net	『1면으로 보는 근현대사』(전3권), 김흥식·김성희 지음, 서해문집, 2009 '오래된 책방' 시리즈, 성현 외 지음, 이대현 외 옮김, 2012~ 『세상의 모든 지식』, 김흥식 지음, 서해문집, 2007 『한국의 모든 지식』, 김흥식 지음, 서해문집, 2012 『세상에서 가장 재미있는 소리 판』, 김흥식 지음, 어젠다, 2013
		⊙ 시대를 기록하는 문명의 자취는 누가 담당하는가? 이것이 내가 생각하는 기획이다. 1년을 위한 책, 시류를 반영하는 책은 일간지나 방송 내용과 무엇이 다르겠는가. 결국 책은 백 년 후, 천 년 후에 이 시대의 수직, 수평적 철학과 행동, 사고와 변혁을 이해할 수 있는 문명을 담아야 한다. 물론 모든 책이 이러해야 한다는

		것은 아니다. 그러나 내가 해야 할 역할은 이것이다. 다른 것은 할 시간과 능력이 부족하다.
류종렬	미다스북스 대표 midasbooks@hanmail.net	『세종처럼』, 박현모 지음, 미다스북스, 2008 『헬렌켈러』, 도로시 허먼 지음, 이수영 옮김, 미다스북스, 2001 『칼 마르크스』, 이사야 벌린 지음, 안규남 옮김, 미다스북스, 2001 『48분 기적의 독서법』, 김병완 지음, 미다스북스, 2011 『박이문 전집』, 박이문 지음, 미다스북스, 2014년~2015년 출간 예정
		⊙ 출판기획이란 우리가 살고 있는 이 세계의 비밀을 알고 이해하는 과정이다. 이 세계의 과거와 현재 그리고 미래를 종횡으로 파악하여 현재를 사는 사람들 앞에 문자를 통해 책이라는 형태로 드러내는 작업이 출판이다.
맹한승	현자의마을 주간 onlymhs@hanmail.net	『서울 사람 성공하는 귀농 전략』, 맹한승 지음, 은행나무, 1997 『쉼, 休』, 맹한승 지음, 마당넓은집, 2002 『소울로드 2012년』, 신정일 외 지음, 청어람미디어, 2012 『다문화 프런티어』, 연합뉴스 다문화부 기자 지음, 연합북스, 2013 『인문학은 입문학이다』, 김보경 지음, 현자의마을, 2013
		⊙ 출판기획은 우리 사회가 요구하는 삶의 방향에 대해 재미있고 살맛나는 바로미터를 제시하는 것이 아닐까? 우리 시대 평범한 일상인들에게 다가온 '사회적 문제'와 '개인적 고민'을 더듬어 행복하고 즐겁게 '자신의 인생을 즐길 수 있는 사회문화 습관 트렌드'를 제안하는 것. 출판기획자로서 나에게 주어진 즐겁고 유쾌한 기획의 이유이다.
문경미	창비 어린이출판부 부장 moon@changbi.com	『아이와 함께 자라는 부모』, 서천석 지음, 창비, 2013 '창비 호기심 그림책' 시리즈, 강민경 외 지음, 창비, 2010~ '사회와 친해지는 책' 시리즈, 김남중 외 지음, 창비, 2009~ '직업탐색보고서' 시리즈, 금태섭 외 지음, 창비, 2009~2010 『직업에 관한 고찰』, 탁석산 지음, 창비, 2009
		⊙ 동시대 사람들에게 쓸모있을 책을 구상하는 것. 무엇이 실용적 미덕을 지닐 수 있을지 알기 위해서는 책을 읽게 될 사람들의 이야기를 들으려는 노력과 그들이 사는 세상에 대한 호기심이 필요하다. 나와 동료들이 만들 책이 독자에게 어떤 말을 건넬 수 있을지 구체적으로 고민하는 것이 기획이 아닐까.
박상육	한겨레아이들 편집장 forest362@hanibook.co.kr	계간 〈창비어린이〉, 2005~2007 『어린이와 평화』, 박기범 지음, 창비, 2005 『박순미 미용실』, 더 나은 세상을 꿈꾸는 작가 모임 지음, 한겨레아이들, 2010 『아프리카 국경버스』, 김란주 지음, 한겨레아이들, 2012

		『제주 세계델픽대회 문학 포럼』, 한겨레아이들, 2009
		⊙ 어린이책은 기성세대의 정보와 체계의 정수를 뽑아 후세에게 전달하는, 지극히 보수적인 매체이다. 보수성이 권위에 기대어 획일적이고 일방적으로 작동하는 순간, 아이들은 책을 두려워하고 멀리하게 마련이다. 따라서 어린이책을 기획할 때는 남다른 아이디어를 찾아내는 것 못지 않게 정보를 정제하고 이를 안정적으로 전달하는 게 중요하다. 더불어 편집자로 몸 담는 동안 아이들의 마음과 목소리를 그대로 담아내는 책을 만들 수 있기를 바라고 바라고 또 바란다.
박선영	위즈덤하우스 부사장 sypark2012@gmail.com	『역사를 추적하는 조선문인 기행』, 허시명 지음, 오늘의책, 2002 『아이들의 선물』, 한기채 지음, 오늘의책, 2004 『감사의 힘』, 데보라 노빌 지음, 김용남 옮김, 위즈덤하우스, 2008 『회복탄력성』, 김주환 지음, 위즈덤하우스, 2009 『현자들의 평생공부법』, 김영수 지음, 역사의아침, 2011
		⊙ 사람들과 함께 나누고 싶은 새로운 생각을 구체화하는 과정 혹은 결과물. 정답도 없고 끝도 없는 그래서 늘 새롭고 즐겁고 행복한 놀이.
박성경	도서출판 따비 대표 tabibooks@hotmail.com	『미각의 제국』, 황교익 지음, 따비, 2010 『한국음식문화박물지』, 황교익 지음, 따비, 2011 『조선의 탐식가들』, 김정호 지음, 따비, 2012 『서울을 먹다』, 정은숙 · 황교익 지음, 따비, 2013 『일본의 맛, 규슈를 먹다』, 박상현 지음, 따비, 2013
		⊙ 내가 만들고 싶은 책은 책이 되지 못한다. 내 머릿속의 책과 저자의 머리 속에 있는 책은 다른 것이다. 그것이 책으로 만들어지기 위해서는 함께 수다를 떨며 같은 책으로 만들어가는 것이다.
박성모	소명출판 대표 psmko@daum.net	『임화문학예술전집』(전8권), 임규찬 외 지음, 소명출판, 2009 『근대문학 100년 연구총서』(전7권), 편찬위원회 지음, 소명출판, 2008 『문화의 위치』, 호미 바바 지음, 나병철 옮김, 소명출판, 2002 『옛 노래, 옛 사람들의 내면풍경』, 임형택 지음, 소명출판, 2005 『시와 리얼리즘 논쟁』, 윤여탁 · 이은봉 엮음, 소명출판, 2001
		⊙ 단순하고 어려운 물음이다. 흔히 기획의 핵심을 콘텐츠라고 말하지만, 나에게 콘텐츠는 시류에 따라 흐르는 유행어로 정의된다. 시대가 요구하는 핵심을 관통하되 오래 두고 볼 수 있는 뼈대와 잘 구워진 언어로 채워진 책을 만드는 일이다. 100년까지는 아니더라도 50년 후에도 찾아 볼 수 있는 책을 만드는 일이다. 그런 저자와 원고를 만나 장정 자체도 수명이 긴 책으로 만드는 일이 나의 출판기획이라 생각한다.
박승규	도서출판 말글빛냄 대표	『차이의 존중』, 조너선 색스 지음, 임재서 옮김, 말글빛냄, 2007

이름	소속·연락처	추천 도서 및 출판기획에 대한 생각
	skpark@wordsbook.co.kr	『넌제로』, 로버트 라이트 지음, 임지원 옮김, 말글빛냄, 2009 『지식의 쇠퇴』, 오마에 겐이치 지음, 양영철 옮김, 말글빛냄, 2009 『뇌 맵핑마인드』, 리타 카터 지음, 양영철·이영희 옮김, 말글빛냄, 2007 『튜더스-G.J.』, 마이어 지음, 채은진 옮김, 말글빛냄, 2011 ⊙ 출판을 왜 시작했는지, 초라한 내 능력을 확인하는 시간. 매주 쏟아지는 책들을 보면서 한국의 출판기획자들에게 존경의 마음을 전합니다.
박은주	김영사 대표 pearl@gimmyoung.com	『세계는 넓고 할 일은 많다』, 김우중 지음, 김영사, 1989 『성공하는 사람들의 7가지 습관』, 스티븐 코비 지음, 김경섭 옮김, 김영사, 1994 『공부가 가장 쉬웠어요』, 장승수 지음, 김영사, 1996 『정의란 무엇인가』, 마이클 샌델 지음, 이창신 옮김, 김영사, 2010 '앗!' 시리즈(전150권), 닉 아놀드 외 글·토니 드 솔스 외 그림, 김혜원 외 옮김, 주니어김영사, 1999 ⊙ 제가 한 권의 책을 기획해서 편집하고 디자인하는 전 과정에서 가장 중심축에 놓는 것은 '독자존중원칙'입니다. 편집이나 디자인 과정에서 막힐 때도 독자의 입장에서 생각하면 의외로 답을 구하기 어렵지 않았습니다. 기획도 마찬가지입니다. 책을 기획할 때 내 가족, 내 주변의 소중한 사람들에게 읽히고 싶은 책이 무엇인가를 늘 염두에 둡니다. 그러니 제게 출판 기획이란 독자들과 나누고 싶은 콘텐츠를 고민하는 것이라고 할 수 있습니다.
박재영	오월의봄 대표 navisdream@naver.com	『벼랑에 선 사람들』, 제정임·단비뉴스취재팀 지음, 오월의봄, 2012 『오월의 사회과학』, 최정운 지음, 오월의봄, 2012 『대한민국 나쁜 기업 보고서』, 김순천 지음, 오월의봄, 2013 『고독을 잃어버린 시간』, 지그문트 바우만 지음, 조은평·강지은 옮김, 동녘, 2012 『죽음의 밥상』, 피터 싱어 지음, 함규진 옮김, 산책자, 2008 ⊙ 사람들에게 거짓말하는 책은 내지 말자. 세상을 더 안 좋게 하는 책은 내지 말자. 세상을 직시할 수 있고 조금씩이라도 바꿀 수 있는 책을 만들자.
박재환	에코리브르 대표 ecolivres@hanmail.net	『침묵의 봄』, 레이첼 카슨 지음, 김은령 옮김, 홍욱희 감수, 에코리브르, 2011 『회의적 환경주의자』, 비외른 롬보르 지음, 김승욱·홍욱희 옮김, 에코리브르, 2003 『비즈니스 생태학』, 폴 호켄 지음, 정준형 옮김, 에코리브르, 2004 『티핑포인트』, 말콤 글래드웰 지음, 임옥희 옮김, 이끌리오, 2000 『나이 들수록 시간은 왜 빨리 흐르는가』, 다우어 드라이스마 지음, 김승욱 옮김, 에코리브르, 2005 ⊙ 출판기획자는 우선 기획하려고 하는 분야를 분명하게 정해야 한다. 그리고 그

		분야에 대한 정확하고도 광범위한 지식을 토대로 최신 연구 동향에 꾸준히 관심을 기울여야 한다. 아울러 현재 일어나고 있는 사회 트렌드를 알고 있어야 한다. 출판기획은 자신이 속한 기관(출판사)의 출판 방향이나 재정 상황에 잘 맞아야 한다. 아무리 좋은 기획이라도 출판사가 수용할 수 없는 기획은 불가능하기 때문이다.
박정훈	철수와영희 주간 chulsu815@hanmail.net	『일하는 우리 엄마 아빠 이야기』, 백남호 지음, 철수와영희, 2012 『10대와 통하는 노동 인권 이야기』, 차남호 지음, 홍윤표 그림, 이수정 감수, 철수와영희, 2013 『10대와 통하는 한국 전쟁 이야기』, 이임하 지음, 철수와영희, 2013 『정당한 위반』, 박용현 지음, 철수와영희, 2011 『박헌영 트라우마』, 손석춘 지음, 철수와영희, 2013
		⊙ "내가 나아갈 미래는 내가 걸어온 과거와 다르다"는 명제를 중심으로 항상 출판 기획에 대해 고민하려 한다. 아이디어가 떠오르면 책으로 낼 수 있을지 없을지, 얼마가 팔릴지 모르더라도 오늘은 일단 저지르려고 한다. 그래야 내가 출판을 하면서 항상 행복할 수 있기 때문이다. 어떤 책을 통해, 어떤 독자와 만나야 할지, 출근하는 아침마다 설렌다.
박지은	비룡소 편집부 편집장 allball7@bir.co.kr	'비룡소 클래식' 시리즈, 쥘 르나르 외 지음, 에드워드 윌슨 외 그림, 정영목 외 옮김, 2003~ '블루픽션' 시리즈, 최상희 외 지음, 조상학 외 옮김, 비룡소, 2002~ 『개 같은 날은 없다』, 이옥수 지음, 비룡소, 2012 『가시 고백』, 김려령 지음, 비룡소, 2012 『일수의 탄생』, 유은실 지음, 비룡소, 2013
		⊙ 그림자가 빛보다도 사랑스러운 순간, 무에서 유가 창조되는 희열의 순간, 세상과 소통하는 첫 돌을 놓는 순간.
박찬수	㈜한림출판사 총괄이사 cspark@hollym.co.kr	『그림책을 보고 크는 아이들』, 이상금 지음, 사계절출판사, 2000 『글자없는 그림책』(전3권), 이은홍 글 · 신혜원 그림, 사계절출판사, 2001 『대마도에서 만난 우리 역사』, 강응천 지음, 한림출판사, 2012 '임석재 옛이야기' 시리즈, 임석재 지음, 임혜령 엮음, 한림출판사, 2012
		⊙ 독자와 함께 이야기하고 즐길 수 있는 내용을 담아 내는 것이라고 생각한다.
박창희	㈜라임 대표 / 푸른숲주니어 본부장 novel@limebook.co.kr, novel@prunsoop.co.kr	『당나귀는 당나귀답게』, 아지즈 네신 지음, 이종균 그림, 이난아 옮김, 푸른숲주니어, 2005 『열혈 수탉 분투기』, 창신강 글 · 션위엔위엔 그림, 전수정 옮김, 푸른숲주니어, 2005 『있다면? 없다면!』, 정재승 지음, 정훈이 그림, 푸른숲주니어, 2008

		『로봇의 별』, 이현 글 · 오승민 그림, 푸른숲주니어, 2010 『내 생애 가장 용감했던 17일』, 한국로체청소년원정대 지음, 정훈이 그림, 푸른숲주니어, 2011
		⊙ 출판 기획은 품팔이다. 품을 파는 만큼 얻는다. 품은 사람에게 팔 수도 있고, 책에 팔 수도 있고, 각종 매체에 팔 수도 있고, 극장에 팔 수도 있다. 내 시간을 들여서, 그리고 내 몸을 움직여서 돌아다니는 만큼 내 손에 잡힌다. 물론, 이 중에서 사람에게 품을 팔 때가 가장 효과적이다.
박철주	아이세움(미래엔) 부장 pettunia@i-seum.com cheoljoo.park@mirae-n.com	『폭풍우 치는 밤에(가부와 메이 1)』, 기무라 유이치 글 · 아베 히로시 그림, 김정화 옮김, 아이세움, 2005 『내 동생 싸게 팔아요』, 임정자 글 · 김영수 그림, 아이세움, 2006 『고맙습니다 선생님』, 패트리샤 폴라코 글 · 그림, 서애경 옮김, 아이세움, 2001 『깡통 소년』, 크리스티네 뇌스틀링거 글, 프란츠 비트캄프 그림, 유혜자 옮김, 아이세움, 2005 『한강』, 윤태호 글 · 민재회 그림, 주니어김영사, 2012
		⊙ 아주 평범한 일상의 고민—소통, 가족관계, 교육, 사랑, 우정 등등—에 가장 집중되는 사람들의 생각을 살포시 올리는 일. 평범한 음식을 독특한 고명 하나로 빛나게 하는 것처럼.
박희연	리더스북 대표 dalzooni@wjbooks.co.kr	『컬처 코드』, 클로테르 라파이유 지음, 김상철 · 김정수 옮김, 리더스북, 2007 『내 인생을 바꾼 한 권의 책』, 잭 캔필드 외 지음, 손정숙 옮김, 리더스북, 2005 『너무 일찍 나이 들어버린, 너무 늦게 깨달아버린』, 고든 리빙스턴 지음, 노혜숙 옮김, 리더스북, 2005 『FBI 행동의 심리학』, 조 내버로 지음, 박정길 옮김, 리더스북, 2011 『당신은 전략가입니까』, 신시아 몽고메리 지음, 이현주 옮김, 리더스북, 2013
		⊙ 전혀 예측하지 못했던, 운명처럼 만난 인연
배민수	위즈덤하우스 기획 분사장 bmskitty@naver.com	『공부하는 힘』, 황농문 지음, 위즈덤하우스, 2013 『아이는 언제나 옳다』, 천근아 지음, 위즈덤하우스, 2013 『한비자의 관계술』, 김원중 지음, 위즈덤하우스, 2012 『운명을 바꾸는 작은 습관』, 진희정 지음, 토네이도, 2010 『비즈니스 교양 : 직장인이 알아야 할 모든 것』, 박태일 지음, 토네이도, 2007
		⊙ 기획은 나의 맨얼굴이다. 화장을 하지 않아서 꾸밈이 없는 상태. 그래서 얼마든지 다양하게 연출할 수 있고 완전히 다르게 변신할 수도 있다. 어떻게 꾸미는가에 따라 시크하게, 또는 화려하게 바뀔 수 있다는 것. 그래서 기획을 할 때면 두근거린다. 오늘은 어떤 모습으로 연출할 수 있을까.
배수원	반니출판사 사업부장	『진화생물학』, 성기창 지음, 형설출판사, 1990

	baesuwon@hanmail.net	『이야기 한국사』, 이현희 지음, 형설출판사, 1991 『친구가 따르는 아이, 친구를 따라가는 아이』, 공병호 지음, 청솔, 1996 『피타고라스 구출작전』, 김성수 지음, 김영사, 2004 '서울대 선정 만화 인문고전' 시리즈, 손영운 외 지음, 김영사, 2010
		⊙ 가슴 떨리는 일상. 흥미진진하지만 늘 부담스러운 것. 딱, 나만큼의 책을 낼 수 밖에 없을 때 좌절한다는 돌아보고 싶지 않은 자화상. 직장에서의 업무가 출판이 아닌 적이 없었다는 건, 숙명일까 지나친 인내심일까. 요즘 와서 뒤늦은 후회 중.
백광균	㈜예림당 출판콘텐츠개발본부 이사 / 청소년 브랜드 ㈜와이스쿨 대표이사 white@yearim.co.kr	'학습도감' 시리즈, 김종문 외 지음, 예림당, 2000 '다큐북(Docu+Book)' 시리즈, 황병훈 외 지음, 해피스토리, 2010~ '100년 후에도 읽고 싶은~' 명작 시리즈, 한국명작단편선정위원회 엮음, 이은천 · 김형준 그림, 예림당, 2003~ 'Why?' 시리즈, 이근 외 글, 이항선 외 그림, 이윤정 외 감수, 예림당, 2008~ 'Big History' 시리즈, 장대익 외 글, 홍승우 외 그림, 와이스쿨, 2013~
		⊙ Think Different, Plan Well, Act Fast! 다르게 생각하고, 치밀하게 계획하고, 빠르게 실행하라! 출판기획은 머릿속의 개념에서 출발하여 계획으로 구체화하고 책이라는 형상(文字)으로 물성(物性)을 부여하는 것의 총체이다. 따라서 그 일련의 프로세스를 총괄하는 것이 기획이며 이를 수행하는 사람이 기획자이다.
선완규	천년의상상 대표 겸 편집자 swk003@hanmail.net	『동양과 서양이 127일간 이메일을 주고받다』, 김용석 · 이승환 지음, 휴머니스트, 2001 『대담』, 도정일 · 최재천 지음, 휴머니스트, 2006 『노마디즘』(전2권), 이진경 지음, 휴머니스트, 2003 『서양문명을 읽는 코드 신』, 김용규 지음, 휴머니스트, 2011 『조선시대 책과 지식의 역사』, 강명관 지음, 천년의상상, 2013
		⊙ 나는 평범하다. 내가 세상에서 할 수 있는 일이란 책 만드는 일 외에는 없다. 저자를 발굴하고 그의 원고를 책으로 만들어내는 것. 이것이 유일하게 할 수 있는 일이다. 나는 어떤 능력을 소유하고 있지는 않다. 내가 할 수 있는 일은 원고를 책으로 만드는 일을 포기하지 않으려 애쓰는 것이다. 나의 능력과 존재감은 단 하나 책으로만 말해질 뿐이다. 천천히 꾸준히 그러나 대담한 날갯짓으로 한 분야의 전문편집자로서 살아가는 자세와 태도가 절실할 뿐이다.
성기훈	(전)웅진씽크빅 갤리온 편집장, 현재 웅진씽크빅 내 신규브랜드 론칭 준비중 sungk22@wjbooks.co.kr	『습관의 힘』, 찰스 두히그 지음, 강주헌 옮김, 갤리온, 2012 『멀리 가려면 함께 가라』, 이종선 지음, 갤리온, 2009 『나는 세계 일주로 경제를 배웠다』, 코너 우드먼 지음, 홍선영 옮김, 갤리온, 2011 『부자들의 생각법』, 하노 벡 지음, 배명자 옮김, 갤리온, 2013

	『나의 라임오렌지나무』, 조안나 바스콘셀로스 지음, 박동원 옮김, 동녘, 2002
	⊙ 출판 기획은 한마디로 어떤 아이템을 누구와 만들어 어떻게 팔 것인가를 결정하는 것이다. 여전히 작가의 브랜드 파워가 가장 강력하지만 그에 못지않게 '어떻게 만들고 어떻게 팔 것인가'를 디렉팅하는 기획자의 역량이 중요해졌다. 기획자는 '사람들이 기꺼이 돈과 시간을 투자할 만한' 최고의 스토리를 찾아, 가공하고, 디자인하고, 제목을 붙이고, 가격을 매기고, 홍보하고, 마케팅하는, 출판과 관련된 모든 활동을 계획하고 지휘한다. 상업 출판에서 성패의 기준은 얼마나 많은 사람의 선택을 받았느냐다. 새로움보다는 익숙한 것들을 어떻게 조합했는가가 더 중요하다. 책마다 시기마다 그에 맞는 방법과 전략이 늘 바뀐다. 바뀌지 않는 원칙은 딱 하나밖에 없다. 늘 독자의 관점에서 생각하는 것.
송미진 ㈜도서출판 센추리원 대표 ssongmj@daum.net	『아이는 99% 엄마의 노력으로 완성된다』, 장병혜 지음, 중앙M&B, 2003 『자기 설득 파워』, 백지연 지음, 랜덤하우스중앙, 2005 『섬기는 부모가 자녀를 큰 사람으로 키운다』, 혜성 지음, 랜덤하우스중앙, 2006 『공부하는 독종이 살아남는다』, 이시형 지음, 중앙북스, 2009 『나는 까칠하게 살기로 했다』, 양창순 지음, 센추리원, 2013
	⊙ 세상에 널린 아이디어 중 내 생각 한 끗을 보태어 새로운 상품으로 만들어내는 일.
송병섭 삼천리 대표 bssong45@hanmail.net	『흙: 문명이 앗아간 지구의 살갗』, 데이비드 몽고메리 지음, 이수영 옮김, 삼천리, 2010 『쿠바식으로 산다』, 헨리 루이스 테일러 지음, 정진상 옮김, 삼천리, 2010 『돈의 본성』, 제프리 잉햄 지음, 홍기빈 옮김, 삼천리, 2011 『중국근현대사』(전4권), 요시자와 세이이치로 외 지음, 정지호 외 옮김, 삼천리, 2013 『아프리카 현대사』, 리처드 리드 지음, 이석호 옮김, 삼천리, 2013
	⊙ 창조적이고 진보적인 주제, 진실되고 과학적인 콘텐츠, 명쾌하고 문학적인 글쓰기, 이 세 가지를 기준으로 저자를 찾는다. 이 시대를 살아가는 사람들의 경험과 생각이 지금보다 더 다양한 책으로 출판되면 좋겠다.
신유순 한림출판사 아동청소년팀장(차장) ysshin@hollym.co.kr	『사이공에서 앨라배마까지』, 탕하 라이 지음, 김난령 옮김, 한림출판사, 2013 『미스 히코리』, 캐롤린 베일리 글·갈현옥 그림, 김영욱 옮김, 한림출판사, 2013 『빙하 표류기』, 시어도어 테일러 지음, 이승숙 옮김, 한림출판사, 2013 『낙지가 돌아왔다』, 홍종의 글·양상용 그림, 한림출판사, 2012 『고양이에게 책을 읽어줘』, 고정욱 글·김명진 그림, 한림출판사, 2012
	⊙ '출판기획'이란 말보다 '편집'이란 말이, 훨씬 연륜 높고 전문가다운 느낌을 준다고 생각하는 걸 보면 저는 구닥다리 편집자인가 봅니다. 책 만드는 공정이 1부터 100까지라고 했을 때, 출판기획자는 40이나 50까지 만진 뒤에 누군가에

		게 넘겨 그 뒤를 책임지게 할 것 같지만, 편집자는 처음 1부터 끝일지 알 수 없는 100 너머까지 모두 맡아 너끈히 해낼 것만 같거든요. 혼자만의 생각일지 모릅니다만, 어쩐지 몇 년 새 너나 없이 쓰는 기획편집, 출판기획이라는 말이 마뜩치가 않네요.
심영관	도서출판 당대 기획실장 syg1025@hanmail.net	『닥쳐라, 세계화』, 엄기호 지음, 당대, 2008 『나는 아프리카인이다』, 장시기 옮김, 당대, 2008 『장 조레스, 그의 삶』, 막스 갈로 지음, 노서경 옮김, 당대, 2009 『지구화 시대의 문화정체성』, 조나단 프리드만 지음, 오창현·차은정 옮김, 당대, 2010 『칼 폴라니, 햄릿을 읽다』, 원용찬 지음, 당대, 2012
		⊙ 맞춤하다고 여기는 세간의 생각과 말을 엮고 마름질하여 물성을 가진 매체에 담는 일이 아닐까 생각하고 있습니다. 모르겠습니다, 또 어떻게 이 생각이 변할지. 지금은 그렇습니다.
안성열	열린책들 인문주간 aisms@openbooks.co.kr	『JP모건』, 론 처노 지음, 강남규 옮김, 플래닛, 2007 『트라우마, 주디스 허먼』, 최현정 지음, 플래닛, 2007 『포스트워』, 토니 주트 지음, 조행복 옮김, 플래닛, 2008 『불평등의 대가』, 조지프 스티글리츠 지음, 이순희 옮김, 열린책들, 2013 『플루토크라트』, 크리스티아 프릴랜드 지음, 박세연 옮김, 열린책들, 2013
		⊙ 내게 출판은 기획이라기보다는 선택이다. 선택에서 가장 중요한 것은 나의 관심사다. 나에게 아무런 의미가 없는 책을 낸다는 것은 괴로운 일이다. 그다음에 이 책을 사줄 독자의 수를 상상해 본다. 의미든 돈이든 남는 것이 있어야 한다. 출판사는 의미로 먹고 사는 기업이기 때문이다. 여기서 중요한 것은 생각의 순서다.
안소연	명진출판㈜ 대표이사 syahn64@hanmail.net	'명진 롤모델' 시리즈 (전15권), 류태형 외 지음, 채윤 외 옮김, 명진출판사, 2007~2013 '명진 ~ 읽어주는' 시리즈(전6권), 박근형 외 지음, 명진출판사, 1999~2010 『화anger』 등 틱낫한 대표 컬렉션, 틱낫한 지음, 최수민 옮김, 명진출판사, 2002~2013 최재천 교수 컬렉션(전4권), 최재천 지음, 명진출판사, 2011~2013 『잊혀진 질문』, 차동엽 지음, 명진출판사, 2011
		⊙ 나에게 출판기획이란 출판계에 입문한 이유다. 지난 20대 시절, '우리나라 최고의 논픽션 전문 출판기획자'가 되겠다는 꿈이 있었기에 출판사를 창업하고 출판계에 입문할 생각을 하였다.
안희곤	사월의책 대표 heegone@aprilbooks.net	『폰더 씨의 위대한 하루』, 앤디 앤드루스 지음, 이종인 옮김, 세종서적, 2010 『논리는 나의 힘』, 최훈 지음, 세종서적, 2003

『인정투쟁』, 악셀 호네트 지음, 문성훈·이현재 옮김, 사월의책, 2011
『모든 것은 빛난다』, 휴버트 드레이퍼스 외 지음, 김동규 옮김, 사월의책, 2013
『다중』, 빠올로 비르노 지음, 김상운 옮김, 갈무리, 2004
『공통체』, 안토니오 네그리·마이클 하트 지음, 정남영·윤영광 옮김, 사월의책, 2014

⊙ 출판기획을 단순한 아이템 선정과 원고 발굴로 협소화하거나 출판의 전 과정에 대한 프로듀싱으로 과장하는 시각 모두에 대해 반대한다. 출판기획은 일종의 능력이다. 그것은 출판 주제에 대한 깊이 있는 이해(독서와 연구), 그에 적합한 물성을 찾아내고 부여하는 안목(편집과 디자인), 그리고 독자에게 원고의 가치를 설득하는 능력(홍보)으로 구성된다. 기발한 창의성이나 마케팅 기법이 아니다. 좋은 기획은 독자를 뒤쫓는 것이 아니라 독자에게 새로운 가치를 설득하는 것이다. 땀으로 키워낸 판단력과 실행력이 그런 기획을 가능하게 한다.

염종선 창비 편집국장
yum@changbi.com

『함께 읽는 동아시아 근현대사』(전2권), 박태균 외 지음, 창비, 2011
『2013년체제 만들기』, 백낙청 지음, 창비, 2012
『한국의 진보를 비판한다』, 김기원 지음, 창비, 2012
『창비담론총서』(전3권), 이남주 외 지음, 창비, 2009
『우방과 제국, 한미관계의 두 신화』, 박태균 지음, 창비, 2006

⊙ 출판기획이란 무에서 유를 창조하는 것이 아니라, 이미 있던 것들의 자리를 바꾸고 새로운 조합을 만들어 그것이 위치한 맥락을 새롭게 만들어내는 일이다. 이는 인문학 고전과 문학 정전들이 시대를 달리하며 새롭게 읽히는 이유이기도 하다. 새 것에 대한 단선적인 강박은 기획을 오히려 난해한 미궁으로 빠뜨린다. 새 것은 옛 것의 충실한 알맹이에서 나온다.

오석균 도서출판 산하 주간
mitbach@hanmail.net

『최열 아저씨의 지구촌 환경 이야기』(전2권), 최열 지음, 청년사, 2002
『곰 아저씨의 딱새 육아일기』, 박남정 지음, 산하, 2005
『장애, 너는 누구니?』, 고정욱 지음, 산하, 2012
『꿈꾸는 씨앗 이야기』, 강도은 지음, 산하, 2012
『아르베』, 에르베 부샤르 글·자니스 나도 그림, 배블링 북스 옮김, 산하, 2012

⊙ 나에게 기획이란, 주관적 역량과 객관적 상황을 견주며 자신의 생각을 펼쳐나가는 것, 한낱 아이디어로 그치는 것이 아니라 그 생각이 실물로 자리 잡기까지의 과정을 끝까지 책임을 지는 것, 그리고 고비를 만나 흔들릴 때마다 독자들의 얼굴을 떠올리며 다시금 힘을 내는 것.

오영진 토네이도 출판사 대표
otherself@tornadobook.com

『한국의 젊은 부자들』, 박용석 지음, 토네이도, 2006
『달란트 이야기』, 이종선 지음, 토네이도, 2006
『사람을 얻는 기술』, 레일 라운즈 지음, 임정재 옮김, 토네이도, 2007

『서른과 마흔 사이』, 오구라 히로시 지음, 박혜령 옮김, 토네이도, 2010
『혼자 사는 즐거움』, 사라 밴 브레스낙 지음, 신승미 옮김, 토네이도, 2011

⊙ 출판은 인류의 지식과 지혜를 공유, 발전, 전승시키는 가장 탁월한 방법이다. 출판기획자는 그 최전선에서 활동하는 사람이다. 따라서 출판기획자가 인간 삶에 관한 탁월한 통찰과 분별력을 갖고 있지 못하면 인류 또한 무질서한 지식의 난무 속에서 길을 잃고 만다. 출판기획자의 혜안이 곧 인류의 혜안이다.

오유미 위즈덤하우스
멀티콘텐츠사업분사 편집장
caramei@hanmail.net

『Their Rooms 우리 이야기』, JYJ 지음, 예담, 2011
『하워드의 선물』, 에릭 시노웨이 · 메릴 미도우 지음, 김명철 · 유지연 옮김, 위즈덤하우스, 2013
『아기성장보고서』, EBS 아기성장보고서 제작팀 지음, 예담friend, 2009
『마조 앤 새디』, 정철연 지음, 예담, 2011
『EBS 공부의 왕도』, EBS 공부의 왕도 제작팀 지음, 예담friend, 2010

⊙ 기획은 도박이다. 내가 가진 1할의 확신을 가지고 결과를 예측할 수 없는 베팅을 거는 작업이다.
기획은 소통이다. 저자, 편집자, 디자이너, 독자, 마케터 등등 책을 둘러싸고 있는 수많은 개체들과 감정과 정보를 공유하는 작업이다.
기획은 인연이다. 어느 날 어느 곳에서 맺어진 끈이 시초가 되어 거대한 프로젝트를 만들어내기도 하는 예측 불허의 작업이다.

오은지 도서출판 한티재 대표
hantijaebook@daum.net

『한국탈핵』, 김익중 지음, 한티재, 2013
『여행자의 인문학 노트』, 이현석 지음, 한티재, 2013
『청춘의 커리큘럼』, 이계삼 지음, 한티재, 2013
『나이듦의 길』, 김진국 지음, 한티재, 2013
『강냉이, 공부하다 빵 터지다』, 청소년 인문학 모임 강냉이 지음, 한티재, 2012

⊙ 좋은 원고를 좋은 책으로 만들어 세상에 내놓는 설레는 일. 좋은 책은 자연과 이웃과 미래의 아이들이 좋은 삶을 살 수 있도록 돕는 책이다. 책 한 권 한 권마다 처음처럼 긴장하며 공부하도록 이끄는 고마운 일이다.

오혜영 한겨레출판 휴팀 팀장(차장)
blueohy@naver.com/
blueohy@hanibook.co.kr

『방황해도 괜찮아』, 법륜 지음, 지식채널, 2012
『대한민국 기차여행의 모든 것』, 임병국 외 지음, 지식채널, 2012
『하루』, 박영택 지음, 지식채널, 2013
『서른다섯의 사춘기』, 한기연 지음, 팜파스, 2010
『허형만의 커피 스쿨』, 허형만 지음, 팜파스, 2009

⊙ 나에게 출판기획이란, 잘하는 분야보다 잘하고 싶은 분야에 도전하는 것! 유명 저자보다 무명의 저자를 발굴하여 함께 책을 집필한다는 마음으로 작업하는 것! 이러한 경험이 쌓여 잘하고 싶은 분야에서 참신한 기획으로 베스트셀러를 내는

것! 이 시대의 독자들이 반드시 읽어야 할, 미처 깨닫지 못했던 욕구를 끄집어내어 트렌드를 만들어내는 것!

유영준 비즈니스북스 주간
hanabu21@naver.com

『육식의 종말』, 제레미 리프킨 지음, 신현승 옮김, 시공사, 2002
『차라리 아이를 굶겨라』, 다음을 지키는 사람들 지음, 시공사, 2000
『태극기 휘날리며』, 강제규 지음, 시공사, 2003
『한국의 연쇄살인』, 표창원 지음, 랜덤하우스, 2005
『우리는 천사의 눈물을 보았다』, 박종인 외 지음, 시공사, 2008

⊙ 나에게 출판기획이란 매번 새로운 스승을 만나 새로운 동기들과 함께 새로운 학문을 배워나가는 과정과도 같다. 어떤 장르의 책이건, 그 책이 어떤 성과를 냈건간에 상관없이 어디서도 얻을 수 없는 유·무형의 자산을 남겨준다. 그 자산이야말로 에디터로서의 나의 삶을 지켜주는 기반이다.

유정연 흐름출판 발행인
you@hbooks.co.kr

『사장으로 산다는 것』, 서광원 지음, 흐름출판, 2005
『깨진 유리창 법칙』, 마이클 레빈 지음, 김민주·이영숙 옮김, 흐름출판, 2006
『히든 챔피언』, 헤르만 지몬 지음, 이미옥 옮김, 유필화 감수, 흐름출판, 2007
『마흔에 읽는 손자병법』, 강상구 지음, 흐름출판, 2011
『세상 모든 행복』, 레오 보만스 지음, 노지양 옮김, 서은국 감수, 흐름출판, 2012

⊙ 1. 경영이나 자기계발 기획은 일상에 묻혀 있는 숨어 있는 개념에 새로운 빛을 주어 중요한 개념으로 살려내는 연극의 조명 같은 것이다. 또는 상식적인 것과 다른 방식을 보여주는 새로운 길 내기다.
2. 저자의 잠재력과 독자의 니즈를 연결하여 시대정신과 철학을 표현하는 것

윤동희 ㈜북노마드 대표
booknomadbooks@gmail.com

여행무크지 '어떤 날' 시리즈, 요조 외 지음, 북노마드, 2013~
미술무크지 'debut(데뷰)' 시리즈, 북노마드 편집부 외 지음, 북노마드, 2012~
'a. school(에이 스쿨)' 시리즈, 권오상 외 지음, 북노마드, 2013~
『최강희, 사소한 아이의 소소한 행복』, 최강희 지음, 북노마드, 2009
『소울 트립』, 장연정 지음, 북노마드, 2009

⊙ 정성일 선생이 〈KINO〉 편집장으로 일하던 시절, 사진작가에게 요구한 일관된 '톤'이 있다고 합니다. 요구는 딱 하나. "영화처럼 찍어주세요." 북노마드 대표로 책을 만드는 동안, 함께하는 이들에게 이렇게 부탁하려 합니다. 여행처럼, 미술처럼 만들어주세요.

윤양미 도서출판 산처럼 대표
sanbooks@naver.com

『매혹의 질주 근대의 횡단』, 박천홍 지음, 산처럼, 2003
『사유의 열쇠』(전2권), 박이문·김성곤 지음, 산처럼, 2004. 2006
『단군, 만들어진 신화』, 송호정 지음, 산처럼, 2004
『열림과 닫힘』, 정진홍 지음, 산처럼, 2006
『네 죄를 고하여라』, 심재우 지음, 산처럼, 2011

⊙ 지금-여기에서의 문제의식을 잃지 않고 책으로 세상과 대화하는 것.

이규상 눈빛출판사 대표
noonbit88@gmail.com

『격동기의 현장』, 이경모 지음, 눈빛출판사, 2010
『골목 안 풍경 전집』, 김기찬 지음, 눈빛출판사, 2011
『휴먼 선집』, 최민식 지음, 눈빛출판사. 2012
『한국전쟁』, 김원일 외 지음, 박도 엮음, 눈빛출판사, 2006
『일제강점기』, 박도 엮음, 눈빛출판사, 2010

⊙ 모든 사진이 다 책으로 엮어지는 것은 아니다. 어떤 사진은 책보다는 전시장에 더 잘 어울린다. 사진의 형식과 내용이 책으로 만들기에 적합한 것인가를 먼저 따져 보아야 한다. 따라서 나의 출판기획은 사진에 맥락을 부여하여 출판물로 재탄생시키는 작업이다.

이기선 불광출판사 편집팀장
gdoore76@gmail.com

『받아들임』, 타라 브랙 지음, 김선주 · 김정호 옮김, 불광, 2012
『치유하는 불교 읽기』, 서광 지음, 불광, 2012
『가슴이 부르는 만남』, 변택주 지음, 불광, 2013
『틱낫한 명상』, 틱낫한 지음, 이현주 옮김, 불광, 2013
『알고 보면 괜찮은』, 마가 지음, 불광, 2013

⊙ 독자와 소통하는 방법을 익혀나가는 수련장이자, 내가 받아왔고 지금도 계속 받고 있는 수많은 은혜들을 조금씩 갚아나가는 길 가운데 하나. 마지막으로 나 자신을 계속 돌아보게 만드는 가치 기준.

이루리 도서출판 북극곰 편집장
yrury@hanmail.net

『북극곰 코다 : 호』, 이루리 글 · 엠마누엘레 베르토시 그림, 북극곰, 2011
『이웃집 발명가』, 최우근 지음, 북극곰, 2013
『어린이 성경』, 베르너 라우비 지음, 안네게르트 푹스후버 그림, 손성현 옮김, 북극곰, 2012
『고래바위』, 이순원 지음, 북극곰, 2012
『고슴도치의 알』, 다카하시 노조미 글 · 그림, 이순영 옮김, 북극곰, 2013

⊙ 도서출판 북극곰은 생명, 환경, 치유라는 세 가지 주제를 가지고 우주에 이바지하고자 노력하고 있습니다. 생명, 환경, 치유라는 세 가지 주제가 행복의 열쇠라고 생각하기 때문입니다. 따라서 세대와 국경과 인종을 초월하여 누구나 행복해지는 책을 기획하고 만드는 일은 정말 신나고 재미있고 아름답고 보람있습니다. 무엇보다 제가 가장 좋아하는 일입니다.

이석규 다른우리(㈜하양인) 편집주간
hayangin@naver.com

『하느님과 세상』, 요제프 라칭거 지음, 정종휴 옮김, 상바오로, 2004
『신학적 인간학』, B. 몬딘 지음, 윤주현 옮김, 가톨릭, 2011
『신학 방법』, B. 로너간 지음, 김인숙 외 옮김, 가톨릭, 2012
『신학사 1』, B. 몬딘 지음, 조규만 외 옮김, 가톨릭, 2012
『아가, 새로운 번역, 입문과 주해』, 바르비에로 지음, 가톨릭, 2014

⊙ 내가 좋은 책이라고 생각하는 것을 독자들도 공감하고 호응하기를 바라며 제안하는 도전. 나아가 출판사와 출판시장에 족적을 남기고자 하는 욕망의 구현.

이수미 나무를심는사람들 대표
soomi504@gmail.com

『그 많던 싱아는 누가 다 먹었을까』, 박완서 지음, 웅진, 1992
『딸들이 자라서 엄마가 된다』, 수지 모건스턴 지음, 최윤정 옮김, 웅진, 1995
『살아있는 역사』(전2권), 힐러리 로댐 클린턴 지음, 김석희 옮김, 웅진지식하우스, 2003
『괴짜 경제학』, 스티븐 레빗 · 스티븐 더브너 지음, 안진환 옮김, 웅진지식하우스, 2005
『다시 아이를 키운다면』, 박혜란 지음, 나무를심는사람들, 2013

⊙ 몰랐던 것을 알게 하는 것, 알고 있었던 것을 다르게 보게 하는 것, 잊혀지지 않아야 하는 것들을 기억하게 하는 것, 이 모든 것들을 재밌게 만드는 것

이순영 도서출판 북극곰 대표
bookgoodcome@gmail.com

『까만코다』, 이루리 글 · 엠마누엘레 베르토시 그림, 북극곰, 2012
『눈 오는 날 장서리 내린 날』, 이순원 글 · 엠마누엘레 베르토시 그림, 북극곰, 2011
『북극곰』, 이순영 글 · 노베르트 로징 그림, 북극곰, 2012
『안 돼!』, 마르타 알테스 글 · 그림, 이순영 옮김, 북극곰, 2012
『어머니의 이슬털이』, 이순원 글 · 송은실 그림, 북극곰, 2013

⊙ 나에게 출판기획이란 좋은 인연이 선사한 선물이다. 이루리 작가를 만난 덕분에 출판사를 시작했고 『북극곰 코다』 한 권을 가지고 볼로냐에 가서 엠마누엘레 베르토시를 만났다. 그리고 베르토시의 『눈 오는 날』 덕분에 이순원 작가를 알게 되었으며 『고래바위』와 『어머니의 이슬털이』를 출간했다. 북극곰의 모든 책은 좋은 인연이 맺어준 아름다운 열매다.

이승우 도서출판 길 기획실장
withswoo@hanmail.net

'한길그레이트북스' 시리즈, 진 L. 코헨 외 지음, 박형신 외 옮김, 한길사, 2013
'한길신인문총서' 시리즈, 이순예 외 지음, 한길사, 1998~
'코기토총서-세계사상의 고전', 마르틴 하이데거 외 지음, 김재철 외 옮김, 길, 2013
『인문정신의 탐구』, 장세룡 외 지음, 도서출판 길, 1998~
『발터 벤야민 선집』(전15권), 발터 벤야민 지음, 최성만 외 옮김, 길, 2007

⊙ 책을 만드는 행위는 기본적으로 '정신'과의 만남이라고 생각한다. 그것은 곧 책을 쓰는 저자와의 '정신의 교류'를 뜻한다. 저자들과의 만남은 항상 새로운 지적 상상력을 불러일으키고, 나의 '공부'에도 많은 도움이 된다. 결국 '정신의 만남'은 '지적 호기심'을 통해 책이라는 매체로 구체화되고 독자들은 이를 통해 새로운 '정신의 세계'를 발견한다. 그것이 이 땅의 저자이건, 외국의 저자이건 간에 상관없이 '새로운 정신'을 만들어내는 행위에 '책'이라는 매체가 기여할 수 있는,

또는 책을 만드는 사람이 가질 수 있는 가장 큰 행복이 아닐까 싶다.

이승희 비채 편집부 편집장
ahee@vichekorea.com

『당신을 부르며 살았다』, 마종기 지음, 비채, 2010
『돈 키호테, 부딪혔다, 날았다』, 서영은 지음, 비채, 2013
『스피벳』, 레이프 라슨 지음, 조동섭 옮김, 비채, 2009
『658, 우연히』, 존 버든 지음 , 이진 옮김, 비채, 2011
'요 네스뵈' 시리즈, 요 네스뵈 지음, 노진선 외 옮김, 비채, 2012~2013

⊙ 책을 쓰는 사람과 책을 생산하는 사람과 책을 파는 사람과 책을 좋아하는 사람과 책을 사는 사람… 서로 같기도 하고 다르기도 한 이 사람들 사이에서 아슬아슬하게 균형을 잡는 일. 내가 좋아하는 책을 만들되 사업주에게도 이익이 되고, 저자가 바라는 책을 만들되 독자도 좋아하게 만들어야 하는 진짜 어려운 일. 사실 편집자가 되고 나서 책을 바라보는 시점이 참 많이 바뀌었지만 그럴 때마다 첫 마음을 상기한다. 책, 저도 참 좋아하는데요.

이영미 웅진씽크빅 단행본 본부
펭귄클래식 대표 겸 대편집자
ymyi27@hanmail.net

『303일간의 신혼여행』(전2권), 이우일 · 선현경 지음, 디자인하우스, 1999
『황홀한 쿠바』, 사석원 지음, 청림출판사, 2004
『지문사냥꾼』, 이적 지음, 웅진지식하우스, 2005
『스페인, 너는 자유다』, 손미나 지음, 웅진지식하우스, 2006
『서른의 당신에게』, 강금실 지음, 웅진지식하우스, 2007

⊙ 세상과 자신에게 관심이 많은 저자를 발굴하고, 꾸준히 소통하면서 그의 호기심과 잠재력을 글로 끌어내고, 그중 가장 재미있고 공감되는 부분을 독자들과 책으로 공유하는 작업. 그래서 대부분 저자의 첫 책을 낸 경우가 많고, 내가 만든 첫 책을 발판으로 저자가 성장해나가는 모습을 보는 것 또한 출판기획을 하는 기쁨이다. 글도 중요하지만 비주얼과 디자인까지 잘 어우러진 책을 기획하는 것에 훨씬 더 재미를 느낀다.

이영은 웅진씽크빅 단행본 출판그룹
대편집자
bbangko@wjbooks.co.kr

『나는 일본문화가 재미있다』, 김지룡 지음, 명진출판, 1998
『공부기술』, 조승연 지음, 랜덤하우스, 2002
『따뜻한 카리스마』, 이종선 지음, 랜덤하우스, 2004
『이노베이터』, 김영세 지음, 랜덤하우스, 2005
'작은탐닉' 시리즈, 고경원 외 지음, 갤리온, 2007~

⊙ '인간은 이해한 만큼 사는 동물'이라는 생각한다. 사람들이 삶을 제대로 운영하기 위해 필요한 관점과 논리, 해결책 등을 시의 적절하게 제시하는 행위. 이야기를 편집하면서 사회를 편집하게 되기에 공동체에 대한 고민을 함께 할 수밖에 없는 게 출판기획이라고 생각한다.

이원중 도서출판 지성사 대표
lwjoong@hanmail.net

『풀종다리의 노래』, 손석희 지음, 역사비평사, 1993
『꿈꾸는 달팽이』, 권오길 지음, 지성사, 1994

		『가지 않으면 길은 없다』, 방희선 지음, 지성사, 1997 『신갈나무 투쟁기』, 차윤정 지음, 지성사, 1999 『들풀에서 줍는 과학』, 김준민 지음, 지성사.2006
		⊙ 출판기획은 책이 만들어가는 책의 흐름이고, 모든 것의 이야기를 담아낸 것이 책이다. 그러므로 출판기획은 책은 만드는 사람들이 생산하는 이야기를 끄집어내는 행위이다.
이재두	프리랜스 편집&리라이팅, 기획 jaedoori@hanmail.net	『세계사를 움직이는 다섯 가지 힘』, 사이토 다카시 지음, 홍성민 옮김, 뜨인돌, 2009 『천하무적 잡학사전』, 엔사이 클로넷 지음, 이강훈 그림, 이규원 옮김, 좋은생각, 2012 『세계명화의 수수께끼』, 드림프로젝트 지음, 이강훈 그림, 홍성민 옮김, 비채, 2006 『유일한 평전』, 조성기 지음, 작은씨앗, 2005 『더 많이 소비하면 우리는 행복할까?』, 야마다 마사히로 · 소데카와 요시유키 지음, 홍성민 옮김, 뜨인돌, 2011
		⊙ 출판기획이 뭘까, 골똘히 궁리하다가 네이버 한자사전을 검색해보았습니다. '出版企劃.' 企의 여러 가지 의미 중에 '꾀하다', '바라다'를 얻었습니다. 劃의 다양한 의미 중에서는 통상 사용되는 '계획하다' 대신 '(선을) 긋다'를 취했습니다. 그러자 '선 긋기를 꾀하다'라는 개념이 나왔습니다. 그렇습니다. 출판기획이란 '책'이라는 매개체를 통해 독자의 마음과 영혼에 뚜렷이 '선을 긋는' 일입니다. 나아가 시대에 선을 긋는 일입니다.
이재욱	㈜새로운사람들 대표이사 ssbooks@chol.com	『클래식에 말 걸기』, 윤혜경 지음, 새로운사람들, 2012 『한국의 얼 111전』, 김경상 외 지음, 새로운사람들, 2012 『신인섭』, 김병희 지음, 새로운사람들, 2010 『한국현대정치사』, 안철현 지음, 새로운사람들, 2009 『사회학의 발견』, 김윤태 지음, 새로운사람들, 2006
		⊙ 세상에 대한 질문. 답을 내놓는 것이 아니라 문제를 제기하고 그 반응을 지켜보는 것.
이재일	토토북 대표 totobook@korea.com	『내가 조금 양보하면 세상은 초록이 돼요』, 김소희 지음, 토토북, 2009 『그런데요, 생태계가 뭐예요?』, 김성화 · 권수진 글 · 조위라 그림, 토토북, 2004 『조선왕실의 보물 의궤』, 유지현 지음, 토토북, 2009 『엄마 학교』, 서형숙 지음, 큰솔, 2006 『랩으로 인문학 하기』, 박하재홍 지음, 탐, 2012
		⊙ 어린 독자들의 지식, 자존감, 창의성을 북돋우는 가장 좋은 방법이 무엇인가

생각한다. 텍스트와 일러스트, 디자인이 가장 효과적으로 매칭이 되도록 노력한다. 책을 만드는 사람이지만 동시에 첫 번째 독자라는 사실을 잊지 않으려고 한다. 세상에 나를 표현하는 주요한 수단이기 때문에 상품에서도 싼티가 나지 않도록 노력한다.

이정임 프리랜스
jaado@naver.com

'세귀르 명작 동화' 시리즈(전 10권), 세귀르 백작부인 지음, 박선주 외 옮김, 넥서스주니어, 2013
『그림 엄마』, 한젬마 지음, 넥서스주니어, 2011
『달님이 달강달강』, 이명주 외 지음, 넥서스주니어, 2012
『꼬까 입고 꼬노꼬노』, 배정예 외 지음, 넥서스주니어, 2013
『우리집은 영어 창의력 놀이터』, 이수정 지음, 이지스퍼블리싱, 2013
『지금은 행복을 복습하는 시간』, 김경집 지음, 지식의숲, 2013

⊙ 공지영 작가는 '젊은 시절 내가 그토록 집착했던 그 거대가 실은 언제나 사소하고 작은 것들로 체험되는' 것을 나이를 먹으며 깨달았다고 했다. 정치 이야기로 뜨거운 몇 년을 보내면서 거대한 담론이 실은 사소하고 작은 이야기에서 비롯된다고 느끼게 되었다. 거대한 담론을 조용하지만 명료하게 속삭이는 소리를 찾아서 전해줄 수 있는 꿈을 꾸어 본다. 아, 새해에는 정말 필요한, 좋은 소리를 찾아서 들려주고 싶다!

이지연 이지스퍼블리싱㈜ 대표
easy@easyspub.co.kr

『인터넷 무작정 따라하기』, 고경희 지음, 길벗, 1995
『일본어 무작정 따라하기』, 후지이 아사리 지음, 길벗이지톡, 2008
'시험에 나오는 것만 공부한다' 시리즈, 박신영 외 지음, 길벗, 2004
『Do it! HTML5+CSS3』, 고경희 지음, 이지스퍼블리싱, 2010
『바쁜 5,6학년을 위한 빠른 연산법』, 스쿨피아 연구소 엮음, 이지스퍼블리싱, 2013

⊙ '이 책이 사람들에게 도움이 됩니까?' 이 질문이 내가 책을 내기 전에 꼭 생각해보는 기준이다. 그러니 결국 '출판기획'은 사람에 대한 관심이며 인간애이다. 지금 운영하는 회사의 캐치프레이즈가 바로 내가 생각하는 출판기획의 조건이다. '사람들에게 구체적으로 도움이 되는 책을 만드는 곳 - 이지스퍼블리싱'

이진영 위즈덤하우스 6분사 분사장
ljy@wisdomhouse.co.kr

『아들아 머뭇거리기에는 인생이 너무 짧다』, 강헌구 · 이원설 지음, 한언출판, 2003
『나비야 청산 가자』, 김진명 지음, 대교베텔스만, 2007
『가고 싶은 길을 가라』, 로랑 구넬 지음, 박명숙 옮김, 조화로운삶, 2009
『오늘 내가 살아갈 이유』, 위지안 지음, 이현아 옮김, 예담, 2011
『머물지 마라 그 아픈 상처에』, 혜허당 지음, 예담, 2012

⊙ 출판기획이란 '뭔가 재미있는 일이 없을까?' 하고 궁리하는 것이다. 사람들과

어울리든 혼자 있든, 어딘가로 이동할 때는 물론 업무상 일을 할 때도, '뭔가 좀 재미있는 일이 없을까?'라는 물음을 스스로에게 던지곤 한다. 내가 재미있게 느끼는 것은 남들도 재미있게 생각하기 때문에 '재미' 속에 기획의 실마리가 있다고 생각한다.

이진희 은행나무 편집주간

bochumlee@ehbook.co.kr

『우리는 사랑일까』, 알랭 드 보통 지음, 공경희 옮김, 은행나무, 2005
『남쪽으로 튀어』, 오쿠다 히데오 지음, 양윤옥 옮김, 은행나무, 2006
『악인』, 요시다 슈이치 지음, 이영미 옮김, 은행나무, 2008
『행복은 혼자 오지 않는다』, 에카르트 폰 히르슈하우젠 지음, 박규호 옮김, 은행나무, 2008
『디너』, 헤르만 코흐 지음, 강명순 옮김, 은행나무, 2012

⊙ 세상의 편견과 무관심의 그늘 아래 있던 작가의 아이디어와 글을 발견하여, 쓸고 다듬고 보듬어, 마침내 모두가 그 가치를 알아보고 함께 즐길 수 있도록 애정을 쏟는 일

이찬희 지콜론북 편집장

chlee.sot@gmail.com

『위로의 디자인』, 유인경 · 박선주 지음, 지콜론북, 2013
『크리에이터의 즐겨찾기』, 지콜론북 편집부 지음, 지콜론북, 2013
『그림으로 말하는 사람들』, 박선주 지음, 지콜론북, 2013
『런던에서 디자이너로 산다는 것은 어떻습니까』, 권준호 지음, 지콜론북, 2013
『위트 그리고 디자인』, 이로 · 강구룡 지음, 지콜론북, 2013

⊙ 원고가 나무라면 편집은 나무를 아우르고 자연을 느낄 수 있게 하는 숲이라는 (어느 편집자의) 말이 공감된다. 개인적으로 기획은 시대상, 인간상, 인간미, 위트, 자연에의 존중 등을 담고 있어야 한다고 생각한다. 그리고 동시대에 대한 정서와 현상을 종이의 기록으로 남기는 것이 즐겁다. 후세 언젠가는 그것이 역사가 되어 있을 테고, 현재의 시대상을 딛고 만들어진 다음 세대와 소통하는 것일 테니 말이다.

이현정 프리랜스 기획편집 / 번역(독한, 영한) / SBI '번역문 다루기' 과정 강사

baengel@hanmail.net

『지선아 사랑해』, 이지선 지음, 이레, 2003
『대한민국 학교대사전』, 학교대사전 편찬위원회 엮음, 이레, 2005
『집으로 가는 길』, 이스마엘 베아 지음, 송은주 옮김, 북스코프, 2007
『기타노 다케시의 생각노트』, 기타노 다케시 지음, 권남희 옮김, 북스코프, 2009
『남자의 종말』, 해나 로진 지음, 배현 · 김수안 옮김, 민음인, 2012

⊙ 한마디로 '기획'은 '편집의 요소'다. 더 정확하게는 '구조적 편집 과정의 한 요소'다. '기획'이라는 용어가 단지 '아이템 선정과 저작권 계약'이라는 '협의의 기획'을 가리키는 말로 전용되는 현상은 바람직하지 않다. 이러한 협의의 기획을 포함하여, 기획이란 궁극적으로 '도서의 구조를 개선하는 데 기여'하는 일이며, 결

		과적으로 '책이라는 상품'의 완성도를 결정하는 101번째 디테일까지 놓치지 않는 일이다.
이현정	기획편집 프리랜스 savina33@hanmail.net	『우리 아이가 달라졌어요』, sbs우리아이가달라졌어요 제작팀 지음, 영진닷컴, 2006 『헤르만 헤세 전집』(전3권), 헤르만 헤세 지음, 폴커 미켈스 엮음, 이재원 옮김, 그책, 2009 『소울 푸드』, 성석제 외 지음, 청어람미디어, 2011 『우연에서 기적으로』, 김태원 지음, 청어람미디어, 2011 『제주에 살어리랏다』, 김경희 외 지음, 청어람미디어, 2011 『쫄깃』, 메가쇼킹 · 쫄깃패밀리 지음, 청어람미디어, 2011
		⊙ 삶의 본질에 다가가려는 노력, 세상을 보는 창, 시대와 공감하는 힘, 그리고 가장 사랑하는 '일'
이혜진	해냄 기획편집부 경제경영/자기계발 팀 편집장 drbrown@naver.com	『10년 후 한국』, 공병호 지음, 해냄출판사, 2004 『위대한 시작』, 고도원 지음, 꿈꾸는책방, 2013 『홀가분』, 정혜신 · 이명수 지음, 전용성 그림, 해냄출판사, 2011 『최성애 박사의 행복수업』, 최성애 지음, 해냄출판사, 2010 『조벽 교수의 인재혁명』, 조벽 지음, 해냄출판사, 2010
		⊙ 같은 재료라도 누구의 손길을 거치냐에 따라 결과물이 얼마나 달라질 수 있는지를, 거부할 수 없는 물성으로 확인시켜준 냉정한 세계다. '그게 당신의 베스트요?'라고 물으며 애정, 호기심, 창의력, 인내심, 자존감 등 한 인간이 가지고 있어야 할 모든 긍정적인 에너지를 요구하는 시험대이다. 세상과 사람에 대한 문을 열고 제대로만 한다면 시간이 갈수록 더 깊어지고 예리해질 수 있어 매력적인 분야이다. 하지만 아직까진 그 진수를 맛보진 못한 듯하다.
임경훈	서해문집 편집부 과장 callingu@naver.com	『화폐 없는 세계는 가능하다』, 애니트라 넬슨 외 지음, 유나영 옮김, 서해문집, 2013 『정세현의 정세토크』, 정세현 지음, 서해문집, 2011 『기억하라, 우리가 이곳에 있음을』, 살바도르 아옌데 외 지음, 정인환 옮김, 서해문집, 2011 『미술관 옆 인문학』, 박홍순 지음, 서해문집, 2011 『지도에서 사라진 사람들』, 도현신 지음, 서해문집, 2013
		⊙ 아직은 살아온 경험도 일천하고 쌓아놓은 지식도 적다. 그래서인지 무언가를 읽고, 보고, 듣고, 찾거나 누군가와 만나고, 얘기하는 과정에서 기획이 이루어진다. 나는 다소 개인주의적이지만, 기획을 통해 주위 사람들을 둘러보고 나를 둘러싼 세계에 적극적으로 반응하게 된다. 그리고 기획을 책으로 만들어가며, 많이

부족한 나 자신을 객관적으로 보게 된다.

임규근 한빛미디어 실용출판부장
gglim@hanbit.co.kr

『철들고 그림 그리다』, 정진호 지음, 한빛미디어, 2012
『좋은 사진을 만드는 김주원의 DSLR 사진 강의』, 김주원 지음, 한빛미디어, 2011(팀 공동기획)
『100만 방문자와 소통하는 파워블로그 만들기』, 윤상진 외 지음, 한빛미디어, 2011(팀 공동기획)
『나는 일러스트레이터다』, 밥장 지음, 한빛미디어, 2010(팀 공동기획)
『엑셀 필살기』, 이동숙 지음, 뉴런, 2006

⊙ 그동안 제가 출판에 발을 딛고 걸어왔던 과정을 돌이켜보니 '창문'이라는 낱말이 가장 먼저 떠오릅니다. 이 창문을 통해서 참 많은 사람을 만났던 것 같고, 제가 잘 몰랐던 세상을 바라보고 이해할 수 있었던 것 같습니다. 이 창문 너머에서 스며든 따뜻한 햇볕 한 웅큼과 바람 한 줄기는 제가 매일매일 조금씩이라도 성장할 수 있도록 해주었던 소중한 자양분이었습니다. 내일은 제 앞에 어떤 창문이 스르륵 열릴지 기대하는 것 만큼 즐거운 일도 없는 것 같습니다.

임병삼 도서출판 갈라파고스 대표
galapagos@chol.com

『작은 인디언의 숲』, 어니스트 톰슨 시튼 지음, 햇살과나무꾼 옮김, 두레출판사,1999
『불량국가』, 노엄 촘스키 지음, 장영준 옮김, 두레출판사, 2001
『왜 세계의 절반은 굶주리는가?』, 장 지글러 지음, 유영미 옮김, 갈라파고스, 2007
『촘스키처럼 생각하는 법』, 노르망 바야르종 지음, 강주헌 옮김, 갈라파고스, 2010
『왜 가난한 사람들은 부자를 위해 투표하는가?』, 토마스 프랭크 지음, 김병순 옮김, 갈라파고스, 2012

⊙ 삶의 가치와 밥벌이 사이의 끝없는 싸움과 타협이다.

임희근 번역가
출판기획·번역 집단 사이에
padma0112@naver.com

『분노하라』, 스테판 에셀 지음, 임희근 옮김, 돌베개, 2011
『성공을 부르는 마음의 법칙 일곱 가지』, 디팩 초프라 지음, 임희근 옮김, 삶과꿈, 1995
『책 아저씨네 작은 커피집』, 레슬리 여키스·찰스 데커 지음, 임희근 옮김, 김영사, 2003
『포도주 예찬』, 샤를 보들레르·장 뤽 엔니그 지음, 임희근 옮김, 21세기북스, 2005
'고정관념 Q' 시리즈, 질 루슬로 외 지음, 한정석 외 옮김, 웅진지식하우스, 2008

⊙ 번역가의 입장에서 볼 때 출판기획에서 무엇보다 중요한 것은, 세상에 나오는

(혹은 나오려 하는) 수많은 책들 중에 어떤 책이 보편성을 갖추면서도 '지금 이곳'의 독자들에게 호응받을 책인지를 판단하는 안목이라고 봅니다. 여기서 독자의 '호응'이란 일과성의 열화같은 반응을 말하는 것이 아니라 한국의 독서 대중이 읽고 싶어하는 주제, 궁금해하는 내용, 집중하고 싶어 하는 문제의식, 픽션의 경우엔 동서양을 아우르는 보편성이 담보해준다고 생각됩니다. 세상의 흐름과 삶의 방향을 바르게 읽고 잡는 데 도움이 되고 지표가 되는 책, 정말 번역 출간할 만한 가치가 있다고 판단되는 책을 부단히 찾고 싶습니다.

장은수 민음사 대표(편집인)
polyedit1@gmail.com

⊙ 나는 기획이라는 말이 출판 행위를 대표하는 것을 거부하고, 책이 한 개인에게 귀속되는 것 역시 혐오한다.
때때로 생각의 번개가 개인의 내면에서 떠올라 세계의 어둠을 가르는 적도 있지만, 근본적으로 이 일은 필자, 독자, 동료들과의 한없는 대화와 공들인 협업의 연속으로 이루어진다. 내가 일하는 게 아니라 모두가 함께 참여하는 어떤 과정이 일하는 것이다. 따라서 내가 기획한 책은 없다. 우리가 함께 만든 책이 있을 뿐이다. 그중 기억에 남는 책이라면, 『103인의 현대사상』, 『일본 근대문학의 기원』 등 '일본의 현대지성' 시리즈, '셜록 홈즈' 전집, '세계문학전집', '모던 클래식', 『백의 그림자』를 비롯한 '민음 경장편' 시리즈 등이 있다.

장의연 다락원 영어출판부 차장
maandoo@darakwon.co.kr

『좋은영어 지식사전』, 이윤재 지음, 다락원, 2012
『카투사, 이렇게 하면 성공한다』, 임희조 지음, 다락원, 2013
『영어 잘하는 사람들의 7가지 습관』, 임진표 지음, 다락원, 2014

⊙ 실용서 기획자인 만큼, 저에게 출판기획은 필요한 사람에게 필요한 콘텐츠를 사용하기 쉽게 제공하는 것입니다. 실용서 중에서도 제가 주로 기획하고 있는 어학 학습서는 눈으로 보고 읽는 것만으로는 독자가 원하는 것을 얻기 어렵습니다. 따라서 기획할 때에 책의 구성과 디자인이 콘텐츠를 효과적으로 전달하도록 하는 것은 물론, 오디오나 비디오 등 다양한 매체와 연계하는 방안까지 늘 다각도로 고민하고 있습니다.

장호연 프리랜스 번역가
safesorry@naver.com

『다잉 인사이드』, 로버트 실버버그 지음, 장호연 옮김, 책세상, 2005
『뇌의 왈츠』, 대니얼 레비틴 지음, 장호연 옮김, 마티, 2008
『라이베이거스의 공포와 혐오』, 헌터 톰슨 지음, 장호연 옮김, 곤조, 2010
『유기농선언』, 마리아 로데일 지음, 장호연 옮김, 조완형 감수, 백년후, 2011
『과학으로 풀어보는 음악의 비밀』, 존 파웰 지음, 장호연 옮김, 뮤진트리, 2012

⊙ 제가 읽고 싶은 책, 제가 관심이 가는 책을 일차적으로 고르는 편이고, 가급적이면 국내에 소개되지 않았던 새로운 시각의 책들을 찾아내려고 노력합니다.

정광일 도서출판 살림터 대표
gwang80@hanmail.net

『핀란드 교육혁명』, 한국교육연구네트워크 총서기획팀 지음, 살림터, 2010
『밥상혁명』, 강양구 · 강이현 지음, 살림터, 2009

『혁신학교』, 성열관·이순철 지음, 살림터, 2011
『생각과 말』, 레프 세묘노비치 비고츠키 지음, 배희철·김용호 옮김, 살림터, 2011
『10년 후 통일』, 정동영·지승호 지음, 살림터, 2013

⊙ 시대와 호흡하면서 현장감 있는 대중의 요구를 찾아내고 사회과학적인 관점을 가지고 사회 모순과 낡은 세상을 혁파하는 실천적인 자세와 우공이산의 마음으로 오래된 미래를 향하여 나아간다.

정민영 ㈜아트북스 대표이사
artmin21@hanmail.net

『화가들이 사랑한 파리』, 류승희 지음, 아트북스, 2005
『그림이 내게 말을 걸어왔다』, 조정육 지음, 아트북스, 2003
『화가의 빛이 된 아내』, 정필주 지음, 아트북스, 2006
『그림으로 쓰는 러브레터』, 황록주 지음, 아트북스, 2004

⊙ 대중적인 미술책의 기획은 '무엇'보다는 '어떻게'가 중요하다. 이 '어떻게'는 일반 독자의 마인드를 염두에 둔 맞춤형이어야 한다. 미술이 영화, 여행, 경영, 자기계발, 심리치유 등의 세계와 몸을 섞는 것도 바로 독자 연구를 바탕으로 그들과 소통하고 사랑받기 위해서다. 기획은 독자를 춤추게 하는 일이다. 그래야 미술책이 살고, 미술이 산다.

정은영 남해의봄날 대표
bom@namhaebomnal.com

『우리 까페나 할까?』, 김영혁 외 지음, 디자인하우스, 2005
『나는 작은 회사에 다닌다』, 김정래·전민진 지음, 남해의봄날, 2012
『내 작은 회사 시작하기』, 정은영 지음, 디자인하우스, 2012
『서울을 떠나는 사람들』, 이국운 외 지음, 남해의봄날, 2013
『누가 그들의 편에 설 것인가』, 곽은경·백창화 지음, 남해의봄날, 2013
『가업을 잇는 청년들』, 백창화 외 지음, 정환정·이진하 사진, 남해의봄날, 2013

⊙ 내게 출판기획이란 사람들의 숨은 니즈를 찾아내는 일이다. 단, 이미 세상에 만연한, 누구나 욕망하는 가치 이외의 숨겨진, 대안의 욕구를 찾아내서 그 메시지로 사회와 소통하는 것. 그 안에 지식과 정보, 그리고 우리의 삶을 담아내는 것. 그리고 사회가 정의한 옳고 그름에 사로잡히지 않고, 이 사회를 건강하고, 다양성을 인정하는 사회로, 그리고 실천적인 대안과 연대를 가능하게 하는 힘을 담는 것. 그래서 사람들의 삶과 내면에 대한 관찰, 경청, 소통이 출판기획의 가장 큰 뿌리이길 바라고, 노력하고 있다.

정철수 이매진 대표
imaginepub@naver.com

『희망의 인문학』, 얼 쇼리스 지음, 고병헌 외 옮김, 이매진, 2006
『여공 1970』, 김원 지음, 이매진, 2006
『핀란드 역으로』, 에드먼드 윌슨 지음, 유강은 옮김, 이매진, 2007
『감정노동』, 앨리 러셀 혹실드 지음, 이가람 옮김, 이매진, 2009
『눈물도 빛을 만나면 반짝인다』, 은수연 지음, 이매진, 2012

⊙ 마운드에 선 투수가 공을 던질 때, 어깨에 너무 힘이 들어가면 작심하고 던진 강속구를 포수 미트에 꽂을 수 없다. 아무리 뛰어난 투수도 강속구만으로 타자를 요리하지 못한다. 변화구를 알맞게 섞고 완급을 조절하며 타자의 타이밍을 빼앗아야 오래, 잘 던질 수 있다. 누구나 알지만 아무나 하지 못한다. 책을 왜 만드는지 매번 생각한다. 책을 만드는 목표가 확실해지면, 이리저리 꺾이는 변화구와 힘있는 직구를 섞어 완급을 조절한 나만의 프로그램에 따라 더 좋은 세상을 향해 승부구를 던져 넣는다.

정희경 도서출판 마티 대표
jung.mati@gmail.com

『오디오의 유산』, 김영섭 지음, 한길사, 2008
『무엇이 정의인가?』, 이택광 외 지음, 마티, 2011
『집짓기 바이블』, 조남호 외 지음, 마티, 2012

⊙ 자연스러운 욕구. 무엇인가에 대해 궁금증이 생겼거나 이전에 몰랐던 사실을 알게 됐을 때, 이 지식을 가장 정확하게, 가장 멀리, 가장 오랫동안 전달할 수 있는 방법이 무엇일까 고민하는 과정.

조은희 미래엔(북폴리오/와이즈베리/아이세움/아이즐/휴이넘) 출판사업본부장/상무
cchhoni@hanmail.net

회원제 북클럽 북스북스 시리즈(팀 공동기획)
『구름빵』, 백희나 글 · 그림, 한솔수북, 2004(팀 공동기획)
'신기한 아기한글나라' 시리즈(팀 공동기획)
'신기한 태교나라' 시리즈(팀 공동기획)
'사고치기' 시리즈, 김민희 지음, 박인수 그림, 한솔수북, 2006(팀 공동기획)

⊙ 출판계 '직딩'이 된 지 30년이 넘었다. 규모 있는 회사에서 일을 하다 보니, 개인으로보다 팀워크로 일을 많이 해왔다. 또한 그 기간 중 3분의 1 이상은 기획편집자라기보다 관리자로서 일을 했기에 기획한 책을 쓰라는 칸을 보면서 잠시 고민이 되기도 했다. 나에게 출판기획이란 누군가의 인생에 등불이 되어주는 책 한 권만을 기획하는 일이 아니었다. 독자(사용자)들의 사고와 행동 패러다임을 바꾸어내는 '책들'과 그 책들의 활용법을 만들어내는 일이었다. 아울러 나 홀로 저자, 독자와 마주하는 것이 아니라 여럿이 함께 아이디어를 모으고, 상품성 높은 좋은 콘텐츠를 만들어낼 수 있는 시스템을 만들어 운용하는 일이었다.

조성웅 유유출판사 대표
daoyan@gmail.com

『공부하는 삶』, 앙토냉 질베르 세르티양주 지음, 이재만 옮김, 유유, 2013
『단단한 공부』, 윌리엄 암스트롱 지음, 윤지산 · 윤태준 옮김, 유유, 2012
『열린 인문학 강의』, 윌리엄 앨런 닐슨 엮음, 김영범 옮김, 유유, 2012
『삼국지 강의』, 이중톈 지음, 양휘웅 · 김성배 옮김, 김영사, 2007
『중국을 만든 책들』, 공상철 지음, 돌베개, 2011

⊙ 책을 더 꼼꼼하게 읽는 것. 나는 내가 좋아하는 주제가 담긴 책을 읽는다. 그 책들에는 저자가 그 책을 쓰면서 참조했던 책, 좋았던 책이 거의 반드시 나온다. 이렇게 나온 책 가운데 재미있어 보이는 책이 있으면 출간 여부를 먼저 확인한다.

		아직 출간되지 않았으면 그 책을 찾는다. 자세하게 읽어본다. 그렇게 읽다 보면 연관된 주제의 책 목록이 차곡차곡 쌓인다.
조원식	역사비평사+모비딕 기획실장 wscho23@naver.com	『구로사와 아키라 자서전 비슷한 것』, 구로사와 아키라 지음, 김경남 옮김, 모비딕, 2014 『잠복』, 마쓰모토 세이초 지음, 김경남 옮김, 모비딕, 2012 『사통』, 유지기 지음, 오항녕 옮김, 역사비평사, 2012 『책문, 시대의 물음에 답하라』, 김태완 엮음, 소나무, 2004 『퇴계와 고봉, 편지를 쓰다』, 김영두 옮김, 소나무, 2003
		⊙ 세상을 향해 열린 창, 혹은 내 마음의 강.
천강원	애니북스 편집부장 bananafish4x4@empal.com harzaku@anibooks.com	'이토준지 공포만화' 콜렉션, 시공사, 1998~ 『아버지』, 다니구치 지로 지음, 신준용 옮김, 애니북스, 2005 『not simple』, 오노 나츠메 지음, 애니북스, 2007 『토끼 드롭스』, 우니타 유미 지음, 양수현 옮김, 애니북스, 2007~ 『죠죠의 기묘한 모험』, 아라키 히로히코 지음, 김완 옮김, 애니북스, 2013~
		⊙ 숨겨진 보석 같은 작품을 많은 독자에게 소개하는 것. 그것이 지식이든, 감동이든, 웃음이나 슬픔이든, 소소하지만 삶을 윤택하게 해주는 경험을 같이 나누는 행위.
최복현	프리랜스 인문학, 글쓰기 강사 수필 · 인문서 · 소설 집필 amourchoi@hanmail.net	『하루에 떠나는 신화여행』, 최복현 지음, 페퍼민트, 2009 『삶이 그대를 속일지라도』, 최복현 지음, 양문, 2012 『닥치고 써라』, 최복현 지음, 작은책, 2013 『어린왕자의 사람을 사랑하는 법』, 최복현 지음, 양문, 2013 『화요일의 여자』, 최복현 지음, 노마드, 2013
		⊙ 거창하게 생각하지 말자. 세상사람 누구나 공감할 수 있는 책을 쓰려고도 말자. 우선 내가 나에게 하고 싶은 글을 쓰자, 그 다음엔 내가 쓰는 글을 읽어줄 단 한 사람을 상정하고 그 사람을 위한 글을 쓰자. 그러면 내 글에 정성이 담길 것이고, 사랑이 담길 것이고, 사람을 움직이는 진실이 담길 것이다. 요란하지 않아도 한 사람의 마음이라도 움직이거나, 외로운 한 사람의 마음을 달래줄 수 있다면.
최용범	페이퍼로드 대표 gaji15@hanmail.net	『한국의 부자들』, 한상복 지음, 위즈덤하우스, 2003 『1인자를 만든 참모들』, 이철희 지음, 위즈덤하우스, 2003 『108가지 결정』, 함규진 지음, 페이퍼로드, 2008 『원점에 서다』, 사토 료 지음, 강을수 옮김, 페이퍼로드, 2008 『세월은 흐르는 것이 아니라 쌓이는 것이다』, 김성근 외 지음, 페이퍼로드, 2013
		⊙ 1. 사회에 새로운 아젠다 던지기 2. 필자 발굴하여 그가 꿈꾸던 것 이루게 하기

		3. 내 밥벌이
최윤혁	세계사 대표 / 에이트포인트 대표 kevin@segyesa.co.kr	『오두막』, 윌리엄 폴 영 지음, 한은경 옮김, 세계사, 2009 '아이 엠 넘버 포' 시리즈, 피타커스 로어 외 지음, 이수영 옮김, 세계사, 2011~ 『온워드』, 하워드 슐츠 · 조앤 고든 지음, 안진환 · 장세현 옮김, 8.0, 2011 『어떻게 원하는 것을 얻는가』, 스튜어트 다이아몬드 지음, 김태훈 옮김, 8.0, 2011 『나는 남들과 무엇이 다른가』, 정철윤 지음, 8.0, 2012
		⊙ 기획은 하나의 완성된 스토리를 만들어내는 것과 같다. 스토리에는 대개 여러 메시지가 있기도 하지만, 항상 강력한 하나의 메시지를 만들려고 노력한다. 이것은 비단 출판기획에만 적용되는 것은 아니다. 나에게 기획은 무에서 유를 창조해가고, 그 과정에서 알짜의 콘텐츠를 최근의 트렌드와 절묘하게 버무려가는 종합예술이다.
한성수	리더스북 편집장 mari0815@wjbooks.co.kr	『내 머리 사용법』, 정철 지음, 리더스북, 2009 『밥상머리의 작은 기적』, SBS 다큐팀 지음, 리더스북, 2011 『부모를 위한 쓴소리』, 문용린 지음, 갤리온, 2005 『스무 살, 절대 지지 않기를』, 이지성 지음, 리더스북, 2011 『신의진의 아이심리백과』, 신의진 지음, 갤리온, 2007
		⊙ 설레는 사람공부
한수미	위즈덤하우스 7분사 편집장 hashi@wisdomhouse.co.kr	『김제동이 만나러 갑니다』, 김제동 지음, 위즈덤하우스, 2011 『당분간은 나를 위해서만』, 최갑수 지음, 예담, 2007 『나는 평양의 모니카입니다』, 모니카 마시아스 지음, 예담, 2013 『하드보일드는 나의 힘』, 김봉석 지음, 예담, 2012 『싱글몰트위스키 가이드』, 유성운 지음, 위즈덤스타일, 2013
		⊙ 예전엔 독자의 니즈와 욕망에 다가가려는 태도가 출판기획의 가장 중요한 가치라고 생각했다. 하지만 지금 와 생각해보니, 모든 결과물은 나 자신의 니즈와 욕망에 근거를 둔 것이었다. 세상사와 물정, 그리고 자신의 지적 욕구에 관심을 갖는 것이 출판기획의 구심점이 아닐까 한다. 세상과 나의 관계맺기, 그 소통하고자 하는 열정에서 출판기획은 시작되는 것 같다.
한순	도서출판 나무생각 대표 겸 주간 tree3339@hanmail.net	『건방을 밑천으로 쏘주를 자산으로』, 주병진 지음, 청아출판사, 1997 '유쾌한' 시리즈, 한선미 외 지음, 하늘아래, 2007~ '실버 그림교실' 시리즈, 전희성 그림, 이진아 구성, 노인연구정보센터, 2011 『꿈 너머 꿈』, 고도원 지음, 이성표 그림, 나무생각, 2007 『참 좋은 당신을 만났습니다』, 송정림 지음, 나무생각, 2013

⊙ 세상을 이롭게 하는 여러 가지 직업이 있다. 나는 출판기획자를 '교육과 문화를 융합시키는 자'라고 부르고 싶다. 기획자는 세상 사람들이 살면서 무엇이 제일 괴로운지, 어떤 위로를 받고 싶은지를 깊이 바라볼 수 있는 눈을 가지고 있어야 한다. 그의 기획물은 때론 아주 적극적으로, 때론 아주 소극적으로 대중의 삶에 직접 개입하기 때문이다. 기획자는 세상을 이롭게 하는 자이어야 한다.

한정희 경인문화사 대표
hjh499@hanmail.net

『경인한국학총서』, 최남선 외 지음, 경인문화사, 2002~
『북한의 전통사찰』(전10권), 양사재 편집부 지음, 양사재, 2011
『한일관계사료총서』(전32권), 손승철 외 지음, 2004
『알기 쉬운 불교용어산책』, 태경 · 조기영 지음, 양사재, 2011
『북한의 새인식』(전10권), 북한연구학회 지음, 경인문화사, 2006

⊙ 열악한 출판 환경에 대처하기 위해 각 출판사가 가지고 있는 색깔이 중요하다고 생각한다. 독자는 한정되어 있고 출판의 종수는 엄청나다. 공급과 수요가 맞질 않는다. 따라서 자신이 가장 잘 알고 있는 분야에 매진함으로써 국내 시장만 겨냥할 것이 아니라 해외 시장에도 눈을 돌려 출판을 기획하고 있으며 경인문화사, 양사재, 역사인이란 각기 3개의 브랜드로 한국학의 학술출판, 한국학의 대중화, 쉽게 다가서는 불교를 목표로 기획을 하고 있다.

한혜경 도서출판 이채 대표
yiche7@dreamwiz.com

『기본구문 테이프로 영어듣기』, 조은 · 홍연미 지음, 이채, 2001
『막장 광부 교수가 되다』, 권이종 지음, 이채, 2012
『다음 카페 100』, 프리랜서그룹 이채 엮음, 이채, 2003
『우리 학교숲으로 가요(겨울봄 · 여름가을편)』, 학교숲 교재개발팀 지음, 이채, 2011
『내 이름은 디니』, 주디 블룸 지음, 이지연 옮김, 이채, 2001

⊙ "수업료라고 생각하세요." 동료가 건넨 위로의 말. '기획'은 해를 거듭할수록 진한 '인생의 쓴맛'을 가르쳐 준다. 기획은 여전히 '움직이는 과녁'이다. 인류의 지적 자산 위에서 빈 곳을 찾아 헤매다, 우연히 그곳을 발견하고 기쁨의 함성을 지르며 깃발을 내리꽂는 유니크한 게임. 나는 아직도 그 간난신고(艱難辛苦)의 덫에 걸려 있다.

허기 봄봄출판사 대표
bbb@bombombook.com

『나의 조랑말』, 수잔 제퍼스 글 · 그림, 김세희 옮김, 봄봄, 2004
『삼신할미』, 서정오 글 · 이강 그림, 봄봄, 2006
『순둥이』, 김일광 글 · 김재홍 그림, 봄봄, 2007
『울산에 없는 울산바위』, 김춘옥 글 · 김태현 그림, 봄봄, 2012
『엄마가 섬 그늘에 굴 따러 가면』, 이상교 글 · 김재홍 그림, 봄봄, 2013

⊙ 내가 머릿 속에 늘 담고 있는 고민은 아이들이 좋아할 만한 책과 어른들이 좋아할 만한 책 중에서 어느 쪽을 택할 것인가이다. 읽기물의 경우는 앞의 내용에 비중

을 더 두지만 그림책의 경우는 어느 쪽에 무게를 둬야 할지 아직도 잘 모르겠다. 그래서 나에게 출판기획이란 한마디로 정의할 수 없는 영원한 숙제다.

황승기 도서출판 승산 대표
book@seungsan.com

『엘러건트 유니버스』, 브라이언 그린 지음, 박병철 옮김, 승산, 2002
『세포와 우리 몸 시리즈』, 프랜 보크윌 외 지음, 한현숙 옮김, 승산, 2000
『파인만의 물리학 강의』(전3권), 리처드 파인만 외 지음, 박병철 외 옮김, 승산, 2004~2009
『실체에 이르는 길』, 로저 펜로즈 지음, 박병철 옮김, 승산, 2010 '대칭' 시리즈
『무한 공간의 왕』, 시오반 로버츠 지음, 안재권 옮김, 승산, 2009
『열세 살 딸에게 가르치는 갈루아 이론』, 김중명 지음, 승산, 2013

⊙ 21세기는 학문과 과학 기술의 발전 속도에 비해 교육 시스템과 교육 정책의 변화는 거북이 걸음을 하고 있습니다. 21세기 산업은 양자 기술 시대입니다. 미래의 주역인 청소년들을 위해 양자 기술 시대를 대비한 수학 및 양자 물리학 양서를 기획 출간하겠다는 마음입니다.

황영심 지오북GEOBOOK 대표
geo@geobook.co.kr

『광릉숲에서 보내는 편지』, 이유미 지음, 지오북, 2004
『한국양치식물도감』, 한국양치식물연구회 지음, 지오북, 2005
『박종관 교수의 레츠고 지리여행』, 박종관 지음, 지오북, 2005
『식물의 역사』, 이상태 지음, 지오북, 2010
『버섯 생태도감』, 국립수목원 지음, 지오북, 2013

⊙ 농부가 농사를 짓는 것, 대장장이가 연장을 만드는 것, 건축가가 집을 짓는 것처럼 어떤 재료를 갈고 닦아 인간의 삶에 필수적인 도구 등을 빚어내는 행위를 생산이라고 한다면, 기획은 생산 설계는 물론 방법, 마케팅 등에 이르기까지 총괄하여 디자인하는 것이다. 결국 출판기획은 눈에 보이지 않는 인간의 정신활동의 결과를 비벼 넣어 눈에 보이는 사물, 즉 책이란 그릇에 보기 좋게 먹기 좋게 담아내는 제2의 창작 행위이다. 창작 행위이기 때문에 때로 말할 수 없는 난관의 파도도 너끈히 넘을 의지를 발휘하고 때로는 작은 절망에도 쉽게 포기하게 된다. 그럼에도 출판기획은 판도라의 상자처럼 열지 않고 못 배기는 호기심천국이다.

책명 · 시리즈명 찾아보기

—— ㅇ

국립중앙도서관 출판시도서목록(CIP)

한국의 출판기획자 : 〈기획회의〉 15주년 기념 특별기획 / 지은이: 〈기획회의〉 편집위원회.
-- 서울 : 한국출판마케팅연구소, 2014
p. ; cm

색인수록
ISBN 978-89-89420-86-6 03010 : ₩25000

도서 출판[圖書出版]
출판 산업[出版産業]

013.1-KDC5
070.5-DDC21 CIP2014006355

〈기획회의〉 15주년 기념 특별기획
한국의 출판기획자

2014년 2월 25일 1판 1쇄 인쇄
2014년 3월 3일 1판 1쇄 발행

지은이 —— 〈기획회의〉 편집위원회 엮음
펴낸이 —— 한기호
편집위원 —— 김성신 이하영 장동석 홍순철
편 집 —— 오효영 이은진 김세나 전하리
경영지원 —— 이하영
디자인 —— 장원석

펴낸곳 —— 한국출판마케팅연구소
출판등록 2000년 11월 6일 제10-2065호
121-839 서울시 마포구 동교로 12안길 14(서교동) 삼성빌딩 A동 2층
전화 02-336-5675 팩스 02-337-5347
이메일 kpm@kpm21.co.kr

인쇄 예림인쇄 전화 031-901-6495 팩스 031-901-6479
총판 송인서적 전화 031-950-0900 팩스 031-950-0955

ISBN 978-89-89420-86-6 03010